il mini di Spagnolo

DIZIONARIO
SPAGNOLO ⇆ ITALIANO
ITALIANO ⇆ ESPAÑOL

a cura di Edigeo

ZANICHELLI

Ideazione e realizzazione editoriale:
Edigeo s.r.l., via del Lauro 3, 20121 Milano
e-mail: redazione@edigeo.it
sito web: www.edigeo.it

In redazione Zanichelli: Carlotta Biancani

Copertina: Miguel Sal (*progetto grafico e ideazione*); Exegi s.n.c. (*realizzazione*); Veronica Vannini (*redazione*)

Coordinamento di montaggi, stampa e confezione:
Stefano Bulzoni, Massimo Rangoni

Prima edizione: febbraio 2007

Ristampe:
11 2013

Per segnalazioni o suggerimenti relativi a quest'opera, l'indirizzo a cui scrivere è:
Zanichelli editore S.p.A. - Redazioni Lessicografiche
via Irnerio 34, 40126 Bologna
fax 051 249782 (from abroad: +39 051 249782)
e-mail: lineacinque@zanichelli.it
sito web: www.zanichelli.it

Stampa: L.E.G.O. s.p.a., stabilimento di Lavis (Trento)

Guida pratica — Guía práctica

abbagliàre *vt* encandilar, deslumbrar ◇ (*ingannare*) engañar
abbàglio *sm* deslumbramiento *m* ◇ (*errore*) equivocación *f*
abbandonàre *vt* abandonar ◇ (*lasciare*) dejar ◇ (*lasciar cadere*) reclinar ◆ *vrif* abandonarse
abbàttere *vt* abatir, derribar ◇ (*uccidere*) matar ◆ *vpr* desalentarse
abbracciàre *vt* abrazar ◇ (*fig*) abarcar ◆ *vpr/rif* abrazarse
àcqua *sf* agua *f* ● ***a. minerale (gasata/non gasata)*** agua mineral (con gas/sin gas, natural); ***a. ossigenata*** agua oxigenada; ***a. piovana*** agua de lluvia
àncora (1) *sf* ancla *f*, áncora *f*
ancóra (2) *avv* todavía, aún ◇ (*di nuovo*) de nuevo, otra vez ● ***a. un po'*** un poquito más
chupado *a* secco, allampanato ◇ (*Am*) ubriaco
comenzar *vt/i* cominciare, iniziare ● ***c. a/por*** (*+ infinito*) cominciare a (*+ infinito*)
cometa *sm* cometa *f* ◆ *sf* aquilone *m*
comprimir *vt* comprimere ◇ (*inform*) zippare ◇ (*fig*) reprimere ◆ *vrif* comprimersi ◇ (*fig*) reprimersi, trattenersi
conducción *sf* trasporto *m* ◇ condotta *f*, guida *f* ◇ (*fis*) conduzione *f*
cuanto *a/pr/avv* (*interr ed escl* **cuánto**) quanto ● ***¿a cuánto?*** a quanto?, a che prezzo?; ***¿cuántos años tienes?*** quanti anni hai?; ***c. más (que)*** tanto più (che); ***(en) c. a*** in quanto a; ***en c.*** non appena
ñaña *sf* (*Am*) sorella *f* maggiore

lemma con accento tonico
lema con acento tónico

categorie grammaticali
categorías gramaticales

traducenti - *traducciones*

cambio di accezione
cambio de acepción

cambio di categoria grammaticale
cambio de categoría gramatical

inizio della fraseologia
inicio de las locuciones

omografi - *homónimos*

varianti latino-americane
americanismos

informazioni grammaticali
observaciones gramaticales

genere dei traducenti
género de las traducciones

registro linguistico e materie
registro lingüístico y sectorial

esempi e locuzioni idiomatiche
ejemplos y locuciones

nell'ordinamento alfabetico spagnolo, la lettera ***ñ*** è posta tra la ***n*** e la ***o***

aggettivo	***a***	adjetivo
aggettivo possessivo	***a.poss***	adjetivo posesivo
abbreviazione	*abbr*	abreviatura
aeronautica	*aer*	aeronáutica
agricoltura	*agr*	agricultura
latino-americano	*Am*	americanismo
architettura	*arch*	arquitectura
archeologia	*archeol*	arqueología
articolo	***art***	artículo
astronomia	*astr*	astronomía
ausiliare	***aus***	auxiliar
automobilismo	*aut*	automovilismo
avverbio	***avv***	adverbio
botanica	*bot*	botánica
chimica	*chim*	química
cinema	*cin*	cine
commercio	*comm*	comercio
complemento	*compl*	complemento
congiunzione	***cong***	conjunción
cucina	*cuc*	cocina
diritto	*dir*	derecho
economia	*econ*	economía
edilizia	*edil*	construcción
elettricità	*el*	electricidad
esclamativo	*escl*	exclamativo
femminile	*f*	femenino
familiare	*fam*	coloquial
ferrovia	*ferr*	ferrocarriles
figurato	*fig*	figurado
filosofia	*filos*	filosofía
finanza	*fin*	finanzas
fisica	*fis*	física
fotografia	*fot*	fotografía
generico	*gener*	genérico
geografia	*geogr*	geografía

geologia	*geol*	geología
geometria	*geom*	geometría
grammatica	*gramm*	gramática
intransitivo	***i***	intransitivo
informatica	*inform*	informática
interiezione	***inter***	interjección
interrogativo	*interr*	interrogativo
letterario	*lett*	literario
linguistica	*ling*	lingüística
locuzione	***loc***	locución
locuzione avverbiale	***loc.avv***	locución adverbial
locuzione prepositiva	***loc.prep***	locución prepositiva
locuzione sostantivale	***loc.s***	locución substantiva
maschile	***m***	masculino
matematica	*mat*	matemáticas
meccanica	*mecc*	mecánica
medicina	*med*	medicina
metallurgia	*met*	metalurgia
militare	*mil*	militar
musica	*mus*	música
nautica	*naut*	náutica
pittura	*pitt*	pintura
politica	*pol*	política
popolare	*pop*	popular
plurale	***pl***	plural
pronome, pronominale	***pr***	pronombre, pronominal
pronome personale	***pr.pers***	pronombre personal
pronome possessivo	***pr.poss***	pronombre posesivo
pronome relativo	***pr.rel***	pronombre relativo
preposizione	***prep***	preposición
preposizione articolata	***prep.art***	preposición articulada
qualcosa	*qc*	algo
qualcuno	*qn*	alguien
religione	*relig*	religión
riflessivo	***rif***	reflexivo

sostantivo	*s*	sustantivo
sostantivo femminile	***sf***	sustantivo femenino
sostantivo maschile	***sm***	sustantivo masculino
spregiativo	*spreg*	despreciativo
storia	*stor*	historia
transitivo	***t***	transitivo
tauromachia	*taurom*	tauromaquia
teatro	*teat*	teatro
tecnologia	*tecn*	tecnología
telefonia	*tel*	telefonía
industria tessile	*tess*	sector textil
tipografia	*tip*	tipografía
topografia	*topogr*	topografía
televisione	*TV*	televisión
verbo ausiliare	***vaus***	verbo auxiliar
verbo intransitivo	***vi***	verbo intransitivo
verbo impersonale	***vimp***	verbo impersonal
volgare	*volg*	vulgar
verbo pronominale	***vpr***	verbo pronominal
verbo riflessivo	***vrif***	verbo reflexivo
verbo transitivo	***vt***	verbo transitivo
zoologia	*zool*	zoología

ESPAÑOL-ITALIANO
SPAGNOLO-ITALIANO

A

a *prep* a, in
ábaco *sm* abaco *m*
abad *sm* abate *m*
abadía *sf* abbazia *f*
abajo *avv* giù, sotto ◆ *inter* abbasso! • ***echar a.*** abbattere
abalanzar *vt* equilibrare, bilanciare ◆ *vrif* avventarsi, lanciarsi
abandonar *vt* abbandonare, lasciare ◆ *vrif* abbandonarsi, lasciarsi andare • ***abandonarse a*** darsi a
abandono *sm* abbandono *m*
abanico *sm* ventaglio *m*
abaratar *vt* ribassare ◆ *vi/rif* diminuire
abarcar *vt* abbracciare, comprendere
abastecer *vt* fornire, rifornire ◆ *vrif* rifornirsi
abasto *sm* provvista *f*, fornitura *f* ◇ generi *m pl* alimentari ◇ (*Am*) mercato *m* • ***(no) dar a. a/con*** (non) riuscire a
abate *sm* abate *m*
abatimiento *sm* abbattimento *m*
abatir *vt* abbattere ◇ umiliare, avvilire ◆ *vrif* abbattersi ◇ avvilirsi
abdicación *sf* abdicazione *f*
abdicar *vt/i* abdicare
abdomen *sm* addome *m*
abdominal *a* addominale
abecedario *sm* alfabeto *m* ◇ abbecedario *m*
abedul *sm* betulla *f*
abeja *sf* ape *f*
abejón *sm* calabrone *m*
aberración *sf* aberrazione *f*
abertura *sf* apertura *f*
abeto *sm* abete *m*
abierto *a* aperto
abigarrado *a* variopinto
abismar *vt* inabissare, sommergere ◆ *vrif* (*fig*) sprofondarsi, immergersi
abismo *sm* abisso *m*, voragine *f*
abjurar *vt/i* abiurare
ablandar *vt* ammorbidire ◇ (*fig*) addolcire
ablativo *sm* ablativo *m*
ablución *sf* abluzione *f*
abnegación *sf* abnegazione *f*
abocar *vt* travasare ◇ avvicinare, accostare ◆ *vrif* avvicinarsi
abochornado *a* confuso, vergognoso
abochornar *vt* soffocare ◇ far vergognare ◆ *vrif* vergognarsi
abofetear *vt* schiaffeggiare
abogado *sm* avvocato *m*
abogar *vt* patrocinare • ***a. por/en favor de*** difendere
abolición *sf* abolizione *f*
abolir *vt* abolire, abrogare
abolladura *sf* ammaccatura *f*
abollar *vt* ammaccare

abominación *sf* abominio *m*, disprezzo *m*
abonado *a* abbonato ◇ (*di somma*) pagato ◇ (*agr*) concimato ◆ *sm* abbonato *m*
abonar *vt* accreditare ◇ pagare ◇ abbonare ◇ (*agr*) concimare ◆ *vrif* abbonarsi
abono *sm* abbonamento *m* ◇ pagamento *m* ◇ (*agr*) concime *m*
abordar *vt* abbordare
aborigen *a/sm* aborigeno *m*
aborrecer *vt* aborrire, detestare
abortar *vt/i* abortire ◇ fallire
aborto *sm* aborto *m*
abotonar *vt* abbottonare
abra *sf* insenatura *f* ◇ vallata *f* ◇ crepa *f*
abrasar *vt* bruciare ◆ *vi* bruciare, scottare ◆ *vrif* bruciarsi, scottarsi
abrasión *sf* abrasione *f*
abrazar *vt* abbracciare
abrazo *sm* abbraccio *m* ● ***un apretado a.*** un abbraccio stretto
abrelatas *sm* apriscatole *m*
abrevadero *sm* abbeveratoio *m*
abrevar *vt* abbeverare
abreviación *sf* abbreviazione *f*
abreviar *vt* abbreviare, accorciare
abreviatura *sf* abbreviazione *f*
abridor *sm* apribottiglie *m* ◇ apriscatole *m*
abrigar *vt* proteggere, coprire ◇ (*affetto*) nutrire ◆ *vrif* ripararsi, coprirsi
abrigo *sm* riparo *m*, protezione *f*, difesa *f* ◇ cappotto *m* ● ***a. de entretiempo*** soprabito; ***a. de pieles*** pelliccia; ***al a. de*** al riparo da
abril *sm* aprile *m*
abrir *vt* aprire ◆ *vrif* aprirsi
abrochar *vt* abbottonare ◇ allacciare
abrogación *sf* abrogazione *f*
abrogar *vt* abrogare, revocare
abrojo *sm* cardo *m*
abrumar *vt* opprimere, oberare ◇ annoiare ◆ *vrif* infastidirsi ◇ annuvolarsi
abrupto *a* scosceso
absceso *sm* ascesso *m*
ábside *sm* abside *f*
absolución *sf* assoluzione *f*
absolutamente *avv* assolutamente
absolutismo *sm* assolutismo *m*
absoluto *a* assoluto ● ***en a.*** affatto
absolver *vt* assolvere
absorbente *a/sm* assorbente *m*
absorber *vt* assorbire
absorto *a* assorto
abstemio *a* astemio
abstención *sf* astensione *f*
abstenerse *vrif* astenersi
abstinencia *sf* astinenza *f*
abstracción *sf* astrazione *f*
abstracto *a* astratto
abstraer *vt* astrarre ◆ *vrif* astrarsi

abstraído *a* assorto
abstruso *a* astruso
absurdo *a/sm* assurdo *m*
abubilla *sf* upupa *f*
abuchear *vt* fischiare
abuela *sf* nonna *f*
abuelo *sm* nonno *m*
abultado *a* voluminoso
abultar *vt* ingrossare ◇ esagerare, ingrandire
abundancia *sf* abbondanza *f*
abundante *a* abbondante
abundar *vi* abbondare
aburrido *a* noioso, seccante ◇ annoiato
aburrimiento *sm* noia *f*, fastidio *m*
aburrir *vt* annoiare ◆ *vrif* annoiarsi • ***aburrirse de muerte*** annoiarsi a morte
abusar *vi* abusare
abusivo *a* abusivo
abuso *sm* abuso *m* • ***a. de menor*** abuso di minore; ***a. sexual*** abuso sessuale
abyecto *a* abietto
acá *avv* qua • ***a. y allá*** qua e là
acabado *a* completo, rifinito ◆ *sm* rifinitura *f*
acabar *vt* finire, terminare ◇ ultimare, perfezionare ◆ *vi* terminare, finire ◆ *vrif* finire ◇ estinguersi • ***a. de hacer*** avere appena fatto; ***a. por*** finire per
acacia *sf* acacia *f*
academia *sf* accademia *f*
académico *a/sm* accademico *m*
acaecer *vimp* accadere, succedere
acaecimiento *sm* avvenimento *m*
acalorar *vt* scaldare ◆ *vrif* accalorarsi, eccitarsi
acampar *vi* accamparsi, campeggiare
acanaladura *sf* scanalatura *f*
acantilado *a* scosceso ◆ *sm* scogliera *f*
acanto *sm* acanto *m*
acantonar *vt* accantonare
acaparar *vt* accaparrare
acariciar *vt* accarezzare
acarrear *vt* trasportare ◇ causare, provocare, arrecare
acaso *sm* caso *m* ◆ *avv* forse • ***al a.*** a casaccio, a caso; ***por si a.*** nel caso che
acatamiento *sm* rispetto *m*, obbedienza *f*
acatar *vt* rispettare
acaudalado *a* agiato, ricco
acaudalar *vt* accumulare
acaudillar *vt* comandare
acceder *vi* acconsentire, accondiscendere
accesible *a* accessibile
acceso *sm* accesso *m*, entrata *f* ◇ (*med*) attacco *m*, crisi *f* • ***a. a Internet*** accesso a Internet
accesorio *sm* accessorio *m*
accidentado *a* accidentato
accidental *a* accidentale
accidente *sm* incidente *m* ◇ accidente *m*, caso *m*
acción *sf* azione *f*

accionar *vt* azionare
accionista *sm/f* (*econ*) azionista *m/f*
acebo *sm* agrifoglio *m*
acechar *vt* spiare
acecho *sm* agguato *m* • ***estar al/en a.*** stare in agguato
aceitar *vt* oliare
aceite *sm* olio *m*
aceitera *sf* oliera *f*
aceitoso *a* oleoso, untuoso
aceituna *sf* oliva *f*
aceituno *sm* olivo *m*
aceleración *sf* accelerazione *f*
acelerador *sm* acceleratore *m*
acelerar *vt* accelerare ◆ *vrif* affrettarsi
acelga *sf* bietola *f*
acendrar *vt* purificare ◇ perfezionare
acento *sm* accento *m*
acentuar *vt* accentare ◇ accentuare
acepción *sf* accezione *f*
aceptable *a* accettabile
aceptación *sf* accettazione *f*
aceptar *vt* accettare
acequia *sf* fossato *m*, canale *m*
acera *sf* marciapiede *m*
acerado *a* di acciaio ◇ resistente ◇ acuto, pungente
acerbo *a* acerbo
acerca de *loc.prep* riguardo a, intorno a
acercar *vt* avvicinare, accostare ◆ *vrif* avvicinarsi
acero *sm* acciaio *m*
acertado *a* riuscito, indovinato ◇ opportuno
acertar *vt* indovinare, azzeccare ◇ trovare ◆ *vi* fare centro, riuscire • ***a. a pasar*** trovarsi a passare
acervo *sm* cumulo *m*, mucchio *m*
achacar *vt* attribuire, imputare
achaque *sm* acciacco *m*, malanno *m* • ***los achaques del oficio*** gli incerti del mestiere
achicharrar *vt* bruciacchiare
achicoria *sf* cicoria *f*
achuchar *vt* (*fam*) fare le coccole a
achuchón *sm* spintone *m*
acicalar *vt* pulire ◇ adornare, abbellire
acicate *sm* sperone *m* ◇ (*fig*) incitamento *m*, stimolo *m*
acidez *sf* acidità *f*
ácido *a/sm* acido *m*
acierto *sm* riuscita *f* ◇ destrezza *f*, capacità *f*
ácimo *a* azzimo
aclamación *sf* acclamazione *f*
aclamar *vt* acclamare
aclaración *sf* chiarimento *m*, delucidazione *f*
aclarar *vt* chiarire ◇ sciacquare ◆ *vi* schiarire, rasserenarsi ◇ farsi giorno ◆ *vrif* schiarirsi
aclimatar *vt* acclimatare
acobardar *vt* impaurire ◇ demoralizzare, scoraggiare ◆ *vrif* scoraggiarsi
acogedor *a* accogliente

acoger *vt* accogliere, ospitare, ricevere ◆ *vrif* rifugiarsi
acogida *sf* accoglienza *f*
acolchado *sm* imbottitura *f*
acolchar *vt* imbottire
acometedor *sm* aggressore *m*, assalitore *m*
acometer *vt* aggredire, assalire ◇ intraprendere
acometida *sf* attacco *m*, assalto *m*
acometividad *sf* aggressività *f*
acomodado *a* appropriato, conveniente ◇ agiato, benestante
acomodar *vt* sistemare, installare ◇ regolare ◆ *vi* convenire ◆ *vrif* adattarsi ◇ accomodarsi
acompañamiento *sm* accompagnamento *m* ◇ (*teat*) comparsa *f*
acompañante *sm/f* accompagnatore *m*
acompañar *vt* accompagnare ● ***a. en el sentimiento*** fare le condoglianze
acompasado *a* compassato ◇ cadenzato
acondicionador *sm* condizionatore *m*
acondicionar *vt* condizionare ◇ preparare, disporre ◇ climatizzare
acongojar *vt* affliggere
aconsejable *a* consigliabile
aconsejar *vt* consigliare ◆ *vrif* consigliarsi
acontecer *vi* capitare, accadere
acontecimiento *sm* avvenimento *m*, vicenda *f* ● ***feliz a.*** lieto evento
acopiar *vt* ammassare, riunire
acopio *sm* provvista *f*
acoplamiento *sm* accoppiamento *m*
acoplar *vt* accoppiare ◇ connettere ◆ *vrif* accoppiarsi
acorazado *a* corazzato, blindato ◆ *sm* corazzata *f*
acordar *vt* accordare, concedere ◇ stabilire, decidere ◇ (*mus*) accordare ◇ armonizzare ◆ *vi* concordare ◆ *vrif* accordarsi ◇ ricordare, ricordarsi ● ***si mal no me acuerdo*** se non ricordo male
acorde *a* concorde ◆ *sm* (*mus*) accordo *m*
acordeón *sm* fisarmonica *f*
acordonar *vt* allacciare ◇ circondare
acortamiento *sm* accorciamento *m*
acortar *vt* accorciare
acosar *vt* inseguire ◇ perseguitare
acoso *sm* inseguimento *m*, persecuzione *f* ● ***a. sexual*** molestie sessuali
acostar *vt* coricare ◆ *vrif* coricarsi, sdraiarsi
acostumbrar *vt* abituare ◆ *vrif* abituarsi

acotar *vt* delimitare ◇ annotare ◇ (*topogr*) quotare
acre *a* acre, aspro
acrecentar *vt* crescere, aumentare, ampliare
acreditar *vt* accreditare
acreedor *sm* creditore *m*
acribillar *vt* crivellare
acrílico *a* acrilico
acrobacia *sf* acrobazia *f*
acróbata *sm/f* acrobata *m/f*
acrópolis *sf* acropoli *f*
actitud *sf* atteggiamento *m*, attitudine *f*
activar *vt* attivare ◇ accelerare
actividad *sf* attività *f*
acto *sm* atto *m* ● ***a. seguido*** subito dopo
actor *sm* attore *m*
actriz *sf* attrice *f*
actuación *sf* comportamento *m* ◇ (*cin*) parte *f*, interpretazione *f* ◇ (*dir*) procedimento *m*
actual *a* attuale
actualidad *sf* attualità *f* ● ***en la a.*** ora, attualmente
actualizar *vt* aggiornare
actuar *vi* agire ◇ (*cin*) recitare
acuarela *sf* acquerello *m*
acuarelista *sm/f* acquerellista *m/f*
acuario *sm* acquario *m*
acuático *a* acquatico
acudir *vi* accorrere, arrivare ◇ ricorrere
acueducto *sm* acquedotto *m*
acuerdo *sm* accordo *m* ● ***de a. con*** in conformità con, secondo
acullá *avv* laggiù
acumulador *a/sm* accumulatore *m*
acumular *vt* accumulare
acuñar *vt* coniare
acuoso *a* acquoso
acupuntura *sf* agopuntura *f*
acurrucarse *vrif* rannicchiarsi, raggomitolarsi
acusación *sf* accusa *f*, imputazione *f*
acusado *sm* (*dir*) accusato *m*
acusador *a/sm* accusatore *m*
acusar *vt* accusare ● ***a. recibo*** accusare ricevuta
acusativo *sm* accusativo *m*
acústica *sf* acustica *f*
acústico *a* acustico
adalid *sm* capo *m*
adaptable *a* adattabile
adaptación *sf* adattamento *m*
adaptar *vt* adattare ◆ *vrif* adattarsi, adeguarsi
adecuar *vt* adeguare
adefesio *sm* (*persona*) sgorbio *m* ◇ (*cosa*) obbrobrio *m*, orrore *m*
adelantado *a* anticipato, in anticipo
adelantamiento *sm* (*aut*) sorpasso *m* ◇ anticipazione *f* ◇ progresso *m*
adelantar *vt* spostare in avanti, portare in avanti ◇ anticipare ◇ (*aut*) sorpassare, superare ◆ *vi* (*di orologio*) andare avanti ◇

fare progressi ◆ *vrif* farsi avanti, avanzare
adelante *avv* avanti, oltre ◆ *inter* avanti! • ***de hoy en a.*** d'ora in avanti
adelanto *sm* anticipo *m* ◇ progresso *m*, avanzamento *m*
adelfa *sf* oleandro *m*
adelgazar *vt* assottigliare ◆ *vi* dimagrire
ademán *sm* cenno *m*, gesto *m* ◇ *al pl* modi *m pl*, maniere *f pl* • ***en a. de*** in procinto di
además *avv* inoltre, per di più • ***a. de*** oltre a
adentrarse *vrif* inoltrarsi, penetrare
adentro *avv* dentro ◆ *inter* avanti! ◆ *sm al pl* interno *m* dell'animo
adepto *sm* adepto *m*, affiliato *m*
aderezar *vt* preparare ◇ acconciare, abbellire ◇ condire
aderezo *sm* preparazione *f* ◇ finimenti *m pl* ◇ condimento *m*
adeudar *vt* addebitare
adeudo *sm* addebito *m*
adherencia *sf* aderenza *f*
adherir *vt* attaccare ◆ *vrif* aderire ◇ (*fig*) aderire, abbracciare
adhesión *sf* adesione *f*
adhesivo *a/sm* adesivo *m*
adición *sf* addizione *f* ◇ (*Am*) (*al ristorante*) conto *m*
adicionar *vt* addizionare
adicto *a* simpatizzante, seguace ◆ *sm* seguace *m/f*
adiestrar *vt* addestrare ◆ *vrif* esercitarsi
adinerado *a* facoltoso, danaroso
¡adiós! *inter* arrivederci!, addio!, ciao! ◆ *sm* addio *m*, commiato *m*
adiposo *a* adiposo
adivinanza *sf* indovinello *m*
adivinar *vt* indovinare, pronosticare ◇ indovinare
adivino *sm* indovino *m*
adjetivo *sm* aggettivo *m*
adjudicar *vt* aggiudicare ◆ *vrif* attribuirsi, aggiudicarsi
adjuntar *vt* allegare
adjunto *a* accluso, annesso ◇ aggiunto
administración *sf* amministrazione *f*
administrador *sm* amministratore *m*
administrar *vt* amministrare
admirable *a* ammirevole
admiración *sf* ammirazione *f* ◇ (*gramm*) punto *m* esclamativo (doppio)
admirador *a/sm* ammiratore *m*
admirar *vt* ammirare ◇ stimare ◆ *vrif* stupirsi • ***admirarse de una nonada*** sorprendersi per un nonnulla
admisible *a* ammissibile
admisión *sf* ammissione *f*
admitido *a* ammesso
admitir *vt* ammettere, accogliere ◇ permettere, consentire ◇

riconoscere • *a. un empleado* assumere un impiegato
admonición *sf* ammonizione *f*
adobar *vt* condire, insaporire
adobo *sm* salamoia *f* ◇ (*tess*) apprettatura *f*
adolecer *vi* soffrire ◇ (*fig*) mancare
adolescencia *sf* adolescenza *f*
adolescente *sm/f* adolescente *m/f*
adonde *avv* dove
adondequiera *avv* dovunque
adopción *sf* adozione *f*
adoptar *vt* adottare
adoptivo *a* adottivo
adoquín *sm* selce *f*
adoquinado *a* lastricato ◆ *sm* selciato *m*
adorable *a* adorabile
adoración *sf* adorazione *f*
adorar *vt* adorare
adormecer *vt* addormentare ◆ *vrif* addormentarsi
adormecido *a* addormentato
adormilarse *vrif* appisolarsi
adornar *vt* ornare ◆ *vrif* ornarsi, abbellirsi
adorno *sm* ornamento *m*
adquirido *a* acquisito • *dar por a.* dare per scontato
adquirir *vt* acquisire, ottenere ◇ comprare
adquisición *sf* acquisto *m*
adquisidor *sm* acquirente *m/f*
adrede *avv* apposta, deliberatamente
adscribir *vt* assegnare ◇ ascrivere, attribuire
aduana *sf* dogana *f*
aduanero *a* doganale ◆ *sm* doganiere *m*
aducir *vt* addurre ◇ allegare, aggiungere • *a. pruebas* addurre prove
adueñarse *vrif* impadronirsi, impossessarsi
adulación *sf* adulazione *f*
adulador *sm* adulatore *m*
adular *vt* adulare
adulterar *vt* adulterare ◇ falsificare
adulterio *sm* adulterio *m*
adúltero *a* adultero
adulto *a/sm* adulto *m*
advenedizo *sm* arrivista *m/f*
adverbio *sm* avverbio *m*
adversario *sm* avversario *m*
adversidad *sf* avversità *f*
adverso *a* avverso
advertencia *sf* avvertenza *f*
advertir *vt* avvertire ◇ osservare
adyacente *a* adiacente
aéreo *a* aereo
aerodinámico *a* aerodinamico
aeronáutico *a* aeronautico
aeroplano *sm* aeroplano *m*
aeropuerto *sm* aeroporto *m*
aerosol *sm* aerosol *m*
afabilidad *sf* affabilità *f*
afable *a* affabile, gentile
afamado *a* famoso, rinomato
afán *sm* ansia *f*, ardore *m* ◇ *al pl* fatica *f*, sforzo *m*

afanarse *vrif* affannarsi, affaccendarsi, darsi da fare
afanoso *a* affannoso
afear *vt* deturpare, imbruttire
afección *sf* affezione *f*
afectar *vt* simulare ◇ influire, avere effetto ◇ impressionare, colpire ◇ riguardare ◆ *vrif* impressionarsi
afectivo *a* affettivo ◇ affettuoso
afecto *a* affezionato ◆ *sm* affetto *m*
afectuosamente *avv* affettuosamente
afectuoso *a* affettuoso, amabile
afeitado *sm* rasatura *f*
afeitar *vt* rasare, radere ◆ *vrif* radersi
afeite *sm* cosmetico *m*
afeminado *a* effeminato
aferrado *a* ostinato
aferrar *vt* afferrare ◇ (*naut*) ormeggiare ◆ *vrif* (*naut*) ancorarsi
afianzar *vt* garantire, avallare ◇ consolidare, fissare ◆ *vrif* afferrarsi ◇ affermarsi
afición *sf* inclinazione *f*, passione *f* ◇ hobby *m* • ***de a.*** per passione
aficionado *a* appassionato
aficionar *vt* appassionare ◆ *vrif* appassionarsi, affezionarsi
afilar *vt* affilare
afiliar *vt* affiliare ◆ *vrif* affiliarsi
afín *a* affine
afinar *vt* affinare, rifinire ◇ (*mus*) accordare
afinidad *sf* affinità *f*
afirmación *sf* affermazione *f*
afirmar *vt* affermare ◇ fissare, consolidare
afirmativo *a* affermativo
aflicción *sf* afflizione *f*
afligido *a* sconsolato, addolorato
afligir *vt* affliggere ◆ *vrif* affliggersi
aflojar *vt* allentare ◇ (*fam*) (*soldi*) sganciare ◆ *vi* calare, diminuire ◇ perdere forza ◆ *vrif* allentarsi
aflorar *vi* affiorare
afluencia *sf* affluenza *f*
afluente *sm* affluente *m*
afluir *vi* affluire
afortunado *a* fortunato
afrenta *sf* affronto *m* ◇ vergogna *f*, disonore *m*
afrentar *vt* offendere, oltraggiare
afrentoso *a* oltraggioso
africano *a/sm* africano *m*
afrodisíaco *a/sm* afrodisiaco *m*
afrontar *vt* affrontare
afuera *avv* fuori ◆ *sf al pl* periferia *f*, dintorni *m pl*
agachar *vt* chinare ◆ *vrif* chinarsi
agalla *sf* (*bot*) galla *f* ◇ (*zool*) branchia *f* • ***tener agallas*** avere fegato
agamuzado *a* scamosciato

agarradero *sm* maniglia *f*, appiglio *m*
agarrado *a* tirchio
agarrar *vt* afferrare, prendere ◇ buscare, prendere ◇ cogliere, prendere ◇ sorprendere, beccare ◆ *vrif* aggrapparsi ◇ azzuffarsi ● ***agarrarse a un clavo ardiente*** arrampicarsi sugli specchi; ***a. un resfriado*** prendere un raffreddore
agarrotar *vt* stringere, comprimere ◇ strangolare ◆ *vrif* irrigidirsi ◇ (*mecc*) gripparsi
agasajar *vt* festeggiare
agasajo *sm* festeggiamento *m*
agencia *sf* agenzia *f* ● ***a. de viajes*** agenzia di viaggi
agenda *sf* agenda *f*, taccuino *m*
agente *a/sm/f* agente *m/f*
agigantado *a* gigantesco
ágil *a* agile
agilidad *sf* agilità *f*
agitación *sf* agitazione *f*
agitador *a/sm* agitatore *m*
agitar *vt* agitare, scuotere ◆ *vrif* agitarsi
aglomerado *sm* agglomerato *m*
agnóstico *a/sm* agnostico *m*
agobiador *a* opprimente, assillante
agobiar *vt* curvare ◇ spossare, opprimere ◆ *vrif* curvarsi ◇ angustiarsi
agobio *sm* oppressione *f*
agolparse *vrif* affollarsi
agonía *sf* agonia *f*
agonizar *vi* agonizzare ◆ *vt* molestare
agosto *sm* agosto *m*
agotador *a* estenuante, stancante
agotamiento *sm* esaurimento *m*
agotar *vt* svuotare ◇ esaurire, consumare ◇ stancare ◆ *vrif* esaurirsi, stancarsi
agraciado *a* grazioso
agraciar *vt* abbellire ◇ graziare
agradable *a* gradevole, piacevole
agradar *vi* soddisfare, piacere ● ***me agrada mucho*** mi piace molto
agradecer *vt* ringraziare ◇ gradire ● ***te agradezco el favor*** ti ringrazio del favore
agradecido *a* riconoscente
agradecimiento *sm* riconoscenza *f*, ringraziamento *m*
agrado *sm* gradimento *m*
agrandamiento *sm* ingrandimento *m*
agrandar *vt* ingrandire ◆ *vrif* crescere
agrario *a* agrario
agravante *a/sf* aggravante *f*
agravar *vt* aggravare, acuire ◆ *vrif* aggravarsi
agraviar *vt* offendere ◆ *vrif* offendersi
agravio *sm* offesa *f* ◇ (*dir*) danno *m*

agraz *sm* (*bot*) agresto *m* ◇ (*fig*) amarezza *f*
agredir *vt* aggredire, assalire
agregado *sm* aggregato *m* ◇ addetto *m*
agregar *vt* aggregare ◆ *vrif* aggregarsi
agresión *sf* aggressione *f*
agresividad *sf* aggressività *f*
agresivo *a* aggressivo
agresor *sm* aggressore *m*
agreste *a* agreste ◇ (*fig*) rozzo
agriar *vt* inacidire ◇ (*fig*) inacidire, inasprire ◆ *vrif* inacidirsi ◇ (*fig*) inacidirsi, inasprirsi ● ***a. a uno la fiesta*** rovinare il piacere a qn
agrícola *a* agricolo
agricultor *sm* agricoltore *m*
agricultura *sf* agricoltura *f* ● ***a. biológica*** agricoltura biologica
agridulce *a* agrodolce
agrietar *vt* screpolare ◆ *vrif* screpolarsi
agrio *a* aspro, agro ◆ *sm al pl* agrumi *m pl*
agrónomo *sm* agronomo *m*
agroturismo *sm* agriturismo *m*
agrupación *sf* raggruppamento *m*
agrupar *vt* raggruppare, mettere insieme ◆ *vrif* raggrupparsi
agua *sf* acqua *f* ● ***a. de lluvia*** acqua piovana; ***a. mineral (con gas/sin gas)*** acqua minerale (gassata/non gassata); ***a. nieve*** nevischio; ***a. potable*** acqua potabile; ***hacerse la boca a.*** venire l'acquolina in bocca
aguacate *sm* avocado *m*
aguacero *sm* acquazzone *m*
aguafiestas *sm/f* guastafeste *m/f*
aguamarina *sf* acquamarina *f*
aguantar *vt* sostenere ◇ sopportare ◆ *vi* reggere ◆ *vrif* trattenersi ◇ rassegnarsi ● ***¡aguanta!*** forza!, coraggio!; ***a. el aliento*** trattenere il respiro
aguar *vt* annacquare ◇ (*fig*) guastare
aguardar *vt* aspettare, attendere
aguardiente *sm* acquavite *f*
aguarrás *sm* acquaragia *f*
agudeza *sf* acutezza *f*, arguzia *f*
agudo *a* acuto, perspicace
aguijón *sm* aculeo *m*, pungiglione *m*
águila *sf* aquila *f*
aguileño *a* aquilino
aguinaldo *sm* strenna *f*
aguja *sf* ago *m* ◇ lancetta *f* ◇ guglia *f* ◇ ferro *m* da calza ● ***buscar una a. en un pajar*** cercare un ago in un pagliaio
agujerear *vt* bucare, forare
agujero *sm* foro *m*, buco *m* ● ***a. de ozono*** buco dell'ozono
agujeta *sf* cintura *f* ◇ *al pl* indolenzimento *m*
agusanado *a* bacato
aguzar *vt* affilare, aguzzare ● ***a. el ingenio*** aguzzare l'ingegno

aherrojar *vt* incatenare ◇ opprimere
ahí *avv* lì, là ● ***por a.*** qui intorno
ahijado *sm* figlioccio *m*
ahijar *vt* adottare
ahínco *sm* impegno *m*
ahíto *a* sazio, nauseato ◇ annoiato, stufo ◆ *sm* indigestione *f*
ahogamiento *sm* soffocamento *m*
ahogar *vt* soffocare ◇ affogare ◇ opprimere ◆ *vrif* annegare, affogare ◇ strozzarsi
ahogo *sm* soffocamento *m*
ahondar *vt* affondare, affossare ◇ (*fig*) approfondire
ahora *avv* adesso, ora ● ***a. bien*** però, tuttavia; ***a. mismo*** subito, proprio adesso; ***desde a.*** d'ora in poi
ahorcar *vt* impiccare ◆ *vrif* impiccarsi
ahorrar *vt* risparmiare, economizzare
ahorro *sm* risparmio *m*
ahuecar *vt* scavare ◆ *vrif* gonfiarsi, inorgoglirsi
ahumar *vt* affumicare ◆ *vrif* riempirsi di fumo
ahuyentar *vt* scacciare, disperdere
airbag *sm* (*aut*) airbag *m* ● ***a. lateral*** airbag laterale
aire *sm* aria *f* ● ***al a. libre*** all'aperto; ***¡a.!*** aria!, sloggia!; ***buen/mal a.*** buonumore/cattivo umore; ***darse aires*** darsi delle arie
aireación *sf* aerazione *f*
aireado *a* arioso
airear *vt* arieggiare, ventilare
airoso *a* ventilato, aerato ◇ grazioso ◇ vittorioso ● ***salir/quedar a.*** uscire vittorioso
aislado *a* isolato, appartato
aislador *a/sm* isolante *m*
aislar *vt* isolare, separare ◆ *vrif* isolarsi, ritirarsi
ajar *vt* sciupare ◆ *vrif* sciuparsi, sfiorire
ajedrez *sm* scacchi *m pl*
ajeno *a* altrui ◇ estraneo, alieno ● ***a. a*** estraneo a; ***lo a.*** le cose altrui
ajetreo *sm* agitazione *f*, trambusto *m*
ají *sm* (*Am*) peperone *m*
ajo *sm* aglio *m* ● ***diente de a.*** spicchio d'aglio
ajuar *sm* corredo *m* (di casa) ◇ mobilia *f*
ajustable *a* regolabile
ajustado *a* adatto, giusto ◇ attillato
ajustar *vt* adattare ◇ impaginare ◇ concordare ◇ (*di conto*) saldare ◆ *vrif* accordarsi ◇ adattarsi, adeguarsi
ajuste *sm* adeguamento *m*, adattamento *m*, assestamento *m* ◇ impaginazione *f* ◇ regolazione *f* ◇ accordo *m*
ajusticiar *vt* giustiziare
al *prep.art* al, allo

ala *sf* ala *f* ◇ (*di cappello*) falda *f*, tesa *f* • ***ahuecar el a.*** tagliare la corda; ***cortar las alas*** tarpare le ali
alabanza *sf* elogio *m*, encomio *m*
alabar *vt* lodare ◆ *vrif* vantarsi
alacrán *sm* scorpione *m*
alado *a* alato
alambicado *a* lambiccato
alambicar *vt* distillare ◇ lambiccare
alambique *sm* alambicco *m*
alambre *sm* filo *m* di ferro
álamo *sm* pioppo *m*
alano *sm* alano *m*
alargar *vt* allungare, prolungare ◇ aumentare ◇ stendere, distendere ◆ *vrif* distendersi ◇ dilungarsi ◇ (*del giorno*) allungarsi
alarido *sm* urlo *m*
alarma *sf* allarme *m*
alba *sf* alba *f*
albahaca *sf* basilico *m*
albanés *a/sm* albanese *m/f*
albañal *sm* fogna *f*
albañil *sm* muratore *m*
albarda *sf* basto *m*
albaricoque *sm* albicocca *f*
albaricoquero *sm* albicocco *m*
albedrío *sm* arbitrio *m*
alberca *sf* cisterna *f*
albergar *vt* ospitare, alloggiare ◆ *vrif* alloggiare
albergue *sm* alloggio *m* • ***a. de juventud*** ostello della gioventù
albino *a/sm* albino *m*
albóndiga *sf* polpetta *f*
albor *sm* alba *f* ◇ ***al pl*** albori *m pl*
alborear *vi* albeggiare
albornoz *sm* accappatoio *m* ◇ burnus *m*
alborotar *vt* agitare ◆ *vi* schiamazzare ◆ *vrif* agitarsi
alboroto *sm* schiamazzo *m*, scompiglio *m*
alborozar *vt* rallegrare ◆ *vrif* rallegrarsi
alborozo *sm* giubilo *m*, gioia *f*
albufera *sf* laguna *f*
álbum *sm* album *m*
alcachofa *sf* carciofo *m*
alcalde *sm* sindaco *m*
alcaldía *sf* municipio *m*
alcance *sm* portata *f*, capacità *f* ◇ conseguimento *m* ◇ (*comm*) debito *m* • ***al a. de la mano*** a portata di mano; ***dar a.*** raggiungere; ***de mucho a.*** di grande portata
alcantarilla *sf* tombino *m* ◇ fogna *f*
alcantarillado *sm* fognatura *f*
alcanzable *a* raggiungibile
alcanzar *vt* raggiungere ◆ *vi* riuscire ◇ bastare • ***a. a hacer*** riuscire a fare; ***a. el blanco*** centrare il bersaglio
alcaparra *sf* cappero *m*
alcázar *sm* alcazar *m*, fortezza *f*
alcohol *sm* alcol *m*
alcohólico *a* alcolico
alcoholismo *sm* alcolismo *m*

alcoholizado *a/sm* alcolizzato *m*
alcornoque *sm* sughero *m* ◇ (*fig*) stupido *m*
aldea *sf* borgo *m*, villaggio *m*
aldeano *a* paesano ◇ rozzo, ignorante
aleación *sf* lega *f*
alegar *vt* allegare ◇ addurre
alegato *sm* allegato *m*
alegoría *sf* allegoria *f*
alegrar *vt* rallegrare ◇ ravvivare ◆ *vrif* rallegrarsi, gioire ◇ congratularsi ◇ essere brillo
alegre *a* allegro, vivace
alegría *sf* allegria *f*
alejamiento *sm* allontanamento *m*
alejar *vt* allontanare, distogliere ◆ *vrif* allontanarsi ● ***alejarse de los negocios*** ritirarsi dagli affari
alemán *a/sm* tedesco *m*
alentar *vt* animare, incoraggiare ◆ *vi* respirare ◆ *vrif* rianimarsi
alergia *sf* allergia *f* ● ***a. alimentaria, a alimentos*** allergia alimentare
alérgico *a* allergico
alero *sm* grondaia *f* ◇ parafango *m*
aleta *sf* pinna *f* ◇ aletta *f* ◇ parafango *m*
aletargar *vt* assopire ◆ *vrif* (*di animale*) cadere in letargo ◇ (*di persona*) addormentarsi
aletear *vi* muovere le ali
alevosía *sf* tradimento *m*
alfabeto *sm* alfabeto *m*
alfarería *sf* fabbricazione *f* di terracotta ◇ negozio *m* di terracotta, laboratorio *m* di terracotta
alféizar *sm* davanzale *m*
alférez *sm* alfiere *m*, portabandiera *m* ◇ sottotenente *m*
alfil *sm* (*scacchi*) alfiere *m*
alfiler *sm* spillo *m* ◇ spilla *f*
alfombra *sf* tappeto *m*
alfombrar *vt* coprire il pavimento con un tappeto
alfombrilla *sf* (*de/para ratón*) (*inform*) tappetino *m* (per il mouse)
alforja *sf* bisaccia *f*
alforza *sf* piega *f*
alga *sf* alga *f*
algarabía *sf* (*lingua*) arabo *m* ◇ confusione *f*
algarrobo *sm* carrubo *m*
álgebra *sf* algebra *f*
algo *pr* qualcosa ◆ *avv* un poco, alquanto ● ***a. así como*** circa; ***a. es a.*** meglio poco che niente; ***a. nuevo*** qualcosa di nuovo
algodón *sm* cotone *m* ● ***a. hidrófilo*** cotone idrofilo
algodonero *a* cotoniero ◆ *sm* (pianta del) cotone *m*
alguien *pr* qualcuno ● ***ser a.*** essere una persona importante
algún → **alguno**
alguno (**algún** *davanti a sm*) *a* alcuno, qualche ◆ *pr* qualcuno,

uno ◇ *al pl* alcuni • ***a. que otro*** pochi, qualche
alhaja *sf* gioiello *m*
aliado *a/sm* alleato *m*
alianza *sf* alleanza *f* ◇ (*anello*) fede *f*
aliar *vt* riunire ◆ *vrif* allearsi
alicaído *a* abbattuto, depresso
alicates *sm pl* forbicine *f pl*
alícuota *sf* aliquota *f*
alienar *vt* alienare
aliento *sm* fiato *m*, respiro *m*
aligator *sm* alligatore *m*
aligerar *vt* alleggerire ◇ alleviare, calmare ◇ affrettare
alimaña *sf* bestia *f*
alimentación *sf* alimentazione *f*
alimentar *vt* alimentare ◆ *vrif* alimentarsi, nutrirsi
alimenticio *a* alimentare, nutritivo
alimento *sm* alimento *m* ◇ *al pl* (*dir*) alimenti *m pl*
alinear *vt* allineare ◆ *vrif* allinearsi
aliñar *vt* condire ◇ ordinare
aliño *sm* condimento *m* ◇ ordine *m*, pulizia *f*
alisar *vt* levigare, lisciare ◇ pulire
alisios *sm pl* alisei *m pl*
alistamiento *sm* arruolamento *m*
alistar *vt* iscrivere ◇ arruolare ◆ *vrif* iscriversi ◇ arruolarsi
aliviar *vt* alleggerire ◇ alleviare, mitigare ◇ affrettare ◆ *vrif* migliorare ◇ mitigarsi • ***a. de una carga*** esonerare da un incarico; ***a. el paso*** affrettare il passo
alivio *sm* alleggerimento *m* ◇ sollievo *m*
aljibe *sm* cisterna *f*
allá *avv* là • ***a. abajo*** laggiù; ***a. arriba*** lassù; ***el más a.*** l'aldilà; ***más a. de*** oltre; ***por a.*** per di là
allanar *vt* spianare, livellare ◇ superare ◇ abbattere ◇ (*dir*) violare ◆ *vrif* crollare ◇ adattarsi, conformarsi
allegado *a* vicino ◆ *sm* parente *m/f*
allí *avv* (*luogo*) lì ◇ (*tempo*) allora • ***a. mismo*** proprio lì
alma *sf* anima *f*
almacén *sm* emporio *m*, magazzino *m*
almacenar *vt* immagazzinare, accumulare
almanaque *sm* almanacco *m*
almeja *sf* vongola *f*
almendra *sf* mandorla *f*
almendro *sm* mandorlo *m*
almíbar *sm* sciroppo *m*
almidón *sm* amido *m*
almidonar *vt* inamidare
almirante *sm* ammiraglio *m*
almohada *sf* cuscino *m*, guanciale *m* ◇ federa *f* • ***consultar con la a.*** dormirci sopra
almohadilla *sf* cuscinetto *m*
almohadón *sm* cuscino *m*
almoneda *sf* (vendita all') asta *f* ◇ svendita *f*

almorzar *vt* mangiare (per pranzo) ◆ *vi* pranzare, fare colazione (a metà mattina)
almuerzo *sm* pranzo *m*, colazione *f*
alocado *a/sm* sconsiderato *m*, sventato *m*
alojamiento *sm* alloggio *m*, alloggiamento *m*
alojar *vt* alloggiare, ospitare ◆ *vrif* alloggiare
alondra *sf* allodola *f*
alpinismo *sm* alpinismo *m*
alpino *a* alpino
alquilar *vt* affittare, noleggiare
alquiler *sm* affitto *m*, noleggio *m* ● ***a. de coches*** autonoleggio
alquimia *sf* alchimia *f*
alquitrán *sm* catrame *m*
alrededor *avv* intorno ◇ approssimativamente, circa ◆ *sm al pl* dintorni *m pl* ● ***a. de*** intorno a
alta *sf* iscrizione *f* ◇ dichiarazione *f* medica ● ***dar de a.*** dimettere (dall'ospedale); ***darse de a.*** iscriversi
altanería *sf* alterigia *f*, presunzione *f*
altar *sm* altare *m*
altavoz *sm* altoparlante *m*
alteración *sf* alterazione *f* ◇ disordine *m* ◇ perturbazione *f*
alterar *vt* alterare ◇ turbare ◆ *vrif* alterarsi ◇ turbarsi
altercado *sm* diverbio *m*
alternador *sm* alternatore *m*
alternar *vt* alternare ◆ *vrif* alternarsi, darsi il cambio
alternativa *sf* alternativa *f*
alteza *sf* altezza *f*
altillo *sm* soppalco *m* ◇ (*Am*) ripostiglio *m*
altiplanicie *sf* altopiano *m*
altiplano *sm* altopiano *m*
altitud *sf* altitudine *f*
altivez *sf* alterigia *f*
alto *a* alto ◆ *sm* altezza *f* ◇ elevazione *f* ◇ sosta *f*, fermata *f* ◆ *avv* forte ◇ in alto ◆ *inter* alt! ● ***en lo a. de*** in cima a; ***hablar a.*** parlare forte; ***pasar por a.*** passare sopra; ***por todo lo a.*** con grande lusso
altruismo *sm* altruismo *m*
altura *sf* altezza *f* ◇ altitudine *f* ◇ altura *f*, rialzo *m*
alubia *sf* fagiolo *m*
alucinación *sf* allucinazione *f*
alud *sm* valanga *f*
aludir *vi* alludere
alumbrado *a* illuminato ◆ *sm* illuminazione *f*
alumbrador *a* illuminante
alumbramiento *sm* illuminazione *f* ◇ parto *m*
alumbrar *vt* illuminare ◇ (*fam*) picchiare ◇ partorire ◆ *vrif* (*fam*) ubriacarsi
aluminio *sm* alluminio *m*
alumnado *sm* scolaresca *f*
alumno *sm* alunno *m*
alusión *sf* allusione *f*
aluvial *a* alluvionale

aluvión *sm* alluvione *f* ◇ moltitudine *f*
álveo *sm* alveo *m*
alza *sf* aumento *m*, rialzo *m* • ***estar en a.*** essere in rialzo
alzar *vt* alzare, sollevare ◇ innalzare ◇ aumentare ◇ levare ◆ *vrif* alzarsi ◇ sollevarsi, ribellarsi ◇ fare ricorso
ama *sf* padrona *f* di casa ◇ perpetua *f* ◇ balia *f* • ***a. de casa*** casalinga; ***a. de cría***, ***a. de leche*** balia; ***a. de llaves*** governante
amabilidad *sf* amabilità *f*, gentilezza *f*
amable *a* garbato, gentile
amado *sm* amato *m*, diletto *m*
amaestrar *vt* ammaestrare
amago *sm* minaccia *f* ◇ sintomo *m*
amainar *vt* ammainare ◆ *vi* calmarsi
amalgamar *vt* amalgamare ◆ *vrif* amalgamarsi
amamantar *vt* allattare
amanecer *sm* alba *f* ◆ *vi* albeggiare
amansar *vt* domare, addomesticare ◇ tranquillizzare
amapola *sf* papavero *m*
amar *vt* amare
amargar *vt* amareggiare, affliggere ◆ *vi* essere amaro
amargo *a/sm* amaro *m*
amargura *sf* amarezza *f* ◇ (sapore) amaro *m*
amarillento *a* giallastro, giallognolo
amarillo *a/sm* giallo *m*
amarrar *vt* ormeggiare ◇ legare
amartelarse *vrif* sbaciucchiarsi, coccolarsi
amasar *vt* impastare ◇ mescolare ◇ massaggiare ◇ tramare
amasijo *sm* impasto *m*, miscuglio *m* ◇ pasticcio *m*, imbroglio *m*
amatista *sf* ametista *f*
ámbar *sm* ambra *f*
ambición *sf* ambizione *f*
ambicionar *vt* ambire
ambicioso *a* ambizioso
ambientalista *a/sm/f* ambientalista *m/f*, ecologista *m/f*
ambientar *vt* ambientare, adattare
ambiente *sm* ambiente *m*
ambigüedad *sf* ambiguità *f*
ambiguo *a* ambiguo
ámbito *sm* ambito *m*
ambos *a* entrambi
ambulancia *sf* ambulanza *f*
ambulatorio *sm* ambulatorio *m*
amedrentar *vt* spaventare ◆ *vrif* spaventarsi
amenaza *sf* minaccia *f*
amenazar *vt* minacciare
amenguar *vt* diminuire ◇ disonorare
amenidad *sf* amenità *f*
amenizar *vt* animare
ameno *a* ameno, piacevole
amenorrea *sf* amenorrea *f*

americano *a/sm* americano *m*
amerizar *vi* ammarare
ametralladora *sf* mitragliatrice *f*
ametrallar *vt* mitragliare
amianto *sm* amianto *m*
amigable *a* amichevole
amígdala *sf* tonsilla *f*
amigdalitis *sf* tonsillite *f*
amigo *a/sm* amico *m* ◇ (*fam*) amante *m/f* • ***tener cara de pocos amigos*** avere un aspetto poco rassicurante
amilanar *vt* spaventare ◆ *vrif* spaventarsi
aminorar *vt* diminuire
amistad *sf* amicizia *f*
amistoso *a* amichevole
amnesia *sf* amnesia *f*
amnistía *sf* amnistia *f*
amnistiar *vt* amnistiare
amo *sm* padrone *m*, proprietario *m* ◇ capo *m*
amodorrarse *vrif* addormentarsi
amoldar *vt* modellare ◇ adattare ◆ *vrif* adattarsi
amonestación *sf* ammonimento *m* ◇ annuncio *m* ◇ *al pl* pubblicazioni *f pl* matrimoniali
amonestar *vt* ammonire ◇ fare le pubblicazioni matrimoniali
amoníaco *sm* ammoniaca *f*
amontonar *vt* ammucchiare, accumulare ◆ *vrif* ammucchiarsi
amor *sm* amore *m* • ***de mil amores*** di tutto cuore; ***por a. de*** per amore di
amoral *a* amorale
amoratarse *vrif* illividire
amorfo *a* amorfo
amoroso *a* amoroso ◇ amatorio
amortiguador *a/sm* ammortizzatore *m*
amortiguar *vt* attenuare
amortización *sf* ammortamento *m*
amortizar *vt* ammortizzare
amoscarse *vrif* arrabbiarsi, risentirsi
amotinar *vt* sollevare, ammutinare ◆ *vrif* sollevarsi, ammutinarsi
amparar *vt* proteggere ◆ *vrif* ripararsi, proteggersi
amparo *sm* difesa *f*, protezione *f* ◇ riparo *m*, asilo *m* • ***al a. de*** al riparo da
amperímetro *sm* amperometro *m*
ampliación *sf* ampliamento *m* ◇ (*fot*) ingrandimento *m*
ampliar *vt* ampliare, aumentare ◇ (*fot*) ingrandire
amplificación *sf* amplificazione *f* ◇ sviluppo *m* ◇ (*fot*) ingrandimento *m*
amplificar *vt* amplificare
amplio *a* ampio, vasto, spazioso
amplitud *sf* ampiezza *f*
ampolla *sf* vescica *f* ◇ fiala *f*
amputación *sf* amputazione *f*

amputar *vt* amputare
amueblar *vt* ammobiliare
amura *sf* (*naut*) mura *f*
amurallar *vt* cingere di mura ◇ fortificare
anacronismo *sm* anacronismo *m*
ánade *sm* anatra *f*
analfabeto *a/sm* analfabeta *m/f*
analgésico *a/sm* analgesico *m*
análisis *sm* analisi *f*
analista *sm/f* analista *m/f*
analizar *vt* analizzare
analogía *sf* analogia *f*
análogo *a* analogo
anaquel *sm* ripiano *m*, scaffale *m*
anaranjado *a/sm* arancione *m*
anarquía *sf* anarchia *f*
anárquico *a* anarchico
anarquista *a/sm/f* anarchico *m*
anatema *sm/f* anatema *m*
anatomía *sf* anatomia *f*
ancho *a* largo, ampio ◇ libero ◇ orgoglioso ◆ *sm* larghezza *f* ● ***a lo a.*** in larghezza; ***a sus anchas*** a proprio agio; ***ponerse muy a.*** inorgoglirsi
anchoa *sf* acciuga *f*
anchura *sf* ampiezza *f*, larghezza *f*
anchuroso *a* spazioso
ancianidad *sf* anzianità *f*
anciano *a/sm* anziano *m*
ancla *sf* ancora *f* ● ***echar/levar anclas*** gettare/levare l'ancora
anclaje *sm* ancoraggio *m*
anclar *vi* ancorare
áncora *sf* ancora *f*
andadura *sf* andatura *f*
andaluz *a/sm* andaluso *m*
andar *vt* percorrere ◆ *vi* camminare ◇ funzionare ◇ passare ● ***¡anda!*** caspita!; ***a. bueno de salud*** star bene; ***a. triste*** essere triste
andén *sm* (*ferr*) banchina *f*
andrajo *sm* straccio *m*
andrajoso *a* cencioso, straccione
andurriales *sm pl* periferia *f*
anécdota *sf* aneddoto *m*
anegar *vt* annegare ◇ inondare ◆ *vrif* allagarsi
anejo *a* annesso, connesso
anemia *sf* anemia *f*
anémona *sf* anemone *m*
anestesia *sf* anestesia *f*
anestesiar *vt* anestetizzare
anestésico *a/sm* anestetico *m*
aneurisma *sm* aneurisma *m*
anexar *vt* annettere
anexión *sf* annessione *f*
anfibio *a/sm* anfibio *m*
anfiteatro *sm* anfiteatro *m*
ánfora *sf* anfora *f*
ángel *sm* angelo *m* ● ***tener á.*** avere fascino
angélico *a* angelico
angina *sf* angina *f* ● ***a. de pecho*** angina pectoris
anglicano *a/sm* anglicano *m*
anglicismo *sm* anglicismo *m*
anglosajón *a/sm* anglosassone *m/f*
angosto *a* stretto

angostura *sf* strettoia *f* ◇ (*fig*) ristrettezza *f*
anguila *sf* anguilla *f*
angular *a* angolare
ángulo *sm* angolo *m*
anguloso *a* angoloso
angustia *sf* oppressione *f* ◇ angoscia *f*, ansietà *f*
angustiado *a* angosciato
angustiar *vt* angosciare ◆ *vrif* angosciarsi
anhelar *vt* desiderare, anelare a ◆ *vi* ansimare
anhelo *sm* desiderio *m*, aspirazione *f*
anidar *vt* accogliere ◆ *vi* fare il nido ◇ annidarsi
anillo *sm* anello *m* ● ***a. de boda*** fede
ánima *sf* anima *f*
animación *sf* animazione *f*, movimento *m*
animado *a* animato ◇ incoraggiato
animal *a/sm* animale *m*
animar *vt* animare ◇ rallegrare ◇ invogliare, incitare ◆ *vrif* decidersi
ánimo *sm* animo *m* ● ***¡á.!*** coraggio!; ***caerse de á.*** scoraggiarsi; ***tener á. de*** avere intenzione di
animoso *a* coraggioso
aniquilar *vt* distruggere ◆ *vrif* annientarsi ◇ deteriorarsi
anís *sm* anice *m*
aniversario *sm* anniversario *m*, ricorrenza *f*
ano *sm* ano *m*
anoche *avv* ieri sera
anochecer *sm* crepuscolo *m* ◆ *vi* annottare, imbrunire
anomalía *sf* anomalia *f*
anómalo *a* anomalo
anonadamiento *sm* annientamento *m*
anonadar *vt* annientare ◇ prostrare, abbattere ◆ *vrif* abbattersi
anónimo *a/sm* anonimo *m*
anorexia *sf* anoressia *f*
anormal *a* anormale
anotación *sf* annotazione *f*, appunto *m*
anotar *vt* annotare ◇ registrare
ansia *sf* ansia *f*, desiderio *m* ◇ ansia *f*, angoscia *f*
ansiar *vt* desiderare
ansiedad *sf* ansietà *f*
ansioso *a* ansioso ◇ desideroso ◇ avido
antagonista *sm/f* antagonista *m/f*
antártico *a* antartico
ante (1) *sm* alce *m*
ante (2) *prep* davanti a, in presenza di ◇ in confronto a ● ***a. todo*** innanzi tutto
anteanoche *avv* l'altro ieri sera
anteayer *avv* l'altro ieri
antebrazo *sm* avambraccio *m*
antecama *sf* scendiletto *m*
antecedente *a* antecedente, precedente ◆ *sm* precedente *m* ● ***antecedentes penales*** prece-

denti penali; ***estar en a.*** essere al corrente
anteceder *vt* precedere
antecesor *sm* predecessore *m*
antedicho *a* suddetto
antelación *sf* anticipo *m*
antena *sf* antenna *f* • ***a. parabólica*** antenna parabolica; ***a. satelital*** antenna satellitare
anteojo *sm* cannocchiale *m* ◇ *al pl* (*Am*) occhiali *m pl*
antepasado *sm* antenato *m*
anteponer *vt* anteporre ◇ preferire
anterior *a* anteriore
anterioridad *sf* anteriorità *f*
antes *avv* prima, anteriormente ◇ un tempo ◇ avanti, davanti • ***a. bien*** piuttosto; ***a. de*** prima di; ***a. de Cristo*** avanti Cristo; ***a. que*** prima di; ***lo a. posible*** al più presto
antesala *sf* anticamera *f*
antiaéreo *a* contraereo
antiatómico *a* antiatomico
antibiótico *a/sm* antibiotico *m*
anticiclón *sm* anticiclone *m*
anticipación *sf* anticipazione *f* ◇ anticipo *m*
anticipar *vt* anticipare
anticipo *sm* anticipo *m* ◇ (*comm*) acconto *m*
anticoncepcional *a/sm* anticoncezionale *m*
anticonceptivo *a/sm* anticoncezionale *m*
anticonformismo *sm* anticonformismo *m*
anticuado *a* antiquato
anticuariado *sm* antiquariato *m*
anticuario *sm* antiquario *m*
anticuerpo *sm* anticorpo *m*
antideslizante *a* antiscivolo
antideslumbrante *a* antiabbagliante
antídoto *sm* antidoto *m*
antifaz *sm* maschera *f*
antífona *sf* antifona *f*
antigripal *a* antinfluenzale
antiguamente *avv* anticamente
antigüedad *sf* antichità *f* ◇ (*di lavoro*) anzianità *f*
antiguo *a/sm* antico *m* • ***a la antigua*** all'antica; ***de a.*** anticamente, un tempo
antihemorrágico *a* antiemorragico
antihielo *a/sm* antigelo *m*
antihistamímico *a* antistaminico
antílope *sm* antilope *f*
antineurálgico *a* antinevralgico
antioxidante *a* antiossidante
antipatía *sf* antipatia *f*
antipático *a* antipatico
antípodas *sm pl* antipodi *m pl*
antipulgas *a* antipulci
antirreumático *a/sm* antireumatico *m*
antirrobo *sm* antifurto *m*
antiséptico *a/sm* antisettico *m*
antisísmico *a* antisismico
antítesis *sf* antitesi *f*

antitetánico *a* antitetanico
antojadizo *a* capriccioso ◇ volubile
antojarse *vrif* venir voglia, incapricciarsi ◇ immaginare, figurarsi • ***se me antoja que lloverá*** penso che pioverà
antojo *sm* capriccio *m*, desiderio *m* ◇ (*sulla pelle*) voglia *f*
antología *sf* antologia *f*
antorcha *sf* fiaccola *f*, torcia *f*
antracita *sf* antracite *f*
antropología *sf* antropologia *f*
antropólogo *sm* antropologo *m*
antropomorfo *a* antropomorfo
anual *a* annuale
anualidad *sf* annualità *f*
anuario *sm* annuario *m*
anublar *vt* rannuvolare ◆ *vrif* annuvolarsi, rannuvolarsi ◇ (*fig*) annebbiarsi, offuscarsi
anudar *vt* annodare
anuencia *sf* assenso *m*
anulación *sf* annullamento *m*
anular *a/sm* anulare *m* ◆ *vt* annullare, cancellare ◆ *vrif* umiliarsi
anunciar *vt* annunciare ◇ preannunciare ◆ *vrif* presentarsi
anuncio *sm* annuncio *m* ◇ pronostico *m* • ***a. luminoso*** insegna luminosa; ***a. por palabras*** annuncio economico
anuo *a* annuo
anzuelo *sm* amo *m* ◇ (*fig*) attrattiva *f* • ***picar en el a.*** farsi prendere all'amo
añadido *a* posticcio ◆ *sm* aggiunta *f*
añadidura *sf* aggiunta *f* • ***por a.*** per giunta
añadir *vt* aggiungere, incorporare ◇ aumentare
añejo *a* stravecchio, stagionato
añicos *sm pl* pezzi *m pl* • ***hacerse a.*** andare in pezzi
año *sm* anno *m*, annata *f* • ***a. bisiesto*** anno bisestile; ***a. entrante*** anno prossimo; ***a. escolar*** anno scolastico; ***entrado en años*** anziano; ***estar de buen a.*** essere in buona salute; ***¡feliz a.!*** buon anno!
añoranza *sf* nostalgia *f*, rimpianto *m*
añorar *vt* rimpiangere
aorta *sf* aorta *f*
aovado *a* ovoidale
apacentar *vt* pascolare ◇ (*fig*) educare
apacible *a* affabile, gradevole ◇ mite
apaciguar *vt* pacificare, riconciliare ◆ *vrif* calmarsi ◇ riconciliarsi
apagado *a* spento ◇ smorzato ◇ mediocre
apagamiento *sm* spegnimento *m*
apagar *vt* spegnere ◇ calmare, attenuare ◇ soffocare ◆ *vrif* spegnersi • ***¡apaga y vámonos!*** finiamola!
apalabrar *vt* accordarsi su
apalear *vt* bastonare, picchiare

aparador *sm* (*mobile*) credenza *f*
aparato *sm* apparato *m* ◇ congegno *m*, apparecchio *m*
aparatoso *a* spettacolare, appariscente
aparcamiento *sm* parcheggio *m*
aparcar *vt* parcheggiare • ***prohibición de a.*** divieto di sosta
aparecer *vi* apparire, presentarsi ◇ (*di libro*) uscire ◇ giungere (di sorpresa) ◆ *vrif* manifestarsi
aparecido *sm* fantasma *m*
aparejar *vt* preparare ◇ allestire, attrezzare ◇ (*cavallo*) bardare
aparejo *sm* preparazione *f* ◇ attrezzatura *f* ◇ bardatura *f*
aparentar *vt* simulare ◇ dimostrare ◆ *vi* farsi notare
aparente *a* apparente ◇ simulato
aparición *sf* apparizione *f*, comparsa *f*
apariencia *sf* apparenza *f*, aspetto *m*
apartado *a* appartato ◇ lontano ◆ *sm* casella *f* postale ◇ (*dir*) comma *m*
apartamento *sm* appartamento *m*
apartamiento *sm* separazione *f*, allontanamento *m* ◇ (*Am*) appartamento *m*
apartar *vt* separare, dividere ◇ allontanare, spostare ◆ *vrif* allontanarsi ◇ appartarsi, ritirarsi
aparte *avv* in disparte ◇ a parte ◇ inoltre, oltre a • ***dejar a.*** lasciare da parte; ***punto y a.*** punto e a capo
apasionar *vt* appassionare ◆ *vrif* appassionarsi
apatía *sf* apatia *f*
apático *a/sm* apatico *m*
apeadero *sm* (*ferr*) stazione *f* (secondaria) ◇ (piccolo) appartamento *m*
apear *vt* far scendere ◆ *vrif* scendere, smontare
apedrear *vt* prendere a sassate ◆ *vimp* grandinare ◆ *vrif* prendersi a sassate
apegarse *vrif* affezionarsi
apego *sm* affetto *m*
apelación *sf* appello *m* ◇ (*dir*) ricorso *m*
apelar *vi* fare appello ◇ (*dir*) ricorrere in appello
apellidar *vt* chiamare (per nome) ◇ nominare ◆ *vrif* chiamarsi di cognome
apellido *sm* cognome *m* ◇ soprannome *m*, appellativo *m*
apenar *vt* affliggere ◆ *vrif* affliggersi
apenas *avv* appena ◇ quasi ◆ *cong* (non) appena
apéndice *sm* appendice *f*
apendicitis *sf* appendicite *f*
apercibimiento *sm* avvertimento *m*

apercibir *vt* preparare, disporre ◇ avvisare ◇ ammonire ◆ *vrif* prepararsi ◇ accorgersi
aperitivo *sm* aperitivo *m*
apero *sm* attrezzo *m*
apertura *sf* apertura *f*
apestar *vt* appestare ◇ molestare, infastidire ◆ *vi* puzzare ◇ abbondare ● ***el mercado está que apesta de fruta*** il mercato abbonda di frutta
apetecer *vt* desiderare, aver voglia di ◆ *vi* gradire
apetecible *a* appetibile, desiderabile ◇ gradevole
apetito *sm* appetito *m* ● ***abrir el a.*** stuzzicare l'appetito
apiadarse *vrif* impietosirsi
ápice *sm* apice *m*
apiñar *vt* ammucchiare ◆ *vrif* accalcarsi
apio *sm* sedano *m*
apisonar *vt* spianare
aplacar *vt* attenuare, mitigare ◆ *vrif* mitigarsi
aplanar *vt* livellare, spianare ◆ *vrif* abbattersi
aplastar *vt* schiacciare ◇ abbattere, sopraffare
aplaudir *vt/i* applaudire
aplauso *sm* applauso *m*
aplazamiento *sm* rinvio *m*, proroga *f*
aplazar *vt* rinviare, dilazionare, posticipare
aplicación *sf* applicazione *f*
aplicar *vt* applicare ◇ utilizzare ◆ *vrif* applicarsi
aplomo *sm* verticalità *f* ◇ aplomb *m*
apnea *sf* apnea *f*
apocado *a* timido
apocalipsis *sm* apocalisse *f*
apodar *vt* soprannominare
apoderado *sm* delegato *m*, rappresentante *m/f*
apoderar *vt* conferire la procura a ◆ *vrif* impadronirsi ● ***apoderarse del mando*** assumere il comando (con la violenza)
apodo *sm* soprannome *m*
apogeo *sm* apogeo *m*
apología *sf* apologia *f*
apoplejía *sf* apoplessia *f*
aporrear *vt* bastonare, picchiare ◆ *vrif* picchiarsi
aportar *vt* apportare ◇ contribuire con, portare
aposentar *vt* alloggiare, ospitare ◆ *vrif* installarsi
aposento *sm* alloggio *m* ◇ stanza *f*, camera *f*
apostadero *sm* postazione *f*
apostante *sm/f* scommettitore *m*
apostar *vt* appostare ◇ puntare, scommettere ◆ *vrif* appostarsi
apostilla *sf* postilla *f*
apóstol *sm* apostolo *m*
apostólico *a* apostolico
apostrofar *vt* apostrofare
apóstrofo *sm* apostrofo *m*
apostura *sf* eleganza *f*
apoyar *vt* appoggiare ◇ favorire, sostenere ◆ *vrif* appoggiarsi, sostenersi

apoyo *sm* appoggio *m*, sostegno *m*

apreciación *sf* apprezzamento *m*

apreciar *vt* valutare, stimare ◇ apprezzare

aprehender *vt* prendere, acciuffare ◇ apprendere, percepire

aprehensión *sf* cattura *f* ◇ percezione *f*

apremiante *a* urgente

apremiar *vt* urgere, premere ◇ costringere

apremio *sm* premura *f*, fretta *f* ◇ sollecito *m* ◇ mora *f* (per ritardo di pagamento)

aprender *vt* apprendere, imparare • ***a. de memoria*** imparare a memoria

aprendiz *sm* apprendista *m/f*, principiante *m/f*

aprendizaje *sm* apprendistato *m*, tirocinio *m*

aprensión *sf* timore *m*, scrupolo *m* ◇ preconcetto *m*

apresar *vt* catturare, prendere

aprestar *vt* preparare, allestire ◇ (*tess*) apprettare ◆ *vrif* apprestarsi, prepararsi

apresto *sm* preparazione *f* ◇ (*tess*) appretto *m*

apresurado *a* frettoloso

apresuramiento *sm* fretta *f*

apresurar *vt* affrettare ◇ anticipare ◆ *vrif* affrettarsi, precipitarsi

apretado *a* stretto ◇ difficile, arduo ◇ (*fam*) tirchio

apretar *vt* stringere ◇ premere, schiacciare ◇ sollecitare ◆ *vi* intensificarsi ◆ *vrif* accalcarsi • ***a. a correr*** accelerare la corsa; ***a. el pulsante*** premere il pulsante

apretón *sm* stretta *f*, pressione *f* • ***a. de manos*** stretta di mano

apretura *sf* folla *f*, calca *f* ◇ scarsezza *f*, ristrettezza *f* ◇ difficoltà *f*

aprieto *sm* difficoltà *f*, guaio *m* • ***estar en un a.*** essere in difficoltà

aprisa *avv* rapidamente

aprisco *sm* ovile *m*

aprisionar *vt* imprigionare

aprobación *sf* approvazione *f*, consenso *m*

aprobado *sm* (*a scuola*) sufficienza *f*, promozione *f*

aprobar *vt* approvare ◇ superare (un esame)

apropiación *sf* appropriazione *f*

apropiado *a* appropriato, conveniente

apropiar *vt* prendere, impadronirsi di ◇ adattare ◆ *vrif* impadronirsi

aprovechado *a* diligente, studioso ◇ profittatore

aprovechar *vt* approfittare di, utilizzare, sfruttare ◇ fare progressi in ◆ *vi* essere utile ◆ *vrif* servirsi ◇ approfittare di • ***a. la***

ocasión approfittare dell'occasione; *¡que aproveche!* buon appetito!
aprovisionar *vt* rifornire ◆ *vrif* rifornirsi
aproximación *sf* approssimazione *f*
aproximado *a* approssimato, approssimativo
aproximar *vt* approssimare, avvicinare ◆ *vrif* approssimarsi, avvicinarsi
aptitud *sf* attitudine *f*
apto *a* adatto, valido
apuesta *sf* scommessa *f*
apuesto *a* prestante, elegante
apuntar *vt* appuntire ◇ puntare ◇ indicare, mostrare ◇ appuntare, segnare, annotare ◇ suggerire ◆ *vi* spuntare
apunte *sm* appunto *m*, annotazione *f* ◇ schizzo *m* ◇ copione *m*
apuñalar *vt* pugnalare
apurado *a* bisognoso ◇ in difficoltà ◇ esatto, accurato
apurar *vt* purificare ◇ terminare, vuotare ◇ angustiare, assillare ◇ imbarazzare ◆ *vrif* angosciarsi
apuro *sm* difficoltà *f* • *estar en un a.* essere nei guai
aquel *a* quello
aquél *pr* quello
aquello *pr* quello, ciò
aquí *avv* (*luogo*) qua, qui ◇ (*tempo*) ora, adesso • *a. está* ecco qua; *a. mismo* proprio qui; *a. y allá* qua e là; *de a. a poco* tra poco; *de a. en adelante* d'ora in poi
aquietar *vt* tranquillizzare ◇ mitigare ◆ *vrif* calmarsi
árabe *a/sm/f* arabo *m*
arado *sm* aratro *m*
arancel *sm* tariffa *f*
arancelario *sm* tariffario *m*
arándano *sm* mirtillo *m*
araña *sf* ragno *m* ◇ lampadario *m* (a gocce di cristallo)
arañar *vt* graffiare ◇ raccogliere
arañazo *sm* graffio *m*
arar *vt* arare
arbitraje *sm* arbitraggio *m*
arbitrar *vt* arbitrare
arbitrario *a* arbitrario
arbitrio *sm* arbitrio *m*
árbitro *sm* arbitro *m*
árbol *sm* albero *m*
arbolado *a* alberato ◆ *sm* bosco *m*
arbolar *vt* (*naut*) alberare ◇ inalberare
arboleda *sf* bosco *m*
arbóreo *a* arboreo
arbusto *sm* arbusto *m*
arca *sf* arca *f* ◇ cassapanca *f*
arcada *sf* arcata *f* ◇ *al pl* nausea *f*
arcádico *a* arcadico
arcaico *a* arcaico
arcángel *sm* arcangelo *m*
arcano *a* arcano
arce *sm* acero *m*
archipiélago *sm* arcipelago *m*

archivar *vt* archiviare
archivero *sm* archivista *m/f*
archivo *sm* archivio *m* ◇ (*inform*) file *m*
arcilla *sf* argilla *f*
arco *sm* arco *m* ◇ (*mus*) archetto *m* • ***a. iris*** arcobaleno
arder *vi* bruciare, ardere
ardid *sm* stratagemma *m*
ardilla *sf* scoiattolo *m*
ardor *sm* bruciore *m*, calore *m* ◇ ardore *m*, impeto *m*
arduo *a* arduo
área *sf* area *f*
arena *sf* arena *f* ◇ sabbia *f* ◇ *al pl* (*med*) calcoli *m pl*
arenga *sf* arringa *f*
arenisca *sf* arenaria *f*
arenoso *a* sabbioso
arenque *sm* aringa *f*
arete *sm* orecchino *m*
argelino *a/sm* algerino *m*
argentino *a/sm* argentino *m*
argucia *sf* arguzia *f*
argüir *vt* dedurre ◇ dimostrare ◆ *vi* argomentare
argumentación *sf* argomentazione *f*
argumento *sm* argomento *m*
aria *sf* (*mus*) aria *f*
aridez *sf* aridità *f*
árido *a* arido, secco ◇ difficile, noioso
arisco *a* scontroso, scorbutico
arista *sf* (*bot*) arista *f* ◇ spigolo *m*, intersezione *f* ◇ *al pl* difficoltà *f*
aristocracia *sf* aristocrazia *f*
aristócrata *sm/f* aristocratico *m*
aristocrático *a* aristocratico
aritmética *sf* aritmetica *f*
arma *sf* arma *f*
armada *sf* armata *f*
armadura *sf* armatura *f* ◇ struttura *f*
armamento *sm* armamento *m*
armar *vt* armare ◇ montare ◇ (*naut*) armare, allestire ◇ preparare ◆ *vrif* armarsi ◇ prepararsi • ***armarse la gorda*** succedere un putiferio
armario *sm* armadio *m* • ***a. de luna*** armadio a specchi; ***a. empotrado*** armadio a muro
armatoste *sm* oggetto *m* inutile
armazón *sm* intelaiatura *f*, armatura *f*
armiño *sm* ermellino *m*
armisticio *sm* armistizio *m*
armonía *sf* armonia *f*
armonizar *vt/i* armonizzare
arnés *sm* arnese *m*
aro *sm* cerchio *m*, anello *m* • ***pasar por el a.*** fare qc per forza
aroma *sm* aroma *m*
aromático *a* aromatico
aromatizar *vt* aromatizzare
arpa *sf* arpa *f*
arpón *sm* arpione *m*, fiocina *f*
arponear *vt* arpionare
arquear *vt* incurvare, piegare ◇ (*naut*) stazzare ◆ *vi* avere la nausea
arqueología *sf* archeologia *f*
arqueólogo *sm* archeologo *m*

arquero *sm* arciere *m* ◇ cassiere *m*
arquetipo *sm* archetipo *m*
arquibanco *sm* cassapanca *f*
arquitecto *sm* architetto *m*
arquitectónico *a* architettonico
arquitectura *sf* architettura *f*
arquitrabe *sm* architrave *m*
arrabal *sm* sobborgo *m* • ***en los arrabales*** in periferia
arraigar *vi* radicare, mettere radici ◆ *vrif* stabilirsi (in un luogo)
arrancada *sf* messa *f* in moto, accelerazione *f*
arrancar *vt* strappare, sradicare ◇ allontanare ◇ (*con violenza, astuzia*) strappare, ottenere ◇ mettere in moto ◆ *vi* mettersi in moto ◇ cominciare, originare ◆ *vrif* allontanarsi • ***a. a correr/cantar*** cominciare a correre/cantare
arranque *sm* partenza *f*, avvio *m* ◇ avviamento *m*, messa *f* in moto ◇ slancio *m*, impeto *m* ◇ scatto *m*, accesso *m*
arrasar *vt* livellare, spianare ◇ abbattere, demolire ◆ *vrif* schiarirsi
arrastrado *a* miserabile
arrastrar *vt* trascinare ◆ *vi* strisciare ◆ *vrif* strisciare ◇ umiliarsi
arrear *vt* incitare ◇ bardare ◆ *vi* affrettarsi
arrebatado *a* impetuoso ◇ violento ◇ congestionato, arrossato
arrebatador *a* travolgente, affascinante
arrebatar *vt* strappare, togliere ◆ *vrif* arrossarsi, bruciacchiarsi ◇ esaltarsi
arrebato *sm* furore *m* ◇ impeto *m*
arrebol *sm* rosso *m*
arrebujar *vt* coprire ◆ *vrif* imbacuccarsi
arreciar *vi* intensificarsi
arrecife *sm* scogliera *f*
arreglar *vt* sistemare, ordinare ◇ fissare ◇ riparare ◇ (*fig*) risolvere, regolare ◆ *vrif* sistemarsi, mettersi in ordine
arreglo *sm* regolazione *f* ◇ accordo *m* • ***con a. a*** in accordo a
arremangar *vt* rimboccare ◆ *vrif* rimboccarsi • ***arremangarse las mangas*** rimboccarsi le maniche
arremeter *vi* scagliarsi ◇ attaccare
arremetida *sf* slancio *m* ◇ attacco *m*
arrendador *sm* locatore *m*
arrendar *vt* affittare
arrendatario *sm* affittuario *m*
arreo *sm* ornamento *m* ◇ *al pl* finimenti *m pl*
arrepentirse *vrif* pentirsi
arrestar *vt* arrestare
arresto *sm* arresto *m* ◇ *al pl* energia *f* • ***a. domiciliario*** arresti domiciliari

arriar *vt* ammainare ◇ inondare ◆ *vrif* inondarsi
arriate *sm* aiuola *f*
arriba *avv* sopra, in alto, su ● *¡a.!* viva!; *de a. abajo* completamente; *ir cuesta a.* salire; *más a.* più in alto
arribar *vi* approdare, arrivare ◇ (*naut*) poggiare
arribo *sm* arrivo *m*
arriendo *sm* affitto *m*
arriesgar *vt* rischiare ◇ azzardare ◆ *vrif* arrischiarsi
arrimar *vt* avvicinare, accostare ◇ accantonare ◆ *vrif* appoggiarsi ◇ avvicinarsi ◇ aggregarsi
arrinconar *vt* mettere in disparte, accantonare ◆ *vrif* isolarsi
arroba *sf* (*inform*) chiocciola *f*
arrobar *vt* estasiare
arrobo *sm* rapimento *m*, estasi *f*
arrodillarse *vrif* inginocchiarsi
arrogancia *sf* arroganza *f*
arrogante *a* arrogante ◇ prestante
arrogarse *vrif* arrogarsi
arrojado *a* audace, intrepido
arrojar *vt* gettare, tirare ◇ (*comm*) dare, riportare ◇ (*fam*) vomitare ◆ *vrif* lanciarsi, precipitarsi ◇ decidersi ● *arrojarse a una empresa* gettarsi in un affare
arrojo *sm* audacia *f*
arrollador *a* travolgente
arrollar *vt* arrotolare ◇ travolgere ◇ sconfiggere
arropar *vt* coprire
arrope *sm* sciroppo *m*
arrostrar *vt* affrontare ◇ resistere a ◆ *vrif* far fronte a
arroyo *sm* ruscello *m*
arroz *sm* riso *m*
arrozal *sm* risaia *f*
arruga *sf* piega *f* ◇ ruga *f*
arrugado *a* grinzoso
arrugar *vt* sgualcire ◆ *vrif* incresparsi
arruinar *vt* rovinare, danneggiare ◆ *vrif* rovinarsi
arrullar *vt* tubare ◇ cullare, ninnare
arsenal *sm* arsenale *m*
arsénico *sm* arsenico *m*
arte *sm* arte *f* ◇ abilità *f*
artefacto *sm* macchina *f*, apparecchio *m*
arteria *sf* arteria *f*
artería *sf* astuzia *f*
arteriosclerosis *sf* arteriosclerosi *f*
arterioso *a* arterioso
artero *a* furbo
artesa *sf* madia *f*
artesanía *sf* artigianato *m*
artesano *sm* artigiano *m*
ártico *a* artico
articulación *sf* articolazione *f*
articular *a* articolare ◆ *vt* articolare
artículo *sm* articolo *m* ● *a. de fondo* editoriale
artífice *sm* artefice *m*

artificial *a* artificiale
artificio *sm* artificio *m*
artillería *sf* artiglieria *f*
artimaña *sf* astuzia *f*
artista *sm/f* artista *m/f*
artístico *a* artistico
artritis *sf* artrite *f*
arzobispo *sm* arcivescovo *m*
as *sm* asso *m*
asa *sf* ansa *f*, manico *m*
asado *a/sm* arrosto *m*
asador *sm* spiedo *m*
asadura *sf* frattaglie *f pl*
asaltar *vt* assalire, aggredire
asalto *sm* assalto *m* ◇ (*sport*) ripresa *f*
asamblea *sf* assemblea *f*
asar *vt* arrostire ◆ *vrif* arrostirsi
ascendencia *sf* ascendenza *f* ◇ ascendente *m*
ascender *vi* salire ◇ essere promosso ◇ salire, aumentare ◇ ammontare ◆ *vt* promuovere
ascensión *sf* ascensione *f*
ascenso *sm* salita *f* ◇ promozione *f*
ascensor *sm* ascensore *m*
asceta *sm/f* asceta *m/f*
ascetismo *sm* ascetismo *m*
asco *sm* schifo *m* ● ***dar a.*** fare schifo; ***hacer ascos*** fare lo schizzinoso
ascua *sf* brace *f* ● ***estar en ascuas*** stare sulle spine
asear *vt* pulire ◇ sistemare
asechanza *sf* insidia *f*
asechar *vt* insidiare
asediar *vt* assediare
asedio *sm* assedio *m*
asegurar *vt* assicurare ◇ fissare ◆ *vrif* assicurarsi
asemejarse *vrif* assomigliarsi, somigliarsi
asenso *sm* assenso *m*
asentado *a* equilibrato, stabile ◇ situato
asentar *vt* consolidare, rinforzare ◇ sistemare, collocare ◇ (*colpo, pugno*) assestare ◇ spianare ◇ (*comm*) registrare ◆ *vrif* stabilirsi, stanziarsi ◇ sedimentare
asentimiento *sm* assenso *m*
asentir *vi* assentire, consentire
aseo *sm* pulizia *f*
aséptico *a* asettico
asequible *a* accessibile ◇ comprensibile
aserción *sf* asserzione *f*
aserrado *a* seghettato
aserrar *vt* segare
aserrín *sm* segatura *f*
asesinato *sm* assassinio *m*, uccisione *f*
asesino *sm* assassino *m* ● ***a. en serie*** serial killer
asesor *sm* consigliere *m*
asesorar *vt* consigliare ◆ *vrif* consigliarsi
asestar *vt* puntare ◇ assestare
aseverar *vt* asseverare, affermare
asfaltado *a* asfaltato ◆ *sm* asfalto *m*
asfaltar *vt* asfaltare
asfalto *sm* asfalto *m*

asfixia *sf* asfissia *f*
asfixiar *vt* asfissiare ◆ *vrif* asfissiarsi
así *avv* così, in questo modo ● ***a. como*** non appena; ***a. mismo*** anche, ugualmente; ***a. que*** cosicché; ***a. ... como*** tanto... quanto
asiático *a/sm* asiatico *m*
asidero *sm* manico *m* ◇ appoggio *m*
asiduo *a* assiduo, costante ◆ *sm* habitué *m/f*
asiento *sm* sedia *f*, sedile *m* ◇ posto *m* a sedere ◇ ubicazione *f*, posizione *f* ◇ fondo *m* ◇ sedimento *m* ◇ (*comm*) scrittura *f* ● ***de a.*** (*di persone*) di buon senso, (*di cosa*) fisso, permanente; ***hacer a.*** consolidarsi; ***tomar a.*** sedersi
asignación *sf* assegnazione *f*
asignar *vt* assegnare
asignatura *sf* materia *f* (di insegnamento)
asilo *sm* asilo *m* ◇ protezione *f*
asimetría *sf* asimmetria *f*
asimilación *sf* assimilazione *f*
asimilar *vt* assimilare ◆ *vrif* assomigliare
asimismo *avv* ugualmente, anche
asir *vt* afferrare ◆ *vrif* afferrarsi, aggrapparsi
asistencia *sf* assistenza *f* ● ***a. jurídica*** assistenza legale
asistir *vt* assistere, aiutare ◆ *vi* assistere, essere presente
asma *sf* asma *f*
asmático *a/sm* asmatico *m*
asno *sm* asino *m*
asociación *sf* associazione *f*
asociar *vt* associare ◆ *vrif* associarsi
asolar *vt* devastare
asolear *vt* esporre al sole ◆ *vrif* abbronzarsi
asomar *vi* spuntare ◆ *vt* sporgere ◆ *vrif* affacciarsi
asombrar *vt* sbalordire ◇ ombreggiare ◆ *vrif* meravigliarsi
asombro *sm* stupore *m*, sorpresa *f*
asombroso *a* sorprendente
asomo *sm* indizio *m*, segno *m* ◇ sospetto *m* ● ***ni por a.*** neanche per sogno
asonada *sf* rivolta *f*
asordar *vt* assordare
aspartame *sm* (*chim*) aspartame *m*
aspecto *sm* aspetto *m* ● ***bajo este a.*** sotto questo aspetto; ***en todos los aspectos*** da ogni punto di vista
aspereza *sf* asprezza *f*
áspero *a* aspro ◇ ruvido, scabroso ◇ brusco
aspersión *sf* aspersione *f*
áspid *sm* aspide *m*
aspillera *sf* feritoia *f*
aspiración *sf* aspirazione *f*
aspirador *a/sm* aspiratore *m*
aspiradora *sf* aspirapolvere *m*
aspirante *a/sm/f* aspirante *m/f*
aspirar *vt* aspirare

asquerosidad *sf* schifezza *f*
asqueroso *a* schifoso, ripugnante
asta *sf* asta *f* ◇ *al pl* corna *f pl*
asterisco *sm* asterisco *m*
astigmático *a* astigmatico
astil *sm* manico *m*
astilla *sf* scaglia *f*, scheggia *f*
astillero *sm* cantiere *m* navale
astringente *a/sm* astringente *m*
astro *sm* astro *m*
astrología *sf* astrologia *f*
astrólogo *sm* astrologo *m*
astronauta *sm/f* astronauta *m/f*
astronáutico *a* astronautico
astronave *sf* astronave *f*
astronomía *sf* astronomia *f*
astronómico *a* astronomico
astrónomo *sm* astronomo *m*
astucia *sf* astuzia *f*
astuto *a* astuto
asueto *sm* vacanza *f*, ferie *f pl*
asumir *vt* assumere
asunción *sf* assunzione *f*
asunto *sm* affare *m* ◇ tema *m*, argomento *m*
asustadizo *a* timoroso
asustar *vt* spaventare ◇ scandalizzare ◆ *vrif* spaventarsi ◇ scandalizzarsi
atacador *sm* attaccante *m/f*
atacar *vt* attaccare ◇ corrodere
atadura *sf* legatura *f* ◇ laccio *m* ◇ (*fig*) impedimento *m*
atajar *vt* bloccare, arrestare ◇ interrompere ◆ *vi* prendere una scorciatoia
atajo *sm* scorciatoia *f* ◇ (*fam*) sacco *m*, mucchio *m*
atañer *vi* concernere, riguardare
ataque *sm* attacco *m*, assalto *m* ◇ (*med*) accesso *m*
atar *vt* legare ◆ *vrif* legarsi, allacciarsi ◇ turbarsi
atareado *a* occupato, indaffarato
atarear *vt* assegnare un lavoro ◆ *vrif* affaccendarsi, affannarsi
atascar *vt* ostruire, intasare ◆ *vrif* impantanarsi ◇ fermarsi
atasco *sm* ostruzione *f* ◇ ingorgo *m* ◇ ostacolo *m*
ataúd *sm* bara *f*
ataviar *vt* ornare, acconciare ◆ *vrif* abbigliarsi, acconciarsi
atávico *a* atavico
atavío *sm* abbigliamento *m*
ateísmo *sm* ateismo *m*
atemorizar *vt* spaventare ◆ *vrif* spaventarsi
atemperar *vt* moderare ◇ coordinare, adattare
atención *sf* attenzione *f* ◇ *al pl* premure *f pl* ● ***en a. a*** tenendo conto di; ***llamar la a.*** richiamare l'attenzione
atender *vt* attendere ◇ occuparsi di ◆ *vi* prestare attenzione ● ***a. al nombre de*** rispondere al nome di; ***a. el teléfono*** rispondere al telefono; ***a. por*** (*di animale*) chiamarsi
atenerse *vrif* attenersi ◇ riferirsi

atentado *sm* attentato *m*
atentamente *avv* attentamente
atentar *vi* attentare
atento *a* attento
atenuante *sf* attenuante *f*
atenuar *vt* attenuare
ateo *a/sm* ateo *m*
aterciopelado *a* vellutato
aterrador *a* terrificante
aterrar *vt* gettare a terra ◇ interrare ◇ atterrire ◆ *vi* atterrare
aterrizaje *sm* atterraggio *m*
aterrizar *vi* atterrare
aterrorizar *vt* terrorizzare
atestación *sf* attestazione *f*, testimonianza *f*
atestado *a* pieno, sovraffollato ◆ *sm* attestato *m*
atestar *vt* riempire, colmare ◇ attestare, testimoniare
atestiguar *vt* testimoniare
ático *sm* attico *m*
atildar *vt* accentare ◇ censurare
atinado *a* giudizioso ◇ adeguato
atinar *vi* azzeccare
atípico *a* atipico
atirantar *vt* tendere, tirare
atisbar *vt* guardare ◇ intravedere
atizar *vt* attizzare, ravvivare ◇ (*colpo, pugno*) assestare
atlántico *a* atlantico
atlas *sm* atlante *m*
atleta *sm/f* atleta *m/f*
atletismo *sm* atletica *f*
atmósfera *sf* atmosfera *f*
atmosférico *a* atmosferico
atolón *sm* atollo *m*
atolondramiento *sm* sbadataggine *f*
atolondrarse *vrif* stordirsi
atómico *a* atomico
átomo *sm* atomo *m*
atónito *a* attonito, sbalordito
atontar *vt* intontire ◆ *vrif* intontirsi, stordirsi
atormentar *vt* tormentare ◆ *vrif* tormentarsi
atornillar *vt* avvitare
atosigar *vt* intossicare ◇ assillare ◆ *vrif* stancarsi, annoiarsi
atracadero *sm* attracco *m*
atracador *sm* rapinatore *m*
atracar *vt* ormeggiare ◇ rapinare ◆ *vi* attraccare, ormeggiare ◆ *vrif* rimpinzarsi
atracción *sf* attrazione *f*
atraco *sm* rapina *f*, assalto *m*
atractivo *a* attraente ◆ *sm* attrattiva *f*, fascino *m*
atraer *vt* attrarre ◇ attirare, richiamare ◆ *vrif* attirarsi
atrancar *vt* ostruire ◆ *vrif* ostruirsi ◇ incepparsi
atrapar *vt* afferrare, acciuffare
atrás *avv* dietro ◇ indietro, di dietro ◇ precedentemente ● *cuenta a.* conto alla rovescia
atrasado *a* arretrato ◇ in ritardo ◇ sorpassato ◇ ritardato
atrasar *vt* (*orologio*) mettere indietro ◇ ritardare ◆ *vi* (*di orologio*) andare indietro ◆ *vrif* ritardare, essere in ritardo

atraso *sm* ritardo *m* ◇ *al pl* arretrati *m pl*
atravesar *vt* attraversare ◆ *vrif* mettersi di traverso ◇ intromettersi ● ***se me atraviesa*** non lo sopporto
atrayente *a* attraente
atreverse *vrif* azzardarsi
atrevido *a* spericolato ◇ insolente
atrevimiento *sm* temerarietà *f* ◇ sfacciataggine *f*
atribución *sf* attribuzione *f*
atribuible *a* attribuibile
atribuir *vt* attribuire ◆ *vrif* attribuirsi
atributo *sm* attributo *m* ◇ simbolo *m*
atrio *sm* atrio *m*
atrocidad *sf* atrocità *f*
atrofia *sf* atrofia *f*
atrofiarse *vrif* atrofizzarsi
atropellado *a* precipitoso
atropellar *vt* spingere ◇ travolgere ◇ (*aut*) investire ◇ maltrattare, insultare ◆ *vrif* affrettarsi, precipitarsi
atropello *sm* precipitazione *f* ◇ (*aut*) investimento *m* ◇ violazione *f* ◇ affronto *m*, insulto *m*
atroz *a* atroce, terribile ◇ crudele
atuendo *sm* abbigliamento *m* ◇ ostentazione *f*
atún *sm* tonno *m*
aturdimiento *sm* stordimento *m*
aturdir *vt* stordire ◇ sorprendere
audacia *sf* audacia *f*
audaz *a* audace
audición *sf* audizione *f*
audiencia *sf* udienza *f*
audiovisual *a* audiovisivo
auditorio *sm* auditorio *m*
auge *sm* auge *f*
augurar *vt* predire
aula *sf* aula *f*
áulico *a* aulico
aullar *vi* ululare
aullido *sm* ululato *m*
aumentar *vt/i* aumentare ◆ *vrif* crescere
aumentativo *a* (*gramm*) accrescitivo
aumento *sm* aumento *m*
aun *avv* fino, perfino ◇ anche ● ***a. cuando*** sebbene; ***ni a.*** neppure se
aún *avv* ancora
aunar *vt* unire ◆ *vrif* unirsi
aunque *cong* benché, sebbene
¡aúpa! *inter* su!
áureo *a* aureo
aureola *sf* aureola *f*
auricular *a/sm* auricolare *m*
aurora *sf* aurora *f*
auscultación *sf* auscultazione *f*
auscultar *vt* auscultare
ausencia *sf* assenza *f*
ausentarse *vrif* assentarsi
ausente *a/sm/f* assente *m/f*
austeridad *sf* austerità *f*
austero *a* austero

australiano *a/sm* australiano *m*
austríaco *a/sm* austriaco *m*
autenticación *sf* autenticazione *f*
autenticar *vt* autenticare
autenticidad *sf* autenticità *f*, genuinità *f*
auténtico *a* autentico
auto *sm* (*dir*) ordinanza *f* ◇ *al pl* (*dir*) atti *m pl* ◇ (*fam*) auto *f*
autoadhesivo *a* autoadesivo
autobiografía *sf* autobiografia *f*
autobiográfico *a* autobiografico
autobús *sm* autobus *m*
autocar *sm* pullman *m*, corriera *f*
autóctono *a* autoctono
autodefensa *sf* autodifesa *f*
autodidacta *a/sm/f* autodidatta *m/f*
autódromo *sm* autodromo *m*
autoescuela *sf* autoscuola *f*
autoestopista *sm/f* autostoppista *m/f*
autogol *sm* autogol *m*
autógrafo *a/sm* autografo *m*
autolavado *sm* autolavaggio *m*
automático *a/sm* automatico *m*
automóvil *sm* automobile *f* • ***a. eléctrico*** auto elettrica
automovilismo *sm* automobilismo *m*
automovilista *sm/f* automobilista *m/f*
automovilístico *a* automobilistico
autonomía *sf* autonomia *f*
autónomo *a* autonomo
autopista *sf* autostrada *f*, superstrada *f*
autopsia *sf* autopsia *f*
autor *sm* autore *m*
autoridad *sf* autorità *f*
autorización *sf* autorizzazione *f*
autorizado *a* autorizzato ◇ autorevole
autorizar *vt* autorizzare, permettere ◇ (*documenti*) autenticare
autorradio *sm* autoradio *f*
autorretrato *sm* autoritratto *m*
autorreverse *sm* autoreverse *m*
autoservicio *sm* self-service *m*
autostop *sm* autostop *m*
autosuficiente *a* autosufficiente
auxiliar *vt* aiutare, soccorrere
avalancha *sf* valanga *f*
avalar *vt* avallare
avalorar *vt* avvalorare
avaluación *sf* valutazione *f*
avaluar *vt* valutare
avance *sm* avanzata *f* ◇ anticipo *m*
avanzada *sf* avamposto *m*
avanzar *vi* avanzare ◆ *vt* superare
avaricia *sf* avarizia *f*
avariento *a/sm* avaro *m*
avaro *a/sm* avaro *m*
ave *sf* uccello *m*
avellana *sf* nocciola *f*
avellanado *a* (color) nocciola

avellano *sm* (*bot*) nocciolo *m*
avena *sf* avena *f*
avenida *sf* corso *m*, viale *m* ◇ (*di fiume*) piena *f*
avenir *vt* accordare ◆ *vi* avvenire ◆ *vrif* concordare ◇ accordarsi
aventajar *vt* superare ◆ *vrif* primeggiare
aventar *vt* ventilare ◇ gettare al vento ◇ dissipare, disperdere ◆ *vrif* gonfiarsi (al vento)
aventura *sf* avventura *f*
aventurero *sm* avventuriero *m*
avergonzar *vt* svergognare ◆ *vrif* vergognarsi
avería *sf* avaria *f*, guasto *m*
averiado *a* avariato, guasto
averiarse *vrif* guastarsi, avariarsi
averiguación *sf* indagine *f*
averiguar *vt* indagare
aversión *sf* avversione *f*
avestruz *sm* struzzo *m*
aviación *sf* aviazione *f*
aviador *sm* aviatore *m*
avicultura *sf* avicoltura *f*
avidez *sf* avidità *f*
ávido *a* avido
avinagrar *vt* far inacidire ◆ *vrif* inacidirsi
avión *sm* aeroplano *m*
avisado *a* prudente, oculato
avisar *vt* avvisare, avvertire
aviso *sm* avviso *m* • ***a. de llamada*** avviso di chiamata; ***a. de llamada por vibración*** avviso di chiamata a vibrazione
avispa *sf* vespa *f*
avispado *a* vispo
avispar *vt* spronare ◆ *vrif* svegliarsi
avispero *sm* vespaio *m*
avistar *vt* avvistare
avivar *vt* ravvivare ◆ *vi/rif* ravvivarsi
avocar *vt* avocare
axila *sf* ascella *f*
axioma *sm* assioma *m*
¡ay! *inter* ahi! • ***¡ay de mí!*** povero me!
ayer *avv* ieri
ayuda *sf* aiuto *m*, soccorso *m*
ayudar *vt* aiutare ◆ *vrif* aiutarsi
ayunar *vi* digiunare
ayunas, en *avv* a digiuno
ayuno *a/sm* digiuno *m*
ayuntamiento *sm* municipio *m*, comune *m*
azadón *sm* zappa *f*
azafata *sf* hostess *f*
azafrán *sm* zafferano *m*
azalea *sf* azalea *f*
azar *sm* caso *m* ◇ azzardo *m*, rischio *m*
azaroso *a* avventuroso, rischioso ◇ incerto
azogue *sm* mercurio *m*
azoramiento *sm* sgomento *m*
azorar *vt* turbare ◆ *vrif* turbarsi
azotamiento *sm* fustigazione *f*
azotar *vt* frustare ◇ danneggiare
azotea *sf* terrazza *f*
azúcar *sm* zucchero *m*
azucarado *a* zuccherato

azucarar *vt* zuccherare
azucarera *sf* zuccheriera *f*
azucena *sf* giglio *m*
azufrado *a* solforoso
azufre *sm* zolfo *m*
azul *a/sm* azzurro *m*, blu *m*
azulado *a* azzurro
azuzar *vt* incitare

B

baba *sf* bava *f*
babear *vi* sbavare
babero *sm* bavaglino *m*
baboso *a* bavoso
babucha *sf* babbuccia *f*
bacalao *sm* merluzzo *m*
bacanal *sf* baccanale *m*
bache *sm* buca *f* ◇ calo *m*
bachiller *sm/f* diplomato *m*
bachillerato *sm* scuola *f* media superiore
bacilo *sm* bacillo *m*
back-up *sm* (*inform*) backup *m*
bacteria *sf* batterio *m*
bacteriología *sf* batteriologia *f*
báculo *sm* bastone *m* ◇ (*fig*) appoggio *m*
badajo *sm* batacchio *m*
badulaque *sm/f* imbecille *m/f*
bagaje *sm* equipaggiamento *m*, bagaglio *m* ◇ (*fig*) bagaglio *m*
bagatela *sf* bagatella *f*
bahía *sf* baia *f*
bailador *a/sm* ballerino *m*
bailar *vt/i* ballare
bailarín *sm* ballerino *m*
baile *sm* ballo *m* • ***b. de máscaras*** ballo in maschera
baja *sf* calo *m*, abbassamento *m* ◇ ribasso *m* ◇ (*mil*) perdita *f* • ***darse de b.*** dimettersi; mettersi in mutua; ***estar de b.*** essere in mutua
bajada *sf* discesa *f*
bajamar *sf* bassa marea *f*
bajar *vi* scendere ◇ diminuire, calare ◆ *vt* abbassare, calare ◇ diminuire ◇ (*inform*) fare il download, scaricare ◆ *vrif* scendere ◇ abbassarsi, chinarsi
bajeza *sf* bassezza *f*, viltà *f*
bajío *sm* bassofondo *m*
bajo *a* basso ◇ inferiore, scadente ◆ *avv* basso ◇ piano, sottovoce ◆ *prep* sotto ◆ *sm* (*mus*) basso *m* ◇ pianterreno *m* ◇ bassofondo *m* • ***b. llave*** sotto chiave
bajorrelieve *sm* bassorilievo *m*
bala *sf* pallottola *f*, proiettile *m* ◇ (*di carta, cotone*) balla *f*
balada *sf* ballata *f*
baladí *a* futile
balance *sm* oscillazione *f* ◇ bilancio *m*
balancear *vt* dondolare ◇ equilibrare

balanceo *sm* oscillazione *f*
balancín *sm* (sedia a) dondolo *m* ◇ contrappeso *m* ◇ altalena *f*
balanza *sf* bilancia *f* ● ***b. de pagos*** bilancia dei pagamenti
balar *vi* belare
balaustrada *sf* balaustra *f*
balazo *sm* sparo *m* ◇ ferita *f* (di arma da fuoco)
balbucear *vi* balbettare
balbuceo *sm* balbettio *m*
balcón *sm* balcone *m*
balconada *sf* balconata *f*
baldaquín *sm* baldacchino *m*
baldar *vt* paralizzare ◇ danneggiare ◆ *vrif* sfinirsi
balde *sm* secchio *m* ● ***de b.*** gratuitamente; ***en b.*** invano
baldío *a* incolto, sterile ◇ vano
baldosa *sf* mattonella *f*, piastrella *f*
balido *sm* belato *m*
ballena *sf* balena *f*
ballenera *sf* baleniera *f*
ballesta *sf* balestra *f*
ballet *sm* balletto *m*
balneario *a* termale ◆ *sm* terme *fpl*
balón *sm* pallone *m* ◇ bombola *f*
baloncesto *sm* pallacanestro *f*
balsa *sf* stagno *m* ◇ zattera *f*
balsámico *a* balsamico
bálsamo *sm* balsamo *m*
bambolear *vi/rif* oscillare
banal *a* banale
banalidad *sf* banalità *f*
banana *sf* banana *f*
banca *sf* panca *f* ◇ banca *f* ◇ (*nei giochi*) banco *m*
bancal *sm* terrazzo *m*
bancarrota *sf* bancarotta *f*
banco *sm* panchina *f* ◇ banco *m* (da lavoro) ◇ banca *f* ◇ (*geogr, di pesci*) banco *m* ● ***b. de datos*** banca dati; ***b. de hielo*** banchisa
banda *sf* banda *f*, fascia *f*, nastro *m* ◇ lato *m*, parte *f* ◇ (*zool*) branco *m* ◇ (*fam*) banda *f*, gruppo *m* ◇ (*mus*) banda *f* ● ***b. magnética*** nastro magnetico; ***de b. a b.*** da parte a parte
bandada *sf* (*zool*) stormo *m* ◇ gruppo *m*
bandazo *sm* sbandata *f*
bandear *vi* sbandare
bandeja *sf* vassoio *m*
bandera *sf* bandiera *f* ● ***b. a media asta*** bandiera a mezz'asta
banderín *sm* bandierina *f*, insegna *f*
bandido *sm* bandito *m*
bando *sm* bando *m*, proclama *m* ◇ fazione *f*, partito *m*
bandolera *sf* tracolla *f*
bandolero *sm* brigante *m*
banquero *sm* banchiere *m*
banqueta *sf* sgabello *m*
banquillo *sm* banchetto *m* ◇ banco *m* (degli accusati)
banquisa *sf* banchisa *f*
bañador *sm* costume *m* da bagno
bañar *vt* bagnare ◇ ricoprire ◆ *vrif* bagnarsi, fare il bagno ●

bañado en sangre coperto di sangue; ***bañado en sudor*** in un bagno di sudore
bañera *sf* vasca *f*
bañero *sm* bagnino *m*
bañista *sm/f* bagnante *m/f*
baño *sm* bagno *m* • ***darse un b.*** fare un bagno
baptisterio *sm* battistero *m*
baqueta *sf* bacchetta *f*
baquetear *vt* molestare
baqueteo *sm* scossone *m*
baquiano *a* esperto ◆ *sm* guida *f*
barahúnda *sf* baraonda *f*
baraja *sf* mazzo *m* di carte
barajar *vt* (*carte*) mescolare ◇ confondere ◆ *vi* litigare
baranda *sf* ringhiera *f*, sponda *f*
barandilla *sf* ringhiera *f* ◇ corrimano *m*
baratija *sf* cianfrusaglia *f*
baratillo *sm* mercatino *m* ◇ cianfrusaglie *f pl*
barato *a* economico, a buon prezzo ◆ *sm* svendita *f* ◆ *avv* a buon mercato
baratura *sf* occasione *f*
barba *sf* barba *f* ◇ mento *m* ◇ *al pl* barbe *f pl*, peluria *f* • ***b. cerrada*** barba folta; ***en las barbas de alguien*** in faccia a qn
barbacoa *sf* barbecue *m*
barbado *a* barbuto
barbaridad *sf* barbarie *f* ◇ bestialità *f*, stupidaggine *f* ◇ grande quantità *f* • ***comer una b.*** mangiare moltissimo
bárbaro *a* barbaro ◇ selvaggio, incivile ◇ temerario ◇ (*fam*) stupendo ◆ *sm* barbaro *m* ◇ (*fig*) barbaro *m*, persona *f* crudele • ***pasarlo b.*** spassarsela
barbero *sm* barbiere *m*
barbilampiño *a* imberbe
barbilla *sf* mento *m*
barbitúrico *a/sm* barbiturico *m*
barbudo *a* barbuto
barca *sf* barca *f*
barcaza *sf* lancia *f*
barco *sm* barca *f*, imbarcazione *f*, nave *f* • ***b. de carga*** nave da carico; ***b. pesquero*** peschereccio
bargueño *sm* stipo *m*
barítono *sm* baritono *m*
barniz *sm* vernice *f*
barnizar *vt* verniciare
barómetro *sm* barometro *m*
barón *sm* barone *m*
barquero *sm* barcaiolo *m*
barquinazo *sm* scossone *m*
barra *sf* barra *f*, sbarra *f* ◇ (*tip*) barra *f* ◇ (*bar*) banco *m*, bancone *m* ◇ filone *m* di pane • ***b. de labios*** rossetto; ***sin pararse en barras*** senza curarsi degli ostacoli
barraca *sf* baracca *f*
barranco *sm* burrone *m*, precipizio *m* ◇ (*fig*) ostacolo *m*
barrena *sf* trapano *m*
barrenar *vt* trapanare
barrendero *sm* spazzino *m*
barrer *vt* spazzare ◇ dissipare •

b. con todo superare ogni ostacolo

barrera *sf* barriera *f* ◇ ostacolo *m* • ***barreras arquitectónicas*** barriere architettoniche; ***b. del sonido*** muro del suono; ***no reconocer barreras*** non conoscere limiti

barricada *sf* barricata *f*

barrido *sm* spazzata *f*

barriga *sf* pancia *f*, ventre *m*

barril *sm* barile *m*

barrilete *sm* barilotto *m* ◇ morsetto *m* ◇ (*di pistola*) tamburo *m*

barrio *sm* quartiere *m*, rione *m* • ***el otro b.*** l'altro mondo

barro *sm* fango *m* ◇ terracotta *f*

barroco *a/sm* barocco *m*

barroso *a* fangoso

barrote *sm* sbarra *f*

bartola, a la *loc.avv* alla leggera

bártulos *sm pl* arnesi *m pl*, utensili *m pl*

barullero *a* confusionario

barullo *sm* confusione *f*, disordine *m*

basalto *sm* basalto *m*

basamento *sm* basamento *m*

basar *vt* basare, fondare ◆ *vrif* basarsi, fondarsi

báscula *sf* bilancia *f*, bascula *f*

base *sf* base *f* ◇ appoggio *m*, sostegno *m* • ***a b. de bien*** molto

básico *a* basilare, fondamentale ◇ (*chim*) basico

basílica *sf* basilica *f*

basilisco *sm* basilisco *m* • ***como un b.*** come una furia

bastante *a* sufficiente, parecchio ◆ *avv* abbastanza, assai

bastar *vi/rif* bastare • ***¡basta!*** basta!

bastardilla *a/sf* corsivo *m*

bastardo *a/sm* bastardo *m*

bastidor *sm* telaio *m*, armatura *f* ◇ (*teat*) quinta *f*

bastión *sm* bastione *m*

basto *a* rozzo, volgare ◇ grezzo ◆ *sm* (*carte da gioco*) bastone *m*

bastón *sm* bastone *m*

basura *sf* immondizia *f*, spazzatura *f* • ***cubo de la b.*** secchio della spazzatura

basural *sm* discarica *f*

basurero *sm* spazzino *m* ◇ discarica *f*

bata *sf* vestaglia *f* ◇ camice *m*

batacazo *sm* caduta *f*

batahola *sf* chiasso *m*

batalla *sf* battaglia *f*

batallar *vi* battagliare, combattere

batata *sf* batata *f*, patata *f* dolce

batea *sf* vassoio *m* ◇ cassone *m*

batería *sf* batteria *f* • ***b. de litio*** batteria al litio

batida *sf* (*di caccia, di polizia*) battuta *f*

batido *a* battuto, sbattuto ◇ (*di tela*) cangiante ◆ *sm* frullato *m*

batidor *sm* frullatore *m* ◇ esploratore *m*, battistrada *m*

batidora *sf* frullatore *m*

batiente *a/sm* battente *m*
batir *vt* battere, colpire ◇ sbattere ◇ perlustrare ◇ vincere, superare ◆ *vrif* battersi, combattere ● *batirse en retirada* battere in ritirata
batuta *sf* bacchetta *f* ● *llevar la b.* comandare
baúl *sm* baule *m*
bauprés *sm* bompresso *m*
bautismo *sm* battesimo *m*
bautizar *vt* battezzare
baya *sf* bacca *f*
bayeta *sf* strofinaccio *m*
bayoneta *sf* baionetta *f*
bayonetazo *sm* colpo *m* di baionetta
baza *sf* (*nei giochi di carte*) mano *f* ● *hacer b.* far fortuna
bazo *sm* milza *f*
bazofia *sf* porcheria *f*
beatificar *vt* beatificare
beatitud *sf* beatitudine *f*
beato *a* beato, felice ◇ bigotto ◆ *sm* beato *m*
bebedero *sm* abbeveratoio *m*
bebedor *a/sm* bevitore *m*
beber *vt/i* bere
bebible *a* bevibile
bebida *sf* bevuta *f* ◇ bevanda *f*, bibita *f* ● *darse a la b.* darsi al bere
beca *sf* borsa *f* di studio
becerro *sm* vitello *m*
bedel *sm* bidello *m*
befa *sf* beffa *f*
befar *vt* beffare
begonia *sf* begonia *f*
beige *a/sm* beige *m*
beldad *sf* bellezza *f*
belén *sm* presepe *m* ◇ confusione *f*
belga *a/sm/f* belga *m/f*
bélico *a* bellico
beligerante *a/sm/f* belligerante *m/f*
bellaco *a/sm* mascalzone *m* ◇ vigliacco *m*
bellaquería *sf* mascalzonata *f*
belleza *sf* bellezza *f*
bello *a* bello
bellota *sf* ghianda *f*
bemol *a/sm* bemolle *m*
bencina *sf* trielina *f*
bendecir *vt* benedire
bendición *sf* benedizione *f* ● *echar la b.* dare la benedizione
beneficencia *sf* beneficenza *f*
beneficiar *vt* beneficiare, fare del bene a ◆ *vrif* servirsi, sfruttare
beneficio *sm* beneficio *m* ◇ giovamento *m* ◇ guadagno *m* ● *a b. de* in favore di
beneficioso *a* vantaggioso
benéfico *a* benefico
benevolencia *sf* benevolenza *f*
benévolo *a* benevolo
benignidad *sf* benignità *f*
benigno *a* benigno, benevolo ◇ temperato, mite
beodo *a/sm* ubriaco *m*
berenjena *sf* melanzana *f*
berenjenal *sm* campo *m* di melanzane ◇ (*fig*) imbroglio *m*,

pasticcio *m* • ***meterse en un b.*** mettersi nei guai
berlina *sf* berlina *f*
bermejo *a* vermiglio
berrear *vi* muggire ◇ strillare
berrido *sm* muggito *m* ◇ strillo *m*
berrinche *sm* pianto *m* ◇ rabbia *f*
berza *sf* verza *f*
besamanos *sm* baciamano *m*
besar *vt* baciare ◆ *vrif* baciarsi
beso *sm* bacio *m*
bestia *sf* bestia *f* • ***b. de carga*** bestia da soma
bestialidad *sf* bestialità *f* ◇ (*fig*) enormità *f*
besugo *sm* (*zool*) pagello *m* ◇ (*fam*) stupido *m*
besuquear *vt* sbaciucchiare
betún *sm* bitume *m* ◇ lucido *m* da scarpe
biberón *sm* biberon *m*
biblia *sf* bibbia *f*
bíblico *a* biblico
bibliografía *sf* bibliografia *f*
biblioteca *sf* biblioteca *f*
bibliotecario *sm* bibliotecario *m*
bicarbonato *sm* bicarbonato *m*
bíceps *a/sm* bicipite *m*
bicho *sm* bestiola *f* ◇ animale *m* (domestico) ◇ malvagio *m*, briccone *m* • ***mal b.*** uomo malvagio
bicicleta *sf* bicicletta *f* • ***b. de carreras*** bicicletta da corsa; ***b. de montaña*** mountain bike
bicolor *a* bicolore
bidón *sm* bidone *m*, tanica *f*
biela *sf* biella *f*
bien *sm* bene *m* ◇ *al pl* beni *m pl*, ricchezze *f pl*, proprietà *f* ◆ *avv* bene ◇ molto ◇ abbastanza • ***b. ... b.*** sia... sia; ***bienes inmuebles*** beni immobili; ***más b.*** piuttosto; ***no b.*** non appena; ***si b.*** sebbene, anche se
bienaventurado *a* fortunato ◇ (*relig*) beato ◇ ingenuo
bienestar *sm* benessere *m*
bienio *sm* biennio *m*
bienvenida *sf* benvenuto *m*
bienvenido *a* benvenuto
bifamiliar *a* bifamiliare • ***chalet b.*** villetta bifamiliare
bife *sm* (*Am*) bistecca *f*
bifocal *a* bifocale
bífora *sf* bifora *f*
bifurcación *sf* biforcazione *f*
bígamo *a/sm* bigamo *m*
bigote *sm* baffo *m*
bilingüe *a* bilingue
bilingüismo *sm* bilinguismo *m*
bilioso *a* bilioso
bilis *sf* bile *f*
billar *sm* biliardo *m*
billete *sm* biglietto *m* ◇ banconota *f* • ***b. simple/de ida y vuelta*** biglietto di andata/di andata e ritorno
billetera *sf* (*Am*) portafoglio *m*
billetero *sm* portafoglio *m* (da donna)
bimensual *a* bimensile
bimestral *a* bimestrale

bimotor *a/sm* bimotore *m*
binóculo *sm* binocolo *m*
biodegradable *a* biodegradabile
biografía *sf* biografia *f*
biográfico *a* biografico
biología *sf* biologia *f*
biológico *a* biologico
biólogo *sm* biologo *m*
biombo *sm* paravento *m*
birlar *vt* rilanciare (la palla) ◇ rubare, fregare
birrete *sm* tocco *m*
birria *sf* schifezza *f*
bisabuelo *sm* bisnonno *m*
bisagra *sf* (*tecn*) cerniera *f*
bisbisar *vt* bisbigliare
bisbiseo *sm* bisbiglio *m*
bisel *sm* smusso *m*
biselar *vt* smussare
bisemanal *a* bisettimanale
bisexual *a* bisessuale
bisiesto *a* bisestile
bisnieto → **biznieto**
bisonte *sm* bisonte *m*
bisoño *sm* (*mil*) recluta *f* ◇ (*fig*) inesperto *m*
bistec *sm* bistecca *f*
bisturí *sm* bisturi *m*
bisutería *sf* bigiotteria *f*
bizarría *sf* valore *m*, gagliardia *f*
bizarro *a* valoroso ◇ generoso
bizco *a/sm* strabico *m*
biznieto *sm* pronipote *m/f*
blanca *sf* (*mus*) minima *f* ◇ moneta *f* antica • ***no tener b.*** non avere una lira
blanco *a* bianco ◆ *sm* bianco *m* ◇ bersaglio *m* ◇ scopo *m*, obiettivo *m* ◇ buco *m*, spazio *m* libero • ***dar en el b., hacer b.*** colpire il bersaglio; ***ser el b. de*** essere al centro di
blancura *sf* bianchezza *f*
blandir *vt* brandire
blando *a* morbido, soffice ◇ debole, pusillanime ◇ (*di droga*) leggero ◆ *avv* comodamente
blandura *sf* morbidezza *f* ◇ indolenza *f* ◇ mitezza *f* ◇ lusinga *f*, complimento *m*
blanquear *vt* imbiancare ◇ candeggiare ◆ *vi* imbianchire
blanqueo *sm* imbiancatura *f* ◇ candeggio *m*
blasfemar *vt* bestemmiare
blasfemia *sf* bestemmia *f*
blasfemo *a* blasfemo ◆ *sm* bestemmiatore *m*
blasón *sm* blasone *m* ◇ (*fig*) onore *m*
blasonar *vi* vantarsi
bledo *sm* (*bot*) amaranto *m* • ***no importar un b.*** non importare un fico secco
blindar *vt* blindare
bloque *sm* blocco *m* • ***b. de viviendas*** caseggiato; ***en b.*** in blocco
bloquear *vt* bloccare, chiudere
bloqueo *sm* blocco *m*
blusa *sf* camicia *f* (da donna), blusa *f*
boa *sf* (*zool*) boa *m*
boato *sm* ostentazione *f*

bobada *sf* cretinata *f*
bobalicón *a/sm* (*fam*) stupido *m*, sciocco *m*
bobina *sf* bobina *f*
bobinar *vt* arrotolare
bobo *a/sm* sciocco *m*, stupido *m*
boca *sf* bocca *f* ◇ imboccatura *f* ◇ *spec al pl* (*di fiume*) foce *f*, bocca *f* • ***a pedir de b.*** a puntino; ***b. arriba/abaco*** supino/bocconi; ***b. de fuego*** bocca da fuoco; ***b. de metro*** ingresso della metropolitana; ***b. de riego*** idrante; ***hacérsele a alguien la b. agua*** venire l'acquolina in bocca
bocacalle *sf* imbocco *m* (di una strada)
bocadillo *sm* panino *m*
bocado *sm* boccone *m* • ***b. de Adán*** pomo d'Adamo
bocanada *sf* boccata *f* ◇ sorsata *f* • ***b. de gente*** ressa
boceto *sm* bozzetto *m*
bocha *sf* boccia *f* ◇ *al pl* (gioco delle) bocce *f pl*
bochinche *sm* chiasso *m*
bochorno *sm* calore *m*, afa *f* ◇ vergogna *f*
bochornoso *a* soffocante ◇ vergognoso
bocina *sf* megafono *m* ◇ (*aut*) clacson *m*, tromba *f*
boda *sf* matrimonio *m*
bodega *sf* cantina *f* ◇ enoteca *f* ◇ (*naut*) stiva *f*
bodegón *sm* taverna *f* ◇ (*arte*) natura *f* morta
bofe *sm* polmone *m* • ***echar los bofes*** sfinirsi
bofetada *sf* schiaffo *m*
bofetón *sm* ceffone *m*
boga *sf* voga *f* • ***estar en b.*** essere in voga
bogar *vi* vogare
bogavante *sm* astice *m*
bohemio *a/sm* boemo *m* ◇ zingaro *m* ◇ bohémien *m/f*
boicotear *vt* boicottare
boina *sf* basco *m*
boj *sm* bosso *m*
bojar *vt* costeggiare
bola *sf* palla *f* ◇ bugia *f*, balla *f* • ***a b. vista*** a carte scoperte; ***cojinete de bolas*** cuscinetto a sfere; ***no dar pie con b.*** non riuscire in nulla
bolera *sf* bowling *m*
boleta *sf* biglietto *m*
boletería *sf* biglietteria *f*
boletín *sm* bollettino *m* ◇ notiziario *m* • ***b. de prensa*** comunicato stampa; ***b. escolar*** pagella
boleto *sm* schedina *f*
boliche *sm* boccino *m* ◇ (gioco dei) birilli *m pl*
bolígrafo *sm* biro *f*, penna *f* a sfera
bolín *sm* boccino *m*
bollo *sm* brioche *f* ◇ ammaccatura *f* ◇ confusione *f* • ***no estar el horno para bollos*** non essere il momento opportuno
bolsa *sf* borsa *f* ◇ sacca *f* • ***Bol-***

sa de trabajos ufficio di collocamento; *la Bolsa* la Borsa
bolsillo *sm* tasca *f* ◇ borsellino *m* • *b. de chaleco* taschino; *de b.* tascabile; *echar mano al b.* metter mano al portafoglio
bolso *sm* borsa *f*, borsetta *f*
bomba *sf* bomba *f* ◇ pompa *f* • *b. de mano* bomba a mano; *noticia b.* notizia bomba
bombardear *vt* bombardare • *b. a preguntas* bombardare di domande
bombear *vt* bombardare ◇ pompare ◇ lanciare in alto
bombero *sm* pompiere *m*
bombilla *sf* lampadina *f*
bombona *sf* bombola *f*
bombonera *sf* scatola *f* di cioccolatini
bonachón *a/sm* bonaccione *m*
bonaerense *a* di Buenos Aires ◆ *sm/f* abitante *m/f* di Buenos Aires
bonanza *sf* bonaccia *f* ◇ prosperità *f*
bondad *sf* bontà *f* • *tener la b. de* fare il favore di
bondadoso *a* buono, affettuoso
bonete *sm* berretto *m*
bonetería *sf* berretteria *f*
bonificar *vt* abbonare
bonito *a* bello, carino
bono *sm* buono *m*
boquear *vt* pronunciare ◆ *vi* boccheggiare
boquete *sm* apertura *f*
boquiabierto *a* attonito
boquilla *sf* bocchino *m* • *de b.* a parole
boquirroto *a* chiacchierone
borbollear *vi* gorgogliare
borbotar *vi* gorgogliare
borbotón *sm* gorgoglio *m* • *a borbotones* a scatti
borceguí *sm* stivaletto *m*
borda *sf* (*naut*) bordo *m*, murata *f* ◇ capanna *f* • *echar por la b.* gettare a mare, sbarazzarsi di; *fuera b.* fuoribordo
bordado *sm* ricamo *m*
bordar *vt* ricamare
borde *sm* bordo *m* ◇ margine *m*, ciglio *m* • *estar al b. de* essere molto vicino a
bordo *sm* bordo *m* • *subir a b.* salire a bordo
bordón *sm* bordone *m*
borla *sf* nappa *f* ◇ piumino *m* (da cipria)
borrachera *sf* sbornia *f* ◇ esaltazione *f*
borracho *a* sbronzo, ubriaco ◇ alcolista
borrador *sm* minuta *f*, brutta copia *f* ◇ gomma *f* per cancellare
borrajear *vt* scarabocchiare
borrar *vt* cancellare ◇ sopprimere ◆ *vrif* cancellarsi
borrasca *sf* burrasca *f*
borrascoso *a* burrascoso
borrego *sm* agnello *m* ◇ (*fig*) pecorone *m* ◇ (*in cielo*) pecorelle *f pl* ◆ *a* pecorone, tonto

borrico *a/sm* asino *m*
borrón *sm* macchia *f* ◇ difetto *m*, disonore *m* ◇ schizzo *m* ◇ brutta copia *f* • ***b. y cuenta nueva*** voltar pagina, non pensarci più
borroso *a* confuso ◇ impreciso
boscaje *sm* boscaglia *f*
bosque *sm* bosco *m*
bosquejar *vt* schizzare, abbozzare
bosquejo *sm* bozzetto *m*, schizzo *m*
bosta *sf* sterco *m*
bostezar *vi* sbadigliare
bostezo *sm* sbadiglio *m*
bota *sf* stivale *m* ◇ otre *m* • ***ponerse las botas*** far fortuna
botánica *sf* botanica *f*
botar *vt* lanciare ◇ (*naut*) varare ◇ espellere ◆ *vi* rimbalzare
botarate *sm* balordo *m*
bote *sm* balzo *m* ◇ vasetto *m*, barattolo *m* ◇ barca *f*, canotto *m* • ***dar botes de alegría*** saltare di gioia; ***de b. en b.*** pieno zeppo
botella *sf* bottiglia *f*
botica *sf* farmacia *f* ◇ bottega *f* ◇ medicine *f pl*
boticario *sm* farmacista *m/f*
botija *sf* brocca *f*
botín *sm* stivaletto *m* ◇ bottino *m*
botón *sm* bottone *m* ◇ pulsante *m* ◇ germoglio *m*
bóveda *sf* volta *f*
bovino *a/sm* bovino *m*
boxeador *sm* pugile *m*
boxeo *sm* pugilato *m*
boxer *sm* (*zool*) boxer *m* ◇ (*mutande*) boxer *m pl*
boya *sf* boa *f*
boyero *sm* bovaro *m*
bozal *a* inesperto ◇ idiota ◆ *sm* museruola *f*
bozo *sm* peluria *f*
braceaje *sm* coniazione *f* ◇ (*naut*) profondità *f*
bracear *vi* sbracciarsi ◇ nuotare (a bracciate) ◆ *vt* (*naut*) scandagliare
bracero *sm* bracciante *m/f*
braga *sf* (*mecc*) braca *f* ◇ *al pl* mutande *f pl* (da donna)
bragueta *sf* patta *f*
bramar *vi* muggire ◇ bramire
brasa *sf* brace *f*
brasero *sm* braciere *m*
brasileño *a/sm* brasiliano *m*
braveza *sf* violenza *f* ◇ valore *m*
bravío *a* selvaggio, feroce
bravo *a* valoroso, audace ◇ selvatico ◇ (*di mare*) agitato • ***¡b.!*** bene!, viva!
bravura *sf* ferocia *f* ◇ valore *m*
braza *sf* (*naut*) braccio *m* • ***nadar a b.*** nuotare a rana
brazada *sf* bracciata *f*
brazalete *sm* braccialetto *m*
brazo *sm* braccio *m*
brea *sf* catrame *m*
brebaje *sm* beveraggio *m*
brécol *sm* broccolo *m*
brega *sf* sforzo *m*

bregar *vi* litigare, lottare ◇ faticare
breña *sf* boscaglia *f*
breve *a* breve, corto ◇ (*mus, ling*) breve • ***en b.*** in breve
brevedad *sf* brevità *f*
brezal *sm* brughiera *f*
brezo *sm* erica *f*
bribón *a/sm* briccone *m*
bribonada *sf* birbonata *f*
bribonear *vi* fare il briccone
brida *sf* briglia *f* • ***a toda b.*** a tutta velocità
brigada *sf* brigata *f*
brillantez *sf* brillantezza *f*
brillar *vi* brillare
brillo *sm* splendore *m* • ***b. de labios*** lucidalabbra; ***dar b.*** brillare
brincar *vi* saltare, balzare • ***b. de alegría*** saltare dalla gioia
brinco *sm* salto *m* • ***dar un b.*** spiccare un salto
brindar *vi* brindare ◆ *vt* offrire ◆ *vrif* offrirsi
brío *sm* animo *m*, energia *f*, risolutezza *f*
brioso *a* vivace, coraggioso
brisa *sf* brezza *f*
británico *a/sm* britannico *m*
brizna *sf* briciola *f*, piccola quantità *f*
brocado *sm* broccato *m*
brocal *sm* (*di pozzo*) vera *f* ◇ bocchino *m*
brocha *sf* pennello *m* ◇ pennello *m* da barba • ***pintor de b. gorda*** imbianchino, pittore da strapazzo
broche *sm* spilla *f*
broma *sf* scherzo *m* • ***de b., en b.*** per scherzo; ***tomarse algo en b.*** non dare importanza a qc
bromear *vi* scherzare
bromista *a/sm* burlone *m*
bronca *sf* rissa *f* ◇ sgridata *f* ◇ protesta *f* • ***buscar b.*** provocare
bronce *sm* bronzo *m*
bronceado *a* abbronzato ◆ *sm* abbronzatura *f*
bronco *a* rauco ◇ grezzo, rozzo ◇ scabroso
bronconeumonía *sf* broncopolmonite *f*
bronquial *a* bronchiale
bronquitis *sf* bronchite *f*
brotar *vi* germogliare, spuntare ◇ sgorgare ◇ manifestarsi, nascere
brote *sm* germoglio *m*
bruces, de *loc.avv* bocconi
bruja *sf* strega *f*
brujería *sf* stregoneria *f*
brújula *sf* bussola *f*
bruma *sf* nebbia *f*, foschia *f*
bruno *a* bruno
bruñir *vt* brunire, lucidare
brusco *a* brusco
brutal *a* brutale ◇ enorme
brutalidad *sf* brutalità *f* ◇ enormità *f*, eccesso *m*
bruto *a* brutale ◇ greggio, grezzo ◇ lordo • ***en b.*** greggio; ***peso b.*** peso lordo

bubón *sm* bubbone *m*
bucear *vi* immergersi, nuotare sott'acqua ◇ (*fig*) esplorare
buceo *sm* immersione *f*
buche *sm* (*di uccello*) gozzo *m* ◇ sorsata *f* ◇ (*fam*) stomaco *m*, pancia *f*
bucle *sm* ricciolo *m*
budín *sm* sformato *m*
budismo *sm* buddismo *m*
buenamente *avv* facilmente
buenaventura *sf* fortuna *f* ◇ sorte *f*
bueno *a* buono ◇ bravo ◇ opportuno ◇ gradevole ◇ bello • *¡b.!* basta!, va bene!; *darse una buena vida* fare la bella vita; *buenos días/buenas tardes/buenas noches* buongiorno/buonasera/buonanotte; *estar b.* sentirsi bene; *estar de buenas* essere di buonumore; *un buen día* un bel giorno
buey *sm* bue *m*
búfalo *sm* bufalo *m*
bufanda *sf* sciarpa *f*
bufar *vi* sbuffare
bufete *sm* scrivania *f* ◇ studio *m* (di avvocato)
bufido *sm* sbuffo *m*
bufo *a* buffo
bufón *a/sm* buffone *m*
bufonada *sf* buffonata *f*
buhardilla *sf* soffitta *f*, solaio *m*
búho *sm* gufo *m*
buitre *sm* avvoltoio *m*
bujía *sf* candela *f*
bulbo *sm* bulbo *m*
bulla *sf* pandemonio *m*
bullicio *sm* schiamazzo *m*
bullicioso *a* chiassoso
bullir *vi* bollire, ribollire ◇ muoversi, agitarsi
bulto *sm* ombra *f* ◇ pacco *m*, collo *m* ◇ bozzo *m* • *a b.* approssimativamente; *escurrir el b.* squagliarsela
buñuelo *sm* frittella *f*
buque *sm* nave *f* • *b. escuela* nave scuola
burbuja *sf* bolla *f*
burbujeante *a* gorgogliante
burdo *a* rozzo
burguesía *sf* borghesia *f*
buril *sm* bulino *m*
burla *sf* burla *f*
burlar *vt* eludere ◇ ingannare ◆ *vrif* canzonare, burlarsi
burlón *a/sm* burlone *m*
burocracia *sf* burocrazia *f*
burocrático *a* burocratico
burrada *sf* mandria *f* di asini ◇ scemenza *f*
burro *sm* asino *m* ◇ cavalletto *m* ◆ *a* ignorante, stupido
bus *sm* autobus *m*
busca *sf* ricerca *f* • *en b. de* in cerca di
buscador *sm* (*inform*) motore *m* di ricerca
buscapleitos *sm* attaccabrighe *m/f*
buscar *vt* cercare, ricercare
buscón *sm* borsaiolo *m*
búsqueda *sf* ricerca *f*
butaca *sf* poltrona *f*

butifarra *sf* salsicciotto *m*
butiroso *a* burroso
buzo *sm* palombaro *m*
buzón *sm* buca *f* (delle lettere) • *b. de correo electrónico* casella di posta elettronica, mailbox; *echar una carta en el b.* imbucare una lettera

C

cabal *a* esatto, giusto ◇ completo ◇ (*di persone*) serio, onesto • *a carta c.* completamente; *no estar en sus cabales* essere fuori di senno
cábala *sf* cabala *f*
cabalgar *vt/i* cavalcare
cabalgata *sf* cavalcata *f*
caballa *sf* (*zool*) sgombro *m*
caballar *a* equino
caballeresco *a* cavalleresco
caballería *sf* cavalcatura *f* ◇ cavalleria *f*
caballeriza *sf* scuderia *f*
caballerizo *sm* stalliere *m*
caballero *sm* cavaliere *m* ◇ signore *m*, uomo *m*
caballerosidad *sf* nobiltà *f* ◇ generosità *f*
caballete *sm* cavalletto *m* ◇ colmo *m* (del tetto) ◇ (*del naso*) gobba *f*
caballitos *sm pl* giostra *f*
caballo *sm* cavallo *m* • *c. de carreras* cavallo da corsa; *c. de vapor* cavallo vapore; *c. marino* cavalluccio marino
cabalmente *avv* perfettamente, esattamente
cabaña *sf* capanna *f* ◇ gregge *m*, bestiame *m*
cabecear *vi* dondolare la testa ◇ scrollare la testa (*in segno di negazione*) ◇ beccheggiare ◇ ciondolare la testa ◆ *vt* (*calcio*) colpire di testa
cabecera *sf* capezzale *m* ◇ (*di letto*) testata *f* ◇ capotavola *m* ◇ capoluogo *m* ◇ (*di fiume*) sorgente *f* ◇ (*di libro*) frontespizio *m*
cabecilla *sm* caporione *m* ◆ *sm/f* testa *f* calda
cabellera *sf* capigliatura *f*, chioma *f* ◇ (*di cometa*) chioma *f*
cabello *sm* capello *m* ◇ capelli *m pl*
cabelludo *a* capelluto
caber *vi* starci, essere contenuto ◇ entrare ◇ toccare, spettare • *no cabe duda* non c'è dubbio; *no c. en la cabeza* non entrare in testa; *no c. en sí de alegría* non stare in sé dalla gioia
cabestrillo *sm* fascia *f* • *llevar*

el brazo en c. avere il braccio al collo
cabeza *sf* (*anat*) testa *f* ◇ (*di un gruppo, di bestiame*) capo *m* ◇ estremità *f* ◇ vetta *f* ● ***a la c. de*** alla testa di; ***c. abajo/arriba*** a testa in giù/in su; ***c. de familia*** capofamiglia; ***c. rapada*** skinhead; ***de pies a c.*** dalla testa ai piedi; ***por c.*** a testa
cabezada *sf* testata *f* ◇ cenno *m* del capo ● ***dar cabezadas*** appisolarsi
cabezal *sm* guanciale *m* ◇ (*tecn*) testina *f*
cabezudo *a* testone
cabida *sf* capacità *f*, capienza *f* ◇ estensione *f*
cabildo *sm* municipio *m*, consiglio *m* comunale ◇ (*relig*) capitolo *m*
cabina *sf* cabina *f*
cabizbajo *a* a testa bassa, abbattuto
cable *sm* cavo *m* ● ***c. submarino*** cavo sottomarino
cablear *vt* (*tecn*) cablare
cabo *sm* capo *m*, estremità *f* ◇ (*geogr*) capo *m* ◇ (*naut*) cavo *m* ● ***al c. de diez minutos*** dopo dieci minuti; ***al fin y al c.*** in fin dei conti; ***de c. a rabo*** da cima a fondo; ***llevar a c.*** portare a termine
cabra *sf* capra *f*
cabrear *vt* (*pop*) fare arrabbiare
cabrestante *sm* argano *m*
cabrilla *sf* (*tecn*) cavalletto *m* ◇ (*del mare*) ochette *f pl*
cabrío *a* caprino ◆ *sm* gregge *m* di capre ● ***macho c.*** caprone
cabriola *sf* capriola *f*
cabritilla *sf* (pelle di) capretto *m*
cabrito *sm* capretto *m*
cabrón *sm* caprone *m* ◇ (*fam*) cornuto *m*
cacahuete *sm* arachide *f*
cacao *sm* cacao *m*
cacarear *vi* chiocciare ◆ *vt* strombazzare, esagerare ◇ vantarsi
cacareo *sm* coccodè *m* ◇ vanteria *f*
cacerola *sf* casseruola *f*
cachalote *sm* capodoglio *m*
cachar *vt* spezzare ◇ fendere
cacharrería *sf* negozio *m* di ceramiche
cacharro *sm* vaso *m* di terracotta ◇ aggeggio *m* ◇ cianfrusaglia *f* ◇ *al pl* cocci *m pl*
cachaza *sf* flemma *f*
cachear *vt* perquisire
cachemir *sm* cachemire *m*
cacheo *sm* perquisizione *f*
cachetada *sf* schiaffo *m*
cachete *sm* schiaffo *m* ◇ guancia *f* ◇ pugnale *m*
cachiporra *sf* clava *f*, mazza *f*
cachivache *sm* rottame *m*
cacho *sm* pezzo *m*
cachón *sm* frangente *m*
cachorro *sm* cucciolo *m*

cacique *sm* capo *m*, signore *m* ◇ despota *m*
caco *sm* ladro *m*
cacofonía *sf* cacofonia *f*
cactus *sm* cactus *m*
cacumen *sm* perspicacia *f*
cada *a* ogni, ciascuno ● ***c. cual, c. uno*** ognuno, ciascuno; ***c. día*** tutti i giorni; ***c. dos por tres*** molto frequentemente; ***c. media hora*** ogni mezz'ora
cadalso *sm* patibolo *m*
cadáver *sm* cadavere *m*
cadena *sf* catena *f* ● ***en c.*** a catena; ***c. de música*** impianto stereo
cadencia *sf* cadenza *f*
cadera *sf* anca *f*
cadete *sm* cadetto *m*
caducar *vi* scadere
caducidad *sf* scadenza *f* ◇ caducità *f*
caduco *a* caduco ◇ antiquato, vecchio ◇ (*dir*) scaduto
caer *vi* cadere ◇ toccare, capitare ◆ *vrif* cadere ● ***c. enfermo*** ammalarsi; ***c. en la cuenta*** comprendere, rendersi conto; ***c. en la respuesta*** trovare la risposta
café *sm* caffè *m* ● ***c. cantante*** caffè concerto; ***c. con leche*** caffellatte; ***c. cortado*** caffè macchiato; ***c. descafeinado*** caffè decaffeinato; ***c. solo*** caffè nero
cafeína *sf* caffeina *f*
cafetera *sf* caffettiera *f*
cafetero *a* del caffè ◆ *sm* proprietario *m* di un caffè
caftán *sm* caffetano *m*
caída *sf* caduta *f* ◇ inclinazione *f*, pendio *m* ◇ calo *m* ● ***c. de la tarde*** crepuscolo; ***c. libre*** caduta libera; ***ir de c.*** scemare, perdere vivacità
caído *a* caduto ◇ stanco ◆ *sm* caduto *m*
caja *sf* cassa *f* ◇ cassaforte *f* ● ***c. de ahorros*** cassa di risparmio; ***c. de cambios*** (*aut*) scatola del cambio; ***c. de caudales, c. fuerte*** cassaforte; ***c. de la escalera*** tromba delle scale
cajero *sm* cassiere *m* ● ***c. automático*** sportello automatico, bancomat
cajetilla *sf* pacchetto *m*
cajón *sm* cassa *f* ◇ cassetto *m* ● ***c. de sastre*** guazzabuglio; ***ser de c.*** essere evidente
cal *sf* calce *f*
cala *sf* cala *f* ◇ assaggio *m* ◇ (*naut*) stiva *f*
calabacín *sm* zucchino *m*
calabaza *sf* zucca *f* ◇ (*fam*) zuccone *m*
calabozo *sm* prigione *f*
calado *sm* intarsio *m* ◇ (*naut*) pescaggio *m* ◇ profondità *f*, fondale *m*
calamar *sm* calamaro *m*
calambre *sm* crampo *m*
calamidad *sf* calamità *f*, sciagura *f*
calaña *sf* risma *f*, tipo *m*

calar (1) *a* calcareo ◆ *sm* cava *f*
calar (2) *vt* calare ◇ penetrare ◇ perforare, bucare ◇ comprendere, capire ◆ *vi* calarsi, immergersi ◆ *vrif* inzupparsi, bagnarsi ◇ mettersi
calavera *sf* teschio *m* ◆ *sm* scapestrato *m*
calaverada *sf* (*fig*) colpo *m* di testa
calcañar *sm* calcagno *m*
calcar *vt* ricalcare ◇ imitare
calcáreo *a* calcareo
calce *sm* zeppa *f*
calceta *sf* (lavoro a) maglia *f*
calcetín *sm* calzino *m*
calcetón *sm* calzettone *m*
calcificar *vt* calcificare ◆ *vrif* calcificarsi
calcio *sm* (*chim*) calcio *m*
calculador *a/sm* calcolatore *m*
calculadora *sf* calcolatrice *f* ● ***c. de bolsillo*** calcolatrice tascabile
calcular *vt* calcolare ◇ valutare
cálculo *sm* calcolo *m*
calda *sf* riscaldamento *m* ◇ *al pl* terme *f pl*
caldear *vt* riscaldare
caldera *sf* caldaia *f*
calderilla *sf* spiccioli *m pl*
caldero *sm* paiolo *m*
calderón *sm* calderone *m*
caldo *sm* brodo *m* ● ***c. de cultivo*** brodo di coltura
caldoso *a* brodoso
calefacción *sf* riscaldamento *m* ● ***c. central/individual*** riscaldamento centralizzato/autonomo
calendario *sm* calendario *m* ● ***hacer calendarios*** fare pronostici
calentador *sm* scaldabagno *m*
calentar *vt* scaldare ◇ riscaldare, eccitare ◆ *vi* scaldare ◆ *vrif* riscaldarsi ◇ eccitarsi ● ***c. al blanco*** arroventare; ***c. el asiento*** scaldare la sedia; ***c. la cabeza*** riempire la testa di sciocchezze
calentura *sf* febbre *f*
calera *sf* fornace *f* ◇ cava *f* di calce
calesa *sf* calesse *m*
caleta *sf* cala *f*
caletre *sm* discernimento *m*
calibrar *vt* calibrare ◇ valutare
calibre *sm* calibro *m* ● ***de mucho c.*** di grosso calibro
calidad *sf* qualità *f* ● ***en c. de*** in quanto, in veste di
cálido *a* caldo
calientapiés *sm* scaldapiedi *m*
caliente *a* caldo ◇ irritato, furioso ● ***en c.*** immediatamente
califa *sm* califfo *m*
calificación *sf* qualificazione *f*, qualifica *f* ◇ (*a scuola*) voto *m*, votazione *f*
calificar *vt* qualificare ◇ dare il voto
caligrafía *sf* calligrafia *f*
caligráfico *a* calligrafico
calina *sf* caligine *f*, nebbiolina *f*
cáliz *sm* calice *m*

caliza *sf* calcare *m*
calizo *a* calcareo
callada *sf* silenzio *m* • ***de c.*** di nascosto
callado *a* silenzioso ◇ riservato
callar *vi/rif* tacere ◆ *vt* tacere, nascondere
calle *sf* strada *f*, via *f* • ***c. de dirección única, c. de un solo sentido*** strada a senso unico; ***c. mayor*** strada principale; ***c. peatonal*** strada pedonale
callejero *a* di strada ◆ *sm* stradario *m*
callejón *sm* vicolo *m* • ***c. sin salida*** vicolo cieco
callista *sm/f* callista *m/f*
callo *sm* callo *m* ◇ *al pl* (*cuc*) trippa *f*
calma *sf* calma *f*
calmar *vt* calmare ◆ *vi/rif* calmarsi
calmoso *a* calmo, tranquillo
calor *sm* calore *m* ◇ caldo *m* • ***dar c. a*** incoraggiare; ***en el c. de*** nel pieno di
calórico *a* calorico
calorífero *sm* calorifero *m*
calumnia *sf* calunnia *f*
calumniador *a/sm* calunniatore *m*
calva *sf* calvizie *f*
calvario *sm* calvario *m*
calvicie *sf* calvizie *f*
calvinismo *sm* calvinismo *m*
calvinista *a/sm/f* calvinista *m/f*
calvo *a* calvo
calza *sf* calzamaglia *f*
calzada *sf* strada *f*
calzado *sm* calzatura *f*
calzador *sm* calzascarpe *m*
calzar *vt* calzare ◇ bloccare ◆ *vrif* calzare, mettersi
calzón *sm* pantaloncini *m pl* corti
calzoncillos *sm pl* mutande *f pl* (da uomo)
cama *sf* letto *m* ◇ lettiera *f* • ***c. de matrimonio/individual*** letto matrimoniale/singolo; ***caer en c.*** mettersi a letto (malato); ***guardar c.*** stare a letto
camaleón *sm* camaleonte *m*
camandulear *vi* affettare devozione
camandulero *a/sm* ipocrita *m/f*
cámara *sf* macchina *f* fotografica ◇ macchina *f* da presa ◇ camera *f* • ***c. de aire*** camera d'aria; ***c. de filmar, de cine*** cinepresa; ***c. fotográfica digital*** macchina fotografica digitale
camarada *sm* compagno *m*
camarero *sm* cameriere *m*
camarilla *sf* consorteria *f*
camarín *sm* (*teat*) camerino *m* ◇ (*in chiesa*) cappella *f*
camarón *sm* gambero *m*
camarote *sm* cabina *f*
camastro *sm* branda *f*
cambiable *a* mutevole
cambiante *a* mutevole, variabile ◆ *sm* sfumatura *f* cangiante
cambiar *vt* cambiare, variare ◇

scambiare ◆ *vrif* cambiarsi (d'abito) ◇ traslocare
cambio *sm* cambio *m* ◇ cambiamento *m* ◇ scambio *m* ◇ spiccioli *m pl* ● ***a c. de*** in cambio di; ***caja de cambios*** (*aut*) scatola del cambio
cambista *sm/f* cambiavalute *m*
camelar *vt* corteggiare ◇ ingannare, adulare
camello *sm* cammello *m* ◇ (*fam*) spacciatore *m*
camelo *sm* truffa *f* ◇ presa *f* in giro, scherzo *m*
camerino *sm* camerino *m*
camilla *sf* barella *f*
camillero *sm* barelliere *m*
caminante *sm* viandante *m*
caminar *vi* camminare ◇ muoversi ◆ *vt* percorrere
camino *sm* strada *f* ◇ cammino *m*, percorso *m* ● ***abrir c.*** fare strada; ***c. de herradura*** mulattiera; ***en el c.*** strada facendo
camión *sm* camion *m* ● ***c. cisterna*** autobotte
camioneta *sf* camioncino *m*
camisa *sf* camicia *f* ◇ involucro *m* ● ***c. de dormir*** camicia da notte; ***mudar de c.*** (*fig*) cambiare idea
camisería *sf* camiceria *f*
camiseta *sf* maglia *f*, maglietta *f*
camisón *sm* camicia *f* da notte
camorra *sf* briga *f*, zuffa *f* ● ***armar c.*** attaccar briga
camorrista *a/sm/f* attaccabrighe *m/f*
campamento *sm* accampamento *m* ◇ campeggio *m*
campana *sf* campana *f* ● ***c. de la chimenea*** cappa del camino
campanada *sf* rintocco *m* ◇ scalpore *m*
campanario *sm* campanile *m* ● ***de c.*** di vedute ristrette
campaneo *sm* scampanio *m*
campanilla *sf* campanella *f*
campanilleo *sm* scampanellio *m*
campante *a* soddisfatto
campanudo *a* a campana ◇ altisonante
campaña *sf* campagna *f* ● ***tienda de c.*** tenda da campo
campar *vi* spiccare, emergere
campear *vi* spiccare, essere visibile ◇ pascolare il bestiame
campechano *a* gioviale, aperto
campeón *sm* campione *m*
campeonato *sm* campionato *m*
campesino *a/sm* contadino *m*
campestre *a* campestre
camping *sm* camping *m*
campiña *sf* campagna *f*
campista *sm* campeggiatore *m*
campo *sm* campo *m* ◇ campagna *f* ● ***a c. raso*** all'aperto; ***dejar el c. libre*** lasciare campo libero; ***retirarse al c.*** ritirarsi in campagna
camposanto *sm* cimitero *m*, camposanto *m*

camuflar *vt* camuffare, mascherare
can *sm* cane *m*
cana *sf* capello *m* bianco • ***echar una c. al aire*** spassarsela
canadiense *a/sm/f* canadese *m/f*
canal *sm* canale *m* ◇ grondaia *f*
canalizar *vt* canalizzare
canalla *sm* canaglia *f*
canalón *sm* grondaia *f*
canario *a* delle isole Canarie ◆ *sm* canarino *m*
canasta *sf* cesta *f*, cesto *m* ◇ (*sport*) canestro *m* ◇ canasta *f*
canastilla *sf* corredino *m*
canastillo *sm* cestino *m*
canasto *sm* cesto *m*, canestro *m*
cancel *sm* controporta *f* ◇ tramezzo *m*
cancelación *sf* cancellazione *f*
cancelar *vt* cancellare, annullare
cáncer *sm* cancro *m*
cancerígeno *a* cancerogeno
cancillería *sf* cancelleria *f*
canción *sf* canzone *f* • ***c. de cuna*** ninnananna
cancionero *sm* canzoniere *m*
candado *sm* lucchetto *m*
candeal *sm* frumento *m*
candela *sf* candela *f*
candelero *sm* candeliere *m* ◇ (*pesca*) lampara *f* • ***estar en el c.*** essere in vista
candente *a* rovente, incandescente ◇ scottante, attuale
candidato *sm* candidato *m*
candidatura *sf* candidatura *f*
candidez *sf* candore *m*
cándido *a* candido
candil *sm* lucerna *f*
candileja *sf* lucerna *f* ◇ *al pl* (*teat*) luci *f pl* della ribalta
candor *sm* candore *m*
canela *sf* cannella *f* • ***ser c. fina*** essere di prima qualità
canelo *a* (color) cannella
canelón *sm* grondaia *f* ◇ (*cuc*) cannellone *m*
cangrejo *sm* granchio *m*
canguro *sm* (*zool*) canguro *m* ◆ *sf/m* baby sitter *f/m*
caníbal *a/sm* cannibale *m/f*
canijo *a* debole
canilla *sf* osso *m* ◇ gamba *f* ◇ rocchetto *m*
canino *a/sm* canino *m*
canje *sm* scambio *m*
canjear *vt* scambiare • ***c. por*** scambiare con
cano *a* (*di persona, di capelli*) canuto, bianco
canon *sm* canone *m*
canónico *a* canonico
canónigo *sm* canonico *m*
canonizar *vt* canonizzare
canoso *a* canuto
cansado *a* stanco, affaticato ◇ noioso, pesante ◇ stufo
cansancio *sm* fatica *f* ◇ stanchezza *f* ◇ noia *f*, fastidio *m*
cansar *vt* stancare ◇ annoiare, infastidire ◆ *vrif* stancarsi, affaticarsi

cantante *a/sm/f* cantante *m/f*
cantar *vt/i* cantare
cántara *sf* brocca *f*
cantarín *a* canterino
cántaro *sm* brocca *f*
cante *sm* canto *m* popolare
cantera *sf* cava *f* ◇ (*fig*) fucina *f*
cantería *sf* taglio *m* delle pietre ◇ opera *f* (in pietra)
cantero *sm* tagliapietre *m*, scalpellino *m*
cántico *sm* cantico *m*
cantidad *sf* quantità *f* • ***en c.*** molto, in quantità
cantil *sm* precipizio *m*
cantimplora *sf* borraccia *f*
cantina *sf* bar *m*, osteria *f*
cantinela *sf* cantilena *f*
canto *sm* canto *m* ◇ bordo *m* ◇ angolo *m* ◇ ciottolo *m*
cantonal *a* cantonale
cantor *a* canoro ◆ *sm* cantante *m/f*
canturrear *vt/i* canticchiare
caña *sf* canna *f* ◇ osso *m* (lungo) ◇ birra *f* alla spina ◇ boccale *m* ◇ (*di colonna*) fusto *m* • ***c. de azúcar*** canna da zucchero; ***dar c.*** insultare, picchiare
cañada *sf* gola *f*, passo *m*
cañamiel *sm* canna *f* da zucchero
cáñamo *sm* canapa *f*
cañaveral *sm* canneto *m*
cañería *sf* tubatura *f*
caño *sm* tubo *m* ◇ (*di organo*) canna *f*
cañón *sm* cannone *m* ◇ (*geogr*) gola *f*
cañonazo *sm* cannonata *f*
caoba *sf* mogano *m*
caótico *a* caotico
capa *sf* mantello *m* ◇ (*taurom*) cappa *f* ◇ strato *m* ◇ (*naut*) cappa *f* • ***c. de ozono*** fascia/strato di ozono; ***bajo c. de*** con il pretesto di
capacho *sm* cesta *f*
capacidad *sf* capacità *f* ◇ capienza *f* • ***tener c. para*** esser capace di
capacitación *sf* qualificazione *f*
capacitar *vt* qualificare, abilitare
capar *vt* castrare
caparazón *sm* (*zool*) guscio *m* ◇ protezione *f*, corazza *f*
capataz *sm* caposquadra *m*
capaz *a* capace ◇ capiente
capear *vt* (*taurom*) aizzare il toro con la cappa ◇ schivare
capellán *sm* cappellano *m*
caperuza *sf* cappuccio *m*
capilar *a* per capelli ◆ *sm* (*anat*) capillare *m*
capilaridad *sf* capillarità *f*
capilla *sf* cappella *f* ◇ combriccola *f*
capillo *sm* copricapo *m* ◇ capote *f* ◇ cappuccio *m*
capirotazo *sm* buffetto *m*
capital *a* capitale ◇ principale ◆ *sm* capitale *m* ◆ *sf* capitale *f*

◇ capoluogo *m* • *letra c.* lettera maiuscola
capitalismo *sm* capitalismo *m*
capitalizar *vt* capitalizzare
capitán *sm* capitano *m*
capitana *sf* nave *f* ammiraglia
capitanear *vt* comandare
capitanía *sf* capitaneria *f*
capitel *sm* capitello *m*
capitular *vi* capitolare
capítulo *sm* capitolo *m*
capó *sm* (*aut*) cofano *m*
caporal *sm* caposquadra *m*
capote *sm* mantella *f*
capricho *sm* capriccio *m* • *darse un c.* togliersi una soddisfazione
caprichoso *a* capriccioso
cápsula *sf* capsula *f*
captar *vt* captare ◇ capire
captura *sf* cattura *f*
capturar *vt* catturare
capucha *sf* cappuccio *m*
capuchino *a/sm* cappuccino *m*
capullo *sm* bocciolo *m* ◇ bozzolo *m* ◇ (*volg*) cappella *f* ◇ imbranato *m*
cara *sf* faccia *f* ◇ aspetto *m* ◇ facciata *f*, lato *m* ◇ (*di moneta*) diritto *m* • *c. a* verso, rivolto a; *c. de pocos amigos* faccia ostile; *c. dura* faccia tosta; *c. o cruz* testa o croce; *dar la c.* affrontare la responsabilità; *de c.* di fronte; *echar en c.* rinfacciare; *hacer a dos caras* fare il doppio gioco; *saltar a la c.* saltare agli occhi
carabela *sf* caravella *f*
carabina *sf* carabina *f* ◇ accompagnatrice *f*
carabinero *sm* (*mil*) carabiniere *m* ◇ finanziere *m* ◇ gamberone *m*
caracol *sm* chiocciola *f* ◇ conchiglia *f* • *escalera de c.* scala a chiocciola
caracolear *vi* caracollare
carácter *sm* carattere *m* • *con c. de* come
característica *sf* caratteristica *f*
caracterizar *vt* caratterizzare ◇ (*teat*) rappresentare ◆ *vrif* caratterizzarsi
carajillo *sm* caffè *m* corretto
carajo *sm* (*volg*) cazzo *m*
¡caramba! *inter* accidenti!
carámbano *sm* ghiacciolo *m*
carambola *sf* carambola *f* • *por c.* per caso, indirettamente
caramelo *sm* caramella *f* ◇ (*cuc*) caramello *m*
caramillo *sm* zampogna *f* ◇ pettegolezzo *m*
carátula *sf* maschera *f* ◇ copertina *f*
caravana *sf* carovana *f*
¡caray! *inter* accidenti!
carbohidrato *sm* carboidrato *m*
carbón *sm* carbone *m*
carbonada *sf* palata *f* (di carbone)
carboncillo *sm* carboncino *m*
carbonero *sm* carbonaio *m*

carbonizar *vt* carbonizzare ◆ *vrif* carbonizzarsi
carbono *sm* carbonio *m*
carburación *sf* carburazione *f*
carburador *sm* carburatore *m*
carburante *a/sm* carburante *m*
carca *a* retrogrado
carcaj *sm* faretra *f*
carcajada *sf* risata *f*
carcamal *a* bacucco
cárcel *sf* carcere *m*
carcelario *a* carcerario
carcelero *a* carcerario ◆ *sm* carceriere *m*
carcoma *sf* tarlo *m* ◇ dissipatore *m*, spendaccione *m*
carcomer *vt* tarlare ◇ consumare ◆ *vrif* tarlarsi ◇ consumarsi
carcomido *a* tarlato
cardar *vt* cardare
cardenal *sm* cardinale *m* ◇ livido *m*
cardenalicio *a* cardinalizio
cárdeno *a* violaceo
cardíaco *a* cardiaco
cardinal *a* cardinale
cardiopatía *sf* cardiopatia *f*
cardo *sm* cardo *m*
cardumen *sm* banco *m* di pesci
carear *vt* (*dir*) mettere a confronto ◇ confrontare ◆ *vrif* spiegarsi, confrontarsi
carecer *vi* mancare, essere privo
carena *sf* carena *f* ◇ carenaggio *m*
carencia *sf* carenza *f*
careo *sm* confronto *m*
carestía *sf* carestia *f* ◇ rincaro *m*
careta *sf* maschera *f* ◇ falsa apparenza *f* ● ***quitarse la c.*** togliersi la maschera
carey *sm* tartaruga *f*
carga *sf* carico *m* ◇ carica *f* ◇ obbligo *m* ● ***a paso de c.*** a passo di carica; ***de c.*** da carico
cargado *a* carico, pieno ◇ (*di atmosfera*) pesante ◇ (*di bevanda*) forte
cargador *sm* caricatore *m* ● ***c. de batería*** caricabatteria
cargamento *sm* carico *m*
cargar *vt* caricare ◇ addebitare ◇ addebitare ◇ gravare ◇ annoiare ◆ *vi* (*mil*) caricare, attaccare ◇ addossarsi, caricarsi di ◆ *vrif* riempirsi ◇ caricarsi ◇ rompere, demolire ◇ uccidere ● ***c. la mano*** calcare la mano; ***c. las tintas*** esagerare
cargazón *sf* carico *m* ◇ pesantezza *f* ◇ nuvolosità *f*
cargo *sm* carico *m* ◇ incarico *m*, ufficio *m* ● ***a c. de*** a carico di, a condizione che; ***alto c.*** alta carica; ***hacerse c. de*** farsi carico di
cargoso *a* gravoso ◇ molesto
carguero *sm* cargo *m*
cariar *vt* cariare ◆ *vrif* cariarsi
caricatura *sf* caricatura *f*
caricia *sf* carezza *f*
caridad *sf* carità *f*
caries *sf* carie *f*

cariño *sm* affetto *m* ◇ cura *f*, attenzione *f*
cariñoso *a* affettuoso
carismático *a* carismatico
caritativo *a* caritatevole
cariz *sm* aspetto *m* • ***tomar un mal c.*** prendere una brutta piega
carmelita *a/sm/f* carmelitano *m*
carmesí *a/sm* cremisi *m*
carmín *sm* carminio *m* ◇ rosa *f* canina ◇ rossetto *m*
carnada *sf* esca *f*
carnal *a* carnale
carnaval *sm* carnevale *m*
carne *sf* carne *f* ◇ (*di frutto*) polpa *f* • ***de c. y hueso*** in carne e ossa; ***echar/perder carnes*** ingrassare/dimagrire
carné *sm* documento *m*, tessera *f* • ***c. de conducir*** patente di guida
carnero *sm* montone *m* • ***c. llano*** castrato; ***c. marino*** foca
carnestolendas *sfpl* carnevale *m*
carnicería *sf* macelleria *f* ◇ carneficina *f*
carnicero *a* (*zool*) carnivoro, predatore ◇ crudele, sanguinario ◆ *sm* (*zool*) carnivoro *m*, predatore *m* ◇ macellaio *m*
carnosidad *sf* pinguedine *f* ◇ escrescenza *f*
caro *a* caro, costoso ◇ caro, amato
carpa *sf* carpa *f*
carpeta *sf* cartella *f* ◇ tappeto *m* ◇ (*inform*) cartella *f*, directory *f*
carpintería *sf* carpenteria *f*
carpintero *sm* carpentiere *m*, falegname *m*
carraca *sf* (*fam*) bagnarola *f*, baracca *f* ◇ (*naut*) caracca *f* ◇ (*mus*) raganella *f*
carrada *sf* carrettata *f*
carraspera *sf* raucedine *f*
carrera *sf* corsa *f* ◇ gara *f* ◇ corso *m* di laurea ◇ strada *f*, via *f* ◇ carriera *f* ◇ smagliatura *f* • ***a la c.*** di gran carriera; ***de carreras*** da corsa
carreta *sf* carretto *m*
carretada *sf* carrettata *f*
carrete *sm* rocchetto *m*, bobina *f* ◇ (*fot*) rullino *m*
carretela *sf* carrozzella *f*
carretera *sf* strada *f*
carretero *a* carrozzabile ◆ *sm* carrettiere *m*
carretilla *sf* carriola *f* ◇ (*per bambini*) girello *m* • ***de c.*** a memoria
carretón *sm* carretto *m*, carrello *m*
carril *sm* (*ferr*) rotaia *f* ◇ carreggiata *f*, corsia *f* ◇ solco *m*
carrillera *sf* mascella *f*
carrillo *sm* guancia *f* ◇ (*tecn*) carrucola *f*
carro *sm* carro *m* ◇ (*Am*) automobile *f*
carrocería *sf* carrozzeria *f*
carrocero *sm* carrozziere *m*
carroza *sf* carrozza *f*

carruaje *sm* carro *m*
carta *sf* lettera *f* ◇ (*da gioco*) carta *f* ◇ carta *f*, mappa *f*, pianta *f* ◇ documento *m* • ***a c. cabal*** completamente; ***c. certificada/expreso*** lettera raccomandata/espresso; ***c. de amparo*** salvacondotto; ***c. de crédito*** lettera di credito; ***echar las cartas*** fare le carte; ***echar una c. al correo*** spedire una lettera; ***poner las cartas boca arriba*** mettere le carte in tavola; ***tener c. blanca*** avere carta bianca; ***tomar cartas en un asunto*** intervenire in un affare
cartapacio *sm* quaderno *m* ◇ cartelletta *f*, fascicolo *m*
cartearse *vrif* scriversi, essere in corripondenza
cartel *sm* cartello *m* • ***de c.*** famoso; ***en c.*** in cartellone; ***tener c.*** essere famoso
cartelera *sf* quadro *m* per annunci ◇ (*teat*) cartellone *m*, locandina *f*
cartelito *sm* cartellino *m*
cartera *sf* portafoglio *m* ◇ cartella *f* • ***tener en c.*** avere in previsione
carterista *sm* borseggiatore *m*
cartero *sm* postino *m*
cartílago *sm* cartilagine *f*
cartilla *sf* sillabario *m* ◇ quaderno *m*, libretto *m* ◇ manuale *m* • ***c. de ahorro*** libretto di risparmio
cartografía *sf* cartografia *f*
cartográfico *a* cartografico
cartógrafo *sm* cartografo *m*
cartón *sm* cartone *m* • ***c. de cigarrillos*** stecca di sigarette; ***c. piedra*** cartapesta
cartucho *sm* cartuccia *f* ◇ cartoccio *m*
cartuja *sf* certosa *f*
cartulina *sf* cartoncino *m*
casa *sf* edificio *m*, stabile *m* ◇ casa *f*, appartamento *m* ◇ azienda *f*, società *f* ◇ casella *f* • ***c. cuna*** brefotrofio; ***c. de campo*** casa di campagna; ***c. de comidas*** osteria, trattoria; ***c. de la moneda*** zecca; ***levantar c.*** traslocare; ***poner c.*** metter su casa
casaca *sf* casacca *f*, giubbotto *m*
casadero *a* da sposare
casado *a* sposato
casal *sm* casale *m*, cascina *f*
casamentero *a* mediatore (di matrimoni)
casamiento *sm* matrimonio *m*
casar *vt* sposare ◆ *vi* combinarsi ◆ *vrif* sposarsi
cascabel *sm* sonaglio *m*
cascada *sf* cascata *f*
cascajo *sm* pietrisco *m* ◇ rottame *m*, ferrovecchio *m*
cascanueces *sm* schiaccianoci *m*
cascar *vt* rompere ◇ picchiare ◆ *vi* chiacchierare, parlare molto ◇ morire ◆ *vrif* frantumarsi ◇ spezzarsi

cáscara *sf* buccia *f*, guscio *m*
cascarón *sm* guscio *m* d'uovo • *c. de nuez* guscio di noce
cascarrabias *sm/f* brontolone *m*
cascarriento *a* sudicio
casco *sm* casco *m* ◇ coccio *m*, frammento *m*, scheggia *f* ◇ (*di cavallo*) zoccolo *m* ◇ auricolare *m*, cuffia *f* ◇ (*aer*) scafo *m* ◇ nucleo *m* urbano • *c. antiguo* centro storico
cascote *sm* calcinacci *m pl*
casería *sf* casolare *m*
caserío *sm* gruppo *m* di case ◇ casale *m*
casero *a* casalingo, casereccio ◇ familiare ◆ *sm* proprietario *m* ◇ amministratore *m*
casete *sm* cassetta *f*, audiocassetta *f* ◇ (*fam*) radioregistratore *m*
casi *avv* quasi, pressoché
casilla *sf* casetta *f* ◇ casella *f* ◇ (*teat*) sportello *m*, biglietteria *f* • *salir de sus casillas* uscire dai gangheri
casino *sm* circolo *m* ◇ casinò *m*
caso *sm* caso *m* ◇ (*dir*) causa *f* • *el c. es que* il fatto è che, l'importante è che; *en último c.* in caso estremo; *hacer c.* prendere in considerazione, dare ascolto; *hacer c. omiso* trascurare, prescindere da
caspa *sf* forfora *f*
casquete *sm* cuffia *f*, cappellino *m* ◇ calotta *f*
casquivano *a* irresponsabile ◇ (*donna*) frivola
casta *sf* tipo *m*, specie *f* ◇ casta *f* • *de c.* di rango
castaña *sf* castagna *f* ◇ sbornia *f* ◇ sberla *f* • *c. asada* caldarrosta
castañar *sm* castagneto *m*
castañeta *sf* nacchera *f* ◇ schiocco *m*
castañetear *vt* suonare (le nacchere) ◆ *vi* battere (i denti)
castaño *a* castano ◆ *sm* castagno *m*
castañuela *sf* nacchera *f*
castellano *a* castigliano ◆ *sm* castigliano *m* ◇ castellano *m*
casticidad *sf* genuinità *f*
castidad *sf* castità *f*
castigar *vt* castigare, punire
castigo *sm* castigo *m*
castillo *sm* castello *m*
castizo *a* autentico, genuino ◇ (*di lingua*) puro
casto *a* casto
castor *sm* castoro *m*
castración *sf* castrazione *f*
castrar *vt* castrare
castrense *a* castrense, militare
casual *a* casuale, fortuito
casualidad *sf* casualità *f*, caso *m*
casualmente *avv* casualmente
casucha *sf* casupola *f*
casuística *sf* casistica *f*
cata *sf* assaggio *m*, degustazione *f*
cataclismo *sm* cataclisma *m*

catacumbas *sf pl* catacombe *f pl*
catador *sm* assaggiatore *m*
catadura *sf* aspetto *m*, sembianza *f*
catalán *a/sm* catalano *m*
catalejo *sm* cannocchiale *m*
catalogar *vt* catalogare
catálogo *sm* catalogo *m*
catamarán *sm* (*naut*) catamarano *m*
catapulta *sf* catapulta *f*
catar *vt* assaggiare, degustare ◇ sperimentare
catarata *sf* cateratta *f*
catarro *sm* raffreddore *m*
catastro *sm* catasto *m*
catástrofe *sf* catastrofe *f*
cataviento *sm* mostravento *m*
catear *vt* (*fam*) essere bocciato, essere segato
catecismo *sm* catechismo *m*
cátedra *sf* cattedra *f*
catedral *sf* cattedrale *f*
catedrático *sm* cattedratico *m*
categoría *sf* categoria *f* ● ***dar c.*** dar rilievo, esaltare; ***de c.*** di classe, importante
categórico *a* categorico
catequista *sm/f* catechista *m/f*
catequizar *vt* catechizzare
caterva *sf* caterva *f*
catéter *sm* catetere *m*
cateto (1) *sm* sciocco *m*
cateto (2) *sm* (*geom*) cateto *m*
catolicismo *sm* cattolicesimo *m*
católico *a/sm* cattolico *m*
catorce *a/sm* quattordici *m*
catre *sm* branda *f*
cauce *sm* (*di fiume*) letto *m*, corso *m*
caucho *sm* caucciù *m*
caución *sf* cauzione *f*, garanzia *f*
caucionar *vt* garantire per
caudal *sm* (*di fiume*) portata *f* ◇ ricchezza *f* ◇ abbondanza *f*
caudaloso *a* (*di fiume*) ricco d'acqua
causa *sf* causa *f*
causal *a* causale
causar *vt* causare
cáustico *a* caustico
cautela *sf* cautela *f*
cautelar *a* cautelare ◆ *vt/rif* prevenire, cautelarsi
cauteloso *a* cauto
cautivador *a* avvincente, affascinante
cautivar *vt* (*mil*) catturare ◇ avvincere, affascinare
cautiverio *sm* prigionia *f* ◇ (*di animale*) cattività *f*
cautividad *sf* prigionia *f* ◇ (*di animale*) cattività *f*
cautivo *a/sm* prigioniero *m*
cauto *a* cauto
cava *sm* spumante *m* ◆ *sf* cantina *f* ● ***vino de c.*** spumante
cavadura *sf* scavo *m*
cavar *vt* scavare ◇ zappare
caverna *sf* caverna *f*
cavernícola *a/sm/f* cavernicolo *m*
cavernoso *a* cavernoso

cavia *sf* cavia *f*
caviar *sm* caviale *m*
cavidad *sf* cavità *f*
cavilación *sf* meditazione *f*
cavilar *vt* rimuginare, meditare
caviloso *a* preoccupato, ansioso
cayado *sm* bastone *m* (ricurvo) ◇ pastorale *m*
caza *sf* caccia *f* ◇ cacciagione *f*, selvaggina *f* ◆ *sm* (*aer*) caccia *m* ● ***andar a la c. de*** andare a caccia di; ***c. mayor*** caccia grossa; ***dar c.*** dare la caccia
cazador *sm* cacciatore *m*
cazar *vt* cacciare, dare la caccia a ◇ prendere, acciuffare ◇ cogliere ◇ (*naut*) cazzare
cazo *sm* mestolo *m* ◇ pentolino *m*
cazuela *sf* casseruola *f* ◇ (*teat*) loggione *m*
cazurro *a* ignorante ◇ lento, imbranato
CD *sm* CD *m*
CD-ROM *sm* cd-rom *m*
ceba *sf* mangime *m* ◇ combustibile *m*
cebada *sf* orzo *m*
cebar *vt* ingozzare ◇ alimentare ◆ *vrif* accanirsi
cebo *sm* mangime *m* ◇ esca *f* ◇ (*fig*) stimolo *m*
cebolla *sf* cipolla *f*
cebra *sf* zebra *f*
ceca *sf* zecca *f*
cecear *vi* pronunciare la *s* come la *c*
cecina *sf* carne *f* secca e affumicata
cedazo *sm* setaccio *m*
ceder *vt* cedere ◆ *vi* rinunciare ◇ diminuire ◇ cedere
cederrón *sm* cd-rom *m*
cedro *sm* cedro *m*
cédula *sf* documento *m*, cedola *f*, carta *f* ◇ tessera *f* ● ***c. personal/de identificación*** documento d'identità
cefalea *sf* cefalea *f*
céfiro *sm* zeffiro *m*
cegar *vt* accecare ◇ chiudere ◆ *vi* diventare cieco ◆ *vrif* accecarsi, obnubilarsi
ceguedad *sf* cecità *f*
ceja *sf* sopracciglio *m* ◇ rialzo *m*
cejar *vi* desistere
cejijunto *a* che ha le sopracciglia folte
celada *sf* (*di armatura*) celata *f* ◇ imboscata *f*
celador *sm* guardiano *m*
celaje *sm* nuvolaglia *f* ◇ lucernario *m* ◇ presagio *m*
celar *vt* celare, nascondere ◇ vigilare
celda *sf* cella *f*
celebérrimo *a* celeberrimo
celebración *sf* celebrazione *f*
celebrante *sm* celebrante *m*
celebrar *vt* celebrare ◇ festeggiare ◇ rallegrarsi per ◇ lodare ● ***lo celebro mucho*** me ne rallegro molto
célebre *a* celebre

celebridad *sf* celebrità *f*
celeridad *sf* celerità *f*
celeste *a* celeste
celestial *a* celestiale ◇ delizioso
célibe *a* (*uomo*) celibe ◇ (*donna*) nubile
celo *sm* zelo *m* ◇ (*zool*) fregola *f* ◇ *al pl* gelosia *f* ● ***dar celos*** far ingelosire; ***(papel) c.*** nastro adesivo
celofán *sm* cellophane *m*
celosía *sf* persiana *f*
celoso *a* zelante ◇ geloso
céltico *a* celtico
célula *sf* cellula *f* ● ***c. fotoeléctrica*** cellula fotoelettrica, fotocellula
celular *a* cellulare
celulitis *sf* cellulite *f*
celulosa *sf* cellulosa *f*
cementar *vt* (*met*) cementare
cementerial *a* cimiteriale
cementerio *sm* cimitero *m*
cemento *sm* cemento *m* ● ***c. armado/hidráulico*** cemento armato/idraulico
cena *sf* cena *f*
cenáculo *sm* cenacolo *m*
cenadero *sm* chiosco *m*
cenador *sm* chiosco *m*
cenagal *sm* pantano *m* ◇ pasticcio *m*, imbroglio *m*
cenagoso *a* paludoso, melmoso
cenar *vi* cenare ◆ *vt* mangiare a cena, cenare con
cenceño *a* magro, secco
cencerro *sm* sonaglio *m*, campanaccio *m*
cenefa *sf* orlo *m* ◇ fregio *m*
cenicero *sm* portacenere *m*
ceniciento *a* cenerino
cenit *sm* zenit *m*
ceniza *sf* cenere *f* ● ***reducir a cenizas*** ridurre in cenere
cenobio *sm* cenobio *m*
censo *sm* censimento *m* ◇ (*stor*) censo *m* ◇ tributo *m*, onere *m*
censor *sm* censore *m*
censura *sf* censura *f*
censurable *a* censurabile
censurar *vt* censurare ◇ criticare
centavo *sm* centesimo *m*
centella *sf* fulmine *m*
centellear *vi* scintillare
centelleo *sm* scintillio *m*
centena *sf* centinaio *m*
centenar *sm* centinaio *m* ◇ centenario *m*
centenario *a/sm* centenario *m*
centeno *sm* segale *f*
centésimo *a/sm* centesimo *m*
centígrado *a* centigrado
centímetro *sm* centimetro *m* ● ***c. cuadrado/cúbico*** centimetro quadrato/cubo
céntimo *a* centesimo ◆ *sm* (*moneta*) centesimo *m*
centinela *sm* sentinella *f*
central *a/sf* centrale *f* ● ***c. de correos*** posta centrale
centralita *sf* centralino *m*

centralización *sf* centralizzazione *f*
centralizar *vt* accentrare ◇ centralizzare
centrar *vt* centrare ◇ attirare ◇ incentrare ◆ *vrif* concentrarsi
céntrico *a* centrale
centrifugar *vt* centrifugare
centrífugo *a* centrifugo
centrípeto *a* centripeto
centro *sm* centro *m* ● ***c. comercial*** centro commerciale; ***c. de población*** centro urbano; ***c. de salud y belleza*** centro di salute e bellezza, beauty farm; ***c. social*** centro sociale; ***ir al c.*** andare in centro
céntuplo *sm* centuplo *m*
ceñido *a* attillato
ceñidor *sm* cintura *f*, cinghia *f*
ceñir *vt* cingere, stringere ◇ circondare ◆ *vrif* limitarsi, attenersi ◇ adattarsi
ceño *sm* cipiglio *m*
ceñudo *a* accigliato
cepa *sf* ceppo *m* ● ***de buena c.*** di qualità
cepillar *vt* spazzolare ◇ piallare ◇ (*fam*) uccidere ◆ *vrif* spazzolarsi ◇ (*fam*) uccidere ◇ (*fam*) segare (a un esame) ◇ (*volg*) scopare
cepillo *sm* spazzola *f*, spazzolino *m* ◇ pialla *f* ● ***a c.*** a spazzola
cepo *sm* ceppo *m* ◇ trappola *f* ◇ (*aut*) ganasce *f pl*
cera *sf* cera *f* ◇ cerume *m* ◇ ceretta *f* ● ***museo de c.*** museo delle cere
cerámica *sf* ceramica *f*
cerbatana *sf* cerbottana *f*
cerca *sf* steccato *m*, recinto *m* ◆ *avv* vicino, accanto ● ***c. de*** circa, quasi, vicino a, presso
cercado *sm* recinto *m*, steccato *m*
cercanía *sf* prossimità *f*, vicinanza *f* ◇ *al pl* dintorni *m pl*
cercano *a* vicino
cercar *vt* circondare, accerchiare
cercén, a *avv* completamente
cercenar *vt* troncare, mozzare
cerciorar *vt* assicurare ◆ *vrif* assicurarsi
cerco *sm* cerchio *m* ◇ (*mil*) assedio *m*
cerda *sf* setola *f*, crine *m* ◇ scrofa *f* ● ***ganado de c.*** bestiame suino
cerdo *sm* maiale *m*, porco *m*
cerdoso *a* setoloso
cereal *sm* cereale *m*
cerebelo *sm* cervelletto *m*
cerebral *a* cerebrale
cerebro *sm* cervello *m* ● ***secársele el c.*** diventare pazzo
ceremonia *sf* cerimonia *f*
ceremonial *a* da cerimonia ◆ *sm* cerimoniale *m*
cereza *sf* ciliegia *f*
cerezo *sm* ciliegio *m*
cerilla *sf* cerino *m* ◇ cerume *m*
cerner *vt* setacciare, cernere ◆ *vi* piovigginare ◆ *vrif* librarsi,

aleggiare ◇ minacciare, incombere

cernícalo *sm* gheppio *m* ◇ zotico *m*, ignorante *m*

cernido *sm* cernita *f*

cero *sm* zero *m* • ***partir de c.*** cominciare da zero

cerquillo *sm* tonsura *f*

cerrado *a* chiuso, sbarrato ◇ (*di cielo*) coperto ◇ taciturno ◇ difficile da capire, criptico ◇ chiuso, stretto • ***a ojos cerrados*** a occhi chiusi; ***a puerta cerrada*** a porte chiuse

cerradura *sf* serratura *f*

cerraja *sf* serratura *f*

cerrajería *sf* ferramenta *f*

cerrajero *sm* fabbro *m*

cerramiento *sm* chiusura *f*

cerrar *vt* chiudere ◇ concludere ◆ *vi* chiudere, chiudersi ◆ *vrif* chiudersi ◇ annuvolarsi • ***c. el pico*** chiudere il becco

cerrazón *sf* ostinazione *f* ◇ buio *m* ◇ (*fig*) chiusura *f* mentale

cerril *a* cocciuto, ostinato ◇ (*di cavallo*) selvaggio ◇ rozzo

cerro *sm* (*di animali*) collo *m*, dorso *m* ◇ collina *f* ◇ (*fig*) montagna *f*

cerrojo *sm* catenaccio *m* • ***dar c.*** chiudere bruscamente

certamen *sm* competizione *f*, concorso *m*

certero *a* sicuro ◇ fondato, certo

certeza *sf* certezza *f*

certidumbre *sf* certezza *f*

certificación *sf* attestazione *f* ◇ certficato *m*

certificado *a* (*posta*) raccomandato ◆ *sm* certificato *m* • ***carta certificada (con acuse de recibo)*** lettera raccomandata (con ricevuta di ritorno)

certificar *vt* attestare ◇ certificare, garantire

cerval *a* cervino • ***miedo c.*** panico

cervato *sm* cerbiatto *m*

cervecería *sf* birreria *f*

cerveza *sf* birra *f* • ***c. rubia/negra*** birra chiara/scura

cervical *a* cervicale

cerviz *sf* (*anat*) nuca *f*, regione *f* cervicale

cesante *a* licenziato, sospeso

cesantía *sf* sospensione *f* da un incarico pubblico ◇ indennità *f*

cesar *vi* cessare, smettere ◇ sospendere il lavoro

cese *sm* cessazione *f* ◇ sospensione *f*

cesión *sf* cessione *f*

césped *sm* erba *f*, prato *m* ◇ zolla *f* erbosa

cesta *sf* cesta *f*, cesto *m* ◇ canestro *m*

cesto *sm* cesta *f*, cesto *m* ◇ canestro *m*

cesura *sf* cesura *f*

cetáceo *a/sm* cetaceo *m*

cetrería *sf* falconeria *f*

cetrino *a* olivastro ◇ malinconico

cetro *sm* scettro *m*
chabacano *a* volgare
chabola *sf* catapecchia *f*
chacal *sm* sciacallo *m*
chacota *sf* burla *f*
chacra *sf* (*Am*) fattoria *f*
chal *sm* mantella *f*, scialle *m*
chalado *a* matto ◇ innamorato
chalé *sm* villetta *f* ● ***chalés adosados*** villette a schiera
chaleco *sm* gilè *m*
chalupa *sf* scialuppa *f*
chamarasca *sf* fascina *f* ◇ fiamma *f*
chamarilero *sm* rigattiere *m*
champán *sm* champagne *m*
champú *sm* shampoo *m*
chamuscar *vt* bruciacchiare
chancear *vi* scherzare ◆ *vrif* burlarsi di
chancero *a* burlone
chancho *sm* (*Am*) maiale *m*
chanchullo *sm* imbroglio *m*
chancla *sf* ciabatta *f*
chancleta *sf* ciabatta *f*
chanclo *sm* zoccolo *m* ◇ galoscia *f*
chantaje *sm* ricatto *m*
chantajear *vt* ricattare
chantajista *sm* ricattatore *m*
chanza *sf* canzonatura *f*
chapa *sf* lastra *f*, lamiera *f* ◇ (*aut*) carrozzeria *f* ◇ (legno) compensato *m*
chapado *a* impiallacciato ◆ *sm* rivestimento *m*
chapar *vt* rivestire, laminare ◇ assestare, rifilare ◆ *vi* studiare molto, lavorare molto
chaparro *sm* arbusto *m* di quercia ◇ grassone *m*
chaparrón *sm* acquazzone *m*, diluvio *m*
chapear *vt* rivestire
chapetón *a/sm* (*Am*) novizio *m*, inesperto *m*
chapista *sm* carrozziere *m*
chapitel *sm* capitello *m* ◇ cuspide *f*
chapó *inter* chapeau!, tanto di cappello!
chapotear *vt* inumidire ◆ *vi* sguazzare
chapucear *vt* abborracciare, raffazzonare
chapucero *a* raffazzonato ◆ *sm* pasticcione *m*
chapurrar *vt* biascicare, farfugliare
chapurrear *vt/i* biascicare, farfugliare
chapuza *sf* pasticcio *m* ◇ lavoretto *m*
chapuzar *vt* tuffare ◆ *vrif* tuffarsi, immergersi
chapuzón *sm* tuffo *m*
chaqueta *sf* giacca *f*
charada *sf* sciarada *f*
charanguero *sm* pasticcione *m*
charca *sf* acquitrino *m*
charco *sm* pozzanghera *f*
charla *sf* conversazione *f*, colloquio *m* ◇ chiacchiera *f*
charlar *vi* conversare ◇ chiacchierare

charlatán *sm* chiacchierone *m* ◇ pettegolo *m* ◇ imbonitore *m*, ciarlatano *m*
charlatanería *sf* loquacità *f* ◇ ciarlataneria *f*
charol *sm* vernice *f* • ***darse c.*** darsi importanza
charrán *sm* briccone *m*
charretera *sf* spallina *f*
charro *a* rozzo, volgare
chascarrillo *sm* battuta *f*
chasco *sm* burla *f* ◇ delusione *f*
chasquear *vt* schioccare ◇ burlare ◇ ingannare ◆ *vi* scricchiolare ◆ *vrif* rimanere deluso
chasquido *sm* schiocco *m* ◇ scricchiolio *m*
chatarra *sf* rottame *m* di ferro
chatear *vi* (*fam*) bere un bicchiere di vino ◇ (*inform*) chattare
chateo *sm* (*inform*) chat *f*
chato *a* camuso ◇ schiacciato ◆ *sm* bicchiere *m* (largo e basso)
chaval *sm* ragazzo *m*
chelín *sm* scellino *m*
cheque *sm* assegno *m* • ***c. de viajero*** assegno turistico
chequeo *sm* (*med*) check-up *m*
chica *sf* ragazza *f*
chicharra *sf* cicala *f*
chichear *vt* zittire
chichón *sm* bernoccolo *m*
chicle *sm* gomma *f* americana
chico *a* piccolo ◆ *sm* ragazzo *m*
chicote *sm* ragazzotto *m*
chiflado *a/sm* matto *m* • ***estar c. por*** andare matto per
chifladura *sf* fischio *m* ◇ mania *f*, passione *f*
chiflar *vi* fischiare ◇ (*fam*) bere molto ◆ *vrif* burlarsi ◇ andare matto, perdere la testa
chile *sm* peperoncino *m*
chileno *a/sm* cileno *m*
chillar *vi* strillare ◇ cigolare ◇ stridere
chillón *a* sgargiante ◇ stridulo ◇ urlante
chimenea *sf* camino *m*, caminetto *m* ◇ ciminiera *f*
chimpancé *sm* scimpanzé *m*
china *sf* sassolino *m* ◇ (*fam*) barretta *f* di hashish ◇ porcellana *f*
chinche *sf* cimice *f* ◇ puntina *f* ◆ *a* permaloso ◇ pignolo
chinchilla *sf* cincillà *m*
chinela *sf* pantofola *f*, pianella *f*
chinesco *a* cinese
chino *a/sm* cinese *m/f*
chip *sm* (*inform*) chip *m*
chipén *a* (*fam*) stupendo
chiquero *sm* porcile *m*
chiquillada *sf* bambinata *f*
chiquillo *sm* bambino *m*
chiquito *a* piccolo ◆ *sm* piccolo *m*, bambino *m* ◇ bicchierino *m*
chirimbolo *sm* aggeggio *m*
chirimía *sf* piva *f*
chiripa *sf* (colpo di) fortuna *f* • ***por c.*** per caso
chirle *a* insipido
chirlo *sm* sfregio *m*

chirriar *vi* stridere, cigolare ◇ stonare
chirrido *sm* cigolio *m*
chirrión *sm* carro *m*
¡chis! *inter* zitto!
chisme *sm* pettegolezzo *m* ◇ aggeggio *m*
chismoso *a/sm* pettegolo *m*
chispa *sf* scintilla *f* ◇ scarica *f* ◇ briciola *f*, piccola quantità *f* ◇ goccia *f* ◇ vivacità *f* ◇ sbornia *f*
chispazo *sm* scintilla *f*
chispeante *a* scintillante ◇ brillante
chispear *vi* scintillare ◇ sfavillare ◇ piovigginare
chisporrotear *vi* crepitare, scoppiettare
chisporroteo *sm* crepitio *m*, scoppiettio *m*
chistar *vi* fiatare, parlare ◇ chiamare, richiamare l'attenzione • ***sin c.*** senza fiatare
chiste *sm* barzelletta *f*, storiella *f* ◇ scherzo *m*
chistera *sf* cilindro *m*
chistoso *a* spiritoso ◇ comico
chivar *vt* (*fam*) seccare ◆ *vrif* fare la spia
chivato *sm* capretto *m* ◇ (*tecn*) spia *f*
chivo *sm* capretto *m* • ***c. expiatorio*** capro espiatorio
chocante *a* scioccante
chocar *vi* urtare, sbattere ◇ scontrarsi ◇ sorprendere ◆ *vt* unire • ***¡chócala!*** qua la mano!
chocarrería *sf* volgarità *f*
chochear *vi* rimbambire ◇ andare in brodo di giuggiole
chochera *sf* rimbambimento *m*
chocho *sm* rimbambito *m* ◇ (*volg*) figa *f* ◆ *a* rimbambito
choclo *sm* (*Am*) pannocchia *f* di mais
chocolate *sm* cioccolata *f*, cioccolato *m* ◇ (*fam*) hashish *m*
chófer *sm* autista *m*
cholo *sm* (*Am*) meticcio *m*
chopo *sm* pioppo *m* ◇ (*fam*) schioppo *m*
choque *sm* scontro *m*, collisione *f*, urto *m* ◇ scontro *m*, disputa *f* ◇ shock *m*
choricero *sm* salumiere *m*
chorizo *sm* salame *m*, salsiccia *f*
chorlito *sm* piviere *m*
chorrear *vi* gocciolare
chorro *sm* getto *m*, zampillo *m* • ***a chorros*** abbondantemente
choza *sf* baracca *f*, capanna *f*
chubasco *sm* acquazzone *m* ◇ contrattempo *m*
chuchería *sf* ninnolo *m* ◇ stuzzichino *m*
chufleta *sf* scherzo *m*
chuleta *sf* costata *f*, costoletta *f* ◇ schiaffo *m* ◇ (*agli esami*) appunti *m pl* per copiare
chulo *a* insolente ◇ (*fam*) elegante ◆ *sm* bellimbusto *m*
chumacera *sf* bronzina *f*, cuscinetto *m*
chunga *sf* scherzo *m*

chupado *a* secco, allampanato ◇ (*Am*) ubriaco
chupar *vt* succhiare ◇ assorbire ◇ scroccare ◇ (*Am*) bere ◆ *vrif* consumarsi, dimagrire ◇ (*fam*) sorbirsi, sopportare
chupón *a* scroccone ◆ *sm* (*bot*) succhione *m* ◇ (*sulla pelle*) succhiotto *m*
churro *sm* frittella *f*
chuscada *sf* buffonata *f*
chusco *a* faceto ◆ *sm* tozzo *m* di pane
chusma *sf* gentaglia *f*
chuzo *sm* picca *f*
chuzón *a/sm* furbo *m*
cianuro *sm* cianuro *m*
ciática *sf* sciatica *f*
cicatería *sf* spilorceria *f*
cicatero *a* spilorcio
cicatriz *sf* cicatrice *f*
cicerone *sm* cicerone *m*
cíclico *a* ciclico
ciclismo *sm* ciclismo *m*
ciclista *sm/f* ciclista *m/f* ◆ *a* ciclistico
ciclo *sm* ciclo *m*
ciclón *sm* ciclone *m*
ciclópeo *a* ciclopico
cicuta *sf* cicuta *f*
cidra *sf* (frutto del) cedro *m*
cidro *sm* (albero del) cedro *m*
ciego *a/sm* cieco *m* ● ***a ciegas*** alla cieca
cielo *sm* cielo *m* ◇ soffitto *m* ● ***a c. abierto*** a cielo aperto; ***¡cielos!*** santo cielo!; ***llovido del c.*** piovuto dal cielo
ciempiés *sm* millepiedi *m*
cien → **ciento**
ciénaga *sf* pantano *m*
ciencia *sf* scienza *f* ● ***c. ficción*** fantascienza; ***ciencias naturales*** scienze naturali
cieno *sm* fango *m*
científico *a* scientifico ◆ *sm* scienziato *m*
ciento o **cien** *a/sm* cento *m* ● ***al cien por cien*** al cento per cento, completamente; ***cien mil*** centomila; ***cientos de*** centinaia di
cierne *sm* fioritura *f*
cierre *sm* chiusura *f* ● ***c. centralizado*** (*aut*) chiusura centralizzata; ***c. de cremallera/relámpago*** cerniera lampo
ciertamente *avv* certamente
cierto *a* certo, sicuro ◇ un (certo) ◆ *avv* certo, certamente ● ***lo c. es que*** il fatto è che; ***por c.*** a proposito
ciervo *sm* cervo *m*
cierzo *sm* tramontana *f*
CIF *abbr di Código de Identificación fiscal* CF (*codice fiscale*)
cifra *sf* cifra *f* ◇ codice *m* ◇ cifra *f*, monogramma *m* ◇ compendio *m* ● ***en c.*** insomma
cifrado *a* cifrato
cifrar *vt* cifrare ◇ ridurre, limitare
cigarra *sf* cicala *f*
cigarrera *sf* portasigarette *m*
cigarrero *sm* tabaccaio *m*

cigarrillo *sm* sigaretta *f*
cigarro *sm* sigaro *m*
cigüeña *sf* cicogna *f*
cilicio *sm* cilicio *m*
cilindrada *sf* cilindrata *f*
cilindro *sm* cilindro *m*
cima *sf* cima *f* • ***mirar por c.*** guardare superficialmente
címbalo *sm* cembalo *m*
cimborrio *sm* (*arch*) tamburo *m*
cimbrar *vt* vibrare, agitare ◇ colpire
cimentar *vt* gettare le fondamenta di ◇ consolidare ◆ *vrif* cementarsi
cimera *sf* cimiero *m*
cimiento *sm al pl* fondamenta *f pl* ◇ base *f*, fondamento *m*
cimitarra *sf* scimitarra *f*
cinc *sm* zinco *m*
cincel *sm* scalpello *m* ◇ cesello *m*
cincelar *vt* scalpellare ◇ cesellare
cincha *sf* cinghia *f*
cinco *a/sm* cinque *m* • ***las c.*** le cinque
cincuenta *a/sm* cinquanta *m* • ***los c.*** gli anni cinquanta
cine *sm* cinema *m* • ***c. de estreno*** cinema di prima visione
cinéfilo *sm* cinefilo *m*
cinemateca *sf* cineteca *f*
cinemática *sf* cinematica *f*
cinematográfico *a* cinematografico
cinético *a* cinetico
cínico *a* cinico
cinismo *sm* cinismo *m*
cinta *sf* nastro *m* ◇ striscia *f* ◇ pellicola *f*, film *m* • ***c. magnética*** nastro magnetico
cinto *sm* cintura *f*
cintura *sf* vita *f*, cintura *f*
cinturilla *sf* cinturino *m*
cinturón *sm* cintura *f* • ***apretarse el c.*** tirare la cinghia; ***c. de seguridad*** cintura di sicurezza
ciprés *sm* cipresso *m*
circo *sm* circo *m*
circón *sm* zircone *m*
circuir *vt* circondare
circuito *sm* circuito *m* • ***c. impreso/integrado*** circuito stampato/integrato
circulación *sf* circolazione *f* • ***poner en c.*** mettere in circolazione
circulante *a* circolante
circular *a/sf* circolare *f* ◆ *vi* circolare
círculo *sm* circolo *m* ◇ cerchia *f* ◇ circolo *m*, associazione *f* ◇ *al pl* ambienti *m pl*
circuncidar *vt* circoncidere
circuncisión *sf* circoncisione *f*
circundar *vt* circondare
circunferencia *sf* circonferenza *f*
circunflejo *a* circonflesso
circunlocución *sf* circonlocuzione *f*
circunnavegar *vt* circumnavigare
circunscribir *vt* circoscrivere ◇ limitare ◆ *vrif* limitarsi

circunscripción *sf* circoscrizione *f*
circunspección *sf* circospezione *f*
circunspecto *a* circospetto
circunstancia *sf* circostanza *f* • ***de circunstancias*** d'emergenza, occasionale, di circostanza
circunstante *a* circostante
circunvalar *vt* circondare
circunvolución *sf* circonvoluzione *f*
cirio *sm* cero *m* ◇ (*fam*) casino *m*
ciruela *sf* susina *f*
ciruelo *sm* susino *m*
cirugía *sf* chirurgia *f*
cirujano *sm* chirurgo *m*
cisco *sm* carbonella *f* ◇ frastuono *m* • ***hacerse c.*** rompersi
cisma *sm* scisma *m*
cisne *sm* cigno *m*
cisterciense *a* cistercense
cisterna *sf* cisterna *f* • ***barco c.*** nave cisterna
cisura *sf* fessura *f* ◇ ferita *f*
cita *sf* appuntamento *m* ◇ (*lett*) citazione *f*
citación *sf* (*dir*) citazione *f*
citar *vt* dare un appuntamento ◇ citare ◆ *vrif* darsi appuntamento
cítrico *a* citrico ◆ *sm pl* agrumi *m pl*
ciudad *sf* città *f* • ***c. de arte*** città d'arte
ciudadanía *sf* cittadinanza *f*
ciudadano *a/sm* cittadino *m*
cívico *a* civico
civil *a* civile, civico ◆ *sm* agente *m* della guardia civil
civilidad *sf* civismo *m*
civilización *sf* civilizzazione *f* ◇ civiltà *f*, cultura *f*
civilizar *vt* civilizzare
cizallas *sf pl* cesoie *f pl*
cizaña *sf* zizzania *f* • ***sembrar c.*** seminare zizzania
clamar *vt* chiedere, invocare ◆ *vi* gridare
clamor *sm* grido *m* ◇ clamore *m* ◇ (*di campane*) rintocco *m*
clamorear *vt* reclamare ◆ *vi* (*di campane*) suonare
clamoroso *a* clamoroso
clandestino *a* clandestino
clara *sf* chiara *f* (d'uovo) ◇ birra *f* con gazzosa
claraboya *sf* lucernario *m*
claramente *avv* chiaramente
clarear *vt* chiarire ◆ *vi* albeggiare ◇ schiarire ◆ *vrif* (*di un tessuto*) diventare liso
clarete *a/sm* (*di vino*) rosato *m*
claridad *sf* chiarezza *f* ◇ chiarore *m*
clarificar *vt* chiarire, chiarificare
clarín *sm* clarino *m* ◇ clarinista *m*
clarinete *sm* clarinetto *m* ◇ clarinettista *m*
clarividencia *sf* chiaroveggenza *f*
claro *a* chiaro, luminoso ◇ puro, limpido ◇ sincero ◇

rado ◇ chiaro, comprensibile ◆ *sm* spazio *m* ◇ radura *f* ◇ (*di tempo*) pausa *f* ◆ *avv* chiaro, chiaramente ● ***a las claras*** con chiarezza; ***¡c.!*** certamente!; ***c. de luna*** chiaro di luna; ***poner en c.*** mettere in chiaro
claroscuro *sm* chiaroscuro *m*
clase *sf* classe *f* ◇ lezione *f* ◇ tipo *m*, genere *m* ● ***dar c.*** fare lezione; ***de toda c.*** di ogni genere
clasicismo *sm* classicismo *m*
clásico *a/sm* classico *m*
clasificación *sf* classificazione *f*
clasificador *sm* classificatore *m*
clasificar *vt* classificare ◇ assegnare, ordinare ◆ *vrif* classificarsi
clasista *a/sm/f* classista *m/f*
claudicar *vi* cedere ◇ rinunciare
claustro *sm* chiostro *m* ◇ (*università*) consiglio *m* accademico ● ***c. materno*** grembo
claustrofobia *sf* claustrofobia *f*
cláusula *sf* clausola *f*
clausura *sf* chiusura *f* ◇ clausura *f*
clavado *a* somigliante, identico ◇ esatto, spaccato ◇ fisso
clavar *vt* inchiodare ◇ conficcare, piantare ◇ fissare ◇ (*fam*) bidonare ◆ *vrif* prendersi una fregatura
clave *a* chiave, importante ◆ *sf* (*arch*) chiave *f* ◇ chiave *f*, codice *m* ◆ *sm* (*mus*) clavicembalo *m*
clavel *sm* garofano *m*
clavicémbalo *sm* clavicembalo *m*
clavicordio *sm* clavicordo *m*
clavícula *sf* clavicola *f*
clavija *sf* (*el*) spina *f* ◇ (*mus*) bischero *m*
clavo *sm* chiodo *m* ◇ chiodo *m* di garofano ◇ (*fam*) problema *m* ◇ callo *m* ● ***c. de rosca*** vite
claxon *sm* clacson *m*
clemencia *sf* clemenza *f*
cleptómano *a/sm* cleptomane *m/f*
clerecía *sf* clero *m*
clerical *a* clericale
clero *sm* clero *m*
cliente *sm/f* cliente *m/f*
clientela *sf* clientela *f*
clima *sm* clima *m*
climático *a* climatico
climatización *sf* climatizzazione *f*
climatizador *sm* climatizzatore *m*
climatizar *vt* climatizzare
clínica *sf* clinica *f*
clínico *a/sm* clinico *m*
cliquear *vi* (*inform*) cliccare
cloaca *sf* cloaca *f*
clonación *sf* clonazione *f*
clonar *vt* clonare
cloro *sm* cloro *m*
clorofila *sf* clorofilla *f*

cloroformo *sm* cloroformio *m*
cloruro *sm* cloruro *m*
coacción *sf* coercizione *f*
coadjutor *sm* coadiutore *m*
coadyuvar *vt* coadiuvare
coagulación *sf* coagulazione *f*
coagular *vt* coagulare ◆ *vrif* coagularsi
coágulo *sm* coagulo *m*
coalición *sf* coalizione *f*
coartada *sf* (*dir*) alibi *m*
coartar *vt* limitare
coautor *sm* coautore *m*
cobalto *sm* cobalto *m*
cobarde *a* codardo, vigliacco
cobardía *sf* codardia *f*
cobayo *sm* cavia *f*
cobertizo *sm* tettoia *f*, pensilina *f*
cobertor *sm* coperta *f*
cobertura *sf* copertura *f*
cobija *sf* coperta *f* ◇ coppo *m*
cobra *sf* cobra *m*
cobrador *sm* bigliettaio *m*, controllore *m* ◇ esattore *m*
cobranza *sf* riscossione *f*
cobrar *vt* riscuotere, incassare ◇ (*nella caccia*) catturare ◇ prendere, acquisire ◆ *vrif* prendersi ◇ riaversi ● ***c. ánimo*** riprendere coraggio
cobre *sm* rame *m* ◇ *al pl* (*mus*) ottoni *m pl*
cobrizo *a* color rame
cobro *sm* incasso *m*, ricavo *m*
coca *sf* coca *f*
cocaína *sf* cocaina *f*
cocción *sf* cottura *f*
cóccix *sm* coccige *m*
cocear *vi* scalciare
cocer *vt/i* cuocere ◆ *vrif* cuocersi
coche *sm* automobile *f* ◇ (*ferr*) carrozza *f*, vagone *m* ● ***c. cama*** vagone letto; ***c. de carreras*** auto da corsa; ***c. eléctrico*** auto elettrica; ***c. de línea*** autolinea; ***c. fúnebre*** carro funebre; ***c. restaurante*** vagone ristorante
cochecito *sm* carrozzina *f*, passeggino *m*
cochina *sf* scrofa *f*
cochinada *sf* porcheria *f*
cochinilla *sf* cocciniglia *f*
cochinillo *sm* porcellino *m*
cochino *sm* maiale *m*, porco *m* ◆ *a* sporco
cocido *a/sm* bollito *m*
cociente *sm* quoziente *m*
cocimiento *sm* cottura *f* ◇ infusione *f*
cocina *sf* cucina *f* ● ***c. americana*** angolo cottura
cocinar *vt* cucinare
cocinero *sm* cuoco *m*
coco *sm* (*bot*) cocco *m* ◇ (*fam*) zucca *f* ◇ personaggio *m* immaginario con cui si spaventano i bambini
cocodrilo *sm* coccodrillo *m*
codazo *sm* gomitata *f*
codear *vi* sgomitare ◆ *vrif* trattare con
codera *sf* toppa *f*
códice *sm* codice *m*
codicia *sf* cupidigia *f*

codiciar *vt* desiderare, bramare
codificación *sf* codifica *f*
código *sm* (*dir*) codice *m* • ***c. de barras*** codice a barre
codillo *sm* spalla *f*
codo *sm* gomito *m* • ***alzar, empinar el c.*** alzare il gomito
codorniz *sf* quaglia *f*
coeficiente *sm* coefficiente *m*
coerción *sf* coercizione *f*
coercitivo *a* coercitivo
coetáneo *a/sm* coetaneo *m*
coexistencia *sf* coesistenza *f*
coexistente *a* coesistente
coexistir *vi* coesistere
cofia *sf* cuffia *f*
cofradía *sf* confraternita *f*
cofre *sm* baule *m*
cogedor *sm* paletta *f* (per la spazzatura)
coger *vt* cogliere ◇ afferrare, prendere ◇ toccare ◇ raccogliere ◇ (*taurom*) incornare ◇ ottenere ◇ contrarre, prendere ◆ *vi* essere, stare ◇ (*volg*) scopare ◆ *vrif* prendersi • ***cojerse un resfriado*** buscarsi un raffreddore
cogida *sf* raccolta *f* ◇ (*taurom*) incornata *f*
cogollo *sm* (*di verdura*) cuore *m* ◇ germoglio *m* ◇ élite *f*
cogote *sm* nuca *f*
cohabitar *vt* coabitare
cohechar *vt* (*terra*) smuovere ◇ corrompere
cohecho *sm* corruzione *f*
coheredero *sm* coerede *m/f*
coherencia *sf* coerenza *f*
coherente *a* coerente
cohesión *sf* coesione *f*
cohibir *vt* reprimere, frenare ◇ intimidire ◆ *vrif* reprimersi, frenarsi
cohombro *sm* cetriolo *m*
coincidencia *sf* coincidenza *f*
coincidir *vi* coincidere ◇ incontrarsi
coito *sm* coito *m*
cojear *vi* zoppicare
cojín *sm* cuscino *m*
cojinete *sm* cuscinetto *m* • ***c. de bolas*** cuscinetto a sfere; ***c. del eje*** bronzina
cojo *a/sm* zoppo *m*
col *sf* cavolo *m* • ***coles de Bruselas*** cavolini di Bruxelles
cola *sf* coda *f* ◇ strascico *m* ◇ coda *f*, fila *f* ◇ colla *f* • ***a la c.*** in fondo; ***hacer c.*** fare la fila; ***tener c.*** avere conseguenze
colaborar *vi* collaborare
colación *sf* (*di titolo, beneficio*) conferimento *m* ◇ confronto *m* • ***sacar a c.*** tirare in ballo
colada *sf* bucato *m* ◇ colata *f* ◇ (*di montagna*) passo *m*
coladera *sf* colino *m*
colador *sm* colino *m*
coladura *sf* colatura *f* ◇ equivoco *m*, granchio *m*
colapso *sm* collasso *m*
colar *vt* colare, filtrare ◇ (*di nascosto o con l'inganno*) far passare ◇ (*fam*) infilare, far en-

trare ◆ *vi* passare ◆ *vrif* intrufolarsi ◇ sbagliarsi ◇ innamorarsi

colateral *a* laterale ◇ collaterale

colcha *sf* copriletto *m*

colchón *sm* materasso *m*

colear *vi* scodinzolare

coleccionar *vt* collezionare

colecta *sf* colletta *f*

colectar *vt* raccogliere

colectividad *sf* collettività *f*

colectivo *a* collettivo ◆ *sm* collettivo *m* ◇ (*Am*) autobus *m*

colector *sm* collettore *m*

colega *sm* collega *m/f*

colegial *a/sm* collegiale *m/f*

colegio *sm* collegio *m*

colegir *vt* riunire, raccogliere ◇ dedurre

cólera *sf* collera *f* ◆ *sm* colera *m*

colérico *a* collerico ◆ *sm* colerico *m*

colesterol *sm* colesterolo *m*

coleta *sf* codino *m*

coletazo *sm* colpo *m* di coda

colgadero *sm* gancio *m*

colgado *a* appeso, sospeso ◇ (*fig*) molto attento ◇ (*fig*) incerto

colgadura *sf* cortina *f*, tenda *f*

colgante *a* pensile, sospeso ◆ *sm* ciondolo *m*

colgar *vt* appendere, sospendere ◇ (*tel*) riappendere ◇ impiccare ◇ (*fig*) appioppare ◆ *vi* pendere, penzolare ◆ *vrif* impiccarsi ◇ (*inform*) bloccarsi ◇ essere dipendente, dipendere

colibrí *sm* colibrì *m*

cólico *sm* colica *f*

coliflor *sf* cavolfiore *m*

coligarse *vrif* allearsi

colilla *sf* mozzicone *m*

colina *sf* collina *f*, colle *m*

colindante *a* confinante, limitrofo

colindar *vi* confinare

colirio *sm* collirio *m*

colisión *sf* collisione *f*

collado *sm* colle *m* ◇ valico *m*

collage *sm* collage *m*

collar *sm* collana *f*, collare *m* ◇ guinzaglio *m*

colmado *a* ripieno, colmo

colmar *vt* riempire, colmare

colmena *sf* alveare *m*

colmillo *sm* (dente) canino *m* • ***enseñar los colmillos*** mostrare i denti

colmo *sm* colmo *m*

colocación *sf* collocazione *f* ◇ sistemazione *f*, impiego *m*

colocar *vt* collocare, porre ◇ impiegare, dare un lavoro a ◆ *vrif* collocarsi, sistemarsi ◇ trovare lavoro

colombiano *a/sm* colombiano *m*

colon *sm* colon *m*

colonia *sf* colonia *f*

colonialismo *sm* colonialismo *m*

colonización *sf* colonizzazione *f*

colonizar *vt* colonizzare
colono *sm* colono *m*
coloquio *sm* colloquio *m*
color *sm* colore *m* • ***a todo c.*** tutto colorato; ***en c.*** a colori
coloración *sf* colorazione *f*
colorado *a* colorato ◇ (*di viso*) rosso • ***ponerse c.*** diventar rosso
colorar *vt* colorare ◆ *vrif* colorarsi
colorear *vt* colorare ◇ colorire ◆ *vi* (*di frutto*) maturare
colorete *sm* fard *m*
colorido *sm* colorito *m* ◇ animazione *f*
coloso *sm* colosso *m*
columbrar *vt* scorgere ◇ congetturare
columna *sf* colonna *f*
columnata *sf* colonnato *m*
columpiar *vt* dondolare ◆ *vrif* dondolarsi
columpio *sm* altalena *f*
colutorio *sm* collutorio *m*
coma *sf* virgola *f* ◆ *sm* (*med*) coma *m* • ***sin faltar una c.*** esattamente
comadre *sf* levatrice *f* ◇ madrina *f*
comadrear *vi* spettegolare
comadreja *sf* donnola *f*
comadrona *sf* ostetrica *f*, levatrice *f* ◇ comare *f*
comandancia *sf* comando *m*
comandar *vt/i* comandare
comandita *sf* accomandita *f*
comanditario *a* in accomandita ◆ *sm* accomandante *m*
comando *sm* comando *m* ◇ commando *m*
comarca *sf* regione *f*, territorio *m*
comarcano *a* vicino
comarcar *vi* delimitare, stabilire confini
comatoso *a* comatoso
comba *sf* curvatura *f* ◇ (*gioco*) corda *f*
combar *vt* curvare ◆ *vrif* curvarsi
combate *sm* combattimento *m*, scontro *m* • ***fuera de c.*** fuori combattimento
combatir *vt* combattere, lottare contro ◇ opporsi a ◆ *vi* combattere
combativo *a* combattivo
combinación *sf* combinazione *f* ◇ unione *f*, gruppo *m* ◇ sottoveste *f*
combinar *vt* combinare ◇ mescolare ◆ *vrif* combinarsi
combo *a* curvo
combustible *a/sm* combustibile *m*
combustión *sf* combustione *f*
comedero *a* commestibile ◆ *sm* mangiatoia *f*
comedia *sf* commedia *f* • ***hacer c.*** fare la commedia, fingere
comediante *sm/f* commediante *m/f* ◇ ipocrita *m/f*

comedimiento *sm* moderazione *f* ◇ cortesia *f*
comediógrafo *sm* commediografo *m*
comedirse *vrif* moderarsi
comedón *sm* comedone *m*
comedor *a* mangione ◆ *sm* sala *f* da pranzo ◇ mensa *f*
comendador *sm* commendatore *m*
comensal *sm/f* commensale *m/f*
comentar *vt* commentare
comentario *sm* commento *m* ◇ commentario *m*
comenzar *vt/i* cominciare, iniziare ● ***c. a/por*** (+ *infinito*) cominciare a (+ *infinito*)
comer *vt/i* mangiare
comercial *a* commerciale
comerciar *vi* commerciare
comercio *sm* commercio *m* ◇ negozio *m* ● ***c. justo y solidario*** commercio equo e solidale; ***c. al por mayor*** commercio all'ingrosso
comestible *a* commestibile ◆ *sm al pl* viveri *m pl*, commestibili *m pl*
cometa *sm* cometa *f* ◆ *sf* aquilone *m*
cometer *vt* commettere
cometido *sm* incarico *m*, commissione *f* ◇ obbligo *m*
comezón *sf* prurito *m* ◇ ansia *f*, inquietudine *f*
comible *a* mangiabile
comicidad *sf* comicità *f*
cómico *a/sm* comico *m*
comida *sf* cibo *m* ◇ pasto *m*, pranzo *m* ● ***c. rápida*** fast food
comidilla *sf* oggetto *m* di pettegolezzi
comido *a* che ha mangiato ◇ corroso
comienzo *sm* inizio *m*, principio *m* ● ***a comienzos de*** all'inizio di
comillas *sf pl* virgolette *f pl* ● ***entre c.*** tra virgolette
comilón *a* mangione, ghiotto
comilona *sf* mangiata *f*
comino *sm* cumino *m* ◇ (*fig*) briciolo *m*
comisario *sm* commissario *m*
comiscar *vt* sgranocchiare, mangiucchiare
comisión *sf* commissione *f*
comisionado *a/sm* incaricato *m*
comité *sm* comitato *m*
comitiva *sf* comitiva *f*
como (*inter/escl* **cómo**) *avv* come ◇ circa ◆ *cong* (*causale*) siccome, poiché ◇ (*condizionale*) se ◆ *prep* come, in qualità di ● ***¿cómo no?*** eccome!; ***c. quiera que*** giacché, dato che
cómoda *sf* comò *m*
comodidad *sf* comodità *f*
comodín *sm* (*carte da gioco*) matta *f*, jolly *m* ◇ (*fig*) jolly *m*
cómodo *a* comodo
comodón *a* poltrone
compact disc *sm* compact disc *m*
compacto *a* compatto

compadecer *vt/rif* commiserare, compatire
compadre *sm* padrino *m*
compaginar *vt* combinare, armonizzare ◇ (*tip*) impaginare ◆ *vrif* conciliarsi, combinarsi
compañerismo *sm* cameratismo *m*
compañero *sm* compagno *m*, collega *m/f*
compañía *sf* compagnia *f*
comparable *a* comparabile, paragonabile
comparar *vt* paragonare, confrontare ◆ *vrif* paragonarsi
comparecencia *sf* comparizione *f*
comparecer *vi* comparire, presentarsi
comparsa *sm/f* (*teat*) comparsa *f*
compartimiento *sm* scompartto *m*, scompartimento *m* • ***c. estanco*** compartimento stagno
compartir *vt* dividere, distribuire ◇ condividere
compás *sm* compasso *m* ◇ (*naut*) bussola *f* ◇ (*mus*) tempo *m*, battuta *f* • ***llevar el c.*** battere il tempo, dirigere; ***ir al c.*** andare a tempo
compasado *a* moderato, regolato
compasión *sf* compassione *f* • ***dar c.*** fare compassione
compasivo *a* compassionevole
compatible *a* compatibile
compeler *vt* obbligare, costringere
compendiar *vt* compendiare
compendio *sm* compendio *m*
compensación *sf* compensazione *f* ◇ ricompensa *f*, compenso *m* ◇ indennizzo *m*
compensar *vt* compensare ◇ risarcire, indennizzare ◆ *vrif* compensarsi
competencia *sf* competenza *f* ◇ concorrenza *f*
competente *a* competente ◇ adeguato, opportuno
competer *vi* competere, essere di competenza
competición *sf* competizione *f*
competir *vi* competere, gareggiare
compilar *vt* compilare
compinche *sm/f* compagno *m*
complacencia *sf* compiacenza *f*
complacer *vt* compiacere ◆ *vrif* compiacersi
complejo *a/sm* complesso *m*
complementar *vt* completare
complemento *sm* complemento *m* ◇ *al pl* (*per abbigliamento*) accessori *m pl* • ***c. alimenticio*** integratore alimentare
completar *vt* completare ◆ *vrif* completarsi
completo *a* completo ◇ pieno, occupato ◇ totale • ***al c.*** al completo; ***por c.*** completamente
complexidad *sf* complessità *f*

complexión *sf* corporatura *f*, costituzione *f*
complicación *sf* complicazione *f*
complicar *vt* complicare ◇ coinvolgere ◆ *vrif* complicarsi
complicidad *sf* complicità *f*
complot *sm* complotto *m*
componenda *sf* accordo *m*
componente *a/sm* componente *m/f*
componer *vt* comporre ◇ riparare, aggiustare ◇ sistemare ◇ conciliare ◆ *vi* comporre ◆ *vrif* comporsi, essere formato ◇ prepararsi ● ***componérselas*** arrangiarsi
componible *a* componibile
comportamiento *sm* comportamento *m*
comportar *vt* comportare ◆ *vrif* comportarsi
composición *sf* composizione *f*
compositor *sm* compositore *m*
compostura *sf* riparazione *f* ◇ (*di una persona*) immagine *f*, aspetto *m* ◇ contegno *m*
compra *sf* acquisto *m*, spesa *f* ● ***hacer la c.*** fare la spesa; ***ir de compras*** fare spese
comprar *vt* comprare, acquistare
compraventa *sf* compravendita *f*
comprender *vt* capire, comprendere ◇ contenere ◆ *vrif* comprendersi ● ***hacerse c.*** farsi capire
comprensión *sf* comprensione *f*
compresa *sf* compressa *f* ● ***c. higiénica*** assorbente
compresión *sf* compressione *f*
compresor *sm* compressore *m*
comprimir *vt* comprimere ◇ (*inform*) zippare ◇ (*fig*) reprimere ◆ *vrif* comprimersi ◇ (*fig*) reprimersi, trattenersi
comprobación *sf* accertamento *m*, verifica *f*
comprobante *sm* giustificativo *m*
comprobar *vt* comprovare ◇ verificare
comprometedor *a* compromettente
comprometer *vt* compromettere ◆ *vrif* impegnarsi, compromettersi
compromiso *sm* impegno *m*, obbligo *m* ◇ fidanzamento *m* ◇ difficoltà *f*
compuesto *a* composto ◇ riparato ◇ pronto ◆ *sm* composto *m*
compulsar *vt* confrontare
compulsión *sf* impulso *m* ◇ minaccia *f*
compunción *sf* compunzione *f*
computador *sm* (*inform*) computer *m* ● ***c. portátil*** computer portatile
computar *vt* computare, calcolare

común *a* comune ◆ *sm* maggioranza *f*
comunicado *a* collegato ◆ *sm* comunicato *m*
comunicar *vt* comunicare ◇ trasmettere ◆ *vi* comunicare ◇ (*di telefono*) essere occupato ◆ *vrif* comunicare ◇ comunicarsi, propagarsi ● ***comunicarse por señas*** comunicare a gesti
comunidad *sf* comunità *f*
comunión *sf* comunione *f*
comunismo *sm* comunismo *m*
con *prep* con ● ***c. que, c. sólo que, c. tal que*** nel caso che; ***c. ser/tener*** pur essendo/avendo; ***junto c.*** insieme a; ***para c.*** verso
conato *sm* inizio *m* ◇ tentativo *m*
concatenación *sf* concatenazione *f*
cóncavo *a* concavo
concebir *vt/i* concepire
conceder *vt* concedere ◇ consentire ◇ conferire
concejo *sm* consiglio *m* comunale
concentrar *vt* concentrare ◆ *vrif* concentrarsi
concepción *sf* concezione *f*
concepto *sm* concetto *m*
conceptuar *vt* giudicare ◆ *vrif* giudicarsi
conceptuoso *a* concettoso
concerniente *a* concernente, riguardante ● ***en lo c. a*** per quello che concerne
concernir *vi* concernere, riguardare
concertar *vt* combinare ◆ *vi* (*mus*) armonizzare ◇ concordare ◇ coincidere ◆ *vrif* accordarsi
concesión *sf* concessione *f*
concesionario *sm* concessionario *m*
concesivo *a* concessivo
concha *sf* conchiglia *f*, guscio *m*
conchabarse *vrif* confabulare, complottare
conciencia *sf* coscienza *f* ● ***a c.*** con coscienza; ***a c. de que*** sapendo che
concienzudo *a* coscienzioso
concierto *sm* armonia *f* ◇ accordo *m* ◇ (*mus*) concerto *m*
conciliábulo *sm* conciliabolo *m*
conciliación *sf* conciliazione *f*
conciliar *a* conciliare ◆ *vt* riconciliare ◇ conciliare, accordare ◇ conciliare, guadagnarsi ◆ *vrif* conciliarsi
concilio *sm* riunione *f* ◇ concilio *m*
conciso *a* conciso
concitar *vt* incitare
conciudadano *sm* concittadino *m*
cónclave *sm* conclave *m*
concluir *vt* concludere, finire ◇

concludere, dedurre ◆ *vi/rif* concludersi, terminare
conclusión *sf* conclusione *f* ◇ risoluzione *f*, decisione *f* ● ***en c.*** in conclusione, insomma
concluyente *a* concludente
concomitancia *sf* concomitanza *f*
concordancia *sf* concordanza *f* ◇ (*mus*) accordo *m*
concordar *vt* accordare ◆ *vi* concordare
concorde *a* concorde
concordia *sf* concordia *f*
concretar *vt* precisare ◇ ridurre all'essenziale ◆ *vrif* limitarsi
concreto *a* concreto
concupiscencia *sf* concupiscenza *f*
concurrencia *sf* partecipazione *f* ◇ pubblico *m* ◇ concorso *m*
concurrido *a* affollato, frequentato
concurrir *vi* confluire, convergere ◇ riunirsi, presenziare ◇ concorrere ◇ contribuire
concursante *a/sm/f* concorrente *m/f*
concurso *sm* coincidenza *f* ◇ concorso *m*, competizione *f* ◇ aiuto *m*, assistenza *f* ◇ affluenza *f*
concusión *sf* concussione *f*
condado *sm* contea *f*
conde *sm* conte *m*
condecoración *sf* decorazione *f*, onorificenza *f*
condecorar *vt* decorare, concedere un'onorificenza a
condena *sf* condanna *f*
condenación *sf* dannazione *f*
condenado *a/sm* condannato *m* ◇ dannato *m*
condenar *vt* condannare ◇ disapprovare ◆ *vrif* dannarsi
condensación *sf* condensazione *f*
condensar *vt* condensare ◇ abbreviare, ridurre ◆ *vrif* condensarsi ◇ addensarsi
condesa *sf* contessa *f*
condescendencia *sf* condiscendenza *f*
condescender *vi* condiscendere
condición *sf* condizione *f* ◇ condizione *f* sociale ● ***a c. de que*** sempre che
condicional *a* condizionale
condicionamiento *sm* condizionamento *m*
condimentar *vt* condire
condimento *sm* condimento *m*
condolerse *vrif* dolersi, rammaricarsi
condominio *sm* condominio *m*
condón *sm* preservativo *m*
condonar *vt* condonare
cóndor *sm* condor *m*
conducción *sf* trasporto *m* ◇ condotta *f*, guida *f* ◇ (*fís*) conduzione *f*

conducente *a* adeguato, appropriato
conducir *vt/i* condurre, portare ◇ (*veicolo*) guidare ◆ *vrif* comportarsi
conducta *sf* condotta *f*
conducto *sm* condotto *m*, tubo *m* ◇ mezzo *m* ● ***por c. de*** per mezzo di
conductor *sm* conduttore *m* ◇ conducente *m/f*, autista *m/f*
conectar *vt* collegare, connettere ◆ *vi* mettersi in contatto con
conejo *sm* coniglio *m*
conexión *sf* connessione *f*, collegamento *m* ◇ relazioni *f pl*, amicizie *f pl*
conexionarse *vrif* collegarsi
confabular *vi* confabulare ◆ *vrif* complottare
confección *sf* preparazione *f* ◇ (*tess*) confezione *f*
confeccionar *vt* preparare ◇ (*tess*) confezionare
confederarse *vrif* confederarsi
conferencia *sf* conferenza *f* ◇ (*tel*) comunicazione *f* ● ***c. de prensa*** conferenza stampa
conferenciar *vi* discutere
conferir *vt* conferire, concedere
confesar *vt* confessare ◆ *vrif* confessarsi
confesión *sf* confessione *f*
confesor *sm* confessore *m*
confiable *a* affidabile
confiado *a* fiducioso, credulo ◇ presuntuoso
confianza *sf* fiducia *f* ◇ confidenza *f*
confiar *vt* affidare ◆ *vi* confidare, avere fiducia ◆ *vrif* fidarsi
confidencia *sf* confidenza *f*
confidente *sm/f* confidente *m/f* ◇ spia *f*
configurar *vt* configurare ◆ *vrif* configurarsi
confín *sm* confine *m*
confinar *vt/i* confinare
confirmación *sf* conferma *f* ◇ (*relig*) cresima *f*
confirmar *vt* confermare ◇ (*relig*) cresimare ◆ *vrif* confermarsi
confiscar *vt* confiscare
confite *sm* confetto *m*
confitura *sf* confettura *f*
conflicto *sm* conflitto *m* ● ***tener un c.*** essere in conflitto
confluencia *sf* confluenza *f*
confluir *vi* confluire, affluire
conformación *sf* conformazione *f*
conformar *vt* formare ◆ *vi* concordare ◆ *vrif* concordare ◇ accontentarsi, adeguarsi
conforme *a* conforme, confacente ◇ concorde, consenziente ◆ *avv* come, conformemente ● ***quedarse c. con*** rimanere soddisfatto di, rassegnarsi a
conformidad *sf* conformità *f* ◇ affinità *f*, accordo *m* ◇ approvazione *f*, consenso *m* ◇ rasse-

gnazione *f* • ***de c.*** d'accordo, all'unanimità
conformismo *sm* conformismo *m*
confortar *vt* confortare ◇ rianimare ◆ *vrif* confortarsi
confraternidad *sf* fratellanza *f*
confrontación *sf* confronto *m*
confrontar *vt* confrontare ◆ *vrif* confrontarsi
confundir *vt* confondere ◇ mescolare ◇ turbare, sbalordire ◆ *vrif* confondersi, mescolarsi ◇ confondersi, sbagliarsi
confusión *sf* confusione *f*
confuso *a* confuso
confutar *vt* confutare
congelación *sf* congelamento *m*
congelado *a* congelato, gelato
congelador *sm* congelatore *m*, surgelatore *m*
congelar *vt* congelare ◇ surgelare ◆ *vrif* congelarsi
congénito *a* congenito
congestión *sf* congestione *f*
congestionar *vt* congestionare ◆ *vrif* congestionarsi
conglomerar *vt* conglomerare
congoja *sf* angoscia *f*, affanno *m*
congojoso *a* angosciato
congraciar *vt* ingraziare ◆ *vrif* ingraziarsi, attirarsi la benevolenza
congratulación *sf* congratulazioni *f pl*
congratular *vt/rif* congratularsi
congregación *sf* congregazione *f*
congregar *vt* riunire ◆ *vrif* riunirsi
congresista *a/sm/f* congressista *m/f*
congreso *sm* congresso *m*
congruencia *sf* congruenza *f*
cónico *a* conico
conífera *sf* conifera *f*
conjeturar *vt* congetturare
conjugación *sf* (*gramm*) coniugazione *f* ◇ combinazione *f*, unione *f*
conjugar *vt* coniugare
conjunción *sf* congiunzione *f*
conjuntar *vt* armonizzare ◆ *vrif* armonizzarsi
conjuntivitis *sf* congiuntivite *f*
conjunto *a* congiunto ◆ *sm* complesso *m*, insieme *m* ◇ (*abito*) completo *m* • ***en c.*** nel complesso
conjurar *vt* esorcizzare ◇ congiurare ◇ scongiurare ◆ *vi/rif* congiurare, complottare
conjuro *sm* scongiuro *m* ◇ esorcismo *m*
conllevar *vt* comportare, implicare ◇ sopportare
conmemoración *sf* commemorazione *f*
conmemorar *vt* commemorare
conmensurable *a* commensurabile
conmigo *pr.pers* con me
conminar *vt* minacciare ◇ (*dir*) ingiungere

conmiseración *sf* commiserazione *f*
conmoción *sf* commozione *f* ◇ sconvolgimento *m*, agitazione *f*
conmovedor *a* commovente
conmover *vt* commuovere ◆ *vrif* commuoversi
conmutar *vt* commutare
conmutativo *a* commutativo
connatural *a* connaturale
connaturalizar *vt* abituare ◆ *vrif* abituarsi
connivencia *sf* connivenza *f*
connotación *sf* connotazione *f*
cono *sm* cono *m*
conocedor *a/sm* esperto *m*, conoscitore *m*
conocer *vt* conoscere ◇ riconoscere ◆ *vrif* conoscersi ◇ riconoscersi
conocido *a* conosciuto, noto ◆ *sm* conoscente *m/f*, conoscenza *f*
conocimiento *sm* conoscenza *f* ◇ intelligenza *f*, giudizio *m* ◇ *al pl* nozioni *f pl* • ***con c.*** con giudizio; ***perder el c.*** perdere i sensi
conque *cong* quindi, dunque
conquista *sf* conquista *f*
conquistador *a/sm* conquistatore *m*
conquistar *vt* conquistare
consabido *a* noto, risaputo
consagración *sf* consacrazione *f*
consagrar *vt* consacrare ◇ dedicare ◆ *vrif* consacrarsi ◇ dedicarsi
consanguíneo *a/sm* consanguineo *m*
consanguinidad *sf* consanguineità *f*
consciente *a* cosciente, consapevole
consecuencia *sf* conseguenza *f*
consecuente *a* coerente ◇ conseguente
consecutivo *a* consecutivo
conseguir *vt* conseguire, ottenere ◇ riuscire a
conseja *sf* fiaba *f*
consejero *sm* consigliere *m*
consejo *sm* consiglio *m*
consenso *sm* consenso *m*
consentido *a* viziato
consentimiento *sm* consenso *m*
consentir *vt* consentire, permettere ◇ viziare ◆ *vi* acconsentire ◇ cedere, vacillare
conserje *sm* portiere *m*
conserva *sf* conserva *f*
conservación *sf* conservazione *f*
conservador *a/sm* conservante *m* ◇ conservatore *m*
conservar *vt* conservare ◆ *vrif* conservarsi
conservatorio *sm* conservatorio *m*
considerable *a* considerevole
consideración *sf* considerazione *f* • ***en c. a*** in considera-

zione di; ***ser de c.*** essere importante
considerado *a* considerato, stimato ◇ prudente
considerar *vt* considerare ◇ stimare ◆ *vrif* considerarsi
consigna *sf* deposito *m* bagagli ◇ (*mil*) consegna *f*, ordine *m*
consignación *sf* verbalizzazione *f* ◇ stanziamento *m*
consignar *vt* destinare ◇ registrare, mettere a verbale ◇ (*dir*) depositare
consigo *pr.pers* con sé ● ***no tenerlas todas c.*** non essere tranquillo
consiguiente *a* conseguente ● ***por c.*** di conseguenza
consistencia *sf* consistenza *f*
consistir *vi* consistere
consistorio *sm* concistoro *m*
consocio *sm* consocio *m*
consolación *sf* consolazione *f*
consolar *vt* consolare ◆ *vrif* consolarsi
consolidación *sf* consolidamento *m*
consolidar *vt* consolidare ◆ *vrif* consolidarsi
consonante *a/sf* consonante *f*
consorcio *sm* consorzio *m*
consorte *sm/f* consorte *m/f* ◇ (*dir*) complice *m/f*
conspicuo *a* cospicuo
conspiración *sf* cospirazione *f*
conspirar *vi* cospirare
constancia *sf* costanza *f* ◇ sicurezza *f*, conferma *f*
constar *vi* constare, essere certo ◇ risultare ◇ constare, comporsi
constatar *vt* constatare
constelación *sf* costellazione *f*
consternación *sf* costernazione *f*
consternar *vt* costernare ◆ *vrif* abbattersi
constipación *sf* costipazione *f*
constipado *a* raffreddato ◆ *sm* raffreddore *m*
constitución *sf* costituzione *f*
constituir *vt* costituire, formare ◇ fondare ◆ *vrif* costituirsi
constitutivo *a* costitutivo
constituyente *a* costituente
constreñir *vt* costringere
construcción *sf* costruzione *f* ◇ edilizia *f*
construir *vt* costruire
consuelo *sm* consolazione *f*
cónsul *sm* console *m*
consulado *sm* consolato *m*
consulta *sf* consultazione *f* ◇ consulto *m*, visita *f* ◇ studio *m* (medico)
consultar *vt* consultare ◇ discutere
consultivo *a* consultivo
consultorio *sm* ufficio *m* di consulenza ◇ studio *m* medico
consumación *sf* consumazione *f*
consumado *a* consumato ◇ compiuto, perfetto ● ***hecho c.*** fatto compiuto

consumar *vt* consumare ◇ compiere
consumición *sf* consumazione *f*
consumido *a* sfinito, fiacco ◇ logoro
consumidor *sm* consumatore *m*
consumir *vt* consumare, mangiare ◇ distruggere, consumare ◆ *vrif* consumarsi ◇ distruggersi, consumarsi ● *c. preferentemente antes de* consumare preferibilmente entro
consumo *sm* consumo *m*
consunción *sf* consunzione *f*
contabilidad *sf* contabilità *f*
contable *a/sm/f* contabile *m/f* ◇ commercialista *m/f*
contacto *sm* contatto *m*
contado *a* contato ◇ raro, scarso ● *al c.* in contanti
contador *sm* contatore *m* ◇ contabile *m/f*
contaduría *sf* contabilità *f* ◇ (*ufficio*) amministrazione *f*
contagiar *vt* contagiare ◆ *vrif* contagiarsi ◇ trasmettersi
contagio *sm* contagio *m*
contaminación *sf* inquinamento *m*, contaminazione *f* ● *c. acústica* inquinamento acustico; *c. atmosférica* inquinamento atmosferico; *c. electromagnética* inquinamento elettromagnetico; *c. luminosa* inquinamento luminoso; *c. radiactiva* inquinamento radioattivo
contaminar *vt* contaminare ◇ inquinare ◇ contagiare ◆ *vrif* inquinarsi ◇ infettarsi
contante *a* contante
contar *vt* contare ◇ raccontare ◆ *vi* contare ◆ *vrif* contarsi ● *c. con alguien* contare su qn; *c. con algo* disporre di qc, avere qc
contemplar *vt* contemplare ◆ *vrif* contemplarsi
contemporáneamente *avv* contemporaneamente
contemporáneo *a/sm* contemporaneo *m*
contemporizar *vi* condiscendere, adattarsi
contención *sf* contenimento *m*
contencioso *a* contenzioso ◇ litigioso
contender *vi* contendere, combattere, disputare
contendiente *a/sm/f* contendente *m/f*
contenedor *a/sm* contenitore *m*
contener *vt* contenere ◇ trattenere ◆ *vrif* trattenersi, moderarsi
contenido *a* moderato, controllato ◆ *sm* contenuto *m*
contentadizo *a* accontentabile
contentar *vt* accontentare ◆ *vrif* accontentarsi
contento *a* contento, lieto ◆ *sm* contentezza *f* ● *darse por c.* accontentarsi

contestable *a* contestabile
contestación *sf* risposta *f*, replica *f* ◇ contestazione *f*
contestador *sm* (*tel*) segreteria *f* telefonica
contestar *vt* rispondere ◇ confermare ◆ *vi* rispondere male ◇ replicare, contraddire
contexto *sm* contesto *m*
contextura *sf* struttura *f* ◇ costituzione *f*
contienda *sf* contesa *f*, disputa *f*
contigo *pr.pers* con te
contigüidad *sf* contiguità *f*
continente *sm* contenitore *m* ◇ (*geogr*) continente *m*
contingencia *sf* contingenza *f*
contingente *a* contingente ◆ *sm* contingente *m*, quota *f* ◇ (*mil*) contingente *m*
continuación *sf* continuazione *f*
continuamente *avv* continuamente
continuar *vt* continuare ◆ *vi* continuare ◇ proseguire
continuidad *sf* continuità *f*
continuo *a/sm* continuo *m* • ***de c.*** continuamente
contonearse *vrif* ancheggiare
contorno *sm* contorno *m* ◇ *al pl* dintorni *m pl*
contorsión *sf* contorsione *f*
contra *prep* contro, di fronte ◆ *sm/f* contro *m* ◇ difficoltà *f*, ostacolo *m* • ***el pro y el c.*** il pro e il contro; ***llevar la c.*** contraddire, opporsi
contraalmirante *sm* contrammiraglio *m*
contraataque *sm* contrattacco *m*
contrabajo *sm* contrabbasso *m*
contrabando *sm* contrabbando *m*
contracambio *sm* scambio *m*, cambio *m*
contracción *sf* contrazione *f*
contracorriente *sf* corrente *f* contraria • ***ir a c.*** andare controcorrente
contractual *a* contrattuale
contradecir *vt* contraddire ◆ *vrif* contraddirsi
contradicción *sf* contraddizione *f*
contraer *vt* contrarre ◇ ridurre, limitare ◆ *vrif* contrarsi ◇ restringersi
contraespionaje *sm* controspionaggio *m*
contrafuerte *sm* contrafforte *m*
contragolpe *sm* contraccolpo *m*
contrahacer *vt* contraffare
contrahecho *a* contraffatto ◇ deforme
contraindicación *sf* controindicazione *f*
contralto *sm/f* contralto *m*
contraluz *sm/f* controluce *f* • ***a c.*** in controluce
contramano, a *loc.avv* contromano

contraorden *sf* contrordine *m*
contrapelo, a *loc.avv* contropelo
contrapesar *vt* controbilanciare ◇ compensare
contrapeso *sm* contrappeso *m*
contraponer *vt* contrapporre ◇ confrontare ◆ *vrif* contrapporsi, opporsi
contraposición *sf* contrapposizione *f*
contraproducente *a* controproducente
contrariar *vt* contrariare ◇ osteggiare, contrastare
contrariedad *sf* opposizione *f* ◇ contrarietà *f*
contrario *a* contrario ◇ avversario, rivale ◆ *sm* avversario *m*, nemico *m* ● ***llevar la contraria*** fare il contrario; ***por el c.*** al contrario
contrarreforma *sf* controriforma *f*
contrarrestar *vt* contrastare ◇ neutralizzare
contrasentido *sm* controsenso *m*
contraseña *sf* contrassegno *m* ◇ parola *f* d'ordine
contrastar *vt* verificare ◆ *vi* contrastare
contraste *sm* contrasto *m* ◇ (*su metallo*) marchio *m*, bollo *m*
contratación *sf* contrattazione *f*
contratar *vt* contrattare ◇ ingaggiare, assumere
contratiempo *sm* contrattempo *m* ◇ (*mus*) controtempo *m*
contrato *sm* contratto *m*
contravención *sf* contravvenzione *f*
contravenir *vt/i* contravvenire
contraventor *sm* contravventore *m*
contrayente *a/sm/f* contraente *m/f*
contribución *sf* contribuzione *f*, contributo *m*
contribuir *vt/i* contribuire
contribuyente *a/sm/f* contribuente *m/f*
contrición *sf* contrizione *f*
contrincante *sm/f* concorrente *m/f*
contristar *vt* affliggere ◆ *vrif* affliggersi
contrito *a* contrito
control *sm* controllo *m* ● ***llevar el c.*** avere il comando, tenere il controllo
controlador *sm* (*aer*) controllore *m* di volo ● ***c. aéreo*** (*aer*) controllore di volo
controlar *vt* controllare ◆ *vrif* controllarsi
controversia *sf* controversia *f*
controvertir *vt/i* discutere
contumacia *sf* ostinazione *f* ◇ (*dir*) contumacia *f*
contumaz *a* ostinato ◇ (*dir*) contumace
contundente *a* contundente ◇ (*fig*) convincente
conturbar *vt* turbare

contusión *sf* contusione *f*
convalecencia *sf* convalescenza *f*
convalecer *vi* essere in convalescenza
convalidar *vt* convalidare
convección *sf* convezione *f*
convencer *vt* convincere ◆ *vrif* convincersi
convencimiento *sm* convinzione *f*
convención *sf* convenzione *f*
convenido *a* stabilito
conveniencia *sf* convenienza *f*, utilità *f* ◇ accordo *m*, convenzione *f*, patto *m* • ***conveniencias sociales*** convenzioni sociali
convenio *sm* accordo *m*, convenzione *f*
convenir *vi* essere d'accordo, convenire ◇ convenire, essere conveniente ◆ *vrif* accordarsi su, stabilire
convento *sm* convento *m*
converger *vi* convergere
conversación *sf* conversazione *f*
conversar *vi* conversare
conversión *sf* conversione *f*
convertible *a* convertibile
convertir *vt* convertire ◇ cambiare, trasformare ◆ *vrif* convertirsi ◇ trasformarsi
convexo *a* convesso
convicción *sf* convinzione *f* ◇ *al pl* principi *m pl*
convidado *sm* commensale *m*
convidar *vt* invitare ◇ incitare ◆ *vrif* offrirsi volontariamente
convincente *a* convincente
convite *sm* banchetto *m*
convivencia *sf* convivenza *f*
convivir *vi* convivere
convocación *sf* convocazione *f*
convocar *vt* convocare
convocatoria *sf* convocazione *f*
convoy *sm* convoglio *m*
convoyar *vt* scortare
convulsión *sf* convulsione *f*
conyugal *a* coniugale
cónyuge *sm/f* coniuge *m/f*
coñac *sm* cognac *m*
cooperador *a/sm* collaboratore *m*
cooperar *vi* cooperare
cooperativa *sf* cooperativa *f*
coordenada *sf* coordinata *f*
coordinación *sf* coordinamento *m*, coordinazione *f*
coordinar *vt* coordinare
copa *sf* bicchiere *m* ◇ coppa *f* ◇ (*di alberi*) chioma *f* ◇ *al pl* (*carte da gioco*) coppe *f pl*
copar *vt* (*nelle elezioni*) conquistare tutti i seggi ◇ (*mil*) tagliare la ritirata ◇ (*fam*) vincere
copartícipe *a/sm/f* compartecipe *m/f*
copete *sm* ciuffo *m* ◇ presunzione *f*, alterigia *f* • ***ser de alto c.*** essere di famiglia nobile
copia *sf* copia *f* • ***c. de reserva,***

de seguridad (*inform*) copia di backup, backup
copiar *vt* copiare ◇ riprodurre
copioso *a* abbondante, copioso
copla *sf* strofa *f* ◇ canzone *f* ◇ *al pl* versi *m pl*
coplero *sm* (*lett*) cantastorie *m* ◇ (*spreg*) poetastro *m*
copo *sm* fiocco *m* (di neve) ◇ batuffolo *m*
copropiedad *sf* comproprietà *f*
cópula *sf* copula *f*
coque *sm* coke *m*
coquetear *vi* civettare
coquetería *sf* civetteria *f*
coraje *sm* coraggio *m* ◇ rabbia *f*, collera *f* • ***dar c.*** far arrabbiare
corajudo *a* coraggioso ◇ collerico
coral *a/sm* corale *m* ◆ *sm* corallo *m*
corambre *sm* pellame *m*
coraza *sf* corazza *f*
corazón *sm* cuore *m* ◇ centro *m*, nucleo *m* ◇ (*fam*) caro *m*, tesoro *m* ◇ *al pl* (*carte da gioco*) cuori *m pl*
corazonada *sf* presentimento *m*
corbata *sf* cravatta *f*
corbeta *sf* corvetta *f*
corchete *sm* gancio *m* ◇ automatico *m* ◇ parentesi *f* quadra
corcho *sm* sughero *m* ◇ turacciolo *m*, tappo *m*
corcova *sf* gobba *f*
corcovado *a/sm* gobbo *m*
cordel *sm* spago *m*, corda *f* • ***a c.*** in linea retta; ***dar c.*** rincarare la dose
cordero *sm* agnello *m*
cordial *a/sm* cordiale *m*
cordialidad *sf* cordialità *f*
cordillera *sf* (*geogr*) catena *f* (montuosa), cordigliera *f*
cordón *sm* laccio *m*, stringa *f* ◇ cordone *m*
cordura *sf* saggezza *f*
corear *vt* cantare in coro ◇ far coro a
coreografía *sf* coreografia *f*
coreógrafo *sm* coreografo *m*
coriáceo *a* coriaceo
corintio *a* corinzio
corista *sm/f* corista *m/f*
cormorán *sm* cormorano *m*
cornamenta *sf* corna *f pl*
cornamusa *sf* cornamusa *f*
córnea *sf* cornea *f*
corneja *sf* cornacchia *f*
corneta *sf* cornetta *f* • ***c. acústica*** cornetto acustico
cornisa *sf* cornicione *m*
cornucopia *sf* cornucopia *f*
cornudo *a* cornuto
coro *sm* coro *m*
corola *sf* corolla *f*
corolario *sm* corollario *m*
corona *sf* corona *f*
coronación *sf* incoronazione *f* ◇ coronamento *m*
coronar *vt* incoronare ◇ coronare
coronaria *sf* coronaria *f*
coronel *sm* colonnello *m*

coronilla *sf* cocuzzolo *m* ◇ chierica *f* • ***estar hasta la c.*** averne fin sopra i capelli
corpiño *sm* corpetto *m*
corporación *sf* corporazione *f*
corporal *a/sm* corporale *m*
corporativo *a* corporativo
corpóreo *a* corporeo
corpulencia *sf* corpulenza *f*
corpúsculo *sm* corpuscolo *m*
corral *sm* recinto *m*
correa *sf* cinghia *f* ◇ (*fam*) pazienza *f* • ***c. de transmisión*** cinghia di trasmissione; ***tener c.*** avere molta pazienza
corrección *sf* correzione *f* ◇ punizione *f* ◇ correttezza *f*
correcto *a* corretto
corrector *sm* correttore *m*, revisore *m*
corredera *sf* (*tecn*) guida *f* ◇ porta *f* scorrevole
corredizo *a* scorrevole
corredor *sm* corridore *m* ◇ commissionario *m* ◇ corridoio *m*
corregir *vt* correggere ◆ *vrif* correggersi
correlación *sf* correlazione *f*
correo *sm* corriere *m* ◇ corrispondenza *f*, posta *f* ◇ *al pl* poste *f pl* ◇ (*dir*) correo *m* • ***a vuelta de c.*** a giro di posta; ***c. diplomático*** corriere diplomatico; ***c. electrónico*** posta elettronica, e-mail; ***despachar el c.*** sbrigare la corrispondenza; ***echar al c.*** imbucare; ***lista de c.*** fermoposta; ***tren c.*** treno postale
correr *vi* correre ◇ scorrere ◇ trascorrere ◇ circolare ◇ (*di moneta*) aver corso ◆ *vt* spostare, tirare ◇ (*un luogo*) percorrere ◇ (*pericolo*) correre ◇ (*sport*) correre ◆ *vrif* muoversi, spostarsi ◇ (*volg*) venire, godere • ***a todo c.*** a tutta velocità; ***c. a cargo de*** essere a carico di; ***c. el cerrojo*** chiudere col catenaccio; ***dejar c.*** lasciar perdere
correría *sf* incursione *f* ◇ *al pl* avventure *f pl*
correspondencia *sf* corrispondenza *f*
corresponder *vi* contraccambiare ◇ corrispondere ◇ spettare, toccare ◆ *vrif* corrispondere
corresponsal *sm/f* corrispondente *m/f*
corretaje *sm* mediazione *f*
correveidile *sm/f* pettegolo *m*
corrida *sf* corsa *f* ◇ (*di tori*) corrida *f* • ***de c.*** alla svelta
corrido *a* continuo ◇ confuso ◇ astuto ◇ di fila, di seguito • ***un quilo c.*** un chilo abbondante
corriente *a* corrente ◇ normale, usuale ◇ attuale ◆ *sf* corrente *f* • ***c. alterna/directa*** corrente alternata/continua; ***ponerse al c.*** mettersi al corrente
corrillo *sm* gruppo *m*, crocchio *m*

corro *sm* (*di persone*) gruppo *m*, circolo *m* ◇ girotondo *m*
corroboración *sf* corroborazione *f*
corroborar *vt* corroborare
corroer *vt* corrodere ◆ *vrif* corrodersi
corromper *vt* corrompere ◇ guastare, rovinare ◆ *vrif* corrompersi ◇ decomporsi
corrosivo *a* corrosivo
corrupción *sf* corruzione *f*
corruptible *a* corruttibile
corsé *sm* corsetto *m*
cortacircuitos *sm* (*el*) salvavita *m*
cortado *a* tagliato ◇ (*di stile*) spezzettato ◇ (*di persone*) imbarazzato ◆ *sm* caffè *m* macchiato
cortador *sm* tagliatore *m*
cortadora *sf* affettatrice *f* ◇ falciatrice *f*
cortadura *sf* taglio *m* ◇ (*geogr*) passo *m*
cortante *a* tagliente ◇ (*fig*) sconcertante
cortapapel(es) *sm* tagliacarte *m*
cortapisa *sf* ostacolo *m*, difficoltà *f*
cortaplumas *sm* temperino *m*
cortar *vt* tagliare ◇ troncare, recidere ◇ attraversare ◇ accorciare, tagliare ◆ *vrif* tagliarsi ◇ ferirsi ● ***c. el paso*** tagliare la strada
corte *sm* taglio *m* ◆ *sf* corte *f*
cortedad *sf* piccolezza *f*, pochezza *f* ◇ pusillanimità *f*
cortejar *vt* corteggiare
cortejo *sm* corteo *m*
cortés *a* cortese, garbato
cortesano *a/sm* cortigiano *m*
cortesía *sf* cortesia *f*
corteza *sf* corteccia *f* ◇ crosta *f* ◇ esteriorità *f* ● ***c. terrestre*** crosta terrestre
cortijo *sm* cascina *f*
cortina *sf* tenda *f* ◇ cortina *f*
cortinilla *sf* tendina *f*
cortisona *sf* cortisone *m*
corto *a* corto ◇ scarso ◇ ottuso, limitato
corvo *a* curvo
corzo *sm* capriolo *m*
cosa *sf* cosa *f*
cosechar *vt* raccogliere ◇ ottenere
coser *vt* cucire
cosmético *a/sm* cosmetico *m*
cósmico *a* cosmico
cosmografía *sf* cosmografia *f*
cosmología *sf* cosmologia *f*
cosmos *sm* cosmo *m*
coso *sm* piazza *f*, via *f* (principale) ◇ (*di tori*) arena *f*
cosquillas *sf pl* solletico *m* ● ***hacer c.*** fare il solletico, stuzzicare
cosquilloso *a* che soffre il solletico ◇ permaloso
costa *sf* costa *f* ◇ costo *m* ◇ *al pl* (*dir*) spese *f pl* processuali ● ***a c. de*** a costo di; ***a toda c.*** a tutti i costi

costado *sm* fianco *m*, lato *m*
costal *a* costale ◆ *sm* sacco *m*
costanera *sf* costa *f*, pendio *m*
costanero *a* costiero
costar *vt/i* costare
coste *sm* costo *m*
costear *vt* pagare le spese di, spesare ◇ costeggiare ◆ *vi* costeggiare ◆ *vrif* pagarsi
costeño *a* costiero
costero *a* costiero
costilla *sf* costola *f* ◇ (*cuc*) costina *f* ◇ (*fam*) moglie *f* ◇ *al pl* (*fam*) spalle *f pl*
costo *sm* costo *m*
costoso *a* costoso
costra *sf* crosta *f*
costumbre *sf* costumi *m pl*, usi *m pl* ◇ abitudine *f* ● ***de c.*** di solito; ***la fuerza de la c.*** la forza dell'abitudine
costura *sf* cucitura *f* ◇ cucito *m*
costurera *sf* sarta *f*
costurero *sm* cestino *m* da lavoro
cota *sf* cotta *f* ◇ quota *f* ◇ altezza *f*
cotejar *vt* confrontare
cotejo *sm* confronto *m*
cotidiano *a* quotidiano
cotillear *vi* spettegolare
cotilleo *sm* pettegolezzo *m*
cotización *sf* quotazione *f*
cotizar *vt* quotare ◇ pagare una quota di ◆ *vrif* essere quotato
coto *sm* riserva *f*, terreno *m* delimitato ◇ limite *m*, termine *m*
cotorra *sf* pappagallo *m*, cocorita *f* ◇ (*fam*) chiacchierone *m*
cotorrear *vi* (*fam*) chiacchierare
coyote *sm* coyote *m*
coyuntura *sf* (*anat*) giuntura *f*, articolazione *f* ◇ (*econ*) congiuntura *f* ◇ opportunità *f*
coz *sf* calcio *m* ◇ rinculo *m*
cráneo *sm* cranio *m*
crapuloso *a* licenzioso
cráter *sm* cratere *m*
creación *sf* creazione *f*
crear *vt* creare ◆ *vrif* crearsi
creatividad *sf* creatività *f*
crecer *vi* crescere ◇ aumentare, intensificarsi ◆ *vrif* acquistare sicurezza, acquistare importanza
creces *sf pl* aumento *m*, crescita *f* ● ***con c.*** abbondantemente
crecida *sf* (*di fiume*) piena *f*
crecido *a* cresciuto ◇ grande
creciente *a* crescente ◆ *sf* piena *f* ◇ alta marea *f*
crecimiento *sm* crescita *f*
credencial *a/sf* credenziale *f*
credibilidad *sf* credibilità *f*
crédito *sm* credito *m* ● ***ser de c.*** essere credibile
credo *sm* credo *m*
credulidad *sf* credulità *f*
creencia *sf* credenza *f*, convinzione *f*
creer *vt/i/rif* credere ● ***¡no lo puedo c.!*** non ci posso credere!; ***¡ya lo creo!*** altro che!
creíble *a* credibile

creído *a* presuntuoso
crema *sf* crema *f*
cremación *sf* cremazione *f*
cremallera *sf* cerniera *f* lampo, zip *f* ◇ (*ferr*) cremagliera *f*
crepitación *sf* crepitio *m*
crepitar *vi* crepitare
crepúsculo *sm* crepuscolo *m*
crespo *a* riccio, crespo ◇ irritato
crespón *sm* crespo *m*
cresta *sf* cresta *f*
creta *sf* creta *f*
cretino *a/sm* cretino *m*
creyente *a/sm/f* credente *m/f*
cría *sf* allevamento *m* ◇ covata *f*, nidiata *f* ◇ cucciolo *m*, piccolo *m* ◇ bimba *f*
criada *sf* domestica *f*
criadero *sm* vivaio *m* ◇ allevamento *m*
criado *a* educato ◆ *sm* domestico *m*
criador *sm* allevatore *m*
crianza *sf* allevamento *m* ◇ educazione *f*
criar *vt* allattare ◇ allevare ◇ educare, istruire ◆ *vi* figliare ◆ *vrif* crescere
criatura *sf* creatura *f* ◇ bambino *m*
criba *sf* setaccio *m*
cribar *vt* setacciare
crimen *sm* crimine *m*
criminalidad *sf* criminalità *f*
crin *sf* crine *m* ◇ criniera *f*
crío *sm* bambino *m*
criollo *a/sm* creolo *m*
cripta *sf* cripta *f*
criptogamicida *sm* anticrittogamico *m*
crisálida *sf* crisalide *f*
crisis *sf* crisi *f*
crisma *sm/f* crisma *m* ◇ (*fam*) testa *f*
crisol *sm* crogiolo *m*
crispar *vt* contrarre ◇ irritare ◆ *vrif* contrarsi ◇ irritarsi
cristal *sm* cristallo *m*, vetro *m* ● ***cristales líquidos*** cristalli liquidi
cristalería *sf* cristalleria *f*
cristalero *sm* vetraio *m*
cristalino *a/sm* cristallino *m*
cristalizar *vt* cristallizzare ◆ *vi/rif* cristallizzarsi
cristianar *vt* (*fam*) battezzare
cristiandad *sf* cristianità *f*
cristianismo *sm* cristianesimo *m*
cristiano *a/sm* cristiano *m*
criterio *sm* criterio *m*
crítica *sf* critica *f*
criticable *a* criticabile
criticar *vt/i* criticare
crítico *a/sm* critico *m*
cromático *a* cromatico
cromo *sm* cromo *m* ◇ figurina *f*
cromosoma *sm* cromosoma *m*
crónica *sf* cronaca *f* ● ***c. televisiva*** telecronaca
crónico *a* cronico
cronicón *sm* cronaca *f*
cronista *sm/f* cronista *m/f* ● ***c. televisivo*** telecronista
cronología *sf* cronologia *f*

cronómetro *sm* cronometro *m*
croqueta *sf* crocchetta *f*
croquis *sm* schizzo *m*
cruce *sm* incrocio *m*, intersezione *f* ◇ (*tel*) interferenza *f* ◇ (*di animali, piante*) incrocio *m* ◇ passaggio *m* pedonale
crucero *sm* (*arch*) crociera *f* ◇ (*mil*) incrociatore *m*
crucial *a* cruciale
crucificar *vt* crocifiggere
crucifijo *sm* crocifisso *m*
cruciforme *a* cruciforme
crucigrama *sm* cruciverba *m*
crudeza *sf* crudezza *f*
crudo *a* crudo ◇ grezzo ◇ (*di clima*) rigido ◇ (*di frutta*) acerbo ◆ *sm* petrolio *m* greggio
cruel *a* crudele
crueldad *sf* crudeltà *f*
cruento *a* cruento
crujía *sf* corridoio *m*, galleria *f* ◇ corsia *f*
crujido *sm* scricchiolio *m* ◇ fruscio *m*
crujiente *a* croccante
crujir *vi* scricchiolare ◇ frusciare
crustáceo *a/sm* crostaceo *m*
cruz *sf* croce *f* ● ***hacerse cruces*** meravigliarsi
cruzada *sf* crociata *f*
cruzado *a* incrociato ◇ di traverso ◇ (*stor*) crociato ◆ *sm* (*stor*) crociato *m*
cruzamiento *sm* incrocio *m*
cruzar *vt* incrociare ◇ attraversare ◇ sbarrare ◆ *vrif* incrociarsi ◇ imbattersi, incontrarsi
cuadernillo *sm* quinterno *m* ◇ taccuino *m*
cuaderno *sm* quaderno *m*
cuadra *sf* scuderia *f* ◇ stalla *f* ◇ salone *m* ◇ (*fig*) stalla *f*, porcile *m* ◇ (*Am*) isolato *m*
cuadrado *a* quadrato ◇ corpulento ◆ *sm* quadrato *m*
cuadrante *sm* quadrante *m*
cuadrar *vt* far quadrare ◇ squadrare ◆ *vi* quadrare ◆ *vrif* (*mil*) mettersi sull'attenti ◇ fermarsi
cuadrienal *a* quadriennale
cuadrilátero *a/sm* quadrilatero *m*
cuadrilla *sf* gruppo *m* ◇ banda *f* ● ***en c.*** in gruppo
cuadro *sm* quadrato *m* ◇ (*arte*) quadro *m* ◇ riquadro *m*, tabella *f* ◇ scena *f* ● ***c. de diálogo*** finestra di dialogo; ***a cuadros*** a quadri
cuadrúpedo *a/sm* quadrupede *m*
cuadruplicar *vt* quadruplicare
cuádruplo *a/sm* quadruplo *m*
cuajar *vt* cagliare ◇ coagulare ◇ riempire ◆ *vi* coagulare ◇ riuscire, realizzarsi ◆ *vrif* cagliarsi ◇ coagularsi ◇ riempirsi
cuajo *sm* caglio *m* ◇ calma *f* ● ***arrancar de c.*** strappare dalle radici
cual *pr.rel* che, il quale ◆ *a* come, tale ◆ *avv* come, quale

• *cada c.* tutti; *lo c.* la qual cosa; *por lo c.* perciò; *tal c.* tale e quale
cuál *pr* quale, chi • *c. más, c. menos* chi più, chi meno
cualesquier *a/pr*, *pl di* **cualquier**
cualesquiera *a/pr*, *pl di* **cualquiera**
cualidad *sf* qualità *f*
cualquier (*pl* **cualesquier**) → **cualquiera**
cualquiera (*pl* **cualesquiera**; *se precede il nome si usa la forma apocopata* **cualquier**) *a* qualsiasi, qualunque ◆ *pr* chiunque • *cualquier cosa que hagas* qualunque cosa tu faccia; *c. que sea* chiunque sia; *ser un c.* essere uno qualunque
cuan *avv* (*interr ed escl* **cuán**) quanto, come
cuando *avv* (*interr ed escl* **cuándo**) quando ◆ *cong* quando • *aun c.* anche se; *c. menos* almeno; *c. mucho, c. más* tutt'al più; *c. no* altrimenti, se no
cuantía *sf* quantità *f* ◇ importanza *f* • *de mayor c.* importante; *de menor c.* senza importanza
cuantioso *a* abbondante, considerevole
cuantitativo *sm* quantitativo *m*
cuanto *a/pr/avv* (*interr ed escl* **cuánto**) quanto • *¿a cuánto?* a quanto?, a che prezzo?; *¿cuántos años tienes?* quanti anni hai?; *c. más (que)* tanto più (che); *(en) c. a* in quanto a; *en c.* non appena
cuarenta *a/sm* quaranta *m*
cuarentena *sf* quarantina *f* ◇ quarantena *f*
cuaresma *sf* quaresima *f*
cuarta *sf* quarto *m*, quarta *f* parte ◇ (*mus*) quarta *f* ◇ spanna *f*
cuartear *vt* dividere in quattro ◇ squartare ◆ *vrif* screpolarsi
cuartel *sm* caserma *f* • *c. general* quartier generale
cuarteta *sf* quartina *f*
cuarteto *sm* quartetto *m*
cuartilla *sf* foglio *m* (di carta)
cuarto *a* quarto ◆ *sm* quarto *m* ◇ camera *f*, stanza *f* ◇ (*fam*) quattrino *m* • *c. de baño* bagno; *c. de estar* soggiorno
cuarzo *sm* quarzo *m*
cuasi *avv* quasi
cuaterna *sf* quaterna *f*
cuatrimestral *a* quadrimestrale
cuatrimestre *sm* quadrimestre *m*
cuatro *a/sm* quattro *m*
cuatrocentista *a* quattrocentesco
cuatrocientos *a/sm* quattrocento *m*
cuba *sf* botte *f* • *estar como una c.* essere ubriaco
cubano *a/sm* cubano *m*
cubero *sm* bottaio *m*
cubicar *vt* (*mat*) elevare al cubo
cúbico *a* cubico

cubierta *sf* coperta *m* ◇ copertina *f* ◇ (*aut*) copertone *m*
cubil *sm* tana *f*, cuccia *f*
cubilete *sm* bussolotto *m* (dei dadi)
cubismo *sm* cubismo *m*
cubital *a* cubitale
cúbito *sm* ulna *f*
cubo *sm* secchio *m* ◇ (*di ruota*) mozzo *m* ◇ (*geom*) cubo *m* • ***c. de la basura*** pattumiera; ***c. para hielo*** secchiello del ghiaccio
cubrecama *sm* copriletto *m*
cubrir *vt* coprire ◇ ricoprire ◇ nascondere ◇ percorrere ◆ *vrif* coprirsi ◇ rannuvolarsi
cucaña *sf* cuccagna *f*
cucaracha *sf* scarafaggio *m* ◇ tabacco *m* in polvere
cuchara *sf* cucchiaio *m* • ***c. de palo*** cucchiaio di legno
cucharada *sf* cucchiaiata *f*
cucharilla *sf* cucchiaino *m*
cucharón *sm* mestolo *m*
cuchichear *vt* bisbigliare
cuchilla *sf* coltello *m* ◇ lama *f*
cuchillería *sf* coltelleria *f*
cuchillo *sm* coltello *m* ◇ inserto *m*, gherone *m* ◇ (*arch*) armatura *f*, pilone *m*
cuchipanda *sf* gozzoviglia *f*, baldoria *f*
cuclillas, en *loc.avv* accoccolato
cuclillo *sm* cuculo *m*
cuco *a* grazioso ◇ furbo ◆ *sm* cuculo *m*
cucurucho *sm* cartoccio *m* ◇ cono *m* gelato
cuelga *sf* raccolta *f*
cuello *sm* collo *m* ◇ colletto *m*
cuenca *sf* (*anat*) orbita *f* ◇ (*geogr*) conca *f*, bacino *m* ◇ ciotola *f*
cuenco *sm* ciotola *f*
cuenta *sf* conto *m* ◇ conteggio *m*, calcolo *m* ◇ incarico *m*, responsabilità *f* ◇ (*di collana*) perlina *f* • ***a c.*** in acconto; ***caer en la c.*** accorgersi; ***darse c. de algo*** accorgersi di qc; ***c. corriente*** conto corrente; ***echar cuentas*** fare i conti; ***tener en c.*** prendere in considerazione; ***vivir a c. de*** vivere alle spalle di
cuentacorrentista *sm/f* correntista *m/f*
cuentagotas *sm* contagocce *m*
cuentakilómetros *sm* contachilometri *m*
cuento *sm* racconto *m* ◇ novella *f*, fiaba *f* ◇ frottola *f* ◇ pettegolezzo *m* • ***c. chino*** frottola; ***c. de hadas*** fiaba; ***dejarse de cuentos*** venire al dunque; ***venir a c.*** venire a proposito
cuerda *sf* corda *f* ◇ (*mus*) registro *m* • ***dar c.*** dare spago; ***dar c. al reloj*** caricare l'orologio
cuerdo *a/sm* saggio *m*
cuerno *sm* corno *m*
cuero *sm* cuoio *m* • ***en cueros*** completamente nudo
cuerpo *sm* corpo *m* • ***c. del de-***

lito corpo del delitto; ***de c. entero*** a figura intera, in piedi; ***de medio c.*** a mezzo busto; ***entregarse en c. y alma a*** dedicarsi anima e corpo a; ***tomar c.*** prendere corpo
cuervo *sm* corvo *m*
cuesta *sf* pendio *m*, salita *f* • ***a cuestas*** sopra le spalle, a carico; ***en c.*** in pendio; ***ir c. arriba/abajo*** andare in salita/discesa
cuestión *sf* questione *f* • ***en c. de*** nel giro di; ***la c. es...*** l'importante è...
cuestionar *vt* discutere
cuestionario *sm* questionario *m*
cuestor *sm* questore *m*
cueva *sf* caverna *f*, grotta *f*
cuidado *a* curato, in ordine ◆ *sm* attenzione *f*, cura *f* ◇ preoccupazione *f* • ***¡c.!*** attenzione!; ***estar al c. de*** essere a cura di; ***ir con c.*** fare attenzione
cuidar *vt* curare ◆ *vi* prendersi cura ◇ fare attenzione ◆ *vrif* preoccuparsi ◇ curarsi
cuita *sf* pena *f*, sventura *f*
culata *sf* culatta *f*, calcio *m*
culatazo *sm* rinculo *m* ◇ colpo *m* dato con il calcio di un'arma
culebra *sf* serpe *f* ◇ serpentina *f*
culebrear *vi* serpeggiare
culinario *a* culinario
culminación *sf* culmine *m* ◇ fine *f*
culminar *vi* culminare
culo *sm* sedere *m*, culo *m*
culpa *sf* colpa *f* • ***echar la c.*** dare la colpa
culpable *a/sm/f* colpevole *m/f*
culpar *vt* incolpare ◆ *vrif* incolparsi
cultivable *a* coltivabile
cultivar *vt* coltivare
cultivo *sm* coltura *f*
culto *a* colto, erudito ◆ *sm* culto *m*
cultura *sf* cultura *f*
cultural *a* culturale
cumbre *sf* cima *f*, sommità *f* ◇ vertice *m*
cumpleaños *sm* compleanno *m*
cumplido *a* abbondante ◇ educato, cortese ◆ *sm* complimento *m*
cumplimentar *vt* complimentare ◇ eseguire
cumplimiento *sm* adempimento *m*, compimento *m* ◇ scadenza *f*
cumplir *vt* compiere, eseguire ◇ rispettare ◇ (*anni*) compiere ◆ *vi* soddisfare ◇ scadere ◆ *vrif* avverarsi, compiersi ◇ scadere • ***por c.*** per pura cortesia
cúmulo *sm* cumulo *m*
cuna *sf* culla *f* • ***canción de c.*** ninnananna
cundir *vi* diffondersi ◇ crescere ◇ rendere
cuneiforme *a* cuneiforme
cuneta *sf* fosso *m*
cuña *sf* cuneo *m* ◇ (*orinale*) padella *f* ◇ (*TV*) spot *m* ◇ (*fig*) raccomandazione *f*

cuñado *sm* cognato *m*
cuño *sm* conio *m*
cuota *sf* quota *f*
cupé *sm* coupé *m*
cupo *sm* contingente *m*, quota *f*
cupón *sm* tagliando *m*
cúpula *sf* cupola *f*
cura *sf* cura *f* ◆ *sm* curato *m*, prete *m*
curación *sf* cura *f* ◇ guarigione *f* ◇ (*di alimenti*) conservazione *f*, stagionatura *f*
curado *sm* (*di alimenti*) conservazione *f*, stagionatura *f*
curalotodo *sm* toccasana *m*
curandero *sm* guaritore *m*
curar *vt* curare ◇ (*di alimenti*) conservare sotto sale, affumicare ◇ (*pelli*) conciare ◆ *vi* guarire ◆ *vrif* curarsi ◇ guarire
curato *sm* parrocchia *f*
cureña *sf* affusto *m* ● ***a c. rasa*** senza protezione
curia *sf* curia *f* ◇ tribunale *m*
curiosear *vt/i* curiosare
curiosidad *sf* curiosità *f*
cursar *vt* inviare ◇ studiare, seguire (un corso)
cursi *a* pacchiano
cursilería *sf* pacchianeria *f*
cursillo *sm* corso *m*, seminario *m*
cursivo *a* corsivo
curso *sm* corso *m*
cursor *sm* (*inform*) cursore *m*
curtido *a* (*di pelli*) conciato ◆ *sm* (*di pelli*) concia *f*
curtidor *sm* conciatore *m*
curtir *vt* (*pelli*) conciare ◇ abbronzare ◇ abituare ◆ *vrif* abbronzarsi ◇ abituarsi, avvezzarsi
curva *sf* curva *f*
curvar *vt* curvare ◆ *vrif* curvarsi
curvilíneo *a* curvilineo
curvo *a* curvo
cúspide *sf* cuspide *f*, cima *f*
custodia *sf* custodia *f*
custodiar *vt* custodire
custodio *sm* custode *m/f*
cutáneo *a* cutaneo
cutis *sm* pelle *f*
cutre *a* taccagno ◇ sporco, squallido
cuyo *a/pr.rel* il cui ● ***en c. caso*** nel qual caso

D

dable *a* possibile
dactilografía *sf* dattilografia *f*
dádiva *sf* dono *m*
dadivoso *a* generoso
dado *a* dato ◇ portato ◆ *sm* dado *m* ● ***d. que*** dato che, siccome
dador *sm* donatore *m* ◇ (*comm*) traente *m*
daltoniano *a/sm* daltonico *m*

dama *sf* dama *f* ◇ *al pl* (gioco della) dama *f*
damajuana *sf* damigiana *f*
damasco *sm* damasco *m*
damnificar *vt* danneggiare
danés *a/sm* danese *m/f*
danza *sf* danza *f* • *en d.* in ballo
danzante *sm/f* danzatore *m*
danzar *vt/i* danzare ◇ agitarsi, muoversi
dañar *vt* danneggiare ◆ *vrif* danneggiarsi
danzarín *a/sm* danzatore *m*, ballerino *m*
dañino *a* dannoso, nocivo
daño *sm* danno *m* ◇ male *m*, dolore *m* • *hacer d. a* far male a
dañoso *a* dannoso
dar *vt* dare ◇ (*ore*) suonare ◆ *vi* dare ◇ dare su, affacciarsi su ◇ (**d. en**) insistere, impegnarsi ◇ (**d. de**) cadere di ◇ (**d. con**) incontrare ◆ *vrif* darsi, dedicarsi ◇ verificarsi • *a mal d.* per male che vada; *d. a la luz* dare alla luce; *d. de sí* estendersi, rendere; *d. en el blanco* colpire il bersaglio; *d. pena* fare pena; *darse prisa* affrettarsi; *darse cuenta* accorgersi; *d. sombra* fare ombra
dardo *sm* dardo *m*
dársena *sf* darsena *f*
data *sf* data *f*
datar *vt/i* datare
dátil *sm* dattero *m*
dato *sm* dato *m*
de *prep* da, di, a, in • *¡ay de mí!* ahimè!; *dibujo de lápiz* disegno a matita; *máquina de escribir* macchina per scrivere; *saber de memoria* sapere a memoria
deambular *vi* deambulare
debajo *avv* sotto, disotto
debate *sm* dibattito *m*
debatir *vt/i* discutere, dibattere
deber *sm* dovere *m* ◇ *al pl* (*scuola*) compiti *m pl* ◆ *vt* dovere ◆ *vi* (+ *infinito* + **de**) dovere (ES: *deben de ser las ocho* devono essere le otto)
débil *a* debole
debilidad *sf* debolezza *f*
debilitar *vt* debilitare, indebolire ◆ *vrif* debilitarsi, indebolirsi
débito *sm* debito *m*
debutar *vi* debuttare
década *sf* decade *f* ◇ diecina *f*
decadencia *sf* decadenza *f*
decadentismo *sm* decadentismo *m*
decaer *vi* decadere, declinare
decaído *a* decaduto
decaimiento *sm* decadenza *f* ◇ abbattimento *m*
decálogo *sm* decalogo *m*
decantar *vt* decantare, elogiare ◇ travasare ◆ *vrif* orientarsi
decapitación *sf* decapitazione *f*
decapitar *vt* decapitare
decena *sf* decina *f*
decencia *sf* decenza *f*
decenio *sm* decennio *m*

decepción *sf* delusione *f*
decepcionar *vt* deludere
dechado *sm* modello *m*
decidir *vt/i* decidere ◆ *vrif* decidersi
decilitro *sm* decilitro *m*
décima *sf* decimo *m*
decimal *a* decimale
décimo *a/sm* decimo *m*
decir *vt/i* dire ◆ *vrif* dirsi ◆ *sm* detto *m* ● ***como quien dice*** come si dice; ***d. con*** armonizzare con; ***d. que sí/no*** dire di sì/no; ***d. y hacer*** detto fatto; ***es d.*** cioè
decisión *sf* decisione *f*
decisivo *a* decisivo
declamar *vt/i* declamare
declaración *sf* dichiarazione *f* ◇ (*dir*) deposizione *f*
declarar *vt* dichiarare ◆ *vi* fare dichiarazioni ◇ (*dir*) deporre ◆ *vrif* dichiararsi ◇ manifestarsi, prodursi
declinar *vt* declinare ◆ *vi* declinare ◇ diminuire
declive *sm* pendio *m*, pendenza *f* ◇ declino *m*
decodificador *sm* decodificatore *m*, decoder *m*
decolorar *vt* decolorare ◆ *vrif* scolorirsi
decomisar *vt* confiscare
decoración *sf* decorazione *f* ◇ (*teat*) scenografia *f*
decorado *sm* scenografia *f*
decorador *sm* decoratore *m*
decorar *vt* decorare
decoro *sm* decoro *m*
decrecer *vi* diminuire
decreciente *a* decrescente
decrépito *a* decrepito
decretar *vt* decretare
decreto *sm* decreto *m*
decuplicar *vt* decuplicare
dedada *sf* ditata *f*
dedal *sm* ditale *m*
dédalo *sm* dedalo *m*
dedicación *sf* dedizione *f* ◇ dedica *f*
dedicar *vt* dedicare ◆ *vrif* dedicarsi
dedicatoria *sf* dedica *f*
dedillo, al *loc.avv* a menadito
dedo *sm* dito *m* ● ***hacer d., ir a d.*** fare l'autostop
deducción *sf* deduzione *f*
deducible *a* deducibile
deducir *vt* dedurre
defección *sf* defezione *f*
defecto *sm* difetto *m* ● ***en d. de*** in mancanza di
defectuoso *a* difettoso
defender *vt* difendere ◆ *vrif* difendersi
defensa *sf* difesa *f*
defensiva *sf* difensiva *f* ● ***a la d.*** sulla difensiva
defensor *sm* difensore *m*
deferencia *sf* deferenza *f*
deferente *a* deferente
deferir *vt* deferire ◆ *vi* condiscendere
deficiencia *sf* deficienza *f* ◇ difetto *m*
déficit *sm* deficit *m*

definición *sf* definizione *f*
definir *vt* definire ◇ precisare ◆ *vrif* spiegarsi
definitivo *a* definitivo
deflagración *sf* deflagrazione *f*
deformación *sf* deformazione *f*
deformar *vt* deformare ◆ *vrif* deformarsi
deforme *a* deforme
deformidad *sf* deformità *f*
defraudar *vt* defraudare
defunción *sf* decesso *m*
degeneración *sf* degenerazione *f*
degenerar *vi* degenerare
deglutir *vt* deglutire
degollar *vt* decapitare ◇ scannare, sgozzare
degollina *sf* macello *m*, carneficina *f*
degradar *vt* degradare ◆ *vrif* degradarsi
degüello *sm* sgozzatura *f*, scannamento *m*
degustación *sf* degustazione *f*
degustar *vt* degustare
dehesa *sf* pascolo *m*
deificar *vt* deificare
dejado *a* negligente, trascurato
dejar *vt* lasciare ◇ procurare ◇ prestare ◆ *vrif* lasciarsi andare, trascurarsi ◇ dimenticare, tralasciare ◆ *vi* smettere ● ***d. de llover*** smettere di piovere; ***dejarse caer*** presentarsi di sorpresa; ***dejarse llevar*** farsi trascinare
deje *sm* accento *m*, inflessione *f* ◇ sapore *m*, gusto *m*
del *prep.art* del, dello, dell', dal, dallo, dall'
delantal *sm* grembiule *m*
delante *avv* davanti ● ***d. de*** davanti a
delantera *sf* parte *f* anteriore ◇ (*teat*) prime file *f pl* ◇ vantaggio *m* ● ***coger la d.*** precedere
delantero *a* anteriore ◆ *sm* (*sport*) attaccante *m*
delapidar *vt* dilapidare
delatar *vt* denunciare
delectación *sf* diletto *m*
delegación *sf* delegazione *f* ◇ delega *f*
delegar *vt* delegare
deleitar *vt* dilettare ◆ *vrif* dilettarsi
deleite *sm* delizia *f*, diletto *m*
deletéreo *a* deleterio
deletrear *vt/i* sillabare, compitare
deletreo *sm* sillabazione *f*, compitazione *f*
deleznable *a* fragile ◇ inconsistente
delfín *sm* delfino *m*
delgadez *sf* magrezza *f*
delgado *a* magro, snello ◇ sottile ◇ (*di suono*) delicato
deliberar *vt* deliberare
delicadeza *sf* delicatezza *f* ◇ cortesia *f*
delicado *a* delicato
delicia *sf* delizia *f*
delimitación *sf* delimitazione *f*

delimitar *vt* delimitare
delincuencia *sf* delinquenza *f*
delinear *vt* delineare, tracciare
delinquir *vi* delinquere
delirar *vi* delirare, farneticare
delirio *sm* delirio *m*
delito *sm* delitto *m*
deludir *vt* ingannare
demacrar *vt* consumare ◆ *vrif* dimagrire
demagogia *sf* demagogia *f*
demanda *sf* (*dir*) istanza *f*, richiesta *f* ◇ (*comm*) domanda *f*
demandar *vt* chiedere ◇ (*dir*) querelare
demarcar *vt* demarcare, delimitare
demás *a/pr* altro ● ***lo d.*** il resto; ***por d.*** invano; ***por lo d.*** per il resto
demasía *sf* eccesso *m* ◇ insolenza *f* ● ***en d.*** eccessivamente
demasiado *a* troppo ◆ *avv* troppo, eccessivamente
demediar *vt* dimezzare ◇ arrivare a metà
demencia *sf* demenza *f*
demente *a/sm/f* demente *m/f*
democracia *sf* democrazia *f*
democrático *a* democratico
demografía *sf* demografia *f*
demográfico *a* demografico
demoler *vt* demolire ◇ distruggere
demolición *sf* demolizione *f*
demonio *sm* demonio *m* ● ***¡demonios!*** diamine!; ***¿qué demonios...?*** che diavolo...?
demora *sf* indugio *m*, ritardo *m*
demorar *vt* ritardare ◆ *vrif* attardarsi ◇ ritardare
demostrable *a* dimostrabile
demostración *sf* dimostrazione *f*
demostrar *vt* dimostrare ◇ mostrare
demostrativo *a* dimostrativo
demudar *vt* cambiare ◆ *vrif* turbarsi, alterarsi
denegar *vt* negare
denigrar *vt* denigrare
denodado *a* coraggioso, intrepido
denominar *vt* denominare ◆ *vrif* denominarsi
denostar *vt* ingiuriare
denotar *vt* denotare
densidad *sf* densità *f*
denso *a* denso
dentadura *sf* dentatura *f* ● ***d. postiza*** dentiera
dental *a* dentale
dentellada *sf* dentata *f*, morso *m* ● ***a dentelladas*** a morsi
dentera *sf* (*dei denti*) allegamento *m* ◇ (*fig*) invidia *f*
dentición *sf* dentizione *f*
dentífrico *a/sm* dentifricio *m*
dentista *sm/f* dentista *m/f*
dentro *avv* dentro ● ***d. de*** tra, fra; ***d. de poco*** fra poco; ***hacia d.*** in dentro
denuedo *sm* valore *m*
denuesto *sm* ingiuria *f*
denuncia *sf* denuncia *f*
denunciar *vt* denunciare

deparar *vt* fornire, offrire
departamento *sm* dipartimento *m* ◇ reparto *m*, sezione *f* ◇ (*Am*) appartamento *m*
departir *vi* conversare
dependencia *sf* dipendenza *f* ◇ succursale *f* ◇ personale *m* dipendente
depender *vi* dipendere
dependiente *a* dipendente ◆ *sm* dipendente *m/f* ◇ commesso *m*
depilación *sf* depilazione *f* • ***d. a la cera*** ceretta
depilatorio *a* depilatorio
deplorable *a* deplorevole
deplorar *vt* deplorare
deponer *vt* deporre ◆ *vi* deporre, testimoniare
deportar *vt* deportare
deporte *sm* sport *m* • ***deportes acuáticos*** sport acquatici
deportista *a/sm/f* sportivo *m*
deportivo *a* sportivo
deposición *sf* deposizione *f*
depositar *vt* depositare ◇ (*denaro*) versare ◇ riporre ◆ *vrif* depositarsi
depositario *sm* depositario *m*
depósito *sm* deposito *m*
depravación *sf* depravazione *f*
depravar *vt* depravare
deprecar *vt* supplicare
depreciación *sf* deprezzamento *m* ◇ (*econ*) svalutazione *f*
depreciar *vt* svalutare ◆ *vrif* svalutarsi
depredación *sf* saccheggio *m* ◇ malversazione *f*
depredar *vt* depredare
depresión *sf* depressione *f*
deprimido *a* depresso
deprimir *vt* deprimere ◇ abbattere ◆ *vrif* deprimersi
deprisa *avv* rapidamente
depuración *sf* depurazione *f*
depurar *vt* depurare
derecha *sf* destra *f*
derecho *a* destro ◇ diritto ◇ legittimo ◆ *avv* direttamente ◆ *sm* diritto *m* • ***a derechas*** correttamente; ***al d.*** a diritto
derechura *sf* dirittura *f*
deriva *sf* deriva *f*
derivación *sf* derivazione *f*
derivar *vt* dedurre ◇ sviare ◇ (*ling*) derivare ◆ *vi* derivare ◆ *vrif* derivare
dermatitis *sf* dermatite *f*
dermatología *sf* dermatologia *f*
dermatólogo *sm* dermatologo *m*
dermoprotector *a* dermoprotettivo
derogación *sf* abrogazione *f*
derogar *vt* abrogare, annullare
derramamiento *sm* spargimento *m*
derramar *vt* spargere, versare ◆ *vrif* spargersi, versarsi ◇ sparpagliarsi
derrame *sm* spargimento *m* ◇ (*di sangue*) travaso *m*, versa-

mento *m* ◇ (*arch*) strombatura *f* ◇ pendio *m*

derrapar *vi* slittare

derredor *sm* intorno *m*, contorno *m* • ***en d. de la mesa*** intorno alla tavola

derretido *a* cotto, innamorato

derretir *vt* fondere, sciogliere ◇ sperperare ◆ *vrif* fondersi, sciogliersi

derribar *vt* abbattere

derribo *sm* demolizione *f* ◇ rottami *m pl*

derrocar *vt* precipitare ◇ abbattere

derrochar *vt* dissipare, sperperare

derroche *sm* sperpero *m*

derrota *sf* sconfitta *f* ◇ (*naut*) rotta *f* ◇ sentiero *m*

derrotado *a* stracciato, logoro

derrotar *vt* sconfiggere ◇ distruggere

derrotero *sm* (*naut*) rotta *f* ◇ strada *f*, cammino *m*

derruir *vt* abbattere, distruggere

derrumbadero *sm* precipizio *m*

derrumbar *vt* demolire ◇ abbattere (moralmente) ◆ *vrif* crollare, precipitare

derrumbe *sm* precipizio *m* ◇ crollo *m*

desabotonar *vt/rif* sbottonare, sbottonarsi ◆ *vi* (*di fiore*) sbocciare

desabrido *a* insipido ◇ (*di tempo*) brutto ◇ (*di persone*) sgradevole

desabrochar *vt/rif* slacciare, slacciarsi

desacatar *vt* disubbidire a, mancare di rispetto a

desacato *sm* insolenza *f*

desaceleración *sf* decelerazione *f*

desacertar *vi* sbagliare

desacierto *sm* equivoco *m*

desacomodado *a* indigente, disagiato ◇ disoccupato

desacomodar *vt* scomodare, disagiare ◆ *vrif* perdere il lavoro

desacomodo *sm* disagio *m*

desaconsejado *a* imprudente, sconsiderato ◇ sconsigliato

desaconsejar *vt* sconsigliare

desacoplar *vt* spaiare

desacordar *vt* (*mus*) scordare ◇ (*voce*) stonare

desacorde *a* discorde ◇ (*mus*) scordato

desacostumbrar *vt* disabituare ◆ *vrif* disabituarsi

desacreditar *vt* screditare

desactivar *vt* disattivare

desacuerdo *sm* disaccordo *m* ◇ errore *m*

desafecto *a* indifferente ◇ contrario, ostile ◆ *sm* malevolenza *f*, avversione *f*

desafiar *vt* sfidare ◆ *vrif* sfidarsi

desafinar *vt/rif* stonare

desafío *sm* sfida *f*

desaforado *a* violento ◇ smisurato ◇ illegale
desafortunado *a* sfortunato
desafuero *sm* infrazione *f*, trasgressione *f* ◇ abuso *m*, ingiustizia *f*
desagradar *vi* spiacere, disgustare
desagradecido *a/sm* ingrato *m*
desagrado *sm* disgusto *m*
desagraviar *vt* riparare ◇ risarcire, compensare
desaguadero *sm* condotto *m*
desaguar *vt* prosciugare ◇ svuotare ◇ (*fig*) prosciugare, consumare ◆ *vi* sfociare ◆ *vrif* svuotarsi
desagüe *sm* scarico *m*, scolo *m*
desaguisado *a* illegale ◆ *sm* offesa *f*, insulto *m* ◇ (*fam*) pasticcio *m*
desahogado *a* (*di luogo*) spazioso ◇ (*di persone*) agiato ◇ sfacciato, sfrontato
desahogar *vt* sfogare ◆ *vrif* sfogarsi ◇ riprendersi ◇ liberarsi, disimpegnarsi
desahogo *sm* sfogo *m* ◇ sollievo *m* ◇ disinvoltura *f* ◇ agio *m*, comodità *f*
desahuciar *vt* sfrattare ◇ togliere la speranza, spacciare
desahucio *sm* sfratto *m*
desairar *vt* disprezzare ◇ umiliare
desaire *sm* sgarbo *m* ◇ disprezzo *m* ◇ trascuratezza *f*
desajustar *vt* scomporre, disgiungere ◆ *vrif* sregolarsi
desajuste *sm* squilibrio *m*, sfasamento *m* ◇ disaccordo *m*
desalar *vt* dissalare ◆ *vrif* affrettarsi ◇ anelare
desalentar *vt* affannare ◇ scoraggiare ◆ *vrif* scoraggiarsi
desaliento *sm* sconforto *m*, scoraggiamento *m*
desalinear *vt* disallineare ◆ *vrif* rompere l'allineamento
desaliño *sm* disordine *m* ◇ trascuratezza *f*
desalmado *a* disumano, crudele
desalmar *vt/rif* svigorire
desalojamiento *sm* sfratto *m*
desalojar *vt* sfrattare ◇ sgombrare
desalquilado *a* sfitto
desamarrar *vt* disormeggiare ◇ sciogliere, liberare ◆ *vrif* sciogliersi
desamparar *vt* abbandonare ◇ rinunciare a
desamparo *sm* abbandono *m*
desandar *vt* retrocedere
desangramiento *sm* dissanguamento *m*
desangrar *vt* dissanguare ◇ prosciugare ◆ *vrif* dissanguarsi
desanidar *vt* scovare, snidare
desanimado *a* scoraggiato ◇ noioso
desanimar *vt* demoralizzare ◆ *vrif* demoralizzarsi

desánimo *sm* scoraggiamento *m*
desanudar *vt* sciogliere, slegare
desapacible *a* sgradevole
desaparecer *vi* scomparire, sparire ◇ nascondersi
desaparecido *a/sm* scomparso *m*
desaparejar *vt* (*a cavallo*) levare i finimenti ◇ (*naut*) disarmare ◇ spaiare
desaparición *sf* sparizione *f*
desapegar *vt* staccare ◆ *vrif* disaffezionarsi, staccarsi
desapego *sm* disinteresse *m*, indifferenza *f*
desapercibido *a* sprovvisto ◇ inosservato ◇ impreparato
desaplicación *sf* negligenza *f*
desapolillarse *vrif* uscire all'aperto
desaprensivo *a* noncurante
desapretar *vt/rif* allargare
desaprobación *sf* disapprovazione *f*
desaprobar *vt* disapprovare
desaprovechado *a* svogliato ◇ improduttivo
desaprovechamiento *sm* spreco *m*
desaprovechar *vt* sprecare ◇ non utilizzare
desarmar *vt* disarmare ◇ scomporre, smontare ◆ *vrif* disarmarsi ◇ smontarsi
desarme *sm* disarmo *m* ◇ smontaggio *m*
desarraigado *a* sradicato
desarraigar *vt* sradicare ◇ estirpare ◆ *vrif* sradicarsi
desarreglado *a* disordinato ◇ sregolato
desarreglar *vt* scompigliare ◇ sconvolgere ◆ *vrif* scompigliarsi
desarreglo *sm* disordine *m* ◇ disorganizzazione *f*
desarrollar *vt* srotolare, svolgere ◇ sviluppare ◆ *vrif* svilupparsi ◇ svolgersi
desarrollo *sm* sviluppo *m*
desarrugar *vt* spianare ◆ *vrif* spianarsi
desarticular *vt* disarticolare ◇ scomporre ◆ *vrif* disarticolarsi ◇ scomporsi
desaseado *a* trasandato
desaseo *sm* sciatteria *f*
desasimiento *sm* distacco *m* ◇ disinteresse *m*
desasir *vt* sciogliere, staccare ◆ *vrif* sciogliersi ◇ distaccarsi, allontanarsi
desasociar *vt* dissociare ◆ *vrif* dissociarsi
desasosegar *vt* inquietare ◆ *vrif* inquietarsi
desastrado *a* disgraziato ◇ sciatto
desastre *sm* disastro *m*
desatar *vt* sciogliere, slegare ◇ scatenare, suscitare ◆ *vrif* sciogliersi ◇ scatenarsi
desatención *sf* disattenzione *f*

desatender *vt* trascurare ◇ abbandonare
desatento *a* disattento, distratto ◇ scortese
desatinado *a* insensato, sventato
desatinar *vi* fare (o dire) spropositi
desatino *sm* sproposito *m*
desautorización *sf* esautorazione *f*
desautorizar *vt* esautorare
desavenencia *sf* discordia *f*, dissapore *m*
desavenir *vt* inimicare ◆ *vrif* inimicarsi
desaventajado *a* svantaggioso
desaviar *vt* sviare
desayunar *vt/i* fare colazione (con) ◆ *vrif* (*Am*) fare colazione
desayuno *sm* (prima) colazione *f*
desazón *sf* insipidità *f* ◇ malessere *m*
desazonar *vt* rendere insipido ◇ disgustare
desbancar *vt* sbancare ◇ soppiantare
desbandada *sf* sbandamento *m* ● *a la d.* disordinatamente
desbandarse *vrif* sbandarsi, disperdersi
desbarajuste *sm* disordine *m*, confusione *f*
desbaratar *vt* sconvolgere ◇ sperperare ◆ *vrif* scombussolarsi ◇ fallire
desbarrar *vi* parlare a sproposito
desbastar *vt* sgrossare ◇ assottigliare, ridurre ◇ affinare
desbloquear *vt* sbloccare
desbocado *a* sboccato ◇ sfrenato ◇ (*di cavallo*) imbizzarrito
desbocarse *vrif* (*di cavallo*) imbizzarrirsi ◇ parlare in modo insolente
desbordamiento *sm* straripamento *m*
desbordante *a* traboccante ◇ eccessivo, smisurato
desbordar *vi* straripare ◆ *vt* superare, eccedere ◆ *vrif* traboccare
desbravar *vt* addomesticare
descabellado *a* assurdo, strampalato
descabellar *vt* scompigliare, spettinare ◆ *vrif* scompigliarsi, spettinarsi
descabezar *vt* decapitare ◇ mozzare, spuntare ◇ cominciare a superare ◆ *vrif* scervellarsi
descafeinado *a* decaffeinato
descalabrado *a* malconcio
descalabrar *vt* rompere la testa ◇ (*fig*) ferire ◇ danneggiare
descalabro *sm* infortunio *m*, rovescio *m*
descalificar *vt* squalificare

descalzar *vt* (*scarpe*) togliere ◇ scalzare
descalzo *a* scalzo
descaminar *vt* sviare, deviare ◆ *vrif* sviarsi, deviare
descamisado *a* scamiciato ◇ povero
descansado *a* riposato ◇ tranquillo
descansar *vi* riposare, riposarsi ◇ dormire ◇ appoggiarsi su ◆ *vt* appoggiare ◇ riposare ◇ affidare
descanso *sm* riposo *m* ◇ sollievo *m* ◇ pianerottolo *m*
descarado *a/sm* sfacciato *m*
descarga *sf* scarica *f* ◇ scarico *m* ● ***d. eléctrica*** scarica elettrica
descargadero *sm* scalo *m*
descargar *vt* scaricare ◇ assestare ◆ *vi* scaricare ◆ *vrif* scaricarsi ◇ sfogarsi ◇ discolparsi ● ***d. un puñetazo*** mollare un pugno
descargo *sm* scarico *m* ◇ (*dir*) discarico *m*
descargue *sm* scarico *m*
descarnado *a* scarno
descarnar *vt* spolpare ◆ *vrif* scarnirsi, assottigliarsi
descaro *sm* sfacciataggine *f*
descarriar *vt* sviare, fuorviare ◆ *vrif* sviarsi
descarrilamiento *sm* deragliamento *m*
descarrilar *vi* deragliare
descartar *vt* scartare, rifiutare ◆ *vrif* (*nei giochi di carte*) scartare
descastado *a* ingrato, snaturato
descendencia *sf* discendenza *f*
descender *vi* scendere ◇ discendere ◇ diminuire ◆ *vt* scendere
descendiente *sm/f* discendente *m/f*
descendimiento *sm* (*dalla Croce*) deposizione *f*
descenso *sm* discesa *f* ◇ abbassamento *m*, caduta *f*
descentralizar *vt* decentrare
descerrajadura *sf* scasso *m*
descerrajar *vt* scassinare ◇ (*fam*) sparare
descifrar *vt* decifrare
descodificador *sm* decodificatore *m*, decoder *m*
descolgar *vt* staccare ◇ (*tel*) alzare il ricevitore ◆ *vrif* staccarsi ◇ calarsi ◇ apparire, comparire
descollar *vi* elevarsi ◇ distinguersi
descolorido *a* sbiadito
descolorir *vt* scolorire
descomedido *a* sproporzionato ◇ scortese, insolente
descomedirse *vrif* trascendere
descompaginar *vt* scompaginare
descompasado *a* sproporzionato
descomponer *vt* scomporre, smontare ◇ guastare ◆ *vrif* de-

comporsi ◇ alterarsi, guastarsi ◇ irritarsi
descomposición *sf* scomposizione *f* ◇ decomposizione *f*, putrefazione *f*
descompostura *sf* scompostezza *f*, trascuratezza *f* ◇ sfacciataggine *f*
descompuesto *a* scomposto, alterato
descomulgar *vt* scomunicare
descomunal *a* straordinario
desconcertante *a* sconcertante
desconcertar *vt* sconcertare, scombussolare ◇ slogare ◆ *vrif* turbarsi ◇ slogarsi
desconchado *sm* scrostatura *f*
desconchar *vt* scrostare ◆ *vrif* scrostarsi
desconcierto *sm* sconcerto *m*
desconectar *vt* sconnettere
desconfianza *sf* diffidenza *f*, sfiducia *f*
desconfiar *vi* diffidare ◇ disperare
desconformidad *sf* disaccordo *m*
descongelar *vt* scongelare ◇ (*frigo*) sbrinare
descongestionar *vt* decongestionare ◆ *vrif* decongestionarsi
desconocer *vt* non conoscere, ignorare ◇ non riconoscere ◇ disconoscere, ripudiare
desconocimiento *sm* ignoranza *f*
desconsolado *a* sconsolato
desconsolar *vt* affliggere ◆ *vrif* affliggersi
desconsuelo *sm* afflizione *f*, sconforto *m*
descontado *a* scontato ● ***por d.*** di certo
descontar *vt* detrarre ◇ scontare
descontentar *vt* scontentare ◆ *vrif* disgustarsi
descontento *a* scontento ◆ *sm* scontentezza *f*
desconveniente *a* sconveniente
descorazonar *vt* scoraggiare ◆ *vrif* scoraggiarsi
descorchar *vt* scortecciare ◇ stappare
descorrer *vt* aprire, tirare
descortés *a/sm* scortese *m/f*
descortesía *sf* scortesia *f*
descortezar *vt* scortecciare ◇ sbucciare ◇ dirozzare
descoser *vt* scucire ◆ *vrif* scucirsi
descosido *a* scucito ◇ indiscreto ◇ confusionario ◆ *sm* scucitura *f*
descote *sm* scollatura *f*
descoyuntar *vt* slogare ◆ *vrif* slogarsi
descrédito *sm* discredito *m*
descreído *a* miscredente
describir *vt* descrivere
descripción *sf* descrizione *f*
descuajar *vt* squagliare, scio-

gliere ◇ sradicare ◇ scoraggiare, abbattere
descubierta *sf* esplorazione *f*, perlustrazione *f*
descubierto *a/sm* scoperto *m* • *al d.* allo scoperto, in evidenza; *en d.* (*di conto corrente*) scoperto
descubrimiento *sm* scoperta *f*
descubrir *vt* scoprire ◆ *vrif* levarsi il cappello
descuento *sm* sconto *m*
descuidado *a* trasandato ◇ negligente, distratto ◇ impreparato
descuidar *vt* trascurare ◆ *vrif* non preoccuparsi ◇ distrarsi
descuido *sm* incuria *f*, negligenza *f* ◇ disguido *m*, svista *f* • *al d.* con finta trascuratezza
desde *prep* da • *d. entonces* da allora; *d. luego* certamente; *d. que* da quando
desdecir *vt* non addirsi, stonare ◆ *vrif* ritrattare
desdén *sm* disdegno *m*
desdentado *a* sdentato
desdeñar *vt* disprezzare ◆ *vrif* disdegnare di
desdicha *sf* sfortuna *f*, sventura *f*
desdichado *a* sfortunato
desdoblar *vt* distendere, spiegare ◇ sdoppiare
desdoro *sm* disonore *m*
deseable *a* desiderabile
desear *vt* desiderare
desecar *vt* seccare, disseccare ◆ *vrif* seccarsi, disseccarsi
desechar *vt* respingere, rifiutare ◇ scacciare
desecho *sm* rifiuto *m*, scarto *m* • *de d.* di scarto
desembalar *vt* disimballare
desembarazado *a* sgombro ◇ disinvolto
desembarazar *vt* sbarazzare ◆ *vrif* sbarazzarsi
desembarazo *sm* disinvoltura *f*
desembarcar *vt/i* sbarcare
desembarco *sm* sbarco *m*
desembarque *sm* sbarco *m*
desembocadura *sf* foce *f* ◇ sbocco *m*
desembocar *vi* sfociare ◇ sboccare
desembolsar *vt* sborsare
desembolso *sm* esborso *m*, versamento *m*
desembrollar *vt* sbrogliare
desemejante *a* differente
desemejanza *sf* differenza *f*
desempacho *sm* disinvoltura *f*
desempate *sm* spareggio *m*
desempeñar *vt* disimpegnare ◇ rivestire, adempiere ◇ (*teat*) recitare ◆ *vrif* disimpegnarsi ◇ cavarsela
desempeño *sm* disimpegno *m*
desempleo *sm* disoccupazione *f*
desencadenar *vt* slegare ◇ scatenare ◆ *vrif* scatenarsi
desencajar *vt* disincastrare ◆

vrif alterarsi, mutare espressione
desencallar *vt* disincagliare
desencantar *vt* disincantare
desencarcelar *vt* scarcerare
desencerrar *vt* liberare ◇ aprire
desenclavar *vt* schiodare
desencolar *vt* scollare ◆ *vrif* scollarsi
desenfadado *a* spigliato, disinvolto
desenfado *sm* spigliatezza *f*, disinvoltura *f*
desenfocado *a* sfocato
desenfrenar *vt* togliere il freno ◆ *vrif* sfrenarsi
desenfreno *sm* sfrenatezza *f*
desengrasar *vt* sgrassare ◆ *vi* dimagrire
desenhornar *vt* sfornare
desenlace *sm* conclusione *f*, finale *m*
desenmarañar *vt* sbrogliare, districare
desenredar *vt* sbrogliare, districare
desenroscar *vt* svitare ◆ *vrif* svitarsi ◇ svolgersi
desentenderse *vrif* disinteressarsi
desenterrar *vt* dissotterrare ◇ riesumare
desentonar *vi* stonare ◆ *vrif* trascendere, alzare la voce
desentrañar *vt* sviscerare
desenvainar *vt* sguainare
desenvoltura *sf* disinvoltura *f*
desenvolver *vt* disfare, scartare ◇ svolgere ◆ *vrif* cavarsela ◇ svolgersi
desenvuelto *a* disinvolto
deseo *sm* desiderio *m*, voglia *f*
deseoso *a* desideroso
desequilibrado *a* squilibrato
deserción *sf* diserzione *f*
desertar *vt* disertare ◇ abbandonare
desértico *a* desertico
desertor *sm* disertore *m*
desesperación *sf* disperazione *f*
desesperado *a/sm* disperato *m* ● *a la desesperada* alla disperata
desesperar *vi* disperare ◆ *vrif* disperarsi
desestimar *vt* disprezzare ◇ (*dir*) respingere
desfachatez *sf* sfacciataggine *f*, impudenza *f*
desfalcar *vt* defalcare, sottrarre ◇ appropriarsi di
desfallecer *vi* venir meno, svenire
desfavorable *a* sfavorevole
desfigurar *vt* sfigurare, deformare ◇ falsare ◆ *vrif* alterarsi (in viso)
desfiladero *sm* (*geogr*) passo *m*, gola *f*
desfilar *vi* sfilare
desfogar *vt* sfogare ◆ *vrif* sfogarsi
desfondar *vt* sfondare ◆ *vrif* sfondarsi

desgaire *sm* noncuranza *f*, trascuratezza *f* • ***al d.*** con noncuranza
desgajar *vt* rompere ◇ staccare ◆ *vrif* rompersi ◇ staccarsi
desgana *sf* inappetenza *f* ◇ disinteresse *m*
desganado *a* inappetente ◇ svogliato
desgarrar *vt* lacerare ◆ *vrif* lacerarsi
desgarro *sm* lacerazione *f*, strappo *m* ◇ sfacciataggine *f*
desgastar *vt* logorare, consumare ◆ *vrif* deperire, logorarsi
desgaste *sm* logorio *m*, logoramento *m*
desgracia *sf* disgrazia *f*, sciagura *f*
desgraciado *a/sm* disgraziato *m*
desgraciar *vt* rovinare ◇ (*fam*) violentare, stuprare ◆ *vrif* guastarsi ◇ danneggiarsi
desgreñar *vt* spettinare ◆ *vrif* spettinarsi ◇ litigare
deshabitado *a* disabitato
deshabituar *vt* disabituare ◆ *vrif* disabituarsi
deshacer *vt* disfare ◇ fondere ◇ (*contratto*) annullare ◆ *vrif* disfarsi ◇ sciogliersi
deshecha *sf* dissimulazione *f*
deshecho *a* disfatto ◇ stanco ◇ abbattuto, disperato
deshelar *vt* sgelare ◆ *vrif* sgelarsi
desherbante *sm* diserbante *m*
deshidratar *vt* disidratare ◆ *vrif* disidratarsi
deshielo *sm* disgelo *m*
deshilar *vt* sfilare
deshilvanado *a* sconnesso, incoerente
deshinchar *vt* sgonfiare ◇ (*med*) togliere il gonfiore a, disinfiammare ◆ *vrif* sgonfiarsi ◇ (*med*) disinfiammarsi
deshojar *vt* sfogliare
deshonesto *a* disonesto
deshonra *sf* disonore *m* • ***tener a d.*** considerare disonorevole
deshonrar *vt* disonorare ◇ offendere ◆ *vrif* disonorarsi
deshora *sf* ora *f* indebita • ***a d.*** intempestivamente
desidia *sf* incuria *f*, negligenza *f*
desierto *a/sm* deserto *m*
designar *vt* designare
designio *sm* progetto *m*, proposito *m*
desigual *a* disuguale
desigualdad *sf* disuguaglianza *f*
desilusión *sf* delusione *f*
desilusionar *vt* deludere, disilludere
desinencia *sf* desinenza *f*
desinfectante *a/sm* disinfettante *m*
desinfectar *vt* disinfettare ◆ *vrif* disinfettarsi
desinflar *vt* sgonfiare ◇ scoraggiare ◆ *vrif* sgonfiarsi ◇ scoraggiarsi

desinformado *a* disinformato
desinhibido *a* disinibito
desinsectar *vt* disinfestare
desintegrar *vt* disintegrare ◆ *vrif* disintegrarsi
desinterés *sm* disinteresse *m*
desinteresado *a* disinteressato
desintoxicación *sf* disintossicazione *f*
desistir *vi* desistere
desjuntar *vt* disgiungere
desktop *sm* (*inform*) desktop *m*
desleal *a* sleale
deslealtad *sf* slealtà *f*
desleír *vt* sciogliere, stemperare ◆ *vrif* sciogliersi, stemperarsi
deslenguado *a* sboccato, insolente
desligar *vt* slegare ◇ separare ◇ esonerare, liberare ◆ *vrif* slegarsi ◇ separarsi ◇ esonerarsi, liberarsi
deslindar *vt* delimitare
deslinde *sm* limite *m*
desliz *sm* scivolata *f* ◇ errore *m*, fallo *m*
deslizar *vt* far scivolare ◇ inserire ◆ *vi* scivolare ◆ *vrif* scivolare, slittare ◇ andarsene, svignarsela
deslucido *a* opaco, sbiadito ◇ (*fig*) mediocre
deslucir *vt* rovinare ◇ screditare
deslumbramiento *sm* abbaglio *m*
deslumbrar *vt* abbagliare ◇ offuscare, confondere ◇ affascinare
desmalladura *sf* smagliatura *f*
desmán *sm* eccesso *m* ◇ abuso *m*, sopruso *m*
desmandarse *vrif* ribellarsi ◇ trascendere, esagerare
desmantelar *vt* smantellare
desmañado *a* maldestro
desmaquillante *sm* struccante *m*
desmaquillar *vt* struccare ◆ *vrif* struccarsi
desmayar *vi* perdersi d'animo ◆ *vrif* svenire
desmayo *sm* svenimento *m* ◇ scoraggiamento *m*
desmedido *a* smisurato, eccessivo
desmedirse *vrif* esagerare
desmejorar *vt/rif* peggiorare ◆ *vi* deperire, deteriorarsi
desmembrar *vt* smembrare ◆ *vrif* smembrarsi
desmentir *vt* smentire ◇ dissimulare
desmenuzar *vt* sminuzzare ◇ analizzare
desmerecer *vi* perdere valore ◇ essere inferiore ◆ *vt* non meritare
desmesura *sf* dismisura *f*
desmesurado *a* smisurato
desmochar *vt* spuntare, mozzare
desmontable *a* smontabile
desmontaje *sm* smontaggio *m*

desmontar *vt* smontare ◇ diboscare ◇ spianare ◆ *vi/rif* smontare
desmoralizar *vt* demoralizzare ◆ *vrif* demoralizzarsi
desmoronadizo *a* franoso
desmoronamiento *sm* crollo *m*, frana *f*
desmoronar *vt* demolire ◆ *vrif* crollare, franare
desnaturalizar *vt* togliere la cittadinanza ◇ denaturare
desnivel *sm* dislivello *m*
desnivelar *vt* far perdere l'equilibrio ◆ *vrif* perdere l'equilibrio
desnudar *vt* denudare ◆ *vrif* denudarsi, spogliarsi ◇ liberarsi
desnudo *a/sm* nudo *m*
desnutrición *sf* denutrizione *f*
desnutrido *a* denutrito
desobedecer *vi* disubbidire
desobstruir *vt* disostruire ◇ sgombrare, sbarazzare
desocupación *sf* disoccupazione *f*
desocupar *vt* sgombrare ◇ vuotare, svuotare ◆ *vrif* sbarazzarsi, liberarsi
desodorante *a/sm* deodorante *m*
desoír *vt* non dare ascolto a
desolación *sf* desolazione *f*
desolar *vt* devastare, distruggere ◇ affliggere ◆ *vrif* affliggersi
desollar *vt* spellare, scorticare ◇ danneggiare ◇ criticare ◆ *vrif* spellarsi, scorticarsi
desorden *sm* disordine *m*
desordenar *vt* mettere in disordine
desorganización *sf* disorganizzazione *f*
desorientación *sf* disorientamento *m*
desorientado *a* disorientato
desorientar *vt* disorientare ◆ *vrif* disorientarsi
despabilado *a* sveglio ◇ vivace
despabilar *vt* smoccolare ◇ ravvivare ◇ svegliare, scuotere ◆ *vrif* svegliarsi, scuotersi
despachar *vt* espletare, sbrigare ◇ spedire ◇ vendere, spacciare ◇ licenziare ◇ (*fam*) far fuori, uccidere ◆ *vi* sbrigarsi ◆ *vrif* sbarazzarsi
despacho *sm* ufficio *m*, studio *m* ◇ spaccio *m* ◇ dispaccio *m* • ***d. de billetes*** biglietteria
despacio *avv* adagio, piano, lentamente • ***hablar d.*** parlare piano
desparejo *a* disuguale
desparpajo *sm* disinvoltura *f*
desparramar *vt* spargere ◇ sperperare ◆ *vrif* spargersi, sparpagliarsi
despavorido *a* spaurito
despechar *vt* indispettire ◆ *vrif* indispettirsi
despecho *sm* dispetto *m*
despectivo *a* dispregiativo

despedazar *vt* spezzare ◇ straziare ◆ *vrif* spezzarsi
despedida *sf* congedo *m*, commiato *m* ● *d. de soltero* addio al celibato
despedir *vt* dire addio, accomiatare ◇ licenziare ◇ sbarazzarsi di ◇ emanare, emettere ◆ *vrif* accomiatarsi ◇ rinunciare a ● *d. fragancia* profumare
despegar *vt* scollare, staccare ◆ *vi* decollare ◆ *vrif* staccarsi, distaccarsi
despego *sm* indifferenza *f*, disinteresse *m*
despegue *sm* decollo *m*
despejado *a* sveglio ◇ disinvolto ◇ (*di tempo*) limpido ◇ spazioso
despejar *vt* sgombrare ◇ chiarire ◇ (*mat*) risolvere ◆ *vrif* (*di tempo*) migliorare, schiarirsi ◇ svegliarsi ◇ sfebbrare
despejo *sm* sgombero *m* ◇ spigliatezza *f*
despellejar *vt* spellare ◆ *vrif* spellarsi
despensa *sf* dispensa *f* ◇ provviste *f pl*
despeñadero *sm* precipizio *m*, dirupo *m* ◇ rischio *m*
despeñar *vt* gettare, precipitare ◆ *vrif* precipitare, cadere
desperdiciar *vt* sperperare, sprecare
desperdicio *sm* spreco *m* ◇ avanzo *m*
desperezarse *vrif* stirarsi
desperfecto *sm* imperfezione *f* ◇ danno *m*
despertador *sm* sveglia *f* ◇ stimolo *m*
despertar *vt* svegliare ◇ suscitare ◆ *vrif* svegliarsi
despido *sm* congedo *m* ◇ licenziamento *m*
despierto *a* sveglio ◇ furbo
despilfarrar *vt* sperperare
despilfarro *sm* sperpero *m*, spreco *m*
despistado *a* sbadato
despistar *vt* depistare ◇ disorientare ◆ *vrif* perdersi ◇ disorientarsi
despiste *sm* disorientamento *m* ◇ svista *f*
desplazar *vt* spostare ◇ (*naut*) dislocare ◆ *vrif* spostarsi
desplegar *vt* spiegare, stendere ◇ dispiegare ◆ *vrif* spiegarsi, stendersi
desplomar *vt* inclinare ◆ *vrif* precipitare, crollare
desplome *sm* crollo *m*
despoblado *a* disabitato
despoblar *vt* spopolare ◇ diboscare ◆ *vrif* spopolarsi
despojar *vt* spogliare ◆ *vrif* spogliarsi
despojo *sm* spoliazione *f* ◇ bottino *m* ◇ *al pl* resti *m pl* ◇ *al pl* spoglie *f pl*, salma *f*
despolvorear *vt* spolverare
desposar *vt* sposare ◆ *vrif* sposarsi

desposeer *vt* spossessare ◆ *vrif* spossessarsi
desposeimiento *sm* spoliazione *f*
déspota *sm* despota *m*
despótico *a* dispotico
despotismo *sm* dispotismo *m*
despreciar *vt* disprezzare ◆ *vrif* non degnarsi
despreciativo *a* dispregiativo
desprecio *sm* disprezzo *m* ◇ offesa *f*
desprender *vt* staccare, separare ◇ emanare ◆ *vrif* staccarsi ◇ disfarsi, spogliarsi ◇ dedurre
desprendido *a* generoso
desprendimiento *sm* distacco *m* ◇ franamento *m*, frana *f* ◇ disinteresse *m*, generosità *f* ◇ (*dalla Croce*) deposizione *f*
despreocupado *a* spensierato ◇ anticonformista
despreocuparse *vrif* non preoccuparsi ◇ trascurare
desprevenido *a* impreparato
desproporción *sf* sproporzione *f*
desproporcionado *a* sproporzionato
desprovisto *a* sprovvisto
después *avv* dopo, poi ● ***d. de*** dopo (di); ***el día d.*** il giorno dopo
despuntar *vt* spuntare ◇ (*naut*) doppiare ◆ *vi* spuntare ◇ distinguersi ◆ *vrif* spuntarsi
desquiciar *vt* scardinare ◇ turbare, alterare ◆ *vrif* scardinarsi ◇ turbarsi, alterarsi
desquitarse *vrif* rifarsi, prendersi la rivincita ◇ vendicarsi
desquite *sm* rivincita *f* ● ***tomarse el d.*** prendersi la rivincita
destacamento *sm* distaccamento *m*
destajo *sm* cottimo *m* ● ***a d.*** a cottimo; instancabilmente
destapar *vt* stappare ◇ svelare ◆ *vrif* stapparsi ◇ scoprirsi
destartalado *a* disordinato
destello *sm* scintillio *m*, lampo *m*
destemplar *vt* (*met*) stemperare ◇ (*mus*) scordare ◇ alterare, disordinare ◆ *vrif* (*met*) stemperarsi ◇ (*mus*) scordarsi ◇ avere un malessere ◇ alterarsi
desteñir *vt* stingere ◆ *vrif* stingersi
desterrado *a* esiliato ◇ abbandonato
desterrar *vt* esiliare ◇ allontanare ◆ *vrif* andare in esilio
destete *sm* svezzamento *m*
destierro *sm* esilio *m*
destilación *sf* distillazione *f*
destilar *vt* distillare ◆ *vi* stillare
destinación *sf* destinazione *f*
destinar *vt* destinare
destinatario *sm* destinatario *m*
destino *sm* destino *m*
destituir *vt* destituire
destornillador *sm* cacciavite *m*

destornillar *vt* svitare ♦ *vrif* svitarsi
destreza *sf* destrezza *f*
destripar *vt* sventrare ◇ sconquassare
destronar *vt* detronizzare
destrozar *vt* rompere, fare a pezzi ◇ distruggere ♦ *vrif* rompersi
destrozo *sm* distruzione *f*
destrucción *sf* distruzione *f*
destruir *vt* distruggere ◇ rovinare ♦ *vrif* distruggersi ◇ (*mat*) annullarsi
desunión *sf* divisione *f*, separazione *f* ◇ discordia *f*
desusado *a* insolito, inusitato
desvainar *vt* sgusciare
desvalido *a/sm* disgraziato *m*
desvalijar *vt* svaligiare
desvalorización *sf* svalutazione *f*
desvalorizar *vt* svalutare ♦ *vrif* svalutarsi
desván *sm* soffitta *f*
desvanecer *vt* dissipare, disperdere ◇ sfumare ◇ dissipare, cancellare ♦ *vrif* svanire ◇ sparire ◇ svenire
desvanecimiento *sm* sparizione *f* ◇ svenimento *m*
desvariar *vi* delirare
desvarío *sm* sproposito *m* ◇ delirio *m*
desvelar *vt* tenere sveglio ♦ *vrif* stare sveglio ◇ darsi da fare
desvelo *sm* insonnia *f* ◇ attenzione *f*, sollecitudine *f*
desvencijado *a* sgangherato
desventaja *sf* svantaggio *m*
desventura *sf* sventura *f*
desvergüenza *sf* sfacciataggine *f*, insolenza *f*
desvestir *vt* svestire ♦ *vrif* svestirsi
desviación *sf* deviazione *f*
desviar *vt* deviare ◇ distogliere ♦ *vrif* deviare ◇ allontanarsi
desvío *sm* deviazione *f* ◇ indifferenza *f*
desvirtuar *vt* indebolire, svigorire ◇ alterare ♦ *vrif* alterarsi
desvivirse *vrif* sforzarsi, affannarsi ◇ bramare
detalladamente *avv* dettagliatamente
detallar *vt* dettagliare, specificare ◇ vendere al dettaglio
detalle *sm* dettaglio *m*
detener *vt* fermare ◇ arrestare ♦ *vrif* fermarsi ◇ trattenersi
detenido *a* minuzioso
detergente *a/sm* detergente *m*
deteriorar *vt* deteriorare ♦ *vrif* deteriorarsi
deterioro *sm* deterioramento *m*
determinación *sf* determinazione *f*
determinar *vt* determinare ♦ *vrif* decidersi
detestar *vt* detestare ♦ *vrif* detestarsi
detracción *sf* detrazione *f* ◇ diffamazione *f*

detractar *vt* denigrare
detraer *vt* detrarre ◇ denigrare, calunniare
detrás *avv* dietro ● *d. de* dietro; *por d.* da dietro, alle spalle
detrito *sm* detrito *m*
deuda *sf* debito *m* ● *estar en d.* essere in obbligo
deudor *a/sm* debitore *m*
devaluación *sf* svalutazione *f*
devaluar *vt* svalutare
devanar *vt* dipanare ● *devanarse los sesos* lambiccarsi il cervello
devaneo *sm* passatempo *m*, distrazione *f*
devastar *vt* devastare
devoción *sf* devozione *f*
devolución *sf* restituzione *f*
devolver *vt* rendere, restituire ◇ rispedire ◇ dare il resto ◇ (*fam*) vomitare ◆ *vrif* (*Am*) tornare
devorar *vt* divorare
devoto *a/sm* devoto *m*
día *sm* giorno *m*, giornata *f* ● *al d. de hoy* al giorno d'oggi; *al otro d.* il giorno seguente; *buenos días* buongiorno; *dar los buenos días* salutare; *d. de asueto* giorno di vacanza; *d. laborable* giorno feriale; *poner al d.* aggiornare; *tenerse al d.* tenersi al corrente
diabetes *sf* diabete *m*
diabético *a/sm* diabetico *m*
diablo *sm* diavolo *m*
diablura *sf* diavoleria *f*
diadema *sf* diadema *m*
diagnosticar *vt* diagnosticare
diagnóstico *a* diagnostico ◆ *sm* diagnosi *f*
diagonal *a/sf* diagonale *f*
dialectal *a* dialettale
dialecto *sm* dialetto *m*
diálisis *sf* dialisi *f*
dialogar *vi* dialogare
diálogo *sm* dialogo *m*
diamante *sm* diamante *m*
diámetro *sm* diametro *m*
diapositiva *sf* diapositiva *f*
diariamente *avv* giornalmente
diario *a* giornaliero ◆ *sm* giornale *m*, quotidiano *m* ◇ diario *m* ◇ (*comm*) (libro) giornale *m* ◇ spesa *f* quotidiana ● *d. hablado* giornale radio
diarrea *sf* diarrea *f*
dibujar *vt* disegnare ◇ descrivere ◆ *vrif* delinearsi
dibujo *sm* disegno *m* ● *d. del natural* disegno dal vero
dicción *sf* dizione *f*
diccionario *sm* dizionario *m*, vocabolario *m*
dicha *sf* fortuna *f* ◇ felicità *f*
dicho *sm* detto *m* ◇ (*dir*) testimonianza *f*
dichoso *a* felice ◇ fortunato ◇ (*fam*) maledetto, fastidioso
diciembre *sm* dicembre *m*
dictado *sm* dettato *m* ◇ titolo *m* ◇ *al pl* dettami *m pl* ● *al d.* sotto dettatura
dictadura *sf* dittatura *f*

dictamen *sm* opinione *f*, parere *m*
dictaminar *vi* dare un parere
dictar *vt* dettare
didáctica *sf* didattica *f*
didascálico *a* didascalico
diente *sm* dente *m* • ***d. de ajo*** spicchio d'aglio; ***hablar entre dientes*** parlare tra i denti; ***tener buen d.*** essere una buona forchetta
diestra *sf* destra *f*
diestro *a* destro ◇ abile ◆ *sm* (*taurom*) matador *m* • ***a d. y siniestro*** in tutte le direzioni, a casaccio
dieta *sf* dieta *f*
dietólogo *sm* dietologo *m*
diez *a/sm* dieci *m*
diezmar *vt* decimare
difamación *sf* diffamazione *f*
difamar *vt* diffamare
diferencia *sf* differenza *f*
diferenciar *vt* distinguere ◆ *vrif* distinguersi
diferente *a* differente, diverso ◆ *avv* diversamente
diferir *vt* differire, rinviare ◆ *vi* differire, distinguersi
difícil *a* difficile
difícilmente *avv* difficilmente
dificultad *sf* difficoltà *f*
dificultar *vt* ostacolare, rendere difficile, impedire
difundir *vt* diffondere ◇ divulgare ◆ *vrif* diffondersi
difunto *sm* defunto *m*
difusión *sf* diffusione *f*
difuso *a* diffuso
digerible *a* digeribile
digerir *vt/i* digerire
digestible *a* digeribile
digestión *sf* digestione *f*
digestivo *a* digestivo
digital *a* digitale
dignarse *vrif* degnarsi
dignidad *sf* dignità *f*
digno *a* degno
digresión *sf* digressione *f*
dije *sm* ciondolo *m* ◇ (*fig*) gioiello *m*
dilación *sf* dilazione *f*
dilatación *sf* dilatazione *f*
dilatado *a* vasto
dilatar *vt* dilatare ◇ differire ◆ *vrif* dilatarsi ◇ diffondersi
dilema *sm* dilemma *m*
diletante *a/sm/f* dilettante *m/f*
diligencia *sf* diligenza *f* ◇ pratica *f*, documento *m* ◇ (*dir*) atto *m*
diligente *a* diligente
dilucidar *vt* delucidare
dilución *sf* diluzione *f*
diluir *vt* diluire ◆ *vrif* diluirsi
diluviar *vi* diluviare
diluvio *sm* diluvio *m*
dimensión *sf* dimensione *f*
diminutivo *a/sm* diminutivo *m*
diminuto *a* minuto
dimisión *sf* dimissioni *f pl*
dimitir *vt/i* dimettersi, rinunciare
dinamarqués *a/sm* danese *m/f*
dinámica *sf* dinamica *f*
dinámico *a* dinamico

dinamismo *sm* dinamismo *m*
dinamita *sf* dinamite *f*
dínamo *sf* dinamo *f*
dinastía *sf* dinastia *f*
dineral *sm* patrimonio *m*, fortuna *f*
dinero *sm* denaro *m* • ***d. efectivo*** contante
dinosaurio *sm* dinosauro *m*
dintel *sm* architrave *f*
diócesis *sf* diocesi *f*
dioptría *sf* diottria *f*
dios *sm* dio *m*
diosa *sf* dea *f*
diploma *sm* diploma *m*
diplomacia *sf* diplomazia *f*
diplomático *a/sm* diplomatico *m*
diputado *sm* deputato *m*
dique *sm* diga *f* ◇ (*fig*) argine *m*, freno *m*
dirección *sf* direzione *f* ◇ indirizzo *m*, recapito *m* ◇ (*aut*) sterzo *m* • ***d. asistida*** (*aut*) servosterzo
directo *a/sm* diretto *m* • ***en d.*** in diretta
director *sm* direttore *m* • ***d. de cine, d. de escena*** regista
directorio *sm* (*inform*) directory *f*
dirigente *a/sm/f* dirigente *m/f*
dirigir *vt* dirigere ◇ indirizzare ◇ guidare, condurre ♦ *vrif* dirigersi ◇ rivolgersi • ***d. la palabra a*** rivolgere la parola a
discernimiento *sm* discernimento *m*
discernir *vt/i* discernere
disciplina *sf* disciplina *f*
disciplinar *vt* disciplinare
discípulo *sm* discepolo *m*
discman o **disc-man** *sm* discman *m*, lettore *m* portatile di CD
disco *sm* disco *m* • ***d. duro*** disco fisso, disco rigido, hard disk; ***d. flexible*** floppy disk
discontinuo *a* discontinuo
discordante *a* discordante
discordia *sf* discordia *f*
discoteca *sf* discoteca *f*
discreción *sf* discrezione *f*
discrepancia *sf* discrepanza *f*
discretamente *avv* discretamente
discreto *a* discreto
discriminar *vt/i* discriminare
disculpa *sf* discolpa *f*
disculpar *vt* discolpare, giustificare ♦ *vrif* discolparsi
discurrir *vi* pensare, meditare ◇ scorrere, passare ♦ *vt* escogitare
discursivo *a* discorsivo
discurso *sm* discorso *m*
discusión *sf* discussione *f*
discutir *vt/i* discutere
disecar *vt* imbalsamare ◇ disseccare
diseminar *vt* disseminare
disentería *sf* dissenteria *f*
disentir *vi* dissentire
diseñador *sm* disegnatore *m*
diseño *sm* disegno *m*
disertar *vi* dissertare

disfavor *sm* sgarbo *m*, scortesia *f*
disforme *a* deforme
disformidad *sf* deformità *f*
disfraz *sm* travestimento *m*, maschera *f* ◇ simulazione *f*
disfrazar *vt* mascherare ◇ dissimulare ◆ *vrif* mascherarsi
disfrutar *vt* godere ◆ *vi* godere ◇ fruire, beneficiare
disfrute *sm* godimento *m*
disgustar *vt* disgustare ◆ *vrif* disgustarsi ◇ inimicarsi
disgusto *sm* disgusto *m* ◇ dispiacere *m* ◇ contesa *f*
disidente *a/sm/f* dissidente *m/f*
disímil *a* dissimile
disimular *vt* dissimulare
disipar *vt* dissipare ◆ *vrif* dissiparsi
dislocar *vt* slogare
disminución *sf* diminuzione *f*
disminuir *vt/i* diminuire
disociar *vt* dissociare ◆ *vrif* dissociarsi
disolución *sf* dissoluzione *f* ◇ (*chim*) soluzione *f* ◇ dissolutezza *f*
disolvente *sm* solvente *m*
disolver *vt* sciogliere ◆ *vrif* sciogliersi
disonante *a* dissonante
dísono *a* dissonante
disparador *sm* grilletto *m* ◇ (*fot*) scatto *m* • ***d. automático*** autoscatto
disparar *vt* sparare ◇ tirare ◆ *vrif* scattare ◇ (*fig*) lanciarsi ◇ perdere la calma
disparatado *a* assurdo
disparatar *vi* dire assurdità
disparate *sm* assurdità *f*, sproposito *m*
disparidad *sf* disparità *f*
disparo *sm* sparo *m*
dispendioso *a* dispendioso
dispensar *vt* dispensare ◇ concedere
dispensario *sm* ambulatorio *m*
dispersar *vt* disperdere ◆ *vrif* disperdersi
dispersión *sf* dispersione *f*
display *sm* display *m*
displicencia *sf* indifferenza *f*, freddezza *f*
disponer *vt* disporre ◇ preparare ◆ *vi* disporre ◆ *vrif* disporsi
disponible *a* disponibile
disposición *sf* disposizione *f*
dispuesto *a* disposto ◇ capace, abile
disputa *sf* disputa *f*
disputar *vt/i* discutere ◇ (*sport*) disputare ◆ *vrif* contendere
disquete *sm* (*inform*) dischetto *m*, floppy disk *m*
distancia *sf* distanza *f*
distanciar *vt* distanziare ◆ *vrif* separarsi, allontanarsi
distante *a* distante
distar *vi* distare
distensión *sf* distensione *f*
distinción *sf* distinzione *f* • ***sin d.*** senza distinzioni

distinguido *a* distinto
distinguir *vt* distinguere ◇ contraddistinguere ◇ *(con un premio)* insignire ◆ *vrif* distinguersi
distintivo *a/sm* distintivo *m*
distinto *a* distinto, diverso
distorsión *sf* distorsione *f*
distorsionar *vt* distorcere
distracción *sf* distrazione *f*
distraer *vt* distrarre ◆ *vrif* distrarsi
distraído *a/sm* distratto *m*
distribución *sf* distribuzione *f*
distribuidor *sm* distributore *m* ● *d. del encendido* spinterogeno
distribuir *vt* distribuire
distrito *sm* distretto *m*
disturbio *sm* disordine *m*
disuadir *vt* dissuadere
diurético *a/sm* diuretico *m*
diurno *a* diurno
divagar *vi* divagare
diván *sm* divano *m*
divergencia *sf* divergenza *f*
divergente *a* divergente
divergir *vi* divergere
diversamente *avv* diversamente
diversidad *sf* diversità *f*
diversión *sf* divertimento *m*
diverso *a* diverso
divertido *a* divertente
divertimiento *sm* divertimento *m*
divertir *vt* divertire ◆ *vrif* divertirsi
dividir *vt* dividere ◆ *vrif* dividersi
divinidad *sf* divinità *f*
divino *a* divino
divisa *sf* emblema *m* ◇ *(econ)* divisa *f*
divisar *vt* scorgere
divisible *a* divisibile
división *sf* divisione *f*
divisorio *a* divisorio
divo *sm* divo *m*
divorciar *vt/rif* divorziare
divorcio *sm* divorzio *m*
divulgar *vt* divulgare ◆ *vrif* divulgarsi
dobladillo *sm* orlo *m*
dobladura *sf* piega *f*
doblaje *sm* doppiaggio *m*
doblar *vt* piegare ◇ raddoppiare ◇ *(cin)* doppiare ◇ girare, svoltare ◆ *vi* svoltare ◇ *(di campane)* suonare a morto ◆ *vrif* piegarsi ◇ curvarsi ● *d. a la derecha* svoltare a destra
doble *a* doppio ◇ *(spreg)* falso ◆ *sm* doppio *m* ◇ *(di campana)* rintocco *m* a morto ◇ sosia *m/f* ◇ *(cin)* controfigura *f*
doblez *sm* piega *f* ◆ *sf* doppiezza *f*, falsità *f*
DOC *abbr di Denominación de Origen Calificada* DOC *(denominazione di origine controllata)*
doce *a/sm* dodici *m*
docena *sf* dozzina *f*
docente *a/sm/f* docente *m/f*
dócil *a* docile

docto *a/sm* dotto *m*
doctor *sm* dottore *m*
doctrina *sf* dottrina *f*
doctrinar *vt* istruire
documentable *a* documentabile
documental *a/sm* documentario *m*
documentar *vt* documentare ◆ *vrif* documentarsi
documento *sm* documento *m*
dogma *sm* dogma *m*
dogmático *a* dogmatico
dólar *sm* dollaro *m*
doler *vi* far male ◇ dispiacere ◆ *vrif* dolersi ◇ lamentarsi ◇ dispiacersi
doliente *a* sofferente ◇ dolente
dolo *sm* dolo *m*
dolor *sm* dolore *m*
dolorido *a* dolorante ◇ afflitto
doloroso *a* doloroso
doloso *a* doloso
domador *sm* domatore *m*
domar *vt* domare
domesticado *a* addomesticato
doméstico *a/sm* domestico *m*
domicilio *sm* domicilio *m*
dominación *sf* dominazione *f*
dominador *sm* dominatore *m*
dominar *vt* dominare ◆ *vi* dominare ◆ *vrif* frenarsi, controllarsi
domingo *sm* domenica *f*
dominio *sm* dominio *m*
don (1) *sm* dono *m*
don (2) *sm* (*davanti a nome proprio*) don *m*, signor *m* ● *d. nadie* signor nessuno
donador *a/sm* donatore *m*
donaire *sm* grazia *f* ◇ arguzia *f*, motto *m*
donante *a/sm/f* donatore *m*
donar *vt* donare
doncella *sf* fanciulla *f*, giovanetta *f*
donde *avv* (*interr* **dónde**) dove
dondequiera *avv* dovunque, ovunque
doña *sf* signora *f*
dorada *sf* orata *f*
dorado *a* dorato
dorar *vt* dorare ◆ *vrif* dorarsi
dórico *a/sm* dorico *m*
dormilón *sm* dormiglione *m*
dormir *vi* dormire ◆ *vt* addormentare ◆ *vrif* addormentarsi ● *d. la siesta* fare la siesta
dormitar *vi* dormicchiare
dormitorio *sm* camera *f* da letto
dorso *sm* dorso *m*
dos *a/sm* due *m* ● *cada d. por tres* spesso; *de d. en d.* a due a due; *los dos* entrambi
dosel *sm* baldacchino *m*
dosificación *sf* dosaggio *m*
dosificar *vt* dosare
dosis *sf* dose *f* ● *d. diaria recomendada* dose giornaliera raccomandata
dotación *sf* dotazione *f*
dotar *vt* dotare
dote *sf* dote *f*
dragón *sm* drago *m*
drama *sm* dramma *m*

dramático *a* drammatico
drenaje *sm* drenaggio *m*
droga *sf* droga *f*
drogadicción *sf* tossicodipendenza *f*
drogadicto *sm* drogato *m*, tossicodipendente *m/f*
drogar *vt* drogare ◆ *vrif* drogarsi
dromedario *sm* dromedario *m*
ducado *sm* ducato *m*
ducha *sf* doccia *f*
ducho *a* abile
dúctil *a* duttile
duda *sf* dubbio *m* ● ***poner en d.*** mettere in dubbio; ***salir de dudas*** togliersi il dubbio
dudar *vi* dubitare
dudoso *a* dubbio ◇ dubbioso
duelo *sm* duello *m*
duende *sm* folletto *m* ● ***tener d.*** avere fascino
dueño *sm* padrone *m*
dulce *a/sm* dolce *m*
dulcedumbre *sf* dolcezza *f*
dulcificante *a/sm* dolcificante *m*
dulcificar *vt* dolcificare
dulzón *a* dolciastro
dulzura *sf* dolcezza *f*
duna *sf* duna *f*
dúo *sm* duo *m*
duplicación *sf* duplicazione *f*
duplicar *vt* duplicare
duplicidad *sf* duplicità *f* ◇ doppiezza *f*
duque *sm* duca *m*
duquesa *sf* duchessa *f*
durable *a* durevole
duración *sf* durata *f*
duradero *a* duraturo, durevole
duramente *avv* duramente
durante *avv* durante
durar *vi* durare
dureza *sf* durezza *f*
duro *a* duro ◇ forte, robusto ◇ aspro, crudele ◆ *avv* forte, sodo ● ***huevo d.*** uovo sodo
DVD *sm* (*inform*) (*disco digital versátil*) DVD *m* (*disco digitale versatile*)

E

e *cong* (*davanti a 'i' e 'hi'*) e
ébano *sm* ebano *m*
ebriedad *sf* ebbrezza *f*
ebrio *a/sm* ebbro *m*
ebullición *sf* ebollizione *f*
eccema *sm* eczema *m*
echada *sf* getto *m*, lancio *m*
echar *vt* gettare, lanciare, buttare ◇ (*fig*) cacciare ◇ licenziare ◇ (*liquido*) versare ◇ (*lettera*) imbucare ◇ (*bot*) mettere, sviluppare ◇ fare, produrre ◇ (*tempo*) impiegare ◆ *vrif* farsi, spostarsi ◇ stendersi, buttarsi

◇ (+ *infinito*) mettersi a ◇ gettarsi, buttarsi • ***e. abajo*** demolire; ***e. a suerte*** tirare a sorte; ***e. de menos*** sentire la mancanza; ***e. en cara*** rinfacciare; ***e. la llave*** girare la chiave; ***e. por la derecha*** prendere a destra; ***echarse a reír*** scoppiare a ridere; ***echarse al suelo*** sdraiarsi; ***echarse un amigo*** farsi un amico; ***e. una carta al buzón*** imbucare una lettera; ***e. una película*** proiettare un film; ***e. un bocado*** mangiare un boccone; ***e. un discurso*** fare un discorso; ***e. un trago*** bere un sorso

ecléctico *a* eclettico

eclesiástico *a/sm* ecclesiastico *m*

eclipsar *vt* eclissare, oscurare ◆ *vrif* eclissarsi

eclipse *sm* eclissi *f*

eclíptico *a* eclittico

eco *sm* eco *m/f*

ecología *sf* ecologia *f*

ecologista *a* ecologista, ecologistico ◆ *sm/f* ecologista *m/f*, ambientalista *m/f*

e-commerce *sm* e-commerce *m*

economía *sf* economia *f* • ***nueva e.*** nuova economia, new economy

económico *a* economico

economista *sm/f* economista *m/f*

economizar *vt* economizzare, risparmiare

ecosistema *sm* ecosistema *m*

ecuador *sm* equatore *m*

ecuatorial *a* equatoriale

ecuatoriano *a/sm* ecuadoriano *m*, ecuadoregno *m*

ecuestre *a* equestre

ecuménico *a* ecumenico

eczema → **eccema**

edad *sf* età *f* • ***Edad Media*** Medioevo; ***e. temprana*** età giovanile; ***hombre de e.*** uomo maturo; ***mayor de e.*** maggiorenne; ***menor de e.*** minorenne; ***niño de corta e.*** bimbo di pochi anni

edición *sf* edizione *f*

edicto *sm* editto *m*

edificable *a* edificabile

edificar *vt* edificare, costruire, fabbricare

edificio *sm* edificio *m*

editar *vt* pubblicare, stampare

editor *sm* editore *m* ◇ redattore *m*

editorial *a/sm* editoriale *m*

edredón *sm* trapunta *f*

educación *sf* educazione *f*

educar *vt* educare

educativo *a* educativo

edulcorante *sm* dolcificante *m*, edulcorante *m*

efectivamente *avv* effettivamente

efectivo *a* efficace ◇ effettivo, vero, reale ◆ *sm* (denaro) contante *m* ◇ *al pl* (*mil*) effettivi *m pl*

efecto *sm* effetto *m* • ***causar buen e.*** fare buona impressione; ***en e.*** in effetti; ***llevar a e.*** realizzare; ***efectos secundarios*** effetti collaterali
efectuar *vt* effettuare
efervescente *a* effervescente
eficacia *sf* efficacia *f*
eficaz *a* efficace
eficiencia *sf* efficienza *f*
eficiente *a* efficiente
efímero *a* effimero
efluvio *sm* effluvio *m*
efusión *sf* effusione *f*
egipcio *a/sm* egizio *m*
egocéntrico *a/sm* egocentrico *m*
egoísmo *sm* egoismo *m*
egoísta *sm/f* egoista *m/f*
egregio *a* egregio, insigne
eje *sm* asse *m*
ejecución *sf* esecuzione *f*
ejecutar *vt* eseguire
ejecutivo *a* esecutivo ◆ *sm* dirigente *m/f*
ejemplar *a/sm* esemplare *m*
ejemplificación *sf* esemplificazione *f*
ejemplo *sm* esempio *m*
ejercer *vt/i* esercitare
ejercicio *sm* esercizio *m*
ejercitar *vt* esercitare, praticare ◆ *vrif* esercitarsi, addestrarsi
ejército *sm* esercito *m*
el *art* (*pl* **los**) il, lo
él *pr.pers* (*pl* **ellos**) egli, lui
elaborar *vt* elaborare
elasticidad *sf* elasticità *f*
elástico *a/sm* elastico *m*
elección *sf* elezione *f*
elector *sm* elettore *m*
electorado *sm* elettorato *m*
electricidad *sf* elettricità *f*
electricista *sm* elettricista *m*
eléctrico *a* elettrico
electrizante *a* elettrizzante
electrizar *vt* elettrizzare ◆ *vrif* elettrizzarsi
electrocardiograma *sm* elettrocardiogramma *m*
electrochoque *sm* elettroshock *m*
electrocución *sf* elettrocuzione *f*
electrodoméstico *sm* elettrodomestico *m*
electroencefalograma *sm* elettroencefalogramma *m*
electromagnético *a* elettromagnetico
electrón *sm* elettrone *m*
electrónico *a* elettronico
electrotécnico *a* elettrotecnico
elefante *sm* elefante *m*
elegancia *sf* eleganza *f*
elegante *a* elegante
elegir *vt* eleggere ◇ scegliere
elemental *a* elementare
elemento *sm* elemento *m*
elevado *a* elevato
elevar *vt* elevare
eliminar *vt* eliminare
elíptico *a* ellittico
ella *pr.pers* (*pl* **ellas**) ella, essa
ello *pr.pers* ciò

elocuencia *sf* eloquenza *f*
elocuente *a* eloquente
elogiar *vt* elogiare
elogio *sm* elogio *m*
elucubración *sf* elucubrazione *f*
eludir *vt* eludere ◇ rifiutare
emanar *vt/i* emanare
emancipación *sf* emancipazione *f*
emancipar *vt* emancipare ◆ *vrif* emanciparsi
embajada *sf* ambasciata *f*
embajador *sm* ambasciatore *m*
embalaje *sm* imballaggio *m*
embalar *vt* imballare
embalsamar *vt* imbalsamare
embarazada *a* incinta
embarazado *a* imbarazzato
embarazar *vt* intralciare, ingombrare ◇ mettere incinta
embarazo *sm* imbarazzo *m* ◇ impiccio *m* ◇ gravidanza *f*
embarazoso *a* imbarazzante
embarcación *sf* imbarco *m* ◇ imbarcazione *f*
embarcadero *sm* imbarcadero *m*
embarcar *vt* imbarcare ◆ *vi/rif* imbarcarsi
embarco *sm* imbarco *m*
embargar *vt* sequestrare, pignorare ◇ (*fig*) invadere, pervadere ◇ ostacolare
embargo *sm* sequestro *m* ◇ embargo *m* ● **sin e.** nonostante, tuttavia
embarnizador *sm* verniciatore *m*
embarque *sm* imbarco *m*
embate *sm* urto *m* ◇ impeto *m*
embaucar *vt* raggirare
embaular *vt* mettere in un baule ◇ (*fam*) ingurgitare
embeber *vt* assorbire ◇ inzuppare, imbevere ◆ *vrif* imbeversi, impregnarsi ◇ immergersi
embelesar *vt* affascinare, sedurre
embeleso *sm* fascino *m*
embellecer *vt* imbellire ◆ *vrif* imbellirsi
embestida *sf* urto *m*
embestir *vt* assalire, attaccare
emblemático *a* emblematico
embobado *a* sbalordito
embocadura *sf* imboccatura *f* ◇ (*mus*) bocchino *m* ◇ (*di vino*) gusto *m*
embocar *vt* imboccare ◆ *vrif* infilarsi ◇ divorarsi
embolia *sf* embolia *f*
émbolo *sm* embolo *m*
embolsar *vt* intascare, incassare ◆ *vrif* guadagnare
emborrachar *vt* ubriacare ◇ stordire ◇ (*cuc*) inzuppare ◆ *vrif* sbronzarsi, ubriacarsi
emboscada *sf* imboscata *f*
emboscar *vt* imboscare ◆ *vrif* imboscarsi
embotellar *vt* imbottigliare ◇ ostruire ◆ *vrif* bloccarsi, ostruirsi

embozar *vt* coprire ◇ dissimulare ◆ *vrif* coprirsi
embragar *vt* imbracare ◇ (*aut*) innestare
embrague *sm* (*aut*) frizione *f*
embravecer *vt* inferocire, infuriare ◆ *vrif* inferocirsi, infuriarsi
embriagar *vt* ubriacare ◆ *vrif* ubriacarsi
embriaguez *sf* ubriachezza *f*
embrión *sm* embrione *m*
embrollar *vt* imbrogliare, confondere ◆ *vrif* imbrogliarsi, confondersi
embrollo *sm* confusione *f* ◇ frottola *f* ◇ (*fig*) imbroglio *m*
embromar *vt* fare uno scherzo ◇ prendere in giro
embrujar *vt* ammaliare, stregare
embrutecer *vt* abbrutire ◆ *vrif* abbrutirsi
embrutecimiento *sm* abbrutimento *m*
embudo *sm* imbuto *m*
embuste *sm* bugia *f* ◇ *al pl* bigiotteria *f*
embustero *a/sm* bugiardo *m*
embutido *a* imbottito ◆ *sm* insaccato *m*, salume *m* ◇ intarsio *m*
embutir *vt* insaccare ◇ imbottire ◇ inserire ◆ *vrif* riempirsi, ingozzarsi
emergencia *sf* emergenza *f*
emerger *vi* emergere
emersión *sf* emersione *f*
emigración *sf* emigrazione *f*
emigrante *a/sm/f* emigrante *m/f*
emigrar *vi* emigrare ◇ migrare
eminencia *sf* eminenza *f*
emisario *sm* emissario *m*
emisión *sf* emissione *f*
emisor *a/sm* emittente *m/f*
emisora *sf* emittente *f*
emitir *vt* emettere ◇ (*TV*) trasmettere • ***e. una opinión*** esprimere un'opinione
emoción *sf* emozione *f*
emotivo *a* emotivo
empacar *vt* impacchettare
empachar *vt* imbarazzare, appesantire ◇ infastidire ◆ *vrif* fare indigestione ◇ vergognarsi
empacho *sm* indigestione *f* ◇ imbarazzo *m*, vergogna *f*
empalagar *vi* nauseare ◇ annoiare
empalmar *vt* unire, connettere ◆ *vi* collegarsi ◇ (*mezzi di trasporto*) fare coincidenza
empalme *sm* giuntura *f*, innesto *m* ◇ (*di mezzi di trasporto*) coincidenza *f*
empanar *vt* impanare
empantanar *vt* impantanare ◆ *vrif* impantanarsi
empapar *vt* inzuppare ◇ (*fig*) impregnare ◆ *vrif* inzupparsi ◇ (*fig*) impregnarsi
empapelar *vt* tappezzare ◇ (*fam*) processare
empaque *sm* imballaggio *m* ◇ aspetto *m* ◇ serietà *f*

empaquetar *vt* impacchettare
emparedado *sm* tramezzino *m*
emparejar *vt* appaiare, abbinare ◇ pareggiare ◆ *vrif* appaiarsi, abbinarsi ◇ livellarsi
emparentar *vi* imparentarsi
emparrado *sm* pergolato *m*
empastar *vt* spalmare, coprire ◇ (*libro*) rilegare ◇ (*dente*) otturare
empatar *vi* pareggiare
empate *sm* pareggio *m*
empedernido *a* incallito, impenitente ◇ insensibile
empedrado *sm* selciato *m*, acciottolato *m*
empedrar *vt* pavimentare
empellón *sm* spintone *m*
empeñar *vt* impegnare ◆ *vrif* impegnarsi ◇ indebitarsi
empeño *sm* impegno *m*
empeorar *vt/i* peggiorare
empequeñecer *vt* rimpicciolire ◇ sminuire
emperador *sm* imperatore *m*
empero *cong* (*lett*) tuttavia, però
empezar *vt/i* cominciare
empinado *a* ripido ◇ elevato ◇ altezzoso
empinar *vt* alzare, drizzare ◆ *vrif* sollevarsi (sulla punta dei piedi) ◇ innalzarsi ● ***e. el codo*** alzare il gomito
empírico *a* empirico
emplasto *sm* impiastro *m*
emplazamiento *sm* posizione *f* ◇ (*dir*) convocazione *f*, citazione *f*
emplazar *vt* collocare ◇ (*dir*) convocare, citare
empleado *a/sm* impiegato *m*
emplear *vt* adoperare, impiegare ◇ impiegare, assumere ◆ *vrif* adoperarsi ◇ impiegarsi
empleo *sm* impiego *m* ● ***modo de e.*** istruzioni per l'uso
empobrecer *vt* impoverire ◆ *vi/rif* impoverirsi
empollar *vt* covare
emponzoñar *vt* avvelenare ◆ *vrif* avvelenarsi
emporio *sm* emporio *m*
empotrar *vt* incassare, incastrare
emprender *vt* intraprendere, cominciare ● ***e. a bofetadas*** prendere a schiaffi; ***emprenderla*** prendersela
empreñar *vt* fecondare
empresa *sf* impresa *f*
empresario *sm* impresario *m*, imprenditore *m*
empréstito *sm* prestito *m*
empujar *vt* spingere, premere, ◇ sollecitare
empuje *sm* spinta *f* ◇ slancio *m*
empujón *sm* spintone *m*
empuñar *vt* impugnare
emulación *sf* emulazione *f*
emular *vt* emulare
emulsión *sf* emulsione *f*
en *prep* in, a ◇ su, sopra ● ***en broma*** per scherzo; ***en fin*** infine; ***en la mesa*** sulla tavola; ***en***

llegando en casa appena arrivato/i a casa; *en seguida* subito; *en vez* invece; *estar en casa* essere a casa
enagua *sf* sottoveste *f*
enajenar *vt* (*dir*) alienare ◇ turbare
enamorado *a/sm* innamorato *m*
enamorar *vt* innamorare ◆ *vrif* innamorarsi
enano *a/sm* nano *m*
enarbolar *vt* sollevare, brandire ◆ *vrif* inalberarsi
enardecer *vt* infiammare, eccitare ◆ *vrif* infiammarsi, eccitarsi
enardecimiento *sm* eccitamento *m*
encabezamiento *sm* intestazione *f* ◇ introduzione *f*
encabezar *vt* essere il primo (di una serie), aprire (una lista) ◇ intestare ◇ (*un gruppo*) capeggiare
encabritarse *vrif* impennarsi ◇ infuriarsi
encadenamiento *sm* incatenamento *m* ◇ concatenazione *f*
encadenar *vt* incatenare ◆ *vrif* incatenarsi
encajar *vt* incastrare ◇ incassare ◇ affibbiare ◆ *vi* incastrarsi, combaciare ◇ andar bene ◆ *vrif* incastrarsi
encaje *sm* incastro *m* ◇ merletto *m*
encajonar *vt* incassare, imballare ◇ ficcare
encalador *sm* imbianchino *m*
encalar *vt* imbiancare
encallar *vt* incagliare ◆ *vrif* incagliarsi
encallecer *vi* incallire ◆ *vrif* incallirsi ◇ indurirsi
encaminar *vt* incamminare, instradare ◆ *vrif* incamminarsi
encanalar *vt* incanalare ◆ *vrif* incanalarsi
encandilar *vt* abbagliare ◇ illudere
encantador *a* incantevole
encantamiento *sm* incantesimo *m*
encantar *vt* incantare
encanto *sm* incanto *m*
encapricharse *vrif* incapricciarsi
encaramar *vt* innalzare ◇ esaltare ◆ *vrif* salire, arrampicarsi
encarar *vt* mettere di fronte ◇ affrontare ◆ *vi/rif* fronteggiare, fronteggiarsi
encarcelar *vt* incarcerare
encarecer *vt* rincarare ◇ elogiare, esaltare ◇ raccomandare ◆ *vi/rif* rincarare, aumentare (di prezzo)
encarecimiento *sm* rincaro *m* ◇ insistenza *f* ◇ elogio *m*
encargar *vt* incaricare ◇ (*comm*) ordinare ◇ raccomandare ◆ *vrif* incaricarsi
encargo *sm* incarico *m* ◇ (*comm*) ordinazione *f*, commissione *f* • *por e.* su ordinazione

encarnación *sf* incarnazione *f* ◇ (*arte*) incarnato *m*
encarnar *vt* incarnare, personificare ◇ (*teat*) interpretare ◆ *vi* (*relig*) incarnarsi ◇ cicatrizzarsi ◇ impressionare ◆ *vrif* (*di unghia*) incarnirsi
encarnizarse *vrif* accanirsi
encarrilar *vt* rimettere sulle rotaie ◇ avviare ◆ *vrif* avviarsi
encartar *vt* (*dir*) implicare
encasillado *a* incasellato, inquadrato ◆ *sm* casellario *m*
encasillar *vt* incasellare, classificare
encasquillarse *vrif* incepparsi
encauzamiento *sm* incanalamento *m* ◇ avviamento *m*
encauzar *vt* incanalare ◇ (*fig*) dirigere, indirizzare ● ***e. una discusión*** dirigere una discussione
encenagarse *vrif* infangarsi
encendedor *sm* accendino *m*
encender *vt* accendere ◇ (*fig*) accendere, eccitare ◆ *vrif* accendersi
encendido *a* acceso ◆ *sm* accensione *f*
encentar *vt* intaccare, cominciare a consumare
encerado *a* cereo ◆ *sm* tela *f* cerata
enceradora *sf* lucidatrice *f*
encerar *vt* incerare
encerrar *vt* rinchiudere, chiudere ◇ racchiudere ◆ *vrif* rinchiudersi, chiudersi
enchapar *vt* placcare
enchufar *vt* (*el*) innestare ◇ connettere, unire ◇ (*fam*) raccomandare
enchufe *sm* (*el*) spina *f*, presa *f* ◇ collegamento *m*, innesto *m* ◇ (*fam*) raccomandazione *f*
encía *sf* gengiva *f*
enciclopedia *sf* enciclopedia *f*
encierro *sm* reclusione *f* ◇ recinto *m*
encima *avv* sopra ◇ per di più, per giunta, inoltre ● ***echarse e. una culpa*** addossarsi una colpa; ***e. de*** su, sopra; ***estar por e.*** essere al di sopra, essere più importante; ***por e. de*** a dispetto di
encina *sf* quercia *f*
encinta *a* incinta
enclavar *vt* inchiodare ◇ trapassare
enclenque *a* malaticcio
encoger *vt* contrarre ◆ *vi* restringersi ◆ *vrif* restringersi ◇ intimidirsi
encogido *a* timido ◇ scoraggiato
encogimiento *sm* (*di tessuti*) restringimento *m* ◇ timidezza *f*
encolar *vt* incollare
encolerizar *vt* far arrabbiare ◆ *vrif* arrabbiarsi
encomendar *vt* incaricare, affidare ◆ *vrif* affidarsi, raccomandarsi
encomiable *a* encomiabile
encomiar *vt* encomiare

encomienda *sf* incarico *m*
encomio *sm* encomio *m*
enconar *vt* (*med*) infiammare ◇ esasperare ◆ *vrif* (*med*) infiammarsi ◇ esasperarsi
encono *sm* rancore *m*
encontrado *a* opposto, contrario
encontrar *vt* trovare ◇ incontrare ◇ trovare, considerare ◆ *vrif* incontrarsi ◇ imbattersi ◇ trovarsi, stare ◇ scontrarsi ◇ coincidere ● ***encontrarse bien*** stare bene
encorvar *vt* curvare ◆ *vrif* curvarsi
encrespar *vt* arricciare ◇ increspare ◇ irritare ◆ *vrif* arricciarsi ◇ incresparsi ◇ irritarsi
encrucijada *sf* crocevia *m*, incrocio *m* ◇ difficoltà *f*
encuadernar *vt* rilegare
encuadrar *vt* inquadrare ◆ *vrif* inquadrarsi
encubiertamente *avv* segretamente
encubrir *vt* occultare
encuentro *sm* incontro *m* ◇ scontro *m* ● ***salir al e.*** andare incontro
encuesta *sf* inchiesta *f*
encumbrado *a* eminente
encumbrar *vt* elevare, innalzare ◆ *vrif* elevarsi, innalzarsi
encurtidos *sm pl* sottaceti *m pl*
endeble *a* debole
endecha *sf* canzone *f* triste
endémico *a* endemico
endemoniado *a/sm* indemoniato *m*
enderezar *vt* raddrizzare ◇ indirizzare, dirigere ◇ correggere ◆ *vrif* raddrizzarsi ◇ dirigersi
endeudarse *vrif* indebitarsi
endilgar *vt* appioppare, affibbiare ◇ indirizzare
endiosar *vt* divinizzare ◆ *vrif* insuperbirsi
endocrinólogo *sm* endocrinologo *m*
endomingarse *vrif* vestirsi da festa
endosar *vt* (*assegni, cambiali*) girare ◇ affibbiare
endulzar *vt* zuccherare ◇ addolcire
endurecer *vt* indurire ◆ *vrif* indurirsi
endurecimiento *sm* indurimento *m*
enebro *sm* ginepro *m*
enemigo *a/sm* nemico *m*
enemistad *sf* inimicizia *f*
enemistar *vt* inimicare ◆ *vrif* inimicarsi
energético *a* energetico
energía *sf* energia *f*
enérgico *a* energico
enero *sm* gennaio *m*
enervante *a* snervante
enésimo *a* ennesimo
enfadado *a* arrabbiato
enfadar *vt* irritare, far arrabbiare ◆ *vrif* infastidirsi, arrabbiarsi

enfado *sm* irritazione *f*, fastidio *m*
enfadoso *a* irritante
enfangar *vt* infangare ♦ *vrif* infangarsi, impantanarsi
enfático *a* enfatico
enfermar *vi* ammalarsi
enfermedad *sf* malattia *f* • ***e. infecciosa*** malattia infettiva; ***e. de transmisión sexual*** malattia a trasmissione sessuale
enfermería *sf* infermeria *f*
enfermero *sm* infermiere *m*
enfermizo *a* malaticcio, cagionevole ◇ morboso
enfermo *a/sm* malato *m*, infermo *m*
enflaquecer *vt* far dimagrire ◇ indebolire, debilitare ♦ *vrif* dimagrire ◇ indebolirsi
enfocar *vt* illuminare ◇ mettere a fuoco ◇ affrontare, impostare
enfoque *sm* (*fot*) messa *f* a fuoco ◇ (*fig*) impostazione *f*
enfrascar *vt* infiascare, imbottigliare ♦ *vrif* immergersi
enfrenar *vt* frenare ♦ *vrif* frenarsi
enfrentar *vt* mettere di fronte ◇ affrontare ♦ *vrif* mettersi di fronte ◇ affrontarsi
enfrente *avv* di fronte
enfriamiento *sm* raffreddamento *m* ◇ raffreddore *m*
enfriar *vt* raffreddare ♦ *vrif* raffreddarsi
enfurecer *vt* irritare, far infuriare ♦ *vrif* infuriarsi
engalanar *vt* adornare ♦ *vrif* adornarsi
enganchar *vt* agganciare ◇ conquistare, abbindolare ♦ *vrif* agganciarsi ◇ arruolarsi
enganche *sm* aggancio *m* ◇ arruolamento *m* ◇ gancio *m*
engañar *vt* ingannare ♦ *vrif* ingannarsi
engaño *sm* inganno *m*
engarce *sm* concatenamento *m* ◇ incastonatura *f*
engarzar *vt* concatenare ◇ incastonare
engastar *vt* montare, incastonare
engatusar *vt* abbindolare
engendrar *vt* procreare ◇ generare ♦ *vrif* originarsi
engolfarse *vrif* impelagarsi ◇ immergersi, assorbirsi
engordar *vt/i* ingrassare
engorroso *a* fastidioso, noioso
engranaje *sm* ingranaggio *m*
engranar *vt/i* ingranare
engrandecer *vt* ingrandire ◇ esaltare ♦ *vrif* innalzarsi
engrasar *vt* ingrassare, lubrificare
engreimiento *sm* superbia *f*, vanità *f*
engreírse *vrif* insuperbirsi, vantarsi
engrosamiento *sm* ingrossamento *m*

engrosar *vt* ingrossare ◇ aumentare ◆ *vi* ingrassare
engullir *vt* inghiottire, ingoiare
enhebrar *vt* infilare
enhiesto *a* dritto, in piedi
enhorabuena *sf* felicitazioni *f pl*, congratulazioni *f pl* ◆ *avv* felicemente • ***dar la e.*** fare le congratulazioni
enigmático *a* enigmatico
enjabonar *vt* insaponare ◇ adulare ◇ rimproverare
enjalbegar *vt* imbiancare
enjambre *sm* sciame *m* ◇ moltitudine *f*
enjaular *vt* ingabbiare ◇ incarcerare
enjuagadientes *sm* collutorio *m*
enjuagar *vt* sciacquare, risciacquare ◆ *vrif* sciacquarsi
enjuague *sm* risciacquo *m* ◇ collutorio *m*
enjugar *vt* asciugare ◇ assorbire ◇ (*debito*) estinguere ◆ *vrif* asciugarsi
enjuiciar *vt* giudicare ◇ (*dir*) sottoporre a giudizio
enjuto *a* asciutto ◇ magro, secco
enlace *sm* unione *f*, vincolo *m* ◇ (*di mezzi di trasporto*) coincidenza *f* ◇ (*fig*) matrimonio *m*, unione *f* ◇ intermediario *m* ◇ (*chim*) legame *m* ◇ (*inform*) link *m*
enlazar *vt* allacciare, legare ◇ collegare ◆ *vi* (*di mezzi di trasporto*) fare coincidenza ◆ *vrif* unirsi ◇ sposarsi
enlodar *vt* infangare ◆ *vrif* infangarsi
enloquecer *vt* far impazzire ◆ *vi/rif* impazzire
enlosar *vt* lastricare
enlucido *a* intonacato ◆ *sm* intonaco *m*, stuccatura *f*
enlutarse *vrif* mettersi a lutto ◇ intristirsi
enmarañar *vt* ingarbugliare ◇ (*fig*) ingarbugliare, complicare ◆ *vrif* ingarbugliarsi ◇ (*fig*) ingarbugliarsi, complicarsi
enmarcar *vt* incorniciare, inquadrare
enmascarar *vt* mascherare ◇ dissimulare ◆ *vrif* mascherarsi
enmendar *vt* correggere ◆ *vrif* correggersi
enmienda *sf* correzione *f* ◇ (*dir*) emendamento *m*
enmohecer *vi/rif* ammuffire
enmudecer *vt* far tacere ◆ *vi* ammutolire
ennegrecer *vt* scurire, annerire ◆ *vrif* scurirsi, annerirsi
ennoblecer *vt* nobilitare
enojadizo *a* irascibile
enojar *vt* irritare, infastidire ◆ *vrif* infastidirsi, arrabbiarsi
enojoso *a* noioso
enorgullecer *vt* inorgoglire ◆ *vrif* inorgoglirsi
enorme *a* enorme
enormidad *sf* enormità *f*

enramada *sf* fronde *f pl*, rami *m pl* ◇ pergolato *m*
enrarecer *vt* rarefare ◆ *vi/rif* rarefarsi ◇ scarseggiare
enredadera *a/sf* rampicante *m*
enredar *vt* prendere nella rete ◇ implicare ◇ imbrogliare, ingarbugliare ◆ *vi* disturbare, dare noia ◆ *vrif* imbrogliarsi, ingarbugliarsi ◇ impigliarsi ◇ (*di piante*) arrampicarsi ◇ complicarsi
enredo *sm* groviglio *m* ◇ (*fig*) pasticcio *m* ◇ intreccio *m* ◇ *al pl* arnesi *m pl*
enrejado *sm* inferriata *f* ◇ reticolato *m*
enrejar *vt* recintare
enrevesado *a* contorto, intricato, complicato
enriquecer *vt* arricchire ◆ *vi/rif* arricchire, arricchirsi ◇ prosperare
enrojecer *vt* arrossare ◆ *vi/rif* arrossire
enrolar *vt* arruolare ◆ *vrif* arruolarsi
enrollar *vt* arrotolare ◇ implicare ◆ *vrif* arrotolarsi ◇ dilungarsi
enroscar *vt* attorcigliare ◆ *vrif* attorcigliarsi
ensalada *sf* insalata *f*
ensaladilla *sf* insalata *f* russa
ensalzar *vt* esaltare, elogiare ◇ innalzare
ensamblar *vt* assemblare
ensanchamiento *sm* allargamento *m*
ensanchar *vt* allargare, espandere ◆ *vrif* allargarsi, espandersi ◇ darsi importanza
ensanche *sm* allargamento *m*, estensione *f*
ensangrentar *vt* insanguinare ◆ *vrif* insanguinarsi
ensañarse *vrif* infierire, accanirsi
ensartar *vt* infilare ◇ infilzare
ensayar *vt* (*teat*) provare ◇ sperimentare, collaudare ◆ *vrif* allenarsi
ensayo *sm* (*teat*) prova *f* ◇ saggio *m*
enseguida *avv* subito
ensenada *sf* insenatura *f*
enseña *sf* insegna *f*
enseñanza *sf* insegnamento *m* ◇ istruzione *f*
enseñar *vt* insegnare, istruire ◇ mostrare ◇ indicare
enseres *sm pl* attrezzi *m pl*
ensillar *vt* sellare
ensimismarse *vrif* concentrarsi
ensoberbecerse *vrif* insuperbirsi ◇ (*di elementi naturali*) infuriare, scatenarsi
ensombrecer *vt* ombreggiare ◇ oscurare ◆ *vrif* oscurarsi ◇ adombrarsi
ensordecer *vt* assordare ◆ *vi/rif* diventare sordo
ensortijar *vt* arricciare, incre-

spare ◆ *vrif* arricciarsi, incresparsi
ensuciar *vt* sporcare, macchiare ◆ *vrif* sporcarsi
ensueño *sm* sogno *m* ◇ illusione *f*
entablado *sm* tavolato *m*
entablar *vt* unire con tavole ◇ (*fig*) intavolare, cominciare
entallar *vt* intagliare, scolpire ◇ incidere ◇ (*vestito*) tagliare ◆ *vi/rif* (*di vestito*) adattarsi
ente *sm* ente *m*
entender *vt* capire, comprendere ◇ credere, giudicare ◆ *vi* capire ◇ intendersi ◆ *vrif* capirsi ◇ accordarsi ◇ intendersela ◆ *sm* parere *m*, giudizio *m* ● ***a mi e.*** secondo il mio parere; ***e. de algo*** intendersi di qc
entendido *a* portato, versato ◆ *sm* intenditore *m*, conoscitore *m* ● ***¡e.!*** d'accordo!
entendimiento *sm* ragione *f*, intelletto *m* ◇ giudizio *m*, buon senso *m*
enterado *a* esperto
enterar *vt* informare ◆ *vrif* informarsi ◇ accorgersi
entereza *sf* interezza *f*, integrità *f* ◇ forza *f* d'animo ◇ (*fig*) rettitudine *f*
enternecer *vt* commuovere, intenerire ◆ *vrif* commuoversi, intenerirsi
entero *a* intero, integro ◇ robusto, sano ◇ risoluto ◆ *sm* intero *m*
enterrador *sm* becchino *m*
enterrar *vt* interrare ◇ seppellire ◆ *vrif* seppellirsi
entibiar *vt* intiepidire
entidad *sf* entità *f*
entierro *sm* sepoltura *f*, seppellimento *m* ◇ funerale *m*
entonación *sf* intonazione *f* ◇ presunzione *f*
entonado *a* intonato ◇ presuntuoso
entonar *vt* intonare ◇ tonificare ◆ *vi* intonarsi, armonizzare ◆ *vrif* tonificarsi ◇ insuperbirsi
entonces *avv* allora ◇ in tal caso, dunque ● ***en aquel e.*** in quel momento; ***¡pues e.!*** dunque!
entornar *vt* socchiudere
entorno *sm* ambiente *m*
entorpecer *vt* intorpidire ◇ ostacolare
entrada *sf* entrata *f*, ingresso *m* ◇ entrata *f*, guadagno *m* ◇ entrée *f* ◇ inizio *m* ● ***dar e.*** ammettere; ***de e.*** per cominciare
entrambos *a/pr* entrambi
entraña *sf* interno *m* ◇ *al pl* viscere *f pl* ◇ carattere *m*, indole *f* ● ***no tener entrañas*** essere senza cuore
entrañable *a* sviscerato ◇ affettuoso
entrar *vi* entrare ◇ accedere ◇ essere contenuto, essere incluso ◆ *vt* far entrare ● ***e. a*** (+ *infinito*) cominciare a (+ *infinito*)

entre *prep* fra, tra • *e. mí* tra me e me; *e. tanto* nel frattempo
entreabrir *vt* socchiudere ◆ *vrif* socchiudersi
entreacto *sm* intermezzo *m*, intervallo *m*
entrecano *a* brizzolato
entrecejo *sm* cipiglio *m* • *fruncir el e.* aggrottare le sopracciglia
entredicho *a/sm* dubbio *m*
entrega *sf* consegna *f*, recapito *m* ◇ puntata *f*, fascicolo *m*, dispensa *f* ◇ impegno *m*, interesse *m* • *por entregas* a puntate
entregar *vt* consegnare, dare ◆ *vrif* arrendersi, sottomettersi ◇ dedicarsi ◇ abbandonarsi
entrelazar *vt* intrecciare ◆ *vrif* intrecciarsi
entremés *sm* antipasto *m* ◇ (*teat*) intermezzo *m*
entremeter *vt* frapporre, intercalare ◆ *vrif* intromettersi
entremetido *a* indiscreto
entremezclar *vt* frammezzare
entrenamiento *sm* allenamento *m*
entrenar *vt* allenare ◆ *vrif* allenarsi
entreoír *vt* udire confusamente
entresacar *vt* scegliere ◇ diradare
entresuelo *sm* ammezzato *m*
entretanto *avv* intanto
entretejer *vt* intrecciare ◇ intessere
entretener *vt* trattenere, intrattenere ◇ distrarre ◇ ritardare ◆ *vrif* intrattenersi ◇ divertirsi
entretenido *a* divertente ◇ arduo, difficile
entretenimiento *sm* trattenimento *m* ◇ divertimento *m* ◇ manutenzione *f*
entrever *vt* intravedere ◇ congetturare, intuire
entreverar *vt* mescolare ◆ *vrif* mescolarsi
entrevistar *vt* intervistare
entristecer *vt* intristire ◆ *vrif* intristirsi
entrometer *vt* intromettere ◆ *vrif* intromettersi
entrometido *a* invadente, indiscreto
entuerto *sm* torto *m*
entumecer *vt* intorpidire ◆ *vrif* intorpidirsi ◇ gonfiarsi
enturbiar *vt* intorbidire ◇ turbare, alterare ◆ *vrif* intorbidirsi ◇ turbarsi, alterarsi
entusiasmar *vt* entusiasmare ◆ *vrif* entusiasmarsi
entusiasmo *sm* entusiasmo *m*
enumeración *sf* enumerazione *f*
enumerar *vt* enumerare
enunciación *sf* enunciazione *f*
enunciado *sm* enunciato *m*
enunciar *vt* enunciare
envainar *vt* inguainare
envalentonar *vt* imbaldanzire ◆ *vrif* imbaldanzirsi
envanecer *vt* insuperbire ◆ *vrif* insuperbirsi
envasar *vt* (*in bottiglie*) imbot-

tigliare; (*in scatole*) inscatolare
envase *sm* travaso *m* ◇ recipiente *m*, contenitore *m*, vuoto *m* (di bottiglia)
envejecer *vt/i* invecchiare
envejecimiento *sm* invecchiamento *m*
envenenamiento *sm* avvelenamento *m*
envenenar *vt* avvelenare, intossicare ◆ *vrif* avvelenarsi, intossicarsi
envergadura *sf* apertura *f* alare ◇ importanza *f*
envés *sm* rovescio *m*
enviado *sm* inviato *m*
enviar *vt* inviare, mandare ◇ spedire
envidia *sf* invidia *f*
envidiar *vt* invidiare
envilecer *vt* avvilire ◆ *vrif* avvilirsi
envío *sm* invio *m* ◇ (*inform*) invio *m*, enter *m*
envoltura *sf* involucro *m*
envolver *vt* avvolgere ◇ incartare ◇ coinvolgere ◆ *vrif* avvolgersi ◇ immischiarsi
enyesar *vt* ingessare
enzarzar *vt* coinvolgere ◆ *vrif* impigliarsi
epicentro *sm* epicentro *m*
epidemia *sf* epidemia *f*
epidémico *a* epidemico
epidérmico *a* epidermico
Epifanía *sf* epifania *f*
epígrafe *sm* epigrafe *f*
epilepsia *sf* epilessia *f*
epílogo *sm* epilogo *m*
episcopado *sm* episcopato *m*
episcopal *a* episcopale
episodio *sm* episodio *m*
epistaxis *sf* epistassi *f*
epístola *sf* epistola *f*
epíteto *sm* epiteto *m*
época *sf* epoca *f*
epopeya *sf* epopea *f*
equidad *sf* equità *f*
equidistante *a* equidistante
equilibrar *vt* equilibrare ◆ *vrif* equilibrarsi
equilibrio *sm* equilibrio *m*
equimosis *sf* ecchimosi *f*
equino *a* equino ◆ *sm* (*arch*) echino *m*
equinoccio *sm* equinozio *m*
equipaje *sm* bagaglio *m*
equipar *vt* equipaggiare ◆ *vrif* equipaggiarsi
equipo *sm* equipaggiamento *m*, attrezzatura *f* ◇ squadra *f*, gruppo *m* ● ***trabajo en e.*** lavoro di gruppo
equitación *sf* equitazione *f*
equitativo *a* equo
equivaler *vi* equivalere
equivocación *sf* equivoco *m*, sbaglio *m*
equivocar *vt* sbagliare ◆ *vrif* sbagliarsi
equívoco *a/sm* equivoco *m*
era *sf* era *f*
eremita *sm* eremita *m*
ergástula *sf* ergastolo *m*
ergonómico *a* ergonomico

erguir *vt* alzare ◆ *vrif* ergersi
erial *a* incolto
erigir *vt* erigere, edificare ◆ *vrif* erigersi
eritema *sm* eritema *m*
erizar *vt* rizzare ◆ *vrif* rizzarsi
erizo *sm* (*zool*) riccio *m*
ermita *sf* eremo *m*
ermitaño *sm* eremita *m*
erosión *sf* erosione *f*
erotismo *sm* erotismo *m*
errar *vt* errare, sbagliare ◆ *vi* errare, vagare
errata *sf* errore *m*, refuso *m*
erróneo *a* erroneo
error *sm* errore *m*, sbaglio *m*
erudición *sf* erudizione *f*
erudito *a/sm* erudito *m*
erupción *sf* eruzione *f*
esbelto *a* snello, slanciato
esbirro *sm* sbirro *m*
esbozo *sm* abbozzo *m*, bozzetto *m*
escabeche *sm* (*cuc*) marinata *f* ● ***pescado en e.*** pesce marinato
escabel *sm* sgabello *m*
escabroso *a* scabroso
escabullirse *vrif* dileguarsi, svignarsela
escala *sf* scala *f* ◇ scalo *m* ◇ (*mil*) ruolo *m* ● ***a gran e.*** su larga scala
escalada *sf* scalata *f*
escalador *sm* scalatore *m*
escalafón *sm* graduatoria *f*, ruolo *m*
escalar *vt* scalare ◇ rapinare, assaltare
escalera *sf* scala *f* ● ***e. de caracol*** scala a chiocciola; ***e. de mano*** scala a pioli; ***e. mecánica, automática*** scala mobile
escalerilla *sf* scaletta *f*
escalinata *sf* scalinata *f*
escalofrío *sm* brivido *m*
escalón *sm* scalino *m* ◇ grado *m*
escalonar *vt* scaglionare
escalope *sm* scaloppina *f*
escalpelo *sm* scalpello *m*
escama *sf* squama *f* ◇ scaglia *f* ◇ diffidenza *f*
escamado *a* squamato ◇ diffidente, sospettoso
escamotear *vt* (*gioco di prestigio*) far sparire ◇ sottrarre
escamoteo *sm* (*gioco di prestigio*) sparizione *f* ◇ sottrazione *f*
escampar *vt* sgombrare ◆ *vimp* spiovere, smettere di piovere
escanciar *vt* versare
escandalizar *vt* scandalizzare ◆ *vrif* scandalizzarsi
escándalo *sm* chiasso *m* ◇ scenata *f*, protesta *f* ◇ scandalo *m*
escandaloso *a* scandaloso ◇ rumoroso
escandinavo *a/sm* scandinavo *m*
escandir *vt* scandire
escáner *sm* scanner *m*
escapar *vi* scappare ◇ scampare ◆ *vrif* scappare, sfuggire ◇ fuoriuscire
escaparate *sm* vetrina *f*

escapatoria *sf* scappatoia *f* ◇ fuga *f*, evasione *f*
escape *sm* (*di gas, liquido*) fuga *f* ◇ scampo *m* ◇ scappamento *m* • ***a (todo) e.*** in gran fretta
escarabajo *sm* scarabeo *m*, scarafaggio *m* ◇ *al pl* scarabocchi *m pl*
escaramuza *sf* scaramuccia *f*, schermaglia *f*
escarbar *vt* razzolare ◇ scavare ◇ frugare
escarcha *sf* brina *f*
escarlatina *sf* scarlattina *f*
escarmentar *vt* castigare ◆ *vi* imparare la lezione
escarmiento *sm* castigo *m*, punizione *f* ◇ lezione *f*, esperienza *f*
escarnecer *vt* deridere, schernire
escarnio *sm* scherno *m*
escarpa *sf* scarpata *f*
escarpado *a* ripido, scosceso
escasear *vi* scarseggiare ◆ *vt* lesinare
escasez *sf* scarsità *f* ◇ ristrettezza *f*, indigenza *f*
escaso *a* scarso
escatimar *vt* lesinare, misurare
escayolar *vt* (*med*) ingessare
escena *sf* scena *f*
escenario *sm* scenario *m*
escénico *a* scenico
escenificar *vt* sceneggiare ◇ (*teat*) mettere in scena
escenografía *sf* scenografia *f*
escenográfico *a* scenografico
escepticismo *sm* scetticismo *m*
escéptico *a* scettico
escisión *sf* scissione *f*
esclarecer *vt* illuminare ◇ chiarire ◇ nobilitare ◆ *vi* schiarire
esclarecido *a* illustre
esclarecimiento *sm* chiarimento *m*, spiegazione *f*
esclavitud *sf* schiavitù *f*
esclavizar *vt* schiavizzare
esclavo *a/sm* schiavo *m*
esclusa *sf* chiusa *f*
escoba *sf* scopa *f*
escobón *sm* spazzolone *m*
escocer *vi* prudere, bruciare ◇ offendere, irritare ◆ *vrif* infiammarsi ◇ offendersi, irritarsi
escocés *a/sm* scozzese *m/f*
escoger *vt* scegliere
escogimiento *sm* scelta *f*
escolar *a* scolare, scolastico ◆ *sm* scolaro *m*
escoliosis *sf* scoliosi *f*
escollera *sf* scogliera *f*
escollo *sm* scoglio *m*
escolta *sf* scorta *f*, accompagnamento *m*
escoltar *vt* scortare, accompagnare
escombro *sm* rottami *m pl*, macerie *f pl*
esconder *vt* nascondere ◆ *vrif* nascondersi

escondido *a* nascosto
escondite *sm* nascondiglio *m* ◇ nascondino *m*
escondrijo *sm* nascondiglio *m*
escopeta *sf* schioppo *m*, fucile *m* da caccia
escoplo *sm* scalpello *m*
escoria *sf* scoria *f*
escorpión *sm* scorpione *m*
escorzo *sm* scorcio *m*
escote *sm* scollatura *f*
escotilla *sf* boccaporto *m*
escozor *sm* bruciore *m* ◇ dispiacere *m*
escribano *sm* (*stor*) notaio *m*
escribir *vt/i* scrivere ◆ *vrif* scriversi ◇ iscriversi
escritor *sm* scrittore *m*
escritorio *sm* scrittoio *m*, scrivania *f* ◇ ufficio *m* ◇ (*inform*) desktop *m*
escritura *sf* scrittura *f*
escrúpulo *sm* scrupolo *m*
escrupuloso *a* scrupoloso
escrutar *vt* scrutare ◇ scrutinare
escrutinio *sm* scrutinio *m*
escuadra *sf* squadra *f*
escuadrilla *sf* squadriglia *f*
escuadrón *sm* squadrone *m*
escuálido *a* squallido
escualo *sm* squalo *m*
escuchar *vt* ascoltare, sentire ◆ *vrif* parlare con affettazione
escudilla *sf* scodella *f*
escudo *sm* scudo *m*
escudriñar *vt* esaminare, indagare
escuela *sf* scuola *f*
escueto *a* schietto
esculpir *vt* scolpire
escultura *sf* scultura *f*
escupir *vt* sputare ◇ (*fam*) confessare, sputare
escurreplatos *sm* scolapiatti *m*
escurridizo *a* scivoloso, sdrucciolevole ◇ sfuggente
escurridor *sm* scolapasta *m*
escurrir *vt* sgocciolare ◇ strizzare ◆ *vi* sgocciolare, far sgocciolare ◆ *vrif* scivolare ◇ sgattaiolare, scappare
ese (1) *sf* esse *f*
ese (2) *a/pr* (*pr* **ése**) quello ● ***¡ni por ésas!*** assolutamente no!
esencia *sf* essenza *f*
esencial *a* essenziale
esfera *sf* sfera *f*
esférico *a* sferico
esfinge *sf* sfinge *f*
esforzado *a* valoroso
esforzar *vt* sforzare ◆ *vrif* sforzarsi
esfuerzo *sm* sforzo *m*
esgrima *sf* scherma *f*
esgrimir *vt* (*arma*) maneggiare, impugnare ◇ tirare di scherma ◇ utilizzare, ricorrere a
esguince *sm* balzo *m*, scarto *m* ◇ distorsione *f*
eslabonar *vt* incatenare ◇ unire ◆ *vrif* (*fig*) unirsi, concatenarsi
esmaltar *vt* smaltare
esmalte *sm* smalto *m*

esmerado *a* accurato ◇ pulito
esmeralda *sf* smeraldo *m*
esmerar *vt* pulire ◆ *vrif* impegnarsi, sforzarsi
esmero *sm* cura *f*, diligenza *f*
esnobismo *sm* snobismo *m*
eso *pr* ciò • ***en e.*** in quel momento; ***¡e. es!*** proprio così!
esotérico *a* esoterico
espabilar *vt* smoccolare ◇ svegliare ◆ *vrif* svegliarsi ◇ darsi da fare
espaciar *vt* spaziare ◇ scaglionare ◆ *vrif* dilungarsi
espacio *sm* spazio *m*
espada *sf* spada *f* • ***e. de dos filos*** arma a doppio taglio; ***estar entre la e. y la pared*** stare tra l'incudine e il martello
espadachín *sm* spadaccino *m*
espalda *sf* schiena *f*, dorso *m* ◇ spalle *fpl* ◇ (*di edificio*) retro *m* • ***a espaldas de alguien*** alle spalle di qn; ***por la e.*** alle spalle, a tradimento; ***volver las espaldas*** voltare le spalle
espaldar *sm* schienale *m* ◇ (*di piante*) spalliera *f*
espantadizo *a* pauroso
espantapájaros *sm* spaventapasseri *m*
espantar *vt* impaurire, spaventare ◇ scacciare ◆ *vrif* spaventarsi, impaurirsi
espanto *sm* spavento *m* • ***estar curado de e.*** (*fam*) essere vaccinato
espantoso *a* spaventoso
español *a/sm* spagnolo *m*
esparadrapo *sm* cerotto *m*
esparaván *sm* sparviero *m*
esparcimiento *sm* spargimento *m* ◇ svago *m*
esparcir *vt* spargere ◇ divulgare ◇ distrarre ◆ *vrif* spargersi ◇ divulgarsi ◇ distrarsi
espárrago *sm* asparago *m*
espasmo *sm* spasmo *m*
espátula *sf* spatola *f*
especia *sf* spezia *f*
especialidad *sf* specialità *f*
especialista *a/sm/f* specialista *m/f*
especie *sf* specie *f* • ***pagar en e.*** pagare in natura
especiería *sf* drogheria *f*
especificar *vt* specificare
específico *a* specifico ◆ *sm* specialità *f* farmaceutica, rimedio *m* specifico
espectáculo *sm* spettacolo *m*
espectador *sm* spettatore *m*
espectro *sm* spettro *m*
especulación *sf* speculazione *f*
especular *vi* meditare ◇ speculare
espejismo *sm* miraggio *m*, illusione *f*
espejo *sm* specchio *m*
espeleólogo *sm* speleologo *m*
espeluznante *a* orripilante
espera *sf* attesa *f* ◇ pazienza *f* ◇ dilazione *f* • ***estar a la e.*** stare in attesa
esperanza *sf* speranza *f*

esperanzar *vt* dare speranza
esperar *vt/i/rif* aspettare, attendere ◇ sperare • ***e. en alguien*** confidare in qn
espesar *vt* ispessire ◆ *vrif* ispessirsi
espeso *a* spesso ◇ fitto, folto
espesor *sm* spessore *m*
espesura *sf* spessore *m* ◇ (*di alberi*) folto *m*
espetar *vt* infilzare ◇ sciorinare, spiattellare
espetón *sm* spiedo *m*
espía *sm/f* spia *f*
espiar *vt* spiare
espiga *sf* spiga *f* ◇ codolo *m* ◇ spoletta *f*
espigado *a* spigato ◇ cresciuto, allungato
espigar *vt* spigolare ◆ *vrif* spigare ◇ crescere, allungarsi
espigón *sm* punta *f* ◇ spiga *f* ◇ pannocchia *f* ◇ diga *f*, muraglione *m*
espina *sf* spina *f*
espinaca *sf* spinacio *m*
espinar *vt* pungere ◆ *sm* pruneto *m*, roveto *m* ◇ imbroglio *m*, ginepraio *m*
espinazo *sm* spina *f* dorsale ◇ (*arch*) chiave *f* di volta • ***doblar el e.*** curvare la schiena
espino *sm* pruno *m*, rovo *m*
espinoso *a* spinoso
espionaje *sm* spionaggio *m*
espiral *sf* spirale *f*
espirar *vt/i* espirare
espíritu *sm* spirito *m*
espiritual *a* spirituale
esplendidez *sf* splendore *m*, sfarzo *m* ◇ magnificenza *f*
espléndido *a* splendido ◇ generoso
esplendor *sm* splendore *m*
espliego *sm* lavanda *f*
espolear *vt* speronare ◇ stimolare
espolvorear *vt* spolverare ◇ spargere
esponja *sf* spugna *f*
esponjar *vt* rendere soffice, rendere spugnoso ◆ *vrif* gonfiarsi ◇ ingrassare
esponjoso *a* spugnoso
espontaneidad *sf* spontaneità *f*
espontáneo *a* spontaneo
espora *sf* spora *f*
esporádico *a* sporadico
esportillo *sm* cesto *m*
esposa *sf* sposa *f* ◇ ***al pl*** manette *f pl*
esposo *sm* sposo *m*
espuela *sf* sperone *m* ◇ stimolo *m*
espuma *sf* spuma *f*, schiuma *f* • ***e. de afeitar*** schiuma da barba
espumar *vt* schiumare, togliere la schiuma ◆ *vi* far schiuma
espumoso *a* schiumoso, spumeggiante
espurio *a* spurio
esputo *sm* sputo *m*
esquela *sf* biglietto *m*, avviso *m* ◇ necrologio *m*
esqueleto *sm* scheletro *m*
esquema *sm* schema *m*

esquí *sm* sci *m*
esquiar *vi* sciare
esquila *sf* campanella *f* ◇ tosatura *f*
esquilar *vt* tosare
esquilmar *vt* (*frutti*) raccogliere ◇ (*terreno*) impoverire ◇ (*risorse*) esaurire
esquimal *a/sm/f* eschimese *m/f*
esquina *sf* spigolo *m* ◇ angolo *m*, cantonata *f* • ***doblar la e.*** svoltare l'angolo; ***saque de e.*** calcio d'angolo
esquivar *vt* scansare, schivare, evitare
esquivez *sf* freddezza *f*, ritrosia *f*
esquivo *a* schivo
esquizofrenia *sf* schizofrenia *f*
estabilidad *sf* stabilità *f*
estabilizar *vt* stabilizzare ◆ *vrif* stabilizzarsi
estable *a* stabile
establecer *vt* stabilire, fissare ◇ fondare, istituire ◇ decretare ◆ *vrif* stabilirsi
establecimiento *sm* fondazione *f*, creazione *f* ◇ istituzione *f*, organismo *m* ◇ stabilimento *m*
establo *sm* stalla *f*
estaca *sf* piolo *m*, palo *m* ◇ (*bot*) talea *f*
estacada *sf* staccionata *f*, palizzata *f*
estación *sf* stagione *f* ◇ stazione *f* • ***e. de servicio*** stazione di servizio
estacional *a* stagionale
estacionario *a* stazionario
estada *sf* permanenza *f*
estadio *sm* stadio *m*
estadista *sm/f* statista *m/f* ◇ esperto *m* in statistica
estadística *sf* statistica *f*
estado *sm* stato *m* • ***e. civil*** stato civile; ***e. de ánimo*** stato d'animo; ***e. de sitio*** stato d'assedio
estadounidense *a/sm/f* statunitense *m/f*
estafa *sf* imbroglio *m*, truffa *f*
estafar *vt* imbrogliare
estafeta *sf* ufficio *m* postale ◇ (*mil*) staffetta *f*
estalactita *sf* stalattite *f*
estalagmita *sf* stalagmite *f*
estallar *vi* esplodere, scoppiare
estallido *sm* esplosione *f*, scoppio *m*
estampa *sf* immagine *f*, illustrazione *f*, stampa *f* ◇ impronta *f* ◇ immaginetta *f*, santino *m* ◇ (*fig*) apparenza *f*, aspetto *m* • ***dar a la e.*** dare alle stampe; ***ser la e. de algo*** essere il ritratto di qc
estampado *sm* stampa *f* ◇ tessuto *m* stampato
estampar *vt* stampare ◇ lasciare l'impronta ◇ (*fam*) gettare
estampido *sm* esplosione *f*
estancar *vt* trattenere, arginare ◇ bloccare ◇ (*econ*) monopolizzare ◆ *vrif* ristagnare ◇ fermarsi, arenarsi
estancia *sf* soggiorno *m*, per-

manenza *f* ◇ stanza *f*, sala *f* ◇ (*Am*) fattoria *f*
estanco *a* stagno ◆ *sm* (*econ*) monopolio *m* ◇ tabaccheria *f*
estandardizar *vt* standardizzare
estandarte *sm* stendardo *m*
estanque *sm* serbatoio *m*, cisterna *f* ◇ stagno *m* artificiale
estanquero *sm* tabaccaio *m*
estante *a* fisso, stabile ◆ *sm* scaffale *m*
estantería *sf* scaffalatura *f*
estaño *sm* (*chim*) stagno *m*
estar *vi* essere ◇ stare ◆ *vrif* starsene ● ***e. en Madrid*** essere a Madrid; ***e. bien*** stare bene; ***e. bien/mal de alguna cosa*** avere/non avere a sufficienza qc; ***e. de más*** essere inutile
estatal *a* statale
estatua *sf* statua *f*
estatuir *vt* stabilire
estatura *sf* statura *f*
estatuto *sm* statuto *m*
este (1) *sm* est *m*
este (2) *a/pr* (*pr* **éste**) questo
estela *sf* scia *f* ◇ stele *f*
estenografía *sf* stenografia *f*
estepa *sf* steppa *f*
estera *sf* stuoia *f*
estercolar *vt* concimare
estéreo *a* stereo
estereofonía *sf* stereofonia *f*
estéril *a* sterile
esterilización *sf* sterilizzazione *f*
esterilizar *vt* sterilizzare
esterilla *sf* stuoia *f*
esterlina *sf* sterlina *f*
esternón *sm* sterno *m*
estética *sf* estetica *f*
esteticista *sm/f* estetista *m/f*
estético *a* estetico
estiércol *sm* sterco *m*
estigma *sm* stigma *m* ◇ ***al pl*** stigmate *f pl*
estigmatizar *vt* stigmatizzare
estilar *vi* usare, essere di moda ◆ *vrif* usarsi, essere di moda
estilete *sm* stiletto *m*
estilista *sm/f* stilista *m/f*
estilo *sm* stile *m* ◇ (*bot*) stilo *m*
estilográfica *sf* stilografica *f*, penna *f* stilografica
estima *sf* stima *f*, considerazione *f*
estimación *sf* stima *f*
estimar *vt* stimare ◇ considerare, valutare ◆ *vrif* considerarsi
estimular *vt* stimolare
estímulo *sm* stimolo *m*
estipendio *sm* stipendio *m*
estípite *sm* stipite *m*
estipular *vt* stipulare
estirado *a* borioso, affettato ◇ agghindato ◇ tirato, stiracchiato
estiramiento *sm* stiramento *m*
estirar *vt* tirare, tendere ◇ stirare, lisciare ◆ *vrif* stirarsi, sgranchirsi ◇ crescere
estirón *sm* strappo *m*
estirpe *sf* stirpe *f*
estival *a* estivo

esto *pr* ciò, questo • ***en e.*** allora
estofa *sf* stoffa *f* ◇ qualità *f*
estofado *sm* stufato *m*
estofar *vt* (*cuc*) stufare
estoico *a/sm* stoico *m*
estómago *sm* stomaco *m*
estopa *sf* stoppa *f*
estorbar *vt* ostacolare, impedire ◇ disturbare, molestare
estorbo *sm* ostacolo *m*, impiccio *m* ◇ disturbo *m*
estornudar *vi* starnutire
estornudo *sm* starnuto *m*
estrabismo *sm* strabismo *m*
estrafalario *a* stravagante
estragar *vt* rovinare, guastare, danneggiare ◆ *vrif* rovinarsi
estrago *sm* strage *f*, rovina *f*, distruzione *f*
estrangular *vt* strangolare
estraperlista *sm/f* trafficante *m/f*
estraperlo *sm* mercato *m* nero
estratagema *sm* stratagemma *m*
estratega *sm/f* stratega *m/f*
estrategia *sf* strategia *f*
estrato *sm* strato *m*
estratosfera *sf* stratosfera *f*
estrechar *vt* restringere, ridurre ◇ stringere ◆ *vrif* stringersi • ***estrecharse el cinturón*** tirare la cinghia
estrecho *a/sm* stretto *m*
estrella *sf* stella *f* • ***tener buena/mala e.*** essere fortunato/sfortunato
estrellado *a* stellato • ***huevos estrellados*** uova fritte
estrellar *a* stellare ◆ *vt* (*uova*) friggere ◇ scagliare ◆ *vrif* schiantarsi ◇ fallire
estremecer *vt* scuotere ◇ commuovere ◆ *vrif* rabbrividire ◇ commuoversi
estrenar *vt* inaugurare ◇ (*teat*) rappresentare per la prima volta ◆ *vrif* debuttare
estreno *sm* debutto *m*, inaugurazione *f*
estreñido *a* stitico
estreñimiento *sm* stitichezza *f*
estrépito *sm* strepito *m*
estrepitoso *a* strepitoso
estrés *sm* stress *m*
estría *sf* striatura *f*
estribillo *sm* ritornello *m*
estribo *sm* staffa *f* ◇ predellino *m* ◇ contrafforte *m* • ***perder los estribos*** perdere le staffe
estricto *a* rigoroso
estridente *a* stridente
estro *sm* estro *m*
estrofa *sf* strofa *f*
estropajo *sm* strofinaccio *m*
estropeado *a* guasto, rotto ◇ sciupato
estropear *vt* rovinare, deteriorare ◇ guastare, rompere ◆ *vrif* deteriorarsi, sciuparsi ◇ guastarsi, rompersi
estructura *sf* struttura *f*
estruendo *sm* strepito *m* ◇ confusione *f*
estruendoso *a* fragoroso

estrujar *vt* spremere, strizzare ◇ stringere ◆ *vrif* stringersi
estuario *sm* estuario *m*
estucar *vt* stuccare
estuche *sm* astuccio *m*, involucro *m*, custodia *f*
estuco *sm* stucco *m*
estudiante *sm/f* studente *m*
estudiantil *a* studentesco
estudiar *vt/i* studiare
estudio *sm* studio *m* ◇ monolocale *m*
estufa *sf* stufa *f*
estupefacto *a* stupefatto
estupendo *a* stupendo
estupidez *sf* stupidità *f*
estúpido *a* stupido
estupor *sm* stupore *m*
estupro *sm* stupro *m*
etapa *sf* tappa *f* • ***por etapas*** a tappe
etcétera *sf* eccetera *m*
etéreo *a* etereo
eternidad *sf* eternità *f*
eterno *a* eterno
ética *sf* etica *f*
ético *a* etico
etilómetro *sm* etilometro *m*
etimología *sf* etimologia *f*
etiqueta *sf* etichetta *f* • ***traje de e.*** abito da cerimonia
étnico *a* etnico
etnología *sf* etnologia *f*
eufemismo *sm* eufemismo *m*
eufemístico *a* eufemistico
euforia *sf* euforia *f*
euro *sm* (*unità monetaria*) euro *m*
europeo *a/sm* europeo *m*
éuscaro *a/sm* basco *m*
eutanasia *sf* eutanasia *f*
evacuación *sf* evacuazione *f*
evacuar *vt* evacuare
evadir *vt* evitare, eludere ◆ *vrif* evadere
evangelio *sm* vangelo *m*
evaporación *sf* evaporazione *f*
evaporar *vt* evaporare ◇ dissipare ◆ *vrif* evaporare ◇ sparire
evasión *sf* evasione *f*
evasivo *a* evasivo
evento *sm* evento *m*
eventual *a* eventuale
eventualidad *sf* eventualità *f*
evidencia *sf* evidenza *f*
evidenciar *vt* evidenziare, dimostrare
evidente *a* evidente
evidentemente *avv* evidentemente
evitar *vt* evitare
evocación *sf* evocazione *f*
evocar *vt* evocare
evolución *sf* evoluzione *f*
evolutivo *a* evolutivo
exacerbar *vt* esacerbare
exactitud *sf* esattezza *f*
exacto *a* esatto
exageración *sf* esagerazione *f*
exagerar *vt/i* esagerare
exaltación *sf* esaltazione *f*
exaltar *vt* esaltare, celebrare ◆ *vrif* esaltarsi
examen *sm* esame *m*
examinar *vt* esaminare
exánime *a* esanime

exasperar *vt* esasperare ◆ *vrif* esasperarsi
excarcelación *sf* scarcerazione *f*
excavación *sf* scavo *m*
excavar *vt* scavare
exceder *vt/i* eccedere, superare ◆ *vrif* esagerare
excelente *a* eccellente
excelso *a* eccelso
excéntrico *a* eccentrico
excepción *sf* eccezione *f*
excepcional *a* eccezionale
excepcionalmente *avv* eccezionalmente
excepto *prep* eccetto, tranne
exceptuar *vt* eccettuare
excesivo *a* eccessivo
exceso *sm* eccesso *m*
excitable *a* eccitabile
excitación *sf* eccitazione *f*
excitado *a* eccitato
excitar *vt* eccitare ◆ *vrif* eccitarsi
exclamación *sf* esclamazione *f*
exclamar *vt/i* esclamare
excluir *vt* escludere
exclusión *sf* esclusione *f*
exclusiva *sf* esclusiva *f*
exclusivo *a* esclusivo
excogitar *vt* escogitare
excomulgar *vt* scomunicare
excoriación *sf* escoriazione *f*
excursión *sf* escursione *f*
excursionismo *sm* escursionismo *m*
excusa *sf* scusa *f*
excusar *vt* scusare, perdonare ◆ *vrif* scusarsi
execrable *a* esecrabile
execrar *vt* esecrare
exención *sf* esenzione *f*
exento *a* esente
exequias *sfpl* esequie *fpl*
exfoliante *a/sm* esfoliante *m*
exhalación *sf* esalazione *f*
exhalar *vt* esalare
exhaustivo *a* esaustivo
exhausto *a* esausto
exhibir *vt* esibire, mostrare ◆ *vrif* esibirsi
exhortación *sf* esortazione *f*
exhumar *vt* esumare
exigencia *sf* esigenza *f*
exigir *vt* esigere
exiguo *a* esiguo
exiliado *sm* esiliato *m*
eximir *vt* esimere ◆ *vrif* esimersi
existencia *sf* esistenza *f* ◇ *al pl* merci *fpl* (in magazzino)
existir *vi* esistere
éxito *sm* successo *m*
éxodo *sm* esodo *m*
exonerar *vt* esonerare
exorbitante *a* esorbitante
exordio *sm* esordio *m*
exótico *a* esotico
expandir *vt* espandere ◇ diffondere, estendere
expansión *sf* espansione *f* ◇ svago *m*, ricreazione *f*
expansionarse *vrif* espandersi ◇ sfogarsi, confidarsi ◇ divertirsi, distrarsi

expatriar *vt/rif* espatriare
expectativa *sf* aspettativa *f*
expedición *sf* spedizione *f*
expediente *sm* pratica *f*, incartamento *m* ◇ espediente *m* ◇ dossier *m*, rapporto *m*
expedir *vt* spedire, inviare ◇ sbrigare ◇ (*documenti*) rilasciare
expeditivo *a* sbrigativo
expensas *sf pl* spese *f pl*
experiencia *sf* esperienza *f*
experimental *a* sperimentale
experimentar *vt* sperimentare
experimento *sm* esperimento *m*
experto *a/sm* esperto *m*
expiar *vt* espiare
expirar *vi* spirare
explayar *vt* estendere ◆ *vrif* dilatarsi, estendersi ◇ confidarsi
explicación *sf* spiegazione *f*
explicar *vt* spiegare ◆ *vrif* spiegarsi
explícito *a* esplicito
exploración *sf* esplorazione *f*
explorador *sm* esploratore *m* ◇ (*inform*) browser *m*
explorar *vt* esplorare
explosión *sf* esplosione *f*
explosivo *a/sm* esplosivo *m*
explotación *sf* azienda *f* ◇ sfruttamento *m* • **e. agrícola** azienda agricola
explotar *vt* sfruttare ◆ *vi* esplodere
exponente *sm* esponente *m*
exponer *vt* esporre ◆ *vrif* esporsi
exportación *sf* esportazione *f*
exportar *vt* esportare
exposición *sf* esposizione *f*
exprés *a/sm* espresso *m*
expresar *vt* esprimere ◆ *vrif* esprimersi
expresión *sf* espressione *f*
expresionismo *sm* espressionismo *m*
expresivo *a* espressivo
expreso *a* chiaro, esplicito ◆ *sm* (treno) espresso *m*
exprimidor *sm* spremiagrumi *m*
exprimir *vt* spremere, strizzare
expropiación *sf* espropriazione *f*
expulsar *vt* scacciare, espellere
expurgar *vt* purificare ◇ espurgare
exquisitez *sf* squisitezza *f*
exquisito *a* squisito
éxtasis *sf* estasi *f* ◇ (*droga*) ecstasy *f*
extender *vt* stendere ◇ distendere, stendere ◇ spargere ◇ (*documenti*) stendere ◇ (*assegni*) compilare ◆ *vrif* estendersi ◇ protrarsi, prolungarsi ◇ estendersi, diffondersi
extensión *sf* estensione *f*
extenuativo *a* estenuante
exterior *a* esteriore, esterno ◆ *sm* esterno *m* ◇ aspetto *m*, portamento *m*

exterminar *vt* sterminare
exterminio *sm* sterminio *m*
externo *a* esterno
extinción *sf* estinzione *f*
extinguir *vt* estinguere ◆ *vrif* estinguersi
extinto *a* estinto
extintor *sm* estintore *m*
extirpar *vt* estirpare
extorsión *sf* estorsione *f*
extorsionar *vt* estorcere
extracción *sf* estrazione *f*
extracomunitario *a* extracomunitario
extracto *sm* estratto *m*
extradición *sf* estradizione *f*
extraer *vt* estrarre
extranjerismo *sm* esterofilia *f* ◇ forestierismo *m*
extranjero *a* straniero ◆ *sm* (*persona*) straniero *m* ◇ (*territorio*) estero *m*
extrañar *vt* esiliare ◇ rimpiangere ◇ meravigliare ◆ *vrif* estraniarsi ◇ meravigliarsi, sorprendersi
extrañeza *sf* stranezza *f* ◇ meraviglia *f*
extraño *a* strano ◇ estraneo ◆ *sm* sconosciuto *m*, estraneo *m*
extraordinario *a/sm* straordinario *m*
extraterrestre *a/sm/f* extraterrestre *m/f*
extravagante *a* stravagante
extravertido *a* estroverso
extraviado *a* smarrito ◇ fuori mano, lontano
extraviar *vt* sviare ◇ perdere, smarrire ◆ *vrif* perdersi, smarrirsi
extravío *sm* disguido *m*, smarrimento *m*
extremado *a* eccessivo, estremo
extremar *vt* esagerare, spingere all'estremo ◆ *vrif* impegnarsi
extremidad *sf* estremità *f*
extremista *sm/f* estremista *m/f*
extremo *a* estremo ◆ *sm* estremità *f*, estremo *m* ◇ (*sport*) ala *f*
extrínseco *a* estrinseco
exuberante *a* esuberante
exultar *vi* esultare
eyacular *vi* eiaculare

F

fábrica *sf* fabbrica *f*
fabricación *sf* fabbricazione *f*
fabricar *vt* fabbricare ◇ (*fig*) costruire, edificare
fábula *sf* favola *f* ◇ frottola *f*, finzione *f*
fabuloso *a* favoloso
facción *sf* fazione *f*

facha *sf* aspetto *m*, figura *f*
fachada *sf* facciata *f* ◇ aspetto *m*, presenza *f*
fachoso *a* ridicolo
fácil *a* facile
facilidad *sf* facilità *f*
facilitar *vt* facilitare
facsímil *sm* facsimile *m*
factible *a* fattibile
factor *sm* fattore *m*
factoría *sf* fabbrica *f*
facturar *vt* fatturare
facultad *sf* facoltà *f*
facultativo *a* facoltativo
faena *sf* lavoro *m* manuale
faisán *sm* fagiano *m*
faja *sf* fascia *f* ◇ (*indumento*) guaina *f*
fajar *vt* fasciare ◇ (*Am*) picchiare ◆ *vrif* fasciarsi
falange *sf* falange *f*
falda *sf* gonna *f* ◇ falda *f* ● ***tener en la f.*** tenere in braccio
falla *sf* difetto *m*, pecca *f* ◇ faglia *f*
fallar *vt* decidere ◆ *vi* fallire, mancare ◇ cedere
fallecer *vi* morire, spirare
fallecimiento *sm* morte *f*
fallo *sm* sentenza *f*, verdetto *m* ◇ sbaglio *m* ◇ mancanza *f*
falsear *vt* falsare ◇ falsificare ◆ *vi* cedere, indebolirsi
falsedad *sf* falsità *f*
falsificación *sf* falsificazione *f*
falsificar *vt* falsificare
falso *a* falso ● ***en f.*** a vuoto; ***jurar en f.*** giurare il falso
falta *sf* mancanza *f*, insufficienza *f* ◇ imperfezione *f* ◇ errore *m* ● ***hacer f.*** occorrere; ***sin f.*** puntualmente
faltar *vi* mancare ◇ venir meno a ● ***¡no faltaba más!*** ci mancherebbe altro!
falto *a* privo
fama *sf* fama *f*, reputazione *f* ● ***de mala f.*** malfamato
familia *sf* famiglia *f*
familiar *a/sm* familiare *m*
familiarizar *vt* familiarizzare ◆ *vrif* familiarizzarsi
famoso *a* famoso, celebre
fanal *sm* fanale *m*
fanático *a* fanatico
fanatismo *sm* fanatismo *m*
fango *sm* fango *m*
fantasía *sf* fantasia *f*
fantasma *sm* fantasma *m*
fantástico *a* fantastico
fantoche *sm* fantoccio *m*
faquir *sm* fachiro *m*
faraón *sm* faraone *m*
fardo *sm* fagotto *m*
farfullar *vt/i* farfugliare
farináceo *a* farinoso
faringe *sf* faringe *f*
faringitis *sf* faringite *f*
farmacéutico *a* farmaceutico ◆ *sm* farmacista *m/f*
farmacia *sf* farmacia *f*
faro *sm* faro *m*
farol *sm* lampione *m*, fanale *m* ◇ (*gioco di carte*) bluff *m* ◇ (*fam*) sparata *f*, gradassata *f*
farsa *sf* farsa *f*

fascinación *sf* fascino *m*
fascinador *a* affascinante
fascinar *vt* affascinare
fascismo *sm* fascismo *m*
fase *sf* fase *f*, stadio *m*
fastidiar *vt* infastidire, seccare ◆ *vrif* infastidirsi
fastidio *sm* fastidio *m*, seccatura *f*
fastidioso *a* fastidioso
fatal *a* fatale ◇ improrogabile ◇ (*fam*) cattivo, brutto
fatalidad *sf* fatalità *f*
fatalista *a/sm/f* fatalista *m/f*
fatídico *a* fatidico
fatiga *sf* fatica *f*
fatigar *vt* affaticare ◆ *vrif* affaticarsi
fatigoso *a* faticoso
fauna *sf* fauna *f*
fauno *sm* fauno *m*
favor *sm* favore *m* ● ***de f.*** di favore; ***hágame un f.*** mi faccia un favore; ***por f.*** per favore
favorable *a* favorevole
favorecer *vt* favorire ◆ *vrif* approfittare di
favoritismo *sm* favoritismo *m*
favorito *a/sm* favorito *m*
fax *sm* fax *m* ● ***por f.*** via fax
faz *sf* viso *m* ◇ (*di moneta*) diritto *m*
fe *sf* fede *f* ◇ fiducia *f* ● ***dar fe*** testimoniare, certificare; ***de buena fe*** in buona fede; ***fe de erratas*** errata corrige
fealdad *sf* bruttezza *f*
febrero *sm* febbraio *m*
fecha *sf* data *f* ● ***hasta la f.*** fino a oggi
fechar *vt* datare
fechoría *sf* misfatto *m*, malefatta *f*
fécula *sf* fecola *f*
fecundación *sf* fecondazione *f*
fecundar *vt* fecondare
fecundidad *sf* fecondità *f*
fecundo *a* fecondo
federación *sf* federazione *f*
felicidad *sf* felicità *f* ● ***¡felicidades!*** auguri!
felicitación *sf* felicitazione *f*, congratulazione *f*
felicitar *vt/rif* congratularsi
felino *a/sm* felino *m*
feliz *a* felice ● ***¡f. Navidad!*** buon Natale!
felpa *sf* (*tessuto*) felpa *f*
felpudo *sm* zerbino *m*
femenino *a/sm* femminile *m*
fémur *sm* femore *m*
fénix *sm* fenice *f*
fenomenal *a* fenomenale, straordinario
fenómeno *sm* fenomeno *m*
feo *a* brutto ◆ *sm* sgarbo *m* ● ***oler f.*** esserci cattivo odore
féretro *sm* feretro *m*
feria *sf* fiera *f*, sagra *f*
feriado *a* festivo
ferial *a* feriale
fermentar *vi* fermentare
fermento *sm* fermento *m*
ferocidad *sf* ferocia *f*
feroz *a* feroce ◇ crudele
férreo *a* ferreo

ferretería *sf* ferramenta *f*
ferrocarril *sm* ferrovia *f*
ferroviario *a* ferroviario ◆ *sm* ferroviere *m*
fértil *a* fertile
fertilidad *sf* fertilità *f*
fertilizar *vt* fertilizzare
fervor *sm* fervore *m* ◇ entusiasmo *m*, ardore *m*
fervoroso *a* fervente, ardente
festejar *vt* festeggiare, celebrare ◇ corteggiare
festejo *sm* festeggiamento *m*
festín *sm* festino *m*
festival *sm* festival *m*
festividad *sf* festività *f*
festivo *a* festivo
fetichismo *sm* feticismo *m*
feudal *a* feudale
feudalismo *sm* feudalesimo *m*
feudo *sm* feudo *m*
fiable *a* affidabile
fiado *a* affidato ● ***al f.*** a credito
fiador *sm* garante *m/f* ◇ sicura *f*
fiambre *a* (*di cibo*) freddo ◆ *sm* insaccato *m*, salume *m*
fianza *sf* garanzia *f* ◇ cauzione *f*
fiar *vt* garantire ◇ vendere a credito ◆ *vi* fidare, confidare ◇ fare credito ◆ *vrif* fidarsi
fibra *sf* fibra *f* ● ***f. óptica*** fibra ottica; ***f. de vidrio*** fibra di vetro
ficción *sf* finzione *f*
ficha *sf* gettone *m* ◇ scheda *f*
fichar *vt* schedare
fichero *sm* schedario *m* ◇ (*inform*) file *m*
ficticio *a* fittizio
fidelidad *sf* fedeltà *f* ● ***alta f.*** alta fedeltà
fiebre *sf* febbre *f* ● ***f. del heno*** febbre da fieno
fiel *a* fedele ◆ *sm* fedele *m/f* ◇ (*di bilancia*) indice *m*
fieltro *sm* feltro *m*
fiera *sf* fiera *f*, belva *f* ● ***estar echo una f.*** essere furioso
fiero *a* fiero, selvaggio
fierro *sm* (*Am*) ferro *m*
fiesta *sf* festa *f* ◇ divertimento *m* ● ***aguar la f.*** guastare la festa; ***estar de f.*** essere allegro; ***no estar para fiestas*** non aver voglia di scherzare
figura *sf* figura *f*
figurar *vt* rappresentare ◇ (*teat*) impersonare ◆ *vi* figurare, essere incluso ◇ essere influente ◆ *vrif* figurarsi, immaginare
figurativo *a* figurativo
fijar *vt* fissare ◇ affiggere, attaccare ◇ determinare ◆ *vrif* fissarsi ◇ fare attenzione ● ***f. la mirada*** fissare lo sguardo; ***f. una cita*** fissare un appuntamento; ***¡fíjate!*** fai attenzione!, guarda!
fijo *a* fisso ◇ fermo, stabile ● ***de f.*** sicuramente
fila *sf* fila *f* ● ***f. india*** fila indiana
filete *sm* (*cuc*) filetto *m*
filial *a/sf* filiale *f*
filigrana *sf* filigrana *f*
filmar *vt* filmare
filmoteca *sf* cineteca *f*
filo *sm* filo *m*, taglio *m* ◇ cima *f*

• *al f. de la medianoche* quasi a mezzanotte; *arma de dos filos* arma a doppio taglio
filología *sf* filologia *f*
filón *sm* filone *m*
filosofía *sf* filosofia *f*
filosófico *a* filosofico
filósofo *sm* filosofo *m*
filtrar *vt/i* filtrare ◆ *vrif* filtrare ◇ (*fig*) diffondersi, divulgarsi
filtro *sm* filtro *m*
fin *sm* fine *f* ◇ fine *m*, scopo *m* • *a f. de* allo scopo di; *al f. y al cabo* in fin dei conti; *dar f.* finire; *en f.* insomma; *f. de semana* fine settimana
final *a* finale ◆ *sm* finale *m*, fine *f* ◆ *sf* (*sport*) finale *f*
finalidad *sf* finalità *f*
finalista *a/sm/f* finalista *m/f*
finalizar *vt/i* terminare, finire
finalmente *avv* finalmente, infine
financiación *sf* finanziamento *m*
financiar *vt* finanziare
financiero *a* finanziario
finanzas *sfpl* finanze *fpl*
finca *sf* proprietà *f* (immobiliare)
fineza *sf* finezza *f* ◇ gentilezza *f*
fingir *vt/i* fingere, simulare
finiquito *sm* quietanza *f*, saldo *m*
fino *a* fine, sottile ◇ fine, raffinato ◇ fine, acuto
finura *sf* finezza *f*
fiordo *sm* fiordo *m*
firma *sf* firma *f* ◇ ditta *f*, impresa *f* • *poner una f.* apporre una firma
firmamento *sm* firmamento *m*
firmar *vt/i* firmare
firme *a* fermo, fisso, stabile ◆ *sm* massicciata *f* ◆ *avv* con fermezza • *de f.* duramente; *¡firmes!* (*mil*) attenti!
firmeza *sf* fermezza *f*
fiscal *a* fiscale
fisco *sm* fisco *m*
física *sf* fisica *f*
físico *a/sm* fisico *m*
fisiológico *a* fisiologico
fisioterapeuta *sm/f* fisioterapista *m/f*
fisioterapia *sf* fisioterapia *f*
fisonomía *sf* fisionomia *f*
fisonomista *sm/f* fisionomista *m/f*
fisura *sf* fessura *f* ◇ frattura *f*
flaco *a* magro ◇ scarso, debole
flagelar *vt* flagellare
flagelo *sm* flagello *m*
flagrante *a* flagrante
flamante *a* fiammante
flamenco *a* fiammingo ◇ (*fam*) sano, robusto ◇ (*fam*) arrogante, insolente ◆ *sm* flamenco *m* ◇ fiammingo *m*
flanco *sm* fianco *m*
flanquear *vt* fiancheggiare
flaquear *vi* cedere, affievolirsi
flaquera *sf* fiacca *f*
flaqueza *sf* magrezza *f* ◇ debolezza *f*
flauta *sf* flauto *m*

flecha *sf* freccia *f*
flechar *vt* scoccare la freccia ◇ colpire con una freccia
flema *sf* muco *m* ◇ (*fig*) flemma *f*
flemático *a* flemmatico
flequillo *sm* frangia *f*
fletador *sm* noleggiatore *m*
fletamento *sm* noleggio *m*
fletar *vt* noleggiare ◇ (*Am*) cacciare via
flete *sm* noleggio *m* ◇ (*naut*) carico *m*
flexible *a* flessibile
flexión *sf* flessione *f*
flojedad *sf* debolezza *f*, fiacca *f*
flojo *a* allentato, lento ◇ debole, fiacco ◇ (*spreg*) pigro
floppy disk *sm* (*inform*) floppy disk *m*
flor *sf* fiore *m* • ***la f. y nata*** il fior fiore; ***flores de Bach*** fiori di Bach; ***echar flores*** far complimenti
flora *sf* flora *f*
floración *sf* fioritura *f*
floral *a* floreale
florecer *vi* fiorire
floreciente *a* fiorente ◇ florido
florero *sm* vaso *m* da fiori
floresta *sf* foresta *f*
floricultura *sf* floricoltura *f*
florido *a* fiorito
florín *sm* fiorino *m*
florista *sm/f* fioraio *m*
floristería *sf* negozio *m* di fiori, fiorista *m*
flota *sf* flotta *f*
flotación *sf* galleggiamento *m*
flotar *vi* galleggiare ◇ sventolare, ondeggiare
flote *sm* galleggiamento *m* • ***a f.*** a galla
fluctuación *sf* fluttuazione *f*
fluctuar *vi* fluttuare
fluidez *sf* fluidità *f*
fluido *a/sm* fluido *m*
fluir *vi* fluire, scorrere
flujo *sm* flusso *m*
flúor *sm* fluoro *m*
fluorescente *a* fluorescente
fluvial *a* fluviale
fobia *sf* fobia *f*
foca *sf* foca *f*
foco *sm* riflettore *m* ◇ (*geom*) fuoco *m*
fogón *sm* focolare *m*
fogonero *sm* fuochista *m*
fogosidad *sf* focosità *f*
fogoso *a* focoso
folclore *sm* folclore *m*
folclórico *a* folcloristico
follaje *sm* fogliame *m*
folletín *sm* inserto *m* ◇ (*romanzo*) feuilleton *m*
folleto *sm* opuscolo *m*
fomentar *vt* promuovere, stimolare
fomento *sm* stimolo *m* ◇ (*med*) fomento *m*
fonda *sf* locanda *f*, pensione *f*
fondeadero *sm* ancoraggio *m*, ormeggio *m*
fondear *vt* ancorare, ormeggiare ◆ *vi* (*naut*) dare fondo

fondo *sm* fondo *m* ◇ (*arte*) sfondo *m* ◇ *al pl* fondi *m pl* ◇ profondità *f*
fonético *a* fonetico
fontanero *sm* idraulico *m*
footing *sm* footing *m* • ***hacer f.*** fare footing
forajido *a* fuorilegge
forastero *a/sm* forestiero *m*
forcejear *vi* far forza, sforzarsi ◇ resistere, opporsi
forense *a* forense
forestal *a* forestale
forja *sf* fucina *f*
forjar *vt* forgiare ◇ (*fig*) inventare ◆ *vrif* (*fig*) inventarsi, immaginarsi • ***f. embustes*** inventare fandonie; ***f. una fortuna*** mettere insieme una fortuna
forma *sf* forma *f* ◇ stampo *m* ◇ (*di libro*) formato *m* ◇ modo *m* • ***de f. que*** in modo che; ***estar en f.*** essere in forma
formación *sf* formazione *f*
formal *a* formale ◇ serio, onesto
formalidad *sf* formalità *f*
formalismo *sm* formalismo *m*
formalizar *vt* formalizzare ◆ *vrif* formalizzarsi
formar *vt* formare ◆ *vrif* formarsi
formatear *vt* (*inform*) formattare
formidable *a* formidabile
fórmula *sf* formula *f*
formulario *sm* formulario *m*
fornido *a* robusto
foro *sm* foro *m*
forraje *sm* foraggio *m*
forrar *vt* foderare ◇ ricoprire ◆ *vrif* far fortuna
forro *sm* fodera *f* ◇ (*di libro*) copertina *f*
fortalecer *vt* rinforzare ◆ *vrif* rinforzarsi
fortaleza *sf* forza *f*, resistenza *f* ◇ fortezza *f*, fortificazione *f*
fortificación *sf* fortificazione *f*
fortificar *vt* fortificare ◇ rinforzare ◆ *vrif* rafforzarsi
fortín *sm* fortino *m*
fortuito *a* fortuito
fortuna *sf* fortuna *f* • ***probar f.*** tentare la fortuna
forzadamente *avv* forzatamente
forzado *a* forzato ◆ *sm* forzato *m*
forzar *vt* forzare ◇ costringere ◇ violentare
forzoso *a* forzoso, forzato
forzudo *a* robusto, forte
fosa *sf* fossa *f*, fosso *m*
fosforescente *a* fosforescente
fósforo *sm* fosforo *m* ◇ fiammifero *m*
fósil *a/sm* fossile *m*
foso *sm* fosso *m*, fossato *m*
foto *sf* foto *f*
fotocélula *sf* fotocellula *f*
fotocopia *sf* fotocopia *f*
fotocopiar *vt* fotocopiare
fotogénico *a* fotogenico
fotografía *sf* fotografia *f*
fotografiar *vt* fotografare

fotográfico *a* fotografico
fotógrafo *sm* fotografo *m*
fotomodelo *sm/f* fotomodello *m*, fotomodella *f*
frac *sm* frac *m*
fracasar *vi* fallire, fare fiasco
fracaso *sm* fallimento *m*, insuccesso *m*
fracción *sf* frazione *f*
fraccionar *vt* frazionare
fractura *sf* frattura *f*
fragancia *sf* fragranza *f*
frágil *a* fragile
fragilidad *sf* fragilità *f*
fragmento *sm* frammento *m*
fragor *sm* fragore *m*
fraguar *vt* (*met*) forgiare ◇ ideare ◆ *vrif* (*di cemento*) indurirsi, fare presa
fraile *sm* frate *m*
frambuesa *sf* lampone *m*
francamente *avv* francamente
francés *a/sm* francese *m/f*
franco *a* franco, libero ◇ aperto ◆ *sm* franco *m*
franela *sf* flanella *f*
franja *sf* fascia *f*, banda *f*
franquear *vt* liberare, sgombrare ◇ attraversare, passare ◇ affrancare ◆ *vrif* confidarsi, aprirsi
franqueo *sm* affrancatura *f*
franqueza *sf* franchezza *f*
franquicia *sf* franchigia *f*
frasco *sm* flacone *m*
frase *sf* frase *f*
fraseología *sf* fraseologia *f*
fraseológico *a* fraseologico
fraternal *a* fraterno
fraternizar *vi* fraternizzare
fraude *sm* frode *f*
fraudulento *a* fraudolento
fray *sm* (*prima del nome*) fra *m*
frazada *sf* coperta *f*
frecuencia *sf* frequenza *f*
frecuentar *vt* frequentare
frecuente *a* frequente
frecuentemente *avv* frequentemente
fregar *vt* sfregare, strofinare, pulire ◇ (*Am*) infastidire
fregona *sf* spazzolone *m* ◇ (*spreg*) sguattera *f*
freír *vt* friggere ◇ (*fam*) irritare ◆ *vrif* friggere, friggersi
fréjol *sm* fagiolo *m*
frenar *vt* frenare ◆ *vrif* frenarsi
frenazo *sm* frenata *f*
frenesí *sm* frenesia *f*
frenético *a* frenetico
freno *sm* freno *m* • ***f. de disco/de mano*** freno a disco/a mano
frente *sf* fronte *f* ◆ *sm* fronte *m*, facciata *f* ◇ (*mil*) fronte *m*
fresa *sf* fragola *f* ◇ fresa *f*
fresco *a* fresco ◇ (*spreg*) sfacciato, sfrontato ◆ *sm* fresco *m* ◇ affresco *m*
frescura *sf* freschezza *f* ◇ sfacciataggine *f*
fresno *sm* frassino *m*
friable *a* friabile
frialdad *sf* freddezza *f*
fricción *sf* frizione *f*
frigidez *sf* frigidità *f*
frigorífico *a/sm* frigorifero *m*

frío *a/sm* freddo *m*
friolera *sf* sciocchezza *f* • ***costar la f. de...*** costare la bellezza di...
frisar *vt* arricciare ◆ *vi* avvicinarsi, toccare
friso *sm* fregio *m*
frito *a/sm* fritto *m*
fritura *sf* frittura *f*
frívolo *a* frivolo
frondoso *a* frondoso
frontal *a* frontale
frontera *sf* frontiera *f*
frontispicio *sm* frontespizio *m*
frontón *sm* frontone *m*
frotar *vt* sfregare, strofinare ◆ *vrif* sfregarsi
frote *sm* sfregamento *m*
fructífero *a* fruttifero
fructificar *vi* fruttificare ◇ fruttare
fructuoso *a* fruttuoso
frugal *a* frugale
fruición *sf* fruizione *f*
fruncir *vt* corrugare ◆ *vrif* corrugarsi • ***f. el ceño*** accigliarsi
fruslería *sf* inezia *f*, sciocchezza *f*
frustración *sf* frustrazione *f*
frustrar *vt* frustrare
fruta *sf* frutta *f* • ***ensalada de f.*** macedonia
frutero *sm* fruttivendolo *m* ◇ fruttiera *f*
fruto *sm* frutto *m* • ***frutos secos*** frutta secca
fuego *sm* fuoco *m* ◇ incendio *m* ◇ ardore *m* • ***fuegos artificiales*** fuochi artificiali; ***hacer f.*** far fuoco, sparare; ***pegar f.*** dare fuoco
fuente *sf* fonte *f* ◇ fontana *f* ◇ fonte *m* (battesimale) ◇ piatto *m* da portata
fuera *avv* fuori • ***estar f. de sí*** essere fuori di sé; ***f. de*** fuorché, oltre che
fuero *sm* privilegio *m* ◇ giurisdizione *f*
fuerte *a* forte ◆ *sm* forte *m* ◆ *avv* forte, fortemente
fuerza *sf* forza *f* • ***a la f., por f.*** per forza; ***por la f.*** con la violenza
fuga *sf* fuga *f*
fugarse *vrif* fuggire
fugaz *a* fugace
fugitivo *a* fuggitivo ◇ fugace ◆ *sm* fuggiasco *m*
fulano *sm* tizio *m*
fulcro *sm* fulcro *m*
fúlgido *a* fulgido
fulgor *sm* fulgore *m*
fulguración *sf* folgorazione *f*
fulgurar *vi* sfolgorare
fulminante *a* fulminante
fulminar *vt* fulminare
fulmíneo *a* fulmineo
fumador *sm* fumatore *m*
fumar *vt/i* fumare ◆ *vrif* (*fam*) sperperare
fumigar *vt* fumigare, disinfestare
fumoso *a* fumoso
función *sf* funzione *f*
funcional *a* funzionale

funcionalidad *sf* funzionalità *f*
funcionalismo *sm* funzionalismo *m*
funcionamiento *sm* funzionamento *m*
funcionar *vi* funzionare
funcionario *sm* funzionario *m*
funda *sf* fodera *f*, custodia *f* • *f. de almohada* federa
fundación *sf* fondazione *f*
fundador *a/sm* fondatore *m*
fundamental *a* fondamentale
fundamentar *vt* fondare
fundamento *sm* fondamento *m*
fundar *vt* fondare ◆ *vrif* fondarsi
fundente *a* fondente
fundición *sf* fusione *f* ◇ fonderia *f*
fundir *vt* fondere ◆ *vrif* fondersi ◇ (*di lampadina*) bruciarsi • *fundirse una bombilla* bruciarsi una lampadina
fúnebre *a* funebre
funeral *sm* funerale *m*
funerario *a* funerario
funesto *a* funesto
funicular *sm* funicolare *f*
furgón *sm* furgone *m*
furia *sf* furia *f*
furibundo *a* furibondo
furioso *a* furioso
furor *sm* furore *m* ◇ successo *m* • *hacer f.* far furore
furtivo *a* furtivo
fuseau *sm* (*pantaloni*) fuseaux *m pl*
fuselaje *sm* fusoliera *f*
fusible *a/sm* fusibile *m*
fusil *sm* fucile *m*
fusilar *vt* fucilare
fusión *sf* fusione *f*
fusionar *vt* unire, fondere ◆ *vrif* fondersi
fustán *sm* fustagno *m*
fuste *sm* (*bot*) fusto *m* ◇ (*di sella*) arcione *m* ◇ (*fig*) fondamento *m*, sostanza *f*
fustigar *vt* fustigare
fútbol *sm* (*sport*) calcio *m*
futbolista *sm/f* calciatore *m*
fútil *a* futile
futilidad *sf* futilità *f*
futurismo *sm* futurismo *m*
futuro *a/sm* futuro *m*

G

gabán *sm* cappotto *m*
gabardina *sf* impermeabile *m*
gabinete *sm* gabinetto *m* • *g. de lectura* sala di lettura
gaceta *sf* gazzetta *f*
gacetilla *sf* cronaca *f*
gacha *sf* poltiglia *f*
gafa *sf* gancio *m*, uncino *m* ◇ *al pl* occhiali *m pl* • *gafas de sol* occhiali da sole

gaita *sf* (*mus*) zampogna *f*, cornamusa *f* ◇ (*fam*) cosa *f* noiosa • ***templar gaitas*** calmare, rabbonire

gaitero *sm* zampognaro *m*

gaje *sm* compenso *m*, emolumento *m*

gajo *sm* spicchio *m* ◇ grappoletto *m* ◇ ramo *m* ◇ rebbio *m*

gala *sf* ***al pl*** abito *m* di gala ◇ galà *m* • ***hacer g. de algo*** vantarsi di qc

galán *sm* corteggiatore *m* ◇ uomo *m* elegante ◇ (*teat*) amoroso *m*

galante *a* galante

galantear *vt* corteggiare

galantería *sf* galanteria *f*

galápago *sm* testuggine *f*

galardón *sm* premio *m*

galardonar *vt* premiare

galaxia *sf* galassia *f*

galeón *sm* galeone *m*

galeote *sm* galeotto *m*

galeoto *sm* ruffiano *m*

galera *sf* (*naut*) galea *f* ◇ ***al pl*** (*stor*) galera *f*

galería *sf* galleria *f*

galgo *sm* levriero *m*

galicismo *sm* gallicismo *m*

galimatías *sm* linguaggio *m* incomprensibile

gallardía *sf* leggiadria *f*, eleganza *f* ◇ coraggio *m*

gallardo *a* leggiadro ◇ coraggioso

gallego *a/sm* galiziano *m* ◇ (*Am*, *spreg*) spagnolo *m*

galleta *sf* biscotto *m* ◇ galletta *f* ◇ schiaffo *m*

gallina *sf* gallina *f* • ***carne de g.*** pelle d'oca; ***g. ciega*** mosca cieca

gallinería *sf* polleria *f*

gallinero *sm* pollaio *m* ◇ (*teat*) loggione *m*

gallo *sm* gallo *m* ◇ (*fam*) (*uomo*) galletto *m* ◇ (*fam*) (*cantando*) stecca *f* ♦ *a* aggressivo • ***alzar/bajar el g.*** alzare/abbassare la cresta; ***en menos que canta un g.*** in men che non si dica

galopar *vi* galoppare

gamba *sf* gambero *m*

gamberro *sm* teppista *m/f*

gamo *sm* daino *m*

gamuza *sf* camoscio *m* ◇ pelle *f* scamosciata

gana *sf* voglia *f*, desiderio *m* ◇ appetito *m* • ***comer con ganas*** mangiare con appetito; ***de buena g.*** volentieri; ***de mala g.*** controvoglia, malvolentieri; ***tener ganas a alguien*** sentire antipatia per qn; ***tener ganas de*** aver voglia di

ganadería *sf* bestiame *m* ◇ allevamento *m*

ganado *sm* bestiame *m* • ***g. cavallar*** bestiame equino; ***g. vacuno*** bestiame bovino

ganador *sm* vincitore *m*

ganancia *sf* guadagno *m*, profitto *m*

ganar *vt* guadagnare ◇ vincere

◆ *vrif* guadagnare ◇ conciliarsi, attirarsi
ganchillo *sm* uncinetto *m*
gancho *sm* gancio *m*, uncino *m*
gandulear *vi* gingillarsi, oziare, bighellonare
ganga *sf* affare *m*, occasione *f*
gangrena *sf* gangrena *f*
gansada *sf* stupidaggine *f*
ganso *sm* oca *f*
gañido *sm* guaito *m*
ganzúa *sf* grimaldello *m* ◇ (*fam*) ladro *m*
garabatear *vt/i* scarabocchiare
garabato *sm* gancio *m* ◇ scarabocchio *m*
garaje *sm* garage *m*
garante *a/sm/f* garante *m/f*
garantía *sf* garanzia *f*
garantizar *vt* garantire
garapiñado *a* caramellato
garbanzo *sm* cece *m*
garbo *sm* garbo *m*
garboso *a* garbato
gardenia *sf* gardenia *f*
garfio *sm* gancio *m*
garganta *sf* gola *f*
gargantilla *sf* collana *f*
gárgola *sf* gronda *f*
garita *sf* garitta *f* ◇ guardiola *f*
garra *sf* artiglio *m* ● ***caer en las garras de uno*** cadere nelle grinfie di qualcuno
garrafa *sf* caraffa *f* ◇ (*Am*) bombola *f* (del gas)
garrido *a* gradevole, elegante
garrote *sm* randello *m* ◇ garrotta *f*
garrulería *sf* parlantina *f* ◇ chiacchiere *f pl*
gárrulo *a* chiacchierone
garza *sf* airone *m*
gas *sm* gas *m*
gasa *sf* garza *f*
gaseoso *a* gassoso
gasóleo *sm* gasolio *m*
gasolina *sf* benzina *f* ● ***g. sin plomo*** benzina senza piombo; ***g. verde*** benzina verde
gasolinera *sf* distributore *m* di benzina
gastado *a* logoro, consumato
gastador *a* spendaccione ◆ *sm* guastatore *m*
gastar *vt* consumare ◇ spendere ◇ rovinare, sciupare, logorare ◆ *vrif* consumarsi ● ***gastarlas*** comportarsi
gasto *sm* consumo *m* ◇ spesa *f* ● ***gastos de representación*** spese di rappresentanza
gastritis *sf* gastrite *f*
gastrointestinal *a* gastrointestinale
gastronómico *a* gastronomico
gatear *vi* andare gattoni
gatillo *sm* (*di arma*) grilletto *m*
gato *sm* gatto *m* ◇ cric *m* ◇ (*fam*) ladro *m*
gaveta *sf* cassetto *m*
gavilán *sm* sparviero *m*
gavilla *sf* fascina *f*, covone *m*
gaviota *sf* gabbiano *m*
gazapera *sf* tana *f*
gazapo *sm* coniglietto *m* ◇

(*fam*) errore *m*, lapsus *m* ◇ (*inform*) bug *m*
gaznate *sm* gola *m*
gel *sm* gel *m* • ***g. de baño*** bagnoschiuma; ***g. de ducha*** docciaschiuma
gelatina *sf* gelatina *f*
gelatinoso *a* gelatinoso
gélido *a* gelido
gema *sf* gemma *f*
gemelo *a* gemello ◆ *sm* gemello *m* ◇ *al pl* binocolo *m*
gemido *sm* gemito *m*
gemir *vi* gemere
generación *sf* generazione *f*
generacional *a* generazionale
generador *sm* generatore *m*
general *a/sm* generale *m* • ***en g.*** in generale; ***por lo g.*** generalmente
generalidad *sf* generalità *f*
generalización *sf* generalizzazione *f*
generalizar *vt* generalizzare ◆ *vrif* generalizzarsi
generalmente *avv* generalmente
generar *vt* generare
genérico *a* generico
género *sm* genere *m* • ***g. chico*** commedia in un atto
generosidad *sf* generosità *f*
generoso *a* generoso ◇ abbondante
génesis *sm* genesi *f*
genético *a* genetico
genial *a* geniale
genialidad *sf* genialità *f*
genio *sm* genio *m* ◇ indole *f*, carattere *m* • ***mal g.*** malumore; ***tener mal g.*** essere irascibile
genital *a* genitale ◆ *sm al pl* genitali *m pl*
genitor *sm* genitore *m*
gente *sf* gente *f* • ***g. de bien*** gente per bene
gentil *a* gentile
gentileza *sf* gentilezza *f*
gentío *sm* folla *f*, ressa *f*
genuflexión *sf* genuflessione *f*
genuino *a* genuino
geografía *sf* geografia *f*
geográfico *a* geografico
geógrafo *sm* geografo *m*
geología *sf* geologia *f*
geometría *sf* geometria *f*
geométrico *a* geometrico
geranio *sm* geranio *m*
gerencia *sf* gerenza *f*, amministrazione *f*
gerente *sm/f* amministratore *m*
germánico *a/sm* germanico *m*
germen *sm* germe *m*
germinar *vi* germinare, germogliare
gesta *sf* gesta *f pl*
gestación *sf* gestazione *f*
gesticulación *sf* gesticolazione *f*
gestión *sf* gestione *f* • ***hacer gestiones*** fare pratiche
gestionar *vt* fare pratiche (per ottenere qc)
gesto *sm* gesto *m* ◇ espressione *f*
gestor *sm* gestore *m*

gigante *a/sm* gigante *m*
gigantesco *a* gigantesco
gimnasia *sf* ginnastica *f*
gimnasio *sm* palestra *f*
gimnástico *a* ginnastico
gira *sf* gita *f*, escursione *f* ◇ (*teat*) tournée *f*
girar *vi* girare ◆ *vt* girare ◇ (*assegni, tratte*) emettere
girasol *sm* girasole *m*
giro *sm* giro *m* ● ***g. postal*** vaglia postale
gitano *a/sm* gitano *m*
glacial *a* glaciale
glaciar *a* glaciale ◆ *sm* ghiacciaio *m*
glándula *sf* ghiandola *f*
glicerina *sf* glicerina *f*
glicina *sf* glicine *m*
global *a* globale
globalización *sm* globalizzazione *f*
globo *sm* globo *m*, sfera *f* ◇ pallone *m*, mongolfiera *f*
glóbulo *sm* globulo *m*
gloria *sf* gloria *f*
gloriarse *vrif* gloriarsi
glorieta *sf* piazzetta *f* ◇ chiosco *m*, gazebo *m*
glorificar *vt* glorificare
glorioso *a* glorioso ◇ (*fam*) stupendo
glosario *sm* glossario *m*
glotología *sf* glottologia *f*
glotón *a/sm* ghiottone *m*
glotonería *sf* golosità *f*
glucemia *sf* glicemia *f*
glucosa *sf* glucosio *m*
glúteo *sm* gluteo *m*
gobernación *sf* governo *m*
gobernador *sm* governatore *m*
gobernar *vt* governare
gobierno *sm* governo *m*
goce *sm* godimento *m*, piacere *m*
gol *sm* gol *m*
gola *sf* gola *f*
goleta *sf* goletta *f*
golf *sm* (*sport*) golf *m*
golfa *sf* prostituta *f*
golfo *sm* golfo *m* ◇ furfante *m*
gollete *sm* (*di bottiglia*) collo *m* ◇ (*anat*) gola *f*
golondrina *sf* rondine *f*
golosina *sf* leccornia *f*, golosità *f*
goloso *a/sm* goloso *m*
golpe *sm* colpo *m*, urto *m* ◇ (*fig*) colpo *m*, disgrazia *f* ◇ colpo *m*, rapina *f* ● ***de g.*** d'improvviso; ***g. de Estado*** colpo di stato; ***g. de suerte*** colpo di fortuna
golpear *vt/i* colpire
golpetear *vt/i* picchiettare, battere
goma *sf* gomma *f* ● ***g. de borrar*** gomma per cancellare; ***g. de pegar*** colla
góndola *sf* gondola *f*
gordo *a* grosso ◇ grasso ◇ importante ◆ *sm* grasso *m*
gorgoteo *sm* gorgoglio *m*
gorila *sm* gorilla *m*
gorjear *vi* gorgheggiare
gorra *sf* berretto *m* ◆ *sm* scroccone *m* ● ***de g.*** gratis

gorrión *sm* passero *m*
gorro *sm* berretto *m*
gorrón *sm* scroccone *m* ◇ (*mecc*) perno *m*
gota *sf* goccia *f*
gotear *vi* gocciolare, sgocciolare
gotera *sf* grondaia *f*
gótico *a/sm* gotico *m*
gozar *vt/i* godere
gozo *sm* piacere *m*, gioia *f*
gozoso *a* allegro, felice
grabación *sf* registrazione *f*, incisione *f*
grabado *a* inciso ◆ *sm* incisione *f*
grabadora *sf* registratore *m*
grabar *vt* incidere ◇ registrare ◇ imprimere ◆ *vrif* incidersi ● *g. en la memoria* imprimere nella memoria
gracejo *sm* grazia *f*
gracia *sf* (*relig*) grazia *f* ◇ garbo *m*, simpatia *f* ◇ favore *m*, gentilezza *f* ◇ *al pl* ringraziamento *m* ● *dar las gracias* ringraziare; *eso me hace g.* questa è bella! *¡gracias!* grazie!
grácil *a* gracile
gracioso *a* spiritoso, arguto ◇ simpatico, piacevole ◆ *sm* (*teat*) attore *m* comico
grada *sf* gradino *m* ◇ gradinata *f*
gradación *sf* gradazione *f*
gradería *sf* gradinata *f*
grado *sm* grado *m*
graduación *sf* grado *m* ◇ gradazione *f* ◇ esame *m* di laurea
graduado *a* graduato ◆ *sm* laureato *m*
gradual *a* graduale
graduar *vt* graduare ◆ *vrif* laurearsi
grafía *sf* grafia *f*
gráfica *sf* grafica *f*
gráfico *a/sm* grafico *m*
grafito *sm* grafite *f* ◇ graffito *m*
gragea *sf* pastiglia *f*
gramática *sf* grammatica *f* ● *g. parda* scaltrezza
gramo *sm* grammo *m*
gran → **grande**
grana *sf* (*bot*) granitura *f* ◇ cocciniglia *f* ◇ tessuto *m* rosso
granada *sf* melagrana *f*
granado *a* notevole, illustre ◇ maturo ◆ *sm* melograno *m*
grande *a* grande ◇ (*Am*) anziano ◆ *sm* grande *m* ● *a lo g.* alla grande
grandeza *sf* grandezza *f*
grandioso *a* grandioso
grandor *sm* grandezza *f*
granel, a *loc.avv* sfuso ◇ in abbondanza
granero *sm* granaio *m*
granito *sm* granito *m*
granizada *sf* grandinata *f*
granizar *vimp* grandinare
granizo *sm* grandine *f*
granja *sf* cascina *f*, fattoria *f* ◇ latteria *f*
granjear *vt* ottenere, consegui-

re ◆ *vrif* cattivarsi, guadagnarsi
grano *sm* grano *m*, chicco *m* ◇ granello *m* ◇ (*fot*) grana *f* • ***g. de uva*** acino d'uva; ***vamos al g.*** veniamo al dunque
granoso *a* granuloso
granuja *sf* uva *f* sgranata ◇ vinacciolo *m* ◆ *sm/f* mascalzone *m*, monello *m*
granuloso *a* granuloso
grapa *sf* graffa *f* ◇ graffetta *f*
grasa *sf* grasso *m*
grasiento *a* untuoso
gratificar *vt* ricompensare ◇ gratificare
gratis *avv* gratis, gratuitamente
gratitud *sf* gratitudine *f*
grato *a* gradevole
gratuito *a* gratuito
grava *sf* ghiaia *f*
gravamen *sm* gravame *m*
gravar *vi* gravare, pesare (su)
grave *a* grave
gravedad *sf* gravità *f*
gravitación *sf* gravitazione *f*
gravitar *vi* gravitare
gravoso *a* gravoso
graznar *vi* gracchiare
greda *sf* creta *f*
gredoso *a* argilloso
gremio *sm* corporazione *f*, corpo *m*, sindacato *m*
greña *sf* chioma *f*, zazzera *f*
gresca *sf* cagnara *f*, rissa *f*
grey *sf* gregge *m*
griego *a/sm* greco *m*
grieta *sf* crepa *f*, fessura *f*
grifo *a* crespo ◆ *sm* rubinetto *m*
grillo *sm* grillo *m*
gripe *sf* (*med*) influenza *f*
gris *a/sm* grigio *m*
gritar *vt/i* gridare
gritería *sf* urla *f pl*, schiamazzo *m*
grito *sm* grido *m*, urlo *m* • ***a g. pelado, a voz en g.*** a squarciagola
grosella *sf* ribes *m*
grosería *sf* grossolanità *f*, rozzezza *f* ◇ sgarbo *m*
grosor *sm* grossezza *f*, spessore *m*
grotesco *a* grottesco
grúa *sf* (*mecc*) gru *f*
grueso *a* grosso, grande ◇ ottuso ◆ *sm* grossezza *f* ◇ (il) grosso *m*
grulla *sf* (*zool*) gru *f*
grumo *sm* grumo *m*
gruñido *sm* grugnito *m* ◇ brontolio *m*
gruñir *vi* grugnire ◇ brontolare
gruñón *a* brontolone
grupa *sf* groppa *f*
grupo *sm* gruppo *m*
gruta *sf* grotta *f*
GSM *abbr di Global System Mobile, sistema global para comunicaciones móviles* GSM (*sistema mondiale per la comunicazione con telefonia mobile*)
guadañar *vt* falciare
guano *sm* guano *m*

guante *sm* guanto *m* • ***echar el g. a alguien*** acciuffare qn
guapo *a* bello ◇ elegante ◇ coraggioso
guarda *sm* guardia *f*, guardiano *m*, sorvegliante *m* ◆ *sf* guardia *f*, vigilanza *f*, custodia *f*
guardabosque *sm/f* guardaboschi *m/f*
guardacaza *sm* guardacaccia *m*
guardacostas *sm* guardacoste *m*
guardaespaldas *sm* guardia *f* del corpo
guardapolvo *sm* grembiule *m*, camice *m* da lavoro
guardar *vt* sorvegliare, custodire ◇ conservare, custodire ◇ osservare, rispettare ◆ *vi* risparmiare ◆ *vrif* guardarsi ◇ proteggersi, preservarsi • ***g. cama*** stare a letto; ***g. miramientos*** avere riguardi; ***guardársela a uno*** covare vendetta contro qn; ***g. silencio*** stare in silenzio
guardarropa *sm* guardaroba *m*
guardavía *sm/f* (*ferr*) casellante *m/f*
guardia *sf* guardia *f*, custodia *f* ◆ (*persona*) *sm* guardia *f* • ***g. municipal/de tráfico*** vigile urbano
guardián *sm* guardiano *m*
guardilla *sf* mansarda *f*
guarecer *vt* proteggere ◆ *vrif* ripararsi, trovare rifugio
guarida *sf* tana *f*
guarismo *sm* numero *m*, cifra *f*
guarnecer *vt* guarnire, adornare ◇ corredare, equipaggiare
guarnición *sf* guarnizione *f* ◇ (*cuc*) contorno *m* ◇ guarnigione *f*
guasa *sf* burla *f*
gubernamental *a* governativo
gubernativo *a* governativo
guedeja *sf* chioma *f*
guerra *sf* guerra *f* • ***dar (mucha) g.*** infastidire
guerrear *vi* guerreggiare
guerrero *a* guerresco ◇ bellicoso ◇ (*fam*) irrequieto ◆ *sm* guerriero *m*
guerrilla *sf* guerriglia *f*
guerrillero *sm* guerrigliero *m*
gueto *sm* ghetto *m*
guía *sm/f* guida *f*, accompagnatore *m* ◆ *sf* guida *f* ◇ (*libro*) guida *f*, manuale *m* ◇ (*di bicicletta*) manubrio *m* • ***g. telefónica/de teléfonos*** elenco del telefono
guiar *vt* guidare ◇ condurre, accompagnare ◆ *vi* guidare ◆ *vrif* orientarsi
guija *sf* ciottolo *m*
guijarro *sm* ciottolo *m*
guijoso *a* ghiaioso
guillotina *sf* ghigliottina *f*
guinda *sf* amarena *f*
guindilla *sf* peperoncino *m* ◇ (*fam*) poliziotto *m*
guindo *sm* amareno *m*
guiñapo *sm* straccio *m*

guiñar *vt* (*occhio*) strizzare ◆ *vi* ammiccare
guión *sm* scaletta *f*, traccia *f* ◇ (*TV*) sceneggiatura *f* ◇ (*tip*) trattino *m*
guirnalda *sf* ghirlanda *f*
guisa *sf* guisa *f*, modo *m*
guisado *sm* spezzatino *m*, stufato *m*
guisante *sm* pisello *m* • ***g. de olor*** pisello odoroso
guisar *vt* cucinare
guiso *sm* spezzatino *m*
guita *sf* spago *m* ◇ (*fam*) soldi *m pl*
guitarra *sf* chitarra *f*
guitarrista *sm/f* chitarrista *m/f*
gula *sf* gola *f*, golosità *f*
gusano *sm* verme *m*
gustar *vt* assaggiare ◇ (*fig*) provare, sperimentare ◆ *vi* piacere
gusto *sm* gusto *m* ◇ sapore *m* ◇ piacere *m*, soddisfazione *f* • ***dar g. a alguien*** compiacere qn; ***de buen/mal g.*** di buon/cattivo gusto; ***de puro g.*** per capriccio; ***¡mucho g.!*** piacere!
gustoso *a* gustoso
gutural *a* gutturale

H

haba *sf* fava *f*
habano *a* dell'Avana ◆ *sm* (sigaro) cubano *m*, avana *m*
haber *sm* avere *m* ◆ *vimp* (*solo 3ª persona singolare*) esserci ◇ verificarsi ◇ esistere ◆ *vaus* avere • ***h. de, h. que*** (+ *infinito*) bisognare, dovere (*impers*); ***habérselas con alguien*** prendersela con qn; ***había*** c'era, c'erano; ***hay*** c'è, ci sono
habichuela *sf* fagiolo *m*
hábil *a* abile, capace, bravo ◇ abile, astuto
habilidad *sf* abilità *f*, perizia *f*
habilitación *sf* abilitazione *f* ◇ licenza *f*, autorizzazione *f*
habilitado *sm* cassiere *m*
habilitar *vt* abilitare ◇ stanziare, destinare
habitación *sf* stanza *f*, camera *f* ◇ camera *f* da letto
habitáculo *sm* abitazione *f* ◇ (*di un veicolo*) abitacolo *m* ◇ habitat *m*
habitante *sm/f* abitante *m/f*
habitar *vi/t* abitare
hábito *sm* abitudine *f* ◇ abilità *f* ◇ abito *m* religioso
habitualmente *avv* abitualmente
habituar *vt* abituare ◆ *vrif* abituarsi
habla *sf* parola *f* ◇ lingua *f*, idioma *m* • ***al h.*** in ascolto

hablado *a* **bien h.** corretto nel parlare; **mal h.** sboccato
hablador *a* chiacchierone
habladuría *sf* diceria *f*, pettegolezzo *m*
hablar *vi* parlare ◇ esprimersi ◇ conversare ◆ *vt* parlare ◇ dire ◆ *vrif* parlarsi ● ***h. alto/bajo*** parlare a voce alta/bassa
hacedor *sm* artefice *m/f*
hacendero *a* laborioso
hacer *vt* fare ◇ eseguire, realizzare, produrre ◇ pensare, supporre ◇ (*uno spettacolo*) fare, dare ◆ *vi* andar bene ◇ (*professione*) fare, essere ◆ *vrif* divenire, farsi ◇ abituarsi ◆ *vimp* (*tempo atmosferico*) fare ● ***hace calor*** fa caldo; ***hace tres días*** tre giorni fa; ***h. como que*** far finta che; ***h. de maestro*** fare il maestro, essere maestro; ***hacerse al frío*** abituarsi al freddo; ***hacerse el tonto*** fare il finto tonto, fare l'indiano; ***hacerse a la idea*** abituarsi all'idea; ***no le hace*** non importa
hacha *sf* fiaccola *f*, torcia *f* ◇ ascia *f*
hacia *prep* verso
hacienda *sf* tenuta *f*, proprietà *f* ◇ beni *m pl* ● ***Ministerio de Hacienda*** ministero delle finanze
hacina *sf* covone *m* ◇ mucchio *m*
hacker *sm/f* (*inform*) hacker *m/f*, pirata *m* informatico
hada *sf* fata *f*
hado *sm* fato *m*, destino *m*
halagar *vt* adulare, lusingare ◇ lusingare
halago *sm* adulazione *f*
halagüeño *a* lusinghiero
halcón *sm* falco *m*
hálito *sm* alito *m*
hallar *vt* trovare ◇ scoprire ◆ *vrif* trovarsi, stare
hallazgo *sm* scoperta *f* ◇ ritrovamento *m*
hamaca *sf* amaca *f*
hambre *sf* fame *f* ◇ appetito *m*, desiderio *m* ● ***morirse de h.*** morire di fame; ***pasar h.*** fare la fame
hambrear *vt* affamare ◆ *vi* patire la fame
hambriento *a/sm* affamato *m*
hamburguesa *sf* hamburger *m*
hampa *sf* malavita *f*
hampón *sm* malvivente *m*
haraganear *vi* oziare
harapiento *a* cencioso
harapo *sm* cencio *m*
hardware *sm* (*inform*) hardware *m*
harina *sf* farina *f* ● ***estar metido en h.*** essere impegnato in un'impresa
harinero *a* da farina
harinoso *a* farinoso
hartar *vt* saziare ◇ soddisfare ◇ dare noia a, infastidire ◆ *vrif* saziarsi, riempirsi ◇ annoiarsi
hartazgo *sm* indigestione *f*
harto *a* sazio, stufo ◇ sufficien-

te ◆ *avv* abbastanza, parecchio • ***estar h. de*** essere stufo di, averne abbastanza di
hartura *sf* indigestione *f* ◇ abbondanza *f* ◇ soddisfazione *f*
hasta *prep* fino a ◆ *avv* addirittura, perfino • ***h. ahora*** finora; ***¡h. la vista!*** arrivederci! ***¡h. luego!*** arrivederci!, a dopo!; ***h. que*** finché
hastiar *vt* infastidire ◆ *vrif* infastidirsi
hastío *sm* ripugnanza *f*
hato *sm* fagotto *m* ◇ branco *m*, mandria *f* ◇ (*fig*) banda *f*, gruppo *m*
haya *sf* faggio *m*
haz *sm* fascio *m*
hazaña *sf* impresa *f*, prodezza *f*
hazmerreír *sm* zimbello *m*
he *avv* ecco • ***he aquí*** ecco qui; ***heme aquí/henos aquí*** eccomi qui/eccoci qui
hebilla *sf* fibbia *f*
hebra *sf* gugliata *f* ◇ fibra *f* ◇ filo *m*, filamento *m* ◇ filone *m*
hebraico *a* ebraico
hebreo *a/sm* ebreo *m*
hecatombe *sf* ecatombe *f*
hechicería *sf* stregoneria *f*
hechicero *sm* stregone *m* ◆ *a* affascinante
hechizar *vt* stregare ◇ affascinare, incantare
hechizo *sm* incantesimo *m* ◇ fascino *m*
hecho *a* fatto ◇ maturo ◆ *sm* fatto *m* • ***de h.*** di fatto; ***estar h. a todo*** adattarsi a tutto; ***hombre h. y derecho*** un uomo maturo
hechura *sf* fattura *f*, confezionamento *m* ◇ prodotto *m*, creazione *f*
hectárea *sf* ettaro *m*
heder *vi* puzzare
hediondez *sf* puzza *f*
hediondo *a* puzzolente
hedonismo *sm* edonismo *m*
hedor *sm* puzza *f*
hegemonía *sf* egemonia *f*
helada *sf* gelata *f*
helado *a/sm* gelato *m*
helar *vt/i* gelare, congelare
helecho *sm* felce *f*
helenismo *sm* ellenismo *m*
helero *sm* ghiacciaio *m*
hélice *sf* elica *f*
helicóptero *sm* elicottero *m*
hembra *sf* femmina *f*
hemisferio *sm* emisfero *m*
hemofilia *sf* emofilia *f*
hemorragia *sf* emorragia *f*
hemostático *a/sm* emostatico *m*
henchir *vt* riempire ◆ *vrif* riempirsi, rimpinzarsi
hender *vt* fendere ◆ *vrif* fendersi
hendidura *sf* fenditura *f*
henil *sm* fienile *m*
heno *sm* fieno *m*
hepático *a* epatico
hepatitis *sf* epatite *f*
heráldico *a* araldico
herbario *sm* erbario *m*

herbívoro *a/sm* erbivoro *m*
herboristería *sf* erboristeria *f*
heredad *sf* tenuta *f*, proprietà *f*
heredar *vt* ereditare
heredero *a* ereditario ◆ *sm* erede *m/f*
hereditario *a* ereditario
hereje *sm/f* eretico *m*
herejía *sf* eresia *f*
herencia *sf* eredità *f*
herético *a* eretico
herida *sf* ferita *f* ● ***tocar en la h.*** mettere il dito nella piaga
herido *a/sm* ferito *m* ● ***mal h.*** ferito grave
herimiento *sm* ferimento *m*
herir *vt* ferire ◇ colpire ◆ *vrif* ferirsi ● ***h. de muerte*** ferire mortalmente
hermafrodita *a* ermafrodito
hermanastro *sm* fratellastro *m*
hermandad *sf* fratellanza *f*
hermano *sm* fratello *m* ● ***h. político*** cognato; ***medio h.*** fratellastro
hermético *a* ermetico
hermetismo *sm* ermetismo *m*
hermosear *vt* abbellire
hermoso *a* bello
hermosura *sf* bellezza *f*
hernia *sf* ernia *f*
héroe *sm* eroe *m*
heroico *a* eroico
heroína *sf* eroina *f*
heroísmo *sm* eroismo *m*
herradura *sf* ferro *m* di cavallo
herramienta *sf* attrezzo *m* ◇ ferri *m pl*
herrar *vt* ferrare
herrería *sf* fucina *f*
herrero *sm* fabbro *m*
herrumbre *sf* ruggine *f*
hervidero *sm* bollore *m* ◇ brulichio *m*
hervir *vi* bollire ◇ (*fig*) brulicare ◇ (*fig*) fremere ◆ *vt* bollire, far bollire
hervor *sm* bollore *m*
heterodoxo *a* eterodosso
heterogéneo *a* eterogeneo
heterosexual *a* eterosessuale
hez *sf* feccia *f* ◇ *al pl* feci *f pl*
híbrido *a/sm* ibrido *m*
hidalgo *sm* (*stor*) hidalgo *m* (membro della piccola nobiltà spagnola)
hidalguía *sf* (*stor*) nobiltà *f*
hidratar *vt* idratare
hidráulico *a* idraulico
hidroavión *sm* idrovolante *m*
hidrocarburo *sm* idrocarburo *m*
hidrocultura *sf* idrocoltura *f*
hidroeléctrico *a* idroelettrico
hidrofobia *sf* idrofobia *f*
hidrógeno *sm* idrogeno *m*
hidrostático *a* idrostatico
hiedra *sf* edera *f*
hiel *sf* fiele *m*
hielo *sm* ghiaccio *m* ◇ gelo *m*
hiena *sf* iena *f*
hierba *sf* erba *f* ◇ prato *m* ● ***mala h.*** erbaccia
hierbabuena *sf* menta *f*
hierro *sm* ferro *m* ◇ (*di animali*) marchio *m* ◇ (*di arma*) punta *f*

• ***h. colado*** ghisa; ***h. forjado*** ferro battuto
hígado ***sm*** fegato *m* • ***tener h.*** avere coraggio
higiene ***sf*** igiene *f*
higiénico ***a*** igienico • ***compresa higiénica*** assorbente igienico; ***papel h.*** carta igienica
higo ***sm*** fico *m* • ***h. chumbo, h. de tuna*** fico d'India
higuera ***sf*** (*albero*) fico *m*
hijastro ***sm*** figliastro *m*
hijo ***sm*** figlio *m* • ***h. político*** genero; ***h. de puta*** (*volg*) figlio di puttana
hilacha ***sf*** sfilacciatura *f*
hilar ***vt*** filare • ***h. delgado*** andarci cauto
hilarante ***a*** esilarante
hilaridad ***sf*** ilarità *f*
hilera ***sf*** fila *f* ◇ (*met*) filiera *f*
hilo ***sm*** filo *m* • ***h. dental*** filo interdentale; ***perder el h.*** perdere il filo (di un discorso)
hilvanar ***vt*** imbastire
himno ***sm*** inno *m*
hincapié ***sm*** appoggio *m* sul piede • ***hacer h. en*** insistere su
hincar ***vt*** conficcare ◆ ***vrif*** conficcarsi
hinchar ***vt*** gonfiare ◆ ***vrif*** gonfiarsi ◇ insuperbirsi ◇ (*fam*) rompersi, stufarsi ◇ saziarsi
hinchazón ***sf*** gonfiore *m*, rigonfiamento *m*
hiniesta ***sf*** ginestra *f*
hinojo ***sm*** finocchio *m*
hipar ***vi*** avere il singhiozzo ◇ (*piangere*) singhiozzare
hipermercado ***sm*** ipermercato *m*
hipermetropía ***sf*** ipermetropia *f*
hipersensible ***a*** ipersensibile
hipertensión ***sf*** ipertensione *f*
hípica ***sf*** ippica *f*
hípico ***a*** ippico
hipnotismo ***sm*** ipnotismo *m*
hipnotizar ***vt*** ipnotizzare
hipo ***sm*** singhiozzo *m* • ***que quita el h.*** da togliere il fiato
hipoalergénico ***a*** ipoallergenico
hipoalérgico ***a*** ipoallergenico
hipocampo ***sm*** ippocampo *m*
hipocondría ***sf*** ipocondria *f*
hipocresía ***sf*** ipocrisia *f*
hipócrita ***a/sm/f*** ipocrita *m/f*
hipódromo ***sm*** ippodromo *m*
hipopótamo ***sm*** ippopotamo *m*
hipoteca ***sf*** ipoteca *f*
hipotecar ***vt*** ipotecare
hipótesis ***sf*** ipotesi *f*
hipotético ***a*** ipotetico
hiriente ***a*** pungente
hirsuto ***a*** irsuto
hirviente ***a*** bollente
hispánico ***a*** ispanico
hispanismo ***sm*** ispanismo *m*
hispano ***a/sm*** spagnolo *m*
hispanoamericano ***a/sm*** ispano-americano *m*
histérico ***a*** isterico
histerismo ***sm*** isterismo *m*
historia ***sf*** storia *f*

historiador *sm* storico *m*
historial *sm* storia *f*
historiar *vt* raccontare ◇ (*arte*) istoriare
histórico *a* storico
historiografía *sf* storiografia *f*
histrión *sm* istrione *m*
hocico *sm* muso *m*
hockey *sm* hockey *m*
hogar *sm* focolare *m*
hogareño *a* casalingo
hogaza *sf* focaccia *f*
hoguera *sf* falò *m*
hoja *sf* foglia *f* ◇ petalo *m* ◇ foglio *m* ◇ lamina *f* ◇ lama *f* ◇ battente *m* • ***h. de afeitar*** lametta da barba; ***volver la h.*** (*fig*) voltare pagina
hojalata *sf* latta *f*
hojaldre *sm* pasta *f* sfoglia
hojarasca *sf* fogliame *m* ◇ (*fig*) fronzoli *m pl*
hojear *vt* sfogliare
¡hola! *inter* ciao!, salve!
holandés *a/sm* olandese *m/f*
holgado *a* (*di vestito*) grande, largo ◇ (*fig*) agiato, benestante
holganza *sf* riposo *m* ◇ ozio *m*, inattività *f* ◇ divertimento *m*
holgar *vi* essere superfluo ◇ riposare ◇ oziare ◆ *vrif* divertirsi
holgazán *sm* fannullone *m*
holgazanear *vi* oziare, poltrire
holgura *sf* ampiezza *f* ◇ (*tecn*) gioco *m* • ***vivir con h.*** vivere agiatamente
hollar *vt* calpestare
hollín *sm* fuliggine *f*
hombre *sm* uomo *m* • ***¡h.!*** perbacco!; ***h. de bien*** galantuomo; ***h. de estado*** statista; ***h. de hecho*** uomo di parola; ***h. de negocios*** uomo d'affari; ***h. liso*** uomo sincero
hombrera *sf* spallina *f*
hombro *sm* spalla *f* • ***a hombros*** sulle spalle; ***arrimar el h.*** lavorare sodo; ***encoger los hombros, encogerse de hombros*** stringersi nelle spalle; ***mirar por encima del h.*** guardare dall'alto in basso
homenaje *sm* omaggio *m*
homeopatía *sf* omeopatia *f*
homeopático *a* omeopatico
homicida *sm/f* omicida *m/f*
homicidio *sm* omicidio *m*
homogeneidad *sf* omogeneità *f*
homogéneo *a* omogeneo
homologar *vt* omologare
homónimo *a/sm* omonimo *m*
homosexual *a/sm/f* omosessuale *m/f*
honda *sf* fionda *f*
hondo *a* fondo ◇ profondo • ***plato h.*** piatto fondo
hondonada *sf* avvallamento *m*
hondura *sf* profondità *f*
honestidad *sf* onestà *f*
honesto *a* onesto ◇ scrupoloso
hongo *sm* fungo *m*
honor *sm* onore *m*
honorable *a* onorevole, rispettabile

honorario *a/sm* onorario *m*
honra *sf* onore *m* • ***tener a mucha h.*** vantarsi
honradez *sf* onestà *f*
honrado *a* onesto
honrar *vt* onorare ◆ *vrif* essere onorato di
honroso *a* onorevole
hora *sf* ora *f* • ***a estas horas*** a quest'ora; ***dar las horas*** battere le ore; ***dar h.*** dare appuntamento; ***en buena/mala h.*** al momento giusto/sbagliato; ***h. feliz*** happy hour; ***h. punta*** ora di punta; ***una h. larga*** un'ora buona
horadar *vt* perforare
horario *a/sm* orario *m*
horca *sf* forca *f*
horcajadas, a *loc.avv* a cavalcioni
horchata *sf* orzata *f*
horizontal *a* orizzontale
horizonte *sm* orizzonte *m*
horma *sf* forma *f*
hormiga *sf* formica *f*
hormigón *sm* cemento *m* • ***h. armado*** cemento armato
hormiguero *sm* formicaio *m*
hormona *sf* ormone *m*
hormonal *a* ormonale
hornillo *sm* fornello *m*
horno *sm* forno *m* • ***h. (de) microondas*** forno a microonde
horóscopo *sm* oroscopo *m*
horquilla *sf* forcina *f* ◇ forcella *f* ◇ (*econ*) forbice *f*, forchetta *f*
horrendo *a* orrendo
horrible *a* orribile
horripilar *vt* raccapricciare ◆ *vrif* inorridire
horror *sm* orrore *m*
horrorizar *vt* atterrire ◆ *vrif* inorridire, atterrirsi
horroroso *a* orrendo
hortaliza *sf* ortaggio *m*
hortelano *sm* ortolano *m*
hortensia *sf* ortensia *f*
hosco *a* scontroso, difficile
hospedaje *sm* alloggio *m*
hospedar *vt* ospitare ◆ *vrif* alloggiare
hospedero *sm* affittacamere *m/f*
hospicio *sm* ospizio *m*
hospital *sm* ospedale *m*
hospitalario *a* ospedaliero ◇ accogliente, ospitale
hospitalidad *sf* ospitalità *f*
hospitalizar *vt* ospedalizzare
hosquedad *sf* asprezza *f*
hostelería *sf* industria *f* alberghiera
hostelero *sm* albergatore *m*
hostería *sf* locanda *f*
hostia *sf* ostia *f*
hostigar *vt* fustigare, frustare ◇ perseguitare
hostil *a* ostile
hostilidad *sf* ostilità *f*
hostilizar *vt* osteggiare
hotel *sm* hotel *m*, albergo *m*
hotelero *a* alberghiero ◆ *sm* albergatore *m*
hoy *avv* oggi • ***de h. en adelante*** d'ora in avanti; ***h. (en) día*** og-

gigiorno; ***por h.*** per il momento
hoya *sf* fossa *f* ◇ vallata *f*
hoyada *sf* depressione *f*
hoyo *sm* fossa *f*, buca *f*
hoyuelo *sm* fossetta *f*
hoz *sf* falce *f*
hucha *sf* salvadanaio *m*
hueco *a* cavo, vuoto ◇ presuntuoso ◇ cavernoso ◇ soffice ◆ *sm* buco *m*, vuoto *m* ◇ (*in un muro*) vano *m* ◇ (*intervallo di tempo*) buco *m*, momento *m* ● ***h. de las escaleras*** tromba delle scale
huelga *sf* sciopero *m*
huelguista *sm/f* scioperante *m/f*
huella *sf* impronta *f*, orma *f* ◇ (*fig*) traccia *f*, impronta *f* ● ***h. digital*** impronta digitale
huérfano *a/sm* orfano *m*
huero *a* (*fig*) vuoto
huerto *sm* orto *m*
hueso *sm* osso *m* ◇ nocciolo *m* ◇ (*fig*) osso *m* duro ● ***estar en los huesos*** essere pelle e ossa; ***tener los huesos molidos*** avere le ossa rotte
huésped *sm* ospite *m/f*
huesudo *a* ossuto
hueva *sf* uova *f pl* di pesce
huevo *sm* uovo *m* ● ***h. al plato*** uovo al tegamino; ***h. duro*** uovo sodo; ***h. frito*** uovo fritto; ***h. pasado por agua*** uovo à la coque; ***h. revuelto*** uovo strapazzato
huida *sf* fuga *f*
huidizo *a* sfuggente ◇ fugace
huir *vi* fuggire, scappare
hule *sm* tela *f* cerata
hulla *sf* carbone *m* fossile
humanidad *sf* umanità *f* ◇ benevolenza *f* ◇ pinguedine *f*
humanista *sm/f* umanista *m/f*
humanitario *a* umanitario
humanizar *vt* umanizzare ◆ *vrif* umanizzarsi
humano *a/sm* umano *m*
humareda *sf* fumata *f*
humeante *a* fumante
humear *vi* fumare
humedad *sf* umidità *f*
humedecer *vt* inumidire, umidificare ◆ *vrif* inumidirsi
húmedo *a* umido
húmero *sm* omero *m*
humidificar *vt* umidificare
humildad *sf* umiltà *f*
humilde *a* umile
humillación *sf* umiliazione *f*
humillante *a* umiliante
humillar *vt* umiliare ◆ *vrif* umiliarsi
humo *sm* fumo *m* ◇ ***al pl*** superbia *f* ● ***bajar los humos a alguien*** far abbassare la cresta a qn
humor *sm* umore *m* ◇ umorismo *m* ● ***buen h.*** buonumore; ***estar de (buen) h.*** essere di buonumore; ***mal h.*** malumore; ***sentido del h.*** senso dell'umorismo
humorado *a* **bien h.** di buonumore; **mal h.** di cattivo umore

humorismo *sm* umorismo *m*
humoso *a* fumoso
hundido *a* abbattuto
hundimiento *sm* avvallamento *m*
hundir *vt* affondare ◇ far crollare, far sprofondare ◇ (*fig*) affondare, rovinare ◆ *vrif* affondare, inabissarsi ◇ crollare, sprofondare
húngaro *a/sm* ungherese *m*
huracán *sm* uragano *m*
huraño *a* scontroso
hurgar *vi* frugare
hurón *a* ritroso, scontroso ◇ ficcanaso ◆ *sm* furetto *m*
huronera *sf* tana *f*, nascondiglio *m*
hurtadillas, a *loc.avv* di nascosto
hurtar *vt* rubare ◇ nascondere ◆ *vrif* nascondersi, sottrarsi
hurto *sm* furto *m* ◇ refurtiva *f*
husmear *vt* fiutare, annusare ◇ curiosare
husmo *sm* puzza *f*
huso *sm* fuso *m* • ***h. horario*** fuso orario

I

ibérico *a* iberico
iceberg *sm* iceberg *m*
icono *sm* (*inform*) icona *f*
iconografía *sf* iconografia *f*
ictericia *sf* itterizia *f*
ida *sf* andata *f* • ***i. y vuelta*** andata e ritorno
idea *sf* idea *f* • ***i. fija*** fissazione
ideal *a/sm* ideale *m*
idealismo *sm* idealismo *m*
idealizar *vt* idealizzare
idear *vt* ideare, concepire
idéntico *a* identico
identidad *sf* identità *f* • ***cédula/carné de i.*** carta d'identità
identificación *sf* identificazione *f*
identificar *vt* identificare ◆ *vrif* identificarsi
ideograma *sm* ideogramma *m*
ideología *sf* ideologia *f*
idílico *a* idilliaco
idioma *sm* idioma *m*, lingua *f*
idiosincrasia *sf* modo *m* di essere ◇ (*med*) idiosincrasia *f*
idiota *a/sm/f* idiota *m/f*
idiotez *sf* idiozia *f*
idolatrar *vt* idolatrare
idolatría *sf* idolatria *f*
ídolo *sm* idolo *m*
idoneidad *sf* idoneità *f*
idóneo *a* idoneo
iglesia *sf* chiesa *f*
iglú *sm* iglù *m* ◇ campana *f* (per la raccolta del vetro)
ignífugo *a* ignifugo
ignominia *sf* ignominia *f*
ignominioso *a* ignominioso

ignorancia *sf* ignoranza *f*
ignorante *a/sm/f* ignorante *m/f*
ignorar *vt* ignorare
ignoto *a* ignoto
igual *a* uguale ◇ piano, liscio, uniforme ◆ *avv* ugualmente, lo stesso ◆ *sm* uguale *m* ● ***al i. que, i. que*** come; ***a partes iguales*** in parti uguali; ***dar i.*** essere indifferente; ***sin i.*** straordinario, senza pari
igualación *sf* conguaglio *m*, pareggio *m*
igualar *vt* uguagliare ◇ spianare, livellare ◆ *vi* essere uguale ◆ *vrif* uguagliarsi, essere uguale
igualdad *sf* uguaglianza *f*
igualmente *avv* ugualmente
ilegal *a* illegale
ilegítimo *a* illegittimo
ileso *a* illeso
ilícito *a* illecito
ilimitado *a* illimitato
ilógico *a* illogico
iluminación *sf* illuminazione *f*
iluminar *vt* illuminare ◆ *vrif* illuminarsi
iluminismo *sm* (*relig*) dottrina *f* degli Illuminati
ilusión *sf* illusione *f*
ilusionar *vt* illudere ◆ *vrif* illudersi
iluso *a/sm* illuso *m*
ilusorio *a* illusorio
ilustración *sf* illustrazione *f* ◇ illuminismo *m*
ilustrado *a* istruito, colto
ilustrar *vt* illustrare ◇ istruire ◆ *vrif* istruirsi
ilustre *a* illustre
imagen *sf* immagine *f*
imaginación *sf* immaginazione *f*
imaginar *vt* immaginare ◆ *vrif* immaginarsi, figurarsi
imaginario *a* immaginario
imán *sm* calamita *f* ◇ attrattiva *f*
imbécil *a/sm/f* imbecille *m/f*
imberbe *a* imberbe
imitación *sf* imitazione *f*
imitador *sm* imitatore *m*
imitar *vt* imitare
impaciencia *sf* impazienza *f*
impaciente *a* impaziente
impacto *sm* impatto *m* ● ***i. ambiental*** impatto ambientale
impalpable *a* impalpabile
impar *a* dispari
imparcial *a* imparziale
imparcialidad *sf* imparzialità *f*
impasible *a* impassibile
impavidez *sf* coraggio *m*
impávido *a* impavido
impecable *a* impeccabile
impedir *vt* impedire, ostacolare
impelente *a* impellente
impeler *vt* spingere ◇ (*fig*) stimolare, incitare
impenetrable *a* impenetrabile
imperar *vt* dominare
imperativo *a/sm* imperativo *m*
imperceptible *a* impercettibile
imperdible *a* imperdibile ◆ *sm* spilla *f* da balia

imperdonable *a* imperdonabile
imperfección *sf* imperfezione *f*
imperfecto *a* imperfetto
imperial *a* imperiale
imperialismo *sm* imperialismo *m*
impericia *sf* imperizia *f*
imperio *sm* impero *m*
imperioso *a* imperioso
impermeable *a/sm* impermeabile *m*
impertérrito *a* imperterrito
impertinencia *sf* impertinenza *f*
imperturbable *a* imperturbabile
ímpetu *sm* impeto *m*
impetuoso *a* impetuoso, violento
impiedad *sf* empietà *f* ◇ crudeltà *f*
impío *a* empio ◇ empio, crudele
implacable *a* implacabile
implicación *sf* implicazione *f*
implicar *vt* implicare, coinvolgere ◆ *vrif* implicarsi
implícito *a* implicito
implorar *vt* implorare
imponente *a* imponente
imponer *vt* imporre ◇ (*banca*) versare, depositare ◆ *vrif* imporsi
impopular *a* impopolare
importación *sf* importazione *f*
importancia *sf* importanza *f*
importante *a* importante
importar *vt* importare ◆ *vi* importare, interessare ◇ riguardare, coinvolgere
importe *sm* importo *m*
importunar *vt* importunare
imposibilidad *sf* impossibilità *f*
imposibilitar *vt* impedire
imposible *a/sm* impossibile *m*
imposición *sf* imposizione *f* ◇ (*banca*) versamento *m*
impostor *a/sm* impostore *m*
impostura *sf* impostura *f*
impotencia *sf* impotenza *f*
impotente *a* impotente
impracticable *a* impraticabile
imprecación *sf* imprecazione *f*
imprecar *vt* imprecare
impreciso *a* impreciso
impregnar *vt* impregnare ◆ *vrif* impregnarsi
imprenta *sf* stampa *f* ◇ tipografia *f*
imprescindible *a* imprescindibile
impresión *sf* stampa *f* ◇ (*fig*) impressione *f*
impresionante *a* impressionante
impresionar *vt* impressionare ◆ *vrif* impressionarsi
impresionismo *sm* impressionismo *m*
impreso *sm* modulo *m*, stampato *m* ◇ (*in posta*) stampa *f*
impresor *sm* stampatore *m*
impresora *sf* (*inform*) stampante *f* ● ***i. de chorro de tinta*** stam-

pante a getto di inchiostro; *i. láser* stampante laser
imprevisible *a* imprevedibile
imprevisor *a* imprevidente
imprevisto *a/sm* imprevisto *m*
imprimir *vt* stampare ◇ imprimere
improbable *a* improbabile
ímprobo *a* improbo
improductivo *a* improduttivo
improperio *sm* improperio *m*
impropio *a* improprio
improrrogable *a* improrogabile
improvisación *sf* improvvisazione *f*
improvisar *vt* improvvisare
improviso *a* improvviso • *de i.* all'improvviso
imprudencia *sf* imprudenza *f*
impúdico *a* impudico
impudor *sm* spudoratezza *f*
impuesto *sm* imposta *f*, tassa *f*
impulsar *vt* spingere ◇ (*fig*) stimolare, dare impulso a
impulsivo *a* impulsivo
impulso *sm* spinta *f* ◇ (*fig*) impulso *m*
impunemente *avv* impunemente
impureza *sf* impurità *f*
impuro *a* impuro
imputable *a* imputabile
imputación *sf* imputazione *f*
imputar *vt* imputare
inabordable *a* inabbordabile
inacabable *a* interminabile
inaccesible *a* inaccessibile
inaceptable *a* inaccettabile
inactividad *sf* inattività *f*
inactivo *a* inattivo
inadecuado *a* inadeguato
inadmisible *a* inammissibile
inadvertencia *sf* inavvertenza *f*, disattenzione *f*
inadvertidamente *avv* inavvertitamente
inadvertido *a* inavvertito ◇ sbadato
inagotable *a* interminabile, inesauribile
inaguantable *a* insopportabile
inalámbrico *a* cordless • *teléfono i.* telefono cordless, cordless
inalienable *a* inalienabile
inalterable *a* inalterabile
inanimado *a* inanimato
inapreciable *a* inestimabile ◇ impercettibile
inaprensible *a* inafferrabile
inarmónico *a* disarmonico
inaudito *a* inaudito
inauguración *sf* inaugurazione *f*
inaugurar *vt* inaugurare, iniziare
incalculable *a* incalcolabile
incalificable *a* inqualificabile
incandescente *a* incandescente
incansable *a* instancabile
incapacidad *sf* incapacità *f*
incapacitar *vt* inabilitare ◇ (*dir*) interdire
incapaz *a* incapace

incauto *a* incauto
incendiar *vt* incendiare ◆ *vrif* incendiarsi
incendio *sm* incendio *m*
incentivar *vt* incentivare
incentivo *sm* incentivo *m*
incertidumbre *sf* incertezza *f*
incesante *a* incessante
incesto *sm* incesto *m*
incidental *a* incidentale
incidente *sm* incidente *m*
incidir *vi* incidere
incienso *sm* incenso *m*
incierto *a* incerto
incinerar *vt* incinerare, cremare
incipiente *a* incipiente
incisión *sf* incisione *f*
incisivo *a/sm* incisivo *m*
incitación *sf* incitazione *f*
incitamiento *sm* incitamento *m*
incitar *vt* incitare
incivil *a* incivile
incivilidad *sf* inciviltà *f*
inclemencia *sf* inclemenza *f*
inclemente *a* inclemente
inclinación *sf* inclinazione *f*
inclinar *vt* inclinare ◇ chinare, piegare ◆ *vrif* inclinarsi ◇ propendere
incluir *vt* includere
inclusión *sf* inclusione *f*
incluso *avv* perfino, anche ◆ *cong* anche
incógnita *sf* incognita *f*
incógnito *a* incognito ● ***de i.*** in incognito
incoherente *a* incoerente
incólume *a* incolume
incomible *a* immangiabile
incomodar *vt* scomodare, disturbare ◆ *vrif* infastidirsi, seccarsi
incomodidad *sf* scomodità *f*, disagio *m*
incómodo *a* scomodo
incompetencia *sf* incompetenza *f*
incompleto *a* incompleto
incomprensible *a* incomprensibile
incomunicado *a* isolato
inconcebible *a* inconcepibile
inconexo *a* sconnesso
inconfundible *a* inconfondibile
incongruente *a* incongruente
inconsciente *a* incosciente
inconsiderado *a* sconsiderato
inconsistente *a* inconsistente
inconstante *a* incostante
incontinente *a* incontinente
inconveniente *a* sconveniente ◆ *sm* inconveniente *m*
incorporar *vt* incorporare ◇ (*persona*) sollevare, alzare ◆ *vrif* sollevarsi, alzarsi ◇ associarsi
incorrecto *a* scorretto
incorregible *a* incorreggibile
incorruptible *a* incorruttibile
incredulidad *sf* incredulità *f*
incrédulo *a* incredulo
increíble *a* incredibile
incremento *sm* incremento *m*
incrustación *sf* incrostazione *f*

incubar *vt* covare
inculcar *vt* inculcare
inculpar *vt* incolpare
inculto *a* incolto ◇ ignorante
incumplimiento *sm* inadempienza *f*
incurable *a* incurabile
incursión *sf* incursione *f*
indagación *sf* indagine *f*
indagar *vt* indagare, investigare
indecente *a* indecente
indecisión *sf* indecisione *f*
indeciso *a* indeciso
indefectible *a* immancabile
indefenso *a* indifeso
indefinible *a* indefinibile
indefinido *a* indefinito
indeleble *a* indelebile
indemne *a* indenne
indemnizar *vt* indennizzare
independencia *sf* indipendenza *f*
independiente *a* indipendente
inderogable *a* inderogabile
indescifrable *a* indecifrabile
indestructible *a* indistruttibile
indeterminación *sf* indeterminatezza *f*
indeterminado *a* indeterminato
indicación *sf* indicazione *f*
indicar *vt* indicare
índice *sm* indice *m*
indicio *sm* indizio *m*
indiferente *a* indifferente
indígena *a/sm/f* indigeno *m*
indigestión *sf* indigestione *f*
indigesto *a* indigesto
indignación *sf* indignazione *f*
indignar *vt* indignare ◆ *vrif* indignarsi
indigno *a* indegno
indio *a/sm* indio *m* ◇ indiano *m*
indirecta *sf* allusione *f*
indirecto *a* indiretto
indiscreto *a* indiscreto
indispensable *a* indispensabile
indisponer *vt* indisporre ◆ *vrif* indisporsi ◇ essere indisposto
indisposición *sf* indisposizione *f*
individual *a* individuale ● ***habitación i.*** camera singola
individualismo *sm* individualismo *m*
individuo *sm* individuo *m*
indivisible *a* indivisibile
indócil *a* indocile
indocto *a* incolto
índole *sf* indole *f*
indolencia *sf* indolenza *f*
indoloro *a* indolore
indomable *a* indomabile
inducir *vt* indurre
indudable *a* indubbio
indulgencia *sf* indulgenza *f*
indultar *vt* concedere l'indulto
industria *sf* industria *f*
industrial *a/sm* industriale *m*
industrialización *sf* industrializzazione *f*
inédito *a* inedito
inefable *a* ineffabile
ineficaz *a* inefficace

ineficiencia *sf* inefficienza *f*
ineluctable *a* ineluttabile
inepto *a/sm* inetto *m*
inequívoco *a* inequivocabile
inercia *sf* inerzia *f*
inerme *a* inerme
inerte *a* inerte
inesperado *a* inaspettato, inatteso
inestable *a* instabile
inestimable *a* inestimabile
inevitable *a* inevitabile
inexactitud *sf* inesattezza *f*
inexistente *a* inesistente
inexperto *a* inesperto
inexplicable *a* inspiegabile
inexplorado *a* inesplorato
infalible *a* infallibile
infamar *vt* infamare
infame *a* infame
infamia *sf* infamia *f*
infancia *sf* infanzia *f*
infante *sm* infante *m* ◇ (*mil*) fante *m* ◇ (*nella monarchia spagnola e in Portogallo*) infante *m*
infantería *sf* fanteria *f*
infantil *a* infantile
infarto *sm* infarto *m*
infatigable *a* infaticabile
infección *sf* infezione *f*
infeccioso *a* infettivo
infectar *vt* infettare
infecto *a* infetto, contaminato ◇ (*fig*) infetto, corrotto
infelicidad *sf* infelicità *f*
infeliz *a/sm/f* infelice *m/f*
inferior *a/sm/f* inferiore *m/f*
inferioridad *sf* inferiorità *f*
infestar *vt* infestare ◇ infettare
inficionar *vt* contaminare
infidelidad *sf* infedeltà *f*
infiel *a* infedele
infierno *sm* inferno *m*
infiltrar *vt* infiltrare ◆ *vrif* infiltrarsi
ínfimo *a* infimo
infinidad *sf* infinità *f*
infinitesimal *a* infinitesimale
infinitivo *sm* (*gramm*) infinito *m*
infinito *a/sm* infinito *m*
inflación *sf* inflazione *f*
inflamable *a* infiammabile
inflamación *sf* infiammazione *f*
inflamar *vt* infiammare ◆ *vrif* infiammarsi
inflar *vt* gonfiare ◆ *vrif* gonfiarsi
inflexible *a* inflessibile
infligir *vt* infliggere
influencia *sf* influenza *f*
influir *vt* influenzare, influire
influjo *sm* influsso *m*
influyente *a* influente
información *sf* informazione *f*
informal *a* informale ◇ (*di persone*) inaffidabile
informalidad *sf* informalità *f* ◇ mancanza *f* di serietà
informante *sm/f* informatore *m*
informar *vt* informare ◆ *vrif* informarsi
informática *sf* informatica *f*
informe *a* informe ◆ *sm* rappor-

to *m*, relazione *f* ◇ (*med*) referto *m*
infortunio *sm* infortunio *m*
infracción *sf* infrazione *f*
infranqueable *a* insuperabile
infringir *vt* infrangere
infructuoso *a* infruttuoso
ínfulas *sfpl* presunzione *f*
infundado *a* infondato
infundir *vt* infondere
infusión *sf* infusione *f*
ingeniar *vt* inventare, escogitare ◆ *vrif* ingegnarsi • *ingeniárselas* ingegnarsi, industriarsi
ingeniería *sf* ingegneria *f*
ingeniero *sm* ingegnere *m*
ingenio *sm* ingegno *m* ◇ congegno *m*
ingeniosidad *sf* ingegnosità *f*
ingenioso *a* ingegnoso
ingente *a* ingente
ingenuidad *sf* ingenuità *f*
ingenuo *a/sm* ingenuo *m*
ingerir *vt* ingerire
ingle *sf* inguine *m*
inglés *a/sm* inglese *m/f*
ingratitud *sf* ingratitudine *f*
ingrato *a* ingrato
ingrediente *sm* ingrediente *m*
ingresar *vt* (*banca*) versare ◇ (*ospedale*) ricoverare ◇ (*denaro*) percepire ◆ *vi* entrare ◇ (*ospedale*) ricoverarsi
ingreso *sm* ingresso *m* ◇ (*ospedale*) ricovero *m* ◇ *al pl* entrate *fpl*
inhabitable *a* inabitabile
inhalar *vt* inalare
inherente *a* inerente
inhibición *sf* inibizione *f*
inhibir *vt* inibire ◆ *vrif* astenersi
inhospitalario *a* inospitale
iniciado *sm* iniziato *m*
iniciador *a/sm* iniziatore *m*
inicialmente *avv* inizialmente
iniciar *vt* iniziare ◆ *vrif* iniziare, cominciare
iniciativa *sf* iniziativa *f*
inicuo *a* iniquo
inigualable *a* ineguagliabile
inimaginable *a* inimmaginabile
inimitable *a* inimitabile
ininterrumpido *a* ininterrotto
injertar *vt* innestare
injerto *sm* innesto *m*
injuria *sf* ingiuria *f*
injuriar *vt* ingiuriare
injurioso *a* ingiurioso
injusticia *sf* ingiustizia *f*
injustificado *a* ingiustificato
injusto *a* ingiusto
inmaduro *a* immaturo
inmediaciones *sfpl* dintorni *m pl*
inmediatamente *avv* immediatamente
inmediato *a* immediato ◇ contiguo • *la inmediata* l'immediata conseguenza
inmejorable *a* eccellente
inmemorable *a* immemorabile
inmensidad *sf* immensità *f*
inmenso *a* immenso
inmerecido *a* immeritato
inmersión *sf* immersione *f*

inmigración *sf* immigrazione *f*
inmigrante *a/sm* immigrato *m*
inminente *a* imminente
inmiscuirse *vrif* intromettersi, immischiarsi
inmobiliario *a* immobiliare
inmoderado *a* smodato
inmodesto *a* immodesto
inmoral *a* immorale
inmortal *a* immortale
inmortalidad *sf* immortalità *f*
inmortalizar *vt* immortalare
inmotivado *a* immotivato
inmóvil *a* immobile
inmovilismo *sm* immobilismo *m*
inmovilizar *vt* immobilizzare ◆ *vrif* immobilizzarsi
inmundicia *sf* immondizia *f*
inmune *a* immune
inmunidad *sf* immunità *f*
inmunizar *vt* immunizzare ◆ *vrif* immunizzarsi
inmutable *a* immutabile
inmutar *vt* mutare ◆ *vrif* mutarsi
innato *a* innato
innecesario *a* non necessario
innegable *a* innegabile
innoble *a* ignobile
innovación *sf* innovazione *f*
innovar *vt* innovare
inobservancia *sf* inosservanza *f*
inocencia *sf* innocenza *f*
inocente *a/sm/f* innocente *m/f*
inocuo *a* innocuo
inofensivo *a* inoffensivo
inolvidable *a* indimenticabile
inopinado *a* inopinato
inoportuno *a* inopportuno, intempestivo
inorgánico *a* inorganico
inoxidable *a* inossidabile
inquebrantable *a* irremovibile
inquietante *a* inquietante
inquietar *vt* inquietare ◆ *vrif* inquietarsi
inquietud *sf* inquietudine *f*
inquilino *sm* inquilino *m*
inquina *sf* avversione *f*
inquirir *vt* indagare
inquisición *sf* inquisizione *f*
inquisidor *a* inquisitore ◆ *sm* (*stor*) inquisitore *m* ◇ inquisitore *m*, indagatore *m*
insaciable *a* insaziabile
insalubre *a* insalubre
insatisfacción *sf* insoddisfazione *f*
inscribir *vt* iscrivere ◆ *vrif* iscriversi
inscripción *sf* iscrizione *f*
insecticida *a/sm* insetticida *m*
insecto *sm* insetto *m*
inseguridad *sf* insicurezza *f*
inseguro *a* insicuro
insensatez *sf* insensatezza *f*
insensato *a* insensato
insensibilidad *sf* insensibilità *f*
insensible *a* insensibile
inseparable *a* inseparabile
inserción *sf* inserzione *f*
insertar *vt* inserire, introdurre ◆ *vrif* inserirsi

inservible *a* inservibile, inutilizzabile
insidioso *a* insidioso
insigne *a* insigne
insignia *sf* insegna *f*, distintivo *m*
insignificante *a* insignificante, esiguo
insinuar *vt* insinuare ◆ *vrif* insinuarsi
insípido *a* insipido
insistencia *sf* insistenza *f*
insistir *vi* insistere
insolación *sf* insolazione *f*
insolente *a* insolente
insólito *a* insolito
insoluble *a* insolubile
insomnio *sm* insonnia *f*
insondable *a* insondabile
insoportable *a* insopportabile
insospechable *a* insospettabile
insostenible *a* insostenibile
inspección *sf* ispezione *f*
inspeccionar *vt* ispezionare
inspector *sm* ispettore *m*
inspiración *sf* inspirazione *f* ◇ ispirazione *f*
inspirar *vt* inspirare ◇ ispirare ◆ *vrif* ispirarsi
instalación *sf* installazione *f*
instalar *vt* installare ◇ collocare ◆ *vrif* installarsi ● *i. el teléfono/un programa* installare il telefono/un programma
instantáneamente *avv* istantaneamente
instantáneo *a* istantaneo
instante *sm* istante *m* ● *a cada i.* in ogni momento
instar *vt* insistere ◆ *vi* sollecitare
instaurar *vt* instaurare
instigar *vt* istigare
instintivo *a* istintivo
instinto *sm* istinto *m*
institución *sf* istituzione *f*
instituir *vt* istituire, fondare, stabilire
instituto *sm* istituto *m*
instrucción *sf* istruzione *f*
instructivo *a* istruttivo
instructor *a/sm* istruttore *m*
instruir *vt* istruire
instrumento *sm* strumento *m*
insubordinación *sf* insubordinazione *f*
insubordinar *vt* suscitare insubordinazione in ◆ *vrif* ribellarsi
insubstituible *a* insostituibile
insuficiente *a* insufficiente
insufrible *a* insopportabile
insulso *a* insulso
insultar *vt* insultare, oltraggiare
insulto *sm* insulto *m*
insuperable *a* insuperabile
insurgente *a/sm/f* ribelle *m/f*
insurrección *sf* insurrezione *f*
intachable *a* impeccabile, incensurabile
intacto *a* intatto, integro
integral *a* integrale
integrante *a* integrante

integrar *vt* formare, comporre ◇ integrare ◆ *vrif* integrarsi
integridad *sf* integrità *f*
íntegro *a* integro
intelecto *sm* intelletto *m*
intelectual *a/sm/f* intellettuale *m/f*
inteligencia *sf* intelligenza *f*
inteligente *a* intelligente
inteligible *a* intelligibile
intemperie *sf* intemperie *f pl*
intención *sf* intenzione *f* • ***segunda i.*** secondo fine
intencionado *a* intenzionato • ***mal i.*** malintenzionato
intencional *a* intenzionale
intensidad *sf* intensità *f*
intensificar *vt* intensificare ◆ *vrif* intensificarsi
intenso *a* intenso
intentar *vt* tentare, provare
intento *sm* intento *m*
interacción *sf* interazione *f*
interactivo *a* interattivo
intercalar *vt* intercalare
intercambio *sm* scambio *m*
interceder *vi* intercedere
intercesión *sf* intercessione *f*
intercontinental *a* intercontinentale
interés *sm* interesse *m*
interesar *vt/i* interessare ◆ *vrif* interessarsi
interfaz *sm* interfaccia *f* • ***i. de usuario*** interfaccia utente
interferencia *sf* interferenza *f*
interferir *vt* interferire con ◆ *vrif* immischiarsi
interior *a* interiore, interno ◆ *sm* interno *m* • ***Ministerio del Interior*** ministero degli interni
interjección *sf* interiezione *f*
interlocutor *sm* interlocutore *m*
intermediario *a/sm* intermediario *m*
intermedio *a* intermedio ◆ *sm* intervallo *m* ◇ (*teat*) intermezzo *m*, intervallo *m* • ***por i. de*** per mezzo di
interminable *a* interminabile
intermitente *a* intermittente
internacional *a* internazionale
internamente *avv* internamente
internar *vt* internare ◇ (*in ospedale*) ricoverare ◆ *vrif* addentrarsi
Internet *sf* Internet *m/f*
interno *a* interno
interpelar *vt* interpellare
interponer *vt* interporre ◆ *vrif* interporsi
interpretación *sf* interpretazione *f*
interpretar *vt* interpretare
intérprete *sm/f* interprete *m/f*
interrogar *vt* interrogare
interrumpir *vt* interrompere
interrupción *sf* interruzione *f*
interruptor *sm* interruttore *m*
intersección *sf* intersezione *f*
intersticio *sm* interstizio *m*
interurbano *a* interurbano
intervalo *sm* intervallo *m*
intervención *sf* intervento *m*

intervenir *vi* intervenire ◆ *vt* (*med*) operare ◇ sequestrare ◇ controllare
interventor *sm* controllore *m*, revisore *m*
intestinal *a* intestinale
intestino *a/sm* intestino *m*
intimar *vi* entrare in intimità ◆ *vt* intimare
intimidad *sf* intimità *f*
íntimo *a* intimo
intitular *vt* intitolare
intolerable *a* intollerabile
intolerante *a* intollerante
intoxicación *sf* intossicazione *f*
intraducible *a* intraducibile
intranquilo *a* irrequieto
intransigente *a* intransigente
intransitable *a* intransitabile
intratable *a* intrattabile
intrepidez *sf* intrepidezza *f*
intrépido *a* intrepido
intriga *sf* intrigo *m*
intrigar *vi* intrigare, macchinare ◆ *vt* intrigare, incuriosire
intrincado *a* intricato
intrínseco *a* intrinseco
introducción *sf* introduzione *f*
introducir *vt* introdurre ◆ *vrif* introdursi
introspectivo *a* introspettivo
introvertido *a* introverso
intrusión *sf* intrusione *f*
intruso *a/sm* intruso *m*
intuición *sf* intuizione *f*
intuir *vt* intuire
intuitivo *a* intuitivo
inundación *sf* inondazione *f*
inundar *vt* inondare ◆ *vrif* inondarsi
inútil *a* inutile
inutilidad *sf* inutilità *f*
inutilizar *vt* rendere inservibile
inútilmente *avv* inutilmente
invadir *vt* invadere
inválido *a/sm* invalido *m*
invasión *sf* invasione *f*
invasor *a/sm* invasore *m*
invencible *a* invincibile
invención *sf* invenzione *f*
inventar *vt* inventare
inventariar *vt* inventariare
inventario *sm* inventario *m*
inventiva *sf* inventiva *f*
inventivo *a* inventivo
invento *sm* invenzione *f*
inventor *sm* inventore *m*
invernadero *sm* serra *f* ● ***efecto i.*** effetto serra
invernal *a* invernale
invernar *vi* svernare
inverosímil *a* inverosimile
inversión *sf* inversione *f* ◇ (*fin*) investimento *m*
inverso *a* inverso, opposto ● ***a la inversa*** al contrario
invertebrado *a/sm* invertebrato *m*
invertir *vt* invertire ◇ (*fin*) investire ◇ utilizzare
investigación *sf* indagine *f* ◇ ricerca *f*
investigar *vt* investigare ◇ ricercare
investir *vt* investire
invicto *a* imbattuto

invierno *sm* inverno *m*
invisible *a* invisibile
invitación *sf* invito *m*
invitado *a/sm* invitato *m*
invitar *vt* invitare
invocar *vt* invocare
inyección *sf* iniezione *f*
inyectar *vt* iniettare
inyector *sm* iniettore *m*
ir *vi* andare, venire ◆ *vrif* andarsene • ***ir a*** (+ *infinito*) stare per; ***ir a mejor/peor*** migliorare/peggiorare; ***ir tirando*** tirare avanti; ***ni ir ni venir*** non importare; ***¡qué va!*** ma va'!; ***va en gustos*** dipende dai gusti; ***¡vamos!*** dai!, avanti!
ira *sf* ira *f*
irascible *a* irascibile
iris *sm* (*anat*) iride *f* • ***arco i.*** arcobaleno
irlandés *a/sm* irlandese *m/f*
ironía *sf* ironia *f*
irónico *a* ironico
irracional *a* irrazionale
irreal *a* irreale
irrealidad *sf* irrealtà *f*
irreflexión *sf* leggerezza *f*
irrefrenable *a* inarrestabile
irregular *a* irregolare
irremediable *a* irrimediabile
irreparable *a* irreparabile
irreprensible *a* irreprensibile
irreprochable *a* incensurabile
irresistible *a* irresistibile
irresoluto *a* irresoluto
irrespetuoso *a* irrispettoso
irrespirable *a* irrespirabile
irrigar *vt* irrigare
irrisorio *a* irrisorio
irritable *a* irritabile
irritación *sf* irritazione *f*
irritante *a* irritante
irritar *vt* irritare ◆ *vrif* irritarsi
irrupción *sf* irruzione *f*
isla *sf* isola *f*
islámico *a* islamico
isleño *a/sm* isolano *m*
islote *sm* isolotto *m*
israelí *a/sm/f* israeliano *m*
israelita *a/sm/f* israelita *m/f*
italiano *a/sm* italiano *m*
itálico *a* italico
itinerancia *sf* spostamento *m* ◇ (*tel*) roaming *m*
itinerario *sm* itinerario *m*
izar *vt* issare
izquierda *sf* sinistra *f*

J

jabalí *sm* cinghiale *m*
jabón *sm* sapone *m* • ***dar j. a alguien*** adulare qn; ***dar un j.*** rimproverare; ***j. líquido*** sapone liquido
jabonar *vt* insaponare ◆ *vrif* insaponarsi
jaboncillo *sm* saponetta *f*
jabonera *sf* portasapone *m*
jacaranda *sf* palissandro *m*

jacarandoso *a* allegro
jacinto *sm* giacinto *m*
jactancia *sf* iattanza *f*, vanteria *f*
jactarse *vrif* vantarsi
jade *sm* giada *f*
jadear *vi* boccheggiare, ansimare
jadeo *sm* affanno *m*
jaguar *sm* giaguaro *m*
jalea *sf* gelatina *f*
jalear *vt* incitare
jaleo *sm* (*fam*) baldoria *f* ◇ casino *m*
jamás *avv* mai • *j. de los jamases* mai più, mai e poi mai; *nunca j.* mai; *para siempre j.* per sempre
jamelgo *sm* ronzino *m*
jamón *sm* prosciutto *m*
japonés *a/sm* giapponese *m/f*
jaque *sm* scacco *m* • *j. mate* scaccomatto
jaqueca *sf* emicrania *f*
jarabe *sm* sciroppo *m*
jarana *sf* baldoria *f*
jaranear *vi* gozzovigliare
jardín *sm* giardino *m* • *j. de infancia* asilo
jardinera *sf* fioriera *f*
jardinería *sf* giardinaggio *m*
jardinero *sm* giardiniere *m*
jarra *sf* brocca *f*
jarro *sm* brocca *f*
jarrón *sm* vaso *m*
jaspeado *a* venato, screziato
jaspear *vt* venare, screziare
jaula *sf* gabbia *f*
jazmín *sm* gelsomino *m*
jefe *sm* capo *m* • *j. de estación* capostazione; *j. de familia* capofamiglia; *j. de tren* capotreno
jengibre *sm* zenzero *m*
jeque *sm* sceicco *m*
jerarquía *sf* gerarchia *f*
jerárquico *a* gerarchico
jerga *sf* gergo *m*
jerigonza *sf* linguaggio *m* incomprensibile
jeringa *sf* siringa *f*
jersey *sm* pullover *m*
jilguero *sm* cardellino *m*
jinete *sm* fantino *m*
jira *sf* gita *f*, scampagnata *f*
jirafa *sf* giraffa *f*
jirón *sm* brandello *m*
jocoso *a* giocoso
jofaina *sf* catinella *f*
jogging *sm* (*sport*) jogging *m*
jónico *a/sm* ionico *m*
jornada *sf* giornata *f* ◇ (*mil*) spedizione *f* • *j. intensiva* orario continuato
jornal *sm* paga *f* giornaliera
jornalero *sm* bracciante *m*
joroba *sf* gobba *f*
jorobado *a/sm* gobbo *m*
joven *a/sm/f* giovane *m/f*
jovial *a* gioviale, allegro
jovialidad *sf* giovialità *f*
joya *sf* gioia *f*, gioiello *m*
joyería *sf* gioielleria *f*
joyero *sm* gioielliere *m* ◇ portagioielli *m*

juanete *sm* (*nel piede*) alluce *m* valgo ◇ zigomo *m* sporgente
jubilación *sf* pensionamento *m*, pensione *f*
jubilado *a/sm* pensionato *m*
jubilar *vt* mettere in pensione ◆ *vrif* andare in pensione
júbilo *sm* giubilo *m*
judaico *a* giudaico
judaismo *sm* giudaismo *m*
judía *sf* fagiolo *m* ● ***j. verde*** fagiolino
judicial *a* giudiziario
judío *a/sm* giudeo *m*
juego *sm* gioco *m* ◇ servizio *m*, set *m* ● ***hacer j.*** armonizzarsi; ***j. de té/café*** servizio da tè/caffè; ***tomar a j.*** prendere alla leggera
jueves *sm* giovedì *m*
juez *sm/f* giudice *m* ● ***j. de línea*** guardalinee, segnalinee
jugada *sf* giocata *f* ● ***mala j.*** tiro mancino
jugar *vt* giocare ◆ *vi* giocare ◇ intervenire, partecipare ◆ *vrif* giocarsi ● ***j. un papel*** rappresentare un ruolo
juglar *sm* giullare *m*
jugo *sm* succo *m*
jugoso *a* succoso
juguete *sm* giocattolo *m*
juguetear *vi* giocherellare
juicio *sm* giudizio *m* ● ***a mi j.*** a mio parere
juicioso *a* giudizioso
julio *sm* luglio *m*
junco *sm* giunco *m*
junio *sm* giugno *m*
junta *sf* giunta *f*
juntar *vt* unire, congiungere ◇ riunire ◇ raccogliere ◇ (*finestra, porta*) socchiudere ◆ *vrif* unirsi ◇ convivere
junto *a* riunito ◇ vicino ● ***en/por j.*** in tutto; ***j. con*** insieme a
juntura *sf* giuntura *f* ◇ giunto *m*
jurado *a* giurato ◆ *sm* giuria *f* ◇ giurato *m*
juramentar *vt* far giurare ◆ *vrif* impegnarsi con un giuramento
juramento *sm* giuramento *m*
jurar *vt/i* giurare ● ***j. en falso*** giurare il falso
jurídico *a* giuridico
jurisdicción *sf* giurisdizione *f*
jurisprudencia *sf* giurisprudenza *f*
jurista *sm/f* giurista *m/f*
justicia *sf* giustizia *f*
justificable *a* giustificabile
justificación *sf* giustificazione *f*
justificar *vt* giustificare ◆ *vrif* giustificarsi
justo *a/sm* giusto *m* ◆ *avv* giusto, giustamente
juvenil *a* giovanile
juventud *sf* gioventù *f*
juzgado *sm* tribunale *m*
juzgar *vt* giudicare ● ***a j. por*** a giudicare da

K

kilo *sm* kilo *m*
kilogramo *sm* kilogrammo *m*
kilometraje *sm* kilometraggio *m*
kilómetro *sm* kilometro *m*
kilovatio *sm* kilowatt *m*
kiosco *sm* chiosco *m*, edicola *f*

L

la *art* la ◆ *pr.pers* la • *la conozco muy bien* la conosco molto bene; *¡mírala!* guardala!
laberinto *sm* labirinto *m*
labial *a* labiale
labio *sm* labbro *m* • *sin despegar los labios* senza aprire bocca
labor *sf* lavoro *m* • *de profesión: sus labores* professione: casalinga; *l. de punto* lavoro a maglia; *tierra de l.* terra coltivata
laborable *a* lavorativo
laboral *a* lavorativo
laboratorio *sm* laboratorio *m*
laborioso *a* laborioso
labrador *sm* agricoltore *m*
labrantío *a* coltivabile
labranza *sf* coltivazione *f*, lavoro *m* agricolo
labrar *vt* (*materiale, terra*) lavorare ◇ causare, fare
labriego *sm* contadino *m*
laca *sf* lacca *f*
lacayo *sm* lacchè *m*
laceración *sf* lacerazione *f*
lacerar *vt* lacerare ◆ *vrif* lacerarsi
lacero *sm* accalappiacani *m*
lacio *a* (*di capelli*) liscio
lacónico *a* laconico
lacra *sf* cicatrice *f*
lacrimoso *a* lacrimoso
lactante *a/sm/f* lattante *m/f*
lácteo *a* latteo
lacustre *a* lacustre
ladear *vt* inclinare ◆ *vrif* inclinarsi ◇ scostarsi, spostarsi
ladeo *sm* inclinazione *f*
ladera *sf* pendio *m*
ladino *a* astuto
lado *sm* (*anat*) fianco *m* ◇ lato *m* • *dar de l. a* mettere/tenere in disparte; *dejar a un l.* lasciare da parte; *mirar de l.* guardare dall'alto in basso
ladrar *vi* latrare
ladrillo *sm* mattone *m*
ladrón *sm* ladro *m*
lagar *sm* torchio *m*
lagartija *sf* lucertola *f*

lagarto *sm* ramarro *m*
lago *sm* lago *m*
lágrima *sf* lacrima *f*
lagrimoso *a* lacrimoso
laguna *sf* laguna *f* ◇ lacuna *f*
laicismo *sm* laicismo *m*
laico *a* laico
lama *sf* limo *m*
lamentable *a* deplorevole
lamentación *sf* lamento *m*
lamentar *vt* dispiacersi ◆ *vrif* lamentarsi
lamento *sm* lamento *m*
lamer *vt* leccare ◇ lambire
lámina *sf* lamina *f* ◇ (*arte*) incisione *f*
lámpara *sf* lampada *f*
lampiño *a* imberbe
lana *sf* lana *f*
lance *sm* evento *m* ◇ giocata *f*, fase *f* ● *l. de fortuna* colpo di fortuna; *l. de honor* duello, sfida
lancero *sm* lanciere *m*
lanceta *sf* lancetta *f*
lancha *sf* lancia *f* ● *l. motora* motoscafo; *l. neumática* gommone
langosta *sf* aragosta *f*
langostino *sm* gambero *m* grigio
languidecer *vi* languire
languidez *sf* languore *m*
lanudo *a* lanuto
lanza *sf* lancia *f*
lanzadera *sf* spola *f*
lanzamiento *sm* lancio *m*
lanzar *vt* lanciare, gettare ◆ *vrif* lanciarsi, precipitarsi
lapicero *sm* matita *f*
lápida *sf* lapide *f*
lapidar *vt* lapidare
lapidario *a/sm* lapidario *m*
lápiz *sm* matita *f*
lapso *sm* lasso *m*
lapsus *sm* lapsus *m*
laptop *sm* (*inform*) laptop *m*
largar *vt* allentare ◇ (*fam*) (*colpo, pugno*) mollare, appioppare ◆ *vi* parlare molto ◆ *vrif* squagliarsela ● *l. un discurso/sermón* fare la predica
largo *a* lungo ◇ abbondante ◇ generoso ◆ *sm* lunghezza *f* ● *a la larga* alla lunga, a lungo andare; *a lo l. de la calle* lungo la via; *a lo l. del año* durante l'anno
larguero *sm* traversa *f*
largueza *sf* liberalità *f*, generosità *f*
laringe *sf* laringe *f*
laringitis *sf* laringite *f*
larva *sf* larva *f*
larval *a* larvale
lascivo *a* lascivo
láser *sm* laser *m*
lasitud *sf* fiacchezza *f*
lástima *sf* pena *f*, compassione *f* ◇ *al pl* disgrazie *f pl* ● *¡qué l.!* che peccato!
lastimar *vt* ferire, far male ◆ *vrif* ferirsi, farsi male
lastimero *a* pietoso
lastra *sf* lastra *f*

lastre *sm* zavorra *f*
lata *sf* latta *f* ◇ lattina *f* • *¡qué l.!* che seccatura!
latente *a* latente
lateral *a* laterale ◆ *sm* lato *m*
latido *sm* pulsazione *f*, battito *m*
latifundista *sm/f* latifondista *m/f*
latigazo *sm* frustata *f* ◇ (*fam*) bicchierino *m*
látigo *sm* frusta *f*
latín *sm* latino *m*
latinismo *sm* latinismo *m*
latino *a/sm* latino *m*
latinoamericano *a/sm* latinoamericano *m*
latir *vi* palpitare
latitud *sf* latitudine *f*
lato *a* ampio, esteso ◇ (*fig*) lato
latón *sm* ottone *m*
laúd *sm* liuto *m*
laudable *a* lodevole
laurel *sm* alloro *m*
lava *sf* lava *f*
lavable *a* lavabile
lavabo *sm* lavabo *m*
lavado *sm* lavaggio *m*
lavadora *sf* lavatrice *f*
lavanda *sf* lavanda *f*
lavandería *sf* lavanderia *f*
lavandero *sm* lavandaio *m*
lavaplatos *sm* lavastoviglie *f*
lavar *vt* lavare ◆ *vrif* lavarsi
lavavajillas *sm* lavastoviglie *f*
laxante *a/sm* lassativo *m*
laxitud *sf* rilassamento *m*
laya *sf* (*agr*) vanga *f* ◇ (*spreg*) razza *f*, risma *f*
lazada *sf* cappio *m*
lazareto *sm* lazzaretto *m*
lazo *sm* nodo *m* ◇ laccio *m*, cappio *m* ◇ vincolo *m*, legame *m* • *caer en el l.* cadere in trappola
le *pr.pers* (*indiretto*) gli, le ◇ (*diretto*) lo
leal *a* leale
lealtad *sf* lealtà *f*
lebrel *sm* levriero *m*
lección *sf* lezione *f*
leche *sf* latte *m* • *l. bronceadora* latte abbronzante; *l. de almendras* latte di mandorle
lechería *sf* latteria *f*
lechero *a* lattiero ◆ *sm* lattaio *m* • *vaca lechera* vacca da latte
lecho *sm* letto *m*
lechón *sm* porcellino *m*
lechoso *a* lattiginoso
lechuga *sf* lattuga *f*
lechuza *sf* civetta *f*
lector *sm* lettore *m* • *l. de código de barras* lettore di codice a barre; *l. de discos compactos* lettore di CD
lectura *sf* lettura *f*
leer *vt* leggere
legado *sm* legato *m*
legajo *sm* fascicolo *m*
legal *a* legale
legalidad *sf* legalità *f*
legalizar *vt* legalizzare
legendario *a* leggendario
legible *a* leggibile
legión *sf* legione *f*
legionario *sm* legionario *m*
legislación *sf* legislazione *f*

legislar *vi* legiferare
legislativo *a* legislativo
legitimar *vt* legittimare
legítimo *a* legittimo • ***en legítima defensa*** per legittima difesa
lego *a* ignorante ◇ laico ◆ *sm* laico *m*
legua *sf* lega *f* • ***a la l., a cien/mil leguas*** lontano un miglio
legumbre *sf* legume *m*
leído *a* istruito
lejanía *sf* lontananza *f*
lejano *a* lontano
lejos *avv* lontano • ***a lo l.*** in lontananza; ***l. de*** lontano da
lelo *a* (*fam*) sciocco
lema *sf* motto *m*
lencería *sf* biancheria *f*
lengua *sf* lingua *f* • ***tener algo en la l.*** avere qc sulla punta della lingua; ***tener mucha l.*** essere chiacchierone; ***tirar de la l.*** fare una domanda a trabocchetto
lenguado *sm* sogliola *f*
lenguaje *sm* linguaggio *m*
lengüeta *sf* linguetta *f*
lenidad *sf* clemenza *f*
leninismo *sm* leninismo *m*
lenitivo *a/sm* lenitivo *m*
lente *sf/m* lente *f* ◆ *sm pl* occhiali *m pl* • ***l. de aumento*** lente di ingrandimento; ***lentes de contacto*** lenti a contatto
lenteja *sf* lenticchia *f*
lentilla *sf* lente *f* a contatto
lentitud *sf* lentezza *f*
lento *a* lento ◆ *avv* lentamente
leña *sf* legna *f* • ***dar l.*** bastonare
leñador *sm* boscaiolo *m*
leño *sm* legno *m*
leñoso *a* legnoso
león *sm* leone *m*
leona *sf* leonessa *f*
leopardo *sm* leopardo *m*
leotardos *sm pl* calzamaglia *f*
lepra *sf* lebbra *f*
leproso *a/sm* lebbroso *m*
lerdo *a* lento, ottuso
lesión *sf* lesione *f*
lesionar *vt* lesionare ◆ *vrif* lesionarsi
letal *a* letale
letanía *sf* litania *f*
letargo *sm* letargo *m*
letra *sf* lettera *f* ◇ scrittura *f* ◇ cambiale *f* ◇ *al pl* facoltà *f* di lettere, lettere *f pl* • ***l. capital*** maiuscola; ***l. de cambio*** cambiale
letrado *sm* avvocato *m*
letrero *sm* annuncio *m*, scritta *f*, insegna *f*
letrina *sf* latrina *f*
leucemia *sf* leucemia *f*
leva *sf* leva *f*
levadura *sf* lievito *m*
levantamiento *sm* sollevamento *m* ◇ sospensione *f* ◇ sollevazione *f*, rivolta *f*
levantar *vt* alzare, sollevare ◇ costruire, edificare ◇ levare, smontare ◇ levare, togliere ◆ *vrif* sollevarsi, alzarsi ◇ alzarsi in piedi ◇ (*dal letto*) alzarsi • ***l.***

la mesa sparecchiare; *l. la voz* alzare la voce; *l. una casa* edificare una casa
levante *sm* levante *m*
levar *vt/i* salpare
leve *a* lieve
léxico *sm* lessico *m*
ley *sf* legge *f* • *ser de l.* essere giusto; *tener l.* essere perbene
leyenda *sf* leggenda *f*
liar *vt* legare ◇ avvolgere ◇ complicare, imbrogliare ◆ *vrif* (*di filo, matassa*) ingarbugliarsi ◇ mettersi a, attaccare a ◇ (*azzuffarsi*) prendersi a ◇ (*fam*) avere una relazione
libación *sf* libagione *f*
libélula *sf* libellula *f*
liberación *sf* liberazione *f*
liberal *a/sm/f* liberale *m/f*
liberalismo *sm* liberalismo *m*
liberalización *sf* liberalizzazione *f*
liberar *vt* liberare
libertad *sf* libertà *f*
libertar *vt* liberare
libídine *sf* libidine *f*
libra *sf* libbra *f* ◇ lira *f*
libranza *sf* tratta *f*
librar *vt* liberare ◇ (*assegni, cambiali*) emettere ◆ *vrif* liberarsi
libre *a* libero • *l. de cuidados* senza preoccupazioni
librería *sf* libreria *f*
librero *sm* libraio *m*
libreta *sf* blocco *m* (per appunti) ◇ (*di banca*) libretto *m*
libreto *sm* (*mus*) libretto *m*
libro *sm* libro *m* • *colgar los libros* abbandonare gli studi; *l. encuadernado* libro rilegato
licencia *sf* licenza *f*
licenciado *sm* laureato *m*
licenciar *vt* (*mil*) congedare ◆ *vrif* laurearsi ◇ (*mil*) congedarsi
licenciatura *sf* laurea *f*
licencioso *a* licenzioso
liceo *sm* liceo *m*
lícito *a* lecito
licor *sm* liquore *m*
licuar *vt* liquefare ◆ *vrif* liquefarsi
lid *sf* lite *f*
lidia *sf* lotta *f* ◇ (*taurom*) corrida *f*
lidiar *vi* combattere, lottare
liebre *sf* lepre *f*
lienzo *sm* tela *f*
liga *sf* lega *f*
ligamento *sm* legamento *m*
ligar *vt* legare ◇ collegare, unire ◆ *vi* legare ◆ *vrif* legarsi
ligereza *sf* leggerezza *f*
ligero *a* leggero • *a la ligera* alla leggera
light *a* light, leggero
lija *sf* sagrì *m* • *papel de l.* carta vetrata
lila *sf* lillà *m*
lima *sf* lima *f* ◇ (*bot*) limetta *f*
limar *vt* limare
limitación *sf* limitazione *f*
limitar *vt* limitare ◆ *vi* confinare ◆ *vrif* limitarsi

limitativo *a* limitativo
límite *sm* limite *m*
limítrofe *a* limitrofo
limón *sm* (*frutto*) limone *m*
limonada *sf* limonata *f*
limonero *sm* (*albero*) limone *m*
limosna *sf* elemosina *f*
limpiabotas *sm* lustrascarpe *m*
limpiaparabrisas *sm* (*aut*) tergicristallo *m* • ***l. trasero*** tergilunotto
limpiar *vt* pulire ◇ ripulire ◇ (*fam*) derubare ◆ *vrif* pulirsi
limpidez *sf* limpidezza *f*
límpido *a* limpido
limpieza *sf* pulizia *f* ◇ precisione *f*, abilità *f* ◇ correttezza *f*
limpio *a* pulito ◇ puro ◇ netto, nitido • ***en l.*** al netto; ***sacar en l.*** afferrare, capire
linaje *sm* lignaggio *m*, stirpe *f*
linajudo *a* nobile
linaza *sf* semi *m pl* di lino
lince *sm* lince *f*
linchamiento *sm* linciaggio *m*
linchar *vt* linciare
lindar *vi* confinare
linde *sm* limite *m*, confine *m*
lindero *sm* limite *m*, confine *m*
lindo *a* carino • ***de lo l.*** moltissimo
línea *sf* linea *f* ◇ (*di scritto*) riga *f* • ***l. analógica*** linea analogica; ***l. caliente*** hot line; ***l. conmutada*** linea commutata; ***l. dedicada*** linea dedicata; ***l. digital*** linea digitale; ***l. de ferrocarril*** linea ferroviaria; ***en l.*** on line; ***en toda la l.*** su tutta la linea; ***escribir unas líneas*** scrivere due righe
lineal *a* lineare
linfa *sf* linfa *f*
lingüística *sf* linguistica *f*
lino *sm* lino *m*
linterna *sf* lanterna *f*
lío *sm* fagotto *m* ◇ imbroglio *m*, impiccio *m*
liofilizar *vt* liofilizzare
lípido *sm* lipide *m*
liquidación *sf* liquidazione *f*
liquidar *vt* liquidare
líquido *a/sm* liquido *m*
lira *sf* lira *f*
lírica *sf* lirica *f*
lírico *a* lirico
lirio *sm* giglio *m*
lirismo *sm* lirismo *m*
lirón *sm* ghiro *m*
lisiado *sm* invalido *m*
liso *a* liscio ◇ (*di stoffa*) a tinta unita
lisonja *sf* lusinga *f*
lisonjear *vt* lusingare
lisonjero *a* lusinghiero
lista *sf* lista *f*, elenco *m* ◇ riga *f*, striscia *f* • ***l. de correo*** mailing list; ***l. de correos*** fermo posta; ***l. negra*** lista nera; ***l. telefónica*** elenco telefonico; ***pasar l.*** fare l'appello
listín *sm* listino *m*
listo *a* perspicace, svelto ◇ astuto, abile ◇ pronto
lisura *sf* levigatezza *f*

litera *sf* cuccetta *f* ◇ letto *m* a castello
literal *a* letterale
literario *a* letterario
literato *sm* letterato *m*
literatura *sf* letteratura *f*
litigar *vi* litigare
litigio *sm* litigio *m*
litoral *a* litoraneo ◆ *sm* litorale *m*
litro *sm* litro *m*
litúrgico *a* liturgico
liviano *a* leggero ◇ frivolo
lívido *a* livido
llaga *sf* piaga *f*
llama *sf* fiamma *f* ◇ (*zool*) lama *m*
llamada *sf* chiamata *f* ● ***l. telefónica*** telefonata
llamado *a* detto, chiamato
llamamiento *sm* richiamo *m* ◇ (*mil*) chiamata *f*
llamar *vt* chiamare ◇ chiamare, telefonare ◆ *vrif* chiamarsi ● ***l. la atención*** richiamare l'attenzione
llamarada *sf* fiammata *f*
llamativo *a* sgargiante ◇ provocante
llamear *vi* fiammeggiare
llaneza *sf* semplicità *f*
llano *a* piano, pianeggiante ◇ semplice, alla mano ◇ (*ling*) piano ◆ *sm* pianura *f*
llanta *sf* cerchione *m*
llanto *sm* pianto *m*
llanura *sf* pianura *f*
llave *sf* chiave *f* ● ***cerrar con l.*** chiudere a chiave; ***l. de la luz*** interruttore della luce; ***l. inglesa*** chiave inglese
llavero *sm* portachiavi *m*
llegada *sf* arrivo *m*
llegar *vi* arrivare ◆ *vrif* avvicinarsi ◇ passare ● ***l. a las manos*** venire alle mani; ***l. a puerto*** andare in porto
llenar *vt* riempire ◇ soddisfare ◆ *vrif* riempirsi
lleno *a* pieno ◆ *sm* pienone *m* ● ***de l.*** in pieno
llevadero *a* sopportabile
llevar *vt* portare ◇ condurre ◇ indossare ◆ *vrif* prendersi ◇ portarsi via, conseguire ● ***l. idea de*** avere in mente di; ***l. las cuentas*** tenere i conti, la contabilità; ***l. prisa*** avere fretta
llorar *vt/i* piangere
lloriquear *vi* piagnucolare
lloro *sm* pianto *m*
llorón *a/sm* piagnone *m* ● ***sauce l.*** salice piangente
llover *vimp* piovere ● ***l. a cántaros*** piovere a catinelle; ***l. sobre mojado*** piovere sul bagnato
llovizna *sf* pioggerellina *f*
lloviznar *vimp* piovigginare
lluvia *sf* pioggia *f*
lluvioso *a* piovoso
lo *art* ciò che ◆ *pr.pers* lo ● ***lo que importa*** ciò che importa
loa *sf* lode *f*
loable *a* lodevole
loar *vt* lodare, elogiare
lobo *sm* lupo *m*

lóbrego *a* tenebroso
lóbulo *sm* lobo *m*
local *a/sm* locale *m*
localidad *sf* località *f*
localización *sf* localizzazione *f*
localizar *vt* localizzare, rintracciare ◇ localizzare, circoscrivere ◆ *vrif* localizzarsi
loción *sf* lozione *f* ● ***l. para después del afeitado*** dopobarba
loco *a/sm* pazzo *m*, matto *m*
locomoción *sf* locomozione *f*
locomotora *sf* locomotiva *f*
locuaz *a* loquace
locura *sf* follia *f*, pazzia *f*
lodo *sm* fango *m*, melma *f*
logia *sf* loggia *f*
lógica *sf* logica *f*
lógico *a* logico
lograr *vi* riuscire, conseguire
logro *sm* risultato *m* ◇ guadagno *m* ◇ successo *m*
loma *sf* colle *m*, collina *f*
lombriz *sf* lombrico *m*
lomo *sm* lombo *m* ◇ (*di libro*) dorso *m*
loncha *sf* fetta *f*
londinense *a/sm/f* londinese *m/f*
longaniza *sf* salsiccia *f*
longitud *sf* lunghezza *f* ◇ longitudine *f*
longitudinal *a* longitudinale
lonja *sf* fetta *f*
loro *sm* pappagallo *m*
los *art* i, gli ◆ *pr.pers* li
losa *sf* lastra *f*, pietra *f*
lote *sm* lotto *m*
lotería *sf* lotteria *f*
loza *sf* ceramica *f*
lozanía *sf* vigore *m*, freschezza *f*
lozano *a* vigoroso, lussureggiante ◇ florido, sano
lubricante *a/sm* lubrificante *m*
lubricar *vt* lubrificare
lubrificar → **lubricar**
lucha *sf* lotta *f*
luchador *a/sm* lottatore *m*
luchar *vi* lottare
lucidez *sf* lucidità *f*
lucido *a* brillante, ben riuscito
lúcido *a* lucido
luciente *a* lucente
luciérnaga *sf* lucciola *f*
lucimiento *sm* splendore *m* ◇ esibizione *f*
lucir *vi* brillare, splendere ◇ (*fig*) brillare, distinguersi ◇ rendere, fruttare ◆ *vt* sfoggiare, ostentare ◆ *vrif* farsi onore ◇ pavoneggiarsi
lucrarse *vrif* trarre profitto, lucrare
lucro *sm* lucro *m*
luctuoso *a* luttuoso
lúdico *a* ludico
luego *avv* dopo, poi ◆ *cong* quindi, dunque ● ***desde l.*** senza dubbio, certamente; ***hasta l.*** arrivederci
lugar *sm* luogo *m*, posto *m* ● ***en l. de*** invece di; ***en primer l.*** in primo luogo; ***tener l.*** avere luogo
lugareño *sm* paesano *m*

lúgubre *a* lugubre
lujo *sm* lusso *m*
lujoso *a* lussuoso
lujuria *sf* lussuria *f*
lujurioso *a* lussurioso
lumbre *sf* fuoco *m*
lumbrera *sf* lucernario *m* ◇ (*fam*) cima *f*, genio *m*
luminosidad *sf* luminosità *f*
luminoso *a* luminoso
luna *sf* luna *f* ◇ specchio *m* ● ***l. de miel*** luna di miele; ***pedir la l.*** chiedere la luna
lunar *a* lunare ◆ *sm* neo *m*
lunático *a* lunatico
lunes *sm* lunedì *m*
lupa *sf* lente *f* di ingrandimento
lúpulo *sm* luppolo *m*
lustrar *vt* lustrare
lustre *sm* lustro *m* ◇ (*fig*) lustro *m*, onore *m*
luteranismo *sm* luteranesimo *m*
luto *sm* lutto *m*
luxación *sf* lussazione *f*
luz *sf* luce *f* ● ***a todas luces*** chiaramente; ***dar a l.*** dare alla luce; ***l. corta*** anabbagliante; ***l. larga*** abbagliante; ***sacar a la l.*** portare alla luce

M

macabro *a* macabro
macarrones *sm pl* maccheroni *m pl*
macedonia *sf* macedonia *f*
macerar *vt* macerare
maceta *sf* vaso *m*
machacar *vt* pestare, sminuzzare ◇ (*fig*) schiacciare, annientare ◆ *vi* insistere
machete *sm* machete *m*
macho *a/sm* maschio *m*
macilento *a* macilento
macizo *a* massiccio ◆ *sm* massiccio *m* ◇ cespuglio *m*
macroscópico *a* macroscopico
mácula *sf* macchia *f*
maculado *a* maculato
madeja *sf* matassa *f*
madera *sf* legno *m* ◇ legname *m* ◇ (*fig*) stoffa *f* ● ***tener mala m.*** essere pigro
madero *sm* tronco *m* ◇ trave *f*
madrastra *sf* matrigna *f*
madre *sf* madre *f* ◇ (*di fiume*) alveo *m* ● ***no tener m.*** non avere buoni sentimenti; ***salirse de m.*** straripare; eccedere
madreperla *sf* madreperla *f*
madreselva *sf* caprifoglio *m*
madrigal *sm* madrigale *m*
madriguera *sf* tana *f*
madrina *sf* madrina *f*
madrugada *sf* alba *f* ● ***de m.*** di buon mattino
madrugador *a/sm* mattiniero *m*

madrugar *vi* alzarsi presto ◇ guadagnare tempo
maduración *sf* maturazione *f*
madurar *vt/i* maturare
madurez *sf* maturità *f*
maduro *a* maturo
maestría *sf* maestria *f*, abilità *f*
maestro *a* abile ◇ principale ◆ *sm* maestro *m*
magia *sf* magia *f*
mágico *a* magico
magistrado *sm* magistrato *m*
magistratura *sf* magistratura *f*
magnánimo *a* magnanimo
magnate *sm* magnate *m*
magnético *a* magnetico
magnetizar *vt* magnetizzare
magneto *sm* magnete *m*
magnífico *a* magnifico
magnitud *sf* grandezza *f*
magnolia *sf* magnolia *f*
mago *sm* mago *m*
magro *a* magro
magulladura *sf* ammaccatura *f*
mahometano *a/sm* maomettano *m*
mahonesa *sf* maionese *f*
mailing list *sf* mailing list *f*
maíz *sm* mais *m*, granturco *m*
majada *sf* ovile *m*
majadero *a* sciocco ◆ *sm* sciocco *m* ◇ pestello *m*
majar *vt* pestare
majestad *sf* maestà *f*
majestuoso *a* maestoso
majo *a* carino, gentile
mal *a* → **malo** ◆ *sm* male *m* ◆ *avv* male, malamente • ***decir m.*** sparlare; ***m. de ojo*** malocchio; ***m. que*** anche se; ***menos m. que*** meno male che; ***parar m.*** finire male; ***sentar m.*** rimanere male
malabarismo *sm* gioco *m* di destrezza
malabarista *sm/f* giocoliere *m*
malamente *avv* malamente
malaria *sf* malaria *f*
malcriado *a* viziato
malcriar *vt* viziare
maldad *sf* cattiveria *f*
maldecir *vt* maledire ◆ *vi* parlar male di
maldiciente *a/sm/f* maldicente *m/f*
maldición *sf* maledizione *f*
maldito *a* maledetto • ***¡maldita sea!*** maledizione!
maleable *a* malleabile
maleante *sm/f* malvivente *m/f*
malecón *sm* argine *m* ◇ molo *m*
maledicencia *sf* maldicenza *f*
maleficio *sm* maleficio *m*
malentender *vt* fraintendere
malestar *sm* malessere *m*
maleta *sf* valigia *f* • ***hacer las maletas*** fare le valigie
maletero *sm* facchino *m* ◇ bagagliaio *m*
maletín *sm* valigetta *f*
malevolencia *sf* malanimo *m*
malévolo *a* malevolo
maleza *sf* boscaglia *f* ◇ erbacce *f pl*
malgastar *vt* sperperare, sprecare

malhecho *a* malfatto
malhechor *sm* malfattore *m*
malhumor *sm* malumore *m*
malhumorado *a* di malumore
malicia *sf* malizia *f*
malicioso *a/sm* malizioso *m*
malignidad *sf* malignità *f*
maligno *a* maligno
malintencionado *a* malintenzionato
malla *sf* maglia *f* ◇ calzamaglia *f*
malo *a* (**mal** *davanti a sm*) cattivo ◇ brutto ◇ cattivo, malvagio ◇ ammalato ◇ dannoso • ***estar m.*** essere malato; ***lo m. es que*** il guaio è che; ***m. de entender*** difficile da capire; ***por las malas*** con le cattive
malograr *vt* perdere ◆ *vrif* andare a monte
malogro *sm* fallimento *m*
maloliente *a* maleodorante
malparado *a* malandato, malconcio
malsano *a* malsano
malta *sf* malto *m*
maltratar *vt* maltrattare, strapazzare ◇ danneggiare • ***m. de palabra*** insultare
maltrato *sm* maltrattamento *m*
maltrecho *a* malandato
malva *sf* malva *f*
malvado *a/sm* malvagio *m*
malvender *vt* svendere
malversar *vt* malversare
mama *sf* mammella *f*
mamá *sf* (*fam*) mamma *f*
mamar *vt* poppare
mamífero *a/sm* mammifero *m*
mampara *sf* paravento *m* • ***m. de ducha*** box doccia
mampostería *sf* muratura *f* di pietra
mamut *sm* mammut *m*
maná *sm* manna *f*
manada *sf* mandria *f*, branco *m* ◇ (*fig*) frotta *f*, gruppo *m* • ***en m.*** in gruppo
manantial *sm* fonte *f*, sorgente *f*
manar *vi* sgorgare
mancebo *sm* ragazzo *m*
mancha *sf* macchia *f* ◇ (*pitt*) schizzo *m*
manchar *vt* macchiare ◇ disonorare ◆ *vrif* macchiarsi
mancilla *sf* macchia *f*, disonore *m*
manco *a/sm* monco *m*
mancomún, de *loc.avv* di comune accordo
mancomunar *vt* unire, associare ◆ *vrif* associarsi
mancomunidad *sf* associazione *f*
mandadero *sm* fattorino *m*
mandado *sm* incarico *m*, commissione *f*
mandamiento *sm* ordine *m*, comando *m* ◇ (*relig*) comandamento *m* ◇ (*dir*) mandato *m*
mandar *vt* comandare, ordinare ◇ comandare, governare ◇ mandare, inviare
mandarina *sf* mandarino *m*
mandato *sm* mandato *m*

mandíbula *sf* mandibola *f*
mandil *sm* grembiule *m*
mando *sm* comando *m* • ***m. a distancia*** telecomando
mandolina *sf* mandolino *m*
mandril *sm* mandrino *m*
manecilla *sf* lancetta *f*
manejable *a* maneggevole
manejar *vt* maneggiare ◇ gestire, amministrare ◆ *vrif* cavarsela
manejo *sm* maneggio *m*, uso *m* ◇ maneggio *m*, amministrazione *f*
manera *sf* maniera *f*, modo *m* • ***a la m. de*** alla maniera di; ***a m. de*** come; ***a mi m. de ver*** secondo la mia opinione; ***de cualquier m.*** in qualche modo; ***de mala m.*** in malo modo; ***de una m. o de otra*** in un modo o nell'altro; ***en gran m.*** moltissimo
manga *sf* manica *f* ◇ (*per acqua*) manichetta *f* ◇ manica *f* a vento ◇ tromba *f* marina • ***m. de agua*** acquazzone; ***m. de riego*** tubo di irrigazione; ***m. corta*** manica corta; ***m. larga*** manica lunga; ***ser de m. ancha*** essere di manica larga
mango *sm* manico *m* ◇ (*bot*) mango *m*
manguera *sf* manichetta *f*, tubo *m* di irrigazione
maní *sm* arachide *f*
manía *sf* mania *f*
maníaco *a/sm* maniaco *m*
maniatar *vt* ammanettare
maniático *a/sm* maniaco *m*
manicomio *sm* manicomio *m*
manicura *sf* manicure *f*
manifestación *sf* manifestazione *f*
manifestar *vt* manifestare, dimostrare ◆ *vrif* manifestarsi, dimostrarsi ◇ manifestare, partecipare a una manifestazione
manifiesto *a/sm* manifesto *m*
manilla *sf* manetta *f*
manillar *sm* manubrio *m*
maniobra *sf* manovra *f*
maniobrar *vt/i* manovrare
manipulación *sf* manipolazione *f*
manipular *vt* manipolare
maniquí *sm* manichino *m* ◆ *sm/f* indossatore *m*, indossatrice *f*
manivela *sf* manovella *f*
manjar *sm* manicaretto *m*, vivanda *f*
mano *sf* mano *f* • ***bajo m.*** sotto mano; ***estar m. sobre m.*** stare con le mani in mano; ***m. de obra*** manodopera; ***tener buena m.*** avere destrezza
manojito *sm* mazzetto *m*
manojo *sm* mazzo *m*, fascio *m*
manómetro *sm* manometro *m*
manopla *sf* manopola *f*
manosear *vt* toccare
manotazo *sm* manata *f*
mansedumbre *sf* mansuetudine *f*
mansión *sf* dimora *f*, residenza *f*

manso *a* mansueto
manta *sf* coperta *f* • *a m.* in abbondanza; *m. acolchada* piumino; *tirar de la m.* scoprire gli altarini
manteca *sf* strutto *m* ◇ burro *m*
mantecoso *a* burroso
mantel *sm* tovaglia *f*
mantener *vt* mantenere ◇ conservare ◇ difendere ◇ sostenere ◆ *vrif* mantenersi ◇ restare, rimanere • *m. la derecha* tenere la destra
mantenimiento *sm* mantenimento *m*
mantequilla *sf* burro *m*
mantillo *sm* terriccio *m*
manto *sm* mantello *m*, manto *m* ◇ (*fig*) manto *m*, coltre *f*
mantón *sm* scialle *m*
manual *a/sm* manuale *m*
manualidad *sf* manualità *f*
manualmente *avv* manualmente
manubrio *sm* manubrio *m*, manico *m*
manufactura *sf* manifattura *f*
manuscrito *sm* manoscritto *m*
manutención *sf* mantenimento *m*
manzana *sf* mela *f*
manzanilla *sf* camomilla *f*
manzano *sm* melo *m*
maña *sf* abilità *f*, destrezza *f* ◇ astuzia *f* ◇ mania *f*
mañana *sf* mattina *f*, mattino *m* ◆ *avv/sm* domani *m* • *ayer por la m.* ieri mattina; *esta m.* stamattina; *¡hasta m.!* a domani!; *m. por la m.* domattina; *pasado m.* dopodomani; *por la m.* di mattina
mapa *sm* mappa *f*, carta *f* geografica ◆ *sf* primato *m*, palma *f* • *m. físico/político* carta fisica/politica
mapamundi *sm* mappamondo *m*
maqueta *sf* modello *m*, plastico *m*
maquillador *sm* truccatore *m*
maquillaje *sm* trucco *m*
maquillar *vt* truccare ◆ *vrif* truccarsi
máquina *sf* macchina *f* • *a toda m.* a tutta velocità; *m. de escribir* macchina per scrivere; *m. de afeitar* rasoio elettrico
maquinación *sf* macchinazione *f*
maquinal *a* meccanico
maquinaria *sf* macchinario *m*
maquinilla *sf* rasoio *m*
maquinista *sm* macchinista *m*
mar *sm/f* mare *m* • *alta m.* altomare; *el m. se pica* il mare si increspa; *hacerse a la m.* salpare; *la m. de* un mucchio di; *llorar/llover a mares* piangere/piovere a dirotto; *m. de fondo* mareggiata; *m. gruesa* mare grosso
maraña *sf* groviglio *m*, intrico *m*
marasmo *sm* marasma *m*
maratón *sm* maratona *f*

maravilla *sf* meraviglia *f*
maravillar *vt* meravigliare ◆ *vrif* meravigliarsi
maravilloso *a* meraviglioso
marca *sf* marchio *m* ◇ marca *f*, etichetta *f* ◇ (*sport*) primato *m* ◇ (*naut*) rilevamento *m* • *m. registrada* marchio registrato
marcado *a* marcato, evidente
marcador *sm* (*sport*) tabellone *m*
marcar *vt* marcare ◇ (*fig*) segnare ◇ segnare, indicare ◇ (*numero di telefono*) comporre ◇ (*capelli*) mettere in piega • *m. un gol* segnare un goal
marcha *sf* marcia *f* • *a toda m.* a tutta velocità; *m. atrás* retromarcia; *poner en m.* avviare, mettere in moto
marchar *vi* andare, partire ◇ funzionare ◇ (*mil*) marciare ◆ *vrif* andarsene, partire
marchitar *vt/rif* appassire
marchito *a* appassito
marcial *a* marziale
marciano *sm* marziano *m*
marco *sm* cornice *f*, riquadro *m* ◇ marco *m*
marea *sf* marea *f*
marear *vt* molestare, infastidire ◆ *vrif* avere nausea ◇ infastidirsi
marejada *sf* mareggiata *f*
maremoto *sm* maremoto *m*
mareo *sm* nausea *f*
marfil *sm* avorio *m*
margarina *sf* margarina *f*
margarita *sf* margherita *f* ◇ perla *f*
margen *sm/f* bordo *m*, riva *f* ◆ *sm* margine *m*
marginal *a* marginale
marginar *vt* emarginare
mariano *a* mariano
marido *sm* marito *m*
marina *sf* marina *f* • *m. de guerra/mercante* marina militare/mercantile
marinero *sm* marinaio *m*
marino *a* marino ◆ *sm* marinaio *m*
marioneta *sf* marionetta *f*
mariposa *sf* farfalla *f*
marisabidilla *sf* saputella *f*
marisco *sm* frutto *m* di mare
marítimo *a* marittimo
marmita *sf* marmitta *f*
mármol *sm* marmo *m*
marmóreo *a* marmoreo
marmota *sf* marmotta *f*
marqués *sm* marchese *m*
marquesina *sf* pensilina *f*
marquetería *sf* ebanisteria *f* ◇ intarsio *m*
marrón *a* marrone
marroquí *a/sm/f* marocchino *m*
marroquinería *sf* pelletteria *f*
martes *sm* martedì *m*
martillear *vt* martellare
martilleo *sm* martellamento *m*
martillo *sm* martello *m*
mártir *sm/f* martire *m/f*
martirio *sm* martirio *m*
marzo *sm* marzo *m*
mas *cong* ma

más *avv* più ◆ *sm* (*mat*) più *m* ● ***a m. (de)*** oltre a; ***a m. tardar*** al più tardi; ***el m. allá*** l'aldilà; ***estar de m.*** essere di troppo; ***ir a m.*** aumentare; ***los/las m. de*** la maggior parte di; ***m. aún*** ancora di più; ***m. bien*** piuttosto; ***m. de la cuenta*** troppo; ***m. o menos*** più o meno; ***por m. que*** per quanto, sebbene
masa *sf* massa *f* ◇ (*di pane*) pasta *f*
masaje *sm* massaggio *m* ● ***dar un m.*** massaggiare
mascar *vt* masticare
máscara *sf* maschera *f*
mascota *sf* mascotte *f*
masculino *a* maschile
mascullar *vt* borbottare
masilla *sf* stucco *m*
masivo *a* massiccio
masonería *sf* massoneria *f*
masoquismo *sm* masochismo *m*
masoquista *a/sm/f* masochista *m/f*
masticación *sf* masticazione *f*
masticar *vt* masticare
mástil *sm* (*naut*) albero *m* ◇ palo *m*
mastín *sm* mastino *m*
mástique *sm* mastice *m*, stucco *m*
mastodóntico *a* mastodontico
masturbación *sf* masturbazione *f*
mata *sf* arbusto *m*, cespuglio *m* ◇ lentisco *m*
matadero *sm* mattatoio *m*
matador *a* omicida ◆ *sm* (*taurom*) matador *m*
matanza *sf* massacro *m*, carneficina *f*
matar *vt* ammazzare, uccidere ◆ *vrif* ammazzarsi ● ***estar a m. con alguien*** essere nemico acerrimo di qn
matasellos *sm* timbro *m* (postale)
mate *a* opaco ◆ *sm* scaccomatto *m* ◇ (*Am*) mate *m*
matemáticas *sf pl* matematica *f*
matemático *a/sm* matematico *m*
materia *sf* materia *f*
material *a/sm* materiale *m*
materialismo *sm* materialismo *m*
materialista *a/sm/f* materialista *m/f*
maternal *a* materno
maternidad *sf* maternità *f*
materno *a* materno
matinal *a* mattutino
matiz *sm* sfumatura *f*, gradazione *f* ◇ tono *m*, carattere *m*
matizar *vt* (*colori*) combinare ◇ (*fig*) sfumare
matón *sm* (*fam*) spaccone *m*
matorral *sm* boscaglia *f*
matrero *a* astuto
matriarcal *a* matriarcale
matrícula *sf* matricola *f* ◇ (*aut*) targa *f*

matriculación *sf* immatricolazione *f*
matricular *vt* iscrivere ◇ (*aut*) immatricolare
matrimonial *a* matrimoniale
matrimonio *sm* matrimonio *m* • ***m. por poder*** matrimonio per procura
matriz *sf* (*anat*) utero *m* ◇ matrice *f*, stampo *m*
matrona *sf* matrona *f*
matutino *a* mattutino
maullar *vi* miagolare
mausoleo *sm* mausoleo *m*
máxima *sf* massima *f* ◇ regola *f*
máxime *avv* soprattutto
máximo *a/sm* massimo *m* • ***como m.*** al massimo
maya *a/sm/f* maya *m/f*
mayo *sm* maggio *m*
mayonesa *sf* maionese *f*
mayor *a* maggiore, più grande ♦ *sm* (*mil*) maggiore *m* • ***al por m.*** all'ingrosso; ***la m. parte*** la maggior parte; ***m. de edad*** maggiorenne; ***ser ya m.*** essere adulto
mayordomo *sm* maggiordomo *m*
mayoría *sf* maggioranza *f* • ***m. absoluta/relativa*** maggioranza assoluta/relativa; ***m. de edad*** maggiore età
mayorista *sm/f* grossista *m/f*
mayoritario *a* maggioritario
mayúsculo *a* maiuscolo
maza *sf* mazza *f*
mazapán *sm* marzapane *m*
mazmorra *sf* prigione *f* sotterranea
mazo *sm* maglio *m* ◇ mazzo *m*
me *pr.pers* mi
meandro *sm* meandro *m*
mecánica *sf* meccanica *f*
mecánico *a/sm* meccanico *m*
mecanismo *sm* meccanismo *m*
mecanización *sf* meccanizzazione *f*
mecanografía *sf* dattilografia *f*
mecedor *sm* altalena *f*
mecedora *sf* sedia *f* a dondolo
mecenas *sm* mecenate *m*
mecenazgo *sm* mecenatismo *m*
mecer *vt* cullare, dondolare ◇ rimestare
mecha *sf* miccia *f* ◇ stoppino *m* ◇ (*di capelli*) mèche *f* • ***aguantar m.*** sopportare in silenzio
mechero *sm* accendino *m*
mechón *sm* ciuffo *m*, ciocca *f*
medalla *sf* medaglia *f*
medallón *sm* medaglione *m*
media *sf* calza *f* ◇ media *f*
mediación *sf* mediazione *f*
mediado *a* a metà • ***a mediados de semana*** a metà settimana
mediador *sm* mediatore *m*
mediana *sf* spartitraffico *m* ◇ (*geom*) mediana *f*
mediano *a* medio ◇ mediocre
medianoche *sf* mezzanotte *f*
mediante *prep* mediante
mediar *vi* mediare, intercedere

◇ essere a metà di ◇ essere in mezzo, interporsi ◇ trascorrere, passare
mediatamente *avv* mediamente
medicación *sf* medicazione *f*
medicamento *sm* medicina *f*, medicinale *m*
medicina *sf* medicina *f*
medicinal *a* medicinale
medición *sf* misurazione *f*
médico *a/sm* medico *m* • ***m. de cabecera*** medico curante; ***m. forense*** medico legale
medida *sf* misura *f* • ***a m.*** su misura; ***a m. que*** man mano che; ***actuar con m.*** agire con misura; ***en cierta m.*** in un certo senso; ***hablar con m.*** parlare con moderazione; ***tomar sus medidas*** prendere precauzioni
medieval *a* medievale
medio *a* mezzo ◇ medio ◆ *sm* mezzo *m*, centro *m*, metà *f* ◇ mezzo *m* ◇ ambiente *m* ◇ *al pl* mezzi *m pl* • ***m. ambiente*** ambiente; ***medios de comunicación*** mezzi di comunicazione; ***medios de comunicación de masas*** mass media, media; ***m. de transporte*** mezzo di trasporto; ***a m./medias*** a metà; ***por todos los medios*** con tutti i mezzi
mediocre *a* mediocre
mediocridad *sf* mediocrità *f*
mediodía *sm* mezzogiorno *m*
medir *vt* misurare ◆ *vrif* misurarsi ◇ moderarsi
meditación *sf* meditazione *f*
meditar *vt/i* meditare
mediterráneo *a* mediterraneo
medroso *a* pauroso
médula *sf* midollo *m*
medusa *sf* medusa *f*
megáfono *sm* megafono *m*
megalómano *a* megalomane
mejilla *sf* guancia *f*
mejillón *sm* cozza *f*
mejor *a* migliore, più buono ◆ *avv* meglio ◇ piuttosto • ***estar m.*** stare meglio; ***lo m.*** la cosa migliore; ***¡m.!*** meglio così!
mejora *sf* miglioramento *m*
mejoramiento *sm* miglioramento *m*
mejorar *vt* migliorare ◆ *vrif* (*tempo*) migliorare ◆ *vi* progredire
mejoría *sf* miglioria *f*
melancolía *sf* malinconia *f*
melancólico *a* malinconico
melena *sf* criniera *f* ◇ chioma *f*
melindroso *a* lezioso, smorfioso
mella *sf* tacca *f* ◇ menomazione *f*
mellar *vt* sbeccare ◇ deteriorare
mellizo *a/sm* gemello *m*
melocotón *sm* pesca *f*
melocotonero *sm* pesco *m*
melodía *sf* melodia *f*
melodrama *sm* melodramma *m*
melón *sm* melone *m*

meloso *a* sdolcinato
membrana *sf* membrana *f*
membrillo *sm* cotogna *f*
memorable *a* memorabile
memoria *sf* memoria *f* • *m. tampón* memoria tampone; *aprender de m.* imparare a memoria; *flaco de m.* debole di memoria
memorial *sm* memoriale *m*
mencionar *vt* menzionare
mendigar *vt* mendicare
mendigo *sm* mendicante *m*
mendrugo *sm* tozzo *m* di pane
menear *vt* dimenare, agitare ◆ *vr/f* muoversi ◇ sbrigarsi, affrettarsi • *m. la cabeza* scuotere la testa; *m. un negocio* dirigere un affare
menester *sm* bisogno *m* ◇ attività *f*, occupazione *f* • *ser/haber m.* essere necessario
menestral *sm/f* operaio *m*
mengua *sf* diminuzione *f*, declino *m* ◇ mancanza *f*
menguado *a* meschino
menguante *a* calante ◆ *sf* bassa marea *f* ◇ diminuzione *f* • *cuarto m.* ultimo quarto
menguar *vt/i* diminuire
meningitis *sf* meningite *f*
menisco *sm* menisco *m*
menopausia *sf* menopausa *f*
menor *a* minore ◆ *sm/f* minorenne *m/f* • *al por m.* al minuto; *m. de edad* minorenne; *referir por m.* riferire nei dettagli
menos *avv* meno ◆ *sm* meno *m* • *al m.* perlomeno; *a m. que* a meno che; *echar de m.* rimpiangere; *ir a m.* decadere; *ni mucho m.* né tanto meno; *por lo m.* perlomeno, almeno
menoscabar *vt* denigrare
menoscabo *sm* discredito *m*
menospreciar *vt* disprezzare
menospreciativo *a* spregiativo
menosprecio *sm* disprezzo *m*
mensaje *sm* messaggio *m* • *m. de correo electrónico* messaggio di posta elettronica
mensajero *sm* messaggero *m*
menstruación *sf* mestruazione *f*
mensual *a* mensile
mensualidad *sf* mensilità *f*
mensurable *a* misurabile
menta *sf* menta *f*
mental *a* mentale
mentalidad *sf* mentalità *f*
mentar *vt* menzionare
mente *sf* mente *f* • *tener en m.* avere in mente
mentir *vi* mentire
mentira *sf* bugia *f*, menzogna *f* • *parece m. que* sembra impossibile che
mentiroso *a* bugiardo
mentís *sm* smentita *f*
mentón *sm* mento *m*
menú *sm* menu *m* • *m. desplegable* menu a tendina
menudear *vt* ripetere (spesso), compiere frequentemente ◆ *vi*

ripetersi ◇ riferire dettagliatamente
menudillos *sm pl* frattaglie *f pl*
menudo *a* minuto, piccolo ◆ *sm al pl* frattaglie *f pl* ● ***a m.*** spesso
meñique *sm* mignolo *m*
meollo *sm* midollo *m* ◇ (*fig*) nocciolo *m*
mercader *sm* mercante *m*
mercadito *sm* mercatino *m*
mercado *sm* mercato *m* ● ***m. negro*** mercato nero
mercadotecnia *sf* marketing *m*
mercancía *sf* merce *f*, mercanzia *f*
mercantil *a* mercantile
mercantilismo *sm* mercantilismo *m*
mercar *vt* comprare
merced *sf* grazia *f* ● ***a m. de*** alla mercè di
mercenario *a/sm* mercenario *m*
mercería *sf* merceria *f*
mercurio *sm* mercurio *m*
merecedor *a* meritevole
merecer *vt* meritare ◆ *vrif* meritare, meritarsi
merecimiento *sm* merito *m*
merendar *vi/t* fare merenda
merendero *sm* baracchino *m*
merengue *sm* meringa *f* ◇ (*mus*) merengue *m*
meridiano *sm* meridiano *m*
meridional *a/sm/f* meridionale *m/f*
merienda *sf* merenda *f*
mérito *sm* merito *m* ● ***hacer méritos*** acquistare meriti
merluza *sf* nasello *m*
merma *sf* diminuzione *f*, calo *m*
mermar *vt/i* diminuire
mermelada *sf* marmellata *f*
mero *a* mero, semplice
merodear *vi* gironzolare
mes *sm* mese *m*
mesa *sf* tavola *f*, tavolo *m* ● ***de m.*** da tavola; ***levantar/alzar/quitar la m.*** sparecchiare; ***levantarse de la m.*** alzarsi da tavola; ***m. de noche*** comodino; ***m. electoral*** seggio elettorale; ***m. redonda*** tavola rotonda; ***poner la m.*** apparecchiare; ***llevar a la m.*** portare/servire in tavola
meseta *sf* altopiano *m* ◇ pianerottolo *m*
mesiánico *a* messianico
mesilla *sf* comodino *m* ◇ pianerottolo *m*
mesón *sm* osteria *f*
mesonero *sm* oste *m*
mestizo *a/sm* meticcio *m*
mesura *sf* misura *f*, moderazione *f*
meta *sf* meta *f*, scopo *m* ◇ (*sport*) porta *f*
metáfora *sf* metafora *f*
metafórico *a* metaforico
metal *sm* metallo *m*
metálico *a* metallico
metalurgia *sf* metallurgia *f*
metamorfosis *sf* metamorfosi *f*

metano *sm* metano *m*
meteorito *sm* meteorite *m/f*
meteoro *sm* meteora *f*
meteorología *sf* meteorologia *f*
meteorológico *a* meteorologico
meter *vt* mettere, porre, collocare ◇ (*denaro*) depositare ◇ (*econ*) investire ◇ (*fam*) rifilare ◆ *vrif* infilarsi, mettersi ◇ intromettersi, immischiarsi • ***m. miedo*** fare paura; ***m. ruido*** fare chiasso; ***meterse en líos*** cacciarsi nei guai; ***meterse por medio*** intromettersi; ***¡no te metas!*** non impicciarti!
meticulosidad *sf* meticolosità *f*
meticuloso *a* meticoloso
metódico *a* metodico
método *sm* metodo *m*
metodológico *a* metodologico
metralleta *sf* mitra *m*
métrico *a* metrico
metro *sm* metro *m* ◇ metropolitana *f* • ***por metros*** a metri
metrópoli *sf* metropoli *f*
metropolitano *a* metropolitano ◆ *sm* metropolitana *f*
mezcla *sf* miscela *f*, miscuglio *m* • ***m. explosiva*** miscela esplosiva
mezcladora *sf* miscelatore *m*
mezclar *vt* mescolare ◆ *vrif* mescolarsi
mezquino *a* meschino
mezquita *sf* moschea *f*
mi *sm* (*mus*) mi *m* ◆ *a.poss* mio
mí *pr.pers* me
microbio *sm* microbo *m*
microcosmo *sm* microcosmo *m*
microfibra *sf* (*tess*) microfibra *f*
microfilm(e) *sm* microfilm *m*
micrófono *sm* microfono *m*
microondas *sm* microonde *m*, forno *m* a microonde
microorganismo *sm* microrganismo *m*
microscopio *sm* microscopio *m*
miedo *sm* paura *f*, timore *m* • ***m. cerval*** panico
miedoso *a* pauroso
miel *sf* miele *m*
miembro *sm* membro *m* ◇ arto *m*
mientes *sf pl* mente *f* • ***caer en (las) m.*** ricordare
mientras *cong* mentre ◆ *avv* intanto • ***m. más*** quanto più; ***m. tanto*** nel frattempo
miércoles *sm* mercoledì *m*
mierda *sf* merda *f*
mies *sf* messe *f*
miga *sf* mollica *f* ◇ briciola *f* ◇ (*fig*) sostanza *f* • ***hacer buenas/malas migas con alguien*** andare/non andare d'accordo con qn
migajas *sf pl* briciole *f pl*
migración *sf* migrazione *f*
migratorio *a* migratorio
mijo *sm* miglio *m*
mil *a/sm* mille *m* ◆ *sm al pl* mi-

gliaia *f pl* • ***miles de veces*** molte volte
milagro *sm* miracolo *m*
milano *sm* nibbio *m*
milenario *a* millenario
milenio *sm* millennio *m*
mili *sf* (*fam*) naia *f*
milicia *sf* milizia *f*
milímetro *sm* millimetro *m*
militante *a/sm/f* militante *m/f*
militar *a/sm* militare *m* ◆ *vi* militare
milla *sf* miglio *m*
millar *sm* migliaio *m* • ***a millares*** a migliaia
millón *sm* milione *m*
millonario *sm* milionario *m*
mimado *a* viziato
mimar *vt* viziare
mimbre *sm/f* vimine *m*
mimetizar *vt* mimetizzare ◆ *vrif* mimetizzarsi
mímica *sf* mimica *f*
mimo *sm* mimo *m* ◇ carezza *f* ◇ vizio *m*
mina *sf* miniera *f* ◇ mina *f*
minar *vt* minare
mineral *a/sm* minerale *m*
mineralogía *sf* mineralogia *f*
minero *a* minerario ◆ *sm* minatore *m*
miniatura *sf* miniatura *f*
miniaturista *sm/f* miniaturista *m/f*
minifalda *sf* minigonna *f*
minimizar *vt* minimizzare
mínimo *a/sm* minimo *m*
ministerio *sm* ministero *m*
ministro *sm* ministro *m*
minoría *sf* minoranza *f* ◇ minore età *f*
minucioso *a* minuzioso
minué *sm* minuetto *m*
minúsculo *a* minuscolo
minusválido *a* handicappato ◆ *sm* portatore *m* di handicap
minuta *sf* minuta *f* ◇ parcella *f* ◇ menu *m*
minutero *sm* lancetta *f* dei minuti
minuto *sm* minuto *m*
mío *a/pr.poss* mio
miope *a/sm/f* miope *m/f*
mira *sf* mira *f*
mirada *sf* sguardo *m*, occhiata *f* • ***ser el blanco de las miradas*** essere al centro dell'attenzione
mirado *a* prudente, cauto ◇ considerato • ***bien m.*** tutto considerato; ***estar bien/mal m.*** essere benvisto/malvisto
mirador *sm* belvedere *m* ◇ veranda *f*
miramiento *sm* riguardo *m*, considerazione *f*
mirar *vt* guardare ◇ mirare a ◇ guardare a, stare attento a ◇ apprezzare ◆ *vi* guardare a, essere orientato a ◆ *vrif* guardarsi • ***m. por sus intereses*** curare i propri affari; ***¡mira quién habla!*** senti chi parla!; ***si bien se mira*** a ben guardare, tutto considerato
miríada *sf* miriade *f*

mirlo *sm* merlo *m*
mirra *sf* mirra *f*
misa *sf* messa *f*
miscelánea *sf* miscellanea *f*
miserable *a/sm/f* miserabile *m/f*
miseria *sf* miseria *f*
misericordia *sf* misericordia *f*
mísero *a* misero
misil *sm* missile *m*
misión *sf* missione *f*
misionero *sm* missionario *m*
mismo *a/pr* medesimo, stesso ◆ *avv* proprio, esattamente • ***ahora m.*** proprio ora; ***así m.*** allo stesso modo; ***es lo m.*** fa lo stesso; ***por lo m., por eso m.*** perciò, proprio per questo
misógino *a/sm* misogino *m*
misterio *sm* mistero *m*
misterioso *a* misterioso
mística *sf* mistica *f*
misticismo *sm* misticismo *m*
místico *a/sm* mistico *m*
mitad *sf* metà *f*, mezzo *m* • ***a m. de precio*** a metà prezzo; ***partir por la m.*** dividere a metà
mítico *a* mitico
mitificar *vt* mitizzare
mitigar *vt* mitigare
mitin *sm* meeting *m*, riunione *f* • ***dar un m.*** tenere un comizio
mito *sm* mito *m*
mitología *sf* mitologia *f*
mitológico *a* mitologico
mixto *a* misto
mobiliario *a* mobiliare ◆ *sm* mobilia *f*
mocasín *sm* mocassino *m*
mocedad *sf* giovinezza *f*
mochila *sf* zaino *m*
mocho *sm* mozzo *m*
mochuelo *sm* gufo *m*
moción *sf* mozione *f*
moco *sm* muco *m*
mocoso *a* moccioso
moda *sf* moda *f*
modal *a* modale ◆ *sm al pl* maniere *f pl* • ***tener modales*** avere buone maniere
modalidad *sf* modalità *f*
modelar *vt* modellare
modelo *sm/f* modello *m*, modella *f*
modem *sm* (*inform*) modem *m*
moderación *sf* moderazione *f*
moderador *a/sm* moderatore *m*
moderar *vt* moderare ◆ *vrif* moderarsi
modernidad *sf* modernità *f*
modernismo *sm* modernismo *m*
modernizar *vt* modernizzare ◆ *vrif* modernizzarsi
moderno *a/sm* moderno *m*
modestia *sf* modestia *f*
modesto *a/sm* modesto *m*
módico *a* modico
modificable *a* modificabile
modificación *sf* modifica *f*
modificar *vt* modificare, cambiare ◆ *vrif* modificarsi
modista *sf* sarta *f*
modisto *sm* sarto *m*
modo *sm* modo *m* • ***de cualquier m.*** comunque; ***de m.***

que cosicché; ***de todos modos*** comunque
modorra *sf* sonnolenza *f*
modular *vt* modulare
módulo *sm* modulo *m*
mofa *sf* burla *f*, beffa *f*
mofarse *vrif* prendersi gioco, beffarsi
mofletudo *a* paffuto
mohíno *a* mogio
moho *sm* muffa *f*
mohoso *a* ammuffito
mojar *vt* bagnare ◇ inzuppare ◆ *vi* intervenire ◆ *vrif* bagnarsi ◇ compromettersi
mojigato *a* bigotto
molde *sm* stampo *m*, forma *f*
moldear *vt* modellare
mole *sf* mole *f*
molécula *sf* molecola *f*
moledora *sf* macina *f*
moler *vt* macinare ◇ stancare, affaticare
molestar *vt* molestare, disturbare ◇ dispiacere ◆ *vrif* disturbarsi ◇ offendersi
molestia *sf* disturbo *m*, fastidio *m*
molesto *a* molesto, fastidioso ◇ offeso
molinillo *sm* macinino *m* • ***m. de pimienta*** macinapepe
molino *sm* mulino *m* • ***m. de viento*** mulino a vento
molla *sf* polpa *f*
mollera *sf* (*anat*) fontanella *f* ◇ (*fam*) testa *f*, cervello *m*
mollete *sm* panino *m*
molusco *sm* mollusco *m*
momentáneo *a* momentaneo
momento *sm* momento *m* • ***al m.*** subito; ***de m., por el m.*** intanto, per il momento; ***hace un m.*** un momento fa
momia *sf* mummia *f*
mona *sf* (*fam*) sbornia *f* • ***dormir la m.*** smaltire la sbornia
monacal *a* monacale
monaguillo *sm* chierichetto *m*
monarca *sm* monarca *m*
monarquía *sf* monarchia *f*
monárquico *a/sm* monarchico *m*
monasterio *sm* monastero *m*
monástico *a* monastico
mondongo *sm* trippa *f*
moneda *sf* moneta *f* • ***m. única*** moneta unica; ***acuñar/batir m.*** battere moneta; ***papel m.*** banconota
monedero *sm* portamonete *m*
monetario *a* monetario
monigote *sm* pupazzo *m* ◇ scarabocchio *m*
monitor *sm* istruttore *m*, maestro *m* ◇ (*inform*) monitor *m*, schermo *m*
monitorización *sf* monitoraggio *m*
monje *sm* monaco *m*
mono *a* carino ◆ *sm* scimmia *f* ◇ tuta *f* (da lavoro) • ***¡qué mona!*** che carina!
monocromo *a* monocromatico
monodosis *a* monodose
monogamia *sf* monogamia *f*

monografía *sf* monografia *f*
monolingüe *a* monolingue
monolítico *a* monolitico
monólogo *sm* monologo *m*
monopatín *sm* skateboard *m* ◇ monopattino *m*
monopolio *sm* monopolio *m*
monopolizar *vt* monopolizzare
monosílabo *a/sm* monosillabo *m*
monoteísmo *sm* monoteismo *m*
monotonía *sf* monotonia *f*
monótono *a* monotono
monovolumen *sm* (*aut*) monovolume *m/f*
monóxido *sm* (*chim*) monossido *m* • ***m. de carbono*** monossido di carbonio
monstruo *sm* mostro *m*
monstruoso *a* mostruoso
monta *sf* ammontare *m*, importo *m*
montacargas *sm* montacarichi *m*
montaje *sm* montaggio *m*
montaña *sf* montagna *f*
montañés *a/sm* montanaro *m*
montañismo *sm* alpinismo *m*
montar *vi* salire ◇ montare ◇ ammontare ◆ *vt* montare ◇ preparare, mettere su ◆ *vrif* salire • ***tanto monta*** non importa
montaraz *a* selvatico
monte *sm* monte *m* ◇ foresta *f*, bosco *m* • ***m. alto*** selva; ***m. bajo*** boscaglia; ***m. blanco*** terreno disboscato; ***m. de piedad*** monte di pietà
monto *sm* ammontare *m*, importo *m*
montón *sm* mucchio *m* • ***del m.*** uno come tanti; ***un m. de*** un sacco di
montuoso *a* montuoso
montura *sf* montatura *f*
monumental *a* monumentale
monumento *sm* monumento *m*
moña *sf* fiocco *m*
moño *sm* crocchia *f* ◇ (*di uccelli*) ciuffo *m*
monzón *sm* monsone *m*
moqueta *sf* moquette *f*
mora *sf* mora *f*
morada *sf* dimora *f*
morado *a* violaceo
morador *a/sm* abitante *m/f*, residente *m/f*
moral *a* morale ◆ *sf* morale *f* ◇ morale *m*
moraleja *sf* morale *f*, insegnamento *m*
moralismo *sm* moralismo *m*
moralizar *vt* moralizzare
moralmente *avv* moralmente
morar *vi* dimorare
morbo *sm* morbo *m*
morboso *a* morboso
morcilla *sf* sanguinaccio *m*
mordaz *a* mordace, pungente
mordaza *sf* bavaglio *m*
morder *vt* mordere
mordiscar *vt* morsicare
mordisco *sm* morso *m* ◇ boccone *m*

moreno *a* bruno, scuro
morera *sf* gelso *m*
morfina *sf* morfina *f*
morfología *sf* morfologia *f*
moribundo *a/sm* moribondo *m*
morigerado *a* morigerato
morigerar *vt* moderare
morir *vi/rif* morire • ***m. de hambre*** morire di fame; ***morirse de gana*** morire dalla voglia
moro *a/sm* moro *m*
morriña *sf* malinconia *f*
morsa *sf* tricheco *m*
mortaja *sf* sudario *m*
mortal *a/sm/f* mortale *m/f*
mortalidad *sf* mortalità *f*
mortecino *a* smorto
mortero *sm* mortaio *m*
mortificación *sf* mortificazione *f*
mortificar *vt* mortificare ◆ *vrif* mortificarsi
mosaico *sm* mosaico *m*
mosca *sf* mosca *f*
moscardón *sm* moscone *m*
mosquete *sm* moschetto *m*
mosquita *sf* moscerino *m*
mosquitero *sm* zanzariera *f*
mosquito *sm* zanzara *f*
mostaza *sf* senape *f*
mostrador *sm* (*di negozio*) banco *m*
mostrar *vt* mostrare
mota *sf* pezzetto *m* ◇ (*di terreno*) elevazione *f*
mote *sm* soprannome *m*
motín *sm* rivolta *f*
motivar *vt* motivare
motivo *sm* motivo *m*
moto *sf* moto *f*
motocicleta *sf* motocicletta *f*
motociclista *sm/f* motociclista *m/f*
motor *sm* motore *m* • ***m. de búsqueda*** motore di ricerca; ***m. diesel*** motore diesel; ***m. de explosión*** motore a scoppio; ***m. de gasolina*** motore a benzina; ***m. de reacción*** motore a reazione; ***m. fuera borda*** motore fuoribordo
motora *sf* barca *f* a motore, motoscafo *m*
motorizar *vt* motorizzare
movedizo *a* mobile
mover *vt* muovere, spostare ◇ far funzionare ◇ suscitare ◆ *vrif* muoversi ◇ darsi da fare
móvil *a* mobile ◆ *sm* (*dir*) movente *m* ◇ (*tel*) telefonino *m*, cellulare *m*
movilidad *sf* mobilità *f*
movilizar *vt* mobilitare ◆ *vrif* mobilitarsi
movimiento *sm* movimento *m*
mozo *a* giovane ◆ *sm* ragazzo *m* ◇ (*Am*) cameriere *m*
muchacho *sm* ragazzo *m*
muchedumbre *sf* folla *f*, affollamento *m*
mucho *a/pr* molto, parecchio ◆ *avv* molto, tanto • ***ni con m.*** neanche lontanamente; ***por m. que*** per quanto; ***ser m.*** essere importante
mucosa *sf* mucosa *f*

muda *sf* muta *f*
mudanza *sf* mutamento *m* ◇ trasloco *m*
mudar *vt* cambiare ◆ *vrif* cambiarsi ◇ trasferirsi
mudo *a/sm* muto *m*
mueble *a/sm* mobile *m*
mueblería *sf* mobilificio *m*
mueca *sf* smorfia *f*
muela *sf* mola *f* ◇ molare *m* ● *m. del juicio* dente del giudizio
muelle *a* molle ◆ *sm* molla *f* ◇ molo *m*, banchina *f*
muerte *sf* morte *f*
muerto *a/sm* morto *m*
muestra *sf* campione *m* ◇ prova *f*, dimostrazione *f* ◇ mostra *f* ● *dar muestras de* dare segni di; *feria de muestras* fiera campionaria
muestrario *sm* campionario *m*
mugido *sm* muggito *m*
mugir *vi* muggire
mugre *sf* sudiciume *m*
mujer *sf* donna *f* ◇ moglie *f* ● *m. de su casa* buona massaia; *tomar m.* prendere moglie
mujeriego *sm* donnaiolo *m*
mula *sf* mula *f*
muladar *sm* immondezzaio *m*
muleta *sf* stampella *f*
mullido *sm* imbottitura *f*
mulo *sm* mulo *m*
multa *sf* multa *f*
multar *vt* multare
multicine *sm* multisala *m/f*, cinema *m* multisala
multicolor *a* multicolore
multicultural *a* multiculturale
multiforme *a* multiforme
multimedia *a* multimediale
multinacional *sf* multinazionale *f*
múltiple *a* molteplice
multiplicación *sf* moltiplicazione *f*
multiplicar *vt* moltiplicare ◆ *vrif* moltiplicarsi
múltiplo *a/sm* multiplo *m*
multipropiedad *sf* multiproprietà *f*
multitud *sf* moltitudine *f*
mundanería *sf* mondanità *f*
mundano *a* mondano
mundial *a* mondiale
mundo *sm* mondo *m* ● *el otro m.* l'altro mondo; *por nada del m.* per niente al mondo; *todo el m. es uno* tutto il mondo è paese
munición *sf* munizione *f*
municipal *a* municipale
municipio *sm* municipio *m*
muñeca *sf* polso *m* ◇ bambola *f*
muñeco *sm* pupazzo *m* ◇ manichino *m*
muñón *sm* moncone *m*
mural *a/sm* murale *m*
muralla *sf* muraglia *f*
murallón *sm* muraglione *m*
murar *vt* murare
murciélago *sm* pipistrello *m*
murmullo *sm* mormorio *m*
murmuración *sf* mormorazione *f*
murmurar *vi* mormorare
murmúreo *sm* mormorio *m*

muro *sm* muro *m*
musa *sf* musa *f*
muscular *a* muscolare
músculo *sm* muscolo *m*
museo *sm* museo *m*
musgo *sm* muschio *m*
música *sf* musica *f* • ***m. de cámara*** musica da camera; ***mandar con la m. a otra parte*** mandare a quel paese
musical *a* musicale
músico *sm* musicista *m/f*
muslo *sm* coscia *f*
mustio *a* appassito ◇ malinconico
musulmán *a/sm* musulmano *m*
mutación *sf* mutamento *m*
mutilación *sf* mutilazione *f*
mutilar *vt* mutilare
mutismo *sm* mutismo *m*
mutualidad *sf* mutua *f*
mutuamente *avv* mutuamente
mutuo *a* mutuo, reciproco
muy *avv* molto • ***m. señor mío*** egregio signore

N

nabo *sm* rapa *f*
nácar *sm* madreperla *f*
nacer *vi* nascere
nacido *sm* nato *m* • ***recién n.*** neonato
naciente *a* nascente
nacimiento *sm* nascita *f* ◇ sorgente *f* ◇ presepe *m*
nación *sf* nazione *f*
nacional *a* nazionale
nacionalidad *sf* nazionalità *f*
nacionalista *sm/f* nazionalista *m/f*
nacionalizar *vt* nazionalizzare ◇ naturalizzare ◆ *vrif* naturalizzarsi
nada *pr* nulla, niente ◆ *avv* per nulla, per niente ◆ *sf* nulla *m*, niente *m* • ***¡de n.!*** prego!; ***n. menos*** nientemeno; ***no es n.*** non fa niente
nadador *sm* nuotatore *m*
nadar *vi* nuotare ◇ galleggiare
nadie *pr* nessuno • ***no ser n., ser un don n.*** non essere nessuno
nafta *sf* nafta *f*
naipe *sm* carta *f* (da gioco)
nalga *sf* natica *f*
nana *sf* ninnananna *f*
naranja *sf* arancia *f*
naranjada *sf* aranciata *f*
naranjo *sm* arancio *m*
narcisismo *sm* narcisismo *m*
narciso *sm* narciso *m*
narcosis *sf* narcosi *f*
narcótico *a/sm* narcotico *m*
narcotizar *vt* narcotizzare
nardo *sm* nardo *m*

narigón *a* nasuto
nariz *sf* naso *m* • ***estar hasta la narices de*** averne fin sopra i capelli di; ***tener buenas narices*** avere buon fiuto
narración *sf* narrazione *f*
narrar *vt* narrare
narrativa *sf* narrativa *f*
narrativo *a* narrativo
nasal *a* nasale
nata *sf* panna *f* ◇ crema *f*, fior fiore *m* • ***n. batida/montada*** panna montata
natación *sf* nuoto *m*
natal *a* natale
natalicio *a* natale ◆ *sm* compleanno *m*
natalidad *sf* natalità *f*
natividad *sf* natività *f*
Natividad *sf* Natale *m*
nativo *a/sm* nativo *m*
nato *a* nato
natural *a* naturale ◇ nativo ◆ *sm* indole *f*, carattere *m* • ***de tamaño n.*** a grandezza naturale; ***ser n. de*** essere originario di
naturaleza *sf* natura *f* ◇ indole *f*, carattere *m* ◇ origine *f*, provenienza *f* • ***por n.*** di natura
naturalidad *sf* naturalezza *f*
naturalismo *sm* naturalismo *m*
naturalista *sm/f* naturalista *m/f*
naturalizar *vt* naturalizzare ◆ *vrif* naturalizzarsi
naturalmente *avv* naturalmente
naturismo *sm* naturismo *m*
naufragar *vi* naufragare
naufragio *sm* naufragio *m*
náufrago *sm* naufrago *m*
náusea *sf* nausea *f* • ***dar náuseas*** nauseare
nauseabundo *a* nauseabondo
nausear *vi* avere la nausea
náutica *sf* nautica *f*
navaja *sf* coltello *m* • ***n. de afeitar*** rasoio
naval *a* navale
nave *sf* nave *f* ◇ (*arch*) navata *f*
navegable *a* navigabile
navegación *sf* navigazione *f*
navegador *sm* navigatore *m* ◇ (*inform*) browser *m*
navegante *a* navigante
navegar *vi* navigare • ***n. por Internet*** navigare in Internet; ***n. por la red*** navigare in rete
Navidad *sf* Natale *m* ◇ *al pl* feste *f pl* natalizie • ***¡feliz N.!*** buon Natale!
navideño *a* natalizio
navío *sm* nave *f*, vascello *m*
nazismo *sm* nazismo *m*
neblina *sf* foschia *f*
neblinoso *a* nebbioso
nebuloso *a* nebuloso
necedad *sf* sciocchezza *f*
necesariamente *avv* necessariamente
necesario *a* necessario
neceser *sm* nécessaire *m*
necesidad *sf* necessità *f*
necesitado *a* bisognoso ◆ *sm* indigente *m/f*
necesitar *vt* necessitare di
necio *a* sciocco, imbecille

necrología *sf* necrologia *f*
necrópolis *sf* necropoli *f*
néctar *sm* nettare *m*
nefando *a* nefando
nefasto *a* nefasto
negación *sf* negazione *f*
negar *vt* negare ◇ rinnegare ◆ *vrif* rifiutarsi
negativo *a/sm* negativo *m*
negligencia *sf* negligenza *f*
negligente *a* negligente
negociable *a* negoziabile
negociación *sf* negoziato *m*, trattativa *f*
negociado *sm* ufficio *m*
negociante *sm/f* commerciante *m/f*
negociar *vi* commerciare ◆ *vt* negoziare, trattare
negocio *sm* affare *m* ◇ negozio *m* ◇ occupazione *f* ● ***n. redondo*** buon affare
negrilla *sf* (*tip*) neretto *m*
negro *a/sm* nero *m* ◇ (*persona di colore*) nero *m*, negro *m* ● ***en n.*** in bianco e nero; ***poner n. a alguien*** criticare qn
nene *sm/f* (*fam*) bimbo *m*
nenúfar *sm* ninfea *f*
neoclasicismo *sm* neoclassicismo *m*
neoclásico *a/sm* neoclassico *m*
neolítico *a/sm* neolitico *m*
neologismo *sm* neologismo *m*
neón *sm* neon *m* ● ***lámpara de n.*** luce al neon
neorrealismo *sm* neorealismo *m*
nepotismo *sm* nepotismo *m*
nervadura *sf* nervatura *f*
nervio *sm* nervo *m* ◇ nervatura *f* ◇ forza *f*, energia *f*
nerviosidad *sf* nervosismo *m*
nerviosismo *sm* nervosismo *m*
nervioso *a* nervoso
neto *a* netto
neumático *a/sm* pneumatico *m*
neumonía *sf* (*med*) polmonite *f*
neuralgia *sf* nevralgia *f*
neurálgico *a* nevralgico
neurastenia *sf* nevrastenia *f*
neurasténico *a/sm* nevrastenico *m*
neuritis *sf* neurite *f*
neurólogo *sm* neurologo *m*
neurosis *sf* nevrosi *f*
neurótico *a/sm* nevrotico *m*
neutral *a* neutrale
neutralidad *sf* neutralità *f*
neutralizar *vt* neutralizzare
neutro *a* neutro
neutrón *sm* neutrone *m*
nevada *sf* nevicata *f*
nevado *a* innevato
nevar *vimp* nevicare
nevera *sf* ghiacciaia *f*, frigorifero *m*
nevero *sm* nevaio *m*
nevisca *sf* nevischio *m*
neviscar *vi* nevischiare
nevoso *a* nevoso
nexo *sm* nesso *m*
ni *cong* né ◇ neanche, neppure
nicho *sm* nicchia *f*
nicotina *sf* nicotina *f*
nidada *sf* nidiata *f*

nidificar *vi* nidificare
nido *sm* nido *m*
niebla *sf* nebbia *f*
nieto *sm* (*di nonni*) nipote *m/f*
nieve *sf* neve *f*
nigromante *sm* negromante *m*
nihilismo *sm* nichilismo *m*
nimiedad *sf* sciocchezza *f*, nonnulla *m*
nimio *a* insignificante ◇ pignolo
ninfa *sf* ninfa *f*
ninfómana *sf* ninfomane *f*
ningún → **ninguno**
ninguno *a/pr* nessuno • ***de ningún modo*** in nessun modo
niña *sf* bambina *f* ◇ (*anat*) pupilla *f*
niñera *sf* bambinaia *f*
niñería *sf* bambinata *f*
niñez *sf* infanzia *f*
niño *sm* bambino *m* • ***n. bien*** ragazzo per bene
NIP *sm* (*número de identificación personal*) pin *m* (*personal identification number, numero di identificazione personale*)
níspero *sm* (*albero*) nespolo *m* ◇ (*frutto*) nespola *f*
nitidez *sf* nitidezza *f*
nítido *a* nitido
nitrato *sm* nitrato *m*
nitrito *sm* (*chim*) nitrito *m*
nitrógeno *sm* azoto *m*
nitroglicerina *sf* nitroglicerina *f*
nivel *sm* livello *m* ◇ livella *f* • ***al n. del mar*** al livello del mare
nivelar *vt* livellare
no *avv* no, non • ***no bien*** non appena; ***o, si no*** altrimenti
nobiliario *a* nobiliare
noble *a/sm/f* nobile *m/f*
nobleza *sf* nobiltà *f*
noche *sf* notte *f* • ***¡buenas noches!*** buonanotte!; ***hacer n.*** pernottare; ***hacerse de n.*** farsi notte; ***media n.*** mezzanotte; ***n. vieja*** capodanno
nochebuena *sf* notte *f* di Natale
noción *sf* nozione *f*
nocivo *a* nocivo
noctámbulo *a/sm* nottambulo *m*
nocturno *a* notturno
nodriza *sf* balia *f*
nogal *sm* noce *m*
nómada *a* nomade
nombradía *sf* rinomanza *f*
nombramiento *sm* nomina *f*
nombrar *vt* nominare ◇ designare
nombre *sm* nome *m* • ***n. de pila*** nome di battesimo
nomenclatura *sf* nomenclatura *f*
nómina *sf* lista *f* ◇ busta *f* paga
nominal *a* nominale
nominativo *a/sm* nominativo *m*
non *a* dispari • ***estar de n.*** essere scompagnato; ***pares y nones*** pari e dispari
nonada *sf* inezia *f*
nono *a* nono
nordeste *sm* nordest *m*

nórdico *a/sm* nordico *m*
norma *sf* norma *f*
normal *a/sf* normale *f*
normalidad *sf* normalità *f*
normalizar *vt* normalizzare
normalmente *avv* solitamente
normando *a/sm* normanno *m*
normativa *sf* normativa *f*
noroeste *sm* nordovest *m*
norte *sm* nord *m* ◇ (*fig*) riferimento *m*, orientamento *m*
norteamericano *a/sm* nordamericano *m*
norteño *a* del nord
noruego *a/sm* norvegese *m/f*
nos *pr.pers* ci, ce
nosotras *pr.pers* noi
nosotros *pr.pers* noi
nostalgia *sf* nostalgia *f*
nostálgico *a* nostalgico
nota *sf* nota *f* ◇ annotazione *f*, appunto *m* ◇ voto *m* • ***de nota*** famoso; ***n. de entrega*** ordine di consegna; ***n. de honorarios*** parcella; ***n. de precios*** listino prezzi; ***tomar n.*** prendere nota
notable *a* notevole
notación *sf* notazione *f*
notar *vt* notare, avvertire ◇ annotare, prendere nota di ◇ giudicare, qualificare
notarial *a* notarile
notario *sm* notaio *m*
noticia *sf* notizia *f*
noticiario *sm* notiziario *m*
noticiero *sm* giornalista *m/f*
noticioso *a* informato
notificación *sf* notificazione *f*
notificar *vt* notificare
notoriedad *sf* notorietà *f*
notorio *a* notorio
novato *a/sm* principiante *m/f*, inesperto *m*
novedad *sf* novità *f*
novel *a* principiante
novela *sf* romanzo *m*
novelesco *a* romanzesco
novelista *sm/f* romanziere *m*
noveno *a* nono
noventa *a/sm* novanta *m*
novia *sf* fidanzata *f* ◇ sposa *f*
noviazgo *sm* fidanzamento *m*
novicio *a* novellino ◆ *sm* novizio *m*
noviembre *sm* novembre *m*
novillo *sm* vitello *m* • ***hacer novillos*** marinare la scuola
novio *sm* fidanzato *m* ◇ sposo *m* • ***viaje de novios*** viaggio di nozze
nubarrón *sm* nuvolone *m*
nube *sf* nube *f*, nuvola *f* • ***caído de las nubes*** caduto dal cielo; ***los precios están por las nubes*** i prezzi sono saliti alle stelle; ***poner por las nubes*** esaltare
nublado *a* nuvoloso ◆ *sm* nuvolone *m*
nublar *vt* rannuvolare ◆ *vrif* annuvolarsi
nuca *sf* nuca *f*
nuclear *a* nucleare
núcleo *sm* nucleo *m*
nudillo *sm* nocca *f*
nudismo *sm* nudismo *m*
nudo *sm* nodo *m* ◇ vincolo *m*

nudoso *a* nodoso
nuera *sf* nuora *f*
nuestro *a/pr.poss* nostro
nueva *sf* nuova *f*, notizia *f*
nuevamente *avv* nuovamente
nueve *a/sm* nove *m*
nuevo *a/sm* nuovo *m* • ***de n.*** nuovamente
nuez *sf* noce *f* • ***n. de coco*** noce di cocco; ***n. de Adán*** pomo d'Adamo; ***n. moscada*** noce moscata
nulidad *sf* nullità *f*
nulo *a* nullo ◇ incapace
numeración *sf* numerazione *f*
numeral *a/sm* numerale *m*
numerar *vt* numerare
numerario *a* numerario ◆ *sm* contante *m*
numérico *a* numerico
número *sm* numero *m* • ***en números redondos*** in cifra tonda; ***n. impar/par*** numero dispari/pari; ***sin n.*** innumerevole
numeroso *a* numeroso
numismática *sf* numismatica *f*
nunca *avv* mai • ***n. jamás*** giammai; ***n. más*** mai più
nuncio *sm* nunzio *m*
nupcial *a* nuziale
nupcias *sf pl* nozze *f pl*
nutria *sf* lontra *f*
nutrición *sf* nutrizione *f*
nutrimento *sm* nutrimento *m*
nutrir *vt* nutrire ◆ *vrif* nutrirsi
nutritivo *a* nutritivo

Ñ

ñandú *sm* nandù *m*
ñaña *sf* (*Am*) sorella *f* maggiore
ñaque *sm* ciarpame *m*
ñato *a* (*Am*) camuso
ñoñería *sf* sciocchezza *f*
ñoño *a/sm* sciocco *m*
ñu *sm* gnu *m*
ñudo → **nudo**

O

o *cong* o • ***o bien*** oppure
oasis *sm* oasi *f*
obedecer *vt* ubbidire ◆ *vi* derivare, doversi • ***o. a*** derivare da
obediente *a* ubbidiente
obelisco *sm* obelisco *m*
obesidad *sf* obesità *f*
obeso *a* obeso

obispado *sm* vescovado *m*
obispo *sm* vescovo *m*
objeción *sf* obiezione *f* • *o. de conciencia* obiezione di coscienza
objetar *vt* obiettare, eccepire
objetividad *sf* obiettività *f*
objetivo *a/sm* obiettivo *m*
objeto *sm* oggetto *m* • *con/al o. de* per; *sin o.* inutilmente
oblicuo *a* obliquo
obligación *sf* obbligo *m* ◇ obbligazione *f* ◇ *al pl* doveri *m pl*
obligado *a* obbligato
obligar *vt* obbligare ◆ *vrif* impegnarsi
obligatorio *a* obbligatorio
oblongo *a* oblungo
oboe *sm* oboe *m*
óbolo *sm* obolo *m*
obra *sf* opera *f*, lavoro *m* ◇ edificio *m* in costruzione • *mano de o.* manodopera; *o. maestra* capolavoro; *ponerse manos a la o.* mettersi all'opera
obrar *vt* compiere, realizzare ◇ costruire ◆ *vi* defecare
obrero *sm* operaio *m*
obscenidad *sf* oscenità *f*
obsceno *a/sm* osceno *m*
obscurantismo *sm* oscurantismo *m*
obscuridad *sf* oscurità *f*
obscuro *a* oscuro ◇ scuro, buio • *a obscuras* al buio; *hacerse o.* farsi buio
obsequiar *vt* festeggiare
obsequio *sm* ossequio *m* ◇ omaggio *m*, regalo *m*
observable *a* osservabile
observación *sf* osservazione *f*
observador *a/sm* osservatore *m*
observancia *sf* osservanza *f*
observar *vt* osservare
observatorio *sm* osservatorio *m*
obsesión *sf* ossessione *f*
obsesionar *vt* ossessionare
obsesivo *a* ossessivo
obstaculizar *vt* ostacolare
obstáculo *sm* ostacolo *m* • *carrera de obstáculos* corsa a ostacoli; *erizado de obstáculos* irto di ostacoli
obstante, no *loc.avv* ciò nonostante
obstar *vi* ostare
obstetricia *sf* ostetricia *f*
obstétrico *a* ostetrico
obstinación *sf* ostinazione *f*
obstinado *a* ostinato
obstinarse *vrif* ostinarsi
obstruccionismo *sm* ostruzionismo *m*
obstruir *vt* ostruire ◆ *vrif* ostruirsi
obtención *sf* ottenimento *m*
obtener *vt* ottenere, conseguire ◆ *vrif* ottenersi
obturación *sf* otturazione *f*
obturar *vt* otturare
obtuso *a* ottuso
obús *sm* obice *m*
obviar *vi* evitare ◇ ignorare
obvio *a* ovvio

oca *sf* oca *f*
ocasión *sf* occasione *f* • *con o. de* in occasione di; *de o.* d'occasione
ocasional *a* occasionale
ocasionar *vt* provocare
ocaso *sm* tramonto *m*
occidental *a* occidentale
occidente *sm* occidente *m*
oceánico *a* oceanico
océano *sm* oceano *m*
oceanografía *sf* oceanografia *f*
ochenta *a/sm* ottanta *m*
ocho *a/sm* otto *m*
ocio *sm* ozio *m*
ocioso *a* ozioso
ocluir *vt* occludere ◆ *vrif* occludersi
oclusión *sf* occlusione *f*
ocre *a/sm* ocra *f*
octagonal *a* ottagonale
octágono *sm* ottagono *m*
octava *sf* ottava *f*
octavilla *sf* volantino *m*
octavo *a* ottavo
octubre *sm* ottobre *m*
ocular *a/sm* oculare *m* • *testigo o.* testimone oculare
oculista *sm/f* oculista *m/f*
oculística *sf* oculistica *f*
ocultar *vt* occultare ◇ nascondere ◆ *vrif* nascondersi
oculto *a* occulto, nascosto
ocupación *sf* occupazione *f* ◇ *al pl* responsabilità *f pl*, preoccupazioni *f pl*
ocupar *vt* occupare ◆ *vrif* occuparsi
ocurrencia *sf* occasione *f* ◇ idea *f* ◇ fatto *m*, evento *m*
ocurrente *a* arguto
ocurrir *vi* accadere, succedere ◆ *vrif* venire in mente • *¿qué ocurre?* che succede?
oda *sf* ode *f*
odiar *vt* odiare ◆ *vrif* odiarsi
odio *sm* odio *m*
odioso *a* odioso
odisea *sf* odissea *f*
odontólogo *sm* odontoiatra *m/f*
oeste *sm* ovest *m*
ofender *vt* offendere ◆ *vrif* offendersi
ofensa *sf* offesa *f*
ofensivo *a* offensivo
oferta *sf* offerta *f*
oficial *a* ufficiale ◆ *sm* ufficiale *m* ◇ operaio *m* qualificato ◇ impiegato *m* amministrativo
oficialidad *sf* ufficialità *f*
oficiar *vt* officiare ◇ comunicare ufficialmente
oficina *sf* ufficio *m*
oficinista *sm/f* impiegato *m*
oficio *sm* mestiere *m* ◇ funzione *f* ◇ comunicazione *f* ufficiale • *de o.* d'ufficio
oficiosidad *sf* ufficiosità *f*
oficioso *a* ufficioso
ofrecer *vt* offrire ◆ *vrif* offrirsi ◇ presentarsi • *¿qué se le ofrece?* cosa desiderate?
ofrecimiento *sm* offerta *f*
ofrenda *sf* offerta *f*
oftalmología *sf* oftalmologia *f*
ofuscación *sf* offuscamento *m*

ofuscar *vt* offuscare ◆ *vrif* offuscarsi
OGM *abbr di organismo genéticamente modificado* OGM (*organismo geneticamente modificato*)
oíble *a* udibile
oídas, de *loc.avv* per sentito dire
oído *sm* udito *m* ◇ orecchio *m* ● ***abrir los oídos*** aprire le orecchie; ***dar oídos*** dare ascolto; ***tener o.*** avere orecchio
oír *vt* udire, sentire ◇ ascoltare ● ***¡oiga!*** senta!; ***¡oye!*** senti!
ojal *sm* occhiello *m*, asola *f*
¡ojalá! *inter* magari!
ojeada *sf* occhiata *f*, sguardo *m* ● ***echar una o.*** dare un'occhiata
ojear *vt* dare un'occhiata a
ojera *sf* occhiaia *f*
ojeriza *sf* antipatia *f*
ojival *a* ogivale
ojo *sm* occhio *m* ◇ buco *m* ● ***a ojos vistas*** a vista d'occhio; ***clavar los ojos en*** fissare lo sguardo su; ***no pegar o.*** non chiudere occhio; ***¡o.!*** attenzione!; ***o. de buey*** oblò; ***o. del puente*** arcata del ponte; ***o. de la escalera*** tromba delle scale
ola *sf* onda *f* ◇ ondata *f*
oleada *sf* ondata *f*
oleaje *sm* ondosità *f*
óleo *sm* olio *m* ● ***pintura al ó.*** pittura a olio
oleoso *a* oleoso
oler *vt* odorare, annusare ◇ (*fig*) fiutare ◆ *vi* odorare, sapere di ◆ *vrif* fiutare, sospettare ● ***o. bien*** profumare; ***o. mal*** puzzare
olfatear *vt* fiutare, annusare ◇ curiosare
olfato *sm* olfatto *m* ● ***tener o.*** avere fiuto
oligarquía *sf* oligarchia *f*
olimpíada *sf* olimpiade *f*
olímpico *a* olimpico ◆ *sm* olimpionico *m*
oliva *sf* oliva *f*
olivar *sm* uliveto *m*
olivo *sm* olivo *m*
olla *sf* pentola *f* ● ***o. a presión*** pentola a pressione
olmo *sm* olmo *m*
olor *sm* odore *m*
oloroso *a* odoroso
olvidadizo *a* smemorato
olvidar *vt* scordare, dimenticare ◆ *vrif* dimenticarsi
olvido *sm* dimenticanza *f*
ombligo *sm* ombelico *m*
omisión *sf* omissione *f*
omitir *vt* omettere
omnipotente *a* onnipotente
omnipresente *a* onnipresente
omnívoro *a* onnivoro
omóplato *sm* scapola *f*
once *a/sm* undici *m*
onda *sf* (*fis*) onda *f* ◇ ondulazione *f* ● ***captar la o.*** capire l'antifona
ondear *vi* ondeggiare
ondulación *sf* ondulazione *f*

ondulado *a* ondulato
oneroso *a* oneroso
ónice *sm* onice *f*
onírico *a* onirico
onomástico *a* onomastico
onza *sf* oncia *f*
opaco *a* opaco
opalescente *a* opalescente
ópalo *sm* opale *m/f*
opción *sf* opzione *f*
opcional *a* opzionale
ópera *sf* (*teat*) opera *f*
operación *sf* operazione *f*
operador *sm* operatore *m*
operante *a* operante
operar *vt* operare ◆ *vi* operare ◇ fare effetto ◆ *vrif* operarsi
operario *sm* operaio *m*
opereta *sf* operetta *f*
operoso *a* operoso
opinable *a* opinabile
opinión *sf* opinione *f* ● ***abundar en la misma o.*** essere d'accordo; ***en o. de*** secondo l'opinione di
oponer *vt* opporre ◆ *vrif* opporsi
oportunamente *avv* opportunamente
oportunidad *sf* opportunità *f*
oportunismo *sm* opportunismo *m*
oportunista *sm/f* opportunista *m/f*
oportuno *a* opportuno
oposición *sf* opposizione *f* ◇ *al pl* concorso *m* ● ***aprobar las oposiciones*** vincere il concorso
opositor *sm* oppositore *m*
opresión *sf* oppressione *f*
opresivo *a* oppressivo
opresor *sm* oppressore *m*
oprimir *vt* premere ◇ opprimere
oprobio *sm* obbrobrio *m*
optar *vi* optare
óptica *sf* ottica *f*
óptico *a/sm* ottico *m*
optimismo *sm* ottimismo *m*
optimista *a/sm* ottimista *m/f*
óptimo *a* ottimo
opuesto *a* opposto
opulencia *sf* opulenza *f*
opúsculo *sm* opuscolo *m*
oración *sf* (*gramm*) proposizione *f* ◇ (*relig*) preghiera *f*
oráculo *sm* oracolo *m*
orador *sm* oratore *m*
oral *a* orale
orar *vi* pregare
oratoria *sf* oratoria *f*
órbita *sf* orbita *f*
orden *sm* ordine *m* ◆ *sf* ordine *m*, comando *m* ◇ (*relig*) ordine *m* ● ***a la o. del día*** all'ordine del giorno; ***o. de arresto*** ordine di cattura; ***poner o.*** fare ordine
ordenación *sf* ordinamento *m*, disposizione *f* ◇ ordinazione *f*
ordenador *sm* (*inform*) computer *m* ● ***o. personal*** personal computer; ***o. portátil*** computer portatile, laptop

ordenanza *sf* ordinanza *f* ◆ *sm* inserviente *m*, attendente *m*
ordenar *vt* ordinare ◇ riordinare ◆ *vrif* prendere gli ordini
ordeñar *vt* mungere
ordeño *sm* mungitura *f*
ordinal *a/sm* ordinale *m*
ordinario *a* ordinario ◇ rozzo, volgare ● ***de o.*** solitamente
orear *vt* ventilare
orégano *sm* origano *m*
oreja *sf* orecchio *m* ● ***bajar las orejas*** abbassare la cresta; ***descubrir la o.*** scoprire il lato debole
orfebre *sm* orefice *m/f*
orfebrería *sf* oreficeria *f*
orgánico *a* organico
organismo *sm* organismo *m* ● ***o. genéticamente modificado*** organismo geneticamente modificato
organista *sm/f* organista *m/f*
organización *sf* organizzazione *f*
organizar *vt* organizzare ◆ *vrif* organizzarsi
órgano *sm* organo *m*
orgasmo *sm* orgasmo *m*
orgía *sf* orgia *f*
orgullo *sm* orgoglio *m*
orgulloso *a* orgoglioso
orientación *sf* disposizione *f* ◇ orientamento *m*
oriental *a/sm/f* orientale *m/f*
orientar *vt* orientare ◆ *vrif* orientarsi
oriente *sm* oriente *m*
orificio *sm* orificio *m*
origen *sm* origine *f*
original *a/sm* originale *m*
originalidad *sf* originalità *f*
originar *vt* originare ◆ *vrif* derivare
originario *a* originario
orilla *sf* bordo *m*, margine *m* ◇ riva *f* ◇ orlo *m* ● ***salir a la o.*** superare lo scoglio
orillar *vt* evitare ◇ orlare, rinforzare il bordo di ◆ *vi/rif* accostarsi al bordo
orín *sm* ruggine *f* ◇ *al pl* orina *f*
orina *sf* orina *f*
orinar *vt/i* orinare
orla *sf* orlo *m*
orlar *vt* orlare
ornamental *a* ornamentale
ornamentar *vt* ornare
ornamento *sm* ornamento *m*
ornar *vt* ornare
ornato *sm* ornamento *m*
ornitología *sf* ornitologia *f*
oro *sm* oro *m* ◇ *al pl* (*carte da gioco*) denari *m pl* ● ***chapado en o.*** placcato oro
orografía *sf* orografia *f*
oropel *sm* orpello *m*
orozuz *sm* liquirizia *f*
orquesta *sf* orchestra *f*
orquídea *sf* orchidea *f*
ortiga *sf* ortica *f*
ortodoxia *sf* ortodossia *f*
ortodoxo *a/sm* ortodosso *m*
ortogonal *a* ortogonale
ortografía *sf* ortografia *f*
ortopeda *sm/f* ortopedico *m*

ortopedia *sf* ortopedia *f*
ortopédico *a* ortopedico
ortopedista *sm/f* ortopedico *m*
oruga *sf* bruco *m*, larva *f*
orujo *sm* vinaccia *f* ◇ sansa *f*
orzuelo *sm* orzaiolo *m*
os *pr.pers* vi, ve
osa *sf* orsa *f*
osadía *sf* audacia *f* ◇ insolenza *f*
osado *a* audace ◇ insolente
osamenta *sf* ossatura *f*, scheletro *m*
osar *vi* osare
osario *sm* ossario *m*
oscilación *sf* oscillazione *f*
oscilar *vi* oscillare
oscu- *e composti* → **obscu-**
óseo *a* osseo
ósmosis *sf* osmosi *f*
oso *sm* orso *m* • ***hacer el o.*** fare lo scemo
ostentación *sf* ostentazione *f*
ostentar *vt* ostentare, vantare
ostentoso *a* ostentato
ostra *sf* ostrica *f*
ostracismo *sm* ostracismo *m*
otitis *sf* otite *f*
otomano *a/sm* turco *m*
otoñal *a* autunnale
otoño *sm* autunno *m*
otorgamiento *sm* concessione *f* ◇ conferimento *m*
otorgar *vt* assegnare, concedere • ***o. una certificación*** rilasciare un certificato
otorrinolaringólogo *sm* otorinolaringoiatra *m/f*
otro *a/pr* altro • ***o. que tal (baila)*** eccone un altro
otrosí *avv* altresì
ovación *sf* ovazione *f*
ovacionar *vt* acclamare
oval *a* ovale
ovalado *a* ovale
óvalo *sm* ovale *m*
oveja *sf* pecora *f* • ***o. negra*** pecora nera
ovejuno *a* ovino
ovillar *vt* raggomitolare ◆ *vrif* raggomitolarsi
ovillo *sm* gomitolo *m*
ovino *a* ovino
ovoide *a* ovoidale
ovulación *sf* ovulazione *f*
óvulo *sm* ovulo *m*
oxidación *sf* ossidazione *f*
oxidar *vt* ossidare ◆ *vrif* ossidarsi
óxido *sm* ossido *m*
oxigenado *a* ossigenato
oxígeno *sm* ossigeno *m*
oyente *sm/f* ascoltatore *m*
ozono *sm* ozono *m*

P

pabellón *sm* tenda *f* ◇ baldacchino *m* ◇ padiglione *m* ◇ bandiera *f*
pabilo *sm* stoppino *m*
pábulo *sm* alimento *m* ● ***dar p. a*** alimentare
pacato *a* tranquillo, pacato
pacer *vt/i* pascolare
pachorra *sf* fiacca *f* ◇ flemma *f*
paciencia *sf* pazienza *f*
paciente *a/sm/f* paziente *m/f*
pacificación *sf* pacificazione *f*
pacificar *vt* pacificare ◆ *vi/rif* pacificarsi
pacífico *a* pacifico
pacifismo *sm* pacifismo *m*
pacifista *a/sm/f* pacifista *m/f*
pacotilla *sf* paccottiglia *f*
pactar *vt* pattuire, stipulare
pacto *sm* patto *m*, accordo *m*
padecer *vt* patire ◇ soffrire di ◆ *vi* soffrire
padecimiento *sm* sofferenza *f*
padrastro *sm* patrigno *m*
padre *sm* padre *m* ◇ *al pl* genitori *m pl*
padrinazgo *sm* ruolo *m* di padrino ◇ protezione *f*
padrino *sm* padrino *m*
padrón *sm* censimento *m*, anagrafe *f* ◇ modello *m*
paga *sf* paga *f*, compenso *m* ● ***p. y señal*** acconto
pagadero *a* da pagare, pagabile
pagador *a/sm* pagatore *m*
pagaduría *sf* tesoreria *f*
paganismo *sm* paganesimo *m*
pagano *a/sm* pagano *m*
pagar *vt* pagare ◇ ricompensare, contraccambiare ◆ *vrif* vantarsi ● ***p. a plazos*** pagare a rate
pagaré *sm* pagherò *m*, cambiale *f*
pagaya *sf* pagaia *f*
página *sf* pagina *f* ● ***Páginas Amarillas*** Pagine Gialle; ***p. inicial, p. raíz*** home page; ***p. (de) web*** pagina web
pago *sm* pagamento *m* ◇ ricompensa *f* ◇ villaggio *m*
pagoda *sf* pagoda *f*
paila *sf* tegame *m*
país *sm* paese *m*, stato *m*
paisaje *sm* paesaggio *m*
paisano *a/sm* paesano *m*, compaesano *m*
paja *sf* paglia *f*
pajar *sm* pagliaio *m*
pájara *sf* tracollo *m*, malessere *m*
pajarera *sf* voliera *f*
pajarero *a* di uccelli ◇ vistoso ◇ allegro ◆ *sm* uccellaio *m*
pájaro *sm* uccello *m* ◇ (*fam*) furbo *m*
paje *sm* paggio *m*
pajilla *sf* cannuccia *f*
pajizo *a* di paglia

pala *sf* pala *f* ◇ racchetta *f* • ***p. para tartas*** paletta per dolci
palabra *sf* parola *f* • ***p. clave*** parola chiave; ***coger a uno la p.*** prendere in parola; ***tomar la p.*** prendere la parola
palabrero *a/sm* chiacchierone *m*
palabrota *sf* parolaccia *f*
palaciego *a/sm* cortigiano *m*
palacio *sm* palazzo *m*
paladar *sm* palato *m* ◇ gusto *m* ◇ (*a Cuba*) ristorante *m* casalingo
paladear *vt* assaggiare ◇ gustare
palafito *sm* palafitta *f*
palanca *sf* leva *f* ◇ raccomandazione *f*
palangana *sf* catino *m*
palanqueta *sf* leva *f*, piede *m* di porco
palanquín *sm* portantina *f*
palatal *a* palatale
palco *sm* palco *m* • ***p. escénico*** palcoscenico
palenque *sm* steccato *m*
paleografía *sf* paleografia *f*
paleolítico *a/sm* paleolitico *m*
palestra *sf* (*stor*) arena *f* ◇ circolo *m* letterario
paleta *sf* cazzuola *f* ◇ tavolozza *f* ◇ dente *m* incisivo superiore
paletilla *sf* scapola *f*
paleto *sm* daino *m* ◇ villano *m*
paliar *vt* mitigare, attenuare
paliativo *a/sm* palliativo *m*
palidecer *vi* impallidire
palidez *sf* pallore *m*
pálido *a* pallido ◇ smorto
palillo *sm* stuzzicadenti *m* ◇ (*di tamburo*) bacchetta *f*
palio *sm* baldacchino *m*
paliza *sf* bastonata *f*
palizada *sf* palizzata *f*
palma *sf* palma *f* ◇ palmo *m* ◇ *al pl* applausi *m pl*
palmada *sf* pacca *f*, manata *f* ◇ *al pl* applausi *m pl*
palmar *a* palmare ◇ evidente ◆ *sm* palmeto *m* ◆ *vi* (*fam*) morire, crepare
palmario *a* evidente
palmera *sf* palma *f*
palmípeda *sf* palmipede *m*
palmo *sm* palmo *m*, spanna *f*
palmotear *vi* battere le mani, applaudire
palmoteo *sm* battimani *m*, applauso *m*
palo *sm* palo *m* ◇ (*naut*) albero *m* ◇ colpo *m*, bastonata *f* ◇ (*di carte da gioco*) seme *m* ◇ legno *m* • ***p. mayor*** albero maestro
paloma *sf* colomba *f*, piccione *m* ◇ *al pl* onde *f pl* schiumose • ***p. mensajera*** piccione viaggiatore
palomar *sm* colombaia *f*
palomilla *sf* farfallina *f*, tarma *f* ◇ (*di cavallo*) groppa *f*
palomita *sf* popcorn *m*
palpable *a* palpabile

palpar *vt* palpare ◇ brancolare, andare a tentoni
palpitación *sf* palpitazione *f*
palpitar *vi* palpitare ◇ avere le palpitazioni
palúdico *a* paludoso
paludismo *sm* malaria *f*
palurdo *a/sm* cafone *m*
pan *sm* pane *m* • ***p. ácimo*** pane azzimo; ***p. rallado*** pangrattato; ***p. sentado*** pane raffermo
pana *sf* velluto *m*
panacea *sf* panacea *f*
panadería *sf* panetteria *f*, panificio *m*
panadero *sm* panettiere *m*
panal *sm* favo *m*
panamá *sm* panama *m*
páncreas *sm* pancreas *m*
panda *sm* panda *m*
pandero *sm* tamburello *m* ◇ aquilone *m*
pandilla *sf* combriccola *f*
panecillo *sm* panino *m*
panegírico *sm* panegirico *m*
panel *sm* pannello *m* • ***p. de control*** pannello di controllo; ***p. solar*** pannello solare
pánico *sm* panico *m*
panocha *sf* pannocchia *f*
panoja *sf* pannocchia *f*
panorama *sm* panorama *m*
panorámico *a* panoramico
pantagruélico *a* pantagruelico
pantalla *sf* (*di lampada*) paralume *m* ◇ schermo *m* ◇ (*inform*) schermo *m*, monitor *m*, video *m*
pantalón *sm* pantaloni *m pl*
pantano *sm* pantano *m*, palude *f* ◇ lago *m* artificiale
pantanoso *a* paludoso
panteísmo *sm* panteismo *m*
pantera *sf* pantera *f*
pantomima *sf* pantomima *f*
pantorrilla *sf* polpaccio *m*
pantufla *sf* pantofola *f*
panza *sf* pancia *f*
panzudo *a* panciuto
pañal *sm* pannolino *m* ◇ ***al pl*** fasce *f pl*
paño *sm* panno *m*, tessuto *m* ◇ strofinaccio *m* ◇ telo *m*
pañol *sm* cambusa *f*
pañuelo *sm* fazzoletto *m*
papa *sm* papa *m* ◆ *sf* patata *f* ◇ stupidaggine *f*
papá *sm* papà *m*
papada *sf* doppio mento *m*
papagayo *sm* pappagallo *m*
papal *a* papale
papanatas *sm* (*fam*) sciocco *m*
paparrucha *sf* fandonia *f*
papaya *sf* papaia *f*
papel *sm* carta *f* ◇ foglio *m* ◇ documento *m* ◇ (*teat*) parte *f* ◇ ruolo *m* • ***desempeñar un p.*** svolgere un ruolo; ***hacer mal/buen p.*** fare una brutta/bella figura; ***p. celo*** nastro adesivo; ***p. de cartas*** carta da lettere; ***p. de oficio*** foglio protocollo; ***p. de lija*** carta vetrata; ***p. de seda*** carta velina; ***p. higiénico*** carta igienica; ***p. moneda*** cartamoneta

papelear *vi* rovistare tra le carte
papelera *sf* cestino *m* (per la carta straccia) ◇ cartiera *f*
papelería *sf* cartoleria *f*
papeleta *sf* biglietto *m* ◇ scheda *f*, cedola *f* ◇ (*fam*) grana *f*, seccatura *f*
papelón *sm* figuraccia *f*
paperas *sf pl* orecchioni *m pl*
papiro *sm* papiro *m*
papismo *sm* papismo *m*
paquebote *sm* nave *f* postale
paquete *sm* pacco *m*, pacchetto *m* ◇ confezione *f* ● ***p. postal*** pacco postale
par *a* pari, uguale ◆ *sm* paio *m* ◇ (*fis*) coppia *f* ◇ pari *m* ● ***a la p.*** alla pari; ***a pares*** a coppie; ***sin p.*** senza pari
para *prep* per ● ***p. que*** perché
parabién *sm* felicitazione *f*
parábola *sf* parabola *f*
parabrisas *sm* parabrezza *m*
paracaídas *sm* paracadute *m*
paracaidista *sm/f* paracadutista *m/f*
parachoques *sm* paraurti *m*
parada *sf* fermata *f*, sosta *f* ◇ stazione *f* ◇ parata *f* ◇ (*al gioco*) puntata *f*
paradero *sm* recapito *m* ◇ fine *f*
paradigma *sm* paradigma *m*
parado *a* fermo ◇ timido, impacciato ◇ disoccupato ◇ sorpreso ◇ in piedi ◆ *sm* disoccupato *m* ● ***mal p.*** malridotto
paradójico *a* paradossale
parador *sm* albergo *m* ● ***p. nacional*** (*in Spagna*) albergo sito in monumenti nazionali
paráfrasis *sf* parafrasi *f*
parágrafo *sm* paragrafo *m*
paraguas *sm* ombrello *m*
paragüero *sm* portaombrelli *m* ◇ ombrellaio *m*
paraíso *sm* paradiso *m*
paraje *sm* luogo *m*
paralelepípedo *sm* parallelepipedo *m*
paralelismo *sm* parallelismo *m*
paralelo *a/sm* parallelo *m*
parálisis *sf* paralisi *f*
paralítico *a/sm* paralitico *m*
paralizar *vt* paralizzare
parámetro *sm* parametro *m*
páramo *sm* terreno *m* desertico
parangón *sm* paragone *m*
parangonar *vt* paragonare
paranoia *sf* paranoia *f*
paranoico *a/sm* paranoico *m*
paranormal *a* paranormale
parapente *sm* (*sport*) parapendio *m*
parapetarse *vrif* proteggersi
parapeto *sm* parapetto *m*
parapléjico *a/sm* paraplegico *m*
parar *vt* fermare ◇ spengere ◇ (*sport*) parare ◆ *vi/rif* fermarsi ◇ smettere ◇ alloggiare ◇ andare a finire ● ***p. de*** smettere di; ***pararse a pensar*** mettersi a pensare; ***sin p.*** senza fermarsi
pararrayos *sm* parafulmine *m*
parásito *sm* parassita *m*
parasol *sm* ombrellone *m*

parcela *sf* parte *f*, porzione *f* ◇ lotto *m*
parcelar *vt* dividere ◇ lottizzare
parche *sm* toppa *f* ◇ cerotto *m*
parcial *a* parziale ◆ *sm/f* seguace *m/f*
parcialidad *sf* parzialità *f* ◇ gruppo *m*, partito *m*
parco *a* parco
pardal *sm* passero *m*
pardo *a/sm* scuro *m*, bruno *m*
parear *vt* appaiare ◇ confrontare
parecer *sm* parere *m* ◇ aspetto *m* ◆ *vimp* sembrare, parere ◆ *vrif* assomigliarsi ● ***al p.*** in apparenza; ***según p.*** a quanto pare
parecido *a* rassomigliante ◆ *sm* rassomiglianza *f* ● ***bien/mal p.*** di brutto/bell'aspetto
pared *sf* parete *f*
paredón *sm* muraglione *m*
pareja *sf* coppia *f* ◇ (*di ballo*) compagno *m*, partner *m/f*
parejo *a* uguale
parentela *sf* parentela *f*
parentesco *sm* parentela *f* ◇ vincolo *m*
paréntesis *sm* parentesi *f*
paridad *sf* parità *f*
pariente *sm* parente *m/f*
parihuela *sf* barella *f*
parir *vt/i* partorire
parisiense *a/sm/f* parigino *m*
parla *sf* parlantina *f*
parlamentar *vi* parlamentare ◇ negoziare
parlamentario *a/sm* parlamentare *m/f*
parlamento *sm* parlamento *m*
parlanchín *sm* chiacchierone *m*
parlar *vi* chiacchierare
parloteo *sm* chiacchiera *f*
paro *sm* arresto *m*, blocco *m* ◇ disoccupazione *f* ◇ sciopero *m*
parodia *sf* parodia *f*
parodiar *vt* parodiare
paroxismo *sm* parossismo *m*
parpadear *vi* sbattere le ciglia ◇ (*di luce*) lampeggiare
parpadeo *sm* battito *m* di ciglia ◇ lampeggio *m*
párpado *sm* palpebra *f*
parque *sm* parco *m* ◇ deposito *m* ● ***p. de atracciones*** luna park; ***p. acuático*** parco acquatico, acquapark; ***p. zoológico*** giardino zoologico
parquedad *sf* sobrietà *f*
parquímetro *sm* parchimetro *m*
párrafo *sm* paragrafo *m*
parral *sm* vite *f*
parranda *sf* festa *f*, baldoria *f*
parrandear *vi* far baldoria
parricidio *sm* parricidio *m*
parrilla *sf* griglia *f*
parrillada *sf* grigliata *f*
párroco *sm* parroco *m*
parroquia *sf* parrocchia *f* ◇ clientela *f*
parroquial *a* parrocchiale
parroquiano *sm* parrocchiano *m* ◇ cliente *m/f* abituale

parsimonia *sf* calma *f*, flemma *f* ◇ parsimonia *f*
parsimonioso *a* parsimonioso
parte *sf* parte *f* ◇ ruolo *m* ◇ *al pl* (*fam*) genitali *m pl* ◆ *sm* rapporto *m*, comunicato *m* ◇ notiziario *m* ● ***de p. de alguien*** da parte di qn; ***por otra p.*** del resto
partera *sf* ostetrica *f*
parterre *sm* aiuola *f*
partición *sf* divisione *f*
participación *sf* partecipazione *f*
participante *a/sm/f* partecipante *m/f*
participar *vt* comunicare ◆ *vi* partecipare ◇ condividere
partícipe *a/sm/f* partecipante *m/f*
partícula *sf* particella *f*
particular *a* particolare ◇ proprio, privato ◆ *sm* privato *m* (cittadino) ◇ argomento *m*
particularidad *sf* particolarità *f*
particularizar *vt* dettagliare ◇ caratterizzare ◇ preferire ◆ *vrif* distinguersi
partida *sf* partenza *f* ◇ partita *f* ◇ scrittura *f* contabile, voce *f* ◇ atto *m* (ufficiale), certificato *m* ◇ gruppo *m* ◇ squadra *f* ● ***jugar una mala p. a alguien*** giocare un brutto tiro a qn
partidario *a/sm* sostenitore *m*, seguace *m/f*
partido *sm* partito *m* ◇ partita *f* ◇ squadra *f* ◇ distretto *m* ● ***sacar p.*** trarre vantaggio
partir *vt* dividere, separare ◇ suddividere, distribuire ◆ *vi* partire ◇ cominciare ◆ *vrif* sbellicarsi dalle risate ◇ spaccarsi
parto *sm* parto *m*
parturienta *sf* partoriente *f*
parvulario *sm* asilo *m*
pasa *sf* uva *f* passa
pasable *a* passabile
pasada *sf* passata *f* ◇ passaggio *m* ● ***de p.*** di sfuggita
pasadero *a* passabile
pasadizo *sm* passaggio *m*, corridoio *m*
pasado *a* passato, scorso ◇ appassito, marcio ◆ *sm* passato *m* ● ***p. mañana*** dopodomani
pasaje *sm* passaggio *m* ◇ pedaggio *m* ◇ (*di nave, aereo*) passeggeri *m pl*
pasajero *a* passeggero ◇ (*di uccello*) migratore ◆ *sm* passeggero *m*
pasamanos *sm* corrimano *m*
pasante *sm* aiutante *m/f*, assistente *m/f*
pasaporte *sm* passaporto *m*
pasar *vt* passare ◇ (*una prova*) superare ◇ (*un film*) trasmettere ◆ *vi* passare ◇ trascorrere ◇ accadere, succedere ◆ *vrif* passare ◇ terminare ◇ dimenticarsi ◇ andare a male ● ***p. por alto*** omettere ***¡pase!*** avanti!; ***¿qué pasa?*** che cosa succede?
pasarela *sf* passerella *f*
pasatiempo *sm* passatempo *m*

pascua *sf* Pasqua *f* ◇ *al pl* feste *f pl* di Natale
pascual *a* pasquale
pase *sm* lasciapassare *m*
paseante *sm/f* passante *m/f*
pasear *vt* portare a spasso ◆ *vi* passeggiare ◇ (*a cavallo*) andare al passo ◆ *vrif* passeggiare
paseo *sm* passeggiata *f*
pasillo *sm* corridoio *m*
pasión *sf* passione *f*
pasito *avv* pian piano
pasividad *sf* passività *f*
pasivo *a/sm* passivo *m*
pasmado *a* sbalordito
pasmar *vt* gelare ◇ meravigliare ◆ *vrif* gelarsi, congelarsi
pasmo *sm* raffreddore *m* ◇ sbalordimento *m*, meraviglia *f*
pasmoso *a* sbalorditivo
paso *a* (*di frutto*) secco ◆ *sm* passaggio *m* ◇ passo *m* ◇ valico *m* • ***de p.*** di passaggio, incidentalmente; ***p. a nivel*** passaggio a livello; ***p. elevado*** cavalcavia; ***salir al p.*** contrastare
pasta *sf* pasta *f* ◇ impasto *m* ◇ (*fam*) soldi *m pl*
pastar *vt* portare al pascolo ◆ *vi* pascolare
pastel *sm* torta *f*, sformato *m* ◇ pastello *m*
pastelería *sf* pasticceria *f*
pastelero *sm* pasticciere *m*
pastilla *sf* pastiglia *f* • ***p. de jabón*** saponetta
pastizal *sm* pascolo *m*
pasto *sm* pascolo *m* ◇ foraggio *m*
pastor *sm* pastore *m*
pastoral *a/sf* pastorale *f*
pastorear *vt* pascolare
pastoreo *sm* pascolo *m*
pastoso *a* pastoso
pata *sf* zampa *f* • ***a cuatro patas*** a quattro zampe; ***a p.*** a piedi; ***meter la p.*** fare una gaffe; ***p. de gallo*** (*ruga*) zampa di gallina; ***tener mala p.*** avere sfortuna
patada *sf* calcio *m*, pedata *f* ◇ zampata *f*
patalear *vi* pestare i piedi
pataleo *sm* calpestio *m*
patán *a/sm* zoticone *m*
patata *sf* patata *f*
patatús *sm* (*fam*) colpo *m*
patear *vt* scalciare ◇ maltrattare ◆ *vi* battere i piedi
patentar *vt* brevettare
patente *a* evidente ◆ *sf* brevetto *m*
patentizar *vt* rendere evidente
paternal *a* paterno
paternidad *sf* paternità *f*
paterno *a* paterno
patético *a* patetico
patíbulo *sm* patibolo *m*
patilla *sf* basetta *f* ◇ (*di occhiali*) stanghetta *f*
patín *sm* pattino *m* • ***patines para hielo*** pattini da ghiaccio; ***patines en línea*** pattini in linea; ***patines de ruedas*** pattini a rotelle
pátina *sf* patina *f*

patinar *vi* pattinare ◇ (*aut*) slittare ◇ fare una gaffe
patio *sm* cortile *m*, patio *m*
pato *sm* anatra *f*
patología *sf* patologia *f*
patológico *a* patologico
patoso *a* imbranato ◇ noioso, pesante
patraña *sf* fandonia *f*
patria *sf* patria *f*
patriarcado *sm* patriarcato *m*
patrimonial *a* patrimoniale
patrimonio *sm* patrimonio *m*
patriota *sm/f* patriota *m/f*
patriotismo *sm* patriottismo *m*
patrocinar *vt* patrocinare
patrocinio *sm* patrocinio *m*
patrón *sm* padrone *m* ◇ patrono *m* ◇ modello *m*
patronal *a* padronale
patronímico *sm* patronimico *m*
patrono *sm* patrono *m* ◇ datore *m* di lavoro
patrulla *sf* pattuglia *f*
paulatino *a* lento
paupérrimo *a* poverissimo
pausa *sf* pausa *f* ◇ lentezza *f*
pausado *a* lento
pausar *vt* rallentare ◇ interrompere
pauta *sf* norma *f*, modello *m* ◇ linea *f* guida
pavimentación *sf* pavimentazione *f*
pavimentar *vt* pavimentare
pavimento *sm* pavimento *m*
pavo *sm* tacchino *m* • ***p. real*** pavone
pavón *sm* pavone *m*
pavonearse *vrif* pavoneggiarsi
pavor *sm* paura *f*
payaso *sm* pagliaccio *m*
paz *sf* pace *f*
peaje *sm* pedaggio *m*
peatón *sm* pedone *m*
pebete *sm* incenso *m*
peca *sf* lentiggine *f*
pecado *sm* peccato *m*
pecador *sm* peccatore *m*
pecaminoso *a* peccaminoso
pecar *vi* peccare
pecera *sf* acquario *m*
pechera *sf* pettorina *f*
pecho *sm* petto *m* • ***a p. descubierto*** col cuore in mano; ***tomarse a p.*** prendersi a cuore
pechuga *sf* petto *m* (di pollo) ◇ seno *m*
pecoso *a* lentigginoso
peculiar *a* peculiare
peculiaridad *sf* peculiarità *f*
pecunia *sf* pecunia *f*
pecuniario *a* pecuniario
pedagogía *sf* pedagogia *f*
pedal *sm* pedale *m*
pedalear *vi* pedalare
pedante *a/sm/f* pedante *m/f*
pedazo *sm* pezzo *m* • ***caerse a pedazos*** cadere a pezzi; ***un p. de pan*** un tozzo di pane
pedernal *sm* selce *f*
pedestal *sm* piedistallo *m*
pedestrismo *sm* podismo *m*
pediatra *sm/f* pediatra *m/f*
pediatría *sf* pediatria *f*
pedicuro *sm* pedicure *m/f*

pedido *sm* ordinazione *f*, richiesta *f*
pedir *vt* chiedere ◇ richiedere, esigere ◆ *vi* mendicare
pedofilia *sf* pedofilia *f*
pedrada *sf* sassata *f*
pedrea *sf* sassaiola *f* ◇ grandinata *f*
pedregal *sm* pietraia *f*
pedregoso *a* pietroso
pedrería *sf* pietre *f pl* preziose
pedrisco *sm* grandine *f* ◇ pietraia *f*
pega *sf* colla *f* ◇ beffa *f* ◇ difficoltà *f*, ostacolo *m*
pegadizo *a* appiccicoso ◇ posticcio
pegajoso *a* appiccicoso
pegamento *sm* colla *f*
pegar *vt* incollare ◇ attaccare ◇ colpire ◇ (*una malattia*) attaccare, trasmettere ◆ *vi* rimare ◇ intonarsi, star bene ◆ *vrif* attaccarsi, appiccicarsi ◇ intromettersi ◇ affezionarsi ● ***p. un grito*** lanciare un urlo; ***pegársela a uno*** ingannare qn
pegatina *sf* (auto)adesivo *m*
peinado *sm* pettinatura *f*, acconciatura *f*
peinar *vt* pettinare ◆ *vrif* pettinarsi ● ***p. canas*** avere i capelli bianchi
peine *sm* pettine *m*
peineta *sf* pettinino *m*
pelado *a* brullo, nudo ◇ (*di numero*) esatto, tondo ◇ squattrinato
peladura *sf* sbucciatura *f* ◇ buccia *f*
pelagatos *sm* povero diavolo *m*
pelaje *sm* pelo *m* ◇ aspetto *m*
pelambre *sm* pellame *m* ◇ (*fam*) criniera *f*
pelar *vt* pelare, spellare ◇ sbucciare ◇ criticare ◇ derubare ◆ *vrif* tagliarsi i capelli ● ***duro de p.*** osso duro
peldaño *sm* gradino *m*, scalino *m*
pelea *sf* litigio *m*, rissa *f* ◇ battaglia *f* ● ***p. de gallos*** combattimento di galli
pelear *vi* combattere, lottare ◇ battersi ◆ *vrif* litigare
pelele *sm* fantoccio *m*
peleón *a* aggressivo
peletería *sf* pellicceria *f*
peliagudo *a* arduo, difficile
pelícano *sm* pellicano *m*
película *sf* pellicola *f* ◇ film *m* ● ***p. de vaqueros*** film western
peligrar *vi* correre pericolo
peligro *sm* pericolo *m* ● ***fuera de p.*** fuori pericolo
peligroso *a* pericoloso
pelillo *sm* piccolo cruccio *m* ● ***echar pelillos a la mar*** non parlarne più
pelirrojo *a* dai capelli rossi
pelleja *sf* pelle *f*
pellejo *sm* pelle *f* ◇ buccia *f*
pelliza *sf* pelliccia *f*
pellizcar *vt* pizzicare ◆ *vrif* pizzicarsi
pellizco *sm* pizzico *m*

pelma *sm* (*fam*) (*persona noiosa*) mattone *m* ◇ (*persona lenta*) lumacone *m*
pelo *sm* pelo *m* ◇ capello *m*, capelli *m pl* ◇ mantello *m*, vello *m* ◇ peluria *f* • ***al p.*** al momento giusto; ***contar con pelos y señales*** raccontare con tutti i particolari; ***cortar un p. en el aire*** essere molto furbo; ***de p. en pecho*** coraggioso; ***tomar el p.*** prendere in giro
pelota *sf* palla *f*, pallone *m* • ***en pelotas*** nudo
pelotear *vt* (*conto*) verificare ◆ *vi* palleggiare ◇ discutere
pelotera *sf* discussione *f*, rissa *f*
pelotón *sm* assembramento *m* ◇ plotone *m*
peltre *sm* peltro *m*
peluca *sf* parrucca *f*
peludo *a* peloso
peluquería *sf* (negozio di) parrucchiere *m*
peluquero *sm* parrucchiere *m*
pena *sf* pena *f* ◇ difficoltà *f* • ***a duras penas*** a mala pena
penacho *sm* pennacchio *m*
penal *a* penale ◆ *sm* carcere *m*
penalidad *sf* difficoltà *f*, pena *f* ◇ penalità *f*
penalizar *vt* penalizzare
penar *vt* condannare ◇ punire ◆ *vi* penare, patire
pendencia *sf* contesa *f*, rissa *f*
pendenciero *a* litigioso, rissoso
pender *vi* pendere
pendiente *a* pendente ◆ *sf* pendio *m* ◆ *sm* (orecchino) pendente *m*
pendón *sm* bandiera *f*
péndulo *sm* pendolo *m*
pene *sm* pene *m*
penetración *sf* penetrazione *f*
penetrar *vt/i* penetrare
penicilina *sf* penicillina *f*
península *sf* penisola *f*
peninsular *a* peninsulare
penitencia *sf* penitenza *f*
penitenciaría *sf* penitenziario *m*
penitenciario *a* penitenziario
penitente *a/sm/f* penitente *m/f*
penoso *a* penoso ◇ difficile
pensador *sm* pensatore *m*
pensamiento *sm* pensiero *m* ◇ mente *f* ◇ massima *f*, sentenza *f* ◇ viola *f* del pensiero
pensar *vt* pensare ◇ ritenere ◇ riflettere • ***p. en*** pensare a
pensativo *a* pensieroso
pensión *sf* pensione *f* • ***media p.*** mezza pensione; ***p. completa*** pensione completa
pensionista *sm/f* pensionato *m* ◇ pensionante *m/f*
pentagonal *a* pentagonale
pentagrama *sm* pentagramma *m*
pentecostés *sm* pentecoste *f*
penúltimo *a/sm* penultimo *m*
penumbra *sf* penombra *f*
penuria *sf* penuria *f*
peña *sf* roccia *f* ◇ (*di persone*) circolo *m*, gruppo *m*

peñasco *sm* masso *m*, macigno *m*
peñón *sm* rocca *f*
peón *sm* bracciante *m* ◇ manovale *m* ◇ pedina *f* ◇ fante *m*
peonía *sf* peonia *f*
peonza *sf* trottola *f*
peor *a* peggiore ◆ *avv* peggio ● *p. que p.* peggio ancora
pepinillo *sm* cetriolino *m* sottaceto
pepino *sm* cetriolo *m*
pepita *sf* pepita *f*
pepitoria *sf* guazzabuglio *m*
pequeñez *sf* piccolezza *f*
pequeño *a* piccolo
pera *sf* pera *f*
peral *sm* pero *m*
percance *sm* contrattempo *m*
percatarse *vrif* rendersi conto
percepción *sf* percezione *f*
perceptible *a* percettibile
percha *sf* gruccia *f* ◇ attaccapanni *m*
perchero *sm* attaccapanni *m*
percibir *vt* percepire ◇ comprendere
percusión *sf* percussione *f*
percutir *vt* percuotere, colpire
perdedor *a/sm* perdente *m/f*
perder *vt* perdere ◆ *vi* perdere ◇ decadere, peggiorare ◆ *vrif* perdersi, smarrirsi ◇ innamorarsi ◇ disperdersi ◇ naufragare
pérdida *sf* perdita *f*
perdiz *sf* pernice *f*
perdón *sm* perdono *m* ● *¡p.!* scusi!
perdonable *a* perdonabile
perdonar *vt* perdonare, scusare ● *¡perdone (usted)!* mi perdoni!; *perdone la molestia* scusi il disturbo
perdurable *a* eterno
perdurar *vi* perdurare
perecedero *a* effimero, perituro
perecer *vi* morire, perire
peregrinación *sf* pellegrinaggio *m* ◇ peregrinazione *f*
peregrinar *vi* peregrinare ◇ fare un pellegrinaggio
peregrino *a* pellegrino ◇ strano, stravagante ◇ originale, straordinario ◆ *sm* pellegrino *m*
perejil *sm* prezzemolo *m*
perenne *a* perenne
perentorio *a* perentorio
pereza *sf* pigrizia *f*
perezoso *a* pigro, svogliato
perfección *sf* perfezione *f*
perfeccionamiento *sm* perfezionamento *m*
perfeccionar *vt* perfezionare
perfectamente *avv* perfettamente
perfecto *a* perfetto
perfidia *sf* perfidia *f*
pérfido *a* perfido
perfil *sm* profilo *m*, contorno *m* ◇ caratteristica *f* ◇ *al pl* complementi *m pl*, ritocchi *m pl*

perfilado *a* affilato ◇ ben delineato
perfilar *vt* profilare ◇ perfezionare ◆ *vrif* profilarsi
perforación *sf* perforazione *f*
perforar *vt* perforare
perfumado *a* profumato
perfumar *vt/i* profumare
perfume *sm* profumo *m*
perfumería *sf* profumeria *f*
pergamino *sm* pergamena *f*
pergeñar *vt* tracciare, abbozzare
pergeño *sm* aspetto *m*
pérgola *sf* pergola *f*, pergolato *m*
pericia *sf* perizia *f*
perico *sm* pappagallo *m*
periferia *sf* periferia *f*
periférico *a* periferico
perífrasis *sf* perifrasi *f*
perilla *sf* barbetta *f*, pizzo *m* ● *de p.* al momento giusto
perimétrico *a* perimetrale
perímetro *sm* perimetro *m*
periodicidad *sf* periodicità *f*
periódico *a* periodico ◆ *sm* periodico *m*, giornale *m*
periodismo *sm* giornalismo *m*
periodista *sm/f* giornalista *m/f*
periodístico *a* giornalistico
período *sm* periodo *m*
peripecia *sf* peripezia *f*
periscopio *sm* periscopio *m*
perito *sm* perito *m*
peritonitis *sf* peritonite *f*
perjudicar *vt* pregiudicare, danneggiare
perjudicial *a* dannoso
perjuicio *sm* danno *m*
perjurar *vi* spergiurare
perla *sf* perla *f*
perlado *a* perlaceo
permanecer *vi* rimanere, restare
permanencia *sf* permanenza *f*
permisión *sf* permesso *m*
permisivo *a* permissivo
permiso *sm* permesso *m* ◇ licenza *f* ● *p. de residencia* permesso di soggiorno
permitir *vt* permettere ◆ *vrif* permettersi
permutar *vt* permutare, scambiare ◇ cambiare
pernear *vi* sgambettare
pernicioso *a* pernicioso
pernil *sm* (*di pantalone*) gamba *f* ◇ cosciotto *m*
perno *sm* perno *m*, bullone *m*
pernoctar *vi* pernottare
pero *cong* ma, però ◆ *sm* difetto *m*, difficoltà *f* ● *poner peros* trovare da ridire
perogrullada *sf* verità *f* lapalissiana
perogrullesco *a* lapalissiano
peroné *sm* perone *m*
peroración *sf* perorazione *f*
perorar *vi* perorare ◇ pronunciare un discorso
perpendicular *a/sf* perpendicolare *f*
perpetración *sf* compimento *m*
perpetrar *vt* perpetrare

perpetuar *vt* perpetuare ◆ *vrif* perpetuarsi
perpetuidad *sf* perpetuità *f*
perpetuo *a* perpetuo
perplejidad *sf* perplessità *f*
perplejo *a* perplesso
perra *sf* cagna *f* ◇ voglia *f*, capriccio *m* ● ***estar sin una p.*** essere al verde
perrada *sf* muta *f* di cani ◇ mascalzonata *f*
perrera *sf* canile *m*
perrería *sf* muta *f* di cani ◇ mascalzonata *f*, dispetto *m*
perrero *sm* accalappiacani *m*
perrillo *sm* (*di arma*) grilletto *m* ◇ (*zool*) cagnolino *m*
perrito *sm* (*zool*) cagnolino *m* ● ***p. caliente*** (*cuc*) hot dog
perro *sm* cane *m* ◆ *a* da cani ● ***de perros*** da cani
persa *a/sm/f* persiano *m*
persecución *sf* persecuzione *f*
perseguidor *a/sm* persecutore *m*
perseguir *vt* inseguire ◇ perseguire ◇ perseguitare
perseverancia *sf* perseveranza *f*
perseverar *vi* perseverare
persiana *sf* persiana *f*
persignarse *vrif* farsi il segno della croce
persistir *vi* persistere
persona *sf* persona *f* ● ***de p. a p.*** a tu per tu; ***en p.*** di persona
personaje *sm* personaggio *m*
personal *a/sm* personale *m*
personalidad *sf* personalità *f*
personalizar *vt* personalizzare
personarse *vrif* (*dir*) comparire ◇ presentarsi
personificación *sf* personificazione *f*
personificar *vt* personificare
perspectiva *sf* prospettiva *f*
perspicacia *sf* perspicacia *f*
perspicaz *a* perspicace
perspicuidad *sf* perspicuità *f*
persuadir *vt* persuadere ◆ *vrif* persuadersi
persuasión *sf* persuasione *f*
persuasivo *a* persuasivo
pertenecer *vi* appartenere ◇ riguardare
pertenencia *sf* appartenenza *f* ◇ *al pl* proprietà *f*
pértiga *sf* pertica *f*
pertinaz *a* pertinace
pertinencia *sf* pertinenza *f*
pertinente *a* pertinente
pertrechar *vt* approvvigionare ◆ *vrif* approvvigionarsi
perturbación *sf* perturbazione *f*
perturbar *vt* perturbare
peruano *a/sm* peruviano *m*
perversidad *sf* perversità *f*
perversión *sf* perversione *f*
perverso *a/sm* perverso *m*
pervertir *vt* pervertire ◆ *vrif* pervertirsi
pesa *sf* peso *m*
pesadez *sf* pesantezza *f* ◇ fastidio *m*, noia *f*

pesadilla *sf* incubo *m* ◇ angoscia *f*
pesado *a* pesante ◇ lento ◇ profondo ◇ gravoso, faticoso ◇ noioso ◇ (*di tempo*) afoso ● ***una broma pesada*** uno scherzo pesante
pesadumbre *sf* pena *f*, dispiacere *m*
pésame *sm* condoglianze *f pl* ● ***dar el p.*** fare le condoglianze
pesantez *sf* pesantezza *f*
pesar *sm* pena *f*, dolore *m* ◇ rincrescimento *m* ◆ *vt* pesare ◇ soppesare ◆ *vi* pesare ◇ dispiacere ◇ gravare ● ***a p. de*** malgrado, nonostante
pesaroso *a* dolente, spiacente ◇ triste
pesca *sf* pesca *f*
pescadería *sf* pescheria *f*
pescado *sm* pesce *m* (pescato)
pescador *sm* pescatore *m*
pescar *vt* pescare
pescuezo *sm* nuca *f*
pesebre *sm* mangiatoia *f* ◇ presepio *m*
peseta *sf* peseta *f*
pesetero *sm* taccagno *m*
pesimismo *sm* pessimismo *m*
pesimista *sm/f* pessimista *m/f*
pésimo *a* pessimo
peso *sm* peso *m* ◇ (*fig*) peso *m*, influenza *f* ◇ bilancia *f* ● ***p. bruto/neto*** peso lordo/netto; ***tomar a p.*** soppesare
pesquisa *sf* indagine *f*
pestaña *sf* ciglio *m* ◇ orlo *m*
pestañear *vi* battere le ciglia
peste *sf* peste *f* ◇ fetore *m* ◇ (*fig*) peste *f*, flagello *m* ◇ fastidio *m* ● ***decir pestes de alguien*** parlare male di qn; ***oler a p.*** puzzare
pesticida *a/sm* pesticida *m*
pestífero *a* pestifero
pestilencia *sf* pestilenza *f*
pestilente *a* pestifero
petaca *sf* borsa *f* per tabacco ◇ fiaschetta *f*
pétalo *sm* petalo *m*
petardista *sm* truffatore *m*
petardo *sm* petardo *m* ◇ truffa *f* ◇ (*fig*) mattone *m*
petate *sm* stuoia *f* ◇ fagotto *m*, bagaglio *m* ◇ scroccone *m*
petición *sf* richiesta *f* ◇ petizione *f*
peticionario *a/sm* richiedente *m/f*
petimetre *sm/f* elegantone *m*
pétreo *a* pietroso
petrificar *vt* pietrificare ◆ *vrif* pietrificarsi
petróleo *sm* petrolio *m*
petrolero *a* petrolifero ◆ *sm* petroliera *f*
petrolífero *a* petrolifero
petulancia *sf* petulanza *f*
petulante *a/sm/f* petulante *m/f*
peyorativo *a* peggiorativo
pez *sm* pesce *m* ◆ *sf* pece *f* ● ***estar p. en algo*** non sapere nulla su un argomento
pezón *sm* picciolo *m* ◇ capezzolo *m*

pezuña *sf* (*zool*) zoccolo *m*
piadoso *a* pietoso ◇ devoto
pianista *sm/f* pianista *m/f*
piano *sm* pianoforte *m* • ***p. de cola*** pianoforte a coda
piar *vi* pigolare
piara *sf* branco *m*
pica *sf* picca *f*
picacho *sm* picco *m*
picadero *sm* galoppatoio *m* ◇ (*fam*) pied-à-terre *m*
picadillo *sm* (*cuc*) trito *m*
picado *a* bucherellato ◇ (*di pelle*) butterato ◆ *sm* (*cin*) ripresa *f* dall'alto ◇ picchiata *f*
picador *sm* domatore *m* (di cavalli) ◇ (*taurom*) picador *m* ◇ minatore *m*
picadura *sf* puntura *f* ◇ morso *m* ◇ tabacco *m* trinciato ◇ carie *f*
picante *a* piccante ◆ *sm* cibo *m* piccante
picaporte *sm* batacchio *m* ◇ chiavistello *m*
picar *vt* (*di animali*) pungere, pizzicare ◇ mordere ◇ stimolare, incitare ◇ punzonare ◇ (*pietra*) tagliare ◇ (*cuc*) tritare ◆ *vi* abboccare ◇ piluccare ◇ pungere, prudere ◇ (*del sole*) picchiare ◆ *vrif* (*di tessuto*) tarmarsi ◇ (*di dente*) cariarsi ◇ andare a male ◇ offendersi ◇ (*di mare*) incresparsi ◇ (*droga*) bucarsi • ***p. alto*** essere ambizioso
picardear *vt* traviare ◆ *vi* fare birichinate ◆ *vrif* traviarsi
picardía *sf* astuzia *f* ◇ malizia *f* ◇ birichinata *f*
picaresco *a* (*lett*) picaresco
pícaro *a* malizioso ◇ birichino ◆ *sm* (*lett*) picaro *m*
picazón *sf* prurito *m* ◇ preoccupazione *f*
pichón *sm* piccione *m*
pico *sm* becco *m* ◇ beccuccio *m* ◇ picco *m* ◇ estremità *f* ◇ piccone *m* • ***las ocho y p.*** le otto e qualcosa
picor *sm* prurito *m*
picota *sf* gogna *f*
picotazo *sm* beccata *f* ◇ (*di insetto*) puntura *f*
picotear *vt* beccare ◆ *vi* piluccare ◇ chiacchierare ◆ *vrif* bisticciarsi
pictórico *a* pittorico
pie *sm* piede *m* ◇ base *f*, appoggio *m* • ***a pies juntillas*** senza esitazione; ***dar p.*** dar motivo; ***de p.*** in piedi; ***de pies a cabeza*** da capo a piedi
piedad *sf* pietà *f* ◇ devozione *f*
piedra *sf* pietra *f*
piel *sf* pelle *f* ◇ cuoio *m*, pelle *f* ◇ buccia *f* • ***p. de ante*** pelle scamosciata
pierna *sf* gamba *f*
pieza *sf* pezzo *m* ◇ pezza *f* ◇ stanza *f*, locale *m* ◇ (*teat*) opera *f* ◇ (*mus*) brano *m*
pigmentación *sf* pigmentazione *f*

pijama *sm* pigiama *m*
pila *sf* pila *f* ◇ mucchio *m* ◇ lavello *m*
pilar *sm* pilastro *m* ◇ pilone *m*
píldora *sf* pillola *f*
pileta *sf* vasca *f* ◇ (*Am*) lavandino *m*
pillaje *sm* furto *m* ◇ rapina *f*, saccheggio *m*
pillar *vt* rapinare ◇ afferrare, acciuffare ◇ sorprendere ◇ ottenere
pillería *sf* bricconata *f*
pillo *a/sm* briccone *m*
pilluelo *a/sm* monello *m*
pilón *sm* (*fig*) mucchio *m* ◇ (*di fontana*) vasca *f*
piloso *a* peloso
pilotar *vt* pilotare
piloto *sm* pilota *m*
pimentón *sm* peperoncino *m* in polvere, paprica *f*
pimienta *sf* pepe *m*
pimiento *sm* peperone *m*
pimpollo *sm* germoglio *m* ◇ (*fam*) fiore *m*, splendore *m*
pinacoteca *sf* pinacoteca *f*
pináculo *sm* pinnacolo *m*
pinar *sm* pineta *f*
pincel *sm* pennello *m*
pinchadiscos *sm/f* disc jockey *m/f*, deejay *m/f*
pinchar *vt* pungere ◇ forare ◇ (*fig*) stimolare, invogliare ◇ fare un'iniezione ◆ *vi* (*aut*) bucare ◇ (*inform*) cliccare ◆ *vrif* pungersi ◇ (*fam*) (*droga*) bucarsi ● ***ni p. ni cortar*** non contare nulla
pinchazo *sm* puntura *f* ◇ foratura *f*
pingajo *sm* brandello *m*, straccio *m*
pingo *sm* brandello *m*, straccio *m*
pingüe *a* pingue, abbondante
pingüino *sm* pinguino *m*
pinitos *sm pl* primi passi *m pl*
pino *a* ripido, erto ◆ *sm* (*bot*) pino *m*
pinocha *sf* ago *m* di pino
pinta *sf* macchia *f* ◇ aspetto *m* ◇ goccia *f* ◇ pinta *f* ◇ pois *m*
pintado *a* macchiato, macchiettato ◇ dipinto
pintar *vt* pitturare, verniciare ◇ dipingere ◆ *vi* (*di frutto*) maturare ◇ promettere (bene/male) ◇ importare ◆ *vrif* truccarsi
pintiparado *a* somigliante ◇ opportuno
pintor *sm* pittore *m* ● ***p. de brocha gorda*** imbianchino
pintoresco *a* pittoresco
pintura *sf* pittura *f* ◇ (*fig*) rappresentazione *f*
pinza *sf* molletta *f* ◇ piega *f* ◇ chela *f* ◇ *al pl* pinzette *f pl*
piña *sf* pigna *f* ◇ ananas *m* ◇ gruppo *m* ◇ (*fig*) colpo *m*, botta *f*
piñón *sm* pinolo *m*
pío *a* pio, devoto
piojo *sm* pidocchio *m*
piolet *sm* piccozza *f*

pipa *sf* pipa *f* ◇ seme *m*
pipí *sm* pipì *f*
pique *sf* rivalità *f* ◇ risentimento *m* • ***echar/irse a p.*** andare a picco
piquera *sf* foro *m*, apertura *f*
piqueta *sf* piccozza *f*
piquete *sm* picchetto *m* ◇ puntura *f* ◇ forellino *m*
piragua *sf* piroga *f*
pirámide *sf* piramide *f*
pirata *a/sm* pirata *m* • ***p. informático*** pirata informatico
piratear *vi* pirateggiare
piratería *sf* pirateria *f*
piropo *sm* complimento *m*, galanteria *f*
pirotecnia *sf* pirotecnica *f*
pirotécnico *a* pirotecnico
pirueta *sf* piroetta *f*
pisada *sf* passo *m* ◇ orma *f*, impronta *f* • ***seguir la pisadas*** seguire le orme, imitare
pisar *vt* calpestare ◇ pestare ◇ maltrattare
piscicultura *sf* piscicoltura *f*
piscina *sf* piscina *f*
piso *sm* pavimento *m* ◇ strato *m* ◇ (*di palazzo*) piano *m* ◇ appartamento *m*
pisotear *vt* calpestare, pestare ◇ maltrattare
pisoteo *sm* calpestio *m*
pista *sf* pista *f* ◇ (*fig*) traccia *f* • ***p. de aterrizaje*** pista di atterraggio
pistacho *sm* pistacchio *m*
pisto *sm* peperonata *f* ◇ miscuglio *m*
pistola *sf* pistola *f*
pistolero *sm* bandito *m*
pistón *sm* pistone *m*
pitanza *sf* razione *f*
pitar *vt/i* fischiare, disapprovare
pitillo *sm* sigaretta *f*
pito *sm* fischietto *m* ◇ fischio *m*
pitón *sm* punta *f* delle corna (del toro) ◇ protuberanza *f* ◇ germoglio *m* ◇ pitone *m*
pizarra *sf* ardesia *f* ◇ lavagna *f*
pizca *sf* pizzico *m*, briciola *f*
placa *sf* placca *f* ◇ targa *f* ◇ distintivo *m*
pláceme *sm* felicitazione *f*
placentero *a* piacevole
placer *sm* piacere *m* ◇ banco *m* di sabbia ◆ *vt* piacere
placidez *sf* tranquillità *f*
plácido *a* placido, tranquillo
plaga *sf* piaga *f*, calamità *f* ◇ serie *f*, sfilza *f*
plagar *vt* riempire, impestare ◆ *vr/f* riempirsi
plagiar *vt* plagiare
plagio *sm* plagio *m*
plan *sm* piano *m* ◇ livello *m* ◇ progetto *m*, idea *f* ◇ (*med*) dieta *f*
plana *sf* pagina *f*, facciata *f* ◇ piana *f*, pianura *f* • ***a toda p.*** a tutta pagina
plancha *sf* lamiera *f*, piastra *f* ◇ ferro *m* da stiro • ***hacer una p.*** fare una figuraccia

planchado *sm* stiratura *f*
planchar *vt* stirare
planear *vt* progettare ◆ *vi* planare
planeo *sm* planata *f*
planeta *sm* pianeta *m*
planicie *sf* pianura *f*
planificación *sf* pianificazione *f*
planificar *vt* pianificare
planimetría *sf* planimetria *f*
planisferio *sm* planisfero *m*
plano *a* piatto ◆ *sm* piano *m* ◇ pianta *f* ● *de p.* completamente
planta *sf* pianta *f* ◇ piano *m* ● *de p.* di sana pianta; *p. baja* pianterreno
plantación *sf* piantagione *f*
plantar *vt* piantare ◇ stabilire, fondare ◇ appioppare ◆ *vrif* piantarsi ◇ impuntarsi ◇ arrivare
planteamiento *sm* impostazione *f*
plantear *vt* impostare ◆ *vrif* considerare
plantilla *sf* soletta *f* ◇ sagoma *f* ◇ organico *m* ● *de p.* in organico
plantío *sm* coltivazione *f*
plantón *sm* piantone *m* ◇ (*fam*) bidone *m*
plañidero *a* piagnucoloso
plañir *vt/i* piangere ◆ *vrif* dolersi
plasmar *vt* plasmare ◆ *vrif* plasmarsi
plasta *sf* pasta *f*
plasticidad *sf* plasticità *f*
plástico *a* plastico ◆ *sm* plastica *f* ● *artes plásticas* arti plastiche
plastificar *vt* plastificare
plata *sf* argento *m* ● *bodas de p.* nozze d'argento; *hablar en p.* parlare chiaramente
plataforma *sf* piattaforma *f*
plátano *sm* platano *m* ◇ banano *m* ◇ banana *f*
platea *sf* platea *f*
plateado *a* argentato
platero *sm* orefice *m*
plática *sf* conversazione *f* ◇ predica *f*
platicar *vi* chiacchierare, conversare
platillo *sm* piattino *m* ◇ *al pl* (*mus*) piatti *m pl* ● *p. volante* disco volante
platino *sm* platino *m*
plato *sm* piatto *m* ◇ portata *f* ● *p. compuesto* piatto assortito; *p. hondo/llano* piatto fondo/piano
platónico *a* platonico
plausible *a* plausibile
playa *sf* spiaggia *f* ◇ mare *m*
plaza *sf* piazza *f* ◇ mercato *m* ◇ fortezza *f* ● *p. de abasto* mercato di generi alimentari
plazo *sm* termine *m*, scadenza *f* ◇ rata *f*
plazoleta *sf* piazzola *f*
pleamar *sf* alta marea *f*
plebe *sf* plebe *f*
plebeyo *a/sm* plebeo *m*

plebiscito *sm* plebiscito *m*
plegable *a* pieghevole
plegado *sm* piega *f*
plegar *vt* piegare ◆ *vrif* piegarsi
plegaria *sf* preghiera *f*
pleitear *vt* fare causa ◇ litigare
pleito *sm* (*dir*) causa *f* ◇ questione *f*, contesa *f*
plenilunio *sm* plenilunio *m*
plenipotenciario *a/sm* plenipotenziario *m*
plenitud *sf* pienezza *f*
pleno *a* pieno ◆ *sm* riunione *f* plenaria
pleonástico *a* pleonastico
plétora *sf* pletora *f*
pleuresía *sf* pleurite *f*
pleuritis *sf* pleurite *f*
pliego *sm* foglio *m* ◇ (*tip*) quartino *m*
pliegue *sm* piega *f*
plinto *sm* plinto *m*
plomada *sf* filo *m* a piombo ◇ piombino *m*
plomero *sm* idraulico *m*
plomizo *a* plumbeo
plomo *sm* piombo *m*
pluma *sf* piuma *f* ◇ penna *f*
plumaje *sm* piumaggio *m*
plumazo *sm* (*di penna*) tratto *m*
plumero *sm* piumino *m* (per spolverare) ◇ portapenne *m* ◇ pennacchio *m*
plumilla *sf* pennino *m*
plumón *sm* piumino *m*
plural *a/sm* plurale *m*
pluralidad *sf* pluralità *f*
plus *sm* gratifica *f*
plusvalía *sf* plusvalore *m*
plutonio *sm* plutonio *m*
pluvial *a* pluviale
pluvioso *a* piovoso
población *sf* popolazione *f*
poblado *a* abitato, popolato ◆ *sm* popolazione *f* ◇ villaggio *m*
poblar *vt* popolare, colonizzare ◇ abitare ◆ *vrif* popolarsi, riempirsi
pobre *a/sm/f* povero *m* • ***¡p. de mí!*** povero me!
pobreza *sf* povertà *f*
pocilga *sf* porcile *m*
poción *sf* pozione *f*
poco *a/sm/avv* poco *m* • ***dentro de p.*** presto; ***hace p.*** poco fa; ***p. más o menos*** pressappoco; ***por p.*** per poco; ***tener en p.*** disprezzare
podar *vt* potare
poder *sm* potere *m* ◆ *vt/aus* potere ◆ *vimp* essere possibile • ***a más no p.*** a più non posso; ***no p. más*** non poterne più; ***no p. menos*** non poter fare a meno; ***por p.*** per procura; ***puede que*** può darsi che; ***¿puedes con eso?*** ce la fai?; ***¿se puede?*** si può?
poderío *sm* potere *m* ◇ beni *m pl*, ricchezza *f* ◇ facoltà *f*
poderoso *a* potente, influente
podio *sm* podio *m*
podredumbre *sf* putrefazione *f*, decomposizione *f* ◇ parte *f* marcia ◇ corruzione *f*
podrido *a* marcio

podrir *vi* marcire
poesía *sf* poesia *f*
poeta *sm* poeta *m*
poético *a* poetico
poetisa *sf* poetessa *f*
polaco *a/sm* polacco *m*
polar *a* polare
polaridad *sf* polarità *f*
polarizar *vt* polarizzare ◆ *vrif* polarizzarsi
polémica *sf* polemica *f*
polemizar *vi* polemizzare
polen *sm* polline *m*
policía *sf* polizia *f* ◆ *sm* poliziotto *m*, agente *m/f* ● ***p. de tráfico/judicial*** polizia stradale/giudiziaria
policíaco *a* poliziesco
policlínica *sm* policlinico *m*
polícromo *a* policromo
poliédrico *a* poliedrico
polifónico *a* polifonico
poligamia *sf* poligamia *f*
polígamo *a* poligamo
políglota *a* poliglotta
poligonal *a* poligonale
polígono *sm* poligono *m* ◇ zona *f*, area *f*
polilla *sf* tarma *f*
pólipo *sm* polipo *m*
politécnico *a* politecnico
politeísmo *sm* politeismo *m*
política *sf* politica *f* ● ***p. exterior/interna*** politica estera/interna
políticamente *avv* politicamente
político *a/sm* politico *m* ● ***padre/madre p.*** suocero/suocera; ***hijo p.*** genero; ***hermano p.*** cognato
politiquear *vi* ◇parlare di politica ◇ fare il politicante
polivalente *a* polivalente
póliza *sf* polizza *f* ◇ marca *f* da bollo
polizón *sm* clandestino *m*
polizonte *sm* sbirro *m*
polla *sf* pollastra *f*
pollada *sf* covata *f*
pollera *sf* pollaio *m* ◇ girello *m* ◇ gonna *f*
pollería *sf* polleria *f*
pollino *sm* asino *m*
pollito *sm* pulcino *m*
pollo *sm* pollo *m*
polo *sm* polo *m* ◇ ghiacciolo *m*
poltrón *a* poltrone, fannullone
poltrona *sf* poltrona *f*
polución *sf* inquinamento *m*
polvareda *sf* polverone *m* ● ***levantar una p.*** sollevare un polverone
polvera *sf* portacipria *m*
polvillo *sm* pulviscolo *m*
polvo *sm* polvere *f* ◇ (*volg*) scopata *f* ◇ *al pl* cipria *f*
pólvora *sf* polvere *f* esplosiva ◇ fuochi *m pl* artificiali
polvoriento *a* polveroso
pomada *sf* pomata *f*
pomar *sm* frutteto *m*
pomelo *sm* pompelmo *m*
pomo *sm* pomo *m* ◇ boccetta *f*
pompa *sf* bolla *f* ◇ pompa *f* ◇

sfarzo *m*, lusso *m* • ***p. de jabón*** bolla di sapone
pomposo *a* pomposo
pómulo *sm* zigomo *m*
ponche *sm* punch *m*
ponderado *a* ponderato
ponderar *vt* elogiare ◇ pesare ◇ esaminare ◇ equilibrare
ponencia *sf* relazione *f*, comunicazione *f* ◇ incarico *m* di relatore
ponente *sm* relatore *m*
poner *vt* mettere, porre ◇ disporre, preparare ◇ (*cin*) rappresentare ◇ installare ◇ (*lettera, telegramma*) spedire ◇ mettere in funzione, accendere ◇ aggiungere ◇ ipotizzare ◇ (*uova*) deporre ◆ *vrif* porsi, mettersi ◇ indossare ◇ tramontare ◇ arrivare • ***p. al día*** aggiornare; ***p. en claro*** chiarire; ***p. por encima*** preferire; ***ponerse al corriente*** mettersi al corrente
poniente *sm* ponente *m*
pontificado *sm* pontificato *m*
pontífice *sm* pontefice *m*
pontificio *a* pontificio
ponzoña *sf* veleno *m*
ponzoñoso *a* velenoso
popa *sf* (*naut*) poppa *f*
populachero *a* popolare, volgare
populacho *sm* volgo *m*
popular *a* popolare
popularidad *sf* popolarità *f*
popularizar *vt* rendere popolare
populoso *a* popoloso
poquedad *sf* pochezza *f*, scarsezza *f* ◇ timidezza *f* ◇ inezia *f*
poquito *a* poco, pochino • ***a poquitos*** poco per volta, a gocce; ***de p.*** dappoco; ***p. a p.*** a poco a poco
por *prep* per, da • ***p. cabeza*** a testa; ***p. eso/esto*** perciò; ***p. la noche*** di notte; ***¿p. qué?*** perché?; ***p. si*** se, nel caso che
porcelana *sf* porcellana *f*
porcentaje *sm* percentuale *f*
porcentual *a* percentuale
porche *sm* portico *m*
porción *sf* porzione *f*
pordiosear *vi* mendicare
pordiosero *sm* mendicante *m/f*
porfía *sf* insistenza *f* ◇ testardaggine *f* • ***a p.*** a gara
porfiado *a* insistente
porfiar *vi* discutere ◇ ostinarsi, insistere
pormenor *sm* particolare *m*
pornografía *sf* pornografia *f*
poro *sm* poro *m*
porque *cong* perché, poiché ◇ perché, affinché
porqué *sm* motivo *m*, perché *m*
porquería *sf* porcheria *f*
porra *sf* mazza *f* ◇ manganello *m* ◇ frittella *f* ◇ seccatore *m* • ***¡p.!*** accidenti!
porrazo *sm* colpo *m*
porro *sm* spinello *m*
porrón *sm* caraffa *f*

portaaviones *sm* portaerei *f*
portada *sf* facciata *f* ◇ (*di libro*) frontespizio *m* ◇ (*inform*) home page *f*
portaequipaje *sm* portabagagli *m* ◇ bagagliaio *m*
portaesquís *sm* portascì *m*
portal *sm* (*edil*) androne *m*, vestibolo *m* ◇ portale *m*, portone *m* ◇ (*inform*) portale *m*
portamonedas *sm* portamonete *m*
portar *vt* portare ◆ *vrif* comportarsi
portátil *a* portatile
portavoz *sm/f* portavoce *m/f*
portazo *sm* (*di porta*) sbatacchiata *f* ● ***dar un p.*** sbattere la porta
porte *sm* trasporto *m* ◇ comportamento *m* ● ***p. debido/pagado*** porto assegnato/franco
portear *vt* trasportare
portento *sm* portento *m*
portentoso *a* portentoso
portera *sf* portinaia *f*
portería *sf* portineria *f*
portero *sm* portinaio *m* ◇ (*sport*) portiere *m*
pórtico *sm* portico *m*
portilla *sf* oblò *m*
portillo *sm* passaggio *m* ◇ sportello *m* ◇ valico *m*
portón *sm* portone *m*
portorriqueño *a/sm* portoricano *m*
portuario *a* portuale
portugués *a/sm* portoghese *m/f*
porvenir *sm* futuro *m*
posada *sf* albergo *m*, locanda *f*
posaderas *sf pl* sedere *m*
posadero *sm* albergatore *m*
posar *vt* posare ◆ *vi* riposare ◆ *vrif* posarsi
posdata *sf* poscritto *m*
pose *sf* posa *f*
poseedor *a/sm* possessore *m*
poseer *vt* possedere ◆ *vrif* controllarsi, dominarsi
poseído *a* posseduto, dominato ◆ *sm* indemoniato *m*
posesión *sf* possesso *m* ◇ possedimento *m*
posesionarse *vrif* impossessarsi
posesivo *a* possessivo
posguerra *sf* dopoguerra *m*
posibilidad *sf* possibilità *f*
posibilitar *vt* rendere possibile
posible *a* possibile ◆ *sm pl* possibilità *f pl*, mezzi *m pl*
posición *sf* posizione *f*
positivo *a/sm* positivo *m*
posología *sf* posologia *f*
posponer *vt* posporre
posta *sf* (stazione di) posta *f*
postal *a* postale ◆ *sf* cartolina *f*
poste *sm* palo *m*
postergar *vt* rinviare ◇ retrocedere
posterior *a* posteriore
posterioridad *sf* posteriorità *f*
postigo *sm* imposta *f*
postín *sm* vanità *f* ● ***darse p.*** darsi importanza
postizo *a* posticcio

postmeridiano *a* pomeridiano
postor *sm* offerente *m/f*
postración *sf* prostrazione *f*
postrar *vt* prostrare, abbattere ◆ *vrif* prostrarsi
postre *sm* dessert *m* ● ***al fin y a la p.*** alla fin fine; ***llegar a los postres*** arrivare troppo tardi
postremo *a* ultimo
postrimería *sf* ultimo periodo *m*, ultimi anni *m pl*
postulado *sm* postulato *m*
postular *vt* chiedere
póstumo *a* postumo
postura *sf* posizione *f* ◇ (*all'asta*) offerta *f* ◇ (*nei giochi*) posta *f* ◇ (*di uova*) deposizione *f* ◇ (*di piante*) messa *f* a dimora
potable *a* potabile
potaje *sm* minestra *f*
pote *sm* vaso *m*
potencia *sf* potenza *f*
potencial *a/sm* potenziale *m*
potenciar *vt* potenziare
potente *a* potente
potestad *sf* podestà *f*, autorità *f*
potestativo *a* facoltativo
potro *sm* puledro *m*
poyo *sm* sedile *m* di pietra
pozo *sm* pozzo *m* ● ***caer en un p.*** cadere nel dimenticatoio
práctica *sf* pratica *f* ● ***en la p.*** in pratica
practicable *a* praticabile
practicante *a/sm/f* praticante *m/f*
practicar *vt* praticare ◆ *vi* fare pratica
práctico *a* pratico
pradera *sf* prateria *f*
prado *sm* pascolo *m*, prato *m* ◇ parco *m* pubblico
pragmático *a* pragmatico
praxis *sf* prassi *f*
preámbulo *sm* preambolo *m*
preaviso *sm* preavviso *m*
precariedad *sf* precarietà *f*
precario *a* precario
precaución *sf* precauzione *f*, cautela *f*
precaver *vt/rif* prevenire, premunirsi contro
precavido *a* cauto
precedencia *sf* precedenza *f*
preceder *vt* precedere ◇ avere la precedenza
preceptivo *a* obbligatorio
precepto *sm* precetto *m*
preceptor *sm* precettore *m*
preciado *a* prezioso, stimabile
preciar *vt* stimare ◆ *vrif* vantarsi
precio *sm* prezzo *m* ● ***p. firme*** prezzo fisso
preciosidad *sf* bellezza *f* ◇ rarità *f*
precioso *a* prezioso ◇ bello ◇ eccellente
precipicio *sm* precipizio *m*
precipitación *sf* precipitazione *f*
precipitado *a* precipitoso ◆ *sm* precipitato *m*
precipitar *vt* precipitare ◆ *vrif* precipitarsi ● ***p. el paso*** affrettare il passo

precisamente *avv* precisamente
precisar *vt* precisare ◇ avere necessità di ◆ *vi* esser necessario ● *preciso dinero* mi occorre denaro
precisión *sf* precisione *f*
preciso *a* necessario, indispensabile ◇ preciso, esatto
precitado *a* succitato
precocidad *sf* precocità *f*
preconcebido *a* prestabilito
preconizar *vt* difendere, sostenere
precoz *a* precoce
precursor *sm* precursore *m*
predecesor *sm* predecessore *m*
predecir *vt* predire
predestinación *sf* predestinazione *f*
predestinado *a* predestinato
predestinar *vt* predestinare
predeterminar *vt* predeterminare
prédica *sf* predica *f*
predicación *sf* predicazione *f*
predicado *sm* predicato *m*
predicador *sm* predicatore *m*
predicamento *sm* prestigio *m*
predicar *vt/i* predicare
predicción *sf* predizione *f*
predicho *a* predetto
predilección *sf* predilezione *f*
predilecto *a/sm* prediletto *m*
predio *sm* proprietà *f*, tenuta *f*
predisponer *vt* predisporre ◆ *vrif* predisporsi
predisposición *sf* predisposizione *f*
predispuesto *a* predisposto
predominar *vi* predominare
predominio *sm* predominio *m*
preeminencia *sf* preminenza *f*
preeminente *a* preminente
preestreno *sm* anteprima *f*
preexistencia *sf* preesistenza *f*
preexistir *vi* preesistere
prefabricado *a* prefabbricato
prefabricar *vt* prefabbricare
prefacio *sm* prefazione *f*
prefecto *sm* prefetto *m*
prefectura *sf* prefettura *f*
preferencia *sf* preferenza *f*
preferible *a* preferibile
preferiblemente *avv* preferibilmente
preferir *vt* preferire
prefigurar *vt* prefigurare
prefijar *vt* prefissare, prestabilire
prefijo *sm* prefisso *m*
pregón *sm* proclama *m*, annuncio *m*
pregonar *vt* proclamare, annunciare ◇ decantare
pregunta *sf* domanda *f*
preguntar *vt* chiedere, domandare ◆ *vrif* chiedersi, domandarsi ● *p. por* chiedere di
preguntón *a/sm* indiscreto *m*
prehistoria *sf* preistoria *f*
prehistórico *a* preistorico
prejuicio *sm* pregiudizio *m*
prejuzgar *vt* pregiudicare
prelación *sf* prelazione *f*

prelado *sm* prelato *m*
preliminar *a/sm* preliminare *m*
preludio *sm* preludio *m*
prematuro *a/sm* prematuro *m*
premeditación *sf* premeditazione *f*
premeditar *vt* premeditare
premiar *vt* premiare
premio *sm* premio *m*
premioso *a* stretto ◇ goffo, tardo
premisa *sf* premessa *f*
premonición *sf* premonizione *f*
premorir *vi* premorire
premura *sf* premura *f*, fretta *f*
prenatal *a* prenatale
prenda *sf* pegno *m* ◇ indumento *m*, capo *m* (di vestiario, biancheria) ◇ qualità *f* • ***buena p.*** virtù; ***¡mi p.!*** gioia mia!; ***soltar p.*** lasciarsi sfuggire un segreto
prendar *vt* affascinare ◆ *vrif* invaghirsi, affezionarsi
prendedor *sm* spilla *f*
prender *vt* prendere ◇ catturare ◇ accendere ◆ *vi* attecchire ◇ estendersi ◆ *vrif* accendersi
prendero *sm* rigattiere *m*
prendimiento *sm* cattura *f*
prensa *sf* pressa *f* ◇ stampa *f*
prensar *vt* pressare
preñado *a* pieno, gravido
preñar *vt* fecondare
preñez *sf* gravidanza *f*
preocupación *sf* preoccupazione *f*
preocupar *vt* preoccupare ◆ *vrif* preoccuparsi
preparación *sf* preparazione *f*
preparado *a/sm* preparato *m*
preparador *sm* allenatore *m*
preparar *vt* preparare ◇ allenare ◆ *vrif* prepararsi • ***prepararse para*** prepararsi a, per
preparativo *sm* preparativo *m*
preparatorio *a* preparatorio
preponer *vt* preporre, anteporre
preposición *sf* preposizione *f*
prepucio *sm* prepuzio *m*
prerrogativa *sf* prerogativa *f*
presa *sf* presa *f* ◇ preda *f* ◇ diga *f* ◇ canale *m* • ***p. del pánico*** in preda al panico
presagiar *vt* presagire, predire
présbita *a/sm/f* presbite *m/f*
presbiteriano *a/sm* presbiteriano *m*
presbiterio *sm* presbiterio *m*
presbítero *sm* prete *m*, sacerdote *m*
prescindir *vi* fare a meno
prescribir *vt* prescrivere, ordinare ◆ *vi* cadere in prescrizione
prescripción *sf* prescrizione *f*
presencia *sf* presenza *f* • ***p. de ánimo*** presenza di spirito
presenciar *vt* presenziare a, assistere a
presentable *a* presentabile
presentación *sf* presentazione *f*
presentar *vt* presentare, ◆ *vrif* presentarsi

presente *a/sm* presente *m* • *hacerse p.* farsi vivo
presentimiento *sm* presentimento *m*
presentir *vt* presentire
preservación *sf* preservazione *f*
preservar *vt* preservare ◆ *vrif* preservarsi, ripararsi
preservativo *a/sm* preservativo *m*
presidencia *sf* presidenza *f*
presidente *sm* presidente *m/f*
presidiario *sm* carcerato *m*
presidio *sm* carcere *m* ◇ presidio *m*
presidir *vt* presiedere ◇ predominare
presión *sf* pressione *f* • *p. sanguínea* pressione sanguigna
presionar *vt* premere, fare pressione su
preso *a/sm* carcerato *m*
prestación *sf* prestazione *f*
prestado *a* prestato • *de p.* in prestito; (*in modo provvisorio*) provvisoriamente
prestamista *sm/f* usuraio *m*
préstamo *sm* prestito *m*
prestar *vt* prestare ◆ *vrif* prestarsi, offrirsi
presteza *sf* prontezza *f*
prestigiar *vt* dare prestigio a, esaltare
prestigio *sm* prestigio *m*
presto *a* pronto, tempestivo ◇ preparato, pronto ◆ *avv* subito, presto
presumible *a* presumibile
presumido *a/sm* presuntuoso *m*
presumir *vt* presumere ◆ *vi* darsi delle arie
presunción *sf* presunzione *f*
presunto *a* presunto
presuntuoso *a* presuntuoso
presuponer *vt* presupporre
presuposición *sf* presupposizione *f*
presupuestar *vt* preventivare
presupuesto *sm* preventivo *m* ◇ bilancio *m* preventivo ◇ presupposto *m*, premessa *f*
presuroso *a* frettoloso
pretender *vt* pretendere ◇ affermare ◇ corteggiare
pretendiente *sm* pretendente *m/f*
pretensión *sf* pretesa *f*
pretérito *a/sm* passato *m*
pretexto *sm* pretesto *m*
pretil *sm* parapetto *m*
pretina *sf* cintura *f*
prevalecer *vi* prevalere
prevaler *vt* prevalere ◆ *vrif* servirsi
prevaricar *vi* prevaricare
prevención *sf* prevenzione *f*
prevenido *a* preparato ◇ provvisto ◇ previdente
prevenir *vt* prevenire, avvisare ◇ prevenire, impedire ◇ mettere in guardia ◆ *vrif* prepararsi
preventivo *a* preventivo
prever *vt* prevedere
previo *a* previo
previsible *a* prevedibile

previsión *sf* previsione *f*
prez *sm/f* onore *m*
prieto *a* stretto ◇ scuro ◇ robusto
prima *sf* premio *m*
primacía *sf* supremazia *f* ◇ primato *m*
primar *vt* premiare ◆ *vi* prevalere
primario *a* primario
primavera *sf* primavera *f*
primaveral *a* primaverile
primer → **primero**
primeramente *avv* dapprima
primerizo *a/sm* principiante *m/f*, novellino *m*
primero *a/sm* (**primer** *davanti a sm*) primo *m* ◆ *avv* prima ◇ per prima cosa ● ***a primeros de junio*** ai primi di giugno; ***de primera*** di prima qualità; ***de p.*** come primo (piatto)
primicia *sf* primizia *f*
primitivo *a/sm* primitivo *m*
primo *a* primo ◇ eccellente ◆ *sm* cugino *m* ◇ (*fam*) sempliciotto *m*
primogénito *a/sm* primogenito *m*
primor *sm* accuratezza *f*, abilità *f* ◇ bellezza *f*, meraviglia *f*
primordial *a* primordiale
primoroso *a* accurato, delicato ◇ bello
prímula *sf* primula *f*
princesa *sf* principessa *f*
principado *sm* principato *m*
principal *a* principale ◆ *sm* principale *m* ◇ capitale *m* ◇ (*di edificio*) piano *m* nobile
príncipe *sm* principe *m*
principiante *sm/f* principiante *m/f*
principiar *vt/i* cominciare, iniziare
principio *sm* principio *m* ◇ inizio *m*, origine *f* ● ***del p. al fin*** dal principio alla fine; ***p. quieren las cosas*** occorre decidersi
pringar *vt* macchiare, ungere ◇ inzuppare ◇ denigrare ◆ *vrif* macchiarsi ◇ appropriarsi indebitamente ◇ immischiarsi
pringue *sm* grasso *m* ◇ untume *m*, sporcizia *f*
prior *sm* priore *m*
prioridad *sf* priorità *f*
prisa *sf* ressa *f*, calca *f* ◇ fretta *f*, premura *f* ● ***a p., de p., a toda p.*** in fretta; ***correr p.*** essere urgente; ***darse p.*** affrettarsi; ***llevar p.*** avere fretta
prisión *sf* prigione *f*
prisionero *sm* prigioniero *m*
prisma *sm* prisma *m*
prismático *a* prismatico
privacidad *sf* privacy *f*
privación *sf* privazione *f*
privado *a* privo ◇ privato ◆ *sm* favorito *m*
privanza *sf* favore *m*
privar *vt* privare ◇ proibire, vietare ◇ piacere molto ◆ *vi* essere di moda ◆ *vrif* privarsi
privilegiado *a/sm* privilegiato *m*

privilegiar *vt* privilegiare
privilegio *sm* privilegio *m*
pro *prep* in favore di, pro ◆ *sm/f* pro *m*, vantaggio *m* ● *el p. y el contra* il pro e il contro; *en p. de* in favore di
proa *sf* prua *f*
probabilidad *sf* probabilità *f*
probable *a* probabile
probador *sm* camerino *m* di prova
probanza *sf* accertamento *m*
probar *vt* provare ◇ dimostrare, indicare ◇ assaggiare ◆ *vi* provare, tentare
probidad *sf* probità *f*
problema *sm* problema *m*, questione *f*
problemático *a* problematico
probo *a* probo
procaz *a* procace
procedencia *sf* provenienza *f*
procedente *a* proveniente ◇ opportuno
proceder *sm* comportamento *m* ◆ *vi* procedere ◇ derivare ◇ comportarsi ◇ essere opportuno
procedimiento *sm* procedimento *m*
prócer *a* eminente ◆ *sm* notabile *m*
procesador *sm* (*inform*) processore *m*
procesal *a* processuale
procesar *vt* processare ◇ elaborare
procesión *sf* processione *f* ◇ corteo *m*
proceso *sm* processo *m* ◇ (*di tempo*) corso *m* ◇ sviluppo *m* ◇ procedimento *m*
proclama *sf* bando *m*, avviso *m*
proclamación *sf* proclamazione *f*
proclamar *vt* proclamare ◆ *vrif* proclamarsi
proclividad *sf* propensione *f*
procreación *sf* procreazione *f*
procrear *vt* procreare
procurador *sm* procuratore *m*
procurar *vt* procurare ◆ *vrif* procurarsi
prodigalidad *sf* prodigalità *f*
prodigar *vt* prodigare ◇ dissipare ◆ *vrif* prodigarsi
prodigio *sm* prodigio *m*
prodigioso *a* prodigioso
pródigo *a* prodigo
producción *sf* produzione *f* ◇ prodotto *m*
producir *vt* produrre
productividad *sf* produttività *f*
productivo *a* produttivo
producto *sm* prodotto *m*
productor *sm* produttore *m*
proeza *sf* prodezza *f*
profanación *sf* profanazione *f*
profanar *vt* profanare
profano *a/sm* profano *m*
profecía *sf* profezia *f*
proferir *vt* proferire
profesar *vt* professare
profesión *sf* professione *f*

profesional *a* professionale ◆ *sm/f* professionista *m/f*
profesionalismo *sm* professionismo *m*
profesor *sm* professore *m*, insegnante *m/f*
profesorado *sm* corpo *m* docente
profeta *sm* profeta *m*
profético *a* profetico
profetizar *vt* profetizzare
profiláctico *a* profilattico
profilaxis *sf* profilassi *f*
prófugo *a/sm* profugo *m* ◇ fuggiasco *m*, disertore *m*
profundidad *sf* profondità *f*
profundizar *vt* approfondire
profundo *a/sm* profondo *m*
profusión *sf* profusione *f*
profuso *a* profuso, abbondante
progenie *sf* progenie *f*
progenitor *sm* progenitore *m* ◇ genitore *m*
prognosis *sf* prognosi *f*
programa *sm* programma *m*
programación *sf* programmazione *f*
programar *vt* programmare
progresión *sf* progressione *f*
progresivo *a* progressivo
progreso *sm* progresso *m*
prohibición *sf* proibizione *f*, divieto *m*
prohibido *a* proibito, vietato
prohibir *vt* proibire, vietare
prohijar *vt* adottare
prójimo *sm* prossimo *m*
prole *sf* prole *f*
proletario *a/sm* proletario *m*
proliferación *sf* proliferazione *f*
prolífico *a* prolifico
prolijidad *sf* prolissità *f* ◇ accuratezza *f*
prolijo *a* prolisso ◇ accurato
prólogo *sm* prologo *m*
prolongación *sf* prolungamento *m*
prolongado *a* allungato
prolongar *vt* prolungare ◇ allungare ◆ *vrif* prolungarsi ◇ allungarsi
promediar *vt* dividere in due ◇ fare la media di ◆ *vi* mediare
promedio *sm* media *f*
promesa *sf* promessa *f*
prometer *vt/i* promettere ◆ *vrif* impegnarsi, fidanzarsi
prometido *sm* promesso sposo *m* ◇ promessa *f*
prominencia *sf* prominenza *f*
prominente *a* prominente
promiscuidad *sf* promiscuità *f*
promiscuo *a* promiscuo
promoción *sf* promozione *f*
promocional *a* promozionale
promontorio *sm* promontorio *m*
promotor *sm* promotore *m*
promover *vt* promuovere, favorire
promulgar *vt* promulgare ◇ divulgare
pronombre *sm* pronome *m*
pronosticar *vt* pronosticare

pronóstico *sm* pronostico *m* ◇ previsione *f*
prontitud *sf* prontezza *f*
pronto *a* pronto ◇ rapido ◆ *sm* scatto *m*, impulso *m* ◆ *avv* presto ◇ subito ● ***al p.*** al momento; ***de p.*** improvvisamente; ***por lo p.*** per il momento
pronunciación *sf* pronuncia *f*
pronunciamiento *sm* (*mil*) sollevamento *m*, colpo *m* di stato
pronunciar *vt* pronunciare ◆ *vrif* pronunciarsi, dichiararsi ◇ ribellarsi, sollevarsi
propagación *sf* propagazione *f*
propaganda *sf* propaganda *f*
propagar *vt* propagare ◆ *vrif* propagarsi
propalar *vt* divulgare
propasar *vt* oltrepassare ◆ *vrif* eccedere
propender *vi* propendere
propensión *sf* propensione *f*
propenso *a* propenso
propiciar *vt* propiziare
propiedad *sf* proprietà *f*
propietario *sm* proprietario *m*
propina *sf* mancia *f* ● ***de p.*** per giunta
propinar *vt* propinare, appioppare ◇ (*med*) somministrare
propio *a* proprio ◇ caratteristico ◇ conveniente ◇ vero, autentico ◇ stesso ◆ *sm* fattorino *m* ● ***de p.*** espressamente
proponer *vt* proporre ◆ *vrif* proporsi
proporción *sf* proporzione *f*
proporcionado *a* proporzionato
proporcional *a* proporzionale
proporcionar *vt* proporzionare ◇ fornire, dare, procurare
proposición *sf* proposta *f* ◇ proposizione *f*
propósito *sm* proposito *m* ● ***de p.*** di proposito, apposta; ***fuera de p.*** inopportuno, inopportunamente
propuesta *sf* proposta *f*
propulsar *vt* respingere ◇ dare impulso, spingere
propulsión *sf* propulsione *f*
prorrata *sf* quota *f*, parte *f*
prorratear *vt* rateizzare
prórroga *sf* proroga *f*
prorrogable *a* prorogabile
prorrogar *vt* prorogare ◇ rinviare
prorrumpir *vi* prorompere
prosa *sf* prosa *f*
proscribir *vt* proibire ◇ esiliare, espellere
prosecución *sf* prosecuzione *f*
proseguimiento *sm* proseguimento *m*
proseguir *vt/i* proseguire
proselitismo *sm* proselitismo *m*
prospecto *sm* prospetto *m*
prosperar *vi* prosperare
prosperidad *sf* prosperità *f*
próspero *a* prospero
próstata *sf* prostata *f*
prostitución *sf* prostituzione *f*

prostituir *vt* prostituire ◆ *vrif* prostituirsi
prostituta *sf* prostituta *f*
protagonista *sm/f* protagonista *m/f*
protagonizar *vt* interpretare (da protagonista)
protección *sf* protezione *f*
proteccionismo *sm* protezionismo *m*
protector *a/sm* protettore *m*
proteger *vt* proteggere
protegido *sm* protetto *m*
proteína *sf* proteina *f*
prótesis *sf* protesi *f*
protesta *sf* protesta *f*
protestante *a/sm/f* protestante *m/f*
protestantismo *sm* protestantesimo *m*
protestar *vt/i* protestare
protocolo *sm* protocollo *m*
prototipo *sm* prototipo *m*
protuberancia *sf* protuberanza *f*
provecho *sm* profitto *m* ◇ giovamento *m*
provechoso *a* proficuo, vantaggioso
proveedor *sm* fornitore *m* ◇ (*inform*) provider *m*
proveer *vt* provvedere ◇ fornire, rifornire ◇ assegnare
provenir *vi* provenire, derivare
provenzal *a/sm* provenzale *m/f*
proverbio *sm* proverbio *m*
providencia *sf* provvidenza *f* ◇ provvedimento *m*
providencial *a* provvidenziale
provincia *sf* provincia *f*
provincial *a* provinciale
provincialismo *sm* provincialismo *m*
provinciano *a/sm* provinciale *m/f*
provisión *sf* rifornimento *m* ◇ provvista *f*, scorta *f* ◇ provvedimento *m*
provisional *a* provvisorio
provocación *sf* provocazione *f*
provocar *vt* provocare
provocativo *a* provocante
proximidad *sf* prossimità *f*, vicinanza *f*
próximo *a* prossimo
proyección *sf* proiezione *f*
proyectar *vt* proiettare ◇ progettare
proyectil *sm* proiettile *m*
proyectista *sm/f* progettista *m/f*
proyecto *sm* progetto *m* ● ***tener en p.*** avere in progetto
proyector *sm* proiettore *m*
prudencia *sf* prudenza *f*
prudente *a* prudente
prueba *sf* prova *f* ◇ assaggio *m* ◇ campione *m* ◇ bozza *f* ● ***poner a p.*** mettere alla prova
prurito *sm* prurito *m*
psicoanalista *sm/f* psicoanalista *m/f*
psicofármaco *sm* psicofarmaco *m*
psicología *sf* psicologia *f*
psicológico *a* psicologico
psicólogo *sm* psicologo *m*

psicópata *sm/f* psicopatico *m*
psicosis *sf* psicosi *f*
psicoterapia *sf* psicoterapia *f*
psiquiatra *sm/f* psichiatra *m/f*
psiquiátrico *a* psichiatrico
psíquico *a* psichico
púa *sf* punta *f* ◇ spina *f*, aculeo *m*
pubertad *sf* pubertà *f*
pubis *sm* pube *m*
publicación *sf* pubblicazione *f*
publicar *vt* pubblicare
publicidad *sf* pubblicità *f*
publicitario *a* pubblicitario
público *a/sm* pubblico *m* ● ***sacar al p.*** divulgare, rendere pubblico
puchero *sm* pentola *f*
púdico *a* pudico
pudiente *a/sm/f* ricco *m*
pudor *sm* pudore *m*
pudoroso *a* pudico
pudrición *sf* putrefazione *f*
pudrir *vt* putrefare, far marcire ◇ infastidire, seccare ◆ *vrif* putrefarsi
pueblo *sm* popolo *m* ◇ paese *m*
puente *sm* ponte *m* ● ***hacer p. de plata*** fare ponti d'oro; ***p. colgante*** ponte sospeso; ***p. flotante*** ponte galleggiante; ***p. levadizo*** ponte levatoio
puerco *sm* porco *m*, maiale *m* ● ***p. espín*** porcospino
pueril *a* puerile
puerro *sm* porro *m*
puerta *sf* porta *f* ● ***a p. cerrada*** a porte chiuse; ***dar a alguien la p. en las narices*** chiudere la porta in faccia a qn; ***p. trasera*** porta posteriore
puerto *sm* porto *m* ◇ valico *m*, passo *m*
pues *cong* dal momento che, poiché ◇ dunque, allora
puesta *sf* tramonto *m* ◇ (*al gioco*) posta *f* ● ***p. en escena*** messa in scena
puesto *a* vestito, abbigliato ◆ *sm* posto *m* ◇ incarico *m*, lavoro *m* ◇ bancarella *f* ● ***p. que*** poiché, dal momento che
púgil *sm* pugile *m*
pugna *sf* lotta *f*
pugnacidad *sf* aggressività *f*
pugnar *vi* combattere
pujanza *sf* vigore *m*
pujar *vt* sforzarsi ◇ (*a un'asta*) rilanciare
pulcritud *sf* accuratezza *f*, ordine *m*
pulcro *a* accurato, in ordine
pulga *sf* pulce *f*
pulgada *sf* (*misura*) pollice *m*
pulgar *sm* pollice *m*
pulido *a* lucido ◇ ordinato
pulidora *sf* lucidatrice *f*
pulimentar *vt* lucidare
pulir *vt* levigare, lisciare ◇ lucidare ◇ rifinire, perfezionare
pulla *sf* parolaccia *f*
pulmón *sm* polmone *m*
pulmonar *a* polmonare
pulmonía *sf* polmonite *f*
pulpa *sf* polpa *f*
púlpito *sm* pulpito *m*

pulpo *sm* polpo *m*
pulsación *sf* pulsazione *f*
pulsador *sm* pulsante *m*
pulsar *vt* battere, spingere ◇ tastare il polso ◇ sondare
pulsera *sf* braccialetto *m*
pulso *sm* polso *m* ◇ battito *m* ◇ (*fig*) fermezza *f*
pulular *vi* pullulare
pulverizador *sm* spruzzatore *m*
pulverizar *vt* polverizzare ◆ *vrif* polverizzarsi
punción *sf* puntura *f*
pundonor *sm* dignità *f*, amor *m* proprio
punición *sf* punizione *f*
punitivo *a* punitivo
punta *sf* punta *f* ● ***de p. a cabo*** da cima in fondo; ***estar por la otra p.*** essere l'opposto
puntada *sf* (*di cucito*) punto *m* ◇ frecciata *f*
puntal *sm* puntello *m*
puntapié *sm* calcio *m*
puntear *vt* punteggiare ◇ cucire ◇ (*corda*) pizzicare
puntería *sf* mira *f* ◇ (*mil*) puntamento *m*
puntiagudo *a* aguzzo, appuntito
puntilla *sf* pugnale *m* ◇ merletto *m*, pizzo *m* ● ***de puntillas*** in punta di piedi
puntillo *sm* puntiglio *m*
punto *sm* punto *m* ◇ luogo *m* ◇ momento *m* ● ***a p.*** a puntino; ***a p. de*** sul punto di; ***de todo p.*** completamente; ***en p.*** in punto; ***p. muerto*** (*aut*) folle, punto morto; ***p. y aparte*** punto e a capo; ***p. y coma*** punto e virgola
puntual *a* puntuale
puntualidad *sf* puntualità *f*
puntualizar *vt* puntualizzare
puntuar *vt* mettere la punteggiatura ◇ valutare
punzada *sf* puntura *f* ◇ fitta *f*
punzar *vt* pungere
punzón *sm* punzone *m*
puñado *sm* pugno *m*, manciata *f* ● ***a puñados*** in abbondanza
puñal *sm* pugnale *m*
puñalada *sf* pugnalata *f*
puñetazo *sm* pugno *m*
puño *sm* pugno *m* ◇ polsino *m* ◇ impugnatura *f*, manico *m*
pupa *sf* (*sul labbro*) febbre *f* ◇ (*fam*) bua *f*
pupila *sf* pupilla *f*
pupilo *sm* pupillo *m* ◇ convittore *m*
pupitre *sm* banco *m*
puré *sm* purè *m*
pureza *sf* purezza *f*
purga *sf* purga *f*
purgante *a/sm* purgante *m*
purgar *vt* purgare
purgativo *a* purgativo
purgatorio *sm* purgatorio *m*
purificar *vt* purificare ◆ *vrif* purificarsi
purismo *sm* purismo *m*
puritano *a/sm* puritano *m*
puro *a* puro ◆ *sm* sigaro *m* ● ***a p. de*** a forza di
púrpura *sf* porpora *f*

purpúreo *a* purpureo
pus *sm* pus *m*
pusilánime *a/sm/f* pusillanime *m/f*
pústula *sf* pustola *f*
puta *sf* puttana *f*
putrefacción *sf* putrefazione *f*
pútrido *a* putrido
puya *sf* pungolo *m*
puzzle *sm* puzzle *m*

Q

que *pr.rel* che ◆ *cong* che
qué *pr* che, che cosa, quale
quebrada *sf* (*geogr*) gola *f*
quebradizo *a* fragile ◇ debole
quebrado *a* spezzato, rotto ◇ fallito ◆ *sm* (*mat*) frazione *f*
quebradura *sf* rottura *f*, spaccatura *f*
quebrantar *vt* rompere, spezzare ◇ indebolire ◇ violare ◇ molestare, seccare ◆ *vrif* indebolirsi
quebrantatura *sf* rottura *f*
quebranto *sm* rottura *f* ◇ abbattimento *m*, indebolimento *m*
quebrar *vt* spaccare, spezzare ◇ infrangere ◆ *vi* rompere i rapporti ◇ fallire ◆ *vrif* interrompersi
queda *sf* coprifuoco *m*
quedar *vi* rimanere, stare ◆ *vrif* rimanere ● ***q. bien/mal*** fare brutta/bella figura; ***q. en*** stabilire di, accordarsi su; ***q. por decir/hacer*** restare da dire/fare
quedo *a* quieto ◇ soave, tranquillo ◆ *avv* sottovoce
quehacer *sm* occupazione *f*
queja *sf* lamento *m* ◇ lagnanza *f*
quejarse *vrif* lamentarsi, lagnarsi ◇ protestare
quejido *sm* lamento *m*
quejoso *a* scontento
quemado *a* bruciato, ustionato ◆ *sm* bruciaticcio *m*
quemadura *sf* bruciatura *f*, ustione *f*
quemar *vt* bruciare ◇ scottare, ustionare ◆ *vi* bruciare, scottare ◆ *vrif* bruciarsi, scottarsi
quemarropa, a *loc.avv* a bruciapelo
quemazón *sf* bruciore *m*
querella *sf* querela *f*
querer *vt* volere, desiderare ◇ amare ◆ *vimp* volere ◆ *sm* amore *m* ● ***como quiera que*** in qualsiasi modo; ***q. decir*** significare, voler dire; ***¿qué quieres hacer?*** che vuoi farci?
querido *a* caro ◆ *sm* amante *m/f*
quesería *sf* caseificio *m*
queso *sm* formaggio *m* ● ***q. de soja*** tofu, formaggio di soia
quicio *sm* cardine *m*

quiebra *sf* spaccatura *f*, rottura *f* ◇ fallimento *m*
quiebro *sm* torsione *f* del busto
quien *pr* chi
quién *pr* chi • *¡q. sabe!* chissà!
quienquiera *pr* chiunque
quieto *a* quieto, calmo
quietud *sf* quiete *f*
quijada *sf* mascella *f*
quilate *sm* carato *m*
quilla *sf* chiglia *f*
quimera *sf* chimera *f*
química *sf* chimica *f*
químico *a/sm* chimico *m*
quina *sf* china *f*
quincallería *sf* chincaglieria *f*
quince *a/sm* quindici *m*
quincena *sf* quindicina *f*
quincenal *a* quindicinale
quiniela *sf* totocalcio *m*
quinientos *a/sm* cinquecento *m*
quinqué *sm* lampada *f* (a olio, petrolio)
quinta *sf* (*mil*) leva *f* ◇ villa *f* ◇ (*mus*) quinta *f*
quintal *sm* quintale *m*
quinteto *sm* quintetto *m*
quinto *a* quinto ◆ *sm* quinto *m* ◇ recluta *f*
quiosco *sm* chiosco *m* ◇ edicola *f*
quiromántico *sm* chiromante *m/f*
quirúrgico *a* chirurgico
quisquilloso *a/sm* permaloso *m*
quiste *sf* cisti *f*
quita *sf* remissione *f*
quitamanchas *sm* smacchiatore *m*
quitanieves *sm* spazzaneve *m*
quitar *vt* togliere, levare ◇ rubare ◇ impedire ◇ abolire ◆ *vrif* togliersi ◇ allontanarsi, andarsene • *sin poner ni q.* testualmente; *¡quita allá!* ma va'!, ma figurati!
quitasol *sm* ombrellone *m*
quite *sm* (*scherma*) parata *f*
quizá(s) *avv* chissà, forse

R

rabadilla *sf* coccige *m*
rábano *sm* ravanello *m*
rabia *sf* rabbia *f*
rabiar *vi* (*med*) soffrire di rabbia ◇ soffrire ◇ arrabbiarsi ◇ desiderare • *r. de dolor* impazzire dal dolore
rabillo *sm* codino *m*, estremità *f* • *mirar con el r. del ojo* guardare con la coda dell'occhio
rabino *sm* rabbino *m*
rabioso *a* rabbioso
rabo *sm* coda *f* • *de cabo a r.* dalla testa ai piedi, completamente

rabón *a* senza coda, con la coda mozza
racha *sf* raffica *f*
racimo *sm* grappolo *m*
raciocinio *sm* raziocinio *m* ◇ ragionamento *m*
ración *sf* razione *f*, porzione *f*
racional *a* razionale
racionalismo *sm* razionalismo *m*
racionalista *a/sm/f* razionalista *m/f*
racionalizar *vt* razionalizzare
racionar *vt* razionare
racismo *sm* razzismo *m*
racista *a/sm/f* razzista *m/f*
radar *sm* radar *m*
radiactividad *sf* radioattività *f*
radiactivo *a* radioattivo
radiador *sm* radiatore *m*
radiante *a* raggiante ◇ brillante
radical *a/sm/f* radicale *m/f*
radicar *vi* risiedere ◇ consistere
radio *sf* radio *f* ◆ *sm* raggio *m* ◇ (*anat*) radio *m*
radiodespertador *sm* radiosveglia *f*
radiodifusión *sf* radiotrasmissione *f*
radioemisora *sf* emittente *f* radio
radiografía *sf* radiografia *f*
radiografiar *vt* radiografare
radiología *sf* radiologia *f*
radiólogo *sm* radiologo *m*
radioseñal *sf* radiosegnale *m*
radiotaxi *sm* radiotaxi *m*
radioterapia *sf* radioterapia *f*
radiotransmisor *sm* radiotrasmettitore *m*
radioyente *sm/f* radioascoltatore *m*
raer *vt* raschiare ◇ logorare
ráfaga *sf* raffica *f* ◇ lampo *m*
raído *a* logoro
raigambre *sf* radici *f pl*
raíl *sm* rotaia *f*
raíz *sf* radice *f* • ***a r. de*** a causa di; ***de r.*** completamente
raja *sf* fetta *f* ◇ fessura *f*
rajar *vt* affettare ◇ incrinare, spaccare ◆ *vrif* spaccarsi, incrinarsi ◇ ripensarci
ralea *sf* specie *f*, qualità *f*
rallado *a* grattugiato
rallador *sm* grattugia *f*
ralladura *sf* scorza *f* grattugiata
rallar *vt* grattugiare, grattare
ralo *a* rado
RAM *sf* (*inform*) (*Random Access Memory, memoria de acceso aleatorio/directo*) RAM *f* (*memoria ad accesso casuale*)
rama *sf* ramo *m*
ramada *sf* fronde *f pl*
ramal *sm* capo *m*, trefolo *m* ◇ ramo *m*, diramazione *f* ◇ (*di scale*) rampa *f*
rambla *sf* letto *m* alluvionale ◇ viale *m*
ramera *sf* prostituta *f*
ramificación *sf* ramificazione *f*

ramillete *sm* mazzolino *m* ◇ collezione *f*
ramito *sm* ramoscello *m*
ramo *sm* mazzo *m* ◇ ramo *m*
rampa *sf* rampa *f* ● ***r. de lanzamiento*** rampa di lancio
ramplón *a* volgare
rana *sf* rana *f*
ranchera *sf* (*fam*) familiare *f*, station wagon *f*
rancho *sm* rancio *m* ◇ capanna *f*, casupola *f* ◇ ranch *m*
rancio *a* antiquato, fuori uso ◇ rancido
rango *sm* rango *m*
ranúnculo *sm* ranuncolo *m*
ranura *sf* fessura *f*
rapar *vt* rapare ◇ radere
rapaz *a/sf* rapace *m* ◆ *sm/f* ragazzo *m*
rape *sm* rapata *f* ◇ (*zool*) pescatrice *f* ● ***cortar al r.*** tagliare alla radice
rapé *a/sm* tabacco *m* da fiuto
rapidez *sf* rapidità *f*
rápido *a* rapido, veloce ◆ *sm* rapida *f*
rapiña *sf* rapina *f*
rapsodia *sf* rapsodia *f*
raptar *vt* rapire
rapto *sm* rapimento *m*
raptor *sm* rapitore *m*
raqueta *sf* racchetta *f*
raquítico *a/sm* rachitico *m*
raramente *avv* raramente
rareza *sf* rarità *f*
raro *a* raro ◇ strano ◇ stravagante, eccentrico
ras *sm* piano *m*, livello *m* ● ***a r. de tierra*** raso terra
rasante *a* radente
rasar *vt* livellare ◇ rasentare
rascacielos *sm* grattacielo *m*
rascar *vt* grattare, raschiare ◇ graffiare
rasgadura *sf* strappo *m*
rasgar *vt* strappare ◆ *vrif* strapparsi
rasgo *sm* tratto *m* ◇ *al pl* (*del volto*) lineamenti *m pl* ◇ carattere *m* ◇ gesto *m*, espressione *f*
rasguñar *vt* graffiare
rasguño *sm* graffio *m*
raso *a* liscio ◇ (*di soldato*) semplice ◇ (*di cielo*) limpido ◇ radente ◇ raso, pieno ◆ *sm* raso *m* ● ***al (cielo) r.*** all'aperto
raspador *sm* raschietto *m*
raspadura *sf* raschiatura *f*
raspar *vt* raschiare, raspare ◇ lisciare ◇ (*fam*) rubare
rastra *sf* rastrello *m* ◇ traino *m*
rastrear *vt* cercare, seguire le tracce ◇ rastrellare, dragare
rastrero *a* strisciante ◇ radente ◇ basso, vile
rastrillar *vt* rastrellare
rastrillo *sm* rastrello *m*
rastro *sm* rastrello *m* ◇ traccia *f* ◇ macello *m*
rastrojo *sm* stoppia *f*
rasurador *sm* rasoio *m*
rasurar *vt* radere ◆ *vrif* radersi
rata *sf* (*zool*) ratto *m* ◆ *sm/f* (*fam*) tirchio *m*, taccagno *m* ◇ (*Am*) ladro *m*

ratear *vt* rubare ◆ *vi* strisciare ◇ fare il tirchio
ratería *sf* furterello *m*
ratero *sm* ladruncolo *m*
ratificación *sf* ratifica *f*
ratificar *vt/rif* ratificare, confermare
rato *sm* momento *m* ● ***a cada r.*** ogni momento; ***a ratos*** a momenti; ***a ratos perdidos*** a tempo perso; ***pasar el r.*** passare il tempo
ratón *sm* (*zool*) topo *m* ◇ (*inform*) mouse *m*
ratonera *sf* trappola *f* per topi
raudal *sm* torrente *m*
raya *sf* (*zool*) razza *f* ◇ riga *f*, linea *f* ◇ confine *m*, limite *m* ◇ scriminatura *f* ● ***pasarse de la r.*** passare il limite
rayar *vt* rigare ◇ cancellare (con tratto di penna) ◆ *vi* confinare ◇ somigliare ◇ (*di giorno, alba*) spuntare
rayo *sm* raggio *m* ◇ fulmine *m*
raza *sf* razza *f*
razón *sf* ragione *f* ◇ causa *f*, motivo *m* ● ***a r. de*** in ragione di
razonable *a* ragionevole
razonamiento *sm* ragionamento *m*
razonar *vi* ragionare ◆ *vt* discutere
RDSI *abbr di Red Digital de Servicios Integrados* ISDN (*Integrated Services Digital Network, rete digitale integrata nei servizi*)
reabrir *vt* riaprire
reacción *sf* reazione *f*
reaccionar *vi* reagire
reaccionario *a/sm* reazionario *m*
reacio *a* restio
reactividad *sf* reattività *f*
reactivo *a* reattivo ◆ *sm* (*chim*) reagente *m*
reactor *sm* reattore *m*
readaptar *vt* riadattare
readmitir *vt* riammettere
reafirmar *vt* riaffermare
reajuste *sm* adeguamento *m* ◇ riordino *m*
real *a* reale, vero ◇ reale, regale ◇ eccellente ◆ *sm* (*moneta*) reale *m* ◇ *al pl* accampamento *m*
realce *sm* rilievo *m* ◇ importanza *f*, merito *m*
realidad *sf* realtà *f* ● ***r. virtual*** realtà virtuale
realismo *sm* realismo *m*
realista *a/sm/f* realista *m/f*
realización *sf* realizzazione *f*
realizar *vt* realizzare ◆ *vrif* realizzarsi
realquilar *vt* subaffittare
realzar *vt* rialzare ◇ mettere in rilievo, esaltare
reanimar *vt* rianimare ◆ *vrif* rianimarsi
reanudar *vt* riannodare
reasumir *vt* (ri)assumere
reata *sf* fune *f* ● ***en r.*** in fila, in serie
reatar *vt* riannodare

rebaja *sf* ribasso *m*, sconto *m* ◇ *al pl* saldi *m pl*
rebajar *vt* abbassare ◇ ribassare, diminuire ◇ abbattere, umiliare ◆ *vrif* umiliarsi
rebanada *sf* fetta *f*
rebanar *vt* affettare
rebaño *sm* gregge *m*
rebasar *vt* oltrepassare ◇ eccedere
rebatir *vt* ribattere ◇ opporsi ◇ confutare
rebato *sm* segnale *m* d'allarme ◇ (*mil*) assalto *m*
rebelarse *vrif* ribellarsi
rebelde *a/sm/f* ribelle *m/f* ◇ contumace *m/f*
rebeldía *sf* insubordinazione *f* ◇ contumacia *f*
rebelión *sf* ribellione *f*, rivolta *f*
reblandecer *vt* rammollire
rebosar *vi* traboccare ◇ abbondare
rebotar *vt* ribattere ◇ irritare ◆ *vi* rimbalzare ◆ *vrif* irritarsi
rebote *sm* rimbalzo *m*
rebozado *a* imbacuccato
rebozar *vt* (*cuc*) avvolgere, infarinare, impanare ◇ nascondere
rebusca *sf* ricerca *f*
rebuscado *a* ricercato
rebuscar *vt* ricercare
rebuzno *sm* raglio *m*
recabar *vt* ottenere, conseguire
recadero *sm* fattorino *m*, messaggero *m*
recado *sm* messaggio *m* ◇ commissione *f* ● ***a r., a buen r., a mucho r.*** al sicuro, ben custodito; ***chico de recados*** fattorino
recaer *vi* ricadere
recaída *sf* ricaduta *f*
recalcar *vt* calcare ◇ (*fig*) sottolineare
recalcitrante *a* ostinato
recalentar *vt* riscaldare ◇ scaldare ◆ *vrif* riscaldarsi
recámara *sf* guardaroba *m* ◇ riserva *f*
recambio *sm* ricambio *m* ● ***pieza de r.*** pezzo di ricambio
recapacitar *vt* meditare, riflettere
recapitulación *sf* ricapitolazione *f*
recapitular *vt* ricapitolare, riepilogare
recargar *vt* ricaricare ◇ caricare, sovraccaricare ◇ aumentare
recargo *sm* ricarico *m* ◇ aumento *m*, maggiorazione *f*
recatado *a* prudente ◇ onesto
recatar *vt* occultare, nascondere ◆ *vrif* essere cauto ◇ nascondersi
recato *sm* riservatezza *f* ◇ modestia *f*, pudore *m*
recaudador *sm* esattore *m*
recaudar *vt* riscuotere
recelar *vi* diffidare, sospettare ◆ *vt* presumere
recelo *sm* sospetto *m*, diffidenza *f*

receloso *a* sospettoso, diffidente
recensión *sf* recensione *f*
recepción *sf* ricevimento *m* ◇ reception *f*
recepcionista *sm/f* receptionist *m/f*
receptáculo *sm* ricettacolo *m*
receptivo *a* ricettivo
receptor *a/sm* ricevitore *m*
recesión *sf* recessione *f*
receta *sf* ricetta *f*
recetario *sm* ricettario *m*
rechazar *vt* respingere ◇ rifiutare
rechazo *sm* rifiuto *m* ◇ rigetto *m* • ***de r.*** indirettamente
rechifla *sf* burla *f*
rechiflar *vt* fischiare ◆ *vrif* burlarsi
rechinar *vi* stridere, cigolare
rechoncho *a* tozzo
recibidor *a* ricevente ◆ *sm* ricevente *m/f* ◇ (*edil*) ingresso *m*
recibimiento *sm* ricevimento *m* ◇ anticamera *f*
recibir *vt* ricevere ◇ accogliere ◇ captare ◆ *vrif* (*Am*) laurearsi
recibo *sm* ricevuta *f*
reciclable *a* riciclabile
reciclar *vt* riciclare
recién *avv* recentemente • ***r. casados*** novelli sposi; ***r. nacido*** neonato
reciente *a* recente
recinto *sm* recinto *m*
recio *a* robusto ◇ forte ◇ aspro, duro ◇ (*di clima*) rigido ◇ (*di voce*) forte
recipiente *sm* recipiente *m*
recíproco *a* reciproco
recitación *sf* recitazione *f*
recital *sm* recital *m*
recitar *vt* recitare
reclamación *sf* reclamo *m*, protesta *f*
reclamar *vt* reclamare ◇ rivendicare, esigere ◆ *vi* reclamare, protestare
reclamo *sm* richiamo *m* ◇ attrattiva *f*
reclinar *vt* reclinare
recluir *vt* rinchiudere
reclusión *sf* reclusione *f* ◇ carcere *m*
recluta *sf* reclutamento *m* ◆ *sm* recluta *f*
reclutar *vt* reclutare
recobrar *vt* recuperare ◆ *vrif* ristabilirsi, riprendersi
recocer *vt* ricuocere ◆ *vrif* crucciarsi, tormentarsi
recodo *sm* curva *f*, svolta *f*
recogedor *sm* paletta *f*
recoger *vt* raccogliere ◇ riunire ◇ accogliere, ospitare ◆ *vrif* ritirarsi ◇ raccogliersi • ***r. la mesa*** sparecchiare la tavola
recogida *sf* raccolta *f* • ***r. selectiva*** raccolta differenziata
recogido *a* ritirato, schivo
recolección *sf* raccolta *f* ◇ raccolto *m*
recomendación *sf* raccomandazione *f*

recomendar *vt* raccomandare
recomenzar *vt* ricominciare
recompensa *sf* ricompensa *f*
recompensar *vt* ricompensare
recomponer *vt* riparare, risistemare
reconciliación *sf* riconciliazione *f*
reconciliar *vt* riconciliare ◆ *vrif* riconciliarsi
recóndito *a* recondito
reconfortar *vt* riconfortare
reconocer *vt* riconoscere ◇ esaminare, visitare ◆ *vrif* riconoscersi
reconocido *a* riconosciuto ◇ riconoscente
reconocimiento *sm* riconoscimento *m*
reconquistar *vt* riconquistare
reconstituir *vt* ricostituire ◆ *vrif* ristabilirsi ◇ ricostituirsi
reconstituyente *sm* ricostituente *m*
reconstruir *vt* ricostruire
recopilación *sf* compendio *m* ◇ compilazione *f*
recopilar *vt* riepilogare ◇ compilare
recordar *vt/i* ricordare ◆ *vrif* ricordarsi
recordatorio *sm* promemoria *m*
recorrer *vt* percorrere ◇ perlustrare ◇ sfogliare, leggere
recorrido *sm* tragitto *m*, percorso *m*
recortar *vt* tagliare ◇ ritagliare ◆ *vrif* stagliarsi
recorte *sm* ritaglio *m*
recoser *vt* ricucire, rammendare
recostado *a* appoggiato
recostar *vt* appoggiare ◇ reclinare ◆ *vrif* adagiarsi, appoggiarsi
recoveco *sm* curva *f*, tortuosità *f* ◇ difficoltà *f*
recreación *sf* ricreazione *f*
recrear *vt* ricreare ◇ svagare, divertire ◆ *vrif* divertirsi
recreo *sm* ricreazione *f* ◇ passatempo *m*
recriminación *sf* recriminazione *f*
recriminar *vt* criticare, accusare ◆ *vrif* accusarsi reciprocamente
recrudecer *vi* inasprirsi
recrudecimiento *sm* inasprimento *m*
recta *sf* retta *f*
rectangular *a* rettangolare
rectángulo *a/sm* rettangolo *m*
rectificación *sf* rettifica *f*
rectificar *vt* rettificare ◆ *vrif* rettificarsi
rectilíneo *a* rettilineo
recto *a* dritto, retto ◇ giusto, onesto ◇ (*di significato*) proprio, letterale ◆ *sm* (*anat*) retto *m*
rector *sm* rettore *m* ◇ parroco *m*
recua *sf* branco *m*
recubrir *vt* ricoprire

recuerdo *sm* ricordo *m* ◇ *al pl* saluti *m pl* • ***¡recuerdos!*** saluti!
recular *vi* rinculare, retrocedere
recuperable *a* recuperabile
recuperación *sf* recupero *m*
recuperar *vt* recuperare ◆ *vrif* riprendersi, rimettersi
recurrente *a/sm/f* ricorrente *m/f*
recurrir *vi* ricorrere ◇ avvalersi
recurso *sm* risorsa *f* ◇ ricorso *m*
recusar *vt* ricusare
red *sf* rete *f* • ***r. de carreteras*** rete stradale
Red *sf* (*inform*) Rete *f*, Internet *m/f*
redacción *sf* redazione *f*
redactor *sm* redattore *m*
rededor *sm* dintorno *m* • ***al r., en r.*** intorno
redentor *sm* redentore *m*
redescubrir *vt* riscoprire
redicho *a* affettato
redil *sm* ovile *m*
redimir *vt* redimere ◇ liberare ◆ *vrif* redimersi
rédito *sm* rendita *f*
redoblar *vt* raddoppiare ◇ ripetere, intensificare ◇ (*chiodo*) ribattere
redoble *sm* raddoppio *m* ◇ (*di tamburo*) rullo *m*
redomado *a* astuto ◇ (*fig*) matricolato
redondear *vt* arrotondare ◇ completare ◆ *vrif* arrotondarsi
redondel *sm* circolo *m*, cerchio *m*
redondez *sf* rotondità *f*
redondo *a* rotondo ◇ perfetto, completo ◇ (*di numero*) tondo ◇ chiaro • ***hablar r.*** parlare chiaro
reducción *sf* riduzione *f*
reducido *a* ridotto, limitato
reducir *vt* ridurre ◇ sottomettere ◇ riassumere ◇ sottomettere ◆ *vrif* ridursi
reducto *sm* ridotta *f*
redundancia *sf* ridondanza *f*
redundar *vi* risultare ◇ traboccare
reedición *sf* ristampa *f*
reelección *sf* rielezione *f*
reelegir *vt* rieleggere
reembolsar *vt* rimborsare
reembolso *sm* rimborso *m*
reemplazar *vt* rimpiazzare, sostituire
reemplazo *sm* rimpiazzo *m*, sostituzione *f*
reencarnación *sf* reincarnazione *f*
reenvío *sm* rinvio *m*
reestructurar *vt* ristrutturare
reexpedir *vt* rispedire
refacción *sf* spuntino *m*
refajo *sm* sottoveste *f*
refectorio *sm* refettorio *m*
referencia *sf* narrazione *f*, racconto *m* ◇ riferimento *m* ◇ *al pl* referenze *f pl* • ***con r. a*** in riferimento a
referente *a/sm* referente *m*

referir *vt* riferire ◇ riportare ◆ *vrif* riferirsi
refinado *a* raffinato ◆ *sm* raffinazione *f*
refinamiento *sm* raffinatezza *f*
refinar *vt* rifinire ◇ raffinare
refinería *sf* raffineria *f*
reflectar *vt* riflettere
reflejar *vt* riflettere
reflejo *sm* riflesso *m*
reflexión *sf* riflessione *f*
reflexionar *vt* riflettere
reflexivo *a* riflessivo
refocilar *vt* rallegrare ◆ *vrif* divertirsi
reforestar *vt* rimboschire
reforma *sf* riforma *f*
reformador *a/sm* riformatore *m*
reformar *vt* riformare ◆ *vrif* correggersi
reformatorio *sm* riformatorio *m*
reforzar *vt* rinforzare
refracción *sf* rifrazione *f*
refrán *sm* detto *m*, massima *f*
refregar *vt* sfregare ◇ rinfacciare
refrenar *vt* reprimere
refrendar *vt* controfirmare ◇ confermare
refrescar *vt/i* rinfrescare ◆ *vrif* rinfrescarsi
refresco *sm* spuntino *m* ◇ bevanda *f* ◇ rinfresco *m*
refrigeración *sf* refrigerazione *f*
refrigerador *a* refrigerante ◆ *sm* frigorifero *m*
refrigerar *vt* refrigerare
refrigerio *sm* spuntino *m* ◇ refrigerio *m*
refuerzo *sm* rinforzo *m*
refugiado *a/sm* rifugiato *m*
refugiar *vt* dar rifugio ◆ *vrif* rifugiarsi
refugio *sm* rifugio *m*
refulgencia *sf* fulgore *m*
refulgir *vi* rifulgere
refundición *sf* rifusione *f* ◇ rimaneggiamento *m*
refundir *vt* (*met*) rifondere ◇ rimaneggiare
refunfuñar *vi* brontolare, borbottare
refutar *vt* confutare
regadera *sf* annaffiatoio *m*
regadío *sm* terreno *m* irriguo
regalado *a* gradevole, comodo ◇ regalato, economico
regalar *vt* regalare ◇ lusingare ◇ dilettare
regalía *sf* privilegio *m*, regalia *f* ◇ *al pl* diritti *m pl*
regaliz *sm* liquirizia *f*
regalo *sm* regalo *m* ◇ piacere *m*, diletto *m* ◇ comodità *f*
regañar *vi* lagnarsi ◇ litigare ◆ *vt* rimproverare
regaño *sm* rimprovero *m*
regañón *a/sm* brontolone *m*
regar *vt* annaffiare ◇ (*di fiume*) bagnare ◇ spargere
regatear *vt* mercanteggiare ◇ lesinare ◆ *vi* regatare
regateo *sm* contrattazione *f*
regazo *sm* grembo *m*

regencia *sf* reggenza *f*
regenerar *vt* rigenerare ◇ rinnovare
regentar *vt* reggere, dirigere
régimen *sm* regime *m*
regimiento *sm* reggimento *m*
regio *a* regio
región *sf* regione *f*
regional *a* regionale
regir *vt* governare ◇ (*gramm*) reggere ◆ *vi* funzionare (bene) ◇ essere in vigore
registrador *sm* funzionario *m* pubblico
registrar *vt* ispezionare, controllare ◇ registrare ◆ *vrif* registrarsi
registro *sm* registro *m* ◇ perquisizione *f* ◇ ufficio *m* del registro ◇ (*inform*) record *m*
regla *sf* riga *f* ◇ regola *f*, norma *f* ◇ (*fam*) mestruazioni *f pl* • ***en r.*** in regola; ***salir de r.*** eccedere
reglamentación *sf* regolamentazione *f*
reglamentar *vt* regolamentare
reglamentario *a* regolamentare
reglamento *sm* regolamento *m*
reglar *vt* regolare
regocijado *a* allegro
regocijar *vt* rallegrare ◆ *vrif* rallegrarsi
regocijo *sm* divertimento *m*, allegria *f*
regodearse *vrif* deliziarsi, godere
regodeo *sm* godimento *m*
regresar *vi* ritornare
regresión *sf* regressione *f*
regresivo *a* regressivo
regreso *sm* ritorno *m* • ***estar de r.*** essere di ritorno
reguero *sm* rigagnolo *m* ◇ striscia *f*, traccia *f*
regulación *sf* regolazione *f*
regulador *a/sm* regolatore *m*
regular *a* regolare ◇ mediocre ◆ *avv* così così, discretamente ◆ *vt* regolare • ***por lo r.*** generalmente
regularidad *sf* regolarità *f*
regularizar *vt* regolarizzare, regolare
rehabilitar *vt* riabilitare
rehacer *vt* rifare ◇ riparare ◆ *vrif* ristabilirsi
rehén *sm* ostaggio *m*
rehilete *sm* freccetta *f* ◇ (*gioco*) volano *m*
rehuir *vt* evitare
rehusar *vt* ricusare, rifiutare
reimpresión *sf* ristampa *f*
reimprimir *vt* ristampare
reina *sf* regina *f*
reinado *sm* regno *m*
reinante *a* regnante
reinar *vi* regnare
reincidencia *sf* ricaduta *f* ◇ recidiva *f*
reincidente *a/sm/f* recidivo *m*
reincidir *vi* ricadere
reincorporar *vt* reincorporare ◆ *vrif* reincorporarsi
reinicializar *vt* (*inform*) riavviare

reiniciar *vt* (*inform*) riavviare
reino *sm* regno *m*
reintegrar *vt* reintegrare ◇ restituire
reír *vi* ridere ◆ *vrif* ridere ◇ burlarsi ● ***r. a carcajadas*** ridere a crepapelle
reivindicación *sf* rivendicazione *f*
reivindicar *vt* rivendicare
reja *sf* vomere *m* ◇ cancellata *f*, inferriata *f*
rejilla *sf* grata *f*
rejuvenecer *vt/i/rif* ringiovanire
relación *sf* relazione *f*
relacionar *vt* riferire, relazionare ◇ mettere in relazione ◆ *vrif* mettersi in relazione
relajación *sf* rilassamento *m* ◇ attenuazione *f*
relajado *a* rilassato
relajar *vt* rilassare, distendere ◇ attenuare, diminuire ◆ *vrif* rilassarsi, distendersi
relamer *vt* rileccare ◆ *vrif* leccarsi ◇ leccarsi le labbra ◇ pregustarsi
relamido *a* leccato, lezioso
relámpago *sm* lampo *m*
relampaguear *vi* lampeggiare
relance *sm* rilancio *m*
relatar *vt* riferire
relatividad *sf* relatività *f*
relativismo *sm* relativismo *m*
relativo *a* relativo
relato *sm* racconto *m*, rapporto *m*
relator *sm* relatore *m*
relegar *vt* relegare
relevante *a* rilevante
relevar *vt* alleviare ◇ sostituire ◆ *vi* risaltare
relevo *sm* cambio *m*, rimpiazzo *m*
relicario *sm* reliquiario *m*
relieve *sm* rilievo *m* ● ***bajo/alto r.*** bassorilievo/altorilievo; ***poner de r.*** mettere in rilievo
religión *sf* religione *f*
religiosidad *sf* religiosità *f*
religioso *a/sm* religioso *m*
relinchar *vi* nitrire
rellano *sm* piano *m* ◇ pianerottolo *m*
rellenar *vt* riempire ◇ imbottire, farcire
relleno *a* ripieno ◆ *sm* ripieno *m* ◇ imbottitura *f*
reloj *sm* orologio *m* ● ***r. de pulsera*** orologio da polso
relojero *sm* orologiaio *m*
relucir *vi* rilucere
reluctancia *sf* riluttanza *f*
relumbrar *vi* risplendere
remachar *vt* ribattere ◇ ribadire
remanente *a* rimanente ◆ *sm* rimanenza *f*, residuo *m*
remanso *sm* ristagno *m* ◇ (*fig*) oasi *f*
remar *vi* remare ◇ sforzarsi, faticare
remarcable *a* rimarchevole
rematado *a* condannato ◇ finito, completo

rematar *vt* finire, terminare ◇ dare il colpo di grazia ◇ (*all'asta*) aggiudicare ◇ svendere
remate *sm* conclusione *f* ◇ estremità *f* • ***de r.*** completamente; ***loco de r.*** tutto matto; ***r. de cuentas*** chiusura dei conti
remedar *vt* imitare
remediar *vt* rimediare ◇ aiutare
remedio *sm* rimedio *m* ◇ conforto *m* • ***r. homeopático*** rimedio omeopatico
remedo *sm* imitazione *f*
remendar *vt* rammendare
remesa *sf* spedizione *f*
remiendo *sm* rammendo *m*, rattoppo *m* ◇ pezza *f*, macchia *f*
remilgo *sm* leziosità *f*, vezzo *m*
reminiscencia *sf* reminiscenza *f*
remisión *sf* remissione *f* ◇ rimando *m*
remiso *a* contrario, restio
remitente *sm/f* mittente *m/f*
remitir *vt* spedire ◇ perdonare ◇ rimandare ◆ *vrif* attenersi ◇ attenuarsi
remo *sm* remo *m*
remoción *sf* rimozione *f*
remojar *vt* inzuppare, bagnare
remojo *sm* ammollo *m*
remolacha *sf* barbabietola *f*
remolcar *vt* rimorchiare ◇ trascinare
remolinar *vi* turbinare
remolino *sm* turbine *m*, vortice *m*
remolque *sm* rimorchio *m*
remontar *vt* rimontare ◇ superare ◆ *vrif* salire ◇ risalire
remorder *vt* rimordere ◆ *vrif* tormentarsi
remordimiento *sm* rimorso *m*
remoto *a* remoto
remover *vt* rimuovere
remozar *vt/rif* rimodernare
remunerar *vt* rimunerare, ricompensare
renacer *vi* rinascere
renacimiento *sm* rinascita *f* ◇ (*stor*) rinascimento *m*
renal *a* renale
rencillas *sfpl* screzio *m*, discordia *f*
rencor *sm* rancore *m*
rendición *sf* resa *f*
rendido *a* affaticato, stanco ◇ sottomesso
rendija *sf* fessura *f*
rendimiento *sm* rendimento *m*, beneficio *m* ◇ devozione *f* ◇ stanchezza *f*
rendir *vt* rendere ◇ produrre ◇ vincere ◇ affaticare ◆ *vrif* sottomettersi, arrendersi
renegar *vt* negare ◆ *vi* rinnegare ◇ protestare, lamentarsi
renglón *sm* riga *f* ◇ *al pl* scritto *m*, righe *fpl*
reniego *sm* bestemmia *f*
reno *sm* renna *f*
renombrado *a* rinomato, famoso

renombre *sm* rinomanza *f*
renovación *sf* rinnovo *m*
renovar *vt* rinnovare
renta *sf* rendita *f*
rentable *a* redditizio
rentar *vt/i* rendere
rentista *sm/f* persona *f* che vive di rendita
renuencia *sf* ripugnanza *f*
renuevo *sm* germoglio *m*
renuncia *sf* rinuncia *f*
renunciar *vi* rinunciare
reñido *a* nemico ◇ opposto ◇ accanito
reñir *vi* bisticciare, litigare ◆ *vt* sgridare
reo *sm* reo *m*
reorganizar *vt* riorganizzare
reparación *sf* riparazione *f*
reparar *vt* riparare, aggiustare ◇ recuperare ◆ *vi* notare, accorgersi ◇ riflettere
reparo *sm* riparazione *f* ◇ difficoltà *f* ◇ obiezione *f*
reparón *a* criticone *m*
repartición *sf* ripartizione *f*
repartidor *sm* distributore *m*
repartimiento *sm* ripartizione *f*
repartir *vt* ripartire, dividere
reparto *sm* distribuzione *f* • ***r. a domicilio*** consegna a domicilio
repasar *vi* ripassare
repaso *sm* ripasso *m*, revisione *f*
repatriar *vt* rimpatriare
repecho *sm* pendio *m*
repeler *vt* respingere ◇ ripugnare
repensar *vt* meditare
repente *sm* sussulto *m* • ***de r.*** all'improvviso
repentino *a* improvviso
repercusión *sf* ripercussione *f*
repercutir *vi* ripercuotersi
repertorio *sm* repertorio *m*
repetible *a* ripetibile
repetir *vt* ripetere
repicar *vi* rintoccare, suonare
repintar *vt* ridipingere
repique *sm* rintocco *m*
repiqueteo *sm* scampanio *m*
repisa *sf* mensola *f*
replegar *vt* ripiegare ◆ *vi* ritirarsi
repleto *a* pieno
réplica *sf* replica *f*
replicar *vt* replicare, rispondere ◆ *vi* obiettare
repoblación *sf* ripopolamento *m* ◇ rimboschimento *m*
repoblar *vt* ripopolare
repollo *sm* cavolo *m*
reponer *vt* riporre, rimettere ◇ replicare, opporre ◇ (*teat*) replicare, ridare ◆ *vrif* riprendersi, rimettersi in salute
reportaje *sm* reportage *m*
reportero *sm* cronista *m/f*, reporter *m/f* • ***r. gráfico*** fotoreporter
reposacabezas *sm* poggiatesta *m*
reposado *a* tranquillo, calmo

reposar *vi* riposare, dormire ♦ *vrif* depositarsi
repositorio *sm* ripostiglio *m*
reposo *sm* riposo *m*, quiete *f*
repostar *vt* rifornire
repostería *sf* pasticceria *f*
reprender *vt* riprendere, rimproverare
reprensión *sf* biasimo *m*, critica *f*
representación *sf* rappresentazione *f*
representar *vt* rappresentare ◇ immaginare ◇ (*teat*) mettere in scena ◇ interpretare ♦ *vrif* immaginarsi
represión *sf* repressione *f*
reprimenda *sf* rimprovero *m*
reprimir *vt* reprimere ♦ *vrif* reprimersi
reprobar *vt* disapprovare, biasimare
reprochar *vt* rimproverare, recriminare
reproche *sm* rimprovero *m*
reproducción *sf* riproduzione *f*
reproducir *vt* riprodurre ♦ *vrif* riprodursi
reptil *a/sm* rettile *m*
república *sf* repubblica *f*
republicano *a/sm* repubblicano *m*
repudiar *vt* ripudiare
repudio *sm* ripudio *m*
repuesto *a* rimesso, ripreso ♦ *sm* ricambio *m*, scorta *f* • ***pieza de r.*** pezzo di ricambio
repugnancia *sf* ripugnanza *f*
repugnante *a* ripugnante
repugnar *vi* ripugnare ♦ *vrif* contrastare, opporsi
repulsa *sf* rifiuto *m*
repulsión *sf* ripulsione *f*
repuntar *vi* manifestarsi
reputación *sf* reputazione *f*
reputar *vt* reputare
requebrar *vt* lusingare ◇ corteggiare
requemado *a* bruciacchiato
requerimiento *sm* richiesta *f* ◇ (*dir*) intimazione *f*
requerir *vt* richiedere ◇ intimare
requesón *sm* ricotta *f*
requiebro *sm* corteggiamento *m*
requisa *sf* ispezione *f*, perquisizione *f*
requisar *vt* requisire
requisito *sm* requisito *m*
resabio *sm* sapore *m* sgradevole ◇ vizio *m*
resaca *sf* risacca *f* ◇ (*di una sbornia*) postumi *m pl*
resalado *a* spiritoso
resaltar *vi* sporgere ◇ risaltare
resarcimiento *sm* risarcimento *m*
resarcir *vt* risarcire
resbaladero *a* scivoloso
resbalar *vi* scivolare ◇ sbagliare
resbalón *sm* scivolone *m*
resbaloso *a* scivoloso
rescatar *vt* salvare, recuperare
rescate *sm* riscatto *m*

rescindir *vt* rescindere
rescoldo *sm* brace *f* ◇ (*fig*) rancore *m* ◇ (*fig*) residuo *m*
resecar *vt* (*med*) resecare ◇ seccare ◆ *vrif* seccare, seccarsi
reseco *a* secco ◇ magro
resentido *a* risentito
resentimiento *sm* risentimento *m*
resentirse *vrif* risentire ◇ sentire dolore ◇ risentirsi
reseña *sf* recensione *f* ◇ rassegna *f*
reseñar *vt* recensire
reserva *sf* riserva *f* ◇ cautela *f* ◇ provvista *f* ◇ prenotazione *f* ● ***a r. de*** con riserva di, sempre che; ***sin reservas*** senza riserve
reservar *vt* riservare, mettere da parte ◇ prenotare ◆ *vrif* riservarsi ◇ risparmiarsi
resfriado *a* raffreddato ◆ *sm* raffreddore *m*
resfriar *vt* raffreddare ◆ *vrif* raffreddarsi
resguardar *vt* proteggere ◆ *vrif* proteggersi
resguardo *sm* protezione *f*, difesa *f* ◇ ricevuta *f*, scontrino *m*
residencia *sf* residenza *f* ● ***r. sanitaria*** casa di cura
residente *a/sm/f* residente *m/f*
residuo *sm* residuo *m* ◇ resto *m*
resignación *sf* rassegnazione *f*
resina *sf* resina *f*
resistencia *sf* resistenza *f*
resistir *vt* sopportare ◆ *vi* resistere ◆ *vrif* opporsi, contrastare
resma *sf* risma *f* (di carta)
resol *sm* riverbero *m*
resollar *vi* ansimare ◇ farsi vivo
resolución *sf* risoluzione *f*
resoluto *a* risoluto
resolver *vt* risolvere ◆ *vrif* risolversi ◇ decidersi
resonancia *sf* risonanza *f*
resonar *vi* risuonare
resoplar *vi* sbuffare
resoplido *sm* sbuffo *m*
resorte *sm* molla *f* ◇ mezzo *m*
respaldar *vt* annotare a tergo ◇ appoggiare ◆ *vrif* appoggiarsi
respaldo *sm* schienale *m*, spalliera *f* ◇ appoggio *m* ◇ (*di foglio*) retro *m*
respectivo *a* rispettivo
respecto *sm* rispetto *m* ● ***a este r.*** a questo proposito; ***con r. a*** per quanto riguarda
respetable *a* rispettabile
respetar *vt* rispettare
respeto *sm* rispetto *m* ● ***faltar de r. a alguien*** mancare di rispetto a qn
respetuoso *a* rispettoso
respingar *vi* fare difetto ◇ protestare
respingo *sm* sobbalzo *m* ◇ difetto *m*
respiración *sf* respirazione *f*
respirar *vi* respirare ◇ fiatare ◇ prendere aria ● ***r. alegría*** sprizzare gioia

respiro *sm* respiro *m*
resplandecer *vi* risplendere
resplandeciente *a* splendente
resplandor *sm* splendore *m*
responder *vt* rispondere ◆ *vi* rispondere ◇ corrispondere
responsabilidad *sf* responsabilità *f*
respuesta *sf* risposta *f*
resquebrajar *vt* screpolare ◆ *vrif* screpolarsi
resquebrajo *sm* crepa *f*
resquebrar *vt* sgretolare ◆ *vrif* sgretolarsi
resquicio *sm* fessura *f*
resta *sf* sottrazione *f*
restablecer *vt* ristabilire ◆ *vrif* ristabilirsi
restallar *vi* schioccare
restante *a/sm* restante *m*
restañar *vt* tamponare ◇ alleviare
restar *vt* sottrarre ◇ togliere ◆ *vi* mancare ◇ restare
restauración *sf* restaurazione *f*
restaurador *a* restauratore ◆ *sm* restauratore *m* ◇ ristoratore *m*
restaurante *sm* ristorante *m*
restaurar *vt* restaurare
restitución *sf* restituzione *f*
restituir *vt* restituire ◆ *vrif* ritornare
resto *sm* resto *m* ◇ *al pl* avanzi *m pl*, resti *m pl* ● **echar el r.** giocarsi tutto
restregar *vt* sfregare, strofinare
restricción *sf* restrizione *f*
restrictivo *a* restrittivo
restringido *a* ristretto
restringir *vt* restringere
resucitar *vt/i* resuscitare
resuello *sm* respiro *m* affanno-so
resuelto *a* risoluto
resultado *sm* risultato *m*
resultar *vi* risultare ◇ derivare ◇ riuscire
resumen *sm* riassunto *m*, riepilogo *m*
resumido *a* riassunto
resumir *vt* riassumere ◆ *vrif* ridursi
resurgimiento *sm* rinascita *f*
resurrección *sf* resurrezione *f*
retablo *sm* pala *f* (d'altare)
retahíla *sf* sfilza *f*, serie *f*
retal *sm* ritaglio *m*
retama *sf* ginestra *f*
retar *vt* sfidare
retardar *vt* ritardare
retardo *sm* ritardo *m*
retazo *sm* scampolo *m* ◇ frammento *m*
retén *sm* riserva *f* ◇ (*mil*) rinforzo *m*
retención *sf* trattenuta *f*
retener *vt* trattenere ◆ *vrif* trattenersi
reticencia *sf* reticenza *f*
retículo *sm* reticolo *m*
retina *sf* retina *f*
retirada *sf* ritiro *m* ◇ (*mil*) ritirata *f*

retirado *a* appartato ◇ pensionato ◆ *sm* pensionato *m*
retirar *vt* ritirare ◇ spostare ◇ prelevare ◆ *vrif* ritirarsi ◇ andare in pensione
retiro *sm* ritiro *m* ◇ pensione *f*
reto *sm* sfida *f*
retocar *vt* ritoccare
retoño *sm* germoglio *m*
retoque *sm* ritocco *m*
retorcer *vt* torcere ◇ travisare ◆ *vrif* ritorcersi ◇ torcersi
retorcido *a* contorto, tortuoso
retorcimiento *sm* contorcimento *m*
retórica *sf* retorica *f*
retórico *a* retorico
retornar *vt* restituire ◇ ritorcere ◇ far tornare indietro ◆ *vi* ritornare
retorno *sm* ritorno *m*
retortijón *sm* crampo *m*
retozar *vi* saltellare ◇ giocherellare
retractación *sf* ritrattazione *f*
retractar *vt* ritrattare
retráctil *a* retrattile
retraer *vt* dissuadere ◇ ritrarre ◆ *vrif* ritrarsi ◇ appartarsi
retraído *a* ritroso, schivo
retraimiento *sm* isolamento *m*
retransmitir *vt* ritrasmettere
retrasado *a* in ritardo, ritardato ◇ (*orologio*) indietro ◇ antiquato
retrasar *vt* ritardare ◇ rimandare ◆ *vrif* ritardare
retraso *sm* ritardo *m* ● *r. mental* ritardo mentale
retratar *vt* ritrarre
retrato *sm* ritratto *m*
retreta *sf* ritirata *f*
retrete *sm* toilette *f*
retribuir *vt* retribuire, ricompensare
retroceder *vi* retrocedere
retroceso *sm* regresso *m* ◇ (*med*) peggioramento *m*
retrógrado *a/sm* retrogrado *m*
retrospectivo *a* retrospettivo
retrovisor *sm* (specchietto) retrovisore *m*
retumbar *vi* rimbombare
retumbo *sm* rimbombo *m*
reumatismo *sm* reumatismo *m*
reunión *sf* riunione *f*
reunir *vt* riunire ◆ *vrif* riunirsi
revalidación *sf* convalida *f*
revalidar *vt* convalidare
revalorización *sf* rivalutazione *f*
revalorizar *vt* rivalutare
revaluación *sf* rivalutazione *f*
revancha *sf* rivincita *f*
revelación *sf* rivelazione *f*
revelar *vt* rivelare ◇ manifestare ◇ (*fot*) sviluppare
revender *vt* rivendere
reventa *sf* rivendita *f*
reventar *vt* affaticare, estenuare ◇ far scoppiare ◇ danneggiare ◆ *vi* essere pieno di ◇ desiderare ◇ scoppiare, esplodere ◆ *vrif* scoppiare
reventón *sm* scoppio *m*

reverberar *vi* riverberare
reverencia *sf* riverenza *f*
reverenciar *vt* rispettare
reverendo *a/sm* reverendo *m*
reverente *a* riverente
reversibilidad *sf* reversibilità *f*
reversible *a* reversibile
reversión *sf* restituzione *f*
reverso *sm* rovescio *m*
revés *sm* rovescio *m* ◇ retro *m* ◇ batosta *f* • ***al r.*** a rovescio
revestimiento *sm* rivestimento *m*
revestir *vt* rivestire, ricoprire ◆ *vrif* ricoprirsi • ***revestirse de paciencia*** armarsi di pazienza
revisar *vt* revisionare, controllare
revisión *sf* revisione *f*
revisor *sm* revisore *m*, ispettore *m*
revista *sf* rivista *f* ◇ ispezione *f*
revivir *vi* rivivere
revocación *sf* revoca *f*
revocar *vt* revocare
revolcar *vt* abbattere ◇ sopraffare, vincere ◇ (*fam*) bocciare ◆ *vrif* rivoltarsi, rotolarsi
revolotear *vi* svolazzare ◇ volteggiare
revoltijo *sm* miscuglio *m*
revoltoso *a* turbolento, ribelle ◆ *sm* rivoltoso *m*
revolución *sf* rivoluzione *f*
revolucionar *vt* rivoluzionare
revolver *vt* mescolare ◇ sconvolgere, turbare ◇ mettere in disordine ◆ *vrif* agitarsi ◇ rivoltarsi, opporsi ◇ (*di tempo*) guastarsi
revoque *sm* intonaco *m*
revuelco *sm* ruzzolone *m*
revuelo *sm* agitazione *f*
revuelta *sf* rivolta *f*
revuelto *a* confuso, disordinato ◇ (*di tempo*) incerto ◇ (*di mare*) agitato ◇ irrequieto, turbolento ◇ intricato
rey *sm* re *m*
reyerta *sf* litigio *m*
rezagado *a* ritardatario
rezagar *vt* lasciare indietro ◇ sospendere ◆ *vrif* attardarsi
rezar *vt* recitare ◇ pregare ◆ *vi* pregare
rezo *sm* preghiera *f*
rezongar *vi* brontolare
rezumar *vi/rif* trasudare
ría *sf* estuario *m*
riada *sf* piena *f*, inondazione *f*
ribera *sf* riva *f*, riviera *f*
ribete *sm* bordino *m*, cordoncino *m* ◇ ornamento *m*
ricino *sm* ricino *m*
rico *a* ricco ◇ bello, grazioso ◇ squisito ◆ *sm* ricco *m*
rictus *sm* ghigno *m*
ridiculizar *vt* ridicolizzare
ridículo *a/sm* ridicolo *m*
riego *sm* irrigazione *f* ◇ acqua *f* irrigua
riel *sm* rotaia *f* ◇ barra *f*
rienda *sf* redine *f*
riesgo *sm* rischio *m*
rifar *vt* sorteggiare ◆ *vrif* contendersi

rigidez *sf* rigidità *f*
rígido *a* rigido
rigor *sm* rigore *m*
riguroso *a* rigoroso
rima *sf* rima *f*
rimar *vi* rimare
rimbombante *a* vistoso
rímel *sm* rimmel *m*
rincón *sm* angolo *m* ◇ nascondiglio *m* ◇ (*fam*) casa *f*
rinoceronte *sm* rinoceronte *m*
riña *sf* rissa *f*, tafferuglio *m*
riñón *sm* rene *m* ◇ (*fig*) cuore *m*, nocciolo *m*
riñonera *sf* (*borsa*) marsupio *m*
río *sm* fiume *m* • ***r. abajo/arriba*** a valle/monte
riqueza *sf* ricchezza *f*
risa *sf* risata *f*, riso *m* • ***morirse de r.*** morire dal ridere
risco *sm* rupe *f*
risible *a* ridicolo
risotada *sf* risata *f*
ristra *sf* resta *f* ◇ sfilza *f*
risueño *a* ridente
ritmo *sm* ritmo *m*
rito *sm* rito *m*
ritual *a/sm* rituale *m*
rival *a/sm* rivale *m/f*
rivalidad *sf* rivalità *f*
rivalizar *vi* rivaleggiare, competere
rizar *vt* arricciare ◆ *vrif* arricciarsi ◇ incresparsi
rizo *sm* ricciolo *m*
roaming *sm* (*tel*) roaming *m*
robar *vt* rubare ◇ (*carte da gioco*) pescare
roble *sm* rovere *m*
robo *sm* furto *m*, rapina *f* ◇ refurtiva *f*
robustecer *vt* irrobustire ◆ *vrif* irrobustirsi
robustez *sf* robustezza *f*
robusto *a* robusto
roca *sf* roccia *f*
roce *sm* sfioramento *m* ◇ sfregamento *m* ◇ relazione *f*
rociada *sf* spruzzata *f* ◇ rugiada *f*
rociar *vt* schizzare, aspergere ◆ *vi* cadere la rugiada
rocín *sm* ronzino *m*
rocío *sm* rugiada *f*
rocoso *a* roccioso
rodado *a* fluido
rodaja *sf* fetta *f*
rodaje *sm* rodaggio *m* ◇ (*cin*) ripresa *f*
rodar *vi* (*di veicolo*) muoversi ◇ ruotare ◇ rotolare ◇ vagare ◆ *vt* far girare, rotolare ◇ (*cin*) girare
rodear *vi* aggirarsi ◇ fare giri ◆ *vt* circondare, attorniare ◆ *vrif* circondarsi
rodeo *sm* giro *m* di parole ◇ deviazione *f*
rodezno *sm* ruota *f* idraulica ◇ ruota *f* dentata
rodilla *sf* ginocchio *m* • ***de rodillas*** in ginocchio
rodillera *sf* ginocchiera *f*
rodillo *sm* rullo *m* ◇ matterello *m*
rododendro *sm* rododendro *m*

roedor *a/sm* roditore *m*
roer *vt* rodere, rosicchiare ◇ tormentare
rogar *vt* pregare, supplicare
rogativa *sf* supplica *f*
rojete *sm* fard *m*
rojo *a/sm* rosso *m*
rol *sm* ruolo *m*, elenco *m*
roldana *sf* carrucola *f*
rollizo *a* robusto ◇ cilindrico
rollo *sm* rotolo *m* ◇ rullo *m* ◇ rullino *m* ◇ (*fam*) noia *f*, barba *f*
romance *a* romanzo ◆ *sm* lingua *f* romanza ◇ romanza *f* ◇ relazione *f* amorosa
romano *a/sm* romano *m*
romántico *a/sm* romantico *m*
romanza *sf* romanza *f*
rombo *sm* rombo *m*
romboidal *a* romboidale
romería *sf* pellegrinaggio *m* ◇ sagra *f*
romero *sm* rosmarino *m* ◇ pellegrino *m*
romo *a* smussato ◇ (*di naso*) schiacciato
rompecabezas *sm* rompicapo *m*
rompeolas *sm* frangiflutti *m*
romper *vt* rompere ◇ spezzare ◇ violare ◆ *vi* rompersi, frangersi ◇ cominciare, iniziare ◇ sbocciare ◆ *vrif* rompersi ● ***r. en llanto*** scoppiare a piangere
rompiente *sm* scogliera *f*
rompimiento *sm* rottura *f*
ron *sm* rum *m*
roncar *vi* russare ◇ bramire
roncha *sf* fetta *f* ◇ livido *m*
ronco *a* rauco
ronda *sf* ronda *f* ◇ girotondo *m* ◇ giro *m* ◇ bicchierata *f*
rondar *vt* corteggiare ◇ girare intorno a ◆ *vi* fare la ronda
rondón, de *loc.avv* improvvisamente
ronquear *vi* essere rauco
ronquera *sf* raucedine *f*
roña *sf* ruggine *f* ◇ sudiciume *m* ◇ taccagneria *f*
roñoso *a* arrugginito ◇ sudicio ◇ taccagno
ropa *sf* vestito *m*, vestiti *m pl* ● ***a quema r.*** a bruciapelo; ***r. blanca*** biancheria; ***r. de cama*** biancheria da letto; ***r. de mesa*** biancheria da tavola; ***r. hecha*** abiti fatti
ropaje *sm* indumento *m*
ropavejero *sm* rigattiere *m*
ropero *sm* guardaroba *m*
roque *sm* (*scacchi*) torre *f*
roquedal *sm* terreno *m* roccioso
rosa *sf* rosa *f* ◇ rossore *m*
rosado *a* rosa
rosal *sm* rosa *f* ◇ rosaio *m*
rosario *sm* rosario *m*
rosca *sf* ciambella *f* ◇ (*di vite*) filetto *m*
rosetón *sm* rosone *m*
rosquilla *sf* ciambella *f*
rostro *sm* volto *m* ● ***conocer de r.*** conoscere di persona; ***volver el r.*** voltare il viso
rotación *sf* rotazione *f*
rotativo *a* rotativo

roto *a* rotto ◇ (*fig*) stanco, a pezzi
rotonda *sf* rotonda *f*
rótula *sf* rotula *f*
rótulo *sm* titolo *m* ◇ etichetta *f*
rotundo *a* categorico ◇ (*di linguaggio*) chiaro, espressivo
rotura *sf* rottura *f*
roturar *vt* dissodare
rozadura *sf* sfregamento *m* ◇ escoriazione *f*
rozagante *a* orgoglioso
rozar *vt* sfiorare ◇ raschiare ◆ *vrif* frequentarsi, avere rapporti ◇ avere connessione
roznar *vi* ragliare
rúa *sf* via *f*
rubéola *sf* rosolia *f*
rubí *sm* rubino *m*
rubicundo *a* rubicondo
rubio *a* biondo
rubor *sm* rossore *m* ◇ imbarazzo *m*
ruborizar *vt* far arrossire ◆ *vrif* arrossire
ruboroso *a* che arrossisce facilmente ◇ vergognoso
rúbrica *sf* titolo *m* ◇ sigla *f*
rubricar *vt* siglare ◇ sottoscrivere, ratificare
rucio *a* brizzolato
rudeza *sf* rudezza *f*
rudimentario *a* rudimentale
rudimento *sm* rudimento *m*
rudo *a* rozzo ◇ grezzo ◇ duro
rueda *sf* ruota *f* ◇ circolo *m* ◇ fetta *f* (circolare) ◇ turno *m*, ordine *m* • ***deshacer la r.*** abbassare le ali; ***r. de prensa*** conferenza stampa; ***r. de recambio, r. de repuesto*** ruota di scorta
ruedo *sm* circolo *m* ◇ (*taurom*) arena *f*
ruego *sm* richiesta *f*, preghiera *f*
rufián *sm* ruffiano *m*
rugido *sm* ruggito *m*
rugir *vi* ruggire
rugoso *a* rugoso
ruibarbo *sm* rabarbaro *m*
ruido *sm* rumore *m* ◇ chiasso *m* • ***meter r.*** fare chiasso
ruidoso *a* rumoroso
ruin *a* vile ◇ meschino ◇ avaro
ruina *sf* rovina *f*
ruindad *sf* viltà *f* ◇ meschinità *f*
ruinoso *a* rovinoso
ruiseñor *sm* usignolo *m*
ruleta *sf* roulette *f*
rumbo *sm* rotta *f* ◇ (*fig*) direzione *f*, piega *f*
rumboso *a* generoso, liberale ◇ lussuoso
rumiante *a/sm* ruminante *m*
rumiar *vt* ruminare
rumor *sm* rumore *m* ◇ notizia *f* vaga
rumorear *vt/rif* mormorare
rupestre *a* rupestre
ruptura *sf* rottura *f*
rural *a* rurale
ruso *a/sm* russo *m*
rústico *a* rustico ◇ villano ◆ *sm* contadino *m*
ruta *sf* rotta *f*, cammino *m*
rutina *sf* abitudine *f*
rutinario *a* abitudinario

S

sábado *sm* sabato *m*
sabana *sf* savana *f*
sábana *sf* lenzuolo *m* • ***pegársele a alguien las sábanas*** essere un dormiglione
sabandija *sf* piccolo animale *m* nocivo ◇ (*persona spregevole*) verme *m*
sabañón *sm* gelone *m*
sabelotodo *sm/f* saputello *m*
saber *sm* sapere *m* ◆ *vt* sapere ◇ conoscere ◆ *vi* sapere di, aver sapore di • ***a s.*** ossia, cioè; ***cualquiera sabe*** chissà; ***no s. a nada*** non saper di nulla; ***¡yo qué sé!*** che ne so!
sabiduría *sf* saggezza *f* ◇ sapienza *f*
sabiendas, a *loc.avv* deliberatamente
sabihondo *a/sm* saputello *m*
sabio *a/sm* saggio *m* ◇ sapiente *m*, dotto *m*
sable *sm* sciabola *f*
sabor *sm* sapore *m*, gusto *m* ◇ impressione *f*
saborear *vt* degustare, assaporare ◇ (*fig*) gustare ◆ *vrif* essere assaporato ◇ dilettarsi
sabotaje *sm* sabotaggio *m*
sabotear *vt* sabotare
sabroso *a* gustoso, saporito ◇ sostanzioso
sacacorchos *sm* cavatappi *m*
sacapuntas *sm* temperamatite *m*
sacar *vt* togliere ◇ estrarre, far uscire ◇ (*vestito*) allungare, allargare ◇ ottenere ◇ produrre, fabbricare ◇ inventare ◇ (*fot*) scattare ◇ citare, nominare ◇ comprare ◇ manifestare ◇ dedurre • ***s. a bailar*** invitare a ballare; ***s. adelante*** mandare avanti; ***s. dinero*** prelevare denaro; ***s. en limpio*** mettere in chiaro
sacarina *sf* saccarina *f*
sacarosa *sf* saccarosio *m*
sacerdote *sm* sacerdote *m*
saciar *vt* saziare ◇ soddisfare
saciedad *sf* sazietà *f*
saco *sm* sacco *m* • ***s. de dormir*** sacco a pelo; ***entrar a s.*** saccheggiare
sacramento *sm* sacramento *m*
sacrificar *vt* sacrificare ◆ *vrif* sacrificarsi
sacrificio *sm* sacrificio *m*
sacrilegio *sm* sacrilegio *m*
sacrílego *a* sacrilego
sacristán *sm* sacrestano *m*
sacristía *sf* sacrestia *f*
sacro *a* sacro ◆ *sm* osso *m* sacro
sacudida *sf* scossa *f*
sacudir *vt* scuotere ◇ sbattere ◇ colpire ◆ *vrif* scuotersi
sacudón *sm* scossone *m*
sádico *a/sm* sadico *m*

sadismo *sm* sadismo *m*
sadomasoquismo *sm* sadomasochismo *m*
saeta *sf* freccia *f* ◇ lancetta *f* ◇ ago *m*
saga *sf* saga *f*
sagacidad *sf* sagacità *f*
sagaz *a* sagace
sagrado *a* sacro
sahumar *vt* aromatizzare, profumare ◇ (*alimenti*) affumicare
sainete *sm* (*teat*) farsa *f* ◇ intermezzo *m* comico
sal *sf* sale *m* ◇ (*fig*) condimento *m* ◇ garbo *m*, grazia *f* • ***tener poca s. en la mollera*** avere poco sale in zucca
sala *sf* salone *m*, sala *f* ◇ soggiorno *m* ◇ tribunale *m* • ***s. de espera*** sala d'attesa; ***s. de estar*** soggiorno; ***s. de fiestas*** locale notturno
salado *a* salato ◇ spiritoso
salamandra *sf* salamandra *f*
salar *vt* salare
salaz *a* salace
salchicha *sf* salsiccia *f*
salchichería *sf* salumeria *f*
salchichero *sm* salumiere *m*
salchichón *sm* salame *m*
saldar *vt* pagare, saldare ◇ liquidare ◇ (*fig*) risolvere
saldo *sm* saldo *m*
saledizo *a* sporgente ◆ *sm* sporgenza *f*
salero *sm* saliera *f* ◇ grazia *f*, garbo *m*
salida *sf* partenza *f* ◇ uscita *f* ◇ punto *m* di partenza ◇ battuta *f*, uscita *f* ◇ via *f* d'uscita *f*, soluzione *f* ◇ pretesto *m*, scappatoia *f* ◇ (*comm*) uscita *f*
saliente *sm* sporgenza *f*
salino *a* salino
salir *vi* uscire ◇ partire ◇ uscire, essere fidanzati ◇ nascere, spuntare ◇ sporgere ◇ essere eletto ◇ (*tip*) essere pubblicato ◇ (*teat*) rappresentare, interpretare ◇ arrivare ◇ riuscire ◇ assomigliare ◆ *vrif* uscire ◇ traboccare • ***s. bien*** riuscire bene; ***s. caro*** costare caro
saliva *sf* saliva *f*
salivar *vi* salivare
salivazo *sm* sputo *m*
salmo *sm* salmo *m*
salmón *sm* salmone *m*
salmonete *sm* triglia *f*
salmuera *sf* salamoia *f*
salobre *a* salmastro
salobridad *sf* salsedine *f*
salón *sm* sala *f*, salone *m* ◇ salotto *m* • ***s. de baile*** sala da ballo; ***s. de té*** sala da tè
salpicadero *sm* cruscotto *m*
salpicadura *sf* schizzo *m*
salpicar *vt* spruzzare, schizzare ◇ spargere
salsa *sf* (*cuc*) salsa *f* ◇ (*mus*) salsa *f* • ***s. de soja*** salsa di soia
salsera *sf* salsiera *f*
saltamontes *sm* cavalletta *f*
saltar *vi* saltare ◇ saltare addosso ◇ saltar via, rompersi ◇

(*sport*) entrare in campo ◆ *vt/rif* saltare
saltear *vt* assaltare, attaccare ◇ derubare ◇ saltare ◇ (*cuc*) far saltare, soffriggere
saltimbanqui *sm* saltimbanco *m*
salto *sm* salto *m*
saltón *a* sporgente
salubre *a* salubre
salubridad *sf* salubrità *f*
salud *sf* salute *f* ● ***¡a la s. de...!*** alla salute di...!; ***¡s.!*** salute!
saludable *a* sano ◇ salubre, salutare
saludar *vt* salutare
saludo *sm* saluto *m*
salvación *sf* salvezza *f*
salvado *sm* crusca *f*
salvaguard(i)a *sf* salvacondotto *m* ◇ protezione *f*, salvaguardia *f*
salvajada *sf* barbarie *f*, crudeltà *f*
salvaje *a/sm/f* selvaggio *m*
salvajismo *sm* barbarie *f*
salvamento *sm* salvataggio *m*, salvezza *f*
salvapantalla *sm* (*inform*) salvaschermo *m*, screen saver *m*
salvar *vt* salvare ◇ superare ◇ percorrere ◆ *vrif* salvarsi ● ***s. grandes distancias*** percorrere grandi distanze
salvavidas *sm* salvagente *m*
salvedad *sf* condizione *f*, eccezione *f*
salvia *sf* salvia *f*
salvo *a* salvo ◆ *avv* fuorché, eccetto ● ***a s.*** in salvo
salvoconducto *sm* salvacondotto *m*
san *a* san(to)
sanable *a* guaribile
sanar *vt* curare ◆ *vi* guarire
sanatorio *sm* casa *f* di cura
sanción *sf* sanzione *f*
sancionar *vt* sanzionare
sancochar *vt* (*cuc*) scottare
sandalia *sf* sandalo *m*
sándalo *sm* (*bot*) sandalo *m*
sandez *sf* sciocchezza *f*
sandía *sf* anguria *f*
saneamiento *sm* bonifica *f*, risanamento *m*
sanear *vt* risanare, bonificare
sangrante *a* sanguinante
sangrar *vi* sanguinare ◆ *vt* salassare ◇ estrarre ◇ (*fig*) dissanguare
sangre *sf* sangue *m* ● ***a s. fría*** a sangue freddo
sangría *sf* massacro *m* ◇ (*in un albero*) incisione *f* ◇ salasso *m* ◇ sangria *f*
sangriento *a* sanguinoso ◇ sanguinario ◇ insanguinato
sanguijuela *sf* sanguisuga *f*
sanguinario *a* sanguinario
sanguíneo *a* sanguigno
sanidad *sf* salute *f* ◇ sanità *f*
sanitario *a/sm* sanitario *m*
sano *a* sano ◇ in buono stato ◇ (*fig*) onesto
santiamén, en un *loc.avv* in un batter d'occhio

santidad *sf* santità *f*
santificar *vt* santificare
santiguar *vt* fare il segno della croce su ◆ *vrif* segnarsi, farsi il segno della croce
santo *a/sm* santo *m* ● *¿a s. de qué...?* per quale motivo...?; *s. y seña* parola d'ordine
santón *sm* santone *m*
santuario *sm* santuario *m*
sapiencia *sf* sapienza *f*
sapo *sm* rospo *m*
saque *sm* (*sport*) battuta *f*
saqueador *sm* saccheggiatore *m*
saquear *vt* saccheggiare, depredare
saqueo *sm* saccheggio *m*
sarampión *sm* morbillo *m*
sarcasmo *sm* sarcasmo *m*
sarcástico *a/sm* sarcastico *m*
sarcófago *sm* sarcofago *m*
sardina *sf* sardina *f*
sargento *sm* sergente *m*
sargo *sm* sarago *m*
sarna *sf* rogna *f*
sarnoso *a* rognoso
sartén *sf* padella *f*
sastre *sm* sarto *m*
sastrería *sf* sartoria *f*
satelitario *a* satellitare, satellitario
satélite *sm* satellite *m*
satén *sm* raso *m*
satinado *a* satinato ◆ *sm* satinatura *f*
sátira *sf* satira *f*
satisfacción *sf* soddisfazione *f*
satisfacer *vt* soddisfare ◆ *vrif* soddisfarsi
satisfactorio *a* soddisfacente
satisfecho *a* soddisfatto
saturar *vt* saturare
saturnino *a* malinconico
sauce *sm* salice *m* ● *s. llorón* salice piangente
saúco *sm* sambuco *m*
sauna *sf* sauna *f*
savia *sf* linfa *f*
saxofón *sm* sassofono *m*
saya *sf* sottana *f*
sayo *sm* tunica *f*, casacca *f*
sazón *sf* maturazione *f* ◇ sapore *m* ◇ occasione *f* ● *en s.* opportunamente
sazonado *a* saporito
sazonar *vt* condire, dar sapore ◆ *vrif* maturare
se *pr* si, se, gli ● *se fue* se ne andò; *se lo ha dicho* gliel'ha detto; *se me occurre* mi viene in mente
sebáceo *a* sebaceo
sebo *sm* sebo *m*
seca *sf* siccità *f*
secador *sm* asciugatore *m* ● *s. de pelo* asciugacapelli
secamiento *sm* asciugatura *f*
secante *sm* carta *f* assorbente
secar *vt* asciugare ◇ essiccare ◇ seccare ◆ *vrif* asciugarsi ◇ seccarsi
sección *sf* sezione *f*
secesionista *a/sm/f* secessionista *m/f*
seco *a* secco ◇ asciutto ● *a se-*

cas solo, senza aggiungere altro
secoya *sf* sequoia *f*
secreción *sf* secrezione *f*
secretario *sm* segretario *m*
secreto *a/sm* segreto *m*
secta *sf* setta *f*
sectario *a* settario
sector *sm* settore *m*
secuaz *a/sm/f* seguace *m/f*
secuela *sf* conseguenza *f*
secuencia *sf* sequenza *f*
secuestrar *vt* sequestrare
secuestro *sm* sequestro *m*
secular *a* secolare
secundar *vt* aiutare
secundario *a* secondario
sed *sf* sete *f* • *apagar la s.* spegnere la sete
seda *sf* seta *f* • *s. dental* filo interdentale
sedal *sm* lenza *f*
sedante *sm* tranquillante *m*
sedativo *a* sedativo
sede *sf* sede *f*
sedentario *a* sedentario
sedición *sf* sedizione *f*
sedicioso *a/sm* sedizioso *m*
sediento *a* assetato ◇ desideroso
sedimentar *vt* depositare ◆ *vrif* sedimentarsi
sedimento *sm* sedimento *m*
seducción *sf* seduzione *f*
seducir *vt* sedurre ◇ affascinare
seductor *a/sm* seduttore *m*
segadora *sf* mietitrice *f*
segar *vt* mietere ◇ tagliare ◇ troncare
seglar *a* secolare, laico
segmento *sm* segmento *m*
segregación *sf* segregazione *f* ◇ secrezione *f*
segregar *vt* segregare ◇ secernere
seguida *sf* inseguimento *m* • *de s.* continuamente; immediatamente; *en s.* immediatamente
seguido *a* continuo, ininterrotto ◆ *avv* di seguito
seguimiento *sm* inseguimento *m* ◇ osservazione *f*
seguir *vt* seguire ◇ inseguire ◇ continuare ◆ *vi* continuare a essere ◆ *vrif* dedursi • *s. hablando* continuare a parlare
según *prep* secondo ◆ *avv* come ◇ secondo che
segundas *sf pl* doppio fine *m* • *con s.* con un doppio fine
segundo *a/sm* secondo *m* ◆ *avv* in secondo luogo
segundón *sm* secondogenito *m*
segur *sf* scure *f*
seguramente *avv* sicuramente ◇ probabilmente
seguridad *sf* sicurezza *f*
seguro *a* sicuro ◆ *sm* assicurazione *f* ◇ sicura *f* ◇ salvacondotto *m* ◆ *avv* sicuramente • *a buen s.* con certezza; *sobre s.* a colpo sicuro
seis *a/sm* sei *m*
seiscientos *a/sm* seicento *m*
seísmo *sm* sisma *m*

selección *sf* selezione *f*
seleccionar *vt* selezionare
selectivo *a* selettivo
selecto *a* scelto
sellar *vt* timbrare ◇ sigillare ● *papel sellado* carta da bollo
sello *sm* timbro *m* ◇ marchio *m* ◇ bollo *m*, francobollo *m* ◇ tono *m*, stile *m*
selva *sf* foresta *f*
selvático *a* della foresta
semáforo *sm* semaforo *m*
semana *sf* settimana *f*
semanal *a* settimanale
semanario *a/sm* settimanale *m*
semblante *sm* espressione *f*, aspetto *m*
semblanza *sf* profilo *m* biografico
sembrado *a/sm* seminato *m*
sembrar *vt* seminare ◇ spargere
semejante *a* somigliante ◇ simile ◆ *sm* prossimo *m*
semejanza *sf* somiglianza *f*
semejar *vi* somigliare ◆ *vrif* somigliarsi
semen *sm* sperma *m*
sementera *sf* semina *f*
semestral *a* semestrale
semestre *sm* semestre *m*
semicircular *a* semicircolare
semicírculo *sm* semicerchio *m*
semiconductor *sm* semiconduttore *m*
semieje *sm* semiasse *m*
semifinal *sf* semifinale *f*
semilla *sf* seme *m*, semenza *f*
seminario *sm* seminario *m*
semitono *sm* semitono *m*
sémola *sf* semola *f*, semolino *m*
senado *sm* senato *m*
sencillez *sf* semplicità *f*
sencillo *a* semplice ◇ ingenuo ◆ *sm* (*mus*) singolo *m*
senda *sf* sentiero *m*
senderismo *sm* (*sport*) trekking *m*
sendero *sm* sentiero *m*
sendos *a pl* uno per ciascuno
senil *a* senile
senilidad *sf* senilità *f*
seno *sm* seno *m*
sensación *sf* sensazione *f*
sensatez *sf* senno *m*
sensato *a* sensato
sensibilidad *sf* sensibilità *f*
sensible *a* sensibile
sensitivo *a* sensitivo
sensor *sm* (*tecn*) sensore *m*
sensual *a* sensuale
sensualidad *sf* sensualità *f*
sentada *sf* seduta *f*
sentadero *sm* sedile *m*
sentadillas, a *loc.avv* all'amazzone
sentado *a* sensato
sentar *vt* collocare ◇ far sedere ◇ stabilire ◆ *vi* fare (bene o male) ◇ stare (bene o male) ◆ *vrif* sedersi ◇ accomodarsi, sistemarsi ◇ stabilirsi ● *¡siéntese usted!* si accomodi!
sentencia *sf* sentenza *f*
sentenciar *vt* giudicare ◇ condannare

sentencioso *a* sentenzioso
sentido *a* sentito, sincero ◇ permaloso ◆ *sm* senso *m* ◇ significato *m* ◇ direzione *f* ● *perder el s.* perdere i sensi; *s. común* buon senso
sentimental *a* sentimentale
sentimiento *sm* sentimento *m* ◇ stato *m* d'animo
sentir *sm* sentimento *m* ◇ opinione *f* ◆ *vt* sentire ◇ lamentare ◇ dispiacersi per ◆ *vrif* sentirsi ◇ sentire dolore ● *lo siento mucho* mi dispiace
seña *sf* cenno *m*, gesto *m* ◇ segno *m*, segnale *m* ◇ *al pl* domicilio *m*
señal *sf* segnale *m*, segno *m* ◇ cicatrice *f* ◇ caparra *f*
señalar *vt* segnalare ◇ contraddistinguere ◇ indicare ◆ *vrif* segnalarsi, distinguersi
señalización *sf* segnaletica *f*
señero *a* unico, senza pari
señor *sm* signore *m*
señorear *vt* padroneggiare
señorío *sm* signoria *f*, dominio *m* ◇ distinzione *f*
señorita *sf* signorina *f*
señuelo *sm* richiamo *m*, trappola *f*
separación *sf* separazione *f*
separador *sm* separatore *m*
separar *vt* separare ◇ mettere da parte ◇ distinguere ◆ *vrif* separarsi
separatismo *sm* separatismo *m*
sepelio *sm* sepoltura *f*
sepia *sf* seppia *f*
septentrional *a* settentrionale
septiembre *sm* settembre *m*
séptimo *a/sm* settimo *m*
sepulcral *a* sepolcrale
sepulcro *sm* sepolcro *m*
sepultar *vt* seppellire ◆ *vrif* (*fig*) immergersi
sepultura *sf* sepoltura *f*
sepulturero *sm* becchino *m*
sequedad *sf* secchezza *f* ◇ asprezza *f*
sequía *sf* siccità *f*
séquito *sm* seguito *m*
ser *sm* essere *m* ◆ *vi* essere ● *a no s. que* a meno che non; *con s.* pur essendo; *érase una vez...* c'era una volta...; *lo que sea* qualsiasi cosa
serenar *vt* tranquillizzare ◇ rasserenare ◆ *vrif* rasserenarsi
serenidad *sf* serenità *f*
sereno *a* sereno ◆ *sm* rugiada *f* ◇ guardia *f* notturna
serial *a* seriale ◆ *sm* (*TV*) serie *f*
serie *sf* serie *f* ● *fuera de s.* fuori serie
seriedad *sf* serietà *f*
serio *a* serio ● *en s.* sul serio
sermón *sm* sermone *m*
seropositivo *a/sm* (*med*) sieropositivo *m*
serpentear *vi* serpeggiare
serpentín *sm* serpentina *f*
serpiente *sf* serpente *m*
serranía *sf* regione *f* montuosa
serrano *a/sm* montanaro *m*
serrar *vt* segare

serrín *sm* segatura *f*
serrucho *sm* seghetto *m*
servicial *a* servizievole
servicio *sm* servizio *m* ◇ *al pl* bagno *m* • ***s. a domicilio*** servizio a domicilio; ***fuera de s.*** fuori servizio
servidor *sm* servitore *m* ◇ (*inform*) server *m*
servidumbre *sf* servitù *f*
servil *a* servile
servilleta *sf* tovagliolo *m*
servir *vt* servire ◆ *vi* servire ◇ essere utile ◇ aiutare ◆ *vrif* servirsi • ***no s. de nada*** non servire a niente
servodirección *sf* (*aut*) servosterzo *m*
servofreno *sm* (*aut*) servofreno *m*
servomotor *sm* servomotore *m*
sesenta *a/sm* sessanta *m*
sesgar *vt* tagliare di sbieco
sesgo *a* sbieco ◆ *sm* corso *m*, andamento *m*
sesión *sf* sessione *f*, seduta *f*
seso *sm spec al pl* cervello *m* ◇ giudizio *m* • ***devanarse los sesos*** lambiccarsi il cervello
sesudo *a* intelligente
seta *sf* fungo *m*
setecientos *a/sm* settecento *m*
setenta *a/sm* settanta *m*
seto *sm* siepe *f*
seudónimo *sm* pseudonimo *m*
severidad *sf* severità *f*
severo *a* severo
sexo *sm* sesso *m*
sextante *sm* sestante *m*
sexto *a/sm* sesto *m*
sexual *a* sessuale
sexualidad *sf* sessualità *f*
si *cong* se
sí *pr* sé ◆ *avv* sì • ***claro que sí*** certamente; ***creo que sí*** credo di sì
sicoanálisis *sm* psicoanalisi *f*
sicología *sf* psicologia *f*
sicólogo *sm* psicologo *m*
sida *sm* (*med*) AIDS *m*, aids *m*
siderurgia *sf* siderurgia *f*
sidra *sf* sidro *m*
siega *sf* mietitura *f*
siembra *sf* semina *f*
siempre *avv* sempre
sien *sf* tempia *f*
sierra *sf* sega *f* ◇ catena *f* montuosa
siervo *sm* servo *m*
siesta *sf* siesta *f*
siete *a/sm* sette *m*
sifón *sm* sifone *m*
sigilo *sm* segreto *m* ◇ silenzio *m*
sigiloso *a* segreto
sigla *sf* sigla *f*
siglo *sm* secolo *m*
significación *sf* significato *m*
significado *a* importante, celebre ◆ *sm* significato *m*, accezione *f*
significar *vt* significare ◇ manifestare ◆ *vrif* distinguersi
signo *sm* segno *m*
siguiente *a* seguente
sílaba *sf* sillaba *f*
silbar *vt/i* fischiare

silbato *sm* fischietto *m*
silbido *sm* fischio *m*
silbo *sm* fischio *m*
silenciador *sm* (*aut*) silenziatore *m*, marmitta *f*
silenciar *vt* tacere, passare sotto silenzio ◇ far tacere
silencio *sm* silenzio *m* • ***guardar s.*** tacere
silencioso *a* silenzioso
silicio *sm* silicio *m*
silla *sf* sedia *f* ◇ sella *f* • ***s. de paja*** sedia impagliata; ***s. de ruedas*** carrozzella
sillín *sm* sellino *m*
sillón *sm* poltrona *f*
silueta *sf* profilo *m*, sagoma *f*
silvestre *a* selvatico
sima *sf* voragine *f*
simbiosis *sf* simbiosi *f*
simbólico *a* simbolico
simbolista *a/sm/f* simbolista *m/f*
símbolo *sm* simbolo *m*
simetría *sf* simmetria *f*
simiente *sf* semenza *f*, seme *m*
similar *a* similare
similitud *sf* somiglianza *f*
simio *sm* scimmia *f*
simpatía *sf* simpatia *f*
simpático *a* simpatico
simpatizar *vi* simpatizzare
simple *a* semplice ◇ ingenuo ◇ tonto ◆ *sm* ingenuo *m*
simpleza *sf* ingenuità *f*
simplicidad *sf* semplicità *f*
simplificar *vt* semplificare
simulación *sf* simulazione *f*
simular *vt* simulare
simultáneo *a* simultaneo
sin *prep* senza
sinagoga *sf* sinagoga *f*
sincerarse *vrif* confidarsi
sinceridad *sf* sincerità *f*
sincero *a* sincero • ***con s. pesar*** con vero dolore
síncope *sf* sincope *f*
sincronía *sf* sincronia *f*
sincrónico *a* sincrono
sincronizar *vt* sincronizzare
sindicado *sm* sindacato *m*
sindical *a* sindacale
sindicato *sm* sindacato *m*
síndrome *sf* sindrome *f*
sinfín *sm* infinità *f*
sinfonía *sf* sinfonia *f*
sinfónico *a* sinfonico
singular *a/sm* singolare *m*
singularidad *sf* singolarità *f*
singularizar *vt* distinguere ◆ *vrif* distinguersi
siniestro *a* sinistro ◇ losco ◇ funesto ◆ *sm* sinistro *m*, disgrazia *f*
sinnúmero *sm* infinità *f*
sino *sm* destino *m* ◆ *cong* ma, bensì ◇ tranne, fuorché
sinónimo *sm* sinonimo *m*
sinrazón *sf* ingiustizia *f*
sinsabor *sm* dispiacere *m*
sintaxis *sf* sintassi *f*
síntesis *sf* sintesi *f*
sintético *a* sintetico
sintetizar *vt* sintetizzare
síntoma *sm* sintomo *m*

sintonía *sf* sintonia *f* ◇ (*mus*) sigla *f*
sintonizar *vt* sintonizzare
sinusitis *sf* sinusite *f*
sinvergüenza *a/sm/f* sfacciato*m*, sfrontato *m*
sionista *a/sm/f* sionista *m/f*
siquiera *cong* anche se ◆ *avv* almeno ● ***ni s.*** neppure
sirena *sf* sirena *f*
sirviente *sm* servitore *m*
sisar *vt* rubare
sisear *vt* zittire
sísmico *a* sismico
sismógrafo *sm* sismografo *m*
sistema *sm* sistema *m*
sistemático *a* sistematico
sitiar *vt* assediare
sitio *sm* posto *m* ◇ luogo *m* ◇ (*mil*) assedio *m* ◇ (*inform*) sito *m* ● ***no hay s.*** non c'è spazio; ***s. (de) web*** sito web
situación *sf* situazione *f* ◇ disposizione *f*, ubicazione *f*
situar *vt* situare, collocare ◆ *vrif* sistemarsi
SMS *abbr di Short Message System, sistema de mensajes cortos* SMS (*sistema per invio di brevi messaggi*)
so *prep* sotto
sobaco *sm* ascella *f*
sobar *vt* maneggiare, palpare ◇ colpire ◇ (*fam*) dormire
soberanía *sf* sovranità *f*
soberano *a/sm* sovrano *m*
soberbia *sf* superbia *f*
soberbio *a* superbo
sobornar *vt* corrompere
soborno *sm* corruzione *f*
sobra *sf* eccesso *m* ◇ ***al pl*** avanzi *m pl* ● ***estar de sobras*** essere in più, essere importuno
sobrado *a* sovrabbondante ◇ superfluo
sobrante *a* di troppo
sobrar *vi* avanzare ◇ essere di troppo ◆ *vt* avanzare
sobre *sm* busta *f* ◆ *prep* sopra, su ◇ verso, circa ◇ su, a proposito di
sobrecama *sf* copriletto *m*
sobrecargar *vt* sovraccaricare
sobrecejo *sm* cipiglio *m*
sobrecoger *vt* spaventare ◆ *vrif* sorprendersi
sobredosis *sf* overdose *f*
sobreexcitar *vt* sovreccitare ◆ *vrif* sovreccitarsi
sobrehumano *a* sovrumano
sobrellevar *vt* sopportare
sobremanera *avv* eccessivamente
sobremesa *sf* dopopranzo *m* ◇ (*alla sera*) dopocena *m*
sobrenatural *a* soprannaturale
sobrentender *vt* sottintendere
sobrepasar *vt* oltrepassare, superare
sobreponer *vt* sovrapporre ◆ *vrif* superare, dominare
sobreprecio *sm* sovrapprezzo *m*
sobreproducción *sf* sovrapproduzione *f*
sobrepujar *vt* superare

sobresaliente *a* preminente, sporgente ◆ *sm* (*votazione*) ottimo *m*
sobresalir *vi* sporgere ◇ eccellere
sobresaltar *vt* far trasalire ◆ *vrif* sobbalzare, trasalire
sobresalto *sm* sobbalzo *m*
sobrescrito *sm* indirizzo *m*
sobretodo *sm* soprabito *m*
sobrevenir *vi* sopraggiungere
sobreviviente *a/sm/f* superstite *m/f*
sobrevolar *vt/i* sorvolare
sobriedad *sf* sobrietà *f*
sobrino *sm* nipote *m/f* (di zii)
sobrio *a* sobrio
socaliña *sf* astuzia *f*
socavar *vt* scavare ◇ minare
socavón *sm* cedimento *m*
sociable *a* socievole
social *a* sociale
socialdemocracia *sf* socialdemocrazia *f*
socialismo *sm* socialismo *m*
socialista *a/sm/f* socialista *m/f*
socializar *vt* nazionalizzare
sociedad *sf* società *f*
socio *sm* socio *m*
sociología *sf* sociologia *f*
sociólogo *sm* sociologo *m*
socorrer *vt* soccorrere, aiutare
socorro *sm* soccorso *m*
sodio *sm* sodio *m*
soez *a* volgare
sofá *sm* sofà *m*
sofisticación *sf* ricercatezza *f*
soflamar *vt* abbindolare ◇ svergognare ◆ *vrif* bruciacchiarsi
sofocar *vt* soffocare ◇ reprimere ◆ *vi* arrossire ◆ *vrif* irritarsi
sofoco *sm* soffocamento *m* ◇ disgusto *m*
sofrenar *vt* reprimere
soga *sf* fune *f*
soja *sf* soia *f*
sojuzgar *vt* soggiogare
sol *sm* sole *m*
solana *sf* solarium *m*
solapa *sf* risvolto *m*
solar *a* solare ◆ *sm* suolo *m*, terreno *m* ◆ *vt* pavimentare
solazar *vt* divertire ◆ *vrif* divertirsi
soldada *sf* paga *f*
soldado *sm* soldato *m* ● ***s. raso*** soldato semplice
soldador *sm* saldatore *m*
soldadura *sf* saldatura *f*
soldar *vt* saldare ◆ *vrif* saldarsi
soleado *a* soleggiato
soledad *sf* solitudine *f*
solemne *a* solenne
solemnidad *sf* solennità *f*
solemnizar *vt* celebrare
soler *vi* esser solito
solera *sf* tradizione *f* ◇ (*di vino*) invecchiamento *m*
solevantar *vt* sollevare
solfear *vt* solfeggiare
solicitación *sf* richiesta *f*
solicitar *vt* chiedere ◇ corteggiare

solicitud *sf* sollecitudine *f* ◇ richiesta *f*
solidaridad *sf* solidarietà *f*
solidario *a* solidale
solidarizar *vt/rif* solidarizzare
solidez *sf* solidità *f*
sólido *a/sm* solido *m*
solista *sm/f* solista *m/f*
solitario *a/sm* solitario *m*
soliviantar *vt* sobillare ◇ irritare
soliviar *vt* sollevare ◆ *vrif* sollevarsi, alzarsi
sollozar *vi* singhiozzare
sollozo *sm* singhiozzo *m*
solo *a* solo ◆ *sm* (*gioco*) solitario *m* ◇ assolo *m* ● ***a solas*** da solo
sólo *avv* solamente
solomillo *sm* filetto *m*
soltar *vt* sciogliere ◇ liberare ◇ lasciare ◇ far uscire ◇ dire, lasciarsi sfuggire ◆ *vrif* sciogliersi ◇ liberarsi ◇ acquistare disinvolura ◇ cominciare
soltero *a* celibe, scapolo ◇ nubile
soltura *sf* disinvoltura *f*
soluble *a* solubile
solución *sf* soluzione *f*
solucionár *vt* risolvere
solvencia *sf* solvibilità *f*
solventar *vt* risolvere ◇ pagare
sombra *sf* ombra *f* ◇ (*fig*) ignoranza *f* ● ***a la s.*** al fresco, in carcere
sombrear *vt* ombreggiare
sombrerería *sf* negozio *m* di cappelli ◇ cappellificio *m*
sombrero *sm* cappello *m*
sombrilla *sf* ombrellone *m*
sombrío *a* ombroso ◇ oscuro, cupo ● ***mirada sombría*** sguardo torvo
sombroso *a* ombroso
somero *a* superficiale
someter *vt* sottomettere ◆ *vrif* sottomettersi
somnífero *sm* sonnifero *m*
somnolencia *sf* sonnolenza *f*
son *sm* suono *m* ◇ tenore *m*, maniera *f* ● ***¿a qué s.?, ¿a s. de qué?*** per quale motivo?; ***sin ton ni s.*** senza ragione
sonado *a* rinomato ◇ pazzo
sonaja *sf* sonaglio *m*
sonambulismo *sm* sonnambulismo *m*
sonámbulo *a/sm* sonnambulo *m*
sonante *a* sonante
sonar *vt/i* suonare ◇ essere familiare
sondar *vt* sondare
sondear *vt* sondare
sondeo *sm* sondaggio *m*
soneto *sm* sonetto *m*
sonido *sm* suono *m*
sonoridad *sf* sonorità *f*
sonoro *a* sonoro
sonreír *vi* sorridere
sonriente *a* sorridente
sonrisa *sf* sorriso *m*
sonrojar *vt* far arrossire ◆ *vrif* arrossire

sonrojo *sm* rossore *m*
sonsacar *vt* estorcere
soñador *a/sm* sognatore *m*
soñar *vt/i* sognare • ***ni soñarlo*** neanche per sogno
soñoliento *a* sonnolento
sopa *sf* zuppa *f*
sopera *sf* zuppiera *f*
soplar *vt* soffiare ◇ gonfiare ◇ suggerire ◇ denunciare, accusare ◇ soffiare, portar via ◆ *vi* soffiare ◇ (*fam*) tracannare ◆ *vrif* (*fam*) tracannarsi
soplo *sm* soffio *m* ◇ soffiata *f* • ***s. al corazón*** soffio al cuore
soplón *sm* spia *f*
sopor *sm* sopore *m*
soporífero *a* soporifero
soportal *sm* porticato *m*
soportar *vt* sopportare, tollerare
soporte *sm* supporto *m*
soprano *sm/f* soprano *m/f*
sorber *vt* sorbire ◇ assorbire
sorbete *sm* sorbetto *m*
sorbo *sm* sorso *m*
sordera *sf* sordità *f*
sórdido *a* sordido
sordina *sf* sordina *f*
sordo *a/sm* sordo *m* • ***a la sorda*** senza far rumore
sordomudo *a/sm* sordomuto *m*
sorna *sf* ironia *f*
sorprendente *a* sorprendente
sorprender *vt* sorprendere ◆ *vrif* sorprendersi
sorpresa *sf* sorpresa *f*
sortear *vt* sorteggiare ◇ evitare
sorteo *sm* sorteggio *m*
sortija *sf* anello *m*
sosegado *a* calmo
sosegar *vt* calmare, tranquillizzare ◆ *vi/rif* calmarsi, riposarsi
sosia *sm* sosia *m/f*
sosiego *sm* quiete *f*, tranquillità *f*
soslayar *vt* inclinare, mettere di traverso ◇ schivare
soso *a* insipido ◇ insulso
sospecha *sf* sospetto *m*
sospechar *vt/i* sospettare
sospechoso *a* sospetto ◆ *sm* sospettato *m*
sostén *sm* sostegno *m* ◇ reggiseno *m*
sostener *vt* sostenere ◇ difendere ◆ *vrif* sostenersi ◇ rimanere
sostenido *a* sostenuto ◆ *sm* (*mus*) diesis *m*
sostituible *a* sostituibile
sotana *sf* sottana *f*
sótano *sm* cantina *f*, scantinato *m*
soterrar *vt* sotterrare
soto *sm* boscaglia *f*
soviético *a/sm* sovietico *m*
status *sm* status *m*
su *a.poss* suo
suave *a* soave ◇ soffice, morbido
suavidad *sf* soavità *f* ◇ morbidezza *f*
suavizar *vt* ammorbidire ◇ mitigare

subalterno *a/sm* subalterno *m*
subarrendar *vt* subaffittare
subasta *sf* (vendita all')asta *f*
subastar *vt* vendere all'asta
subconsciencia *sf* subcoscienza *f*
subdesarrollado *a* sottosviluppato
subdesarrollo *sm* sottosviluppo *m*
súbdito *a/sm* suddito *m*
subdividir *vt* suddividere
subdivisión *sf* suddivisione *f*
subestimar *vt* sottostimare
subida *sf* salita *f*, pendio *m*
subido *a* (*di prezzo*) alto ◇ (*di colore, odore*) forte
subir *vi* salire ◇ aumentare, crescere ◇ ammontare ◆ *vt* salire ◇ sollevare, alzare ◆ *vrif* salire
súbito *a* repentino, improvviso ◇ impulsivo ◆ *avv* improvvisamente
subjetivo *a* soggettivo
subjuntivo *a/sm* (*gramm*) congiuntivo *m*
sublevación *sf* sollevazione *f*
sublevar *vt* sollevare, incitare alla rivolta ◇ indignare ◆ *vrif* sollevarsi, insorgere
sublimar *vt* esaltare ◇ sublimare
sublime *a* sublime
submarino *a/sm* sottomarino *m*
suboficial *sm* sottufficiale *m*
subordinado *a/sm* subordinato *m*
subordinar *vt* subordinare
subrayar *vt* sottolineare
subsanar *vt* scusare, discolpare ◇ rimediare, correggere
subscribir *vt* sottoscrivere ◇ abbonare ◆ *vrif* abbonarsi
subscripción *sf* abbonamento *m* ◇ sottoscrizione *f*
subseguir *vi/rif* seguire
subsidiario *a* sussidiario
subsidio *sm* sussidio *m*
subsiguiente *a* seguente
subsistencia *sf* sussistenza *f*
subsistir *vi* sussistere
subterfugio *sm* sotterfugio *m*
subterráneo *a/sm* sotterraneo *m*
subtítulo *sm* (*cin*) sottotitolo *m*
suburbio *sm* suburbio *m* ◇ sobborgo *m*
subvención *sf* sovvenzione *f*
subvencionar *vt* sovvenzionare
subversión *sf* sovversione *f*
subversivo *a* sovversivo
subvertir *vt* sovvertire
subyacente *a* sottostante
subyugar *vt* soggiogare
suceder *vi* succedere ◆ *vimp* capitare, accadere
sucesión *sf* successione *f*
sucesivo *a* successivo
suceso *sm* avvenimento *m*, fatto *m*
sucesor *sm* successore *m*
suciedad *sf* sporcizia *f*
sucinto *a* succinto

sucio *a* sporco, sudicio ◇ sporchevole ◇ disonesto
suculento *a* succulento
sucumbir *vi* soccombere
sucursal *a/sf* succursale *f*
sudadera *sf* (*indumento*) felpa *f*
sudamericano *a/sm* sudamericano *m*
sudar *vt/i* sudare • ***s. a mares*** sciogliersi in sudore; ***s. la gota gorda*** sudare sette camicie
sudeste *sm* sudest *m*
sudoeste *sm* sudovest *m*
sudor *sm* sudore *m*
sudoroso *a* sudato
sueco *a/sm* svedese *m/f* • ***hacerse el s.*** fare l'indiano
suegro *sm* suocero *m*
suela *sf* suola *f*
sueldo *sm* salario *m*, stipendio *m*
suelo *sm* suolo *m* ◇ pavimento *m*
suelto *a* sciolto ◇ disinvolto ◇ sfuso ◇ ampio, comodo ◆ *sm* spicciolo *m*
sueño *sm* sonno *m* ◇ sogno *m* • ***coger el s.*** prendere sonno; ***en sueños*** in sogno; ***ni por sueños*** neanche per sogno
suero *sm* siero *m*
sueroterapia *sf* sieroterapia *f*
suerte *sf* sorte *f* ◇ fortuna *f* ◇ sorta *f*, tipo *m* ◇ destino *m* • ***echar a s.*** tirare a sorte; ***por s.*** per fortuna
suéter *sm* maglione *m*
suficiencia *sf* presunzione *f* ◇ capacità *f*, attitudine *f*
suficiente *a* sufficiente
sufragar *vt* votare ◇ pagare
sufragio *sm* aiuto *m* ◇ voto *m*, suffragio *m*
sufrido *a* poco sporchevole ◇ paziente, resistente
sufrimiento *sm* sofferenza *f* ◇ rassegnazione *f*
sufrir *vt* soffrire ◇ sopportare, tollerare ◆ *vi* soffrire
sugerencia *sf* suggerimento *m*
sugerir *vt* suggerire
sugestión *sf* suggestione *f*
sugestionar *vt* suggestionare ◆ *vrif* suggestionarsi
sugestivo *a* suggestivo
suicidarse *vrif* suicidarsi
suicidio *sm* suicidio *m*
suizo *a/sm* svizzero *m*
sujeción *sf* soggezione *f*
sujetador *sm* reggiseno *m*
sujetar *vt* sottomettere, assoggettare ◇ fissare ◇ sostenere ◆ *vrif* assoggettarsi, sottomettersi
sujeto *a* soggetto ◇ sottomesso ◆ *sm* soggetto *m*
sulfato *sm* solfato *m*
sultán *sm* sultano *m*
suma *sf* somma *f* • ***en s.*** in sostanza
sumar *vt* sommare, addizionare ◇ aggiungere ◆ *vrif* sommarsi, aggiungersi
sumario *a/sm* sommario *m*

sumergible *a/sm* sommergibile *m*
sumergir *vt* immergere ◆ *vrif* immergersi
sumersión *sf* immersione *f*
sumidad *sf* sommità *f*
sumidero *sm* scolatoio *m*
suministración *sf* somministrazione *f*
suministrador *sm* fornitore *m*
suministrar *vt* somministrare, fornire
suministro *sm* fornitura *f*
sumir *vt* sommergere ◆ *vrif* sommergersi, affondare ◇ sprofondarsi
sumisión *sf* sottomissione *f*
sumiso *a* sottomesso
sumo *a/sm* sommo *m* ● **a lo s.** tutt'al più
suntuosidad *sf* sontuosità *f*
suntuoso *a* sontuoso
supeditar *vt* condizionare ◇ subordinare ◆ *vrif* adattarsi
superabundar *vi* sovrabbondare
superar *vt* superare ◇ passare, sorpassare ◆ *vrif* superarsi
superestructura *sf* sovrastruttura *f*
superficial *a* superficiale
superficie *sf* superficie *f*
superfluo *a* superfluo
superintendente *sm/f* soprintendente *m/f*
superior *a/sm* superiore *m*
superioridad *sf* superiorità *f*
supermercado *sm* supermercato *m*
superponer *vt* sovrapporre ◇ anteporre
supersónico *a* supersonico
superstición *sf* superstizione *f*
supersticioso *a* superstizioso
supervisión *sf* supervisione *f*
supervisor *sm* supervisore *m*
supervivencia *sf* sopravvivenza *f*
suplementario *a* supplementare
suplemento *sm* supplemento *m*
suplente *a/sm/f* supplente *m/f*
súplica *sf* supplica *f*
suplicar *vt* supplicare
suplicio *sm* supplizio *m*
suplir *vt* sostituire, rimpiazzare ◇ supplire a
suponer *vt* supporre ◆ *vi* presupporre
suposición *sf* supposizione *f*
supositorio *sm* supposta *f*
supremacía *sf* supremazia *f*
supremo *a* supremo
supresión *sf* soppressione *f*
suprimir *vt* sopprimere
supuesto *a* supposto ◆ *sm* supposizione *f*, ipotesi *f*
sur *sm* sud *m*
surcar *vt* solcare
surco *sm* solco *m*
surgir *vi* scaturire ◇ ergersi ◇ sorgere, manifestarsi
surrealismo *sm* surrealismo *m*
surtido *a* assortito ◆ *sm* assortimento *m*, scelta *f*

surtidor *sm* zampillo *m* ◇ (*distributore*) pompa *f*
surtir *vt* fornire ◆ *vi* scaturire ◆ *vrif* rifornirsi ● *s. efecto* fare effetto
susceptible *a* suscettibile
suscitar *vt* suscitare
susodicho *a* citato, suddetto
suspender *vt* sospendere ◇ (*a un esame*) respingere, bocciare
suspensión *sf* sospensione *f*
suspenso *a* sospeso ◇ sorpreso ◇ (*a un esame*) bocciato ◆ *sm* insufficienza *f* ● *en s.* in sospeso
suspicacia *sf* diffidenza *f*
suspicaz *a* diffidente
suspirar *vi* sospirare ◇ desiderare
suspiro *sm* sospiro *m*
sustancia *sf* sostanza *f*
sustanciar *vt* riassumere
sustancioso *a* sostanzioso
sustantivo *sm* sostantivo
sustentamiento *sm* sostentamento *m*
sustentar *vt* sostenere ◇ difendere ◇ nutrire ◆ *vrif* sostenersi ◇ nutrirsi
sustento *sm* sostentamento *m* ◇ sostegno *m*
sustitución *sf* sostituzione *f*
sustituir *vt* sostituire
sustituto *a/sm* sostituto *m*
susto *sm* spavento *m*, paura *f*
sustracción *sf* sottrazione *f*
sustraer *vt* sottrarre
susurrar *vi* sussurrare ● *se susurra que...* si dice che...
susurro *sm* sussurro *m*
sutil *a* sottile
sutileza *sf* sottigliezza *f*
sutilizar *vi/t* sottilizzare
sutura *sf* sutura *f*
suturar *vt* suturare
suyo *a/pr.poss* suo, proprio, loro ● *de s.* di suo, naturalmente; *ser muy s.* essere indipendente, non influenzabile
swástica *sf* svastica *f*

T

tabaco *sm* tabacco *m* ◇ sigarette *f pl*
tábano *sm* tafano *m*
taberna *sf* taverna *f*, osteria *f*
tabernáculo *sm* tabernacolo *m*
tabernero *sm* oste *m*
tabique *sm* tramezzo *m*
tabla *sf* tavola *f*, asse *f* ◇ (*di libro*) indice *m* ◇ tabella *f*, elenco *m* ◇ (*di vestito*) piega *f* ◇ tavola *f*, quadro *m* ◇ *al pl* scene *f pl*, palcoscenico *m* ● *a raja t.* a ogni costo; *t. de materias* indice; *t. de planchar* asse da

stiro; ***t. de salvación*** ancora di salvezza
tablado *sm* tavolato *m* ◇ palcoscenico *m*
tablero *sm* asse *f*, tavola *f* ◇ tabellone *m* ◇ scacchiera *f*
tableta *sf* compressa *f* ◇ tavoletta *f*
tablilla *sf* tavoletta *f* ◇ bacheca *f*
tablón *sm* asse *m* ◇ tabellone *m*
tabular *a* tabulare ◆ *vt* tabulare
taburete *sm* sgabello *m*
tacaño *a/sm* taccagno *m*
tacha *sf* difetto *m*, imperfezione *f*
tachadura *sf* cancellatura *f*
tachar *vt* cancellare, correggere ◇ tacciare
tachón *sm* cancellatura *f* ◇ borchia *f*
tachonar *vt* ornare di borchie ◇ cospargere
tacita *sf* tazzina *f*
tácito *a* tacito
taciturno *a* taciturno ◇ malinconico
taco *sm* tassello *m* ◇ blocchetto *m* ◇ (*di biliardo*) stecca *f* ◇ (*fam*) confusione *f*, pasticcio *m* ◇ parolaccia *f* ◇ pezzetto *m*, boccone *m* ◇ (*Am*) tacco *m*
tacón *sm* tacco *m*
táctica *sf* tattica *f*
tacto *sm* tatto *m*
tafilete *sm* cuoio *m* fine
tahona *sf* panetteria *f*
tahúr *sm* giocatore *m* d'azzardo ◇ baro *m*
taimado *a* scaltro, astuto
taja *sf* taglio *m*, fetta *f*
tajada *sf* fetta *f* ◇ (*fam*) sbornia *f* ● ***sacar t.*** trarre vantaggio
tajadero *sm* tagliere *m*
tajadura *sf* taglio *m*
tajante *a* netto, perentorio
tajar *vt* tagliare
tajo *sm* taglio *m* ◇ scarpata *f*, burrone *m* ◇ lavoro *m* ◇ ceppo *m*
tal *a/pr* tale ● ***con t. de que*** purché, pur di; ***¿qué t.?*** come va?; ***t. como, t. cual*** tale e quale, come; ***t. vez*** forse
tala *sf* disboscamento *m*
taladrar *vt* forare ◇ trapanare, traforare
taladro *sm* trapano *m* ◇ foro *m*
talante *sm* umore *m*, stato *m* d'animo ◇ modo *m*
talar *vt* disboscare ◇ distruggere, devastare
talco *sm* talco *m*
talega *sf* sacca *f*, sacco *m*
talento *sm* talento *m*
talla *sf* taglia *f* ◇ intaglio *m*, scultura *f* ◇ (*fig*) importanza *f*
tallado *sm* intaglio *m*
tallar *vt* intagliare ◇ misurare
talle *sm* vita *f*, cintura *f* ◇ corporatura *f*
taller *sm* laboratorio *m*, officina *f*
tallo *sm* fusto *m*, stelo *m*, tronco *m*

talón *sm* tallone *m* ◇ assegno *m* • ***apretar los talones*** mettersi a correre; ***pisar los talones*** pedinare; ***t. de Aquiles*** tallone d'Achille
talonario *sm* bollettario *m* ◇ libretto *m* degli assegni
talud *sm* scarpata *f*
tamaño *a* simile, tale ◆ *sm* dimensione *f*, grandezza *f*
tambalearse *vrif* vacillare, traballare
también *avv* anche, pure
tambor *sm* tamburo *m* ◇ timpano *m*
tamiz *sm* setaccio *m*
tamizar *vt* setacciare
tampoco *avv* neppure, neanche
tampón *sm* tampone *m* ◇ assorbente *m* interno
tan → **tanto**
tanda *sf* turno *m* ◇ squadra *f*, gruppo *m* ◇ quantità *f*, serie *f*
tándem *sm* tandem *m*
tangente *a/sf* tangente *f*
tangible *a* tangibile
tango *sm* tango *m*
tanque *sm* carro *m* armato ◇ serbatoio *m*
tantear *vt* calcolare approssimativamente ◇ provare, sondare ◇ osservare ◇ (*gioco*) segnare i punti
tanteo *sm* sondaggio *m* ◇ punteggio *m* • ***calcular al t.*** calcolare a occhio e croce
tanto *a/pr* tanto ◆ *sm* tanto *m* ◇ (*gioco*) punto *m*, punteggio *m* • ***al t.*** al corrente; ***en/entre t. que*** mentre, frattanto; ***hasta t. que*** fino a che; ***por t.*** pertanto
tañer *vt* suonare (strumenti a percussione)
tañido *sm* rintocco *m*
tapa *sf* coperchio *m* ◇ copertina *f* ◇ ***al pl*** stuzzichini *m pl*
tapar *vt* tappare ◇ nascondere, occultare ◇ coprire
taparrabo *sm* perizoma *m*
tapete *sm* tappeto *m*
tapia *sf* muro *m*
tapiar *vt* murare
tapicería *sf* tappezzeria *f*
tapicero *sm* tappezziere *m*
tapiz *sm* arazzo *m*
tapizar *vt* tappezzare
tapón *sm* tappo *m* ◇ tampone *m*
taponar *vt* tappare ◇ ostruire
taquicardia *sf* tachicardia *f*
taquigrafía *sf* stenografia *f*
taquilla *sf* biglietteria *f* ◇ incasso *m*
taquillero *sm* bigliettaio *m* ◆ *a* di cassetta, commerciale
taquímetro *sm* tachimetro *m*
tara *sf* tara *f* ◇ difetto *m*
tarántula *sf* tarantola *f*
tararear *vi* canticchiare
tardanza *sf* ritardo *m*
tardar *vi* impiegare ◇ tardare, far tardi • ***a más t.*** al più tardi; ***t. mucho en llegar*** tardare molto ad arrivare
tarde *sf* pomeriggio *m*, sera *f* ◆ *avv* tardi • ***al caer la t.*** verso sera; ***¡buenas tardes!*** buona-

sera! *de t. en t.* di tanto in tanto; *más t. o más temprano* prima o poi; *por la t.* nel pomeriggio
tardío *a* tardivo
tardo *a* lento ◇ tardo
tarea *sf* lavoro *m*, compito *m*
tarifa *sf* tariffa *f*
tarima *sf* pedana *f*, podio *m*
tarjeta *sf* biglietto *m* ◇ (*inform*) scheda *f* • *t. de crédito* carta di credito; *t. postal* cartolina; *t. recargable* scheda ricaricabile; *t. SIM* carta SIM; *t. telefónica* scheda telefonica
tarro *sm* barattolo *m*
tarta *sf* torta *f*
tartamudear *vi* tartagliare, balbettare
tartamudo *a/sm* balbuziente *m/f*
tartana *sf* calesse *m* ◇ tartana *f*
tartárico *a* tartarico
tártaro *a/sm* tartaro *m*
tasa *sf* tassa *f* ◇ tasso *m* ◇ (*fig*) limite *m*
tasación *sf* valutazione *f*
tasador *sm* stimatore *m*
tasajo *sm* pezzo *m* di carne secca
tasar *vt* fissare il prezzo ◇ stimare, valutare
tasca *sf* taverna *f*
tatarabuelo *sm* trisavolo *m*
tatuaje *sm* tatuaggio *m*
tatuar *vt* tatuare
taurino *a* taurino
tauromaquia *sf* tauromachia *f*
taxi *sm* taxi *m*
taxímetro *sm* tassametro *m*
taxista *sm/f* tassista *m/f*
taza *sf* tazza *f*
tazón *sm* scodella *f*
te *pr* te, ti ◆ *sf* (lettera) ti *m* o f.
té *sm* tè *m*
tea *sf* fiaccola *f*
teatral *a* teatrale
teatro *sm* teatro *m*
tebeo *sm* fumetto *m*
techado *sm* tetto *m*
techo *sm* soffitto *m* ◇ tetto *m*
techumbre *sf* tetto *m*, copertura *f*
tecla *sf* tasto *m*
teclado *sm* tastiera *f*
teclear *vi* digitare, battere i tasti
tecleo *sm* ticchettio *m* (dei tasti)
técnica *sf* tecnica *f*
técnico *a/sm* tecnico *m*
tecnología *sf* tecnologia *f*
tecnológico *a* tecnologico
tedio *sm* tedio *m*, noia *f*
tedioso *a* noioso
teja *sf* tegola *f* • *a toca t.* in contanti
tejado *sm* tetto *m*
tejeduría *sf* tessitura *f*
tejemaneje *sm* intrallazzo *m*, macchinazione *f*
tejer *vt* tessere ◇ lavorare a maglia ◇ tramare • *t. y destejer* fare e disfare
tejido *sm* tessuto *m* • *t. conjuntivo* tessuto connettivo
tejón *sm* (*zool*) tasso *m*

tela *sf* tela *f*, stoffa *f* ◆ *avv* (*fam*) molto, un sacco
telar *sm* telaio *m*
telaraña *sf* ragnatela *f*
telecámara *sf* telecamera *f*
telecomunicación *sf* telecomunicazione *f*
telecontrol *sm* telecomando *m*
telediario *sm* telegiornale *m*
teledirigir *vt* telecomandare
telefonear *vi* telefonare
telefonía *sf* telefonia *f* ● ***t. celular*** telefonia cellulare; ***t. fija*** telefonia fissa; ***t. móvil*** telefonia mobile
telefónico *a* telefonico
telefonista *sm/f* telefonista *m/f*
teléfono *sm* telefono *m* ● ***t. celular*** telefono cellulare, cellulare, telefonino; ***t. fijo*** telefono fisso; ***t. inalámbrico*** cordless; ***t. móvil, portátil*** telefono cellulare, cellulare, telefonino; ***t. público*** telefono pubblico; ***t. con tarjeta*** telefono a scheda
telegrafiar *vt/i* telegrafare
telégrafo *sm* telegrafo *m*
telemando *sm* telecomando *m*
telemática *sf* telematica *f*
telemático *a* telematico
telenovela *sf* telenovela *f*
teleobjetivo *sm* teleobiettivo *m*
telepatía *sf* telepatia *f*
telepático *a* telepatico
telepeaje *sm* telepedaggio *m*
telescopio *sm* telescopio *m*
telesilla *sf* seggiovia *f*
telespectador *sm* telespettatore *m*
telesquí *sm* sciovia *f*, ski-lift *m*
televidente *sm/f* telespettatore *m*
televisar *vt* teletrasmettere
televisión *sf* televisione *f* ● ***t. de pago*** pay tv; ***t. por cable*** televisione via cavo
televisivo *a* televisivo
televisor *sm* televisore *m*
telón *sm* sipario *m* ● ***t. de acero*** cortina di ferro; ***t. de fondo*** sfondo
tema *sm* tema *m*
temático *a* tematico
tembladera *sf* tremore *m*
temblar *vi* tremare
tembleque *sm* tremore *m*
temblón *a* tremante
temblor *sm* tremore *m* ◇ scossa *f*, vibrazione *f* ● ***t. de tierra*** terremoto
tembloroso *a* tremante
temer *vt/rif* temere
temerario *a* temerario
temeridad *sf* temerarietà *f*
temeroso *a* timoroso ◇ spaventoso
temible *a* temibile
temor *sm* timore *m*, paura *f*
témpano *sm* timpano *m* ◇ pelle *f* del tamburo ◇ lastra *f*, lastrone *m*
temperamento *sm* temperamento *m*
temperar *vt* temperare

temperatura *sf* temperatura *f* ● *tener t.* avere la febbre
temperie *sf* tempo *m*, temperatura *f*
tempestad *sf* tempesta *f*
tempestivo *a* tempestivo
tempestuoso *a* tempestoso
templado *a* tiepido ◇ (*clima*) temperato ◇ moderato ● *aire t.* aria tiepida
templanza *sf* temperanza *f*, sobrietà *f*
templar *vt* temperare, moderare ◇ temprare ◇ intiepidire ◇ (*mus*) accordare ◆ *vrif* moderarsi
temple *sm* tempra *f* ◇ accordatura *f* ◇ carattere *m* ◇ umore *m*, stato *m* d'animo ◇ tempera *f*
templo *sm* tempio *m*
temporada *sf* stagione *f*, periodo *m* ● *alta/baja t.* alta/bassa stagione; *de t.* stagionale, temporaneo; *fin de t.* fine stagione
temporal *a* temporaneo ◇ temporale ◆ *sm* temporale *m*
tempranero *a* mattiniero
temprano *a* precoce ◆ *avv* presto ◇ in anticipo, troppo presto
tenacidad *sf* tenacia *f*
tenacillas *sfpl* pinzette *fpl*
tenaz *a* tenace ◇ resistente
tenazas *sfpl* tenaglie *fpl*
tenca *sf* tinca *f*
tendal *sm* telone *m*
tendedero *sm* stenditoio *m*
tendencia *sf* tendenza *f*
tendencioso *a* tendenzioso
tender *vt* stendere ◆ *vi* tendere, avere la tendenza a ◆ *vrif* sdraiarsi
ténder *sm* tender *m*
tenderete *sm* bancarella *f*
tendero *sm* negoziante *m/f*
tendido *sm* (*di cavi e sim*) installazione *f* ◇ bucato *m* (steso) ◇ gradinata *f*
tendón *sm* tendine *m*
tenebroso *a* tenebroso
tenedor *sm* forchetta *f* ◇ portatore *m*, possessore *m* ● *t. de libros* contabile
teneduría *sf* contabilità *f*
tenencia *sf* possesso *m*
tener *vt* avere ◇ tenere ◇ sentire, provare ◇ trattenere, dominare ◇ ritenere, giudicare ◆ *vrif* reggersi ◇ considerarsi ● *t. celos* essere geloso; *t. cuidado* fare attenzione; *t. por seguro* essere sicuro; *t. que* dovere
teniente *sm* tenente *m*
tenis *sm* tennis *m*
tenista *sm/f* tennista *m/f*
tenor *sm* tenore *m*
tensar *vt* tendere
tensión *sf* tensione *f*
tenso *a* teso
tentación *sf* tentazione *f*
tentáculo *sm* tentacolo *m*
tentar *vt* toccare, tastare ◇ tentare
tentativa *sf* tentativo *m*
tentempié *sm* spuntino *m*
tenue *a* tenue

tenuidad *sf* leggerezza *f* ◇ piccolezza *f*
teñir *vt* tingere ◆ *vrif* tingersi
teología *sf* teologia *f*
teólogo *sm* teologo *m*
teorema *sm* teorema *m*
teoría *sf* teoria *f*
teórico *a/sm* teorico *m*
teorizar *vt* teorizzare
terapéutica *sf* terapia *f*
terapéutico *a* terapeutico
terapia *sf* terapia *f*
tercería *sf* mediazione *f*
tercero *a* terzo
terceto *sm* terzetto *m* ◇ (*in poesia*) terzina *f*
terciar *vt* dividere in tre ◇ mettere di traverso ◆ *vi* intervenire ◇ fare da mediatore ◆ *vrif* sistemarsi
terciario *a/sm* terziario *m*
tercio *a/sm* terzo *m*
terciopelo *sm* velluto *m*
terco *a* testardo, ostinato
tergiversar *vt* fraintendere
termal *a* termale
termas *sf pl* terme *f pl*
térmico *a* termico
terminación *sf* termine *m* ◇ desinenza *f*
terminal *a/sm* terminale *m* ◆ *sf* capolinea *m* ● ***estación t.*** capolinea
terminante *a* categorico, definitivo
terminar *vt* terminare, finire ◆ *vi* terminare, finire ◇ (*fig*) rompere
término *sm* termine *m* ◇ limite *m*, confine *m* ◇ termine *m*, parola *f* ● ***en buenos/malos términos*** in buoni/cattivi termini; ***por t. medio*** in media
terminología *sf* terminologia *f*
termita *sf* termite *f*
termo *sm* thermos *m*
termóforo *sm* termoforo *m*
termómetro *sm* termometro *m*
termostato *sm* termostato *m*
ternero *sm* vitello *m*
terneza *sf* tenerezza *f*
terno *sm* (*abito*) completo *m* ◇ imprecazione *f*
ternura *sf* tenerezza *f*
terquedad *sf* ostinazione *f*
terrado *sm* terrazza *f*
terraplén *sm* terrapieno *m*
terrateniente *sm/f* proprietario *m* terriero
terraza *sf* terrazza *f*
terremoto *sm* terremoto *m*
terrenal *a* terreno
terreno *a* terreno, terrestre ◆ *sm* terreno *m* ◇ (*fig*) campo *m* ● ***tantear el t.*** tastare il terreno
terrero *a* terrestre ◇ umile
terrestre *a/sm/f* terrestre *m/f*
terrible *a* terribile
territorial *a* territoriale
territorio *sm* territorio *m*
terrón *sm* zolla *f* ◇ *al pl* terre *f pl*
terror *sm* terrore *m*
terrorífico *a* terrificante
terrorismo *sm* terrorismo *m*
terrorista *a* terroristico, terrorista ◆ *sm/f* terrorista *m/f*

terruño *sm* pezzo *m* di terra ◇ paese *m* natio
terso *a* liscio ◇ terso, limpido
tersura *sf* levigatezza *f* ◇ limpidezza *f*
tertulia *sf* circolo *m*, riunione *f*
tesar *vt* tesare
tesis *sf* tesi *f*
tesón *sm* perseveranza *f*, impegno *m*
tesorería *sf* tesoreria *f*
tesorero *sm* tesoriere *m*
tesoro *sm* tesoro *m*
testa *sf* testa *f*
testaferro *sm* prestanome *m/f*, uomo *m* di paglia
testamentario *a* testamentario ◆ *sm* esecutore *m* testamentario
testamento *sm* testamento *m*
testar *vi* (*dir*) fare testamento ◆ *vt* testare
testarudo *a/sm* testardo *m*
testera *sf* fronte *f*, facciata *f*
testero *sm* fronte *f*, facciata *f* ◇ muro *m*
testículo *sm* testicolo *m*
testificar *vt* testimoniare ◇ dimostrare
testigo *sm* testimone *m/f* ◇ prova *f* • ***servir de t.*** fare da testimone; ***t. de cargo/descargo*** testimone a carico/discarico; ***t. ocular*** testimone oculare
testimoniar *vt* testimoniare ◇ provare
testimonio *sm* testimonianza *f* ◇ documento *m* ufficiale ◇ prova *f*
teta *sf* mammella *f*
tétano(s) *sm* tetano *m*
tetera *sf* teiera *f*
tetilla *sf* capezzolo *m* ◇ tettarella *f*
tétrico *a* tetro
textil *a* tessile
texto *sm* testo *m*
textual *a* testuale
textura *sf* tessitura *f* ◇ armatura *f*, struttura *f*
tez *sf* (*del viso*) carnagione *f*, colorito *m*
ti *pr.pers* te
tía *sf* zia *f* ◇ tizia *f*
tibia *sf* tibia *f*
tibieza *sf* tepore *m*
tibio *a* tiepido
tiburón *sm* squalo *m*
tic *sm* tic *m*
tiempo *sm* tempo *m* ◇ epoca *f* ◇ stagione *f* • ***al poco t.*** poco dopo; ***de t. en t.*** di tanto in tanto; ***lapso de t.*** lasso di tempo; ***mal/buen t.*** maltempo/bel tempo
tienda *sf* negozio *m* ◇ tenda *f* • ***t. de campaña*** tenda da campo
tienta *sf* prova *f* dei torelli • ***a tientas*** a tentoni
tiento *sm* tatto *m*, cautela *f* ◇ mano *f* ferma ◇ bastone *m* da cieco • ***con t.*** con attenzione
tierno *a* tenero
tierra *sf* terra *f* • ***t. firme*** terraferma

tieso *a* teso ◇ rigido ◇ intirizzito ◇ orgoglioso
tiesto *sm* vaso *m* ◇ coccio *m*
tiesura *sf* rigidezza *f*, durezza *f*
tifo *sm* (*med*) tifo *m*
tifón *sm* tifone *m*
tifus *sm* (*med*) tifo *m*
tigre *sm* tigre *f*
tijera *sf* forbice *f*, forbici *f pl* ● *silla de t.* sedia pieghevole
tijeretear *vt* tagliuzzare
tildar *vt* accentare ◇ tacciare
tilde *sf* accento *m*, tilde *f* ◇ difetto *m*, macchia *f*
tilo *sm* tiglio *m*
timar *vt* truffare
timbal *sm* (*mus*) timpano *m* ◇ timballo *m*
timbrar *vt* timbrare
timbrazo *sm* scampanellata *f*
timbre *sm* timbro *m* ◇ campanello *m* ◇ bollo *m*
timidez *sf* timidezza *f*
tímido *a/sm* timido *m*
timo *sm* truffa *f* ◇ (*anat*) timo *m*
timón *sm* timone *m*
timonel *sm* timoniere *m*
tímpano *sm* timpano *m*
tina *sf* giara *f* ◇ tinozza *f* ◇ vasca *f*
tinaja *sf* giara *f*
tinglado *sm* tettoia *f* ◇ confusione *f* ◇ imbroglio *m*
tinieblas *sf pl* tenebre *f pl*
tino *sm* mira *f* ◇ tatto *m*, prudenza *f*
tinta *sf* inchiostro *m* ◇ nero *m* di seppia ● *t. china* inchiostro di china
tinte *sm* tintura *f*, colore *m* ◇ tintoria *f* ◇ apparenza *f*
tintero *sm* calamaio *m*
tintinear *vi* tintinnare
tinto *a* tinto ◇ (*di vino*) rosso
tintorería *sf* tintoria *f*
tío *sm* zio *m* ◇ tizio *m*
típico *a* tipico
tiple *sm/f* soprano *m/f*
tipo *sm* tipo *m*
tipografía *sf* tipografia *f*
tipógrafo *sm* tipografo *m*
tipología *sf* tipologia *f*
tiquismiquis *sm pl* scrupoli *m pl* ◇ complimenti *m pl* esagerati
tira *sf* striscia *f*
tirabuzón *sm* cavatappi *m*
tirada *sf* tiratura *f* ◇ tirata *f*
tirado *a* economico, a buon mercato ◇ senza mezzi ◇ facile
tirador *sm* tiratore *m* ◇ maniglia *f*
tiranía *sf* tirannia *f*
tirano *a* tirannico ◆ *sm* tiranno *m*
tirante *a* teso ◆ *sm* tirante *m* ◇ *al pl* bretelle *f pl*
tirantez *sf* tensione *f*
tirar *vt* tirare, lanciare ◇ sprecare, disperdere ◇ abbattere ◇ tracciare ◇ sparare ◇ tirare, stampare ◇ buttare via ◆ *vi* attrarre ◇ tirare ◇ trascinare ◇ tendere ◇ assomigliare ◇ girare, svoltare ◇ (*legna*) prende-

re, bruciare ◆ *vrif* avventarsi ◇ gettarsi, buttarsi ● ***a todo t.*** al massimo; ***ir tirando*** tirare avanti; ***t. a la izquierda*** voltare a sinistra
tirita *sf* cerotto *m*
tiritar *vi* tremare
tiro *sm* tiro *m* ◇ colpo *m*, sparo *m* ◇ (*dei pantaloni*) cavallo *m* ◇ tiraggio *m* ● ***a t. hecho*** a colpo sicuro; ***ni a tiros*** in nessun modo; ***t. al blanco*** tiro a segno
tiroides *sm* tiroide *f*
tirón *sm* strattone *m* ● ***de un t.*** tutto di seguito
tirotear *vt* sparare
tiroteo *sm* sparatoria *f*
tisana *sf* tisana *f*
tísico *a/sm* tisico *m*
títere *sm* burattino *m*, marionetta *f*
titilar *vi* tremare ◇ scintillare
titiritero *sm* burattinaio *m*
titubear *vi* titubare
titubeo *sm* titubanza *f*
titulado *a/sm* laureato *m*
titular *a/sm/f* titolare *m/f* ◆ *vt* intitolare ◇ denominare ◆ *vrif* ottenere un titolo
título *sm* titolo *m*
tiza *sf* gesso *m*
tiznar *vt* macchiare, sporcare
tizne *sm* fuliggine *f*
tizón *sm* tizzone *m* ◇ macchia *f*
toalla *sf* asciugamano *m* ◇ spugna *f*
toallero *sm* portasciugamano *m*
tobillo *sm* caviglia *f*
tobogán *sm* toboga *m*, slitta *f* ◇ scivolo *m*
tocadiscos *sm* giradischi *m*
tocado *a* guasto, marcio ◇ tocco, matto ◆ *sm* acconciatura *f* ◇ copricapo *m*
tocante *a* toccante
tocar *vt* toccare ◇ suonare ◇ emozionare ◇ ritoccare ◆ *vi* toccare ◇ riguardare ◆ *vrif* toccarsi ◇ mettersi il cappello ● ***por lo que toca a*** per quanto riguarda; ***se ruega no t.*** si prega di non toccare
tocayo *sm* omonimo *m*
tocinería *sf* salumeria *f*
tocinero *sm* salumiere *m*
tocino *sm* lardo *m*
tocólogo *sm* ostetrico *m*
todavía *avv* ancora ◇ tuttavia, ciononostante ● ***más t.*** ancor più
todo *a/pr* tutto, ogni ◆ *avv* tutto, interamente ◆ *sm* tutto *m*, insieme *m* ● ***a toda prisa*** con la massima premura; ***con t.*** malgrado ciò; ***con t. eso*** nonostante; ***del t.*** completamente; ***t. un hombre*** un vero uomo; ***todos los días*** ogni giorno
todopoderoso *a* onnipotente
toga *sf* toga *f*
toldo *sm* tendone *m*
tole *sm* confusione *f*
tolerancia *sf* tolleranza *f*
tolerar *vt* tollerare
toma *sf* presa *f* ◇ dose *f* ● ***t. de corriente*** presa di corrente

tomar *vt* prendere ◇ accettare ◇ riprendere, fotografare ◆ *vi* prendere ◆ *vrif* prendersi ● *¡toma!* toh!; *t. a mal* offendersi; *t. el pelo* prendere in giro; *t. en serio* prendere sul serio; *tomarla con alguien* prendersela con qn; *t. tierra* atterrare
tomate *sm* pomodoro *m*
tomatera *sf* (pianta del) pomodoro *m*
tómbola *sf* pesca *f* di beneficenza
tomillo *sm* timo *m*
tomo *sm* tomo *m*, volume *m*
tomografía *sf* tomografia *f*
ton → **tono** ● *sin t. ni son* senza capo né coda
tonada *sf* melodia *f*
tonalidad *sf* tonalità *f*
tonel *sm* botte *f*
tonelada *sf* tonnellata *f*
tóner *sm* toner *m*
tónica *sf* acqua *f* tonica ◇ tendenza *f* ◇ (*mus*) tonica *f*
tónico *a/sm* tonico *m*
tonificar *vt* tonificare ◆ *vrif* tonificarsi
tonillo *sm* cantilena *f* ◇ cadenza *f*
tono *sm* tono *m* ● *darse t.* darsi importanza; *de buen/mal t.* di buon/cattivo gusto; *fuera de t.* fuori luogo
tonsilitis *sf* tonsillite *f*
tontería *sf* sciocchezza *f*
tonto *a/sm* sciocco *m*
topacio *sm* topazio *m*
topar *vt/i* urtare ◇ incappare, incontrare per caso
tope *sm* limite *m* massimo, top *m* ◇ fermo *m*, blocco *m* ◇ ostacolo *m* ◇ respingente *m*, paraurti *m*
tópico *a* topico ◆ *sm* luogo *m* comune
topo *sm* talpa *f*
topografía *sf* topografia *f*
topónimo *sm* toponimo *m*
toque *sm* tocco *m* ◇ suono *m* ◇ avvertimento *m* ◇ tocco *m*, impronta *f* caratteristica ● *dar un t. a alguien* mettere qn alla prova, avvisare qn
toquetear *vt* toccare
toquilla *sf* scialle *m* ◇ foulard *m*
tórax *sm* torace *m*
torbellino *sm* mulinello *m*, vortice *m*
torcedura *sf* torsione *f* ◇ slogatura *f*
torcer *vt* torcere, ritorcere ◇ deviare ◇ slogare ◇ corrompere, sviare ◇ distorcere ◆ *vi* voltare ◇ deviare ◆ *vrif* piegarsi ◇ slogarsi ◇ fallire ◇ andare a male
torcido *a* storto, contorto ◇ disonesto
tordo *sm* tordo *m*
torear *vi* toreare ◆ *vt* evitare ◇ ingannare
toreo *sm* tauromachia *f*
torero *sm* torero *m*
tormenta *sf* tormenta *f*, tempesta *f*

tormento *sm* tormento *m*
tornar *vt* mutare, cambiare ◆ *vi* tornare
torneo *sm* torneo *m*
tornero *sm* tornitore *m*
tornillo *sm* (*mecc*) vite *f* ● ***tener los tornillos flojos*** essere un po' matto
torno *sm* tornio *m* ● ***en t.*** attorno; ***en t. a*** circa, su, a proposito di
toro *sm* toro *m* ● ***ir a los toros*** andare alla corrida
toronja *sf* pompelmo *m*
torpe *a* maldestro ◇ goffo ◇ lento, ottuso
torpedo *sm* siluro *m*
torpeza *sf* inettitudine *f* ◇ lentezza *f*
torpor *sm* lentezza *f*
torre *sf* torre *f* ◇ traliccio *m* ● ***t. de marfil*** torre d'avorio
torrencial *a* torrenziale
torrente *sm* torrente *m*
torreón *sm* torrione *m*
tórrido *a* torrido
torsión *sf* torsione *f*
torso *sm* torso *m*
torta *sf* torta *f* ◇ sberla *f*
tortícolis *sm* torcicollo *m*
tortilla *sf* frittata *f*
tórtola *sf* tortora *f*
tortuga *sf* tartaruga *f*
tortuoso *a* tortuoso
tortura *sf* tortura *f*
torturar *vt* torturare ◆ *vrif* torturarsi
torvo *a* torvo
tos *sf* tosse *f* ● ***t. ferina*** pertosse
tosco *a* rustico, rozzo
toser *vi* tossire
tostado *a* tostato ◇ abbronzato
tostador *sm* tostapane *m*
tostar *vt* tostare ◇ abbrustolire ◇ abbronzare ◆ *vrif* abbronzarsi
total *a/sm* totale *m* ◆ *avv* in conclusione, tutto sommato
totalidad *sf* totalità *f*
totalitario *a* totalitario
tour *sm* tour *sm*, giro *m* turistico ● ***t. operador*** tour operator
tóxico *a/sm* tossico *m*
toxicomanía *sf* tossicodipendenza *f*
toxicómano *sm* tossicodipendente *m/f*
toxina *sf* tossina *f*
tozudo *a/sm* ostinato *m*
traba *sf* ostacolo *m* ◇ pastoia *f*
trabajar *vt/i* lavorare
trabajo *sm* lavoro *m* ◇ sforzo *m*, difficoltà *f* ● ***costar t.*** richiedere sforzo
trabajoso *a* duro, difficile
trabar *vt* unire, collegare ◇ bloccare ◇ ispessire, rendere più denso ◆ *vrif* bloccarsi, impappinarsi
trabazón *sf* legame *m*, vincolo *m* ◇ coerenza *f*
trabucar *vt* confondere
tracción *sf* trazione *f* ● ***t. delantera*** trazione anteriore; ***t. integral*** trazione integrale; ***t. trasera*** trazione posteriore

tractor *sm* trattore *m*
tradición *sf* tradizione *f*
traducción *sf* traduzione *f*
traducible *a* traducibile
traducir *vt* tradurre ◇ convertire ◆ *vrif* tradursi
traductor *sm* traduttore *m*
traer *vt* portare ◇ causare ◇ indossare ◇ contenere ● ***traérselas*** essere molto difficile; essere molto cattivo
traficar *vi* trafficare
tráfico *sm* traffico *m* ● ***t. telefónico*** traffico telefonico
tragaluz *sm* abbaino *m*
tragar *vt* ingerire, trangugiare ◇ ingoiare ◇ sopportare ◇ (*fig*) credere a, bere ◇ assorbire
tragedia *sf* tragedia *f*
trágico *a/sm* tragico *m*
tragicómico *a* tragicomico
trago *sm* sorso *m* ◇ pena *f*, sofferenza *f* ● ***pasar un mal t.*** attraversare un brutto periodo
traición *sf* tradimento *m*
traicionar *vt* tradire
traidor *a/sm* traditore *m*
traje *sm* vestito *m* ◇ completo *m* da uomo ◇ costume *m*
trajín *sm* trasporto *m*
trajinar *vt* trasportare ◆ *vi* trafficare
trama *sf* trama *f*
tramar *vt* tramare
tramitar *vt* sbrigare, espletare
tramo *sm* tratto *m* ◇ rampa *f*
tramontana *sf* tramontana *f*
tramoya *sf* (*teat*) macchina *f* ◇ intrigo *m*
trampa *sf* trappola *f* ◇ botola *f* ◇ inganno *m*, tranello *m* ◇ debito *m*
trampear *vi* barare
trampolín *sm* trampolino *m*
tramposo *a/sm* imbroglione *m*
tranca *sf* spranga *f* ◇ sbornia *f*
trancar *vt* sprangare
trance *sm* momento *m* critico ◇ trance *f* ● ***estar en t. de*** essere sul punto di
tranco *sm* falcata *f* ◇ (*arch*) soglia *f*
tranquilidad *sf* tranquillità *f*
tranquilizar *vt* calmare ◆ *vrif* calmarsi
tranquilo *a* tranquillo, calmo
transacción *sf* transazione *f*
transatlántico *a/sm* transatlantico *m*
transbordador *a* trasportatore ◆ *sm* traghetto *m*
transbordar *vt* traghettare
transcendental *a* trascendentale
transcender *vt* superare ◇ comprendere ◆ *vi* trapelare ◇ estendersi ◇ trascendere
transcribir *vt* trascrivere
transcripción *sf* trascrizione *f*
transcurrir *vi* passare, trascorrere
transcurso *sm* corso *m*
transeúnte *a/sm* passante *m/f*
transferencia *sf* trasferimento *m* ◇ (*banca*) bonifico *m* banca-

rio • ***t. de llamada*** trasferimento di chiamata
transferible *a* trasferibile
transferir *vt* trasferire
transfigurar *vt* trasformare ◆ *vrif* trasformarsi
transformación *sf* trasformazione *f*
transformar *vt* trasformare ◆ *vrif* trasformarsi
transfusión *sf* trasfusione *f*
transgénico *a* transgenico • ***alimentos transgénicos*** cibi transgenici
transgredir *vt* trasgredire
transgresíon *sf* trasgressione *f*
transición *sf* transizione *f*
transido *a* affranto
transigir *vi* accettare, tollerare ◇ transigere
transitable *a* transitabile
transitar *vi* transitare
tránsito *sm* transito *m*
transmisión *sf* trasmissione *f* • ***t. de datos*** trasmissione di dati
transmitir *vt* trasmettere
transparencia *sf* trasparenza *f*
transparentar *vi* trasparire ◆ *vt* far trasparire
transparente *a* trasparente
transpiración *sf* traspirazione *f*
transpirar *vi* traspirare
transponer *vt* spostare ◇ trapiantare ◆ *vrif* spostarsi ◇ sparire ◇ assopirsi
transportar *vt* trasportare
transporte *sm* trasporto *m*
transversal *a* trasversale
tranvía *sm* tram *m*
tranviario *a* tranviario ◆ *sm* tranviere *m*
trapecio *sm* trapezio *m*
trapecista *sm/f* trapezista *m/f*
trapero *sm* rigattiere *m*
trapiche *sm* frantoio *m*
trapicheo *sm* intrigo *m*
trapisonda *sf* rissa *f* ◇ imbroglio *m*
trapo *sm* straccio *m* • ***a todo t.*** a tutta velocità; ***t. de cocina*** strofinaccio
tráquea *sf* trachea *f*
traquetear *vi* sferragliare
tras *prep* dietro ◇ dopo
trasatlántico *a/sm* transatlantico *m*
trasbordador *a* trasportatore ◆ *sm* traghetto *m*
trasbordar *vt* traghettare
trasbordo *sm* trasbordo *m*
trascendental *a* trascendentale
trascender *vt* superare ◇ comprendere ◆ *vi* trapelare ◇ estendersi ◇ trascendere
trascribir *vt* trascrivere
trascripción *sf* trascrizione *f*
trascurrir *vi* passare, trascorrere
trascurso *sm* corso *m*
trasegar *vt* travasare ◇ (*alcolici*) bere
trasero *a* posteriore ◆ *sm* sedere *m*
trasferencia *sf* trasferimento *m* ◇ (*banca*) bonifico *m* banca-

rio • *t. de llamada* trasferimento di chiamata
trasferir *vt* trasferire
trasfigurar *vt* trasformare ◆ *vrif* trasformarsi
trasformación *sf* trasformazione *f*
trasformar *vt* trasformare ◆ *vrif* trasformarsi
trasfusión *sf* trasfusione *f*
trasgredir *vt* trasgredire
trasgresíon *sf* trasgressione *f*
trashumante *a* transumante
trasladar *vt* trasferire ◇ traslocare ◇ tradurre ◆ *vrif* trasferirsi
traslado *sm* trasferimento *m* ◇ trasloco *m*
traslucir *vt* rivelare ◆ *vrif* trapelare
trasluz *sm* controluce *m* • *al t.* in controluce
trasmisión *sf* trasmissione *f* • *t. de datos* trasmissione di dati
trasmitir *vt* trasmettere
trasnochar *vi* vegliare, passare la notte in bianco ◇ rientrare alle ore piccole
trasparentar *vi* trasparire ◆ *vt* far trasparire
traspasar *vt* trapassare ◇ trasferire ◇ oltrepassare
traspaso *sm* trapasso *m* ◇ trasferimento *m*
traspié *sm* scivolone *m* ◇ errore *m*
traspiración *sf* traspirazione *f*
traspirar *vi* traspirare
trasplantar *vt* trapiantare
trasplante *sm* trapianto *m*
trasponer *vt* spostare ◇ trapiantare ◆ *vrif* spostarsi ◇ sparire ◇ assopirsi
trasportador *a/sm* trasportatore *m*
trasportar *vt* trasportare
trasporte *sm* trasporto *m*
traste *sm* (*di strumenti a corda*) tasto *m* • *irse al t.* fallire
trastero *sm* ripostiglio *m*
trastienda *sf* retrobottega *f*
trasto *sm* mobile *m*, arnese *m* ◇ *al pl* strumenti *m pl*, attrezzi *m pl* ◇ cianfrusaglia *f*
trastornar *vt* scompigliare ◇ disturbare ◇ turbare, sconvolgere ◆ *vrif* sconvolgersi
trastorno *sm* scombussolamento *m*
trasudar *vt* trasudare
trasunto *sm* copia *f*, imitazione *f*
trasversal *a* trasversale
trata *sf* tratta *f*
tratable *a* trattabile
tratado *sm* trattato *m*
tratamiento *sm* trattamento *m* ◇ titolo *m* di cortesia ◇ (*med*) trattamento *m*, cura *f*
tratar *vt* trattare ◆ *vi* tentare ◇ commerciare ◇ aver rapporti ◆ *vrif* aver rapporti ◇ trattarsi • *t. de tú* dare del tu
trato *sm* trattamento *m* ◇ maniere *f pl*, modi *m pl* ◇ accordo *m* • *¡t. hecho!* affare fatto!

trauma *sm* trauma *m*
traumatólogo *sm* traumatologo *m*
través *sm* inclinazione *f* ◇ disgrazia *f* ◇ (*naut*) traverso *m* ● *a t. de* attraverso; *de t.* di traverso
travesaño *sm* traversa *f*
travesía *sf* traversa *f* ◇ (*aer*) tragitto *m*, traversata *f*
travesti o **travestí** *sm* travestito *m*
travestido *sm* travestito *m*
travesura *sf* birichinata *f*
travieso *a* birichino ◇ turbolento ◇ furbo
trayecto *sm* tragitto *m*, percorso *m*
trayectoria *sf* traiettoria *f*
traza *sf* traccia *f*, indizio *m* ◇ aspetto *m*
trazado *sm* tracciato *m*
trazar *vt* tracciare ◇ progettare
trazo *sm* tratto *m*, linea *f*
trébol *sm* trifoglio *m*
trece *a/sm* tredici *m*
trecho *sm* tratto *m* ● *a trechos* a tratti
tregua *sf* tregua *f*
treinta *a/sm* trenta *m*
tremendo *a* tremendo
tren *sm* treno *m* ● *t. de alta velocidad* treno ad alta velocità; *t. directo* treno diretto; *t. de largo recorrido* treno a lunga percorrenza
trenza *sf* treccia *f*
trenzar *vt* intrecciare
trepador *a* rampicante
trepar *vi/rif* arrampicarsi
trepidación *sf* trepidazione *f*
trepidar *vi* trepidare
tres *a/sm* tre *m*
treta *sf* trucco *m*, stratagemma *m*
triangular *a* triangolare
triángulo *sm* triangolo *m*
tribu *sf* tribù *f*
tribulación *sf* pena *f*, tribolazione *f*
tribuna *sf* tribuna *f*
tribunal *sm* tribunale *m*
tributar *vt* (*imposte*) pagare ◇ tributare
tributo *sm* tributo *m*, imposta *f*
triciclo *sm* triciclo *m*
tricolor *a* tricolore
tridimensional *a* tridimensionale
trigal *sm* campo *m* di grano
trigo *sm* frumento *m*, grano *m*
trillado *a* trito, banale
trilladora *sf* trebbiatrice *f*
trillar *vt* trebbiare
trimestral *a* trimestrale
trimestre *sm* trimestre *m*
trimotor *sm* trimotore *m*
trincar *vt* prendere, afferrare ◇ rubare
trinchar *vt* trinciare, tagliare
trinchera *sf* trincea *f* ◇ impermeabile *m*, trench *m*
trineo *sm* slitta *f*
trinidad *sf* terzetto *m*
trino *sm* trillo *m*
trío *sm* trio *m*

tripa *sf* intestino *m* ◇ pancia *f* • *echar t.* mettere su pancia
triple *a/sm* triplo *m*
tríptico *sm* trittico *m*
tripulación *sf* equipaggio *m*
triquiñuela *sf* sotterfugio *m*
tris *sm* attimo *m* ◇ pezzettino *m* • *por un t.* per poco
triste *a* triste ◇ insufficiente, meschino
tristeza *sf* tristezza *f*
triturador *sm* tritatutto *m*
triturahielo *sm* tritaghiaccio *m*
triturar *vt* triturare
triunfal *a* trionfale
triunfar *vi* trionfare
triunfo *sm* trionfo *m*
trivial *a* frivolo
triza *sf* pezzetto *m*
trocar *vt* scambiare ◇ cambiare, variare ◆ *vrif* cambiarsi ◇ trasformarsi
trocha *sf* scorciatoia *f*
trochemoche, a *loc.avv* alla carlona
trofeo *sm* trofeo *m*
troj(e) *sm* granaio *m*
tromba *sf* tromba *f* marina ◇ diluvio *m*
trombón *sm* trombone *m*
trombosis *sf* trombosi *f*
trompa *sf* tromba *f* ◇ proboscide *f* ◇ batosta *f* ◇ sbronza *f*
trompeta *sf* tromba *f*
trompo *sm* trottola *f*
tronado *a* suonato, pazzo
tronar *vi* tuonare ◇ rimbombare • *t. con alguien* litigare con qn
tronchar *vt* troncare
troncho *sm* torsolo *m*
tronco *sm* tronco *m*
tronera *sf* feritoia *f* ◇ (*di biliardo*) buca *f*
trono *sm* trono *m*
tropa *sf* truppa *f*
tropel *sm* folla *f* ◇ mucchio *m*
tropelía *sf* abuso *m*, violenza *f*
tropezar *vi* inciampare ◇ sbagliare ◆ *vrif* imbattersi, incontrare • *t. con* imbattersi in
tropezón *sm* errore *m* ◇ inciampata *f*
tropical *a* tropicale
trópico *sm* tropico *m*
tropiezo *sm* ostacolo *m*, difficoltà *f* ◇ passo *m* falso
trotamundos *sm/f* giramondo *m/f*
trotar *vi* trottare
trote *sm* trotto *m* ◇ faticata *f*
trovador *sm* trovatore *m*
trozo *sm* pezzo *m*
trucha *sf* trota *f*
truco *sm* trucco *m*
truculento *a* truculento
trueno *sm* tuono *m* ◇ rimbombo *m*
trueque *sm* scambio *m* • *en t. de* in cambio di
trufa *sf* tartufo *m*
truhán *sm* malvivente *m/f* ◇ buffone *m*
truncamiento *sm* troncamento *m*

truncar *vt* troncare ◇ interrompere
tu *a.poss* tuo
tú *pr.pers* tu
tuberculosis *sf* tubercolosi *f*
tubería *sf* tubatura *f*
tubo *sm* tubo *m*
tuerca *sf* (*mecc*) dado *m*
tuerto *a/sm* guercio *m*
tuétano *sm* midollo *m*
tufarada *sf* zaffata *f*
tufo *sm* esalazione *f* ◇ puzza *f*
tugurio *sm* tugurio *m*
tul *sm* tulle *m*
tulipán *sm* tulipano *m*
tullido *a/sm* invalido *m*
tumba *sf* tomba *f*
tumbar *vt* abbattere ◇ (*fam*) bocciare ◇ stendere, distendere ◆ *vrif* sdraiarsi
tumbo *sm* capitombolo *m* ◇ scossone *m*
tumbona *sf* sedia *f* a sdraio
tumefacción *sf* tumefazione *f*
tumor *sm* tumore *m*
tumulto *sm* tumulto *m*
tunante *a* furbo, scaltro
tundir *vt* tosare ◇ bastonare
túnel *sm* galleria *f*, tunnel *m*
túnica *sf* tunica *f*
tuno *a/sm* furbo *m*
tuntún, al *loc.avv* a vanvera
tupido *a* folto, spesso
turba *sf* torba *f* ◇ turba *f*, folla *f*
turbación *sf* turbamento *m*
turbante *sm* turbante *m*
turbar *vt* turbare, alterare ◆ *vrif* turbarsi, confondersi
turbina *sf* turbina *f*
turbio *a* torbido
turbión *sm* acquazzone *m* ◇ rovescio *m*
turbulencia *sf* turbolenza *f* ◇ confusione *f*
turbulento *a* turbolento ◇ irrequieto
turco *a/sm* turco *m*
turismo *sm* turismo *m* • ***t. sexual*** turismo sessuale
turista *sm/f* turista *m/f*
turístico *a* turistico
turnar *vi/rif* alternarsi, fare i turni
turno *sm* turno *m*
turquesa *sm* (*colore*) turchese *m* ◆ *sf* (*pietra*) turchese *m*
turrón *sm* torrone *m*
tutear *vt* dare del tu ◆ *vrif* darsi del tu
tutela *sf* tutela *f*
tutelar *a* tutelare ◆ *vt* tutelare
tutor *sm* tutore *m*
tuyo *a/pr.poss* tuo

U

u *cong* (*davanti a parole che iniziano con 'o' e 'ho'*) o
ubicación *sf* ubicazione *f*
ubicar *vt* collocare ◆ *vi/rif* essere situato
ubicuo *a* onnipresente
ubre *sf* mammella *f*
ufanarse *vrif* vantarsi
ufano *a* arrogante ◇ allegro
ujier *sm* usciere *m*, portiere *m*
úlcera *sf* ulcera *f*
ulcerar *vt* ulcerare ◆ *vrif* ulcerarsi
ulna *sf* ulna *f*
ulterior *a* ulteriore
ultimar *vt* ultimare
ultimátum *sm* ultimatum *m*
último *a* ultimo ◇ estremo • ***a la última*** all'ultima moda; ***estar en las últimas*** essere in fin di vita
ultra *a/sm/f* ultrà *m/f*
ultrajar *vt* oltraggiare ◇ umiliare
ultraje *sm* oltraggio *m* ◇ umiliazione *f*
ultramar *sm* oltremare *m*
ultramarino *a* oltremarino ◇ (*di alimenti*) a lunga conservazione ◆ *sm al pl* alimenti *m pl* a lunga conservazione
ultramarinos *sm* drogheria *f*
ultranza, a *loc.avv* a oltranza
ultrasónico *a* supersonico
ultrasonido *sm* ultrasuono *m*
ultravioleta *a* ultravioletto
ulular *vi* ululare
umbral *sm* soglia *f*
umbroso *a* ombroso
un *art/a* un, uno
unánime *a* unanime
unanimidad *sf* unanimità *f*
unción *sf* unzione *f*
ungir *vt* ungere
ungüento *sm* unguento *m*
únicamente *avv* unicamente
único *a* unico
unidad *sf* unità *f*
unido *a* unito
unificación *sf* unificazione *f*
unificar *vt* unificare ◇ riunire ◆ *vrif* unificarsi ◇ riunirsi
uniformar *vt* uniformare ◇ far indossare un'uniforme
uniforme *a/sm* uniforme *f*
uniformidad *sf* uniformità *f*
unión *sf* unione *f*
unir *vt* unire ◇ mescolare ◇ collegare ◆ *vrif* unirsi
unisex *a* unisex
unísono *sm* unisono *m*
unitario *a* unitario
universal *a* universale
universidad *sf* università *f*
universitario *a/sm* universitario *m*
universo *sm* universo *m*
unívoco *a* univoco
uno *a/sm* uno *m* ◆ *pr* qualcuno, uno • ***a una*** insieme, nello

stesso momento; *u. y otro* entrambi
unos *a* alcuni, qualche ◆ *pr* alcuni ● *u. cien kilómetros* circa cento kilometri; *u. cuantos* alcuni
untar *vt* ungere ◇ spalmare ◇ corrompere ◆ *vrif* ungersi ◇ macchiarsi
unto *sm* unto *m*
uña *sf* unghia *f* ◇ (*zool*) zoccolo *m*
uranio *sm* uranio *m*
urbanidad *sf* urbanità *f*, cortesia *f*
urbanista *sm/f* urbanista *m/f*
urbanístico *a* urbanistico
urbanización *sf* urbanizzazione *f* ◇ quartiere *m* residenziale
urbano *a* urbano ◇ cortese ◆ *sm* vigile *m* urbano
urbe *sf* città *f*
urdimbre *sf* ordito *m* ◇ macchinazione *f*, intrigo *m*
urdir *vt* ordire
urea *sf* urea *f*
uretra *sf* uretra *f*
urgencia *sf* urgenza *f* ◇ premura *f* ◇ *al pl* pronto soccorso *m*
urgente *a* urgente ● *carta u.* lettera espresso
urgir *vi* urgere
urinario *a* urinario
urna *sf* urna *f*
urología *sf* urologia *f*
urraca *sf* gazza *f*
urticante *a* urticante
urticaria *sf* orticaria *f*
uruguayo *a/sm* uruguaiano *m*
usado *a* sciupato, logoro ◇ abituato
usanza *sf* usanza *f*
usar *vt* usare ◆ *vrif* usarsi, essere di moda
uso *sm* uso *m* ◇ usanza *f*, abitudine *f* ● *al u.* alla moda; *de u. externo* per uso esterno
usted *pr.pers* (*forma di cortesia*) lei
ustión *sf* ustione *f*
usual *a* usuale, solito
usuario *sm* utente *m/f*
usufructo *sm* usufrutto *m*
usufructuar *vt* godere l'usufrutto ◆ *vi* fruttare
usura *sf* usura *f*
usurero *sm* usuraio *m*
usurpar *vt* usurpare
utensilio *sm* utensile *m*
útero *sm* utero *m*
útil *a* utile ◆ *sm* utensile *m*
utilidad *sf* utilità *f*
utilitario *a* utilitario ◆ *sm* utilitaria *f*
utilizar *vt* utilizzare
utopía *sf* utopia *f*
utópico *a* utopico
utopista *sm/f* utopista *m/f*
uva *sf* uva *f* ● *racimo de u.* grappolo d'uva
uxoricida *sm* uxoricida *m*
uxoricidio *sm* uxoricidio *m*

V

vaca *sf* vacca *f*, mucca *f*
vacación *sf* vacanza *f* • *ir/estar de vacaciones* andare/essere in vacanza
vacante *a* vacante
vaciar *vt* vuotare ◇ versare ◇ scavare, incavare ◇ gettare, fondere ◇ affilare ◆ *vrif* vuotarsi ◇ versarsi ◇ (*fam*) aprirsi
vaciedad *sf* vacuità *f*, sciocchezza *f*
vacilación *sf* vacillamento *m* ◇ perplessità *f*
vacilar *vi* vacillare ◇ titubare
vacío *a* vuoto ◇ (*fig*) vuoto, fatuo, vano ◆ *sm* vuoto *m* • *al v.* sottovuoto; *de v.* a vuoto
vacuna *sf* vaccino *m*
vacunar *vt* vaccinare
vacuno *a* vaccino
vacuo *a* vacuo
vadear *vt* guadare
vagabundear *vi* vagabondare
vagabundo *a/sm* vagabondo *m*
vagancia *sf* oziosità *f*, pigrizia *f*
vagar *vi* vagare ◇ vagabondare ◆ *sm* tempo *m* libero
vagido *sm* vagito *m*
vagina *sf* vagina *f*
vaginitis *sf* vaginite *f*
vago *a* vagante ◇ vago ◆ *sm* pigro *m*
vagón *sm* vagone *m*, carrozza *f* • *v. cama* vagone letto
vaguear *vi* vagare
vaguedad *sf* imprecisione *f*
vahído *sm* svenimento *m*
vaho *sm* vapore *m*, esalazione *f*
vaina *sf* guaina *f*, fodero *m* ◇ (*bot*) baccello *m*
vainilla *sf* vaniglia *f*
vaivén *sm* viavai *m* ◇ (*fig*) alti e bassi *m pl*
vajilla *sf* stoviglie *f pl* • *v. de plata* argenteria
vale *sm* buono *m* • *¡v.!* d'accordo!
valedero *a* valido
valencia *sf* valenza *f*
valentía *sf* valore *m*
valentón *sm* gradasso *m*
valer *vt* proteggere ◇ valere ◇ costare ◆ *vi* essere valido, valere ◇ servire ◆ *vrif* valersi, avvalersi ◇ sbrigarsela ◆ *sm* merito *m*, valore *m* • *no v. para nada* non servire a niente; *¡válgame Dios!* che Dio mi aiuti!
valeriana *sf* valeriana *f*
valeroso *a* valoroso
valía *sf* valore *m*
validez *sf* validità *f*
válido *a* valido
valiente *a* valoroso, coraggioso ◇ eccellente
valija *sf* valigia *f*
valioso *a* prezioso
valla *sf* barriera *f* ◇ palizzata *f*, steccato *m* ◇ cartellone *m* ◇

ostacolo *m* • ***carrera con vallas*** corsa a ostacoli
valle *sm* valle *f*
valor *sm* valore *m* ◇ coraggio *m* ◇ sfacciataggine *f* ◇ *al pl* titoli *m pl* • ***valores en baja/alta*** titoli in ribasso/rialzo
valoración *sf* valutazione *f*
valorar *vt* valutare ◇ stimare
valorizar *vt* valorizzare
valuar *vt* valutare ◇ stimare
válvula *sf* valvola *f* • ***v. de seguridad*** valvola di sicurezza
vampiro *sm* vampiro *m*
vanagloriarse *vrif* vantarsi
vandálico *a* vandalico
vándalo *a/sm* vandalo *m*
vanguardia *sf* avanguardia *f*
vanidoso *a/sm* vanitoso *m*
vano *a* vano ◇ fatuo, frivolo ◇ vanitoso ◆ *sm* vano *m* • ***en v.*** invano
vapor *sm* vapore *m*
vaporizador *sm* vaporizzatore *m*
vaporizar *vt* vaporizzare ◆ *vrif* vaporizzarsi
vaporoso *a* vaporoso
vapulear *vt* frustare
vara *sf* ramo *m* ◇ bastone *m* ◇ (*misura*) braccio *m* ◇ (*di carro*) stanga *f*
varar *vi* (*naut*) incagliarsi ◆ *vt* (*naut*) tirare in secco
variable *a/sf* variabile *f*
variación *sf* variazione *f*
variar *vt* variare, cambiare ◆ *vi* cambiare, variare ◇ essere differente
varicela *sf* varicella *f*
variedad *sf* varietà *f* ◇ *al pl* (spettacolo di) varietà *m*
varilla *sf* asticella *f*, bacchetta *f*
vario *a* vario ◇ *al pl* alcuni, diversi
variz *sf* varice *f*
varón *sm* uomo *m*, maschio *m*
varonil *a* virile, maschile
vaselina *sf* vaselina *f*
vasija *sf* vaso *m*
vaso *sm* bicchiere *m* ◇ vaso *m*
vástago *sm* germoglio *m* ◇ rampollo *m* ◇ (*tecn*) stelo *m*
vasto *a* vasto
vate *sm* vate *m*
vaticinar *vt* vaticinare
vaticinio *sm* vaticinio *m*
vatio *sm* watt *m*
vecinal *a* comunale
vecindad *sf* residenza *f* ◇ vicinanza *f* ◇ vicinato *m*
vecindario *sm* vicinato *m* ◇ (*di un comune*) popolazione *f*
vecino *a* vicino ◇ simile ◆ *sm* abitante *m* ◇ vicino *m*
vector *sm* vettore *m*
veda *sf* divieto *m*
vedado *sm* riserva *f*
vedar *vt* vietare, proibire
vegetación *sf* vegetazione *f*
vegetal *a/sm* vegetale *m*
vegetar *vi* vegetare
vegetariano *a/sm* vegetariano *m*
vehemencia *sf* veemenza *f*

vehemente *a* veemente
vehículo *sm* veicolo *m*
veinte *a/sm* venti *m*
vejar *vt* vessare
vejatorio *a* vessatorio
vejez *sf* vecchiaia *f*
vejiga *sf* vescica *f*
vela *sf* candela *f* ◇ veglia *f* ◇ guardia *f*, vigilanza *f* ◇ vela *f* • ***a dos velas*** senza un soldo; ***pasar la noche en v.*** passare la notte in bianco
velada *sf* serata *f*
velador *sm* guardia *f* notturna, portiere *m* di notte ◇ (*Am*) comodino *m* ◇ candelabro *m*
velar *vi* vegliare ◆ *vt* velare ◇ nascondere
veleidad *sf* velleità *f*
velero *sm* veliero *m*
veleta *sf* banderuola *f*
vello *sm* peluria *f*
vellón *sm* vello *m*
velloso *a* peloso
velo *sm* velo *m*
velocidad *sf* velocità *f* ◇ (*aut*) marcia *f* • ***máxima v.*** velocità massima
velódromo *sm* velodromo *m*
velomotor *sm* motorino *m*
veloz *a* veloce
vena *sf* vena *f* ◇ filone *m* ◇ (*bot*) nervatura *f* ◇ disposizione *f* ◇ ispirazione *f* • ***no estar en v.*** non essere in vena
venablo *sm* giavellotto *m*
venado *sm* cervo *m*
venal *a* venale
venalidad *sf* venalità *f*
vencer *vt* vincere ◇ superare ◆ *vi* scadere ◆ *vrif* rompersi
vencido *a* vinto ◇ scaduto
vencimiento *sm* scadenza *f*
venda *sf* benda *f*, fascia *f*
vendaje *sm* bendaggio *m*, fasciatura *f*
vendar *vt* bendare, fasciare
vendaval *sm* vento *m* forte
vendedor *sm* venditore *m*
vender *vt* vendere ◆ *vrif* vendersi • ***v. a plazos*** vendere a rate; ***v. al por mayor/menor*** vendere all'ingrosso/al minuto; ***v. barato*** vendere a buon mercato
vendimia *sf* vendemmia *f*
vendimiar *vt* vendemmiare
veneno *sm* veleno *m*
venenoso *a* velenoso
venerable *a* venerabile
veneración *sf* venerazione *f*
venerar *vt* venerare
venéreo *a* venereo
venezolano *a/sm* venezuelano *m*
venganza *sf* vendetta *f*
vengar *vt* vendicare ◆ *vrif* vendicarsi
vengativo *a* vendicativo
venia *sf* venia *f*, perdono *m* ◇ licenza *f*, permesso *m*
venial *a* veniale
venida *sf* venuta *f*
venidero *a* venturo
venir *vi* venire ◇ provenire ◇ capitare ◇ (*di vestito*) stare,

cadere • *venirse abajo* cadere; *v. a menos* decadere
venta *sf* vendita *f* • *en v.* in vendita
ventaja *sf* vantaggio *m*
ventana *sf* finestra *f* • *v. de diálogo* finestra di dialogo
ventanilla *sf* finestrino *m* ◇ sportello *m*
ventear *vt* ventilare ◇ fiutare ◇ indagare ◆ *vrif* incrinarsi ◇ alterarsi, guastarsi ◆ *vimp* soffiare vento, tirare vento
ventilación *sf* ventilazione *f*
ventilador *sm* ventilatore *m*
ventilar *vt* ventilare
ventisca *sf* burrasca *f* ◇ vento *m* forte
ventisquero *sm* ghiacciaio *m*
ventosa *sf* ventosa *f*
ventoso *a* ventoso
ventrículo *sm* ventricolo *m*
ventrílocuo *sm* ventriloquo *m*
ventura *sf* gioia *f* ◇ fortuna *f*
venturoso *a* fortunato
ver *vt* vedere ◇ capire ◇ trattare ◇ (*dir*) giudicare ◆ *vrif* vedersi, trovarsi • *vamos a v.* vediamo un po'; *¡hasta más v.!* arrivederci!; *de buen v.* di bell'aspetto
veracidad *sf* veracità *f*
veranear *vi* villeggiare
veraneo *sm* villeggiatura *f*
veraniego *a* estivo
verano *sm* estate *f*
veras, de *loc.avv* davvero, sul serio
veraz *a* verace, veritiero
verbal *a* verbale
verbena *sf* verbena *f*
verbigracia *avv* cioè
verbo *sm* verbo *m*
verboso *a* verboso
verdad *sf* verità *f* • *de v.* davvero; *es v.* è vero
verdadero *a* vero ◇ sincero
verde *a* verde ◇ acerbo ◇ immaturo ◇ indecente, osceno ◆ *sm* verde *m*
verdeante *a* verdeggiante
verdear *vi* verdeggiare
verdor *sm* verdone *m* ◇ rigoglio *m*
verdugo *sm* carnefice *m*
verdulería *sf* (*negozio*) fruttivendolo *m*
verdulero *sm* fruttivendolo *m*
verdura *sf* verdura *f*
vereda *sf* sentiero *m*, viottolo *m*
veredicto *sm* verdetto *m*
vergel *sm* frutteto *m*
vergonzoso *a* vergognoso
vergüenza *sf* vergogna *f*
verídico *a* veridico
verificar *vt* verificare ◆ *vrif* verificarsi
verista *a/sm/f* verista *m/f*
verja *sf* cancellata *f*, inferriata *f*
verosímil *a* verosimile
verruga *sf* verruca *f*
versar *vi* vertere ◆ *vrif* impratichirsi
versátil *a* versatile
versículo *sm* versetto *m*
versificar *vi* verseggiare

versión *sf* versione *f*
verso *sm* verso *m*
vértebra *sf* vertebra *f*
vertebrado *a/sm* vertebrato *m*
vertebral *a* vertebrale
verter *vt* tradurre ◇ dire, esprimere ◇ versare ◆ *vi* sfociare
vertical *a/sf* verticale *f*
vértice *sm* vertice *m*
vertiente *sf* versante *m*, pendio *m* ◇ spiovente *m*
vertiginoso *a* vertiginoso
vértigo *sm* vertigine *f*
vestíbulo *sm* (*di edificio*) atrio *m*, ingresso *m* ◇ (*di albergo*) hall *f*
vestido *sm* vestito *m*
vestigio *sm* traccia *f*, vestigio *m*
vestimenta *sf* vestito *m*
vestir *vt* vestire ◇ ornare ◆ *vi* vestire ◆ *vrif* vestirsi ◇ adornarsi
vestuario *sm* vestiario *m* ◇ camerino *m*, spogliatoio *m*
veta *sf* striscia *f* ◇ filone *m*
veteado *a* venato ◆ *sm* venatura *f*
veterano *a/sm* veterano *m*
veterinario *sm* veterinario *m*
veto *sm* veto *m*
vetusto *a* vetusto
vez *sf* volta *f* • ***a veces*** talvolta; ***en v. de*** invece di; ***esta v.*** stavolta
vía *sf* strada *f* ◇ rotaia *f*, binario *m* ◇ via *f* • ***en vías de*** in via di; ***de v. estrecha*** di poca importanza
viaducto *sm* viadotto *m*
viajante *sm/f* rappresentante *m/f*
viajar *vi* viaggiare
viaje *sm* viaggio *m* • ***¡buen v.!*** buon viaggio!
viajero *sm* viaggiatore *m*
vialidad *sf* viabilità *f*
vianda *sf* pietanza *f*
viandante *sm/f* viandante *m/f*
viático *sm* viatico *m*
víbora *sf* vipera *f*
vibración *sf* vibrazione *f*
vibrar *vt/i* vibrare
vicario *a/sm* vicario *m*
vicepresidente *sm/f* vicepresidente *m/f*
viceversa *avv* viceversa
viciado *a* viziato
viciar *vt* viziare ◇ falsificare, adulterare ◆ *vrif* viziarsi, corrompersi
vicio *sm* vizio *m* ◇ difetto *m* • ***de v.*** senza motivo
vicisitud *sf* vicissitudine *f*
víctima *sf* vittima *f*
victoria *sf* vittoria *f*
vicuña *sf* vigogna *f*
vid *sf* (*bot*) vite *f*
vida *sf* vita *f* • ***de por v.*** per la vita; ***ganar(se) la v.*** guadagnarsi da vivere; ***v. ancha*** vita rilassata
vidente *sm/f* veggente *m/f*
vídeo *sm* video *m*
videocámara *sf* videocamera *f*
videojuego *sm* videogame *m*, videogioco *m*

videoportero *sm* videocitofono *m*
vidriera *sf* vetrata *f*
vidriería *sf* vetreria *f*
vidriero *sm* vetraio *m*
vidrio *sm* vetro *m*
vidrioso *a* fragile ◇ sdrucciolevole ◇ permaloso ◇ delicato, difficile
viejo *a/sm* vecchio *m*
vienés *a/sm* viennese *m/f*
viento *sm* vento *m* • ***beber los vientos por algo*** andare matto per qc; ***con v. fresco*** fuori dai piedi
vientre *sm* ventre *m*, pancia *f*
viernes *sm* venerdì *m*
viga *sf* trave *f*
vigencia *sf* vigore *m*, validità *f*
vigente *a* vigente
vigésimo *a/sm* ventesimo *m*
vigía *sf* vedetta *f*
vigilancia *sf* vigilanza *f*
vigilante *a/sm/f* sorvegliante *m/f*
vigilar *vt/i* vigilare, sorvegliare
vigilia *sf* vigilia *f*
vigor *sm* vigore *m*
vigoroso *a* vigoroso
VIH *sm* (*virus de la inmunodeficiencia humana*) HIV *m* (*Human Immunodeficiency Virus, virus dell'immunodeficienza umana*)
vil *a* vile
vileza *sf* viltà *f*
vilipendio *sm* vilipendio *m*
villa *sf* (*edil*) villa *f* ◇ città *f* • ***v. turística*** villaggio turistico
villanía *sf* villania *f*
villano *a/sm* villano *m*
vilo, en *loc.avv* in bilico
vinagre *sm* aceto *m*
vinculación *sf* vincolo *m*
vincular *vt* legare, unire ◇ (*dir*) vincolare
vínculo *sm* vincolo *m*
vinicultura *sf* enologia *f*
vino *sm* vino *m* • ***dormir el v.*** smaltire la sbornia; ***v. de mesa*** vino da tavola; ***v. de solera*** vino vecchio; ***v. blanco/rosado/tinto*** vino bianco/rosato/rosso
viña *sf* vigna *f*
viñedo *sm* vigneto *m*
viñeta *sf* vignetta *f*
viola *sf* (*mus*) viola *f*
violáceo *a* violaceo
violación *sf* violazione *f*
violar *vt* violare ◇ violentare
violencia *sf* violenza *f*
violentar *vt* violentare
violento *a* violento ◇ (*di situazione*) imbarazzante
violero *sm* liutaio *m*
violeta *sf* violetta *f*
violín *sm* violino *m*
violinista *sm/f* violinista *m/f*
violón *sm* contrabbasso *m*
violoncelo *sm* violoncello *m*
virada *sf* virata *f*
viraje *sm* sterzata *f* ◇ virata *f*
virar *vt/i* virare
virgen *a/sm/f* vergine *m/f*

virginidad *sf* verginità *f*
viril *a* virile
virilidad *sf* virilità *f*
virrey *sm* viceré *m*
virtual *a* virtuale
virtud *sf* virtù *f*
virtuoso *a/sm* virtuoso *m*
viruela *sf* vaiolo *m*
virulencia *sf* virulenza *f*
virulento *a* virulento
virus *sm* virus *m*
visado *sm* visto *m*
visar *vt* vistare
viscoso *a* viscoso
visera *sf* visiera *f*
visibilidad *sf* visibilità *f*
visible *a* visibile
visillo *sm* tendina *f*
visión *sf* visione *f*
visita *sf* visita *f* • ***devolver la v., pagar la v.*** restituire la visita
visitante *sm/f* visitatore *m*
visitar *vt* visitare
vislumbrar *vt* intravedere
vislumbre *sf* barlume *m*
visón *sm* visone *m*
víspera *sf* vigilia *f* ◇ ***al pl*** vespri *m pl* • ***en vísperas*** alla vigilia
vista *sf* vista *f* ◇ veduta *f* ◇ sguardo *m* ◇ aspetto *m* ◇ (*dir*) dibattimento *m* ◆ *sm* funzionario *m* di dogana • ***a la v.*** all'apparenza; (*comm*) a vista; ***a v. de pájaro*** a volo d'uccello; ***con vistas a*** in vista di, con il proposito di; ***¡hasta la v.!*** arrivederci!; ***v. corta*** miopia
vistazo *sm* occhiata *f*
visto *a* vecchio, antiquato ◇ visto • ***bien/mal v.*** ben visto/malvisto; ***v. bueno*** nullaosta
vistoso *a* vistoso
visual *a/sf* visuale *f*
visualizador *sm* (*inform*) browser *m*
visualizar *vt* visualizzare
vital *a* vitale
vitalicio *a/sm* vitalizio *m*
vitalidad *sf* vitalità *f*
vitamina *sf* vitamina *f*
viticultura *sf* viticoltura *f*
vítreo *a* vitreo
vitrina *sf* (*mobile*) vetrina *f*
vituallas *sf pl* viveri *m pl*
vituperar *vt* vituperare
vituperio *sm* vituperio *m*
viudez *sf* vedovanza *f*
viudo *a/sm* vedovo *m*
¡viva! *inter* evviva!
vivacidad *sf* vivacità *f*
vivaracho *a* vivace
vivaz *a* vivace ◇ energico ◇ (*bot*) perenne
víveres *sm pl* viveri *m pl*
vivero *sm* vivaio *m*
viveza *sf* vivacità *f* ◇ sagacia *f*
vivienda *sf* abitazione *f*, casa *f*
vivificar *vt* vivificare
vivir *vi* vivere ◇ durare ◇ abitare ◆ *vt* vivere ◆ *sm* vita *f* • ***¿quién vive?*** chi va là?
vivisección *sf* vivisezione *f*
vivo *a* vivo ◇ intenso ◇ vivace ◇ acuto ◆ *sm* orlo *m*, bordo *m*
vizconde *sm* visconte *m*
vizcondesa *sf* viscontessa *f*

vocablo *sm* vocabolo *m*
vocabulario *sm* vocabolario *m*
vocación *sf* vocazione *f*
vocal *sf* vocale *f*
vocalizar *vi* vocalizzare
vocear *vi* gridare ◆ *vt* reclamizzare (urlando)
vocero *sm* portavoce *m/f*
vociferar *vi* gridare ◆ *vt* divulgare
volante *a* volante ◆ *sm* volante *m* ◇ volano *m* ◇ documento *m*
volar *vi* volare ◇ sparire ◆ *vt* far saltare in aria
volatería *sf* volatili *m pl*
volátil *a/sm/f* volatile *m/f*
volcán *sm* vulcano *m*
volcánico *a* vulcanico
volcar *vt* rovesciare, ribaltare ◆ *vi/rif* ribaltarsi
voltaje *sm* voltaggio *m*
voltear *vt* girare, ruotare ◆ *vi* girare
volteo *sm* volteggio *m*
voltio *sm* volt *m*
voluble *a* volubile
volumen *sm* volume *m*
volumetría *sf* volumetria *f*
voluminoso *a* voluminoso
voluntad *sf* volontà *f*
voluntario *a/sm* volontario *m*
voluntarioso *a* volenteroso
voluta *sf* voluta *f*
voluptuoso *a* voluttuoso
volver *vt* voltare ◇ trasformare, far diventare ◆ *vi* girare, svoltare ◇ tornare, ritornare ◆ *vrif* voltarsi ◇ (*di vino*) inacidirsi ● ***v. la puerta*** chiudere la porta
vomitar *vt* vomitare
vómito *sm* vomito *m*
vorágine *sf* voragine *f*
voraz *a* vorace
vos *pr* (*Am*) tu
vosotras *pr.pers* voi
vosotros *pr.pers* voi
votación *sf* votazione *f*
votante *a/sm/f* votante *m/f*
votar *vt/i* votare
votivo *a* votivo
voto *sm* voto *m* ● ***v. de confianza*** voto di fiducia
voz *sf* voce *f* ● ***a media v.*** sottovoce; ***a voces*** gridando; ***de viva v.*** a viva voce
vuelco *sm* ribaltamento *m*
vuelo *sm* volo *m* ● ***v. sin motor*** volo a vela
vuelta *sf* giro *m* ◇ volta *f* ◇ curva *f* ◇ ritorno *m* ◇ resto *m* (di un pagamento) ◇ rovescio *m* ● ***a la v. de la esquina*** dietro l'angolo; ***a v. de correo*** a giro di posta; ***dar media v.*** fare dietrofront; ***dar(se) una v.*** passeggiare; ***¡hasta la v.!*** arrivederci!; ***v. de campana*** salto mortale
vuestro *a/pr.poss* vostro
vulcanizar *vt* vulcanizzare
vulcanólogo *sm* vulcanologo *m*
vulgar *a* volgare ◇ ordinario
vulgaridad *sf* volgarità *f* ◇ banalità *f*

vulgarizar *vt* diffondere ◇ divulgare
vulgo *sm* volgo *m*
vulnerable *a* vulnerabile
vulnerar *vt* pregiudicare ◇ trasgredire
vulpino *a* volpino

W

water(-closet) *sm* water (closet) *m*, gabinetto *m*
watt *sm* (*el*) watt *m*
web *sm/f* (*inform*) web *m*
whisky *sm* whisky *m*

X

xenofobia *sf* xenofobia *f*
xenófobo *a* xenofobo
xenón *sm* xeno *m*
xilófono *sm* xilofono *m*
xilografía *sf* xilografia *f*

Y

y *cong* e
ya *avv* già ◇ ora, adesso, subito ◇ più • *ya... ya* ora... ora; *ya no, no ya* non solamente; *ya que* giacché
yacer *vi* giacere
yacimiento *sm* giacimento *m*
yambo *sm* giambo *m*
yanqui *a/sm/f* yankee *m/f*
yate *sm* yacht *m*
ye *sf* ipsilon *f/m*
yedra *sf* edera *f*
yegua *sf* cavalla *f*
yelmo *sm* elmo *m*
yema *sf* gemma *f* ◇ tuorlo *m* ◇ polpastrello *m*
yerba *sf* erba *f*
yermo *a* disabitato ◇ incolto, sterile ◆ *sm* luogo *m* deserto
yerno *sm* genero *m*
yerro *sm* disguido *m*, errore *m*
yerto *a* rigido
yesca *sf* esca *f*
yeso *sm* gesso *m*

yo *pr.pers* io • ***yo que tú*** se fossi in te
yodo *sm* iodio *m*
yoga *sm* yoga *m*
yogur *sm* yogurt *m*
yugo *sm* giogo *m* ◇ dominio *m*, oppressione *f*
yugular *a/sf* giugulare *f*
yunque *sm* incudine *f*
yunta *sf* (*di buoi*) coppia *f*
yute *sm* iuta *f*
yuxtaponer *vt* giustapporre
yuxtaposición *sf* giustapposizione *f*

Z

zafar *vt* sciogliere ◇ sgombrare ◆ *vrif* svignarsela ◇ evitare
zafio *a* rozzo
zafiro *sm* zaffiro *m*
zaga *sf* parte *f* posteriore • ***a la z.*** dietro; ***no ir(se) en z., no quedarse en z.*** non essere inferiore
zagal *sm* ragazzo *m*
zaguán *sm* androne *m*, atrio *m*
zaherir *vt* mortificare, offendere
zahorí *sm* indovino *m*
zaino *a* falso, traditore ◇ (*di cavallo*) sauro ◇ (*di bovino*) nero
zalagarda *sf* baccano *m* ◇ imboscata *f*
zalamería *sf* salamelecco *m*
zalamero *a* sdolcinato
zamarra *sf* giaccone *m*
zambo *a* con le gambe storte
zambra *sf* baccano *m*
zambullida *sf* tuffo *m*
zambullir *vt* tuffare ◆ *vrif* tuffarsi
zampar *vt* nascondere ◇ ingoiare ◇ lanciare ◆ *vrif* ficcarsi, buttarsi ◇ ingoiarsi ◇ intrufolarsi
zampón *a* mangione
zanahoria *sf* carota *f*
zancada *sf* passo *m* lungo, falcata *f*
zancadilla *sf* sgambetto *m*
zancajo *sm* calcagno *m*
zanco *sm* trampolo *m*
zancudo *sm* trampoliere *m*
zángano *sm* parassita *m/f* ◇ idiota *m/f* ◇ fuco *m*
zanja *sf* fossa *f*, fossato *m*
zanjar *vt* scavare ◇ risolvere
zanjón *sm* fosso *m*
zapa *sf* trincea *f* ◇ zappa *f*
zapapico *sm* piccone *m*
zapar *vt/i* zappare
zapata *sf* (*mecc*) ganascia *f*
zapatear *vi* battere i piedi
zapateo *sm* calpestio *m*
zapatería *sf* calzoleria *f*
zapatero *sm* calzolaio *m* ◇ scarpiera *f*

zapatilla *sf* scarpetta *f* ◇ pantofola *f*
zapato *sm* scarpa *f*
zaquizamí *sm* abbaino *m*
zarabanda *sf* sarabanda *f*
zaranda *sf* setaccio *m*
zarandear *vt* setacciare ◇ scuotere
zarcillo *sm* orecchino *m* pendente ◇ viticcio *m*
zarco *a* azzurro
zarina *sf* zarina *f*
zarpa *sf* artiglio *m*
zarpar *vt/i* salpare
zarza *sf* rovo *m*
zarzal *sm* roveto *m*
zarzamora *sf* mora *f*
zarzarrosa *sf* rosa *f* canina
zigzaguear *vi* andare a zigzag
zinc *sm* zinco *m*
zócalo *sm* (*arch*) zoccolo *m*
zodíaco *sm* zodiaco *m*
zona *sf* zona *f*
zoo *sm* zoo *m*
zoología *sf* zoologia *f*
zoólogo *sm* zoologo *m*
zoom *sm* (*fot*) zoom *m*
zopenco *a/sm* sciocco *m*
zoquete *sm* pezzo *m* di legno ◇ scemo *m*
zorra *sf* (*volg*) puttana *f*
zorro *a* furbo, astuto ◆ *sm* volpe *f*
zote *a/sm* zuccone *m*
zozobra *sf* naufragio *m* ◇ angoscia *f*
zozobrar *vi* naufragare ◇ angosciarsi
zueco *sm* zoccolo *m*
zum *sm* (*fot*) zoom *m*
zumba *sf* burla *f* ◇ bastonata *f* ◇ sonaglio *m*, campanaccio *m*
zumbar *vt* picchiare ◆ *vi* ronzare ◆ *vrif* burlarsi
zumbido *sm* ronzio *m* ◇ botta *f*
zumbón *a/sm* burlone *m*
zumo *sm* succo *m*, sugo *m* ◇ profitto *m*
zurcido *sm* rammendo *m*
zurcir *vt* rammendare
zurdo *a/sm* mancino *m* ● ***a zurdas*** al rovescio
zurra *sf* concia *f* ◇ punizione *f* corporale
zurrar *vt* (*pelle*) conciare ◇ castigare ◇ criticare
zurriagazo *sm* frustata *f*
zurriago *sm* frusta *f*
zurrón *sm* bisaccia *f*
zutano *sm* tizio *m*

ITALIANO-SPAGNOLO
ITALIANO-ESPAÑOL

A

a *prep* a, en • ***a domani!*** ¡hasta mañana!; ***all'ora*** por hora; ***andare a Madrid*** ir a Madrid; ***a testa*** por cabeza; ***stare a Madrid*** estar en Madrid
abàte *sm* abad *m*
abbacchiàto *a* abatido
abbagliànte *a* deslumbrante ◆ *sm* luz *f* larga
abbagliàre *vt* encandilar, deslumbrar ◇ (*ingannare*) engañar
abbàglio *sm* deslumbramiento *m* ◇ (*errore*) equivocación *f*
abbaiàre *vi* ladrar
abbandonàre *vt* abandonar ◇ (*lasciare*) dejar ◇ (*lasciar cadere*) reclinar ◆ *vrif* abandonarse
abbandóno *sm* abandono *m*
abbassaménto *sm* descenso *m*, disminución *f*
abbassàre *vt* bajar ◇ (*diminuire*) disminuir, rebajar ◇ (*fig*) humillar, abatir ◆ *vpr* disminuir, bajar ◆ *vrif* inclinarse ◇ rebajarse, humillarse
abbàsso! *inter* ¡abajo!
abbastànza *avv* bastante • ***averne a.*** no aguantar más
abbàttere *vt* abatir, derribar ◇ (*uccidere*) matar ◆ *vpr* desalentarse
abbattiménto *sm* abatimiento *m*, demolición *f* ◇ (*fig*) desaliento *m*
abbazìa *sf* abadía *f*
abbellìre *vt* embellecer
abbeveràre *vt* abrevar ◆ *vrif* abrevar
abbiènte *a/sm/f* acomodado *m*
abbigliaménto *sm* vestuario *m* ◇ (*vestiti*) ropa *f*
abbigliàre *vt* vestir ◆ *vrif* vestirse
abbinàre *vt* emparejar, combinar
abboccàre *vi* picar • ***a. all'amo*** picar el anzuelo
abbonaménto *sm* abono *m* ◇ (*a giornale*) suscripción *f*
abbonàre *vt* abonar ◆ *vrif* abonarse, suscribirse
abbonàto *sm* abonado *m*, suscriptor *m*
abbondànte *a* abundante
abbondànza *sf* abundancia *f*
abbondàre *vi* abundar
abbordàbile *a* accesible
abbordàre *vt* abordar ◇ (*affrontare*) afrontar
abbottonàre *vt* abrochar, abotonar ◆ *vrif* abrocharse, abotonarse
abbòzzo *sm* esbozo *m*
abbracciàre *vt* abrazar ◇ (*fig*) abarcar ◆ *vpr/rif* abrazarse
abbràccio *sm* abrazo *m*
abbreviàre *vt* abreviar

abbreviazióne *sf* abreviación *f*, abreviatura *f*
abbronzànte *a/sm* bronceador *m*
abbronzàre *vt* broncear ◆ *vpr* broncearse
abbronzatùra *sf* bronceado *m*
abbrustolìre *vt* tostar ◆ *vpr* tostarse
abbrutìre *vt* embrutecer ◆ *vpr* embrutecerse
abbuòno *sm* descuento *m*
aberrazióne *sf* aberración *f*
abéte *sm* abeto *m*
abiètto *a* abyecto
àbile *a* hábil, diestro ◇ (*idoneo*) idóneo
abilità *sf* habilidad *f*
abilitàre *vt* habilitar
abilitazióne *sf* habilitación *f*
abìsso *sm* abismo *m*
abitàbile *a* habitable
abitàcolo *sm* habitáculo *m*
abitànte *a/sm/f* habitante *m/f*
abitàre *vt* habitar ◆ *vi* vivir, residir
abitazióne *sf* vivienda *f*
àbito *sm* traje *m*, vestido *m*
abituàle *a* habitual
abituàre *vt* habituar, acostumbrar ◆ *vrif* habituarse, acostumbrarse
abituàto *a* habituado, acostumbrado
abitudinàrio *a* rutinario
abitùdine *sf* costumbre *f*
abiuràre *vt* abjurar
abnegazióne *sf* abnegación *f*
abolìre *vt* abolir
abolizióne *sf* abolición *f*
abominévole *a* abominable
aborìgeno *a/sm* aborigen *m*
aborrìre *vt* aborrecer
abortìre *vi* abortar
abòrto *sm* aborto *m*
abrasióne *sf* abrasión *f*
abrasìvo *a/sm* abrasivo *m*
abrogàre *vt* abrogar, abolir
àbside *sf* ábside *m*
abusàre *vi* abusar
abusìvo *a* abusivo
abùso *sm* abuso *m* ● ***a. di minore*** abuso de menor; ***a. sessuale*** abuso sexual
àcca *sf* hache *f* ● ***non capire un'a.*** no entender ni jota
accadèmia *sf* academia *f*
accadére *vi* pasar, suceder
accadùto *sm* hecho *m*
accalappiàre *vt* atrapar ◇ (*fig*) engañar, embaucar
accalcàre *vt* amontonar ◆ *vpr* amontonarse
accampaménto *sm* campamento *m*
accampàre *vt* acampar ◇ (*pretesti*) alegar ◆ *vrif* acampar ◇ alojarse
accaniménto *sm* ensañamiento *m*
accanìrsi *vpr* ensañarse
accanìto *a* encarnizado ◇ (*incallito*) empedernido
accànto *avv* cerca, al lado ◆ *prep* **a. a** al lado de, junto a
accantonàre *vt* (*trascurare*)

dejar de lado ◇ (*accumulare*) reservar, acumular
accaparràre *vt* acaparar ◆ *vrif* acaparar, conquistar
accapigliàrsi *vrif* reñir
accappatóio *sm* albornoz *m*
accarezzàre *vt* acariciar
accasàrsi *vrif* casarse
accattóne *sm* mendigo *m*, pordiosero *m*
accavallàre *vt* sobreponer ◆ *vpr* amontonarse ● *a. le gambe* cruzar las piernas
accecàre *vt* cegar
accèdere *vi* entrar ◇ (*consentire*) acceder
acceleràre *vt/i* acelerar
acceleratóre *sm* acelerador *m*
accelerazióne *sf* aceleración *f*
accèndere *vt* encender ◇ (*motore*) poner en marcha ◇ (*suscitare*) provocar ◆ *vpr* encenderse
accendìno *sm* mechero *m*, encendedor *m*
accennàre *vt* esbozar ◆ *vi* hacer señas ◇ (*alludere*) aludir
accénno *sm* seña *f* ◇ (*allusione*) alusión *f*
accensióne *sf* encendido *m*
accènto *sm* acento *m*, tilde *f*
accentràre *vt* concentrar ◇ (*pol*) centralizar
accentuàre *vt* acentuar ◆ *vpr* acentuarse
accerchiàre *vt* cercar, rodear
accertaménto *sm* verificación *f*
accéso *a* encendido
accessìbile *a* accesible
accèsso *sm* acceso *m*, paso *m* ● *a. a Internet* acceso a Internet
accessòrio *a/sm* accesorio *m*
accétta *sf* hacha *f*
accettàbile *a* aceptable
accettàre *vt* aceptar
accettazióne *sf* aceptación *f* ◇ (*banco*) recepción *f*
acchiappàre *vt* coger, atrapar
acciàcco *sm* achaque *m*
acciaierìa *sf* acería *f*
acciàio *sm* acero *m*
accidentàle *a* accidental
accidentàto *a* accidentado
accidènte *sm* accidente *m*, percance *m* ● *accidenti!* ¡caramba!, ¡caray!
accigliàto *a* ceñudo
accìngersi *vpr* disponerse, prepararse
acciottolàto *sm* empedrado *m*
acciuffàre *vt* atrapar
acciùga *sf* anchoa *f*
acclamàre *vt* aclamar
acclimatàre *vt* aclimatar ◆ *vpr* aclimatarse
acclùdere *vt* incluir, adjuntar
accoccolàrsi *vrif* acurrucarse
accogliènte *a* acogedor
accogliènza *sf* acogida *f*
accògliere *vt* acoger ◇ (*proposta*) aceptar
accoltellàre *vt* acuchillar
accomiatàre *vt* despedir ◆ *vrif* despedirse

accomodànte *a* condescendiente
accomodàre *vt* arreglar ◆ *vrif* sentarse, ponerse cómodo ● ***si accomodi!*** ¡siéntese!, ¡pase!
accompagnàre *vt* acompañar
accompagnatóre *sm* acompañante *m*, guía *m*
acconciatùra *sf* peinado *m*
acconsentìre *vi* consentir
accontentàre *vt* contentar ◆ *vpr* contentarse (con)
accónto *sm* anticipo *m*, paga y señal *f*
accoppiaménto *sm* acoplamiento *m*
accoppiàre *vt* acoplar ◆ *vrif* acoplarse
accorciàre *vt* acortar ◆ *vpr* acortarse
accordàre *vt* otorgar ◇ (*metter d'accordo*) poner de acuerdo ◇ (*mus*) afinar ◆ *vrif* concordar ◇ (*reciproco*) ponerse de acuerdo
accòrdo *sm* acuerdo *m* ◇ (*mus*) acorde *m*
accòrgersi *vpr* darse cuenta, enterarse, notar
accorgiménto *sm* agudeza *f* ◇ recurso *m*
accórrere *vi* acudir
accòrto *a* sagaz
accostàre *vt* acercar ◇ (*socchiudere*) entornar ◆ *vrif* acercarse (a)
accovacciàrsi *vrif* acurrucarse
accozzàglia *sf* revoltijo *m*
accreditàre *vt* acreditar ◆ *vrif* acreditarse
accréscere *vt* aumentar, acrecentar ◆ *vpr* aumentar
accresciménto *sm* aumento *m*
accucciàrsi *vrif* acurrucarse
accudìre *vi* atender (a) ◆ *vt* cuidar
accumulàre *vt* acumular
accumulatóre *sm* acumulador *m*
accuratézza *sf* cuidado *m*
accuràto *a* esmerado
accùsa *sf* acusación *f*
accusàre *vt* acusar
acèrbo *a* verde
àcero *sm* arce *m*
acéto *sm* vinagre *m*
acetóne *sm* acetona *f*
acidità *sf* acidez *f*
àcido *a/sm* ácido *m*
àcino *sm* grano *m* de uva
àcme *sf* culminación *f*
àcne *sf* acné *m*
àcqua *sf* agua *f* ● ***a. minerale (gasata/non gasata)*** agua mineral (con gas/sin gas, natural); ***a. ossigenata*** agua oxigenada; ***a. piovana*** agua de lluvia
acquaio *sm* fregadero *m*
acquamarìna *sf* aguamarina *f*
acquàrio *sm* acuario *m*
acquàtico *a* acuático
acquavìte *sf* aguardiente *m*
acquazzóne *sm* aguacero *m*, chaparrón *m*
acquedótto *sm* acueducto *m*

àcqueo *a* acuoso
acquerèllo *sm* acuarela *f*
acquietàre *vt* calmar, apaciguar
acquirènte *sm/f* comprador *m*, adquisidor *m*
acquisìre *vt* adquirir
acquistàre *vt* comprar, adquirir
acquìsto *sm* adquisición *f*, compra *f*
acquitrìno *sm* charca *f*
acquolìna *sf* llovizna *f* • ***venire l'a. in bocca*** hacérsele la boca agua
àcre *a* agrio
acrìlico *a* acrílico
acròbata *sm/f* acróbata *m/f*
acrobazìa *sf* acrobacia *f*
acrotèrio *sm* acroterio *m*
acuìre *vt* aguzar ◆ *vpr* agravarse
acùleo *sm* aguijón *m*
acùme *sm* agudeza *f*, perspicacia *f*
acuminàto *a* puntiagudo
acùstica *sf* acústica *f*
acùstico *a* acústico
acutézza *sf* agudeza *f*
acùto *a* agudo ◇ (*fig*) perspicaz
adagiàre *vt* poner con cuidado ◆ *vrif* recostarse
adàgio *avv* despacio, poco a poco ◆ *sm* (*mus*) adagio *m* ◇ (*detto*) refrán *m*
adattaménto *sm* adaptación *f*
adattàre *vt* adaptar ◆ *vrif* adaptarse, conformarse
adàtto *a* apto, idóneo
addebitàre *vt* adeudar ◇ (*imputare*) culpar, imputar
addébito *sm* adeudo *m* ◇ (*imputazione*) imputación *f*
addensàre *vt* espesar, condensar ◆ *vrif* apiñarse
addentàre *vt* morder
addestraménto *sm* adiestramiento *m*
addestràre *vt* adiestrar ◆ *vrif* adiestrarse, ejercitarse
addétto *a* asignado ◆ *sm* encargado *m*, agregado *m*
addiètro *avv* atrás ◇ (*prima*) antes
addìo *sm* adiós *m* ◆ *inter* ¡adiós!, ¡hasta la vista!
addirittùra *avv* incluso, hasta, nada menos
additìvo *sm* aditivo *m*
addizionàre *vt* adicionar, sumar
addizióne *sf* adición *f*, suma *f*
addòbbo *sm* adorno *m*, decoración *f*
addolcìre *vt* endulzar ◇ (*fig*) suavizar, ablandar ◆ *vpr* suavizarse
addoloràre *vt* afligir ◆ *vpr* afligirse (por)
addòme *sm* abdomen *m*
addomesticàre *vt* domesticar
addominàle *a* abdominal ◆ *sm al pl* (*anat*) abdominales *m pl*
addormentàre *vt* adormecer ◆ *vpr* adormecerse, dormirse
addossàre *vt* adosar, arrimar ◇

(*fig*) cargar ◆ *vrif* atribuirse ● ***a. la colpa*** echar la culpa
addòsso *avv* encima, sobre ◇ junto a, pegado a
addùrre *vt* aducir
adeguàre *vt* adecuar ◆ *vrif* adaptarse, conformarse
adeguàto *a* adecuado, proporcionado
adémpiere *vt/i* cumplir
adèpto *sm* adepto *m*
aderènte *a* adherente
aderìre *vi* adherir ◇ (*fig*) aprobar, consentir
adescaménto *sm* embaucamiento *m*
adesióne *sf* adhesión *f*
adesìvo *a/sm* adhesivo *m*
adèsso *avv* ahora
adiacènte *a* adyacente, cercano
àdipe *sm* gordura *f*
adipóso *a* adiposo
adiràrsi *vpr* irritarse, enfadarse
àdito *sm* acceso *m* ● ***dar a. a*** dar pie a
adolescènte *a/sm/f* adolescente *m/f*
adolescènza *sf* adolescencia *f*, mocedad *f*
adoperàre *vt* usar, emplear ◆ *vpr* ingeniarse, afanarse (por)
adoràbile *a* adorable
adoràre *vt* adorar
adornàre *vt* adornar ◆ *vrif* adornarse
adottàre *vt* adoptar
adottìvo *a* adoptivo
adozióne *sf* adopción *f*
adriàtico *a* adriático
adulàre *vt* adular
adultèrio *sm* adulterio *m*
adùltero *a/sm* adúltero *m*
adùlto *a/sm* adulto *m*
adunànza *sf* reunión *f* ● ***tenere una a.*** celebrar una reunión
adunàre *vt* reunir, juntar ◆ *vpr* reunirse, juntarse
adunàta *sf* formación *f* ◇ reunión *f*
aerazióne *sf* ventilación *f*
aèreo *a* aéreo ◆ *sm* avión *m*
aeròbico *a* aeróbico
aerodinàmico *a* aerodinámico
aerofotografìa *sf* aerofotografía *f*
aeronàutica *sf* aeronáutica *f* ◇ aviación *f*
aeronàutico *a* aeronáutico
aeroplàno *sm* avión *m*, aeroplano *m*
aeropòrto *sm* aeropuerto *m*
aerosòl *sm* aerosol *m*
aerospaziàle *a* aeroespacial
aeròstato *sm* aeróstato *m*
àfa *sf* bochorno *m*
affàbile *a* afable
affaccendàrsi *vrif* atarearse, afanarse
affacciàrsi *vrif* asomarse
affamàto *a* hambriento
affannàrsi *vrif* afanarse
affànno *sm* jadeo *m*
affàre *sm* asunto *m* ◇ (*comm*) negocio *m* ● ***affari esteri*** asun-

tos exteriores; ***uomo d'affari*** hombre de negocios
affarìsta *sm/f* traficante *m/f*
affascinànte *a* encantador, fascinante
affascinàre *vt* encantar, fascinar
affaticàre *vt* fatigar, cansar ◆ *vrif* fatigarse, cansarse
affàtto *avv* del todo ◇ (*in frasi negative*) en absoluto • ***niente a.*** de ninguna manera
affermàre *vt* afirmar ◆ *vpr* afirmarse, consolidarse
affermatìvo *a* afirmativo
affermazióne *sf* afirmación *f*
afferràre *vt* agarrar, aferrar, coger ◇ (*capire*) comprender ◆ *vrif* asirse, agarrarse
affettàre *vt* rebanar, cortar en lonchas ◇ (*ostentare*) afectar
affettatrìce *sf* cortafiambres *f*
affettazióne *sf* afectación *f*
affettìvo *a* afectivo
affètto *sm* afecto *m*, cariño *m*
affettuóso *a* afectuoso, cariñoso
affezionàre *vt* aficionar, encariñar ◆ *vpr* aficionarse (a)
affezionàto *a* encariñado
affezióne *sf* afecto *m* ◇ (*med*) afección *f*
affiancàre *vt* flanquear
affiatàrsi *vrif* entenderse
affidàbile *a* fiable
affidàre *vt* confiar, entregar ◆ *vrif* entregarse
affievolìre *vt* debilitar ◆ *vpr* debilitarse
affìggere *vt* pegar, fijar
affilàto *a* afilado, aguzado
affiliàre *vt* afiliar, asociar ◆ *vrif* afiliarse, asociarse
affiliazióne *sf* afiliación *f*
affinàre *vt* afinar ◆ *vpr* afinarse, perfeccionarse
affinché *cong* a fin de que, para que
affìne *a* afín
affinità *sf* afinidad *f*
affioràre *vi* aparecer
affissióne *sf* fijación *f* • ***divieto d'a.*** prohibido fijar carteles
affittàre *vt* alquilar, arrendar • ***affittasi*** se alquila
affìtto *sm* alquiler *m*, arriendo *m* • ***prendere in a.*** alquilar
afflìggere *vt* afligir, apenar ◆ *vpr* afligirse, apenarse
afflizióne *sf* aflicción *f*
afflosciàre *vt* aflojar ◆ *vpr* aflojarse
affluènte *a/sm* afluente *m*
affluènza *sf* concurrencia *f*, afluencia *f*
affluìre *vi* afluir, concurrir
afflùsso *sm* concurrencia *f*, afluencia *f*
affogàre *vt* ahogar ◆ *vi* ahogarse
affollaménto *sm* gentío *m*, muchedumbre *f*
affollàre *vt* llenar ◆ *vpr* agolparse
affollàto *a* concurrido

affondàre *vt* afondar, hundir ◆ *vi* hundirse
affrancàre *vt* liberar ◇ (*esimere*) eximir, exentar ◇ (*posta*) franquear
affrancatùra *sf* franqueo *m* (postal)
affrànto *a* abatido
affrescàre *vt* pintar al fresco
affrésco *sm* fresco *m*
affrettàre *vt* apresurar ◆ *vrif* apresurarse, darse prisa
affrontàre *vt* afrontar ◆ *vrif* enfrentarse
affrónto *sm* afrenta *f*
affumicàto *a* ahumado
afóso *a* bochornoso
africàno *a/sm* africano *m*
afrodisìaco *a/sm* afrodisíaco *m*
agènda *sf* agenda *f*
agènte *sm/f* agente *m/f*
agenzìa *sf* agencia *f*
agevolàre *vt* facilitar
agévole *a* fácil, cómodo
agganciàre *vt* enganchar
aggettìvo *sm* adjetivo *m*
agghiacciànte *a* terrorífico
aggiornaménto *sm* actualización *f* ◇ (*proroga*) prórroga *f*
aggiornàre *vt* actualizar, poner al día ◇ (*rimandare*) prorrogar ◆ *vrif* actualizarse, ponerse al día
aggiràre *vt* rodear ◆ *vpr* merodear ◇ (*approssimarsi*) aproximarse
aggiudicàre *vt* adjudicar ◆ *vpr* adjudicarse
aggiùngere *vt* añadir, agregar ◆ *vpr/rif* juntarse, unirse
aggiustàre *vt* ajustar, arreglar ◆ *vrif* arreglárselas ◇ (*reciproco*) ponerse de acuerdo
aggrappàrsi *vrif* agarrarse
aggravaménto *sm* agravamiento *m*
aggravàre *vt* agravar ◆ *vpr* agravarse
aggraziàto *a* agraciado
aggredìre *vt* agredir, acometer
aggregàre *vt* agregar ◆ *vrif* agregarse, unirse
aggregàto *sm* conjunto *m* ◇ (*geol*) agregado *m*
aggressióne *sf* agresión *f*
aggressività *sf* acometividad *f*, agresividad *f*
aggressìvo *a* agresivo
aggrovigliàre *vt* enredar, enmarañar ◆ *vpr* enredarse, complicarse
agguantàre *vt* agarrar, coger
agguàto *sm* emboscada *f*
agguerrìto *a* aguerrido
agiàto *a* acomodado, holgado
àgile *a* ágil
agilità *sf* agilidad *f*
àgio *sm* bienestar *m*, comodidad *f* • ***a suo a.*** a sus anchas
agìre *vi* obrar, hacer ◇ (*comportarsi*) comportarse ◇ (*chim*) hacer efecto
agitàre *vt* agitar ◇ (*fig*) conmover ◆ *vrif* agitarse, turbarse
agitàto *a* agitado, excitado
agitazióne *sf* agitación *f*

àglio *sm* ajo *m* • ***spicchio d'a.*** diente de ajo
agnèllo *sm* cordero *m*
àgo *sm* aguja *f*
agonìa *sf* agonía *f*
agonìstico *a* atlético, competitivo
agonizzàre *vi* agonizar
agopuntùra *sf* acupuntura *f*
agósto *sm* agosto *m*
agràrio *a* agrario
agrìcolo *a* agrícola
agricoltóre *sm* agricultor *m*
agricoltùra *sf* agricultura *f* • ***a. biologica*** agricultura biológica
agriturìsmo *sm* agroturismo *m*, turismo *m* rural
àgro *a* agrio, acre
agrodólce *a* agridulce
agrùmi *sm pl* cítricos *m pl*, agrios *m pl*
agùzzo *a* puntiagudo
àia *sf* era *f*
AIDS *sm* (*med*) sida *m*
airóne *sm* garza *f*
aiuòla *sf* parterre *m*
aiutàre *vt* ayudar ◆ *vrif* ayudarse
aiùto *sm* ayuda *f* ◇ (*aiutante*) ayudante *m/f* • ***a.!*** ¡socorro!
aizzàre *vt* azuzar, incitar
àla *sf* ala *f* ◇ (*sport*) extremo *m*
àlba *sf* alba *f*, madrugada *f*, amanecer *m*
alberàto *a* arbolado
albergatóre *sm* hotelero *m*
albèrgo *sm* hotel *m*, posada *f*
àlbero *sm* árbol *m* ◇ (*naut*) mástil *m* ◇ (*mecc*) eje *m*
albicòcca *sf* albaricoque *m*
àlbo *sm* álbum *m* ◇ (*registro*) registro *m*, libro *m*
albùme *sm* clara *f* (del huevo)
albumìna *sf* albúmina *f*
àlce *sm* alce *m*
alchimìa *sf* alquimia *f*
àlcol *sm* alcohol *m*
alcòlico *a* alcohólico ◆ *sm* bebida *f* alcohólica
alcolìsmo *sm* alcoholismo *m*
alcolizzàto *a/sm* alcoholizado *m*
alcùno *a* (*in frasi affermative, al pl*) algunos ◇ (*in frasi negative*) ninguno ◆ *pr* (*in frasi affermative, al pl*) algunos ◇ (*in frasi negative*) ningún • ***senza a. motivo*** sin ninguna razón
alettóne *sm* alerón *m*
alfabèto *sm* alfabeto *m*
alfière *sm* alférez *m* ◇ (*scacchi*) alfil *m*
àlga *sf* alga *f*
àlgebra *sf* álgebra *f*
aliànte *sm* planeador *m*
àlibi *sm* coartada *f*
alìce *sf* anchoa *f*
alienazióne *sf* alienación *f*
alièno *a* ajeno ◆ *sm* alienígena *m*
alimentàre *a* alimenticio ◆ *vt* alimentar ◇ (*fig*) fomentar ◆ *vrif* alimentarse ◆ *sm al pl* comestibles *m pl*

alimentatóre *sm* (*mecc*) alimentador *m*
alimentazióne *sf* alimentación *f*
aliménto *sm* alimento *m*
alìquota *sf* alícuota *f*
aliscàfo *sm* hidroplano *m*
alisèo *sm* alisio *m*
àlito *sm* aliento *m* ◇ (*di vento*) hálito *m*
allacciàre *vt* enlazar, atar ◇ (*tecn*) conectar ◇ (*fig*) estrechar
allagaménto *sm* inundación *f*
allargàre *vt* ensanchar, agrandar ◇ (*estendere*) extender ◇ (*ampliare*) ampliar
allàrme *sm* alarma *f*
allattàre *vt* amamantar
alleànza *sf* alianza *f*
alleàto *a/sm* aliado *m*
allegàre *vt* alegar ◇ (*unire*) adjuntar
allegàto *a* adjunto ◆ *sm* alegato *m* ◇ (*inform*) archivo *m* adjunto
alleggerìre *vt* aligerar, aliviar
allegorìa *sf* alegoría *f*
allegrìa *sf* alegría *f*
allégro *a* alegre ◆ *sm* allegro *m*
allenaménto *sm* entrenamiento *m*
allenàre *vt* entrenar ◆ *vrif* entrenarse
allenatóre *sm* entrenador *m*
allentàre *vt* aflojar, relajar ◇ (*diminuire*) disminuir, aliviar ◆ *vpr* aflojarse
allergìa *sf* alergia *f* ● *a. alimentare* alergia alimentaria, alergia a alimentos
allèrgico *a* alérgico
allestìre *vt* aprestar, preparar
allevaménto *sm* cría *f* ◇ (*luogo*) criadero *m*
allevàre *vt* criar ◇ (*fig*) educar
allibìre *vi* quedarse pasmado
allièvo *sm* alumno *m*
allineàre *vt* alinear ◇ (*adeguare*) adecuar ◆ *vrif* alinearse ◇ adecuarse
allocuzióne *sf* alocución *f*
alloggiàre *vt* hospedar ◆ *vi* alojarse, hospedarse
allòggio *sm* alojamiento *m*
allontanàre *vt* alejar, apartar ◆ *vpr* alejarse, apartarse
allóra *avv* entonces ◆ *cong* en tal caso, en este caso ◇ (*ebbene*) pues bien
allòro *sm* laurel *m*
àlluce *sm* dedo *m* gordo del pie
allucinazióne *sf* alucinación *f*
allùdere *vi* aludir
allumìnio *sm* aluminio *m*
allungaménto *sm* alargamiento *m*
allungàre *vt* alargar, prolongar ◇ (*distendere*) extender ◆ *vpr* crecer ◆ *vrif* extenderse
allusióne *sf* alusión *f*
alluvióne *sf* aluvión *m*, inundación *f*
alméno *avv* al menos, por lo menos
alóne *sm* halo *m*, aureola *f*
alpinìsmo *sm* alpinismo *m*

alpinìsta *sm/f* alpinista *m/f*
alpìno *a* alpino
alquànto *avv* bastante ◆ *a* bastante ◆ *pr* algunos
alt! *inter* ¡alto!
altaléna *sf* columpio *m*
altàre *sm* altar *m*
alteràre *vt* alterar ◆ *vpr* alterarse, estropearse
alterazióne *sf* alteración *f*
alternàre *vt* alternar ◆ *vrif* alternarse
alternatìva *sf* alternativa *f*
alternatìvo *a* alternativo
alternatóre *sm* alternador *m*
altézza *sf* altura *f* ◇ (*di stoffa*) largo *m* ◇ (*titolo*) alteza *f* ● ***essere all'a. della situazione*** estar a la altura de la situación
altitùdine *sf* altitud *f*, altura *f*
àlto *a* alto ◇ (*profondo*) profundo ◇ (*di suono*) sonoro, alto ◆ *avv* alto ● ***ad alta voce*** en voz alta; ***a. mare*** alta mar; ***dall'a. in basso*** de arriba abajo
altoparlànte *sm* altavoz *m*
altopiàno *sm* altiplanicie *f*, meseta *f*
altrettànto *a/pr* otro tanto ◆ *avv* igualmente
altriménti *avv* (*in altro modo*) de otra manera, de otro modo ◇ (*contrariamente*) si no, en caso contrario ● ***non si può fare a.*** no hay otra posibilidad
àltro *a* otro ◆ *pr* otro, otra cosa ◇ (*rimanente*) restante ◇ (*gli altri*) los demás ● ***a. che!*** ¡ya lo creo!; ***l'a. anno*** el año pasado; ***non voglio a.*** no quiero nada más; ***se non a.*** por lo menos; ***senz'a.*** sin duda, sin falta
altroché *inter* ciertamente, sí
altrónde, d' *loc.avv* por otra parte
altróve *avv* en otro lugar
altrùi *a.poss* ajeno, de otro, de otros ● ***le cose a.*** lo ajeno
altruìsmo *sm* altruismo *m*
altùra *sf* altura *f*
alùnno *sm* alumno *m*
alveàre *sm* colmena *f*
alzàre *vt* alzar, levantar ◆ *vpr* levantarse ◇ (*sorgere*) surgir ● ***a. le spalle*** encogerse de hombros
amàbile *a* amable ◇ (*di vino*) abocado
amàca *sf* hamaca *f*
amalgamàre *vt* mezclar, amalgamar
amànte *a/sm/f* amante *sm/f*
amàre *vt* querer, amar ◆ *vrif* quererse, amarse
amarèna *sf* guinda *f*
amarézza *sf* amargura *f*
amàro *a/sm* amargo *m*
amàzzone *sf* amazona *f*
ambasciàta *sf* embajada *f*
ambasciatóre *sm* embajador *m*
ambedùe *a/pr* ambos
ambientalìsta *a/sm/f* ambientalista *m/f*, ecologista *m/f*
ambientàre *vt* ambientar ◆ *vrif* acostumbrarse
ambiènte *sm* ambiente *m*

ambiguità *sf* ambigüedad *f*
ambìguo *a* ambiguo
àmbito *sm* ámbito *m*
ambizióne *sf* ambición *f*
ambizióso *a/sm* ambicioso *m*
ambulànte *a* ambulante
ambulànza *sf* ambulancia *f*
ambulatòrio *sm* ambulatorio *m*
amèno *a* ameno ◇ (*spiritoso*) chistoso
amenorrèa *sf* amenorrea *f*
americàno *a/sm* americano *m*
amiànto *sm* amianto *m*
amichévole *a* amistoso ◇ (*cordiale*) afable
amicìzia *sf* amistad *f*
amìco *a/sm* amigo *m*
àmido *sm* almidón *m*
ammaccàre *vt* abollar, machucar ◆ *vpr* abollarse, machucarse
ammaccatùra *sf* abolladura *f*
ammaestràre *vt* amaestrar
ammalàrsi *vpr* enfermar, enfermarse
ammalàto *a/sm* enfermo *m*
ammanettàre *vt* esposar
ammassàre *vt* amontonar ◇ (*raccogliere*) reunir ◆ *vpr* agolparse
ammàsso *sm* montón *m*
ammattìre *vi* enloquecer
ammazzàre *vt* matar ◆ *vrif* matarse, suicidarse
ammènda *sf* multa *f*
ammésso *a* admitido ● ***a. che*** supuesto que
amméttere *vt* admitir
ammezzàto *sm* entresuelo *m*
ammiccàre *vi* guiñar
amministràre *vt* administrar
amministratìvo *a* administrativo
amministrazióne *sf* administración *f*
ammiràglio *sm* almirante *m*
ammiràre *vt* admirar
ammiratóre *sm* admirador *m*
ammirazióne *sf* admiración *f*
ammissìbile *a* admisible
ammissióne *sf* admisión *f*
ammobiliàre *vt* amueblar
ammòllo *sm* remojo *m*
ammonìaca *sf* amoníaco *m*
ammoniménto *sm* advertencia *f*
ammonìre *vt* amonestar
ammonizióne *sf* admonición *f* ◇ advertencia *f*
ammontàre *vi* ascender (a) ◆ *sm* suma *f*
ammorbidìre *vt* ablandar ◇ (*fig*) suavizar
ammortizzàre *vt* amortizar ◇ (*tecn*) amortiguar
ammortizzatóre *sm* amortiguador *m*
ammucchiàre *vt* amontonar ◆ *vpr* amontonarse
ammuffìre *vi* enmohecerse
ammutinaménto *sm* motín *m*
ammutinàrsi *vpr* amotinarse
amnesìa *sf* amnesia *f*
amnistìa *sf* amnistía *f*
àmo *sm* anzuelo *m*
amoràle *a* amoral

amóre *sm* amor *m*
amòrfo *a* amorfo
amoróso *a* amoroso, cariñoso
ampiézza *sf* amplitud *f*
àmpio *a* ancho, amplio ◇ (*abbondante*) copioso
amplèsso *sm* coito *m*
ampliaménto *sm* ampliación *f*
ampliàre *vt* ampliar ◆ *vpr* ampliarse, extenderse
amplificàre *vt* amplificar
amplificatóre *sm* amplificador *m*
ampólla *sf* ampolla *f*
amputàre *vt* amputar
amputazióne *sf* amputación *f*
amulèto *sm* amuleto *m*
anabbagliànte *sm* luz *f* de cruce, luz *f* corta
anacronìsmo *sm* anacronismo *m*
anacronìstico *a* anacrónico
anàgrafe *sf* registro *m*
anagràmma *sm* anagrama *m*
analcòlico *a* sin alcohol, no alcohólico ◆ *sm* bebida *f* sin alcohol
analfabèta *a/sm/f* analfabeto *m*
analgèsico *a/sm* analgésico *m*
anàlisi *sf* análisis *m*
analìsta *sm/f* analista *m/f*
analizzàre *vt* analizar
analogìa *sf* analogía *f*
anàlogo *a* análogo
ànanas *sm* piña *f*, ananás *m*
anarchìa *sf* anarquía *f*
anàrchico *a* anárquico ◆ *sm* anarquista *m/f*
anatomìa *sf* anatomía *f*
anatòmico *a* anatómico
ànatra *sf* pato *m*
ànca *sf* cadera *f*
ànche *cong* también ◇ (*perfino*) incluso ◇ (*inoltre*) además
àncora (1) *sf* ancla *f*, áncora *f* ● ***a. di salvezza*** tabla de salvación
ancóra (2) *avv* todavía, aún ◇ (*di nuovo*) de nuevo, otra vez ● ***a. un po'*** un poquito más
ancoràggio *sm* anclaje *m* ◇ (*luogo*) fondeadero *m*
ancoràre *vt* anclar ◇ (*fissare*) fijar ◆ *vpr* fondear
andaménto *sm* marcha *f*, desarrollo *m*
andàre *vi* ir ◇ (*funzionare*) funcionar, andar ◇ (*di merce*) venderse ◆ *sm* andar *m*, marcha *f* ● ***a. a male*** malograrse; ***come va?*** ¿qué tal?; ***dove vai?*** ¿adónde vas?; ***non mi va*** no tengo ganas de, no me apetece; ***andarsene*** irse, marcharse
andàta *sf* ida *f* ● ***a. e ritorno*** ida y vuelta
andatùra *sf* andar *m* ◇ (*sport*) paso *m*, marcha *f*
andróne *sm* zaguán *m*
anèddoto *sm* anécdota *f*
anèllo *sm* anillo *m*, sortija *f* ◇ (*di catena*) eslabón *m*
anemìa *sf* anemia *f*
anèmico *a* anémico
anemòmetro *sm* anemómetro *m*

anestesìa *sf* anestesia *f*
anestètico *a/sm* anestésico *m*
anestetizzàre *vt* anestesiar
aneurìsma *sm* aneurisma *m*
anfetamìna *sf* anfetamina *f*
anfìbio *a/sm* anfibio *m*
anfiteàtro *sm* anfiteatro *m*
ànfora *sf* ánfora *f*
angèlico *a* angelical
àngelo *sm* ángel *m*
angìna *sf* angina *f* • ***a. pectoris*** angina de pecho
anglosàssone *a/sm/f* anglosajón *m*
angolàre *a* angular
àngolo *sm* ángulo *m* ◇ (*di strada*) esquina *f* ◇ rincón *m* • ***a. cottura*** cocina americana; ***svoltare l'a.*** doblar la esquina
angòscia *sf* angustia *f*
angùria *sf* sandía *f*
angùsto *a* angosto, estrecho ◇ (*fig*) mezquino
ànice *sm* anís *m*
ànima *sf* alma *f*, ánima *f*
animàle *a/sm* animal *m*
animalìsta *a/sm/f* animalista *m/f*
animàre *vt* animar ◆ *vpr* animarse
animàto *a* animado
animatóre *sm* animador *m*
animazióne *sf* animación *f*
ànimo *sm* ánimo *m* • ***avere in a. di*** tener la intención de
animosità *sf* animosidad *f*
annacquàre *vt* aguar
annaffiàre *vt* regar
annàta *sf* año *m* ◇ (*di periodico*) colección *f* ◇ (*agr*) cosecha *f*
annegàre *vt* ahogar ◆ *vi* ahogarse
annerìre *vt* ennegrecer ◆ *vpr* ennegrecerse
annessióne *sf* anexión *f*
annèttere *vt* anexar
annichilìre *vt* aniquilar
annidàre *vt* anidar ◆ *vrif* anidar ◇ (*nascondersi*) ocultarse, esconderse
anniversàrio *sm* aniversario *m*
ànno *sm* año *m* • ***compiere gli anni*** cumplir años; ***un a. fa*** hace un a.
annodàre *vt* anudar ◆ *vpr* anudarse
annoiàre *vt* aburrir ◆ *vpr* aburrirse • ***a. a morte*** aburrirse de muerte
annotàre *vt* anotar
annotazióne *sf* anotación *f*
annuàle *a* anual
annualménte *avv* anualmente
annuàrio *sm* anuario *m*
annuìre *vi* asentir
annullaménto *sm* anulación *f*
annullàre *vt* anular
annunciàre *vt* anunciar ◆ *vpr* presentarse
annunciatóre *sm* anunciante *m/f*
annùncio *sm* anuncio *m*, aviso *m*
ànnuo *a* anual
annusàre *vt* olfatear, oler

annuvolàrsi *vpr* nublarse
àno *sm* ano *m*
anòdino *a* anodino
ànodo *sm* ánodo *m*
anomalìa *sf* anomalía *f*
anònimo *a/sm* anónimo *m*
anoressìa *sf* anorexia *f*
anormàle *a/sm/f* anormal *m/f*
ànsa *sf* asa *f*
ànsia *sf* ansia *f*
ansietà *sf* ansiedad *f*
ansimàre *vi* jadear
ansióso *a* ansioso
antagonìsta *sm/f* antagonista *m/f*
antàrtico *a* antártico
antecedènte *a/sm* antecedente *m*
antefàtto *sm* antecedente *m*
antenàto *sm* antepasado *m*, antecesor *m*
anténna *sf* antena *f* • ***a. parabolica*** antena parabólica; ***a. satellitare*** antena satelital
antepórre *vt* anteponer
anteprìma *sf* estreno *m*
anterióre *a* anterior
antiaèreo *a* antiaéreo
antiallèrgico *a/sm* antialérgico *m*
antiatòmico *a* antiatómico
antibiòtico *a/sm* antibiótico *m*
anticaménte *avv* antiguamente
anticàmera *sf* antesala *f*, antecámara *f*
antichità *sf* antigüedad *f*
anticiclóne *sm* anticiclón *m*
anticipàre *vt* anticipar, adelantar
anticipàto *a* anticipado, adelantado
anticipazióne *sf* anticipación *f*
antìcipo *sm* anticipo *m*, adelanto *m* • ***in a.*** con antelación
antìco *a/sm* antiguo *m*
anticoncezionàle *a/sm* anticonceptivo *m*
anticonformìsmo *sm* anticonformismo *m*
anticostituzionàle *a* anticonstitucional
anticrittogàmico *sm* criptogamicida *m*
antidolorìfico *a/sm* analgésico *m*
antìdoto *sm* antídoto *m*
antiemorràgico *a/sm* antihemorrágico *m*
antifùrto *a/sm* antirrobo *m*
antigèlo *a/sm* anticongelante *m*
antiglobalizzazióne *a/sf* antiglobalización *f*
antinevràlgico *a* antineurálgico
antinfluenzàle *a/sm* antigripal *m*
antipàsto *sm* entremés *m*
antipatìa *sf* antipatía *f*
antipàtico *a/sm* antipático *m*
antipùlci *a* antipulgas
antiquariàto *sm* anticuariado *m*, comercio *m* en antigüedades
antiquàrio *a/sm* anticuario *m*
antiquàto *a* anticuado

antisemìta *a/sm/f* antisemita *m/f*
antisèttico *a/sm* antiséptico *m*
antisìsmico *a* antisísmico
antitetànico *a* antitetánico
antivìrus *a/sm* (*inform*) antivirus *m*
antologìa *sf* antología *f*
àntro *sm* antro *m*
antropologìa *sf* antropología *f*
antropòlogo *sm* antropólogo *m*
antropomòrfo *a* antropomorfo
anulàre *a/sm* anular *m*
ànzi *cong* más bien, mejor ◇ (*al contrario*) al contrario
anzianità *sf* ancianidad *f*
anziàno *a/sm* anciano *m*
anziché *cong* en vez de
anzitùtto *avv* ante todo
aòrta *sf* aorta *f*
apatìa *sf* apatía *f*
àpe *sf* abeja *f*
aperitìvo *sm* aperitivo *m*
apèrto *a* abierto ◇ (*schietto*) accesible • ***all'a.*** al aire libre
apertùra *sf* (*effetto*) abertura *f* ◇ (*azione*) apertura *f*
àpice *sm* ápice *m* ◇ (*fig*) apogeo *m*
apicoltùra *sf* apicultura *f*
apnèa *sf* apnea *f*
apocalìsse *sf* apocalipsis *m*
apogèo *sm* apogeo *m*
apologìa *sf* apología *f*
apoplessìa *sf* apoplejía *f*
apòstolo *sm* apóstol *m*
apòstrofo *sm* apóstrofo *m*
apoteòsi *sf* apoteosis *f*
appagàre *vt* satisfacer ◆ *vrif* contentarse (con)
appàlto *sm* contrata *f*
appannàre *vt* empañar ◇ (*fig*) ofuscar ◆ *vpr* empañarse ◇ (*fig*) nublarse
apparàto *sm* aparato *m*
apparecchiàre *vt* preparar, disponer • ***a. la tavola*** poner la mesa
apparécchio *sm* aparato *m*, máquina *f* ◇ (*aereo*) avión *m*
apparentemènte *avv* aparentemente
apparènza *sf* apariencia *f*
apparìre *vi* aparecer ◇ (*sembrare*) parecer ◇ (*spuntare*) surgir
appariscènte *a* vistoso
apparizióne *sf* aparición *f*
appartaménto *sm* apartamento *m*, piso *m*
appartenére *vi* pertenecer
appassionàre *vt* apasionar ◆ *vpr* apasionarse (por)
appassionàto *a* apasionado
appassìre *vi* marchitarse
appellàre *vi* apelar ◆ *vpr* recurrir (a)
appèllo *sm* llamada *f*, llamamiento *m* ◇ (*dir*) apelación *f* • ***fare l'a.*** pasar lista; ***fare a. a*** apelar a
appéna *avv* apenas ◇ (*solamente*) sólo ◇ (*da poco*) recién ◆ *cong* luego que, ni bien • ***è a. arrivato*** acaba de llegar

appèndere *vt* colgar ◆ *vrif* colgarse
appendìce *sf* apéndice *m*
appendicìte *sf* apendicitis *f*
appéso *a* colgado
appetìto *sm* apetito *m*
appetitóso *a* apetitoso
appiattìre *vt* aplastar ◆ *vrif* aplastarse
appiccicàre *vt* pegar, encolar ◆ *vrif* pegarse, adherirse
appiccicóso *a* pegajoso
appièno *avv* del todo
appigliàrsi *vrif* agarrarse
appìglio *sm* agarradero *m* ◇ (*fig*) pretexto *m*, motivo *m*
appisolàrsi *vpr* adormecerse, adormilarse
applaudìre *vt/i* aplaudir
applàuso *sm* aplauso *m*
applicàre *vt* aplicar ◆ *vrif* aplicarse
appoggiàre *vt* apoyar ◆ *vrif* apoyarse
appoggiatèsta *sm* reposacabezas *m*
appòggio *sm* apoyo *m*
appórre *vt* poner
apportàre *vt* ocasionar
appositaménte *avv* expresamente
appòsito *a* correspondiente
appòsta *avv* (*di proposito*) adrede ◇ (*appositamente*) expresamente
apprèndere *vt* aprender ◇ (*venire a sapere*) enterarse
apprendìsta *sm/f* aprendiz *m*
apprensióne *sf* aprensión *f*
apprensìvo *a* aprensivo
apprèsso *avv* cerca, junto
apprestàre *vt* aprestar, preparar ◆ *vrif* prepararse (a)
apprezzaménto *sm* apreciación *f*
apprezzàre *vt* apreciar
appròccio *sm* acercamiento *m*
approdàre *vi* atracar, arribar
appròdo *sm* atracadero *m*, arribo *m*
approfittàre *vi* aprovechar
approfondìre *vt* profundizar
appropriàrsi *vpr* apoderarse
appropriàto *a* apropiado
approssimatìvo *a* aproximado
approssimazióne *sf* aproximación *f*
approvàre *vt* aprobar
approvazióne *sf* aprobación *f*
approvvigionaménto *sm* abastecimiento *m*
approvvigionàre *vt* abastecer, aprovisionar ◆ *vrif* aprovisionarse
appuntaménto *sm* cita *f*
appùnto *sm* apunte *m*, nota *f* ◇ (*critica*) observación *f* ◆ *avv* precisamente
appuràre *vt* verificar, comprobar
aprìbile *a* abridero
apribottìglie *sm* abridor *m*, abrebotellas *m*
aprìle *sm* abril *m*
aprìre *vt/i* abrir ◆ *vpr* abrirse
apriscàtole *sm* abrelatas *m*

àquila *sf* águila *f*
aquilóne *sm* cometa *f*
arabésco *sm* arabesco *m*
àrabo *a/sm* árabe *m/f*
aràchide *sf* cacahuete *m*, maní *m*
aragósta *sf* langosta *f*
aràldico *a* heráldico
arància *sf* naranja *f*
aranciàta *sf* naranjada *f*
aràncio *sm* naranjo *m* ◇ (*colore*) anaranjado *m*
arancióne *a/sm* anaranjado *m*
aràre *vt* arar
aràtro *sm* arado *m*
aràzzo *sm* tapiz *m*
arbitràggio *sm* arbitraje *m*
arbitràre *vt* arbitrar
arbitràrio *a* arbitrario
arbìtrio *sm* albedrío *m* ◇ (*sopruso*) arbitrariedad *f*
àrbitro *sm* árbitro *m*
arbòreo *a* arbóreo
arbùsto *sm* arbusto *m*, mata *f*
àrca *sf* arca *f*
arcàico *a* arcaico
arcàngelo *sm* arcángel *m*
arcàno *a/sm* arcano *m*
arcàta *sf* arcada *f*
archeologìa *sf* arqueología *f*
archeològico *a* arqueológico
archeòlogo *sm* arqueólogo *m*
archètipo *sm* arquetipo *m*
archétto *sm* arco *m*
architettàre *vt* planear ◇ (*fig*) tramar
architétto *sm* arquitecto *m*
architettònico *a* arquitectónico
architettùra *sf* arquitectura *f*
architràve *sm* arquitrabe *m*
archiviàre *vt* archivar
archìvio *sm* archivo *m*
arcière *sm* arquero *m*
arcipèlago *sm* archipiélago *m*
arcivéscovo *sm* arzobispo *m*
àrco *sm* arco *m*
arcobaléno *sm* arco iris *m*
ardènte *a* ardiente
àrdere *vt/i* arder
ardèsia *sf* pizarra *f*
ardìre *vi* osar, atreverse ◆ *sm* valor *m*, coraje *m* ◇ (*fig*) (*insolenza*) osadía *f*
ardìto *a* osado, atrevido
ardóre *sm* ardor *m*
àrduo *a* arduo
àrea *sf* área *f*
arèna *sf* (*arch*) arena *f* ◇ (*taurom*) plaza *f* de toros
arenàrsi *vpr* encallar
argenterìa *sf* vajilla *f* de plata, platería *f*
argentière *sm* platero *m*
argènto *sm* plata *f*
argìlla *sf* arcilla *f*
àrgine *sm* dique *m*, terraplén *m* ◇ (*fig*) defensa *f*
argomentàre *vi* argumentar
argoménto *sm* argumento *m* ◇ (*tema*) asunto *m*, tema *m* ◇ (*motivo*) motivo *m*
argùto *a* agudo
argùzia *sf* agudeza *f*

ària *sf* aire *m* ◇ (*aspetto*) aspecto *m* • ***darsi arie*** presumir
aridità *sf* aridez *f*
àrido *a* árido
arieggiàre *vt* airear
arìnga *sf* arenque *m*
arióso *a* aireado
aristocràtico *a* aristocrático ◆ *sm* aristócrata *m/f*
aristocrazìa *sf* aristocracia *f*
aritmètica *sf* aritmética *f*
aritmìa *sf* arritmia *f*
àrma *sf* arma *f*
armàdio *sm* armario *m*
armaménto *sm* armamento *m*
armàre *vt* armar ◆ *vrif* armarse
armàta *sf* armada *f*
armàto *a* armado
armatùra *sf* armadura *f*
armistìzio *sm* armisticio *m*
armonìa *sf* armonía *f*
armonióso *a* armonioso
armonizzàre *vt/i* armonizar
arnése *sm* utensilio *m* ◇ (*aggeggio*) chisme *m*
àrnia *sf* colmena *f*
aròma *sm* aroma *m* ◇ *al pl* especias *f pl*
aromàtico *a* aromático
àrpa *sf* arpa *f*
arpìa *sf* arpía *f*
arpióne *sm* arpón *m*
arrabbiàrsi *vpr* enojarse, enfadarse
arrabbiàto *a* enojado, enfadado
arrampicàrsi *vpr* trepar, escalar
arrampicàta *sf* escalada *f*
arrangiàre *vt* arreglar ◆ *vpr* arreglarse
arrecàre *vt* ocasionar
arredaménto *sm* decoración *f*
arredàre *vt* decorar
arrèdo *sm* decoración *f*
arrèndersi *vpr* rendirse
arrestàre *vt* (*fermare*) detener, parar ◇ (*catturare*) arrestar ◆ *vrif* detenerse, pararse
arrèsto *sm* (*fermata*) paro *m*, parada *f* ◇ (*cattura*) arresto *m*
arretràre *vt* atrasar ◆ *vi* retroceder
arricchìre *vt* enriquecer ◆ *vpr/rif* enriquecerse
arricciàre *vt* rizar ◇ (*corrugare*) fruncir
arrìnga *sf* arenga *f*
arrivàre *vi* llegar
arrivedérci! *inter* ¡hasta la vista!, ¡adiós!, ¡a más ver!
arrivìsta *sm/f* arribista *m/f*
arrìvo *sm* llegada *f*
arrogànte *a* arrogante
arrossaménto *sm* enrojecimiento *m*
arrossìre *vi* ruborizarse
arrostìre *vt/i* asar
arròsto *a/sm* asado *m*
arrotàre *vt* afilar
arrotolàre *vt* enrollar
arrotondàre *vt* redondear
arrovellàrsi *vrif* atormentarse • ***a. il cervello*** devanarse los sesos

arruffàre *vt* enmarañar ◆ *vpr* enmarañarse
arrugginìre *vt* herrumbrar ◆ *vi/pr* herrumbrarse
arruolaménto *sm* alistamiento *m*
arruolàre *vt* alistar ◆ *vrif* alistarse
arsenàle *sm* arsenal *m*
arsènico *sm* arsénico *m*
arsùra *sf* (*calura*) quemazón *f* ◇ (*siccità*) sequía *f* ◇ (*sete*) sequedad *f*, sed *f* ardiente
àrte *sf* arte *m/f*
artéfice *sm/f* artífice *m/f*
artèria *sf* arteria *f*
arterioscleròsi *sf* arteriosclerosis *f*
arterióso *a* arterioso
àrtico *a* ártico
articolàre *a* articular ◆ *vt* articular
artìcolo *sm* artículo *m*
artificiàle *a* artificial
artigianàto *sm* artesanía *f*
artigiàno *a* artesanal ◆ *sm* artesano *m*
artiglierìa *sf* artillería *f*
artìglio *sm* garra *f*, zarpa *f*
artìsta *sm/f* artista *m/f*
artìstico *a* artístico
àrto *sm* miembro *m*
artrìte *sf* artritis *f*
arzìllo *a* avispado
ascèlla *sf* axila *f*, (*fam*) sobaco *m*
ascendènte *a/sm* ascendiente *m*
ascensióne *sf* ascensión *f*
ascensóre *sm* ascensor *m*
ascésa *sf* subida *f*
ascèsso *sm* absceso *m*
ascèta *sm* asceta *m*
ascetìsmo *sm* ascetismo *m*
àscia *sf* hacha *f*
asciugacapélli *sm* secador *m* de pelo
asciugamàno *sm* toalla *f*
asciugàre *vt* secar, enjugar ◆ *vrif* secarse, enjugarse
asciugatùra *sf* secamiento *m*
asciùtto *a* seco ◇ (*magro*) flaco ◇ (*brusco*) brusco
ascoltàre *vt* escuchar
ascoltatóre *sm* oyente *m/f*
ascólto *sm* escucha *f* ● ***stare in a.*** estar a la escucha
asfaltàre *vt* asfaltar
asfàlto *sm* asfalto *m*
asfissìa *sf* asfixia *f*
asfissiàre *vt* asfixiar ◇ (*fig*) fastidiar ◆ *vi* asfixiarse, sofocarse
asiàtico *a/sm* asiático *m*
asìlo *sm* asilo *m*, refugio *m* ◇ (*d'infanzia*) parvulario *m*, jardín *m* de infancia
asimmètrico *a* asimétrico
àsino *sm* burro *m*, asno *m*
àsma *sf* asma *f*
asmàtico *a* asmático
àsola *sf* ojal *m*
aspàrago *sm* espárrago *m*
asperità *sf* aspereza *f*
aspettàre *vt* esperar, aguardar
aspettatìva *sf* expectativa *f*,

expectación *f* ◇ (*dal lavoro*) excedencia *f*, licencia *f*
aspètto *sm* aspecto *m* • ***sala d'a.*** sala de espera
aspirànte *a/sm/f* aspirante *m/f*
aspirapólvere *sm* aspiradora *f*
aspiràre *vt/i* aspirar
aspirìna *sf* (*med*) aspirina *f*
asportàre *vt* quitar, sacar ◇ (*med*) extirpar
asportazióne *sf* remoción *f* ◇ (*med*) extirpación *f*
àspro *a* áspero ◇ (*fig*) duro, severo
assaggiàre *vt* probar, catar
assàggio *sm* cata *f*, degustación *f* ◇ (*campione*) muestra *f*
assài *avv* bastante, muy, mucho ◆ *a* mucho
assalìre *vt* asaltar, acometer
assaltàre *vt* asaltar, acometer
assàlto *sm* asalto *m*
assassinàre *vt* asesinar
assassìnio *sm* asesinato *m*
assassìno *sm* asesino *m*
àsse *sf* tabla *f*, tablón *m* ◆ *sm* eje *m*
assediàre *vt* asediar, sitiar
assèdio *sm* asedio *m*, sitio *m*
assegnàre *vt* asignar
asségno *sm* cheque *m* • ***contro a.*** contra reembolso
assemblèa *sf* asamblea *f*
assennàto *a* sensato
assènso *sm* asentimiento *m*, asenso *m*
assentàrsi *vpr* ausentarse
assènte *a/sm/f* ausente *m/f*
assenteìsmo *sm* ausentismo *m*
assènza *sf* ausencia *f* ◇ (*mancanza*) falta *f*
assestaménto *sm* asentamiento *m*
assestàre *vt* arreglar ◇ asestar, dar ◆ *vrif* acomodarse
assetàto *a* sediento
assètto *sm* arreglo *m*, disposición *f* • ***in a. di guerra*** en pie de guerra
assicuràre *vt* asegurar ◆ *vrif* asegurarse, cerciorarse
assicurazióne *sf* garantía *f* ◇ (*polizza*) seguro *m*
assìduo *a* asiduo
assième *avv* junto • ***a. a*** con, junto a
assillàre *vt* molestar
assìllo *sm* obsesión *f*
assimilàre *vt* asimilar
assistènte *sm/f* asistente *m/f*
assistènza *sf* asistencia *f*
assìstere *vt* asistir ◇ (*aiutare*) ayudar ◆ *vi* asistir a, presenciar
àsso *sm* as *m* • ***piantare in a.*** dejar plantado
associàre *vt* asociar, unir ◆ *vrif* asociarse
associazióne *sf* asociación *f*
assolàto *a* soleado
assoldàre *vt* (*mil*) reclutar ◇ (*assumere*) asumir
assolutaménte *avv* absolutamente
assolùto *a* absoluto
assoluzióne *sf* absolución *f*

assòlvere *vt* absolver ◇ (*un compito*) complir
assomigliàre *vi* semejar, parecer
assopìrsi *vpr* adormilarse, amodorrarse
assorbènte *a* absorbente ◆ *sm* compresa *f* higiénica ● ***a. interno*** tampón
assorbiménto *sm* absorción *f*
assorbìre *vt* absorber ◇ (*fig*) asimilar
assordàre *vt* ensordecer
assortiménto *sm* surtido *m*
assòrto *a* absorto, concentrado
assottigliàre *vt* adelgazar ◇ (*diminuire*) disminuir ◆ *vpr* adelgazar ◇ (*ridursi*) reducirse
assuefàre *vt* habituar ◆ *vrif* habituarse
assuefazióne *sf* adaptación *f* ◇ (*dipendenza*) dependencia *f*
assùmere *vt* asumir
assùnto *sm* tesis *f*
assurdità *sf* absurdidad *f*
assùrdo *a/sm* absurdo *m*
àsta *sf* asta *f* ◇ (*vendita*) subasta *f*
astèmio *a/sm* abstemio *m*
astenérsi *vrif* abstenerse
astensióne *sf* abstención *f*
asterìsco *sm* asterisco *m*
astigmàtico *a* astigmático
astinènza *sf* abstinencia *f*
àstio *sm* rencor *m*
astràrre *vt/i* abstraer
astrattìsmo *sm* abstractismo *m*
astràtto *a/sm* abstracto *m*
astringènte *a/sm* astringente *m*
àstro *sm* astro *m*
astrologìa *sf* astrología *f*
astrològico *a* astrológico
astròlogo *sm* astrólogo *m*
astronàuta *sm/f* astronauta *m/f*
astronàutico *a* astronáutico
astronàve *sf* astronave *f*
astronomìa *sf* astronomía *f*
astronòmico *a* astronómico
astrònomo *sm* astrónomo *m*
astùccio *sm* estuche *m*
astùto *a* astuto, listo
astùzia *sf* astucia *f*
atàvico *a* atávico
atenèo *sm* ateneo *m*
àteo *a/sm* ateo *m*
atìpico *a* atípico
atlànte *sm* atlas *m*
atlàntico *a* atlántico
atlèta *sm/f* atleta *m/f*
atlètica *sf* atletismo *m*
atlètico *a* atlético
atmosfèra *sf* atmósfera *f*
atmosfèrico *a* atmosférico
atòllo *sm* atolón *m*
atòmico *a* atómico
àtomo *sm* átomo *m*
àtrio *sm* atrio *m*, zaguán *m*
atróce *a* atroz
atrocità *sf* atrocidad *f*
atrofìa *sf* atrofia *f*
attaccaménto *sm* apego *m*
attaccànte *sm* atacante *m* ◇ (*sport*) delantero *m*
attaccapànni *sm* percha *f*, perchero *m*

attaccàre *vt* (*incollare*) pegar ◇ (*appendere*) colgar ◇ (*assalire*) asaltar ◇ (*contagiare*) contagiar ◇ (*criticare*) criticar, atacar ◇ (*iniziare*) iniciar ◆ *vpr* pegarse, adherirse ◇ (*afferrarsi*) agarrarse ◇ (*trasmettersi*) contagiarse ◇ (*affezionarsi*) aficionarse
attàcco *sm* (*connessione*) conexión *f* ◇ (*assalto*) ataque *m* ◇ (*inizio*) inicio *m* ◇ (*med*) ataque *m* ◇ (*critica*) crítica *f*
atteggiaménto *sm* postura *f* ◇ (*comportamento*) comportamiento *m*
attempàto *a* entrado en años
attendàrsi *vpr* acampar
attèndere *vt* esperar, atender ◆ *vi* dedicarse (a)
attenérsi *vrif* atenerse (a)
attentaménte *avv* atentamente
attentàre *vi* atentar (contra)
attentàto *sm* atentado *m*
attènto *a* atento
attenuànte *a/sf* atenuante *f*
attenuàre *vt* atenuar ◆ *vpr* atenuarse
attenzióne *sf* atención *f* ● *a.!* ¡cuidado!, ¡ojo!
atterràggio *sm* aterrizaje *m*
atterràre *vi* aterrizar
atterrìre *vt* aterrorizar ◆ *vpr* aterrorizarse
attésa *sf* espera *f* ● *stare in a.* estar a la espera
attestàto *sm* atestado *m*, certificado *m*
attìguo *a* contiguo, cercano
attillàto *a* ceñido, ajustado
àttimo *sm* instante *m*, momento *m*
attinènte *a* referente, relativo
attìngere *vt* (*acqua*) sacar ◇ (*ricavare*) obtener ◇ (*raccogliere*) recoger
attiràre *vt* atraer
attitùdine *sf* aptitud *f*
attivàre *vt* activar
attività *sf* actividad *f*
attìvo *a/sm* activo *m*
attizzàre *vt* atizar
àtto *sm* acto *m* ◇ *al pl* (*di congresso*) actas *f pl*
attònito *a* atónito
attorcigliàre *vt* enroscar ◆ *vpr* enroscarse
attóre *sm* actor *m*
attórno *avv* alrededor, en torno ● *a. a* en torno a
attraccàre *vt/i* atracar
attraènte *a* atrayente, atractivo
attràrre *vt* atraer
attrattìva *sf* atractivo *m*
attraversaménto *sm* cruce *m* (de caminos)
attraversàre *vt* atravesar, cruzar
attravèrso *prep* a través de ◇ (*mediante*) por medio de ◆ *avv* de través
attrazióne *sf* atracción *f*
attrezzàre *vt* aparejar, equipar ◆ *vrif* equiparse
attrezzatùra *sf* equipo *m*, aparejos *m pl*

attrézzo *sm* instrumento *m*, utensilio *m* • ***carro attrezzi*** grúa
attribuìre *vt* atribuir
attribùto *sm* atributo *m*
attribuzióne *sf* atribución *f*
attrìce *sf* actriz *f*
attrìto *sm* roce *m*, fricción *f*
attuàle *a* actual, presente
attualità *sf* actualidad *f*
attuàre *vt* llevar a cabo, realizar
attutìre *vt* amortiguar
audàce *a* audaz
audàcia *sf* audacia *f*, osadía *f*
àudio *sm* audio *m*
audiovisìvo *a* audiovisual
auditório *sm* auditorio *m*
audizióne *sf* audición *f*
auguràre *vt* desear ◆ *vpr* esperar
augùrio *sm* deseo *m*, felicitación *f* • ***fare gli auguri*** felicitar; ***auguri!*** ¡enhorabuena!, ¡felicidades!
àula *sf* aula *f*
aumentàre *vt/i* aumentar
auménto *sm* aumento *m*
àureo *a* áureo
aurèola *sf* aureola *f*
auricolàre *a/sm* auricular *m*
auròra *sf* aurora *f*
ausiliàre *a/sm/f* auxiliar *m/f*
auspicàbile *a* deseable
auspicàre *vt* desear
auspìcio *sm* auspicio *m* ◇ (*protezione*) protección *f*
austerità *sf* austeridad *f*
austèro *a* austero
australè *a* austral
australiàno *a/sm* australiano *m*
austrìaco *a/sm* austriaco *m*
autenticàre *vt* autenticar, legalizar
autèntico *a* auténtico
autìsta *sm/f* chófer *m*
àuto *sf* coche *m*, auto *m* • ***a. da corsa*** coche de carreras; ***a. elettrica*** coche eléctrico, auto eléctrico
autoadesìvo *a* autoadhesivo
autobiografìa *sf* autobiografía *f*
autobiogràfico *a* autobiográfico
àutobus *sm* autobús *m*
autocàrro *sm* camión *m*
autodidàtta *sm/f* autodidacta *m/f*
autodifésa *sf* autodefensa *f*
autòdromo *sm* autódromo *m*
autogòl *sm* autogol *m*
autògrafo *a/sm* autógrafo *m*
autogrù *sf* coche *m* grúa
autoinstallànte *a* (*inform*) autoinstalable
autolavàggio *sm* autolavado *m*
autòma *sm* autómata *m*
automàtico *a* automático
automòbile *sf* coche *m*, automóvil *m*
automobilìsta *sm/f* automovilista *m/f*
autonoléggio *sm* alquiler *m* de coches
autonomìa *sf* autonomía *f*

autònomo *a* autónomo
autopsìa *sf* autopsia *f*
autoràdio *sf* autorradio *m*
autóre *sm* autor *m*
autoreggènte *sf spec pl* medias *f pl* autosujetadoras
autorévole *a* autorizado, competente
autoriméssa *sf* garaje *m*
autorità *sf* autoridad *f*
autoritràtto *sm* autorretrato *m*
autorizzàre *vt* autorizar
autorizzazióne *sf* autorización *f*
autoscàtto *sm* disparador *m* automático
autoscuòla *sf* autoescuela *f*
autostòp *sm* autostop *m* • *fare l'a.* hacer dedo, ir a dedo
autostràda *sf* autopista *f*
autosufficiènte *a* autosuficiente
autotrèno *sm* camión *m*
autovèlox *sm* radar *m* de tráfico
autunnàle *a* otoñal
autùnno *sm* otoño *m*
avallàre *vt* avalar
avambràccio *sm* antebrazo *m*
avampósto *sm* avanzada *f*
avanguàrdia *sf* vanguardia *f*
avànti *avv* adelante ◆ *prep* antes de • *a.!* ¡pase!; *a. Cristo* antes de Cristo
avanzaménto *sm* adelanto *m*, avance *m*
avanzàre *vt* adelantar, avanzar ◇ (*presentare*) presentar ◆ *vi* avanzar ◇ (*progredire*) progresar ◇ (*restare*) sobrar • *a. del denaro da qn* ser acreedor de alguien
avànzo *sm* resto *m*, sobra *f*
avarìa *sf* avería *f*
avarìzia *sf* avaricia *f*
avàro *a/sm* avaro *m*
avéna *sf* avena *f*
avére *vt* tener, poseer ◇ (*indossare*) llevar ◆ *vaus* haber ◆ *sm al pl* haberes *m pl*, riquezas *f pl* • *a. a che fare con* tener que ver con; *a. di che vivere* tener para vivir
aviatóre *sm* aviador *m*
aviazióne *sf* aviación *f*
avidità *sf* avidez *f*
àvido *a* ávido
àvo *sm* abuelo *m* ◇ *al pl* antepasados *m pl*
avocàdo *sm* aguacate *m*
avòrio *sm* marfil *m*
avvallaménto *sm* hundimiento *m*, hondonada *f*
avvaloràre *vt* confirmar
avvantaggiàre *vt* favorecer ◆ *vrif* adelantarse
avvelenaménto *sm* envenenamiento *m*
avvelenàre *vt* envenenar ◆ *vrif* envenenarse
avvenènte *a* actractivo, hermoso
avveniménto *sm* acontecimiento *m*, suceso *m*
avvenìre *sm* porvenir *m* ◆ *vi* suceder
avventàrsi *vrif* abalanzarse

avventàto *a* precipitado
avvènto *sm* advenimiento *m* ◇ (*relig*) adviento *m*
avventóre *sm* cliente *m/f*
avventùra *sf* aventura *f*
avventuràrsi *vrif* aventurarse
avventurièro *sm* aventurero *m*
avventuróso *a* azaroso
avveràrsi *vpr* verificarse, cumplirse
avvèrbio *sm* adverbio *m*
avversàrio *a* adversario ◆ *sm* rival *m*
avversità *sf* adversidad *f*
avvèrso *a* adverso
avvertènza *sf* advertencia *f*
avvertiménto *sm* aviso *m*
avvertìre *vt* advertir ◇ (*notare*) notar
avviaménto *sm* inicio *m* ◇ (*aut*) arranque *m*
avviàre *vt* encaminar, dirigir ◇ (*mettere in moto*) poner en marcha, arrancar ◆ *vpr* encaminarse
avvicinàre *vt* acercar ◆ *vpr* acercarse (a)
avviliménto *sm* desaliento *m*
avvilìre *vt* desalentar ◇ (*umiliare*) humillar ◆ *vpr* desalentarse
avvincènte *a* cautivador
avvisàglia *sf* indicio *m*, señal *f*
avvisàre *vt* avisar
avvìso *sm* aviso *m* ◇ (*opinione*) opinión *f* • ***a. di chiamata*** aviso de llamada; ***a. di chiamata a vibrazione*** aviso de llamada por vibración
avvistàre *vt* avistar
avvitàre *vt* atornillar
avvizzìre *vi* marchitarse
avvocàto *sm* abogado *m*
avvòlgere *vt* envolver, enrollar ◆ *vrif* envolverse, enrollarse
avvoltóio *sm* buitre *m*
aziènda *sf* empresa *f*
azióne *sf* acción *f*
azionìsta *sm/f* accionista *m/f*
azòto *sm* nitrógeno *m*
azzannàre *vt* morder, adentellar
azzàrdo *sm* azar *m*
azzeccàre *vt* acertar, atinar
azzuffàrsi *vrif* pelearse
azzùrro *a/sm* azul *m*

B

babbèo *sm* papanatas *m*
bàbbo *sm* papá *m*
babbùccia *sf* babucha *f*
babbuìno *sm* babuino *m*
baby-sitter *sf/m* canguro *f/m*, niñera *f*, baby sitter *f/m*
bacàto *a* agusanado, apolillado

bàcca *sf* baya *f*
baccalà *sm* bacalao *m* ◇ (*fam*) tonto *m*
baccàno *sm* alboroto *m*, jaleo *m*
bacchétta *sf* baqueta *f*, varilla *f* ◇ (*mus*) batuta *f*
baciàre *vt* besar ◆ *vrif* besarse
bacìllo *sm* bacilo *m*
bacinèlla *sf* palangana *f*
bacìno *sm* (*anat*) pelvis *f* ◇ (*geogr*) cuenca *f* ◇ (*naut*) dique *m*
bàcio *sm* beso *m*
backup *sm* (*inform*) copia *f* de seguridad, back-up *m*
bàco *sm* gusano *m* ◇ (*inform*) gazapo *m*, error *m* de programación
badàre *vi* cuidar ◇ (*fare attenzione a*) tener cuidado con
badéssa *sf* abadesa *f*
badìle *sm* pala *f*
bàffo *sm* bigote *m* ● ***ridere sotto i baffi*** reírse por lo bajo
bagagliàio *sm* maletero *m*, portaequipaje *m*
bagàglio *sm* equipaje *m* ◇ (*fig*) bagaje *m*
bagatèlla *sf* bagatela *f*
baglióre *sm* resplandor *m*
bagnànte *sm/f* bañista *m/f*
bagnàre *vt* mojar, bañar ◆ *vrif* mojarse, bañarse
bagnàto *a* mojado, bañado
bagnìno *sm* socorrista *m*
bàgno *sm* baño *m* ● ***costume da b.*** traje de baño; ***fare il b.*** bañarse
bagnomarìa *sm* baño *m* (de) María
bagnoschiùma *sm* gel *m* de baño
bàia *sf* bahía *f*
baionétta *sf* bayoneta *f*
balaùstra *sf* balaustrada *f*
balbettàre *vt/i* balbucear, tartamudear
balbuziènte *a/sm/f* balbuciente *m/f*, tartamudo *m*
balcóne *sm* balcón *m*
baldacchìno *sm* baldaquín *m*, dosel *m*
baldànza *sf* gallardía *f*
bàldo *a* valiente
baldòria *sf* parranda *f*
baléna *sf* ballena *f*
baléno *sm* relámpago *m* ● ***in un b.*** en un santiamén
balèstra *sf* ballesta *f*
bàlia *sf* nodriza *f* ◇ (*bambinaia*) niñera *f*
balìstica *sf* balística *f*
bàlla *sf* bala *f* ◇ (*fam*) bola *f*
ballàre *vt/i* bailar
ballàta *sf* balada *f*
ballatóio *sm* galería *f*
ballerìna *sf* bailarina *f*
ballerìno *sm* bailarín *m*
ballétto *sm* ballet *m*
bàllo *sm* baile *m* ● ***corpo di b.*** cuerpo de baile
ballottàggio *sm* balotaje *m*
balneàre *a* balneario
balórdo *a/sm* tonto *m*
balsàmico *a* balsámico
bàlsamo *sm* bálsamo *m*

bàlza *sf* barranco *m* ◇ (*di stoffa*) franja *f*, volante *m*
balzàre *vi* saltar
bàlzo *sm* salto *m*
bambàgia *sf* algodón *m*
bambìno *sm* niño *m*
bàmbola *sf* muñeca *f*
banàle *a* banal
banalità *sf* banalidad *f*
banàna *sf* plátano *m*
banàno *sm* plátano *m*
bànca *sf* banca *f*, banco *m*
bancarèlla *sf* tenderete *m*, puesto *m* callejero
bancàrio *a* bancario ◆ *sm* empleado *m* de banca
bancarótta *sf* bancarrota *f*
banchétto *sm* banquete *m*
banchière *sm* banquero *m*
banchìna *sf* (*ferr*) andén *m* ◇ (*naut*) muelle *m*
banchìsa *sf* banquisa *f*, banco *m* de hielo
bànco *sm* banco *m* ◇ (*di negozio*) mostrador *m* ◇ (*giochi di carte*) banca *f*
bàncomat *sm* (*sportello*) cajero *m* automático ◇ (*tessera*) tarjeta *f* (de cajero automático)
banconòta *sf* billete *m* (de banco)
bànda *sf* banda *f*
banderuòla *sf* veleta *f*
bandièra *sf* bandera *f*
bandìre *vt* (*esiliare*) desterrar ◇ (*divulgare*) divulgar • ***b. un concorso*** sacar a concurso
banditìsmo *sm* bandidaje *m*
bandìto *sm* bandido *m*
banditóre *sm* subastador *m*
bàndo *sm* (*esilio*) destierro *m* ◇ (*convocazione*) bando *m* • ***mettere al b.*** desterrar; prohibir
bar *sm* bar *m*
bàra *sf* ataúd *m*
baràcca *sf* barraca *f*
baraónda *sf* barahúnda *f*
baràre *vi* hacer trampa
bàratro *sm* abismo *m*
barattàre *vt* cambiar
baràtto *sm* cambio *m*, trueque *m*
baràttolo *sm* tarro *m*
bàrba *sf* barba *f* • ***che b.!*** ¡qué lata!; ***farsi la b.*** afeitarse
barbabiètola *sf* remolacha *f*
barbàrie *sf* barbarie *f*
bàrbaro *a/sm* bárbaro *m*
barbière *sm* barbero *m*, peluquero *m*
barbitùrico *sm* barbitúrico *m*
barbóne *sm* vagabundo *m* ◇ (*zool*) caniche *m*
barbóso *a* pesado, tedioso
barbùto *a* barbudo
bàrca *sf* barca *f*, bote *m*
barcollàre *vi* vacilar, tambalear
barèlla *sf* camilla *f*
barìle *sm* barril *m*
barìsta *sm/f* barman *m*
barìtono *a/sm* barítono *m*
barlùme *sm* vislumbre *f*
baròcco *a/sm* barroco *m*
baròmetro *sm* barómetro *m*
baróne *sm* barón *m*

bàrra *sf* barra *f*
barricàre *vt* cerrar ◆ *vrif* atrincherarse
barricàta *sf* barricada *f*
barrièra *sf* barrera *f* • ***barriere architettoniche*** barreras arquitectónicas
barùffa *sf* pelea *f*
barzellétta *sf* chiste *m*
basàre *vt* basar ◆ *vrif* basarse, fundarse
bàsco *a* vasco ◆ *sm* vasco *m* ◇ (*cappello*) boina *f*
bàse *sf* base *f*
basétta *sf* patilla *f*
basìlica *sf* basílica *f*
basìlico *sm* albahaca *f*
bassézza *sf* bajeza *f*
bàsso *a/sm* bajo *m* ◆ *avv* bajo, abajo
bassofóndo *sm* bajío *m* ◇ *al pl* barrios *m pl* bajos
bassorilièvo *sm* bajorrelieve *m*
bàsta! *inter* ¡basta!
bastànte *a* suficiente
bastàrdo *a* bastardo
bastàre *vi* bastar
bastióne *sm* bastión *m*
bastonàre *vt* apalear
bastóne *sm* bastón *m*
batòsta *sf* golpe *m*, revés *m*
battàglia *sf* batalla *f*
battaglióne *sm* batallón *m*
battèllo *sm* barco *m*
battènte *sm* batiente *m*
bàttere *vt* batir ◇ (*sconfiggere*) derrotar ◇ (*sbattere*) sacudir ◇ (*ore*) dar ◆ *vi* golpear ◇ (*bussare*) llamar ◇ (*di cuore*) latir ◇ (*sport*) lanzar ◆ *vpr* batirse • ***b. a macchina*** escribir a máquina; ***b. il tempo*** marcar el compás; ***b. le mani*** aplaudir
batterìa *sf* batería *f* • ***b. al litio*** (*tel*) batería de litio
battèrio *sm* bacteria *f*
battésimo *sm* bautismo *m*
battezzàre *vt* bautizar
batticuòre *sm* palpitación *f*
battistèro *sm* baptisterio *m*
battistràda *sm* batidor *m* ◇ (*di pneumatico*) cubierta *f*
bàttito *sm* latido *m*
battùta *sf* (*colpo*) golpe *m* ◇ (*sport*) saque *m* ◇ (*mus*) compás *m* ◇ (*teat*) pie *m*, entrada *f* ◇ (*di spirito*) salida *f* ◇ (*di caccia*) batida *f*
baùle *sm* baúl *m*
bàva *sf* baba *f*
bavàglio *sm* mordaza *f*
bàvero *sm* cuello *m*, solapa *f*
bazzècola *sf* bagatela *f*
beatitùdine *sf* beatitud *f*
beàto *a/sm* beato *m*
beauty case *sm* maletín *m* de belleza, neceser *m*
beauty farm *sf* centro *m* de salud y belleza
beccàre *vt* picar, picotear ◇ (*sorprendere*) pescar
beccheggiàre *vi* cabecear
becchìno *sm* sepulturero *m*
bécco *sm* pico *m* • ***mettere il b. in qc*** entrometerse, meter las narices en algo

bed and breakfast *sm* alojamiento *m* con desayuno, pensión *f* con desayuno
befàna *sf* (*epifania*) Epifanía *f* ◇ (*donna brutta*) bruja *f*
bèffa *sf* mofa *f* • ***farsi beffe*** mofarse
beffàre *vt* burlar, befar ◆ *vpr* burlarse
beffeggiàre *vt* befar
begònia *sf* begonia *f*
bèlga *a/sm/f* belga *m/f*
bellézza *sf* belleza *f*, hermosura *f* • ***costare la b. di*** costar la friolera de
bèllico *a* bélico
belligerànte *a/sm* beligerante *m*
bèllo *a* bonito, bello, hermoso, guapo ◇ (*di tempo*) bueno ◆ *sm* bueno *m* • ***il b. è che*** lo bueno es que; ***sul più b.*** en lo mejor; ***un bel nulla*** nada en absoluto
bélva *sf* fiera *f*
belvedére *sm* mirador *m*
benché *cong* aunque, a pesar de que
bènda *sf* venda *f*
bendàggio *sm* vendaje *m*
bendàre *vt* vendar
bène *sm* bien *m* ◆ *avv* bien • ***stare b.*** estar bien; ***va b.*** está bien, bueno; ***voler b.*** querer
benedétto *a* bendito
benedìre *vt* bendecir
benedizióne *sf* bendición *f*
beneducàto *a* bien educado
benefattóre *sm* bienhechor *m*
beneficènza *sf* beneficencia *f*
beneficiàre *vi* beneficiarse, aventajarse
benefìcio *sm* beneficio *m*
benèfico *a* benéfico
benemèrito *a/sm* benemérito *m*
benèssere *sm* bienestar *m*
benestànte *a* desahogado
benestàre *sm* aprobación *f*
benèvolo *a* benévolo
benìgno *a* benigno
benintéso *avv* por supuesto, desde luego
bensì *cong* sino
benvenùto *a* bienvenido ◆ *sm* bienvenida *f* • ***dare il b. a qn*** dar la bienvenida a alguien
benzìna *sf* gasolina *f* • ***b. senza piombo*** gasolina sin plomo; ***b. verde*** gasolina verde; ***fare b.*** poner gasolina, echar gasolina
benzinàio *sm* (*luogo*) gasolinera *f* ◇ (*persona*) empleado *m* de gasolinera
bére *vt* beber
bernòccolo *sm* chichón *m* ◇ (*fig*) predisposición *f*
berrétto *sm* gorro *m*
bersàglio *sm* blanco *m* • ***tiro al b.*** tiro al blanco
bestémmia *sf* blasfemia *f*
bestemmiàre *vt* blasfemar
béstia *sf* bestia *f* • ***andare in b.*** encolerizarse
bestiàle *a* bestial
bestiàme *sm* ganado *m*
betùlla *sf* abedul *m*

bevànda *sf* bebida *f*
bevìbile *a* bebible
bevitóre *sm* bebedor *m*
biàda *sf* pienso *m*
biancherìa *sf* ropa *f* blanca, lencería *f*
biànco *a/sm* blanco *m* • ***di punto in b.*** de improviso; ***mangiare in b.*** comer sin salsas/condimentos
biasimàre *vt* reprobar
biàsimo *sm* reprobación *f*
bìbbia *sf* biblia *f*
biberòn *sm* biberón *m*
bìbita *sf* bebida *f*
bìblico *a* bíblico
bibliografìa *sf* bibliografía *f*
bibliotèca *sf* biblioteca *f*
bibliotecàrio *sm* bibliotecario *m*
bicarbonàto *sm* bicarbonato *m*
bicchière *sm* vaso *m*
biciclétta *sf* bicicleta *f* • ***b. da corsa*** bicicleta de carreras
bicolóre *a* bicolor
bidè *sm* bidé *m*
bidèllo *sm* bedel *m*
bidóne *sm* bidón *m* ◇ (*fam*) engaño *m*, estafa *f*
biennàle *a* bienal
biènnio *sm* bienio *m*
biètola *sf* acelga *f*
bifamiliàre *a* bifamiliar • ***villetta b.*** chalet bifamiliar
bifocàle *a* bifocal
biforcàrsi *vpr* bifurcarse
biforcazióne *sf* bifurcación *f*
bigamìa *sf* bigamia *f*
bìgamo *sm* bígamo *m*
bighellonàre *vi* callejear, vagabundear
bigiotterìa *sf* bisutería *f*
bigliettería *sf* taquilla *f*, despacho *m* de billetes
bigliétto *sm* billete *m* • ***b. da visita*** tarjeta de visita
bigodìno *sm* bigudí *m*, rulo *m*
bigòtto *a/sm* santurrón *m*
bilància *sf* balanza *f*
bilanciàre *vt* equilibrar
bilàncio *sm* balance *m*
bilateràle *a* bilateral
bìle *sf* bilis *f*
biliàrdo *sm* billar *m*
bìlico *sm* **in b.** en vilo
bilìngue *a* bilingüe
bilocàle *sm* vivienda *f* de dos habitaciones
bìmbo *sm* niño *m*
bimensìle *a* bimensual
bimestràle *a* bimestral
bimotóre *a/sm* bimotor *m*
binàrio *sm* vía *f* ◇ (*piattaforma*) andén *m*
binòcolo *sm* binóculo *m*
biodegradàbile *a* biodegradable
biografìa *sf* biografía *f*
biogràfico *a* biográfico
biologìa *sf* biología *f*
biològico *a* biológico
biòlogo *sm* biólogo *m*
bióndo *a/sm* rubio *m*
bìpede *a/sm* bípedo *m*
birbànte *sm* pillo *m*
birichinàta *sf* travesura *f*

birìllo *sm* bolo *m*
bìro *sf* bolígrafo *m*
bìrra *sf* cerveza *f*
birrerìa *sf* cervecería *f*
bisbigliàre *vt/i* cuchichear
bisbìglio *sm* murmullo *m*
bìsca *sf* garito *m*, casa *f* de juego
bìscia *sf* culebra *f*
biscòtto *sm* galleta *f*
bisessuàle *a* bisexual
bisestìle *a* bisiesto
bisettimanàle *a* bisemanal
bislùngo *a* oblongo
bisnònno *sm* bisabuelo *m*
bisognàre *vimp* haber que, ser necesario
bisógno *sm* necesitad *f* ● ***aver b.*** necesitar, tener necesidad
bisognóso *a* necesitado ◆ *sm* pobre *m/f*
bistécca *sf* bistec *m*
bisticciàre *vi* reñir
bistìccio *sm* riña *f*
bìsturi *sm* bisturí *m*
bìtta *sf* bita *f*
bitùme *sm* betún *m*
bivàcco *sm* vivac *m*
bìvio *sm* bifurcación *f*, empalme *m*
bizantìno *a/sm* bizantino *m*
bìzza *sf* capricho *m*
bizzàrro *a* extravagante
bizzèffe, a *loc.avv* a montones
blandìre *vt* halagar
blàndo *a* blando
blasfèmo *a* blasfemo
blasóne *sm* blasón *m*
blateràre *vi* charlar
blindàre *vt* blindar
blindàto *a* blindado
bloccàre *vt* bloquear ◆ *vpr* pararse
blòcco *sm* bloque *m* ◇ (*arresto*) bloqueo *m* ◇ (*per scrivere*) bloc *m* ● ***b. della circolazione*** bloqueo de la circulación
blu *a/sm* azul *m*
bòa *sm* (*zool*) boa *f* ◆ *sf* (*naut*) boya *f*
bobìna *sf* bobina *f*
bócca *sf* boca *f*
boccàccia *sf* bocaza *f* ◇ (*pettegolo*) chismoso *m* ◇ *al pl* muecas *f pl*
boccàglio *sm* tubo *m* de respirar
boccàle *sm* jarra *f*
boccàta *sf* bocanada *f* ● ***prendere una b. d'aria*** tomar el aire
boccétta *sf* frasquito *m*
boccheggiàre *vi* boquear
bocchìno *sm* boquilla *f*
bòccia *sf* jarra *f* ◇ (*palla*) bola *f* ◇ *al pl* (*gioco*) petanca *f*
bocciàre *vt* rechazar ◇ (*a un esame*) suspender
boccìno *sm* boliche *m*, bolín *m*
bocciòlo *sm* capullo *m*
boccóne *sm* bocado *m* ● ***mangiare un b.*** tomar un bocado
bocccóni *avv* boca abajo
bòia *sm* verdugo *m*
boicottàggio *sm* boicot *m*
boicottàre *vt* boicotear

bólla *sf* burbuja *f* ◇ (*med*) ampolla *f* ◇ (*relig*) bula *f*
bollàre *vt* sellar, timbrar ◇ (*fig*) marcar
bollènte *a* hirviente
bollétta *sf* recibo *m*, cédula *f* • *essere in b.* estar pelado
bollettìno *sm* boletín *m*
bollìre *vt/i* hervir
bollìto *a* hervido ◆ *sm* cocido *m*
bollitùra *sf* ebullición *f*
bóllo *sm* sello *m*, timbre *m* ◇ (*aut*) impuesto *m* de circulación • *carta da b.* papel sellado; *marca da b.* póliza
bollóre *sm* hervor *m*
bómba *sf* bomba *f*
bombardaménto *sm* bombardeo *m*
bombardàre *vt* bombardear
bómbola *sf* bombona *f*
bombonièra *sf* bombonera *f*
bonàccia *sf* bonanza *f*
bonìfica *sf* bonificación *f*, saneamiento *m*
bonificàre *vt* bonificar, sanear
bonìfico *sm* giro *m*
bontà *sf* bondad *f*
borbottàre *vt* murmurar, barbotar ◆ *vi* refunfuñar
bòrchia *sf* bullón *m*
bórdo *sm* borde *m*, orilla *f* ◇ (*naut*) bordo *m* • *a b.* (*naut*) a bordo
borgàta *sf* barrio *m*
borghése *a/sm/f* burgués *m* • *in b.* de civil
borghesìa *sf* burguesía *f*
bórgo *sm* aldea *f*, pueblo *m*
bòria *sf* jactancia *f*
borotàlco *sm* borotalco *m*
borràccia *sf* cantimplora *f*
bórsa *sf* bolsa *f* ◇ (*borsetta*) bolso *m* ◇ (*di studio*) beca *f* • *b. nera* mercado negro
borsaiòlo *sm* ratero *m*
borseggiàre *vt* robar, ratear
borseggiatóre *sm* ratero *m*
borsellìno *sm* monedero *m*, portamonedas *m*
borsétta *sf* bolso *m*
borsìsta *sm/f* bolsista *m/f* ◇ (*studio*) becario *m*
boscàglia *sf* boscaje *m*
boscaiòlo *sm* leñador *m* ◇ guardabosque *m*
bòsco *sm* bosque *m*, monte *m*
boscóso *a* boscoso, selvoso
botànico *a/sm* botánico *m*
bòtola *sf* escotillón *m*
bòtta *sf* golpe *m*
bótte *sf* tonel *m*
bottéga *sf* (*negozio*) tienda *f* ◇ (*laboratorio*) taller *m*
botteghìno *sm* taquilla *f*
bottìglia *sf* botella *f*
bottìno *sm* botín *m*
bòtto *sm* golpe *m*
bottóne *sm* botón *m*
bovìno *a/sm* bovino *m*
box *sm* garaje *m* ◇ (*aut*) boxes *m pl* ◇ (*per cavalli*) box *m* ◇ (*per bebè*) parque *m* • *box doccia* mampara de ducha
boxer *sm* (*cane*) boxer *m* ◇ *al pl*

boxer *m*, calzoncillos *m pl* (largos)
bòzza *sf* bosquejo *m* ◇ (*tip*) prueba *f*
bozzétto *sm* boceto *m*
bòzzolo *sm* capullo *m*
braccétto, a *loc.avv* del brazo, de bracero
bracciàle *sm* brazal *m*, brazalete *m*
braccialétto *sm* pulsera *f*, brazalete *m*
bracciànte *sm* peón *m*, bracero *m*
bracciàta *sf* brazada *f*
bràccio *sm* brazo *m* ◇ (*di edificio*) pabellón *m*
bracciòlo *sm* brazo *m*
bracconière *sm* cazador *m* furtivo
bràce *sf* brasa *f*
bracière *sm* brasero *m*
braciòla *sf* chuleta *f*
brànchia *sf* branquia *f*
brànco *sm* rebaño *m*, manada *f*
brancolàre *vi* tantear
brànda *sf* catre *m*
brandèllo *sm* jirón *m*
brandìre *vt* blandir
bràno *sm* pedazo *m*, trozo *m*
branzìno *sm* róbalo *m*
brasàto *sm* estofado *m*
brasiliàno *a/sm* brasileño *m*
bravàta *sf* bravata *f*
bràvo *a* bueno, hábil, capaz ◇ (*educato*) bueno • ***b.!*** ¡muy bien!, ¡bravo!
bravùra *sf* habilidad *f*
bréccia *sf* brecha *f*
brefotròfio *sm* inclusa *f*, casa cuna *f*
bretèlla *sf* tirante *m*
brève *a* breve, corto
brevettàre *vt* patentar
brevétto *sm* patente *f*
brevità *sf* brevedad *f*
brézza *sf* brisa *f*
brìcco *sm* jarro *m*
briccóne *sm* bribón *m*
brìciola *sf* miga *f*
brìga *sf* molestia *f*, lío *m* • ***attaccare b.*** armar camorra; ***prendersi la b. di*** tomarse la molestia de
brigànte *sm* bandido *m*
brigàre *vi* bregar, intrigar
brigàta *sf* brigada *f* ◇ (*gruppo*) pandilla *f*
brìglia *sf* rienda *f*
brillànte *a* resplandeciente, brillante ◆ *sm* brillante *m*
brillàre *vi* brillar ◇ (*distinguersi*) sobresalir
brìllo *a* achispado
brìna *sf* escarcha *f*
brindàre *vi* brindar
brìndisi *sm* brindis *m*
brìo *sm* brío *m*
britànnico *a/sm* británico *m*
brìvido *sm* escalofrío *m*, estremecimiento *m*
brizzolàto *a* entrecano
bròcca *sf* jarra *f*
broccàto *sm* brocado *m*
bròccolo *sm* brécol *m*
bròdo *sm* caldo *m*

bròglio *sm* fraude *m*
bronchìte *sf* bronquitis *f*
bróncio *sm* malhumor *m* • *avere il b.* estar de morros
brónco *sm* bronquio *m*
broncopolmonìte *sf* bronconeumonía *f*
brontolàre *vt* murmurar ◆ *vi* refunfuñar, gruñir
brónzo *sm* bronce *m*
browser *sm* (*inform*) navegador *m*, explorador *m*
brucàre *vt* pacer
bruciapélo, a *loc.avv* a quemarropa
bruciàre *vt* quemar ◆ *vi* arder ◆ *vrif* quemarse
bruciàto *a* quemado
bruciatóre *sm* quemador *m*
bruciatùra *sf* quemadura *f*
brucióre *sm* ardor *m*
brùco *sm* oruga *f*, gusano *m*
brughièra *sf* brezal *m*
brùllo *a* yermo
brùma *sf* bruma *f*
brùno *a* moreno, bruno, pardo
brùsco *a* áspero, agrio ◇ (*di modo*) brusco
brusìo *sm* rumor *m*, murmullo *m*
brutàle *a* brutal
brùto *a/sm* bruto *m*
bruttézza *sf* fealdad *f*
brùtto *a* feo ◇ (*cattivo*) malo • *brutta copia* borrador; *fare brutta figura* quedar en ridículo
bruttùra *sf* porquería *f*
bubbóne *sm* bubón *m*
bùca *sf* hoyo *m*, socavón *m* • *b. delle lettere* buzón
bucanéve *sm* campanilla *f* de las nieves
bucàre *vt* agujerear, pinchar • *b. una gomma* pinchar un neumático
bucàto *sm* colada *f*
bùccia *sf* cáscara *f*
bucherellàre *vt* agujerear
bùco *sm* agujero *m*
bucòlico *a* bucólico
buddìsmo *sm* budismo *m*
budèllo *sm* intestino *m*, tripa *f*
budìno *sm* flan *m*
bùe *sm* buey *m*
bùfalo *sm* búfalo *m*
bufèra *sf* tormenta *f*
bùffo *a* cómico, bufo
buffonàta *sf* bufonada *f*
buffóne *sm* bufón *m*
buggeràre *vt* engañar, estafar
bugìa *sf* mentira *f*
bugiàrdo *a/sm* mentiroso *m*
bugigàttolo *sm* cuchitril *m*
bùio *a* obscuro ◆ *sm* obscuridad *f*
bùlbo *sm* bulbo *m*
bùlgaro *a/sm* búlgaro *m*
bullóne *sm* perno *m*
buonanòtte! *inter* ¡buenas noches!
buonaséra! *inter* ¡buenas tardes!, ¡buenas noches!
buongiórno! *inter* ¡buenos días!

buongustàio *sm* gourmet *m* ◇ persona *f* de buen gusto
buòno *a* bueno ◆ *sm* bono *m* ● ***a buon mercato*** barato; ***alla buona*** sin cumplidos; ***un poco di b.*** granuja
buontempóne *sm* juerguista *m/f*
burattinàio *sm* titiritero *m*
burattìno *sm* títere *m*
bùrbero *a* hosco, rudo
bùrla *sf* burla *f*, broma *f*, mofa *f*
burlóne *sm* burlón *m*, bromista *m/f*
buròcrate *sm/f* burócrata *m/f*
burocràtico *a* burocrático
burocrazìa *sf* burocracia *f*
burràsca *sf* borrasca *f*
burrascóso *a* borrascoso
bùrro *sm* mantequilla *f*, manteca *f*
burróne *sm* barranco *m*
bussàre *vi* golpear, llamar
bùssola *sf* brújula *f*
bùsta *sf* sobre *m* ● ***b. paga*** sueldo
bustarèlla *sf* soborno *m*
bustìna *sf* gorro *m*
bùsto *sm* busto *m* ● ***a mezzo b.*** de medio cuerpo
buttafuòri *sm* gorila *m*, matón *m*
buttàre *vt* echar, tirar ◆ *vrif* echarse, tumbarse, tirarse ● ***b. giù*** (*demolire*) derribar; (*ingoiare*) tragar

C

càbala *sf* cábala *f*
cabìna *sf* cabina *f* ◇ (*naut*) camarote *m* ◇ (*al mare*) caseta *f* ● ***c. telefonica*** cabina telefónica
cabinovìa *sf* teleférico *m*
cacào *sm* cacao *m*
càcca *sf* caca *f*
càccia *sf* caza *f* ◆ *sm* (*mil*) caza *m*, avión *m* de caza ● ***c. grossa*** caza mayor
cacciagióne *sf* caza *f*
caccìàre *vt* cazar ◇ (*scacciare*) echar ◇ (*mettere*) poner, meter ◆ *vi* ir de caza ◆ *vrif* meterse ◇ (*nascondersi*) esconderse
cacciatóre *sm* cazador *m*
cacciavìte *sm* destornillador *m*
càctus *sm* cactus *m*
cadàvere *sm* cadáver *m*
cadavèrico *a* cadavérico
cadènte *a* decrépito, caduco
cadènza *sf* cadencia *f*
cadére *vi* caer
cadétto *sm* cadete *m*
cadùco *a* caduco
cadùta *sf* caída *f*
caffè *sm* café *m* ● ***c. decaffeinato*** café descafeinado; ***c.***

macchiato café cortado; *c. nero* café solo
caffeìna *sf* cafeína *f*
caffellàtte *sm* café *m* con leche
caffettièra *sf* cafetera *f*
cafóne *a* cateto, palurdo
cagionévole *a* enfermizo
cagliàre *vi* cuajar
càglio *sm* cuajo *m*
càgna *sf* perra *f*
càla *sf* cala *f*
calabróne *sm* abejorro *m*
calamàio *sm* tintero *m*
calamàro *sm* calamar *m*
calamìta *sf* imán *m*
calamità *sf* calamidad *f*
calàre *vt* bajar ◆ *vi* bajar ◇ (*diminuire*) disminuir
càlca *sf* gentío *m*, muchedumbre *f*
calcàgno *sm* talón *m*
calcàre *sm* caliza *f* ◆ *vt* apretar • *c. le scene* actuar
càlce *sf* cal *f* • *in c.* al pie de la página
calcestrùzzo *sm* hormigón *m*
calciàre *vt* chutar ◆ *vi* cocear
calciatóre *sm* futbolista *m*
calcìna *sf* argamasa *f*
calcinàccio *sm* cascote *m*
càlcio *sm* patada *f*, coz *f* ◇ (*sport*) fútbol *m* ◇ (*chim*) calcio *m* ◇ (*di pistola*) culata *f* • *c. d'angolo* saque de esquina
càlco *sm* calco *m*
calcolàre *vt* calcular
calcolatóre *a/sm* calculador *m*
calcolatrìce *sf* calculadora *f*
càlcolo *sm* cálculo *m*
caldàia *sf* caldera *f*
caldarròsta *sf* castaña *f* asada
caldeggiàre *vt* apoyar, favorecer
calderóne *sm* olla *f*
càldo *a* caliente ◇ (*di tempo*) cálido ◇ (*di colore*) vivo ◇ (*fig*) caluroso ◆ *sm* calor *m* • *fa c.* hace calor
caleidoscòpio *sm* caleidoscopio *m*
calendàrio *sm* calendario *m*
calèsse *sm* calesa *f*
càlibro *sm* calibre *m* ◇ (*strumento*) calibrador *m*
càlice *sm* cáliz *m*
calìgine *sf* calina *f*, niebla *f*
callìfugo *a/sm* callicida *m*
calligrafia *sf* caligrafía *f*
càllo *sm* callo *m* • *fare il c.* acostumbrarse
callóso *a* calloso
càlma *sf* tranquilidad *f* ◇ (*di vento*) calma *f*, bonanza *f*
calmànte *a/sm* calmante *m*
calmàre *vt* calmar ◆ *vpr* calmarse
càlmo *a* quieto, tranquilo
càlo *sm* merma *f*, disminución *f*
calóre *sm* calor *m*
calorìa *sf* caloría *f*
calorìfero *sm* radiador *m*
calorosaménte *avv* calurosamente
caloróso *a* caluroso
calòtta *sf* casquete *m*

calpestàre *vt* pisar, pisotear ◇ (*fig*) despreciar
calpestìo *sm* pisoteo *m*
calùnnia *sf* calumnia *f*
calunniàre *vt* calumniar
calùra *sf* calor *m*
calvàrio *sm* calvario *m*
calvinìsta *a/sm/f* calvinista *m/f*
calvìzie *sf* calvicie *f*
càlvo *a* calvo
càlza *sf* media *f* ◇ (*da uomo*) calcetín *m* ◇ (*maglia*) calceta *f*
calzamàglia *sf* leotardos *m pl*, malla *f*
calzàre *vt* calzar ◆ *vi* ajustarse, estar justo ◇ (*fig*) ser apropiado
calzascàrpe *sm* calzador *m*
calzatùra *sf* calzado *m*
calzettóne *sm* calcetón *m*
calzìno *sm* calcetín *m*
calzolàio *sm* zapatero *m*
calzóni *sm pl* pantalones *m pl*
camaleónte *sm* camaleón *m*
cambiàbile *a* mudable
cambiàle *sf* letra *f* de cambio
cambiaménto *sm* cambio *m*
cambiàre *vt/i* cambiar ◆ *vrif* cambiarse, mudarse
cambiavalùte *sm/f* cambista *m/f*
càmbio *sm* cambio *m*
camèlia *sf* camelia *f*
càmera *sf* cámara *f* ◇ (*stanza*) cuarto *m*, habitación *f* • ***c. da letto*** dormitorio; ***c. doppia/singola*** habitación doble/individual; ***c. oscura*** cámara oscura
cameràta *sf* dormitorio *m* ◆ *sm/f* camarada *m/f*
cameratésco *a* amistoso
cameratìsmo *sm* camaradería *f*
camerière *sm* camarero *m*
camerìno *sm* camarín *m*
càmice *sm* bata *f*
camicétta *sf* blusa *f*
camìcia *sf* camisa *f*
camìno *sm* chimenea *f*
càmion *sm* camión *m*
camioncìno *sm* camioneta *f*
camionìsta *sm/f* camionero *m*
cammèllo *sm* camello *m*
cammèo *sm* camafeo *m*
camminàre *vi* caminar, andar
camminàta *sf* caminata *f*, marcha *f*
camminatóre *sm* caminante *m*
cammìno *sm* camino *m*
camomìlla *sf* manzanilla *f*
camòscio *sm* gamuza *f* • ***pelle di c.*** ante
campàgna *sf* campo *m*, campaña *f* • ***andare in c.*** ir al campo; ***c. elettorale*** campaña electoral; ***casa di c.*** casa de campo
campagnòlo *a* rústico, campestre
campàle *a* campal
campàna *sf* campana *f*
campanèllo *sm* campanilla *f*, timbre *m*
campanìle *sm* campanario *m*
campanilìsmo *sm* localismo *m*

campàre *vi* vivir
campàta *sf* ojo *m*
campeggiàre *vi* acampar ◇ (*risaltare*) sobresalir
campeggiatóre *sm* campista *m/f*
campéggio *sm* campamento *m*, camping *m*
campèstre *a* campestre
campionàrio *sm* muestrario *m*
campionàto *sm* campeonato *m*
campióne *sm* campeón *m* ◇ (*prova*) muestra *f*
càmpo *sm* campo *m*
camposànto *sm* camposanto *m*
camuffàre *vt* camuflar ◆ *vrif* disfrazarse
canadése *a/sm/f* canadiense *m/f*
canàglia *sf* canalla *m/f*
canàle *sm* canal *m*
canalizzazióne *sf* canalización *f*
canalóne *sm* quebrada *f*
cànapa *sf* cáñamo *m*
canarìno *sm* canario *m*
cancellàre *vt* cancelar ◇ (*con la gomma*) borrar
cancellàta *sf* verja *f*
cancellazióne *sf* cancelación *f*
cancellerìa *sf* cancillería *f*
cancèllo *sm* verja *f*
cancerògeno *a* cancerígeno
cancrèna *sf* gangrena *f*
càncro *sm* cáncer *m*
candéggio *sm* blanqueo *m*
candéla *sf* vela *f* ◇ (*mecc*) bujía *f*
candelàbro *sm* candelabro *m*
candelière *sm* candelero *m*
candidàto *sm* candidato *m*
candidatùra *sf* candidatura *f*
càndido *a* cándido
candìto *a* confitado ◆ *sm* fruta *f* confitada
candóre *sm* candor *m*, candidez *f* ◇ (*fig*) inocencia *f*
càne *sm* perro *m* ● ***c. da caccia*** perro de caza; ***c. da guardia*** perro guardián; ***vita da cani*** vida perra
canèstro *sm* canasto *m* ◇ (*sport*) cesto *m*
cànfora *sf* alcanfor *m*
cangùro *sm* canguro *m*
canìcola *sf* canícula *f*
canìle *sm* perrera *f*
canìno *a* canino ◆ *sm* colmillo *m*
cànna *sf* caña *f* ◇ (*di arma*) cañón *m* ◇ (*fam*) canuto *m*, porro *m* ● ***c. da pesca*** caña de pescar; ***c. da zucchero*** caña de azúcar; ***c. del camino*** tubo de la chimenea; ***farsi una c.*** liarse un canuto, liarse un porro
cannèlla *sf* canela *f*
cannéto *sm* cañaveral *m*
cannìbale *sm/f* caníbal *m*
cannibalìsmo *sm* canibalismo *m*
cannocchiàle *sm* anteojo *m*
cannonàta *sf* cañonazo *m*
cannóne *sm* cañón *m*
cannùccia *sf* cañuto *m* ◇ (*per bibita*) pajilla *f*

canòa *sf* canoa *f*
cànone *sm* canon *m*
canònico *a* canónico ◆ *sm* canónigo *m*
canòro *a* canoro
canottàggio *sm* remo *m*
canottièra *sf* camiseta *f* de tirantes
canòtto *sm* bote *m*, lancha *f*
canovàccio *sm* cañamazo *m* ◇ (*straccio*) trapo *m* ◇ (*teat*) trama *f*
cantànte *sm/f* cantante *m/f*
cantàre *vt/i* cantar
cantastòrie *sm* trovero *m*
cantautóre *sm* cantautor *m*
canticchiàre *vt/i* canturrear
cantière *sm* (*edil*) obra *f* ◇ (*naut*) astillero *m*
cantìna *sf* sótano *m*, cantina *f*
cànto *sm* canto *m* ◇ (*parte*) parte *f*, lado *m* ● ***dal c. mio*** por mi parte; ***d'altro c.*** por otro lado
cantonàle *a* cantonal
cantonàta *sf* esquina *f* ◇ (*fig*) equivocación *f*
cantóne *sm* rincón *m*
canùto *a* cano
canzonàre *vt* tomar el pelo, burlar, mofar
canzóne *sf* canción *f*
càos *sm* caos *m*
caòtico *a* caótico
capàce *a* capaz ◇ (*ampio*) espacioso
capacità *sf* capacidad *f*
capacitàrsi *vpr* darse cuenta (de)
capànna *sf* cabaña *f*, choza *f*
capannèllo *sm* corro *m*, corrillo *m*
capannóne *sm* cobertizo *m*
capàrbio *a* obstinado
capàrra *sf* paga *f* y señal, arras *f pl*
capéllo *sm* pelo *m*, cabello *m*
capellùto *a* cabelludo
capezzàle *sm* cabezal *m*
capézzolo *sm* pezón *m*
capiènza *sf* cabida *f*, capacidad *f*
capigliatùra *sf* cabellera *f*
capillàre *a/sm* capilar *m*
capìre *vt* entender, comprender ◆ *vrif* entenderse ● ***c. al volo*** coger al vuelo; ***si capisce!*** ¡ciertamente!
capitàle *a/sm/f* capital *m/f*
capitalìsmo *sm* capitalismo *m*
capitanerìa *sf* capitanía *f*
capitàno *sm* capitán *m*
capitàre *vimp* (*arrivare per caso*) llegar casualmente ◇ (*accadere*) acontecer, suceder
capitèllo *sm* capitel *m*
capitolàre *vi* capitular ◇ (*fig*) ceder
capìtolo *sm* capítulo *m*
capitómbolo *sm* tumbo *m*, vuelco *m*
càpo *sm* (*testa*) cabeza *f* ◇ (*chi comanda*) jefe *m* ◇ (*geogr*) cabo *m* ● ***c. di bestiame*** cabeza de ganado, res; ***c. di vestiario*** prenda de vestir; ***da c.*** de nuevo; ***punto e a c.*** punto y aparte

capodànno *sm* año *m* nuevo • *notte di c.* nochevieja
capofamìglia *sm/f* cabeza *f* de la familia
capofitto, a *loc.avv* de cabeza
capogìro *sm* vértigo *m*, vahido *m*
capolavóro *sm* obra *f* maestra
capolìnea *sm* estación *f* terminal, parada *f* terminal
capolìno *sm* inflorescencia *f* • *fare c.* asomarse
capoluògo *sm* capital *f*
caporàle *sm* cabo *m*
capostazióne *sm/f* jefe *m* de estación
capostìpite *sm/f* fundador *m* de un linaje
capotrèno *sm* jefe *m* de tren
capouffìcio *sm* jefe *m* de oficina
capovòlgere *vt* volcar ◇ (*fig*) invertir ◆ *vpr* volcarse ◇ (*fig*) invertirse
càppa *sf* capa *f* ◇ (*di camino*) campana *f*
cappèlla *sf* capilla *f*
cappellìno *sm* sombrerito *m*
cappèllo *sm* sombrero *m*
càppero *sm* alcaparra *f*
cappóne *sm* capón *m*
cappottàre *vi* volcarse
cappòtto *sm* abrigo *m*
cappuccìno *sm* (*relig*) capuchino *m* ◇ café *m* con leche
cappùccio *sm* capucha *f*, capuchón *m*
càpra *sf* cabra *f*
caprétto *sm* chivo *m*, cabrito *m*
caprìccio *sm* capricho *m*, antojo *m*
capriccióso *a* caprichoso, antojadizo
caprìno *a* cabrío, cabruno
capriòla *sf* cabriola *f*
capriòlo *sm* corzo *m*
càpro *sm* chivo *m*
càpsula *sf* cápsula *f*
captàre *vt* captar
carabìna *sf* carabina *f*
caràffa *sf* garrafa *f*
caramèlla *sf* caramelo *m*
caràttere *sm* carácter *m*
caratterìstica *sf* característica *f*
caratterìstico *a* característico
caratterizzàre *vt* caracterizar, distinguir
carboidràto *sm* carbohidrato *m*
carbóne *sm* carbón *m* • *c. fossile* hulla
carbonizzàre *vt* carbonizar ◆ *vpr* carbonizarse
carburànte *sm* carburante *m*
carburatóre *sm* carburador *m*
carcàssa *sf* esqueleto *m* ◇ (*armatura*) armazón *m*
carceràrio *a* carcelario
carceràto *a/sm* encarcelado *m*, preso *m*
càrcere *sm* cárcel *f*
carcerière *sm* carcelero *m*
carciòfo *sm* alcachofa *f*
cardìaco *a* cardíaco
cardinàle *a* cardinal ◆ *sm* cardenal *m*

càrdine *sm* gozne *m*, perno *m* ◇ (*fig*) fundamento *m*
cardiòlogo *sm* cardiólogo *m*
cardiovascolàre *a* cardiovascular
càrdo *sm* cardo *m*
carèna *sf* carena *f*
carènte *a* escaso
carènza *sf* carencia *f*
carestìa *sf* carestía *f*
carézza *sf* caricia *f*
cariàtide *sf* cariátide *f*
càrica *sf* carga *f* ◇ (*incarico*) cargo *m*
caricabatterìa *sm* cargador *m* de batería
caricàre *vt* cargar ◇ (*gravare*) agravar ◇ (*mil*) atacar
caricatùra *sf* caricatura *f*
càrico *a* cargado ◆ *sm* carga *f* ● ***a mio c.*** a mi cargo
càrie *sf* caries *f*
carìno *a* lindo, bonito, mono
carismàtico *a* carismático
carità *sf* caridad *f* ● ***per c.!*** ¡por favor!
caritatévole *a* caritativo
carlìnga *sf* carlinga *f*
carlóna, alla *loc.avv* sin cuidado
carnagióne *sf* cutis *m*
carnàle *a* carnal
càrne *sf* carne *f*
carnéfice *sm* verdugo *m*
carnevàle *sm* carnaval *m*
carnìvoro *a/sm* carnívoro *m*
carnóso *a* carnoso
càro *a* querido, amado ◇ (*costoso*) caro
carógna *sf* carroña *f* ◇ (*fig*) canalla *m/f*
caròta *sf* zanahoria *f*
carovàna *sf* caravana *f*
carpentière *sm* carpintero *m*
carpóni *avv* a gatas
carreggiàta *sf* carretera *f*
carrèllo *sm* carretilla *f* ◇ (*aer*) tren *m* de aterrizaje ◇ (*di macchina per scrivere*) carro *m* ◇ (*di supermercato*) carrito *m* ◇ (*per servire*) camarera *f*
carrétto *sm* carreta *f*
carrièra *sf* carrera *f* ● ***di gran c.*** de prisa
carriòla *sf* carretilla *f*
càrro *sm* carro *m* ● ***c. armato*** tanque
carròzza *sf* (*a cavalli*) carroza *f*, carruaje *m* ◇ (*ferr*) vagón *m*, coche *m*
carrozzèlla *sf* cochecito *m* ◇ (*per invalidi*) silla *f* de ruedas
carrozzerìa *sf* carrocería *f*
carrozzìna *sf* cochecito *m*
carrùcola *sf* garrucha *f*, polea *f*
càrta *sf* papel *m* ◇ (*da gioco*) carta *f*, naipe *m* ◇ (*geogr*) mapa *m* ◇ (*menu*) menú *m* ● ***c. bollata*** papel sellado; ***c. d'imbarco*** tarjeta de embarque; ***c. da lettere*** papel de cartas; ***c. da parati*** papel pintado; ***c. di credito*** tarjeta de crédito; ***c. d'identità*** tarjeta de identidad; ***c. igieni-***

ca papel higiénico; *c. intestata* papel con membrete
cartàceo *a* de papel
cartamonéta *sf* papel *m* moneda
cartapésta *sf* cartón *m* piedra
cartéggio *sm* carteo *m*
cartèlla *sf* (*custodia*) carpeta *f* ◇ (*borsa*) cartera *f* ◇ (*med*) historial *m* médico ◇ (*foglio*) hoja *f*
cartèllo *sm* cartel *m*
cartellóne *sm* valla *f* ◇ (*teat*) cartelera *f*
càrter *sm* cárter *m*
cartilàgine *sf* cartílago *m*
cartìna *sf* papelito *m* ◇ (*geogr*) mapa *m*
cartòccio *sm* cucurucho *m*
cartografìa *sf* cartografía *f*
cartolerìa *sf* papelería *f*
cartolibrerìa *sf* librería-papelería *f*
cartolìna *sf* (tarjeta) postal *f*
cartomànte *sm/f* cartomántico *m*
cartóne *sm* cartón *m* • *c. animato* dibujo animado
cartùccia *sf* cartucho *m*
càsa *sf* casa *f* • *c. di campagna* casa de campo; *c. di cura* clínica
casàcca *sf* casaca *f*
casalìnga *sf* ama *f* de casa
casalìngo *a* casero
casàto *sm* linaje *m*, abolengo *m*
cascàre *vi* caer
cascàta *sf* cascada *f*
cascìna *sf* granja *f*, alquería *f*
càsco *sm* casco *m*
caseifìcio *sm* quesería *f*
casèlla *sf* casilla *f* • *c. postale* apartado postal; *c. di posta elettronica* buzón de correo electrónico
casellànte *sm/f* guardagujas *m/f*
casellàrio *sm* casillero *m* • *c. giudiziario* fichero judicial
casèllo *sm* casilla *f*
casèrma *sf* cuartel *m*
casìno *sm* burdel *m* ◇ (*fig*) jaleo *m*
càso *sm* caso *m* ◇ (*casualità*) casualidad *f* • *a c.* al azar; *in ogni c.* en todo caso; *nel c. che* en caso de que; *per c.* por casualidad
casolàre *sm* casa *f* de campo
càspita! *inter* ¡caramba!
càssa *sf* caja *f* ◇ (*da morto*) ataúd *m*
cassafòrte *sf* caja *f* fuerte, caja *f* de caudales
cassapànca *sf* arca *f*, arcón *m*
cassétta *sf* cajita *f* ◇ (*mus*) casete *m* • *c. delle lettere* buzón
cassétto *sm* cajón *m*
cassettóne *sm* cómoda *f*
cassière *sm* cajero *m*
castàgna *sf* castaña *f*
castàgno *sm* castaño *m*
castàno *a* castaño
castèllo *sm* castillo *m*
castigàre *vt* castigar
castigliàno *a/sm* castellano *m*

castìgo *sm* castigo *m*
castità *sf* castidad *f*
càsto *a* casto
castòro *sm* castor *m*
castràre *vt* castrar
casuàle *a* casual
casualità *sf* casualidad *f*
casualménte *avv* casualmente
cataclìsma *sm* cataclismo *m*
catalàno *a/sm* catalán *m*
catalìtico *a* catalítico
catalogàre *vt* catalogar
catàlogo *sm* catálogo *m*
catamaràno *sm* catamarán *m*
catapécchia *sf* chabola *f*, tugurio *m*
catàrro *sm* catarro *m*
catàsta *sf* montón *m*
catàsto *sm* catastro *m*
catàstrofe *sf* catástrofe *f*
catechìsmo *sm* catecismo *m*
categorìa *sf* categoría *f*
caténa *sf* cadena *f* ◇ (*geogr*) cordillera *f*
catenàccio *sm* cerrojo *m*
catinèlla *sf* palangana *f* • ***piovere a catinelle*** llover a cántaros
catràme *sm* alquitrán *m*
càttedra *sf* cátedra *f*
cattedràle *sf* catedral *f*
cattivèria *sf* maldad *f*
cattività *sf* cautividad *f*
cattìvo *a* malo ◇ (*malvagio*) malvado
cattòlico *a/sm* católico *m*
cattùra *sf* captura *f*
catturàre *vt* capturar
caucciù *sm* caucho *m*
càusa *sf* causa *f*
causàle *a/sf* causal *f*
causàre *vt* causar
càustico *a* cáustico ◇ (*fig*) mordaz
cautèla *sf* cautela *f*
cautelàre *vt* proteger ◆ *vrif* cautelarse, prevenirse
càuto *a* cauto
cauzióne *sf* fianza *f*, caución *f*
càva *sf* cantera *f*
cavalcàre *vt/i* cabalgar, montar
cavalcavìa *sm* puente *m*, paso *m* elevado
cavalcióni, a *loc.avv* a horcajadas
cavalière *sm* jinete *m* ◇ (*gener*) caballero *m*
cavàlla *sf* yegua *f*
cavallerésco *a* caballeresco
cavallerìa *sf* caballería *f* ◇ (*fig*) caballerosidad *f*
cavallétta *sf* saltamontes *m* ◇ (*locusta*) langosta *f*
cavallétto *sm* caballete *m*
cavàllo *sm* caballo *m* • ***c. di battaglia*** caballo de batalla; ***c. vapore*** caballo de vapor
cavàre *vt* sacar, quitar • ***cavarsela*** arreglárselas
cavatàppi *sm* sacacorchos *m*
cavèrna *sf* cueva *f*, caverna *f*
càvia *sf* cobaya *f*
caviàle *sm* caviar *m*
cavìglia *sf* tobillo *m*
cavìllo *sm* sofisma *m*

cavità *sf* cavidad *f*
càvo *a* hueco ◆ *sm* cable *m* ◇ (*corda*) cabo *m*
cavolàta *sf* (*fam*) tontería *f*
cavolfióre *sm* coliflor *f*
càvolo *sm* col *f*
cazzòtto *sm* puñetazo *m*
cazzuòla *sf* trulla *f*
ce → **ci**
céce *sm* garbanzo *m*
cecità *sf* ceguera *f*
cèco *a/sm* checo *m*
cèdere *vt* ceder ◇ dar ◆ *vi* ceder
cedévole *a* (*di terreno*) desmoronadizo ◇ (*fig*) dócil
cediménto *sm* derrumbamiento *m*
cèdola *sf* cédula *f*
cédro *sm* cedro *m* ◇ (*frutto*) cidra *f*
cefalèa *sf* cefalea *f*
céffo *sm* atravesado *m*
ceffóne *sm* bofetón *m*
celàre *vt* esconder ◆ *vrif* esconderse
celebràre *vt* celebrar
celebrazióne *sf* celebración *f*
cèlebre *a* célebre
celebrità *sf* celebridad *f*
cèlere *a* veloz
celèste *a/sm* celeste *m*
celibàto *sm* celibato *m*, soltería *f*
cèlibe *a/sm* célibe *m*, soltero *m*
cèlla *sf* celda *f*
cèllula *sf* célula *f*
cellulàre *a* celular ◆ *sm* coche *m* celular ◇ (*tel*) móvil *m*, teléfono *m* celular, teléfono *m* móvil, teléfono *m* portátil
cellulìte *sf* celulitis *f*
cèltico *a* céltico
cementàre *vt* unir con cemento ◇ (*fig*) cimentar
ceménto *sm* cemento *m*, hormigón *m* ● ***c. armato*** hormigón armado
céna *sf* cena *f*
cenàcolo *sm* cenáculo *m*
cenàre *vi* cenar
céncio *sm* trapo *m*
cencióso *a* andrajoso, harapiento
cénere *sf* ceniza *f*
cénno *sm* seña *f*, ademán *m*
censiménto *sm* censo *m*
censìre *vt* censar
censùra *sf* censura *f*
censuràre *vt* censurar
centàuro *sm* centauro *m*
centenàrio *a/sm* centenario *m*
centèsimo *a* centésimo ◆ *sm* centésimo *m* ◇ (*moneta*) céntimo *m*
centìgrado *a* centígrado
centigràmmo *sm* centigramo *m*
centìmetro *sm* centímetro *m*
centinàio *sm* centenar *m*
cènto *a/sm* ciento *m*, cien *m*
centràle *a* central, céntrico ◆ *sf* central *f*
centralinìsta *sm/f* telefonista *m/f*
centralìno *sm* centralita *f*

centralizzàre *vt* centralizar
centràre *vt/i* centrar
centrifugàre *vt* centrifugar
centrìpeto *a* centrípeto
cèntro *sm* centro *m* • ***c. commerciale*** centro comercial; ***c. sociale*** centro social
céppo *sm* cepa *f* ◇ (*da ardere*) tuero *m*
céra *sf* cera *f* ◇ (*aspetto*) aspecto *m*, cara *f*
ceralàcca *sf* lacre *m*
ceràmica *sf* cerámica *f*
ceramìsta *sm/f* ceramista *m/f*
cerbiàtto *sm* cervato *m*
cercàre *vt* buscar ◆ *vi* procurar, esforzarse (por)
cérchia *sf* cerco *m* ◇ (*di amici*) círculo *m*
cérchio *sm* cerco *m*, círculo *m*
cereàle *sm* cereal *m*
cerebràle *a* cerebral
cerétta *sf* (*per depilazione*) cera *f*
cerimònia *sf* ceremonia *f*
cerimoniàle *a/sm* ceremonial *m*
cèrnia *sf* mero *m*
cernièra *sf* bisagra *f* • ***c. lampo*** cremallera
céro *sm* cirio *m*
ceròtto *sm* esparadrapo *m*
certaménte *avv* ciertamente
certézza *sf* certeza *f*
certificàre *vt* certificar
certificàto *sm* certificado *m*
cèrto *a* cierto ◇ (*sicuro*) seguro ◇ *al pl* (*alcuni*) algunos ◆ *avv* cierto, ciertamente
certósa *sf* cartuja *f*
cervèllo *sm* seso *m*, cerebro *m*
cervicàle *a* cervical
cèrvo *sm* ciervo *m*
cesellàre *vt* cincelar
cesóie *sf pl* tijeras *f pl*
cèspite *sm* renta *f*
cespùglio *sm* mata *f*
cessàre *vi* cesar, parar, dejar de
cèsso *sm* letrina *f*
cestìno *sm* cesto *m*
césto *sm* cesto *m*
cèto *sm* clase *f*
cetriòlo *sm* pepino *m*
chattare *vi* (*inform*) chatear
che *pr* (*rel*) que ◇ (*interr, escl*) qué ◆ *cong* que • ***c. bello/buono!*** ¡qué lindo/bueno!; ***c. cosa fai?*** ¿qué haces?; ***c. dici?*** ¿qué dices?
chepì *sm* quepis *m*
chi *pr* (*rel*) quien ◇ (*interr*) quién • ***c. è?*** ¿quién es?; ***c. sono?*** ¿quiénes son?
chiàcchiera *sf spec al pl* charlas *f pl* ◇ (*pettegolezzo*) chisme *m*
chiacchieràre *vi* charlar, platicar ◇ (*spettegolare*) chismear
chiacchieràta *sf* charla *f*, conversación *f*
chiacchieróne *a/sm* hablador *m*
chiamàre *vt* llamar ◆ *vpr* llamarse, nombrarse
chiamàta *sf* llamada *f*

chiaraménte *avv* claramente
chiarézza *sf* claridad *f*
chiariménto *sm* aclaración *f*
chiarìre *vt* aclarar
chiàro *a/sm* claro *m*
chiaroscùro *sm* claroscuro *m*
chiàsso *sm* ruido *m*
chiassóso *a* ruidoso ◇ (*di colore*) chillón
chiàve *sf* llave *f* ◇ (*mus*) clave *f* ● ***c. inglese*** llave inglesa
chiavistèllo *sm* pestillo *m*, cerrojo *m*
chiàzza *sf* mancha *f*
chìcco *sm* grano *m*
chièdere *vt* (*per avere*) pedir ◇ (*per sapere*) preguntar ● ***c. di qn*** preguntar por alguien
chièrico *sm* clérigo *m*
chièsa *sf* iglesia *f*
chìglia *sf* quilla *f*
chìlo *sm* kilo *m*
chimèra *sf* quimera *f*
chìmica *sf* química *f*
chìmico *a/sm* químico *m*
chìna *sf* quina *f* ◇ (*pendio*) pendiente *f*
chinàre *vt* inclinar ◆ *vrif* inclinarse
chincaglierìa *sf* quincallería *f*
chinìno *sm* quinina *f*
chiòccia *sf* clueca *f*
chiòcciola *sf* (*zool*) caracol *m* ◇ (*inform*) arroba *f* ● ***scala a c.*** escalera de caracol
chiòdo *sm* clavo *m*
chiòma *sf* cabellera *f* ◇ (*di albero*) copa *f*
chiòsco *sm* quiosco *m*
chiòstro *sm* claustro *m*
chiromànte *sm/f* quiromántico *m*
chirurgìa *sf* cirugía *f*
chirùrgico *a* quirúrgico
chirùrgo *sm* cirujano *m*
chissà *avv* quién sabe
chitàrra *sf* guitarra *f*
chitarrìsta *sm/f* guitarrista *m/f*
chiùdere *vt* cerrar ◇ (*rinchiudere*) encerrar ◇ (*ostruire*) obstruir ◆ *vi* cerrar ◆ *vpr* cerrarse ◆ *vrif* encerrarse
chiùnque *pr* quienquiera, cualquiera (que)
chiùsa *sf* dique *m* ◇ (*conclusione*) conclusión *f*
chiùso *a* cerrado
chiusùra *sf* cierre *m* ● ***c. centralizzata*** (*aut*) cierre centralizado
ci *pr.pers* (**ce** *davanti a 'lo', 'la', 'le', 'li', 'ne'*) nos ◆ *pr* en esto, en ello ◆ *avv* allí, ahí (*spesso fraseologico*) ● ***c'è/ci sono*** hay; ***ci danno*** nos dan; ***ci sto bene*** estoy bien (ahí); ***dateci*** dadnos; ***non ci capisco niente*** no entiendo nada
ciabàtta *sf* chinela *f*
ciàlda *sf* barquillo *m*
ciambèlla *sf* rosquilla *f*
ciància *sf* charla *f*
cianfrusàglia *sf* baratija *f*
ciào! *inter* ¡adiós!, ¡hola!, ¡hasta luego!
ciarlatàno *sm* charlatán *m*

ciascùno *a* cada, todo ◆ *pr* cada cual, cada uno
cìbo *sm* comida *f*
cicàla *sf* cigarra *f*
cicatrìce *sf* cicatriz *f*
cicatrizzàre *vt* cicatrizar ◆ *vpr* cicatrizarse
cìcca *sf* (*mozzicone*) colilla *f* ◇ (*gomma da masticare*) chicle *m*
cìccia *sf* grasa *f*
cicciόne *sm* gordinflón *m*
cìclico *a* cíclico
ciclìsmo *sm* ciclismo *m*
ciclìsta *sm/f* ciclista *m/f*
cìclo *sm* ciclo *m*
ciclomotόre *sm* velomotor *m*
ciclόne *sm* ciclón *m*
cicógna *sf* cigüeña *f*
cicòria *sf* achicoria *f*
cièco *a/sm* ciego *m* ● ***vicolo c.*** callejón sin salida
cièlo *sm* cielo *m*
cìfra *sf* cifra *f*
cìglio *sm* pestaña *f* ◇ (*bordo*) borde *m*, margen *m*
cìgno *sm* cisne *m*
cigolàre *vi* chirriar
cigolìo *sm* chirrido *m*
cilέno *a/sm* chileno *m*
ciliègia *sf* cereza *f*
ciliègio *sm* cerezo *m*
cilindràta *sf* cilindrada *f*
cilìndrico *a* cilíndrico
cilìndro *sm* cilindro *m*
cìma *sf* cumbre *f*, cima *f*
cimentàrsi *vrif* aventurarse (en, a)
cìmice *sf* chinche *f*
ciminièra *sf* chimenea *f*
cimitèro *sm* cementerio *m*
cineamatóre *sm* cinéfilo *m*
cìnema *sm* cine *m* ● ***c. di prima visione*** cine de estreno
cinematogràfico *a* cinematográfico
cineprésa *sf* filmadora *f*, cámara *f* de filmar
cinése *a/sm* chino *m*
cinetèca *sf* filmoteca *f*
cinètico *a* cinético
cìngere *vt* rodear, cercar ◇ (*abbracciare*) ceñir ◆ *vrif* ceñirse
cìnghia *sf* correa *f* ◇ (*cintura*) cinturón *m*
cinghiàle *sm* jabalí *m*
cìngolo *sm* oruga *f*
cinguettìo *sm* gorjeo *m*, gorgojeo *m*
cìnico *a/sm* cínico *m*
cinìsmo *sm* cinismo *m*
cinòfilo *a/sm* cinófilo *m*
cinquànta *a/sm* cincuenta *m*
cinquantèsimo *a* quincuagésimo ◆ *sm* quincuagésimo *m*, cincuentavo *m*
cinquantìna *sf* cincuentena *f*
cìnque *a/sm* cinco *m*
cinquecènto *a/sm* quinientos *m*
cìnta *sf* cerco *m*
cintùra *sf* cinturón *m* ● ***c. di sicurezza*** cinturón de seguridad
cinturìno *sm* correa *f*
ciò *pr* esto, eso ● ***c. che*** lo que
ciòcca *sf* mechón *m*

cioccolàta *sf* chocolate *m*
cioccolatìno *sm* chocolatín *m*
cioccolàto → **cioccolata**
cioè *avv* esto es, es decir, o sea
ciondolàre *vi* oscilar ◇ (*fig*) holgazanear
ciòndolo *sm* dije *m*, colgante *m*
ciononostànte *avv* no obstante, a pesar de ello
ciòtola *sf* tazón *m*, cuenco *m*
ciòttolo *sm* guijarro *m*
cipìglio *sm* ceño *m*
cipólla *sf* cebolla *f*
cìppo *sm* cipo *m*
ciprèsso *sm* ciprés *m*
cìpria *sf* polvos *m pl*
cìrca *prep* cerca de ◇ (*riguardo a*) respecto a, en cuanto a ◆ *avv* aproximadamente
cìrco *sm* circo *m*
circolàre *a/sf* circular *f* ◆ *vi* circular, girar
circolazióne *sf* circulación *f*
cìrcolo *sm* círculo *m* ◇ (*di persone*) tertulia *f*, peña *f*
circondàre *vt* circundar, rodear ◆ *vrif* rodearse (de)
circonferènza *sf* circunferencia *f*
circonvallazióne *sf* circunvalación *f*
circoscrìvere *vt* circunscribir
circoscrizióne *sf* circunscripción *f*
circospètto *a* circunspecto
circostànte *a* circunstante, colindante
circostànza *sf* circunstancia *f*
circùito *sm* circuito *m*
cistèrna *sf* cisterna *f*
cìsti *sf* quiste *m*
citàre *vt* citar, mencionar
citazióne *sf* citación *f*
citòfono *sm* interfono *m*
città *sf* ciudad *f* ● ***c. d'arte*** ciudad de arte, ciudad monumental
cittadèlla *sf* ciudadela *f*
cittadinànza *sf* ciudadanía *f* ◇ (*i cittadini*) ciudadanos *m pl*, pueblo *m*
cittadìno *a/sm* ciudadano *m*
ciùffo *sm* mechón *m*
civétta *sf* lechuza *f* ◇ (*fig*) coqueta *f*
civetterìa *sf* coquetería *f*
cìvico *a* cívico
civìle *a* civil, cívico ◇ (*civilizzato*) civilizado ◇ (*cortese*) cortés ◆ *sm* civil *m* ● ***abito c.*** traje de paisano; ***codice c.*** código civil
civilizzazióne *sf* civilización *f*
civiltà *sf* civilización *f* ◇ (*cortesia*) urbanidad *f*
clàcson *sm* claxon *m*, bocina *f*
clamóre *sm* ruido *m*
clamoróso *a* clamoroso, ruidoso
clandestìno *a* clandestino ◆ *sm* polizón *m*
clarinétto *sm* clarinete *m*
clàsse *sf* clase *f*
classicìsmo *sm* clasicismo *m*
clàssico *a/sm* clásico *m*
classìfica *sf* clasificación *f*

classificàre *vt* clasificar ◆ *vpr* clasificarse
classificazióne *sf* clasificación *f*
clàusola *sf* cláusula *f*
clausùra *sf* clausura *f*
clavicémbalo *sm* clavicémbalo *m*
clavìcola *sf* clavícula *f*
clemènte *a* clemente ◇ (*di clima*) apacible
cleptòmane *a/sm/f* cleptómano *m*
clericàle *a* clerical
clèro *sm* clero *m*
clessìdra *sf* clepsidra *f*
cliccàre *vi* cliquear, pinchar
clièntе *sm/f* cliente *m/f*
clientèla *sf* clientela *f*
clìma *sm* clima *m*
climàtico *a* climático
climatizzatóre *sm* climatizador *m*
climatizzazióne *sf* climatización *f*
clìnica *sf* clínica *f*
clìnico *a/sm* clínico *m*
clonàre *vt* clonar
clóne *sm* clon *m*
clòro *sm* cloro *m*
clorofìlla *sf* clorofila *f*
coabitàre *vi* cohabitar, convivir
coadiuvàre *vt* coadyuvar
coagulàre *vt* coagular ◆ *vpr* coagularse
coalizióne *sf* coalición *f*
coàtto *a* forzoso
coautóre *sm* coautor *m*
cocaìna *sf* cocaína *f*
coccàrda *sf* escarapela *f*
còccio *sm* (*pezzo*) pedazo *m*, añicos *m pl* ◇ (*materiale*) barro *m* cocido
cocciùto *a* testarudo
còcco *sm* (*frutto*) coco *m* ◇ (*pianta*) cocotero *m* ◇ (*fam*) preferido *m* ● ***piantagione di c.*** cocotal
coccodrìllo *sm* cocodrilo *m*
coccolàre *vt* mimar
cocómero *sm* sandía *f*
códa *sf* cola *f*, rabo *m* ● ***mettersi in c.*** ponerse en cola; ***non avere né capo né c.*** no tener ni pies ni cabeza
codardìa *sf* cobardía *f*
codàrdo *a/sm* cobarde *m*
codésto *a/pr* ese
còdice *sm* código *m* ◇ (*manoscritto*) códice *m* ● ***c. di avviamento postale*** código postal; ***c. a barre*** código de barras
codìfica *sf* codificación *f*
codificàre *vt* codificar
coefficiènte *sm* coeficiente *m*
coerènte *a* coherente
coesióne *sf* cohesión *f*
coesìstere *vi* coexistir
coetàneo *a/sm* coetáneo *m*
coèvo *a* contemporáneo
còfano *sm* (*aut*) capó *m* ◇ (*cassa*) cofre *m*
cògliere *vt* coger ◇ (*fig*) aprovechar ◇ (*capire*) comprender
cognàto *sm* cuñado *m*

cognizióne *sf* cognición *f*, conocimiento *m*
cognóme *sm* apellido *m*
coincidènza *sf* coincidencia *f* ◇ (*mezzi di trasporto*) enlace *m* • *far c.* empalmar
coincìdere *vi* coincidir
coinvòlgere *vt* implicar, envolver
colabròdo *sm* colador *m*
colàre *vt* colar, filtrar ◆ *vi* gotear • *c. a picco* hundirse
colazióne *sf* (*prima colazione*) desayuno *m* ◇ (*pranzo*) almuerzo *m*
colèi *pr* aquella
colèra *sm* cólera *m*
colesteròlo *sm* colesterol *m*
còlica *sf* cólico *m*
còlla *sf* cola *f*
collaboràre *vi* colaborar
collaboratóre *sm* colaborador *m*
collaborazióne *sf* colaboración *f*
collàna *sf* collar *m* ◇ (*di libri*) colección *f*
collànt *sm* panty *m*, leotardo *m*
collàre *sm* collar *m*
collàsso *sm* colapso *m*
collaudàre *vt* probar
collàudo *sm* prueba *f*
collazióne *sf* comparación *f*
còlle *sm* cerro *m*, colina *f*
collèga *sm/f* colega *m/f*
collegaménto *sm* enlace *m*, conexión *f*
collegàre *vt* unir, enlazar ◇ (*connettere*) conectar ◇ (*mettere in relazione*) conexionar ◆ *vpr* unirse, enlazarse ◆ *vrif* conexionarse, enlazarse ◇ (*radio*) ponerse en comunicación
collègio *sm* colegio *m*
còllera *sf* cólera *f*
collètta *sf* colecta *f*
collettività *sf* colectividad *f*
collettìvo *a* colectivo
collétto *sm* cuello *m*
collezionàre *vt* coleccionar
collezióne *sf* colección *f*
collìna *sf* colina *f*, loma *f*
collìrio *sm* colirio *m*
collisióne *sf* colisión *f*, choque *m*
còllo *sm* cuello *m* ◇ (*pacco*) bulto *m*
collocaménto *sm* colocación *f*
collocàre *vt* colocar ◆ *vrif* colocarse
collòquio *sm* coloquio *m*
colmàre *vt* colmar
cólmo *a* colmo ◆ *sm* colmo *m* ◇ (*cima*) cima *f*, cumbre *f*
colómbo *sm* palomo *m*
còlon *sm* colon *m*
colònia *sf* colonia *f*
coloniàle *a* colonial
colonizzàre *vt* colonizar
colonizzazióne *sf* colonización *f*
colónna *sf* columna *f*
colonnàto *sm* columnata *f*
colòno *sm* colono *m*
coloànte *a/sm* colorante *m*

coloràre *vt* colorar, colorear ◆ *vpr* teñirse
colóre *sm* color *m* ◇ (*della pelle*) tez *f*
colorìto *a/sm* colorido *m*
colóro *pr* aquellos, aquellas
colossàle *a* colosal
cólpa *sf* culpa *f*
colpévole *a/sm/f* culpable *m/f*
colpìre *vt* golpear, pegar ◇ (*fig*) impresionar, chocar
cólpo *sm* golpe *m* ◇ (*sparo*) disparo *m* ◇ (*impressione*) impresión *f* ◇ (*med*) ataque *m* ● ***c. apoplettico*** ataque apoplético; ***c. di telefono*** telefonazo; ***di c.*** de golpe; ***far c.*** causar impresión
coltellàta *sf* cuchillada *f*
coltèllo *sm* cuchillo *m* ◇ (*temperino*) navaja *f*
coltivàre *vt* cultivar
coltivazióne *sf* cultivo *m*
cólto *a* culto, instruido
coltùra *sf* cultivo *m*
colùi *pr* aquél
còma *sm* coma *m*
comandaménto *sm* mandamiento *m*
comandànte *sm* comandante *m*, jefe *m*
comandàre *vt* mandar, comandar ◇ (*controllare*) controlar ◆ *vi* ordenar
comàndo *sm* comando *m* ◇ (*ordine*) mando *m*, orden *f* ◇ (*tecn*) mando *m*
combacìare *vi* coincidir, compaginarse
combàttere *vt/i* combatir
combattiménto *sm* pelea *f*, combate *m*
combinàre *vt* combinar ◇ (*organizzare*) arreglar, organizar ◇ (*fare*) hacer
combinazióne *sf* combinación *f* ● ***per c.*** por casualidad
combustìbile *a/sm* combustible *m*
combustióne *sf* combustión *f*
cóme *avv* (*comparativo*) como ◇ (*interrogativo, esclamativo*) cómo, qué ◆ *cong* como ● ***c. è bello!*** ¡qué bonito!; ***c. mai?*** ¿cómo es eso?; ***c. pure*** así como
cométa *sf* cometa *m*
comicità *sf* comicidad *f*
còmico *a/sm* cómico *m*
comìgnolo *sm* chimenea *f*
cominciàre *vt* iniciar, comenzar ◆ *vi* empezar
comitàto *sm* comité *m*
comitìva *sf* comitiva *f*
comìzio *sm* mitin *m*
commàndo *sm* comando *m*
commèdia *sf* comedia *f*
commediògrafo *sm* comediógrafo *m*
commemoràre *vt* conmemorar
commemorazióne *sf* conmemoración *f*
commensàle *sm/f* comensal *m/f*

commentàre *vt* comentar
comménto *sm* comentario *m*
commerciàle *a* comercial
commercialìsta *sm/f* gestor *m*
commerciànte *sm/f* comerciante *m/f*
commèrcio *sm* comercio *m* • *c. all'ingrosso/al minuto* comercio al por mayor/al por menor; *c. equo e solidale* comercio justo y solidario
comméssa *sf* dependienta *f* ◇ (*comm*) pedido *m*
commésso *sm* dependiente *m*, empleado *m*
commestìbile *a* comestible
comméttere *vt* cometer
commiàto *sm* despedida *f*
commiserazióne *sf* conmiseración *f*
commissariàto *sm* comisaría *f*
commissàrio *sm* comisario *m*
commissióne *sf* comisión *f* ◇ (*incarico*) recado *m*, orden *f* ◇ (*ordinazione*) pedido *m* ◇ *al pl* (*acquisti*) compras *f pl*
commòsso *a* conmovido
commovènte *a* conmovedor
commozióne *sf* conmoción *f*
commuòvere *vt* conmover, enternecer ◆ *vpr* conmoverse, enternecerse
commutàre *vt* conmutar
comodìno *sm* mesita *f* de noche, velador *m*
comodità *sf* comodidad *f*
còmodo *a* cómodo ◇ (*largo*) ancho, holgado ◆ *sm* conveniencia *f* • *far c.* convenir, ser útil; *fare il proprio c.* hacer lo que le place a uno
compaesàno *sm* paisano *m*
compagnìa *sf* compañía *f*
compàgno *sm* compañero *m*
comparàbile *a* comparable
comparìre *vi* aparecer ◇ (*dir*) comparecer
compàrsa *sf* aparición *f* ◇ (*cin*) comparsa *f*
compartiménto *sm* compartimiento *m* • *c. stagno* compartimiento estanco
compassàto *a* acompasado, mesurado
compassióne *sf* compasión *f* • *far c.* dar lástima
compàsso *sm* compás *m*
compatìbile *a* compatible
compatiménto *sm* compasión *f*
compatìre *vt* compadecer
compatriòta *sm/f* compatriota *m/f*
compàtto *a* compacto, apretado
compèndio *sm* compendio *m*
compensàre *vt* (*retribuire*) remunerar ◇ (*risarcire*) resarcir ◇ (*fig*) compensar
compènso *sm* (*retribuzione*) retribución *f* ◇ (*indennizzo*) indemnización *f* ◇ (*fig*) compensación *f*
comperàre → **comprare**
competènte *a* competente
competènza *sf* competencia *f*
compètere *vi* competir

competitività *sf* competitividad *f*
competitìvo *a* competitivo
competizióne *sf* competición *f*
compiacènte *a* complaciente
compiacére *vt/i* complacer, satisfacer ◆ *vpr* complacerse ◇ (*rallegrarsi*) alegrarse (con, de, por)
compiàngere *vt* compadecer
compiànto *a* llorado ◆ *sm* dolor *m*
cómpiere *vt* cumplir ◇ (*terminare*) terminar, concluir ◆ *vpr* concluirse, cumplirse
compilàre *vt* compilar
compilazióne *sf* compilación *f*
compiménto *sm* conclusión *f* ● *portare a c.* llevar a cabo
cómpito *sm* tarea *f*, encargo *m* ◇ (*di scuola*) deber *m*
compleànno *sm* cumpleaños *m*
complementàre *a* complementario
compleménto *sm* complemento *m*
complessàto *a* acomplejado
complessità *sf* complejidad *f*
complessìvo *a* total, global
complèsso *a* complejo ◆ *sm* complejo *m* ◇ (*mus*) conjunto *m*
completàre *vt* completar
complèto *a* completo ◆ *sm* lleno *m* ◇ (*vestito*) conjunto *m*, traje *m*
complicàre *vt* complicar, enmarañar ◆ *vpr* complicarse, agravarse
complicàto *a* complicado
complicazióne *sf* complicación *f*
còmplice *sm/f* cómplice *m/f*
complimentàre *vt* felicitar ◆ *vpr* congratularse (con)
compliménto *sm* cumplido *m* ◇ *al pl* felicitaciones *f pl* ● *senza fare complimenti* sin formalidades
complòtto *sm* complot *m*
componènte *sm/f* componente *m/f*
componiménto *sm* composición *f*
compórre *vt* componer
comportaménto *sm* comportamiento *m*
comportàre *vt* comportar ◆ *vpr* comportarse
compositóre *sm* compositor *m*
composizióne *sf* composición *f*
compósto *a* compuesto ◇ (*ordinato*) arreglado ◆ *sm* composición *f*, compuesto *m*
compràre *vt* comprar
compratóre *sm* comprador *m*
compravéndita *sf* compraventa *f*
comprèndere *vt* comprender, incluir ◇ (*capire*) entender
comprensióne *sf* comprensión *f*
comprensìvo *a* comprensivo

comprèssa *sf* compresa *f* ◇ (*pasticca*) comprimido *m*
compressióne *sf* compresión *f*
compressóre *sm* compresor *m*
comprìmere *vt* comprimir
comproméssso *sm* compromiso *m*, arreglo *m*
comprométtere *vt* comprometer ◆ *vrif* comprometerse
comproprietà *sf* copropiedad *f*
comprovàre *vt* comprobar
computàre *vt* computar
computer *sm* computadora *f*, ordenador *m* • *c. portatile* ordenador portátil
còmputo *sm* cómputo *m*
comunàle *a* municipal
comùne *a* común ◆ *sm* ayuntamiento *m*, municipio *m*
comunicàre *vt* comunicar ◇ (*relig*) comulgar ◆ *vi* comunicar
comunicàto *sm* comunicado *m*
comunicazióne *sf* comunicación *f*
comunióne *sf* comunión *f*
comunìsmo *sm* comunismo *m*
comunità *sf* comunidad *f*
comùnque *avv* de todos modos, de cualquier modo ◆ *cong* como quiera que
con *prep* con • *c. me/te/sé* conmigo/contigo/consigo
conàto *sm* conato *m*
cónca *sf* cuenca *f*
concatenazióne *sf* concatenación *f*
còncavo *a* cóncavo
concèdere *vt* conceder, otorgar ◇ (*ammettere*) admitir, reconocer ◆ *vrif* concederse
concentraménto *sm* concentración *f*
concentràre *vt* concentrar ◆ *vrif* concentrarse
concentrazióne *sf* concentración *f*
concèntrico *a* concéntrico
concepìbile *a* concebible
concepiménto *sm* concepción *f*
concepìre *vt* concebir
concertàre *vt* organizar
concertìsta *sm/f* concertista *m/f*
concèrto *sm* concierto *m*
concessionàrio *a/sm* concesionario *m*
concessióne *sf* concesión *f*
concètto *sm* concepto *m*
concettuàle *a* conceptual
concezióne *sf* concepción *f*
conchìglia *sf* concha *f*
conciàre *vt* curtir ◇ (*fig*) maltratar ◆ *vrif* arreglarse (mal) ◇ (*sporcarsi*) ensuciarse
conciliàbolo *sm* conciliábulo *m*
conciliàre *vt* conciliar ◆ *vpr* conciliarse
conciliazióne *sf* conciliación *f*
concìlio *sm* concilio *m*
concimàre *vt* abonar
concìme *sm* abono *m*
concisióne *sf* concisión *f*
concìso *a* conciso

concittadìno *sm* conciudadano *m*
conclùdere *vt* concluir ◇ (*stipulare*) estipular, concertar ◆ *vpr* resolverse, concluirse ● *c. un patto* cerrar un trato
conclusióne *sf* conclusión *f* ◇ (*accordo*) arreglo *m*
concomitànte *a* concomitante
concordànza *sf* concordancia *f* ◇ (*accordo*) acuerdo *m*
concordàre *vt/i* concordar
concòrde *a* concorde
concorrènte *a/sm/f* concurrente *m/f*
concorrènza *sf* competencia *f*
concórrere *vi* concurrir ◇ (*partecipare*) participar, colaborar
concórso *sm* concurso *m*, oposición *f*
concrèto *a/sm* concreto *m*
condànna *sf* condena *f*
condannàre *vt* condenar ◇ (*criticare*) reprobar
condannàto *sm* condenado *m*
condènsa *sf* condensación *f*
condensàre *vt* condensar ◆ *vpr* condensarse
condensazióne *sf* condensación *f*
condiménto *sm* condimento *m*, aliño *m*
condìre *vt* sazonar, condimentar, aliñar
condiscendènza *sf* condescendencia *f*
condivìdere *vt* compartir
condizionàle *a* condicional ◆ *sm* (*gramm*) potencial *m*, condicional *m*
condizionaménto *sm* condicionamiento *m*
condizionatóre *sm* acondicionador *m*
condizióne *sf* condición *f*
condogliànze *sfpl* pésame *m*
condomìnio *sm* condominio *m*
condonàre *vt* condonar
condótta *sf* conducta *f*
condottièro *sm* caudillo *m*
condótto *a* (*di medico*) municipal ◆ *sm* cañería *f* ◇ (*anat*) conducto *m*
conducènte *sm/f* conductor *m*
condùrre *vt* conducir ◇ (*dirigere*) dirigir ◇ (*portare*) llevar ◆ *vi* (*essere in testa*) liderar
conduttóre *sm* conductor *m*
conduttùra *sf* cañería *f*
confederazióne *sf* confederación *f*
conferènza *sf* conferencia *f* ● *c. stampa* rueda de prensa
conferiménto *sm* asignación *f*
conferìre *vt* conferir, otorgar ◆ *vi* conferenciar
confèrma *sf* confirmación *f*
confermàre *vt* confirmar
confessàre *vt* confesar ◆ *vrif* confesarse
confessionàle *a* confesional ◆ *sm* confesionario *m*
confessióne *sf* confesión *f*
confessóre *sm* confesor *m*

confètto *sm* confite *m* ◇ (*med*) gragea *f*
confettùra *sf* confitura *f*
confezionàre *vt* confeccionar ◇ (*imballare*) embalar
confezióne *sf* confección *f* ◇ (*imballo*) embalaje *m*
conficcàre *vt* clavar, hincar ◆ *vpr* clavarse ◇ (*fig*) grabarse
confidàre *vt* confiar ◆ *vi* tener confianza (en) ◆ *vpr* sincerarse
confidènte *a/sm/f* confidente *m/f*
confidènza *sf* confianza *f* ◇ (*cosa rivelata*) confidencia *f* ◇ (*familiarità*) familiaridad *f*
confidenziàle *a* confidencial
configuràre *vt* configurar ◆ *vpr* configurarse
configurazióne *sf* configuración *f*
confinànte *a* colindante, aledaño
confinàre *vt* (*esiliare*) desterrar ◇ (*rinchiudere*) encerrar ◆ *vi* confinar, lindar ◆ *vrif* encerrarse
confine *sm* confín *m*, linde *m*, límite *m*
confisca *sf* confiscación *f*
confiscàre *vt* confiscar
conflìtto *sm* conflicto *m*
confluènza *sf* confluencia *f*
confóndere *vt* confundir ◇ (*mescolare*) mezclar ◆ *vpr* confundirse, turbarse ◇ (*mescolarsi*) mezclarse
conformàre *vt* conformar ◆ *vrif* conformarse
conformìsmo *sm* conformismo *m*
confortànte *a* confortante
confortàre *vt* confortar ◆ *vpr* confortarse
confortévole *a* confortable
confòrto *sm* consuelo *m*, alivio *m*
confrontàre *vt* confrontar, comparar ◆ *vrif* confrontarse, compararse
confrónto *sm* comparación *f* ◇ (*dir*) careo *m* ● ***mettere a c.*** comparar; (*dir*) carear; ***nei miei confronti*** con respecto a mí
confusionàrio *a* desordenado
confusióne *sf* confusión *f*, barullo *m*
confùso *a* confuso, desordenado
confutàre *vt* confutar
congedàre *vt* despedir ◇ (*mil*) licenciar ◆ *vrif* despedirse
congèdo *sm* despedida *f* ◇ (*mil*) licenciamiento *m*
congégno *sm* mecanismo *m*, aparato *m*
congelàre *vt* congelar ◆ *vpr* helarse, congelarse
congelatóre *sm* congelador *m*
congènito *a* congénito
congestióne *sf* congestión *f*
congettùra *sf* conjetura *f*
congiùngere *vt* unir, juntar ◆ *vpr* unirse

congiuntivìte *sf* conjuntivitis *f*
congiuntìvo *sm* subjuntivo *m*
congiunzióne *sf* conjunción *f*
congiuràre *vi* conjurar, complotar
congratulàrsi *vpr* felicitarse, congratularse, alegrarse
congratulazióni *sf pl* felicitaciones *f pl*, congratulaciones *f pl*
congrèsso *sm* congreso *m*
congruènza *sf* congruencia *f*
còngruo *a* adecuado
conguàglio *sm* compensación *f*, igualación *f*
coniàre *vt* acuñar ◇ (*fig*) idear
cònico *a* cónico
conìfera *sf* conífera *f*
conìglio *sm* conejo *m*
coniugàre *vt* conjugar ◆ *vpr* conjugarse ◆ *vrif* (*sposarsi*) casarse
coniugazióne *sf* conjugación *f*
còniuge *sm* cónyuge *m/f*
connazionàle *a/sm/f* compatriota *m/f*
connessióne *sf* conexión *f* ● ***c. a Internet*** conexión a Internet
connèttere *vt* unir, juntar ◇ (*el*) conectar ◇ (*fig*) coordinar, relacionar
connivènza *sf* complicidad *f*
còno *sm* cono *m* ● ***c. gelato*** cucurucho
conoscènte *sm/f* conocido *m*
conoscènza *sf* conocimiento *m* ◇ (*persona*) conocido *m*
conóscere *vt* conocer ◆ *vrif* conocerse
conosciùto *a* renombrado
conquìsta *sf* conquista *f*
conquistàre *vt* conquistar
consacràre *vt* consagrar ◇ (*dedicare*) dedicar ◆ *vrif* dedicarse
consanguìneo *a/sm* consanguíneo *m*
consapévole *a* consciente
cònscio *a* consciente
consecutìvo *a* consecutivo
conségna *sf* entrega *f* ◇ (*mil*) consigna *f*
consegnàre *vt* entregar
conseguènte *a* consiguiente
conseguènza *sf* consecuencia *f* ● ***di c.*** por consiguiente
conseguìre *vt* conseguir ◆ *vi* resultar
consènso *sm* consentimiento *m*, aprobación *f*
consentìre *vt* permitir ◆ *vi* consentir (en)
consèrva *sf* conserva *f*
conservànte *sm* (*chim*) conservante *m*
conservàre *vt* conservar, guardar ◆ *vpr* conservarse, mantenerse
conservatóre *a/sm* conservador *m*
conservatòrio *sm* conservatorio *m*
consideràre *vt* considerar ◆ *vrif* considerarse

considerazióne *sf* consideración *f*
consigliàbile *a* aconsejable
consigliàre *vt* aconsejar ◆ *vpr* aconsejarse
consiglière *sm* consejero *m*
consìglio *sm* consejo *m*
consistènte *a* consistente
consistènza *sf* consistencia *f*
consìstere *vi* consistir
consolàre *vt* consolar ◆ *vpr* consolarse
consolàto *sm* consulado *m*
consolazióne *sf* consolación *f* ◇ (*cosa, persona*) consuelo *m*
cònsole *sm* cónsul *m*
consolidaménto *sm* consolidación *f*
consolidàre *vt* consolidar ◆ *vpr* consolidarse
consonànte *sf* consonante *f*
consonànza *sf* consonancia *f*
consòrte *sm/f* consorte *m/f*
consòrzio *sm* consorcio *m*
constàre *vi* constar
constatàre *vt* constatar, comprobar
constatazióne *sf* constatación *f*, comprobación *f*
consuèto *a* habitual, acostumbrado
consuetùdine *sf* costumbre *f*
consulènte *sm/f* consultor *m*, asesor *m*
consulènza *sf* consulta *f*, asesoramiento *m*
consultàre *vt* consultar ◆ *vpr* consultarse
consultazióne *sf* consulta *f*
consultìvo *a* consultivo
consùlto *sm* consulta *f*
consumàre *vt* consumir, gastar ◇ (*cibo*) consumir ◇ (*compiere*) consumar ◆ *vpr* consumirse, gastarse ● *c. preferibilmente entro* consumir preferentemente antes de
consumatóre *sm* consumidor *m*
consumazióne *sf* consumición *f*
consùmo *sm* consumo *m*
consuntìvo *sm* balance *m*
contàbile *a/sm* contable *m*
contabilità *sf* contabilidad *f*
contabilizzàre *vt* contabilizar
contadìno *a/sm* campesino *m*
contagiàre *vt* contagiar ◆ *vpr* contagiarse
contàgio *sm* contagio *m*
contagióso *a* contagioso
contagócce *sm* cuentagotas *m*
contaminàre *vt* contaminar
contaminazióne *sf* contaminación *f*
contànte *sm* dinero *m* efectivo ● *in contanti* al contado
contàre *vt/i* contar
contatóre *sm* contador *m*
contàtto *sm* contacto *m*
cónte *sm* conde *m*
contèa *sf* condado *m*
contéggio *sm* cuenta *f*, cómputo *m*
contégno *sm* comportamiento *m*

contemplàre *vt* contemplar
contemplazióne *sf* contemplación *f*
contemporaneaménte *avv* simultáneamente
contemporàneo *a* contemporáneo ◇ simultáneo
contèndere *vt* disputar ◆ *vi* competir ◆ *vrif* disputarse
contenére *vt* contener ◆ *vrif* contenerse
contenitóre *sm* contenedor *m*
contentàre *vt* contentar ◆ *vpr* contentarse
contentézza *sf* contento *m*
contènto *a* contento
contenùto *sm* contenido *m*
contésa *sf* disputa *f*
contéssa *sf* condesa *f*
contestàre *vt* contestar, negar
contestazióne *sf* protesta *f*
contèsto *sm* contexto *m*
contìguo *a* contiguo
continènte *sm* continente *m*
continènza *sf* continencia *f*
contingènte *a/sm* contingente *m*
contingènza *sf* contingencia *f*
continuaménte *avv* continuamente
continuàre *vt/i* continuar
contìnuo *a* continuo, seguido
cónto *sm* cuenta *f*
contornàre *vt* contornear, rodear
contórno *sm* contorno *m* ◇ (*cuc*) guarnición *f*
contorsióne *sf* contorsión *f*
contòrto *a* torcido, retorcido
contrabbandière *sm* contrabandista *m*
contrabbàndo *sm* contrabando *m*
contrabbàsso *sm* contrabajo *m*
contraccambiàre *vt* corresponder, devolver
contraccettìvo *a/sm* anticonceptivo *m*
contraccólpo *sm* rebote *m* ◇ (*fig*) repercusión *f*
contraddìre *vt/i* contradecir ◆ *vrif* contradecirse
contraddistìnguere *vt* marcar, distinguir, señalar ◆ *vrif* distinguirse, caracterizarse
contraddizióne *sf* contradicción *f*
contraffazióne *sf* falsificación *f*
contrappéso *sm* contrapeso *m*
contrappórre *vt* contraponer ◆ *vrif* oponerse
contrapposizióne *sf* contraposición *f*
contrariaménte *avv* al contrario, contrariamente
contrariàre *vt* contrariar ◆ *vpr* irritarse
contrarietà *sf* contrariedad *f*
contràrio *a* adverso ◇ opuesto ◆ *sm* contrario *m*
contràrre *vt* contraer
contrassegnàre *vt* marcar
contrasségno *sm* distintivo *m*, contraseña *f* ● ***pagare c.*** pagar contra reembolso

contrastàre *vt* contrariar ◆ *vi* contrastar
contràsto *sm* contraste *m*
contrattàre *vt* contratar
contrattèmpo *sm* contratiempo *m*
contràtto *sm* contrato *m*
contrattuàle *a* contractual
contravvenìre *vi* contravenir
contravvenzióne *sf* multa *f*
contrazióne *sf* contracción *f*
contribuìre *vi* contribuir
contribùto *sm* contribución *f*
contrizióne *sf* contrición *f*
cóntro *avv/prep* contra ● *il pro e il c.* el pro y el contra; *per c.* al contrario
controbàttere *vt* rebatir
controcorrènte *avv* contracorriente
controfigùra *sf* doble *m*
controfirmàre *vt* refrendar
controindicazióne *sf* contraindicación *f*
controllàre *vt* controlar ◆ *vrif* controlarse, dominarse
contròllo *sm* control *m*
controllóre *sm* revisor *m* ● *c. di volo* controlador (aéreo)
controlùce *avv* a contraluz
contromàno *avv* contramano
contropàrte *sf* parte *f* adversaria
controproducènte *a* contraproducente
contrórdine *sm* contraorden *f*
controrifórma *sf* contrarreforma *f*
controsènso *sm* contrasentido *m*
controvalóre *sm* contravalor *m*
controvèrsia *sf* controversia *f*
controvòglia *avv* de mala gana
contusióne *sf* contusión *f*
convalescènte *a/sm/f* convaleciente *m/f*
convalescènza *sf* convalecencia *f*
convalidàre *vt* convalidar
convégno *sm* reunión *f*
conveniènte *a* conveniente
conveniènza *sf* conveniencia *f*
convenìre *vi* convenir, estar de acuerdo ◇ (*affluire*) concurrir ◆ *vimp* convenir
convènto *sm* convento *m*
convenzionàle *a* convencional
convenzióne *sf* convención *f*
convergènza *sf* convergencia *f*
convèrgere *vi* convergir
conversàre *vi* conversar
conversazióne *sf* conversación *f*
conversióne *sf* conversión *f*
convertìre *vt* convertir ◆ *vrif* convertirse
convèsso *a* convexo
convìncere *vt* convencer ◆ *vpr* convencerse
convìnto *a* convencido
convinzióne *sf* convicción *f*
convivènza *sf* convivencia *f*
convìvere *vi* convivir
convocàre *vt* convocar
convocazióne *sf* convocación *f*

convogliàre *vt* encaminar
convòglio *sm* convoy *m*
convulsióne *sf* convulsión *f*
convulsìvo *a* convulsivo
cooperàre *vi* cooperar
cooperatìva *sf* cooperativa *f*
cooperazióne *sf* cooperación *f*
coordinaménto *sm* coordinación *f*
coordinàta *sf* coordenada *f*
coordinatóre *sm* coordinador *m*
copèrchio *sm* tapa *f*, tapadera *f*
copèrta *sf* manta *f* ◇ (*naut*) cubierta *f* ● *c. di lana* frazada
copertìna *sf* cubierta *f*
copèrto *a* cubierto, abrigado ◇ (*di cielo*) nublado ◆ *sm* cubierto *m*
copertóne *sm* cubierta *f*
copertùra *sf* cobertura *f*
còpia *sf* copia *f* ● *c. di backup* copia de seguridad
copiàre *vt* copiar
copióne *sm* guión *m*
còppa *sf* copa *f*
còppia *sf* pareja *f*
coprifuòco *sm* toque *m* de queda
coprilètto *sm* cubrecama *m*, colcha *f*
coprìre *vt* cubrir, tapar ◆ *vrif* cubrirse
coràggio *sm* valor *m*, coraje *m* ● *c.!* ¡ánimo!
coraggióso *a* valiente
coràle *a/sm* coral *m*
corallìno *a* coralino
coràllo *sm* coral *m*
coràzza *sf* coraza *f*
còrda *sf* cuerda *f*
cordàta *sf* cordada *f*
cordiàle *a/sm* cordial *m*
cordialità *sf* cordialidad *f*
cordòglio *sm* pesar *m*
coreografìa *sf* coreografía *f*
coriàceo *a* coriáceo
coriàndolo *sm* (*bot*) cilandro *m* ◇ *al pl* confeti *m pl*
coricàre *vt* acostar ◆ *vpr* acostarse
corìsta *sm/f* corista *m/f*
cornàcchia *sf* corneja *f*
còrnea *sf* córnea *f*
cornétta *sf* corneta *f* ◇ (*del telefono*) auricular *m*
cornìce *sf* marco *m*
cornicióne *sm* cornisa *f*
còrno *sm* cuerno *m*
cornùto *a* cornudo
còro *sm* coro *m*
coròlla *sf* corola *f*
coróna *sf* corona *f*
coronàre *vt* coronar
còrpo *sm* cuerpo *m*
corporatùra *sf* complexión *f*, talle *m*
corporazióne *sf* corporación *f*
corpòreo *a* corporal
corpulènto *a* corpulento
corpulènza *sf* corpulencia *f*
corpùscolo *sm* corpúsculo *m*
corredàre *vt* proveer
corrèdo *sm* (*di sposa*) ajuar *m* ◇ (*gener*) utensilios *m pl*

corrèggere *vt* corregir, enmendar ◆ *vpr* enmendarse
correlazióne *sf* correlación *f*
corrènte *a/sf* corriente *f* ● *essere al c.* estar al corriente
correntìsta *sm/f* cuentacorrentista *m/f*
córrere *vi* correr ◆ *vt* recorrer
correttézza *sf* corrección *f*
corrètto *a* correcto
correzióne *sf* corrección *f*
corridóio *sm* pasillo *m*
corridóre *sm* corredor *m*
corrièra *sf* bus *m*, autobús *m* de línea
corrière *sm* correo *m*
corrimàno *sm* barandilla *f*, baranda *f*
corrispettìvo *a* respectivo ◆ *sm* retribución *f*
corrispondènte *a* correspondiente ◆ *sm/f* corresponsal *m/f*
corrispondènza *sf* correspondencia *f* ● *sbrigare la c.* despachar el correo
corrispóndere *vt* pagar ◆ *vi* corresponder
corroboràre *vt* corroborar
corródere *vt* desgastar, corroer ◆ *vpr* desgastarse
corrómpere *vt* corromper ◆ *vpr* corromperse, gastarse
corrosióne *sf* corrosión *f*
corrosìvo *a* corrosivo
corrugàre *vt* fruncir
corruzióne *sf* corrupción *f*
córsa *sf* carrera *f*
corsàro *a/sm* corsario *m*
corsìa *sf* carril *m* ◇ (*di ospedale*) dormitorio *m*
corsìvo *a* cursivo ◆ *sm* cursiva *f*
córso *sm* curso *m* ◇ (*via*) avenida *f* ● *fuori c.* fuera de circulación
córte *sf* corte *f*
cortéccia *sf* corteza *f*
corteggiaménto *sm* cortejo *m*
corteggiàre *vt* cortejar
cortèo *sm* cortejo *m*
cortése *a* cortés
cortesìa *sf* cortesía *f*
cortigiàno *a/sm* cortesano *m*
cortìle *sm* patio *m*, corral *m*
cortìna *sf* cortina *f*
cortisóne *sm* cortisona *f*
córto *a* corto
cortocircùito *sm* cortocircuito *m*
corvétta *sf* corbeta *f*
còrvo *sm* cuervo *m*
còsa *sf* cosa *f* ◆ *pr* qué ● *c. fai?* ¿qué haces?; *qualche c.* algo
còscia *sf* muslo *m*
cosciènte *a* consciente
cosciènza *sf* conciencia *f*
coscienzióso *a* concienzudo
così *avv* así ◇ (*seguito da agg*) tan, tanto ◆ *cong* así, por lo tanto ● *basta c.* es bastante; *c. che* de manera que; *c. ... che* tan... que; *c. c.* así así
cosicché *cong* así que, de modo que
cosiddétto *a* así llamado
cosmètico *a/sm* cosmético *m*
còsmico *a* cósmico

còsmo *sm* cosmos *m*
cosmopolìta *a/sm/f* cosmopolita *m/f*
cospàrgere *vt* derramar, esparcir
cospètto *sm* presencia *f*
cospìcuo *a* conspicuo, considerable
cospiràre *vi* conspirar
cospirazióne *sf* conspiración *f*
còsta *sf* costa *f* ◇ (*pendio*) cuesta *f* ◇ (*di libro*) lomo *m*
costànte *a/sf* constante *f*
costànza *sf* constancia *f*
costàre *vt/i* costar
costàta *sf* chuleta *f*
costeggiàre *vt* costear
costellazióne *sf* constelación *f*
costernàre *vt* consternar
costernazióne *sf* consternación *f*
costièro *a* costero
costipazióne *sf* constipación *f*
costituìre *vt* constituir ◇ (*fondare*) fundar ◆ *vpr* constituirse ◇ (*dir*) entregarse
costituzionàle *a* constitucional
costituzióne *sf* constitución *f*
còsto *sm* coste *m* • ***a c. di*** a costa de; ***a ogni c.*** a toda costa; ***a nessun c.*** de ninguna manera
còstola *sf* costilla *f*
costolétta *sf* chuleta *f*
costóro *pr* ésos, ésas
costóso *a* caro, costoso
costrìngere *vt* obligar, constreñir
costruìre *vt* construir
costrùtto *sm* construcción *f*
costruzióne *sf* construcción *f*
costùi *pr* ése, éste
costùme *sm* costumbre *f* ◇ (*indumento*) traje *m* • ***c. da bagno*** traje de baño, bañador
cotolétta *sf* chuleta *f*
cotóne *sm* algodón *m*
còtta *sf* (*fam*) chifladura *f* ◇ (*relig*) sobrepelliz *f*
còttimo *sm* destajo *m*
còtto *a* cocido ◇ (*innamorato*) colado (por)
cottùra *sf* cocción *f*
covàre *vt* empollar ◇ (*fig*) albergar
covàta *sf* pollada *f*, nidada *f*
cóvo *sm* cubil *m*
covóne *sm* gavilla *f*
còzza *sf* mejillón *m*
cozzàre *vi* chocar
còzzo *sm* choque *m*
cràmpo *sm* calambre *m*
crànico *a* craneal, craneano
crànio *sm* cráneo *m*
cratère *sm* cráter *m*
cravàtta *sf* corbata *f*
creànza *sf* crianza *f*
creàre *vt* crear
creatività *sf* creatividad *f*
creàto *sm* creación *f*
creatóre *sm* creador *m*
creatùra *sf* criatura *f*
creazióne *sf* creación *f*
credènte *sm/f* creyente *m/f*
credènza *sf* creencia *f* ◇ (*mobile*) aparador *m*

crédere *vt/i* creer ◆ *vrif* creerse, considerarse • ***c. di sì/no*** creer que sí/no
credìbile *a* creíble
crédito *sm* crédito *m*
creditóre *sm* acreedor *m*
crèdulo *a* crédulo
crèma *sf* crema *f*
cremazióne *sf* cremación *f*
crèmisi *a/sm* carmesí *m*
cremóso *a* cremoso
crèpa *sf* grieta *f*
crepàccio *sm* quebrada *f*, hendidura *f*
crepàre *vi* morir ◆ *vpr* agrietarse
crepitàre *vi* crepitar
crepùscolo *sm* crepúsculo *m*
créscere *vt* acrecentar ◇ (*allevare*) criar ◆ *vi* crecer ◇ (*aumentare*) aumentar
créscita *sf* crecimiento *m*
crèsima *sf* confirmación *f*
créspo *a* crespo
crésta *sf* cresta *f*
créta *sf* arcilla *f*, creta *f*
cretinàta *sf* bobada *f*
cretìno *a/sm* cretino *m*, tonto *m*
cric *sm* gato *m*
criminàle *sm/f* criminal *m/f*
criminologìa *sf* criminología *f*
crinàle *sm* cresta *f*
crìne *sm* crin *f*
crinièra *sf* melena *f*, crines *f pl*
crìpta *sf* cripta *f*
crisàlide *sf* crisálida *f*
crisantèmo *sm* crisantemo *m*
crìsi *sf* crisis *f*
cristallerìa *sf* cristalería *f*
cristallìno *a/sm* cristalino *m*
cristallizzàre *vi* cristalizar ◆ *vpr* cristalizarse
cristàllo *sm* cristal *m* • ***cristalli liquidi*** cristales líquidos
cristianésimo *sm* cristianismo *m*
cristiàno *a/sm* cristiano *m*
critèrio *sm* criterio *m*
crìtica *sf* crítica *f*
criticàre *vt* criticar
crìtico *a/sm* crítico *m*
croccànte *a* crujiente
crocchétta *sf* croqueta *f*
cróce *sf* cruz *f*
crocevìa *sm* encrucijada *f*
crociàta *sf* cruzada *f* ◇ (*fig*) campaña *f*
crociàto *sm* cruzado *m*
crocièra *sf* crucero *m* • ***volta a c.*** bóveda esquifada
crocifìggere *vt* crucificar
crocifissióne *sf* crucifixión *f*
crocifìsso *sm* crucifijo *m*
crogiolàrsi *vpr* gozar, deleitarse
crogiòlo *sm* (*met*) crisol *m* ◇ (*fig*) confluencia *f*
crollàre *vi* derrumbarse, desplomarse
cròllo *sm* desplome *m*, derrumbe *m* ◇ (*dei prezzi*) caída *f*
cromàtico *a* cromático
cromatùra *sf* baño *m* de cromo
cròmo *sm* cromo *m*
cromosòma *sm* cromosoma *m*
crònaca *sf* crónica *f*

crònico *a* crónico
cronìsta *sm/f* cronista *m/f*
cronològico *a* cronológico
cronòmetro *sm* cronómetro *m*
cròsta *sf* corteza *f* ◇ (*strato*) capa *f*, estrato *m* ◇ (*med*) costra *f*
crostàceo *sm* crustáceo *m*
crostàta *sf* tarta *f* de mermelada
crostìno *sm* tostada *f*
crùccio *sm* disgusto *m*
cruciàle *a* crucial
crucivèrba *sm* crucigrama *m*
crudèle *a* cruel
crudeltà *sf* crueldad *f*
crudézza *sf* dureza *f*
crùdo *a* crudo ◇ (*duro*) duro
crumìro *sm* esquirol *m*
crùsca *sf* salvado *m*
cruscòtto *sm* salpicadero *m*
cùbico *a* cúbico
cùbo *sm* cubo *m*
cuccétta *sf* litera *f*
cucchiaiàta *sf* cucharada *f*
cucchiaìno *sm* cucharilla *f*, cucharadita *f*
cucchiàio *sm* cuchara *f*
cùccia *sf* caseta *f*
cùcciolo *sm* cachorro *m*
cucìna *sf* cocina *f*
cucinàre *vt* cocinar
cucìre *vt* coser
cucìto *sm* costura *f*
cucitùra *sf* costura *f*
cucùlo *sm* cuclillo *m*
cucùzzolo *sm* cima *f*, sumidad *f*
cùffia *sf* cofia *f* ◇ (*auricolare*) auriculares *m pl*
cugìno *sm* primo *m*
cùi *pr.rel* (*preceduto dalle prep di, da, in, ecc*) que, quien ◇ (*tra art e sost*) cuyo • ***il c. nome*** cuyo nombre; ***la casa in c. abito*** la casa en que vivo; ***la persona con c. ho parlato*** la persona con quien he hablado
culinàrio *a* culinario
cùlla *sf* cuna *f*
cullàre *vt* mecer
culminàre *vi* culminar
cùlmine *sm* cumbre *f*
cùlo *sm* (*fam*) culo *m*
cùlto *sm* culto *m*
cultùra *sf* cultura *f*
culturàle *a* cultural
cumulàre *vt* amontonar
cumulatìvo *a* acumulativo
cùmulo *sm* montón *m* ◇ (*nube*) cúmulo *m*
cùneo *sm* cuña *f*
cunétta *sf* cuneta *f*
cunìcolo *sm* galería *f*
cuòcere *vt/i* cocer
cuòco *sm* cocinero *m*
cuòio *sm* cuero *m*
cuòre *sm* corazón *m*
cupidìgia *sf* codicia *f*
cùpo *a* obscuro ◇ (*fig*) sombrío
cùpola *sf* cúpula *f*
cùra *sf* cuidado *m* ◇ (*med*) cura *f* • ***a c. di*** a cargo de
curàbile *a* curable
curàre *vt* cuidar ◇ (*med*) curar

◆ *vrif* curarse ◆ *vpr* ocuparse (de)
curatóre *sm* curador *m*
cùria *sf* curia *f*
curiosàre *vi* curiosear
curiosità *sf* curiosidad *f*
curióso *a* curioso ◇ (*strano*) singular
cursóre *sm* (*inform*) cursor *m*
cùrva *sf* curva *f*
curvàre *vt* curvar, encorvar ◆ *vi* doblar ◆ *vrif* curvarse
curvatùra *sf* curvatura *f*
cùrvo *a* curvo
cuscinétto *sm* cojinete *m* • ***c. a sfere*** cojinete de bolas
cuscìno *sm* almohada *f*, cojín *m*
custòde *sm/f* guardia *m*, guardián *m*
custòdia *sf* custodia *f* ◇ (*astuccio*) estuche *m*
custodìre *vt* guardar, custodiar
cutàneo *a* cutáneo
cùte *sf* cutis *m*
cùtter *sm* cúter *m*
cyclette *sf* ciclostatic *f*, bicicleta *f* fija, bicicleta *f* estática

D

da *prep* de ◇ (*agente, moto per luogo*) por ◇ (*moto a luogo*) a ◇ (*moto da luogo*) desde, de ◇ (*tempo*) desde hace • ***bottiglia da vino*** bottella para vino; ***da due mesi*** desde hace dos meses; ***far da mangiare*** hacer de comer; ***morsicato da un cane*** mordido por un perro; ***venire da Roma*** venir de Roma; ***vieni da me*** ven a mi casa
dabbène *a* honrado
daccàpo *avv* de nuevo, desde el principio
dacché *cong* desde que
dàdo *sm* dado *m* ◇ (*mecc*) tuerca *f* ◇ (*cuc*) cubito *m*
daffàre *sm* quehacer *m*
dàino *sm* gamo *m*
daltònico *a* daltónico
dàma *sf* dama *f* ◇ (*gioco*) damas *f pl*
danaróso *a* adinerado
dannàre *vt* condenar • ***far d.*** desesperar
dannàto *a/sm* condenado *m*
dannazióne *sf* condenación *f* ◆ *inter* ¡maldita sea!
danneggiàre *vt* perjudicar, dañar ◆ *vrif* perjudicarse
dànno *sm* daño *m*
dannóso *a* dañoso
dànza *sf* danza *f*
danzàre *vt/i* bailar, danzar
danzatóre *sm* danzador *m*
dappertùtto *avv* en todas partes
dappòco *a* inepto

dapprìma *avv* antes, en un primer momento
dàre *vt* dar ◆ *vi* (*guardare su*) dar (a) ◆ *vrif* darse, dedicarse ● *d. del lei* tratar de Usted; *d. del tu* tutear
dàrsena *sf* dársena *f*
dàta *sf* fecha *f*
datàre *vt* fechar ◆ *vi* datar
dàto *a* dado, determinado ◆ *sm* dato *m*
dàttero *sm* dátil *m*
dattilografìa *sf* dactilografía *f*
dattilògrafo *sm* dactilógrafo *m*
davànti *avv* delante, adelante ◆ *prep* **d. a** delante de, ante ◆ *a* delantero ◆ *sm* frente *m*, parte *f* delantera
davanzàle *sm* alféizar *m*
davvéro *avv* de veras, verdaderamente
dàzio *sm* arancel *m*
dèa *sf* diosa *f*
deambulatòrio *sm* deambulatorio *m*
debellàre *vt* derrotar
debilitàre *vt* debilitar ◆ *vpr* debilitarse
débito *a* debido ◆ *sm* deuda *f*
debitóre *sm* deudor *m*
débole *a* débil ● *avere un d. per* sentir debilidad por
debolézza *sf* debilidad *f*
debuttàre *vi* debutar
debùtto *sm* estreno *m*, debut *m*
dècade *sf* década *f*
decadènte *a* decadente
decadènza *sf* decadencia *f*
decadùto *a* decaído
decaffeinàto *a* descafeinado
decàno *sm* decano *m*
decapitàre *vt* decapitar
decapitazióne *sf* decapitación *f*
decappottàbile *a/sf* descapotable *m*
decelerazióne *sf* deceleración *f*
decènte *a* decente
decentraménto *sm* descentralización *f*
decentràre *vt* descentralizar
decènza *sf* decencia *f*
decèsso *sm* muerte *f*
decìdere *vt* decidir ◆ *vpr* decidirse
decìduo *a* deciduo
decifràre *vt* descifrar
decimàle *a* decimal
decimàre *vt* diezmar
dècimo *a/sm* décimo *m*
decìna *sf* decena *f*
decisióne *sf* decisión *f*
decisìvo *a* decisivo
decìso *a* decidido
declamàre *vt* declamar
declassàre *vt* rebajar
declinàre *vt* declinar ◇ (*rifiutare*) rechazar
declinazióne *sf* declinación *f*
declìno *sm* decadencia *f*
declìvio *sm* declive *m*
decollàre *vi* despegar
decòllo *sm* despegue *m*
decolorazióne *sf* decoloración *f*

decompórre *vt* descomponer ◆ *vpr* descomponerse
decomposizióne *sf* descomposición *f*
decongestionàre *vt* descongestionar
decoràre *vt* decorar ◇ (*di onorificenza*) condecorar
decoratìvo *a* decorativo
decorazióne *sf* decoración *f* ◇ (*onorificenza*) condecoración *f*
decòro *sm* decoro *m*
decoróso *a* decoroso
decórrere *vi* tra(n)scurrir ◇ comenzar a tener valor (a partir de)
decórso *sm* desarrollo *m*, evolución *f*
decrèpito *a* decrépito
decréscere *vi* disminuir, bajar
decretàre *vt* decretar
decréto *sm* decreto *m*
decurtàre *vt* acortar, reducir
dèdalo *sm* dédalo *m*
dèdica *sf* dedicatoria *f*
dedicàre *vt* dedicar ◆ *vrif* dedicarse, entregarse
dèdito *a* dedicado, entregado
deducìbile *a* deducible
dedùrre *vt* deducir ◇ (*sottrarre*) sustraer
deduzióne *sf* deducción *f* ◇ sustracción *f*, descuento *m*
deejay *sm/f* pinchadiscos *m/f*
defalcàre *vt* desfalcar
deferènte *a* deferente
deferènza *sf* deferencia *f*
deferìre *vt* deferir
defezióne *sf* defección *f*
deficiènte *a* deficiente ◆ *sm/f* idiota *m/f*
deficiènza *sf* deficiencia *f* ◇ (*mancanza*) falta *f*
dèficit *sm* déficit *m*
definìre *vt* definir
definitìvo *a* definitivo
definizióne *sf* definición *f*
deflagrazióne *sf* deflagración *f*
deflazióne *sf* deflación *f*
defluìre *vi* fluir
deflùsso *sm* fluencia *f*, caudal *m* ◇ (*marea*) reflujo *m*
deformàbile *a* deformable
deformàre *vt* deformar ◆ *vrif* deformarse
deformazióne *sf* deformación *f*
defórme *a* deforme
defùnto *a/sm* difunto *m*
degeneràre *vi* degenerar
degenerazióne *sf* degeneración *f*
degènere *a* degenerado
degènte *a/sm/f* enfermo *m*, hospitalizado *m*
degènza *sf* hospitalización *f*, internación *f*
deglutìre *vt* deglutir
degnàre *vt* juzgar digno (de) ◆ *vpr* dignarse (a)
dégno *a* digno
degradànte *a* degradante
degradàre *vt* degradar ◆ *vrif* rebajarse, degradarse
degradazióne *sf* degradación *f*

degràdo *sm* degradación *f*
degustàre *vt* degustar, catar
degustazióne *sf* degustación *f*, cata *f*
delatóre *sm* delator *m*
delazióne *sf* delación *f*
dèlega *sf* poder *m*, mandato *m*
delegàre *vt* delegar
delegàto *a/sm* delegado *m*
delegazióne *sf* delegación *f*
deletèrio *a* deletéreo, perjudicial
delfìno *sm* delfín *m*
deliberàre *vt* deliberar
deliberataménte *avv* deliberadamente
deliberazióne *sf* deliberación *f*
delicatézza *sf* delicadeza *f*
delicàto *a* delicado
delimitàre *vt* delimitar
delimitazióne *sf* delimitación *f*
delineàre *vt* delinear ◆ *vpr* presentarse
delinquènte *sm/f* delincuente *m/f*
delinquènza *sf* delincuencia *f*
delìràre *vi* delirar
delìrio *sm* delirio *m*
delitto *sm* delito *m*, crimen *m*
delìzia *sf* delicia *f*, deleite *m*
deliziόso *a* delicioso
dèlta *sm* delta *m*
deltaplàno *sm* ala *f* delta
delucidazióne *sf* aclaración *f*, explicación *f*
delùdere *vt* desilusionar, decepcionar
delusióne *sf* desilusión *f*, decepción *f*
delùso *a* desilusionado, decepcionado
demagogìa *sf* demagogia *f*
demagògo *sm* demagogo *m*
demènte *a/sm/f* demente *m/f*
demènza *sf* demencia *f*
demenziàle *a* demencial
democràtico *a* democrático ◆ *sm* demócrata *m/f*
democrazìa *sf* democracia *f*
demografìa *sf* demografía *f*
demogràfico *a* demográfico
demolìre *vt* demoler, derribar
demolizióne *sf* demolición *f*
dèmone *sm* demonio *m*
demonìaco *a* demoníaco
demònio *sm* demonio *m*
demoralizzàre *vt* desmoralizar ◆ *vpr* desmoralizarse, desanimarse
denàro *sm* dinero *m*
denatalità *sf* disminución *f* de nacimientos
denigràre *vt* denigrar
denigrazióne *sf* denigración *f*
denominàre *vt* denominar
denominazióne *sf* denominación *f*
denotàre *vt* denotar
densità *sf* densidad *f*
dènso *a* denso, espeso
dentàle *a* dental
dentatùra *sf* dentadura *f*
dènte *sm* diente *m* • ***al d.*** al dente; ***mal di denti*** dolor de muelas

dentièra *sf* dentadura *f* postiza, prótesis *f* dental
dentifrìcio *sm* dentífrico *m*
dentìsta *sm/f* dentista *m/f*
déntro *avv* dentro, adentro ◆ *prep* dentro de ● *d. di sé* por dentro
denudàre *vt* desnudar ◆ *vrif* desnudarse
denùncia *sf* denuncia *f*
denunciàre *vt* denunciar
denutrìto *a* desnutrido
denutrizióne *sf* desnutrición *f*
deodorànte *a/sm* desodorante *m*
deperìbile *a* corruptible
deperìre *vi* decaer, desgastarse
depilàre *vt* depilar
depilazióne *sf* depilación *f*
deplorévole *a* deplorable
depórre *vt* (*posare*) depositar ◇ (*dir*) declarar ◇ (*da una carica*) deponer ◆ *vi* (*dir*) declarar
deportàre *vt* deportar
deportazióne *sf* deportación *f*
depositàre *vt* depositar ◆ *vpr* posarse, asentarse
depòsito *sm* depósito *m* ● *d. bagagli* consigna
deposizióne *sf* deposición *f*
depravàre *vt* depravar
depravazióne *sf* depravación *f*
deprecàbile *a* reprobable
deprecàre *vt* censurar
depredàre *vt* depredar, saquear
depressióne *sf* depresión *f*
deprèsso *a* deprimido ◇ (*paese*) subdesarrollado
deprezzaménto *sm* depreciación *f*
deprezzàre *vt* depreciar
deprimènte *a* deprimente
deprìmere *vt* deprimir ◆ *vpr* deprimirse
depuràre *vt* depurar
depuratóre *sm* depuradora *f*
deputàto *sm* diputado *m*
deragliaménto *sm* descarrilamiento *m*
deragliàre *vi* descarrilar
derattizzazióne *sf* desratización *f*
derelìtto *sm* desamparado *m*
derìdere *vt* burlarse de, escarnecer
derisióne *sf* escarnio *m*
derìva *sf* deriva *f*
derivàre *vt* derivar ◆ *vi* derivar, provenir
dermatìte *sf* dermatitis *f*
dermatologìa *sf* dermatología *f*
dermatòlogo *sm* dermatólogo *m*
dèroga *sf* derogación *f*
derogàre *vi* derogar
derogazióne *sf* derogación *f*
derubàre *vt* robar, hurtar
descrittìvo *a* descriptivo
descrìvere *vt* describir
descrizióne *sf* descripción *f*
desèrtico *a* desértico
desèrto *a/sm* desierto *m*
desideràre *vt* desear

desidèrio *sm* deseo *m*
designàre *vt* designar
desinènza *sf* desinencia *f*
desìstere *vi* desistir
desolàto *a* desolado
desolazióne *sf* desolación *f*
dèspota *sm* déspota *m*
dessert *sm* postre *m*
destàre *vt* despertar ◆ *vrif* despertarse
destinàre *vt* destinar
destinatàrio *sm* destinatario *m*
destinazióne *sf* destinación *f*
destìno *sm* destino *m*
destituìre *vt* destituir
destituzióne *sf* destitución *f*
désto *a* despierto
dèstra *sf* derecha *f*
destreggiàrsi *vpr* manejarse (bien)
destrézza *sf* destreza *f*, habilidad *f*
dèstro *a* derecho ◇ (*abile*) diestro
desùmere *vt* deducir
deteinàto *a* sin teína
detenére *vt* detener
detenùto *a/sm* detenido *m*, preso *m*
detenzióne *sf* detención *f*
detergènte *a/sm* detergente *m*
deterioràbile *a* deteriorable
deterioràre *vt* deteriorar ◆ *vpr* deteriorarse
determinàre *vt* determinar
determinazióne *sf* determinación *f*
detersìvo *sm* detergente *m*
detestàre *vt* detestar ◆ *vrif* detestarse
detonàre *vi* explotar
detonazióne *sf* detonación *f*
detràrre *vt* detraer
detrattóre *sm* detractor *m*
detrazióne *sf* detracción *f*, descuento *m*
detriménto *sm* detrimento *m*, perjuicio *m*
detrìto *sm* detrito *m*
dettagliàre *vt* detallar
dettàglio *sm* detalle *m* ● ***vendita al d.*** venta al por menor
dettàme *sm* dictamen *m*
dettàre *vt* dictar
dettàto *sm* dictado *m*
dettatùra *sf* dictado *m*
détto *a* llamado ◆ *sm* dicho *m*
deturpàre *vt* afear, estropear
devastàre *vt* asolar, devastar
devastazióne *sf* devastación *f*
deviàre *vt/i* desviar
deviazióne *sf* desviación *f*, desvío *m*
devòlvere *vt* tra(n)sferir, entregar
devòto *a/sm* devoto *m*
devozióne *sf* devoción *f*
di *prep* de ◇ (*comparazione*) que ● ***di giorno*** de día; ***di lunedì*** el lunes; ***di mattina*** por la mañana; ***di qua*** por aquí; ***dire di sì/no*** decir que sí/no; ***di nascosto*** a escondidas; ***più/meno... di*** más/menos... que
dì *sm* día *m*
diabète *sm* diabetes *f*

diabètico *a/sm* diabético *m*
diabòlico *a* diabólico
diadèma *sm* diadema *f*
diaframma *sm* diafragma *m*
diàgnosi *sf* diagnosis *f*, diagnóstico *m*
diagnosticàre *vt* diagnosticar
diagnòstico *a* diagnóstico
diagonàle *a/sf* diagonal *f*
diagràmma *sm* diagrama *m*
dialettàle *a* dialectal
dialèttico *a* dialéctico
dialètto *sm* dialecto *m*
diàlisi *sf* diálisis *f*
dialogàre *vi* dialogar
diàlogo *sm* diálogo *m*
diamànte *sm* diamante *m*
diàmetro *sm* diámetro *m*
diàmine! *inter* ¡diantre!
diapositìva *sf* diapositiva *f*
diàrio *sm* diario *m*
diarrèa *sf* diarrea *f*
diàvolo *sm* diablo *m*
dibàttere *vt* discutir ◆ *vrif* debatirse
dibàttito *sm* debate *m*
dicèmbre *sm* diciembre *m*
dicerìa *sf* murmuración *f*, habladuría *f*
dichiaràre *vt* declarar ◆ *vrif* declararse
dichiarazióne *sf* declaración *f*
diciannòve *a/sm* diecinueve *m*
diciassètte *a/sm* diecisiete *m*
diciòtto *a/sm* dieciocho *m*
dicitùra *sf* inscripción *f*
didàttica *sf* didáctica *f*
dièci *a/sm* diez *m*
dièresi *sf* diéresis *f*
diesel *a/sm* diesel *m*
dièta *sf* dieta *f*, régimen *m*
dietètica *sf* dietética *f*
dietètico *a* dietético
diètro *avv* detrás, atrás ◆ *prep* detrás de ◆ *a* trasero, de detrás ◆ *sm* parte *f* posterior • ***d. ricevuta*** contra recibo
difèndere *vt* defender ◆ *vrif* defenderse
difensìvo *a* defensivo
difensóre *sm* defensor *m*
difésa *sf* defensa *f*
difettìvo *a* defectivo
difètto *sm* defecto *m* ◇ (*mancanza*) falta *f* • ***essere in d.*** ser culpable; ***in d. di*** a falta de
difettóso *a* defectuoso
diffamàre *vt* difamar
diffamazióne *sf* difamación *f*
differènte *a* diferente
differènza *sf* diferencia *f*
differenziàle *sm* diferencial *m*
differenziàre *vt* diferenciar ◆ *vpr* diferenciarse
differiménto *sm* aplazamiento *m*
differìre *vt* aplazar ◆ *vi* diferir, distinguirse
difficile *a/sm* difícil *m*
difficilménte *avv* difícilmente
difficoltà *sf* dificultad *f*
diffida *sf* intimación *f*
diffidàre *vt* notificar ◆ *vi* desconfiar (de)
diffidènte *a* desconfiado
diffidènza *sf* desconfianza *f*

diffóndere *vt* difundir ◆ *vpr* difundirse
difformità *sf* deformidad *f*
diffusióne *sf* difusión *f*
diffùso *a* difuso
difterìte *sf* difteria *f*
dìga *sf* dique *m*
digerìbile *a* digerible, digestible
digerìre *vt* digerir ◇ (*fig*) soportar
digestióne *sf* digestión *f*
digestìvo *a/sm* digestivo *m*
digitàle *a* digital, dactilar ◇ (*tecn*) digital ● ***impronte digitali*** huellas digitales/dactilares; ***orologio d.*** reloj digital
digiunàre *vi* ayunar
digiùno *a/sm* ayuno *m* ● ***a d.*** en ayunas
dignità *sf* dignidad *f*
dignitóso *a* decoroso ◇ (*persona*) digno
digressióne *sf* digresión *f*
digrignàre *vt* rechinar
dilagànte *a* desbordante
dilagàre *vi* propagarse, difundirse
dilapidàre *vt* dilapidar
dilatàre *vt* dilatar ◆ *vpr* dilatarse, explayarse
dilatazióne *sf* dilatación *f*
dilazionàre *vt* aplazar, prorrogar
dilazióne *sf* dilación *f*
dileguàre *vt* disipar ◆ *vpr* disiparse, desaparecer
dilèmma *sm* dilema *m*
dilettànte *a/sm/f* aficionado *m*, diletante *m/f*
dilettàre *vt* deleitar ◆ *vpr* divertirse
dilètto *sm* deleite *m*, placer *m*
diligènte *a* diligente
diligènza *sf* esmero *m* ◇ (*veicolo*) diligencia *f*
diluìre *vt* diluir
dilungàrsi *vpr* extenderse
diluviàre *vi* diluviar
dilùvio *sm* diluvio *m*
dimagrànte *a* adelgazante
dimagrìre *vi* adelgazar, enflaquecer
dimenàre *vt* menear ◆ *vrif* agitarse
dimensióne *sf* dimensión *f*, tamaño *m*
dimenticànza *sf* olvido *m*, descuido *m*
dimenticàre *vt* olvidar, descuidar ◆ *vpr* olvidarse
dimésso *a* humilde
dimestichézza *sf* familiaridad *f*
diméttere *vt* destituir, dar de baja ◇ (*dall'ospedale*) dar de alta ◆ *vrif* dimitir
dimezzàre *vt* demediar, partir en dos
diminuìre *vt* disminuir ◆ *vi* disminuir, decrecer
diminutìvo *a/sm* diminutivo *m*
diminuzióne *sf* disminución *f*
dimissióni *sf pl* dimisión *f*, renuncia *f* ● ***dare le d.*** presentar la dimisión, dimitir

dimòra *sf* morada *f* ◇ (*domicilio*) residencia *f*
dimoràre *vi* habitar
dimostràre *vt* demostrar ◆ *vi* manifestar ◆ *vrif* demostrarse, manifestarse
dimostratìvo *a* demostrativo
dimostraziòne *sf* demostración *f* ◇ (*corteo*) manifestación *f*
dinàmico *a* dinámico
dinamìsmo *sm* dinamismo *m*
dinamìte *sf* dinamita *f*
dìnamo *sf* dínamo *f*
dinànzi *avv* delante ◆ *prep* delante de, ante
dinastìa *sf* dinastía *f*
dinièɡo *sm* denegación *f*
dinosàuro *sm* dinosaurio *m*
dintórno *avv* alrededor ◆ *sm al pl* alrededores *m pl*
dìo *sm* dios *m*
diòcesi *sf* diócesis *f*
diottrìa *sf* dioptría *f*
dipanàre *vt* devanar
dipartiménto *sm* departamento *m*
dipendènte *a/sm/f* dependiente *m/f*
dipendènza *sf* dependencia *f*
dipèndere *vi* depender
dipìngere *vt* pintar ◆ *vrif* pintarse
dipìnto *sm* pintura *f*, cuadro *m*
diplòma *sm* diploma *m*
diplomàtico *a/sm* diplomático *m*
diplomazìa *sf* diplomacia *f*
diradàre *vt* espaciar ◆ *vpr* disiparse
diramàre *vt* difundir ◆ *vpr* dividirse, ramificarse ◇ (*derivare*) derivarse
diramazióne *sf* ramificación *f*
dìre *vt* decir ● *d. di sì* decir que sí; *si dice che* se dice que
direttaménte *avv* directamente
dirètto *a/sm* directo *m*
direttóre *sm* director *m*
direzióne *sf* dirección *f*
dirigènte *a/sm/f* dirigente *m/f*
dirìgere *vt* dirigir ◆ *vrif* dirigirse
dirimpètto *avv* enfrente ● *d. a* enfrente de, frente a
dirìtto *a* derecho ◆ *sm* derecho *m* ◆ *avv* derecho, directamente
diroccàto *a* derruido, derribado
dirottaménto *sm* secuestro *m*
dirótto *a* incontenible ● *piovere a d.* llover a cántaros
dirùpo *sm* despeñadero *m*
disàbile *a/sm/f* minusválido *m*
disabilitàre *vt* inhabilitar
disabitàto *a* despoblado, deshabitado
disabituàre *vt* desacostumbrar, deshabituar ◆ *vpr* desacostumbrarse, deshabituarse
disaccòrdo *sm* desacuerdo *m*
disadattàto *sm* inadaptado *m*
disadórno *a* desnudo
disagévole *a* incómodo, áspero
disagiàto *a* necesitado

disàgio *sm* incómodo *m*, incomodidad *f* • ***sentirsi a d.*** no estar a gusto
disapprovàre *vt* desaprobar
disapprovazióne *sf* desaprobación *f*
disappùnto *sm* contrariedad *f*
disarmàre *vt* desarmar
disarmònico *a* inarmónico
disastràto *a* damnificado, arruinado
disàstro *sm* desastre *m*
disastróso *a* desastroso
disattènto *a* distraído
disattenzióne *sf* desatención *f*
disavventùra *sf* desventura *f*
disboscàre *vt* talar
discàpito *sm* perjuicio *m*
discàrica *sf* basurero *m*
discendènte *a* descendente ◆ *sm/f* descendiente *m/f*
discendènza *sf* descendencia *f*
discéndere *vi* descender, bajar
discépolo *sm* discípulo *m* ◇ (*relig*) apóstol *m*
discèrnere *vt* discernir
discerniménto *sm* discernimiento *m*
discésa *sf* bajada *f* ◇ (*sci*) descenso *m*
disciplìna *sf* disciplina *f*
disciplinàre *a* disciplinario ◆ *vt* disciplinar
disc jockey *sm/f* pinchadiscos *m/f*, disc jockey *m/f*
dìsco *sm* disco *m* • ***d. fisso*** disco duro, disco rígido; ***d. orario*** disco de estacionamiento; ***d. rigido*** disco duro, disco rígido
discólpa *sf* disculpa *f*, descargo *m*
discolpàre *vt* disculpar
disconóscere *vt* desconocer
discontìnuo *a* discontinuo
discordànte *a* discordante
discordànza *sf* discordancia *f*
discòrde *a* discorde
discòrdia *sf* discordia *f*
discórrere *vi* conversar
discorsìvo *a* discursivo
discórso *sm* discurso *m*
discotèca *sf* discoteca *f*
discreditàre *vt* desacreditar
discrepànza *sf* discrepancia *f*
discretaménte *avv* discretamente
discréto *a* discreto
discrezióne *sf* discreción *f*
discriminànte *a* discriminatorio
discriminàre *vt* discriminar
discriminazióne *sf* discriminación *f*
discussióne *sf* discusión *f*
discùtere *vt/i* discutir
disdegnàre *vt* desdeñar
disdétta *sf* (*sfortuna*) mala suerte *f* ◇ (*di contratto*) rescisión *f* ◇ (*di prenotazione, appuntamento*) cancelación *f*
disdìre *vt* desmentir ◇ (*contratto*) rescindir ◇ (*prenotazione, appuntamento*) cancelar
diseducatìvo *a* deseducador

disegnàre *vt* dibujar
disegnatóre *sm* dibujante *m/f* ◇ (*di moda*) diseñador *m*
diségno *sm* dibujo *m* ◇ (*progetto*) proyecto *m*
diserbànte *a/sm* herbicida *m*
diseredàre *vt* desheredar
disertàre *vt* abandonar ◆ *vi* desertar
disertóre *sm* desertor *m*
disfaciménto *sm* descomposición *f*
disfàre *vt* deshacer ◇ (*distruggere*) demoler ◆ *vpr* deshacerse ◇ (*sciogliersi*) derretirse ◆ *vrif* (*liberarsi di*) librarse de
disfàtta *sf* derrota *f*
disfunzióne *sf* mal funcionamiento *m* ◇ (*med*) trastorno *m*
disgèlo *sm* deshielo *m*
disgràzia *sf* desgracia *f*
disgraziataménte *avv* desgraciadamente
disgraziàto *a/sm* desgraciado *m*
disguìdo *sm* extravío *m*, descuido *m*
disgustàre *vt* disgustar ◆ *vpr* disgustarse
disgùsto *sm* asco *m*
disgustóso *a* repugnante
disidratàre *vt* deshidratar ◆ *vpr* deshidratarse
disidratazióne *sf* deshidratación *f*
disillùdere *vt* desilusionar ◆ *vpr* desilusionarse
disillusióne *sf* desilusión *f*
disimparàre *vt* desaprender
disimpegnàre *vt* desempeñar
disimpégno *sm* desempeño *m*
disinfestàre *vt* desinsectar
disinfettànte *a/sm* desinfectante *m*
disinfettàre *vt* desinfectar
disinfezióne *sf* desinfección *f*
disingannàre *vt* desengañar
disingànno *sm* desengaño *m*
disinibìto *a* desinhibido
disinnestàre *vt* desembragar
disintegràre *vt* desintegrar ◆ *vpr* desintegrarse
disinteressàrsi *vpr* desinteresarse
disinterèsse *sm* desinterés *m*
disintossicàre *vt* desintoxicar ◆ *vrif* desintoxicarse
disintossicazióne *sf* desintoxicación *f*
disinvòlto *a* desenvuelto
disinvoltùra *sf* desenvoltura *f*
dislivèllo *sm* desnivel *m*
dislocaménto *sm* desplazamiento *m*
dislocàre *vt* distribuir ◇ (*naut*) desplazar
dismisùra *sf* desmesura *f*
disoccupàto *a/sm* desocupado *m*
disoccupazióne *sf* desocupación *f*, desempleo *m*
disonestà *sf* deshonestidad *f*
disonèsto *a* deshonesto
disonoràre *vt* deshonrar ◆ *vrif* deshonrarse
disonóre *sm* deshonor *m*

disópra *avv* arriba ◆ *a* superior
disordinàto *a* desordenado
disórdine *sm* desorden *m*
disorganizzazióne *sf* desorganización *f*
disorientaménto *sm* desorientación *f*
disorientàre *vt* desorientar ◆ *vpr* desorientarse
disorientàto *a* desorientado
disossàre *vt* desosar
disótto *avv* debajo ◆ *a* inferior
dispàccio *sm* despacho *m*
disparàto *a* diverso
dìspari *a* impar ◇ (*impari*) desigual
disparità *sf* disparidad *f*
dispàrte, in *loc.avv* aparte
dispendióso *a* dispendioso
dispènsa *sf* (*stanza*) despensa *f* ◇ (*dir*) dispensa *f* ◇ (*fascicolo*) fascículo *m*
dispensàre *vt* distribuir ◇ (*esimere*) eximir, dispensar
disperàre *vi* desesperar, desconfiar ◆ *vpr* desesperarse
disperàto *a/sm* desesperado *m*
disperazióne *sf* desesperación *f*
dispèrdere *vt* dispersar ◇ (*spargere*) esparcir ◇ (*dissipare*) desperdiciar ◆ *vpr* dispersarse
dispersióne *sf* dispersión *f*
dispèrso *sm* desaparecido *m*
dispètto *sm* desaire *m* ◇ (*risentimento*) despecho *m*
dispettóso *a* molesto, fastidioso
dispiacére *sm* pesar *m* ◆ *vi* desagradar, disgustar ◆ *vrif* dolerse, apenarse ● ***mi dispiace*** lo siento
disponìbile *a* disponible
disponibilità *sf* disponibilidad *f*
dispórre *vt/i* disponer ◆ *vrif* disponerse
disposizióne *sf* disposición *f*
dispòtico *a* despótico
dispotìsmo *sm* despotismo *m*
dispregiatìvo *a* despectivo, despreciativo
disprezzàre *vt* despreciar, menospreciar
disprèzzo *sm* desprecio *m*
dìsputa *sf* disputa *f*
disputàre *vi* disputar, discutir ◆ *vt* (*partita*) jugar
disquisizióne *sf* disquisición *f*
dissanguaménto *sm* desangramiento *m*
disseccàre *vt* desecar ◆ *vpr* desecarse
disseminàre *vt* diseminar
dissènso *sm* disenso *m*
dissenterìa *sf* disentería *f*
dissentìre *vi* disentir
dissertàre *vi* disertar
dissertazióne *sf* disertación *f*
dissestàre *vt* desestabilizar
dissèsto *sm* desorden *m* ◇ (*econ*) quiebra *f*
dissetànte *a* refrescante

dissetàre *vt* apagar la sed (a) ◆ *vrif* beber
dissezióne *sf* disección *f*
dissidènte *a/sm/f* disidente *m/f*
dissidènza *sf* disidencia *f*
dissìdio *sm* disenso *m*
dissìmile *a* disímil, diferente
dissimulàre *vt* disimular
dissimulazióne *sf* disimulo *m*
dissipàre *vt* disipar ◆ *vpr* disiparse
dissipatézza *sf* disipación *f*
dissociàre *vt* disociar ◆ *vrif* desasociarse
dissodàre *vt* roturar
dissolutézza *sf* disolución *f*
dissolùto *a* disoluto
dissolvènza *sf* (*cin*) fundido *m*
dissòlvere *vt* disolver, disipar ◆ *vpr* disolverse, disiparse
dissonànte *a* disonante
dissonànza *sf* disonancia *f*
dissuadére *vt* disuadir
dissuasióne *sf* disuasión *f*
distaccaménto *sm* destacamento *m*
distaccàre *vt* separar, alejar ◇ (*mil*) destacar ◇ (*sport*) distanciar ◆ *vpr* separarse, alejarse
distàcco *sm* separación *f*
distànte *a* distante ◆ *avv* lejos
distànza *sf* distancia *f*
distanziàre *vt* distanciar
distàre *vi* distar
distèndere *vt* extender ◇ (*rilassare*) distender ◆ *vpr* extenderse ◆ *vrif* estirarse, relajarse
distensióne *sf* distensión *f*
distésa *sf* extensión *f*
distéso *a* extendido ◇ (*sdraiato*) acostado ◇ (*fig*) relajado
distillàre *vt* destilar
distillazióne *sf* destilación *f*
distillerìa *sf* destilería *f*
distìnguere *vt* distinguir ◆ *vpr* sobresalir, distinguirse
distintìvo *a/sm* distintivo *m*
distìnto *a* distinguido
distinzióne *sf* distinción *f*
distògliere *vt* alejar, desviar ◇ (*fig*) disuadir
distòrcere *vt* torcer ◇ (*fis*) distorsionar ◆ *vrif* torcerse
distorsióne *sf* distorsión *f*
distràrre *vt* distraer ◆ *vrif* distraerse
distrattaménte *avv* distraídamente
distràtto *a* distraído
distrazióne *sf* distracción *f*
distrétto *sm* distrito *m*
distribuìre *vt* distribuir
distributóre *sm* distribuidor *m* • ***d. di benzina*** gasolinera
distribuzióne *sf* distribución *f*
districàre *vt* desenredar ◆ *vrif* desenredarse
distrùggere *vt* destruir ◆ *vrif* arruinarse
distruttìvo *a* destructivo
distrùtto *a* destruido ◇ (*fig*) molido, deshecho
distruzióne *sf* destrucción *f*
disturbàre *vt* molestar, estorbar ◆ *vrif* incomodarse
distùrbo *sm* molestia *f* ◇ (*med*)

indisposición *f* ◇ (*tel*) interferencia *f*
disubbidiènte *a* desobediente
disubbidìre *vi* desobedecer
disuguagliànza *sf* desigualdad *f*
disuguàle *a* (*diverso*) diferente ◇ (*accidentato*) desigual
disumàno *a* inhumano
disunìre *vt* desunir
disùso *sm* desuso *m*
ditàle *sm* dedal *m*
ditàta *sf* dedada *f*
dìto *sm* dedo *m*
dìtta *sf* empresa *f*, firma *f*
dittatóre *sm* dictador *m*
dittatùra *sf* dictadura *f*
dittòngo *sm* diptongo *m*
diurètico *a/sm* diurético *m*
diùrno *a* diurno
divagàre *vi* divagar
divagazióne *sf* divagación *f*
divampàre *vi* estallar
divàno *sm* diván *m*
divaricàre *vt* abrir
divàrio *sm* divergencia *f*
divenìre *vi* volverse, hacerse, convertirse
diventàre *vi* volverse, hacerse, convertirse • ***d. pazzo*** volverse loco; ***d. rosso*** ruborizarse
divèrbio *sm* altercado *m*
divergènte *a* divergente
divergènza *sf* divergencia *f*
diversaménte *avv* diversamente
diversificàre *vt* diferenciar ◆ *vpr* diferenciarse
diversióne *sf* diversión *f*
diversità *sf* diversidad *f*
diversìvo *sm* distracción *f*, diversión *f*
divèrso *a* diverso, distinto ◇ *al pl* (*alcuni*) algunos, muchos
divertènte *a* divertido
divertiménto *sm* entretenimiento *m*, diversión *f*
divertìre *vt* divertir ◆ *vrif* divertirse, entretenerse
dividèndo *sm* dividendo *m*
divìdere *vt* dividir ◆ *vrif* dividirse, repartirse, separarse
divièto *sm* prohibición *f*
divincolàrsi *vrif* forcejear
divinità *sf* divinidad *f*
divìno *a/sm* divino *m*
divìsa *sf* uniforme *m* ◇ (*econ*) divisa *f*
divisìbile *a* divisible
divisióne *sf* división *f*
divisòrio *a* divisorio
dìvo *sm* divo *m*
divoràre *vt* devorar
divorziàre *vi* divorciarse
divorziàto *sm* divorciado *m*
divòrzio *sm* divorcio *m*
divulgàre *vt* divulgar ◆ *vpr* divulgarse
divulgativo *a* divulgativo
dizionàrio *sm* diccionario *m*
dizióne *sf* dicción *f*
DOC *abbr di denominazione di origine controllata* DOC (*Denominación de Origen Calificada*)
dóccia *sf* ducha *f*

docciaschiùma *sm* gel *m* de ducha
docènte *a/sm/f* docente *m/f*
docènza *sf* enseñanza *f*
dòcile *a* dócil
docilità *sf* docilidad *f*
documentàre *vt* documentar ◆ *vrif* documentarse
documentàrio *a/sm* documental *m*
documentazióne *sf* documentación *f*
documénto *sm* documento *m*
dodicèsimo *a/sm* duodécimo *m*
dódici *a/sm* doce *m*
dogàna *sf* aduana *f*
doganàle *a* aduanero
doganière *sm* aduanero *m*
dòglie *sf pl* dolores *m pl*
dògma *sm* dogma *m*
dólce *a/sm* dulce *m*
dolcézza *sf* dulzura *f*
dolciàstro *a* dulzón, dulzarrón
dolcificànte *a/sm* dulcificante *m*
dolènte *a* dolorido
dolére *vi* doler ◆ *vpr* dolerse
dòllaro *sm* dólar *m*
doloränte *a* dolorido
dolóre *sm* dolor *m*
doloróso *a* doloroso
dolóso *a* doloso
domànda *sf* pregunta *f* ◇ (*econ*) demanda *f* ◇ (*dir*) petición *f*
domandàre *vt* preguntar, pedir • ***d. di qn*** preguntar por alguien
domàni *avv/sm* mañana *m* • ***d. mattina*** mañana por la mañana
domàre *vt* domar
domatóre *sm* domador *m*
domattìna *avv* mañana por la mañana
doménica *sf* domingo *m*
domenicàle *a* dominical
domenicàno *a/sm* dominico *m*
domèstico *a* doméstico ◆ *sm* criado *m*
domicìlio *sm* domicilio *m*
dominànte *a* dominante
dominàre *vt/i* dominar ◆ *vrif* dominarse
dominatóre *sm* dominador *m*
dominazióne *sf* dominación *f*
domìnio *sm* dominio *m*
donàre *vt* donar ◆ *vi* sentar bien ◆ *vrif* dedicarse
donatóre *a/sm* donador *m*, donante *m/f*
donazióne *sf* donación *f*
dondolàre *vt* mecer ◆ *vi/rif* balancearse
dondolìo *sm* balanceo *m*
dònna *sf* mujer *f* • ***d. di servizio*** criada
donnaiòlo *sm* mujeriego *m*
dònnola *sf* comadreja *f*
dóno *sm* don *m*, regalo *m*
dópo *avv* después ◆ *prep* después de, luego de ◆ *a* siguiente • ***il giorno d.*** el día siguiente
dopobàrba *sm* loción *f* para después del afeitado
dopocéna *sm* sobremesa *f* ◆

avv de sobremesa, después de la cena
dopodomàni *avv* pasado mañana
dopoguèrra *sm* posguerra *m*
dopoprànzo *avv* después de la comida, por la tarde
doposóle *a* para después del sol ◆ *sm* aftersun *m*, crema *f* para después del sol
dopotùtto *avv* después de todo
doppiàggio *sm* doblaje *m*
doppiàre *vt* doblar
doppiatóre *sm* doblador *m*
dóppio *a/sm* doble *m* ◆ *avv* doblemente
doppióne *sm* duplicado *m*
doràre *vt* dorar
doràto *a* dorado
dormicchiàre *vi* dormitar
dormiglióne *sm* dormilón *m*
dormìre *vt/i* dormir
dormìta *sf* dormida *f*, sueño *m* largo
dormitòrio *sm* dormitorio *m*
dormivéglia *sm* duermevela *m*
dorsàle *a* dorsal ◆ *sm* (*spalliera di sedia*) respaldo *m* ◇ (*di letto*) cabecera *f* ◆ *sf* (*geogr*) dorsal *f*
dòrso *sm* dorso *m* ◇ (*schiena*) espalda *f* ◇ (*di libro*) lomo *m*
dosàggio *sm* dosificación *f*
dosàre *vt* dosificar
dòse *sf* dosis *f* ● *d. giornaliera raccomandata* dosis diaria recomendada
dotàre *vt* dotar
dotazióne *sf* dotación *f*
dòte *sf* dotes *f pl*, virtud *f* ◇ (*per il matrimonio*) dote *f*
dòtto *a/sm* docto *m*
dottoràto *sm* doctorado *m*
dottóre *sm* doctor *m* ◇ (*laureato*) licenciado *m*
dottrìna *sf* doctrina *f*
dóve *avv* (*interr*) dónde, adónde ◇ (*rel*) donde, adonde
dovére *vi* deber, tener que ◆ *sm* deber *m*, obligación *f*
doveróso *a* necesario
dovìzia *sf* abundancia *f*
dovùnque *avv* dondequiera
dozzìna *sf* docena *f*
dozzinàle *a* ordinario
dragàre *vt* dragar
dràgo *sm* dragón *m*
dràmma *sm* drama *m*
drammàtico *a* dramático
drammatizzàre *vt* dramatizar
drappéggio *sm* drapeado *m*
drappèllo *sm* pelotón *m*
dràppo *sm* paño *m*
drenàggio *sm* drenaje *m*
drenàre *vt* drenar
drìtto *a* derecho, recto
drìzza *sf* driza *f*
drizzàre *vt* enderezar ◆ *vrif* levantarse
dròga *sf* droga *f*
drogàre *vt* drogar ◆ *vrif* drogarse
drogàto *sm* drogadicto *m*
drogherìa *sf* ultramarinos *m*, tienda *f* de ultramarinos
dromedàrio *sm* dromedario *m*

dualìsmo *sm* dualismo *m*
dùbbio *a* dudoso ◇ (*ambiguo*) ambiguo ◆ *sm* duda *f*
dubbióso *a* dudoso
dubitàre *vi* dudar
dubitatìvo *a* dubitativo
dùca *sm* duque *m*
ducàto *sm* ducado *m*
duchéssa *sf* duquesa *f*
dùe *a/sm* dos *m*
duecènto *a/sm* doscientos *m*
duellàre *vi* batirse
duèllo *sm* duelo *m*
duétto *sm* dúo *m*
dùna *sf* duna *f*
dùnque *cong* pues, por lo tanto, entonces
dùo *sm* dúo *m*
duodèno *sm* duodeno *m*
duòmo *sm* catedral *f*
duplicàto *sm* duplicado *m*
duplicazióne *sf* duplicación *f*
dùplice *a* doble
duplicità *sf* duplicidad *f*
durànte *prep* durante
duràre *vi* durar
duràta *sf* duración *f*
duratùro *a* duradero
durévole *a* duradero, durable
durézza *sf* dureza *f*
dùro *a/sm* duro *m* ◆ *avv* duro, duramente
dùttile *a* dúctil
duttilità *sf* ductilidad *f*

E

e *cong* y, e
ebanìsta *sm* ebanista *m*
èbano *sm* ébano *m*
ebbène *cong* y bien, pues bien
ebbrézza *sf* ebriedad *f*
èbbro *a* ebrio
èbete *a* necio
ebollizióne *sf* ebullición *f*
ebràico *a* hebraico ◆ *sm* (*lingua*) hebreo *m*
ebrèo *a/sm* hebreo *m*, judío *m*
ebùrneo *a* ebúrneo
eccedènte *a/sm* excedente *m*
eccedènza *sf* exceso *m*
eccèdere *vt* superar
eccellènte *a* excelente
eccellènza *sf* excelencia *f*
eccèllere *vi* sobresalir
eccèlso *a* excelso
eccèntrico *a* excéntrico
eccepìre *vt* objetar
eccessìvo *a* excesivo
eccèsso *sm* exceso *m*
eccètera *loc* etcétera
eccètto *prep* excepto, salvo ● *e. che* a menos que
eccettuàre *vt* exceptuar
eccezionàle *a* excepcional
eccezióne *sf* excepción *f*
ecchìmosi *sf* equimosis *f*
eccìdio *sm* estrago *m*, matanza *f*
eccitàbile *a* excitable

eccitànte *a* excitante
eccitàre *vt* excitar ◆ *vpr* excitarse
eccitazióne *sf* excitación *f*
ecclesiàstico *a/sm* eclesiástico *m*
ècco *avv* he aquí, he allí ● ***eccolo!*** ¡ahí está!; ***eccomi!*** ¡heme aquí!
eccóme *avv* como no, ciertamente
echeggiàre *vi* resonar, retumbar
eclatànte *a* asombroso
eclèttico *a* ecléctico
eclissàre *vt* eclipsar
eclìssi *sf* eclipse *m*
eclìttico *a* eclíptico
èco *sm/f* eco *m*
ecologìa *sf* ecología *f*
ecològico *a* ecológico
ecologìsta *a/sm/f* ecologista *m/f*
economìa *sf* economía *f*
econòmico *a* económico
economìsta *sm/f* economista *m/f*
economizzàre *vi* economizar
ecònomo *a* ahorrativo ◆ *sm* administrador *m*
ecumènico *a* ecuménico
eczèma *sm* eczema *m*
edèma *sm* edema *m*
édera *sf* hiedra *f*
edìcola *sf* quiosco *m*
edificàbile *a* edificable
edificàre *vt* edificar
edifìcio *sm* edificio *m*
edilìzio *a* edilicio ● ***piano e.*** plan urbanístico
editóre *sm* editor *m*
editoriàle *a* editorial ◆ *sm* editorial *m*, artículo *m* de fondo
edìtto *sm* edicto *m*
edizióne *sf* edición *f*
edonìsmo *sm* hedonismo *m*
educàre *vt* educar
educatìvo *a* educativo
educàto *a* educado
educatóre *sm* educador *m*
educazióne *sf* educación *f*
effeminàto *a* afeminado
efferàto *a* feroz
effervescènte *a* efervescente ◇ (*fig*) vivaz
effervescènza *sf* efervescencia *f* ◇ (*fig*) fermento *m*
effettivaménte *avv* efectivamente
effettìvo *a* efectivo ◆ *sm* efectivos *m pl*
effètto *sm* efecto *m* ● ***effetti collaterali*** efectos secundarios; ***e. serra*** efecto invernadero; ***effetti speciali*** efectos especiales; ***di grande e.*** de mucho efecto; ***in effetti*** en efecto
effettuàre *vt* efectuar ◆ *vpr* efectuarse
efficàce *a* eficaz
efficàcia *sf* eficacia *f*
efficiènte *a* eficiente
efficiènza *sf* eficiencia *f*
effìgie *sf* efigie *f*
effìmero *a* efímero
efflùvio *sm* efluvio *m*

effrazióne *sf* forzamiento *m*
effusióne *sf* efusión *f*
egemonìa *sf* hegemonía *f*
egittologìa *sf* egiptología *f*
egiziàno *a/sm* egipcio *m*
egìzio *a/sm* egipcio *m*
égli *pr.pers* él
egocèntrico *a* egocéntrico
egoìsmo *sm* egoísmo *m*
egoìsta *a/sm/f* egoísta *m/f*
egrègio *a* egregio, distinguido
eguagliànza *sf* igualdad *f*
eiaculazióne *sf* eyaculación *f*
elaboràre *vt* elaborar
elaborazióne *sf* elaboración *f*
elargizióne *sf* dádiva *f*, regalo *m*
elasticità *sf* elasticidad *f*
elàstico *a/sm* elástico *m*
elefànte *sm* elefante *m*
elegànte *a* elegante
elegànza *sf* elegancia *f*
elèggere *vt* elegir
elementàre *a* elemental • ***scuola e.*** escuela primaria
eleménto *sm* elemento *m*
elemòsina *sf* limosna *f*
elencàre *vt* hacer una lista de, registrar
elènco *sm* lista *f* • ***e. telefonico*** guía telefónica
elettoràle *a* electoral
elettóre *sm* elector *m*
elettràuto *sm* taller *m* eléctrico
elettricìsta *sm* electricista *m*
elettricità *sf* electricidad *f*
elèttrico *a* eléctrico
elettrizzàre *vt* electrizar ◇ (*fig*) entusiasmar ◆ *vpr* electrizarse ◇ (*fig*) entusiasmarse
elettrocardiogràmma *sm* electrocardiograma *m*
elèttrodo *sm* electrodo *m*
elettrodomèstico *sm* electrodoméstico *m*
elettroencefalogràmma *sm* electroencefalograma *m*
elettròlisi *sf* electrólisis *f*
elettromagnètico *a* electromagnético
elettróne *sm* electrón *m*
elettrònica *sf* electrónica *f*
elettrònico *a* electrónico
elettrosmòg *sm* contaminación *f* electromagnética, electropolución *f*
elevàre *vt* elevar ◆ *vpr* elevarse, descollar, subir
elevàto *a* elevado
elevazióne *sf* elevación *f*
elezióne *sf* elección *f*
èlica *sf* hélice *f*
elicòttero *sm* helicóptero *m*
eliminàre *vt* eliminar
eliminatòria *sf* eliminatoria *f*
elipòrto *sm* helipuerto *m*
élla *pr.pers* ella
ellenìstico *a* helenístico
ellìsse *sf* elipse *f*
ellìttico *a* elíptico
elmétto *sm* casco *m*
élmo *sm* yelmo *m*
elogiàre *vt* elogiar
elògio *sm* elogio *m*
eloquènte *a* elocuente
eloquènza *sf* elocuencia *f*

elucubrazióne *sf* elucubración *f*
elùdere *vt* eludir
elusìvo *a* evasivo
emaciàto *a* macilento
e-mail *sf* (*inform*) correo *m* electrónico, e-mail *m*
emanàre *vt* exhalar, emitir ◇ (*promulgare*) promulgar ◆ *vi* emanar, proceder
emanazióne *sf* emanación *f*
emancipàre *vt* emancipar ◆ *vrif* emanciparse
emancipazióne *sf* emancipación *f*
emarginàre *vt* marginar
ematologìa *sf* hematología *f*
ematòlogo *sm* hematólogo *m*
emblèma *sm* emblema *m*
emblemàtico *a* emblemático
embolìa *sf* embolia *f*
embrióne *sm* embrión *m*
emendaménto *sm* enmienda *f*
emergènza *sf* emergencia *f*
emèrgere *vi* emerger ◇ (*fig*) sobresalir, descollar
emèrito *a* emérito
emersióne *sf* emersión *f*
eméttere *vt* emitir • ***e. una cambiale*** librar una letra
emettitóre *sm* emisor *m*
emicrània *sf* hemicránea *f*, jaqueca *f*
emigràre *vi* emigrar
emigrazióne *sf* emigración *f*
eminènte *a* eminente
eminènza *sf* eminencia *f*
emiràto *sm* emirato *m*
emisfèro *sm* hemisferio *m*
emissàrio *sm* emisario *m* ◇ (*geogr*) desaguadero *m*
emissióne *sf* emisión *f* • ***e. di assegni*** firma de cheques
emittènte *a/sm/f* emisor *m* ◆ *sf* emisora *f*
emolliènte *a* emoliente
emorragìa *sf* hemorragia *f*
emorròidi *sf pl* hemorroides *f pl*
emostàtico *a* hemostático
emotìvo *a* emotivo
emozionànte *a* emocionante
emozióne *sf* emoción *f*
empietà *sf* impiedad *f*
émpio *a* impío
empìrico *a* empírico
empirìsmo *sm* empirismo *m*
empòrio *sm* almacén *m*, emporio *m*
emulàre *vt* emular
èmulo *sm* émulo *m*
emulsióne *sf* emulsión *f*
encìclica *sf* encíclica *f*
enciclopedìa *sf* enciclopedia *f*
enciclopèdico *a* enciclopédico
encomiàbile *a* encomiable
encòmio *sm* encomio *m*
endèmico *a* endémico
endocrinologìa *sf* endocrinología *f*
endocrinòlogo *sm* endocrinólogo *m*
endovenóso *a* endovenoso
energètico *a* energético
energìa *sf* energía *f*
enèrgico *a* enérgico

ènfasi *sf* énfasis *m*
enfàtico *a* enfático
enfisèma *sm* enfisema *m*
enìgma *sm* enigma *m*
enigmàtico *a* enigmático
enigmìstica *sf* pasatiempos *m pl*
ennèsimo *a* enésimo
enològico *a* enológico
enórme *a* enorme
enormità *sf* enormidad *f*
enotèca *sf* enoteca *f*
ènte *sm* ente *m*
entità *sf* entidad *f* ◇ (*importanza*) importancia *f*
entràmbi *a* ambos ◆ *pr* los dos, ambos
entràre *vi* entrar, ingresar ◇ (*essere contenuto*) caber (en) ● ***e. in carica*** asumir un cargo; ***non c'entra niente*** no viene a cuento
entràta *sf* entrada *f* ◇ (*fin*) renta *f* ● ***entrate e uscite*** entradas y salidas
entrotèrra *sm* interior *m*
entusiasmàre *vt* entusiasmar ◆ *vpr* entusiasmarse
entusiàsmo *sm* entusiasmo *m*
entusiàsta *sm/f* entusiasta *m/f*
enumeràre *vt* enumerar
enumerazióne *sf* enumeración *f*
enunciàre *vt* enunciar
eòlico *a* eólico
epàtico *a* hepático
epatìte *sf* hepatitis *f*
epicèntro *sm* epicentro *m*
èpico *a* épico
epidemìa *sf* epidemia *f*
epidèmico *a* epidémico
epidèrmico *a* epidérmico
epidèrmide *sf* epidermis *f*
epìgono *sm* epígono *m*
epilessìa *sf* epilepsia *f*
epilèttico *a/sm* epiléptico *m*
epìlogo *sm* epílogo *m*
episcopàle *a* episcopal
episcopàto *sm* episcopado *m*
episòdio *sm* episodio *m*
epitàffio *sm* epitafio *m*
epìteto *sm* epíteto *m*
època *sf* época *f*
epopèa *sf* epopeya *f*
eppùre *cong* sin embargo, no obstante
epuràre *vt* depurar, purgar
epurazióne *sf* expurgación *f*
equatóre *sm* ecuador *m*
equatoriàle *a* ecuatorial
equazióne *sf* ecuación *f*
equèstre *a* ecuestre
equidistànte *a* equidistante
equilibràre *vt* equilibrar
equilibràto *a* equilibrado
equilìbrio *sm* equilibrio *m*
equilibrìsta *sm/f* equilibrista *m/f*
equìno *a/sm* equino *m*
equinòzio *sm* equinoccio *m*
equipaggiaménto *sm* equipo *m*
equipaggiàre *vt* equipar ◆ *vrif* equiparse
equipàggio *sm* tripulación *f*
equiparàre *vt* equiparar

equità *sf* equidad *f*
equitazióne *sf* equitación *f*
equivalènte *a* equivalente
equivalènza *sf* equivalencia *f*
equivalére *vi* equivaler ◆ *vrif* equivalerse
equivocàre *vi* equivocarse
equìvoco *a* equívoco ◆ *sm* equívoco *m*, malentendido *m*
èquo *a* ecuo
èra *sf* era *f*
èrba *sf* hierba *f* ● ***erbe aromatiche*** hierbas aromáticas; ***in e.*** en ciernes
erbàrio *sm* herbario *m*
erbìvoro *a/sm* herbívoro *m*
erboristerìa *sf* herboristería *f*
erbóso *a* herboso
erède *sm/f* heredero *m*
eredità *sf* herencia *f*
ereditàre *vt* heredar
ereditàrio *a* hereditario
eremìta *sm* ermitaño *m*
eresìa *sf* herejía *f*
erètico *a/sm* herético *m*
erezióne *sf* erección *f*
ergàstolo *sm* cadena *f* perpetua
ergonòmico *a* ergonómico
erìgere *vt* erigir
eritèma *sm* eritema *m*
ermafrodìto *a/sm* hermafrodita *m*
ermellìno *sm* armiño *m*
ermètico *a* hermético
èrnia *sf* hernia *f*
eròe *sm* héroe *m*
erogàre *vt* erogar ◇ (*acqua, luce, ecc*) suministrar
eròico *a* heroico
eroìna *sf* heroína *f*
eroìsmo *sm* heroísmo *m*
erosióne *sf* erosión *f*
eròtico *a* erótico
erotìsmo *sm* erotismo *m*
érpice *sm* grada *f*
erràre *vi* errar, vagar ◇ (*sbagliare*) equivocarse
erròneo *a* erróneo
erróre *sm* error *m*, falta *f* ● ***essere in e.*** estar equivocado
érta *sf* cuesta *f* ● ***stare all'e.*** estar alerta
erudìto *a/sm* erudito *m*
erudizióne *sf* erudición *f*
eruzióne *sf* erupción *f*
esacerbàre *vt* exacerbar
esageràre *vt/i* exagerar
esageràto *a* exagerado
esagerazióne *sf* exageración *f*
esagonàle *a* hexagonal
esalàre *vt* exhalar
esalazióne *sf* exhalación *f*
esaltàre *vt* exaltar
esaltazióne *sf* exaltación *f*
esàme *sm* examen *m*
esaminàre *vt* examinar
esànime *a* exánime
esasperàre *vt* exasperar ◆ *vpr* exasperarse, enfadarse
esasperazióne *sf* exasperación *f*
esattézza *sf* exactitud *f*
esàtto *a* exacto
esattóre *sm* recaudador *m*
esattorìa *sf* recaudación *f*

esaudìre *vt* satisfacer, atender (a)
esauriènte *a* exhaustivo
esauriménto *sm* agotamiento *m*
esaurìre *vt* agotar ◆ *vrif* agotarse
esàusto *a* exhausto
esautoràre *vt* desautorizar
esbórso *sm* desembolso *m*
ésca *sf* cebo *m* ◇ (*fig*) yesca *f*
esclamàre *vi* exclamar
esclamatìvo *a* exclamativo
esclamazióne *sf* exclamación *f*
esclùdere *vt* excluir ◆ *vrif* excluirse
esclusióne *sf* exclusión *f*
esclusìva *sf* exclusiva *f*
esclusìvo *a* exclusivo
escogitàre *vt* inventar
escoriazióne *sf* excoriación *f*
escreménto *sm* excremento *m*
escursióne *sf* excursión *f*
escursionìsmo *sm* excursionismo *m*
esecutìvo *a/sm* ejecutivo *m*
esecutóre *sm* ejecutor *m* ◇ (*mus*) ejecutante *m/f*
esecuzióne *sf* ejecución *f*
esèdra *sf* exedra *f*
eseguìre *vt* ejecutar
esèmpio *sm* ejemplo *m*
esemplàre *a/sm* ejemplar *m*
esemplificazióne *sf* ejemplificación *f*
esentàre *vt* exentar, eximir
esènte *a* exento
esenzióne *sf* exención *f*
esèquie *sf pl* exequias *f pl*
esercènte *sm/f* comerciante *m/f*
esercitàre *vt* ejercitar, ejercer ◆ *vrif* ejercitarse
esercitazióne *sf* ejercitación *f*
esèrcito *sm* ejército *m*
esercìzio *sm* ejercicio *m* ◇ (*econ*) gestión *f* ◇ (*comm*) tienda *f*
esibìre *vt* exhibir ◆ *vrif* exhibirse
esibizióne *sf* exhibición *f*
esigènte *a* exigente
esigènza *sf* exigencia *f*
esìgere *vt* exigir
esìguo *a* exiguo
esilarànte *a* divertido ◇ (*gas*) hilarante
èsile *a* delgado, sutil
esiliàre *vt* exiliar
esìlio *sm* destierro *m*, exilio *m*
esìmere *vt* eximir, dispensar
esistènte *a* existente
esistènza *sf* existencia *f*
esìstere *vi* existir
esitàre *vi* titubear, vacilar
esitazióne *sf* titubeo *m*, vacilación *f*
èsito *sm* resultado *m*
èsodo *sm* éxodo *m*
esòfago *sm* esófago *m*
esoneràre *vt* exonerar
esònero *sm* exención *f*
esorbitànte *a* exorbitante
esorcizzàre *vt* exorcizar

esordiènte *a/sm/f* principiante *m/f*
esòrdio *sm* exordio *m* ◇ (*fig*) inicio *m*
esordìre *vi* comenzar ◇ (*debuttare*) debutar
esortàre *vt* exhortar
esortazióne *sf* exhortación *f*
esotèrico *a* esotérico
esòtico *a* exótico
espàndere *vt* ensanchar, extender ◆ *vpr* extenderse, propagarse
espansióne *sf* expansión *f*
espansìvo *a* expansivo
espatriàre *vi* expatriarse, emigrar
espediènte *sm* artimaña *f*, salida *f*
espèllere *vt* expulsar
esperiènza *sf* experiencia *f*
esperiménto *sm* experimento *m*
espèrto *a/sm* experto *m*
espiàre *vt* expiar
espiatòrio *a* expiatorio ● *capro e.* chivo emisario
espiràre *vt/i* espirar
espletàre *vt* despachar, tramitar
esplicatìvo *a* explicativo
esplìcito *a* explícito
esplòdere *vi* explotar, estallar ◆ *vt* disparar
esploràre *vt* explorar ◇ (*fig*) indagar
esploratóre *sm* explorador *m*
esplorazióne *sf* exploración *f*
esplosióne *sf* explosión *f* ◇ (*fig*) estallido *m*
esplosìvo *a/sm* explosivo *m*
esponènte *sm/f* exponente *m/f*
espórre *vt* exponer ◆ *vrif* exponerse
esportàre *vt* exportar
esportatóre *sm* exportador *m*
esportazióne *sf* exportación *f*
esposìmetro *sm* exposímetro *m*
esposizióne *sf* exposición *f*
espósto *a* expuesto ◆ *sm* petición *f*
espressaménte *avv* expresamente
espressióne *sf* expresión *f*
espressìvo *a* expresivo
esprèsso *a* expreso, expresado ◆ *sm* (*treno*) expreso *m* ◇ (*caffè*) café *m* expreso ◇ (*lettera*) carta *f* urgente
esprìmere *vt* expresar ◆ *vpr* expresarse
espròprio *sm* expropiación *f*
espugnàre *vt* expugnar
espulsióne *sf* expulsión *f*
éssa *pr.pers* ella
ésse *pr.pers* ellas
essènza *sf* esencia *f*
essenziàle *a* esencial ◆ *sm* (*l'indispensabile*) lo indispensable ◇ (*l'importante*) lo importante
essenzialménte *avv* esencialmente
èssere *vi* ser ◇ (*qualità transitorie, luogo*) estar ◆ *vaus* haber

◇ (*passivo*) ser ◆ ***vimp*** ser ◇ hacer ● ***c'è, ci sono*** hay; ***e. sul punto di*** estar a punto de; ***sono italiano*** soy italiano; ***sono malato*** estoy enfermo; ***sono due mesi che...*** hace dos meses que...
éssi ***pr.pers*** ellos
essiccàre ***vt*** secar
ésso ***pr.pers*** él, ello
èst ***a/sm*** este ***m***
èstasi ***sf*** éxtasis ***f***
estasiàre ***vt*** extasiar ◆ ***vpr*** extasiarse
estàte ***sf*** verano ***m***
estàtico ***a*** extático
estemporàneo ***a*** improvisado
estèndere ***vt*** extender ◆ ***vpr*** extenderse
estensióne ***sf*** extensión ***f***
estenuànte ***a*** extenuativo, agotador
esterióre ***a*** exterior
esternaménte ***avv*** externamente
esternàre ***vt*** exteriorizar
estèrno ***a*** externo, exterior ◆ ***sm*** exterior ***m***
èstero ***a*** (*straniero*) extranjero ◇ exterior ◆ ***sm*** extranjero ***m***
estéso ***a*** extenso
estèta ***sm/f*** esteticista ***m/f***
estètica ***sf*** estética ***f***
estètico ***a*** estético
estetìsta ***sm/f*** esteticista ***m/f***
estimatóre ***sm*** estimador ***m***
estìnguere ***vt*** extinguir ◇ (*debito*) liquidar ◆ ***vpr*** extinguirse
estintóre ***sm*** extintor ***m***
estinzióne ***sf*** extinción ***f***
estirpàre ***vt*** extirpar, arrancar
estìvo ***a*** veraniego, estival
estòrcere ***vt*** extorsionar, sonsacar
estorsióne ***sf*** extorsión ***f***
estradizióne ***sf*** extradición ***f***
estràneo ***a*** extraño, ajeno ◆ ***sm*** extraño ***m***
estràrre ***vt*** extraer, sacar ◇ (*a sorte*) sortear
estràtto ***sm*** extracto ***m***
estrazióne ***sf*** extracción ***f***
estremìsta ***sm/f*** extremista ***m/f***
estremità ***sf*** extremidad ***f***
estrèmo ***a/sm*** extremo ***m*** ● ***essere agli estremi*** estar en las últimas
èstro ***sm*** estro ***m***
estróso ***a*** extravagante ◇ imaginativo
estrovèrso ***a/sm*** extravertido ***m***
estuàrio ***sm*** estuario ***m***
esuberànte ***a*** exuberante
esuberànza ***sf*** exuberancia ***f***
esulàre ***vi*** expatriarse ◇ (*fig*) estar fuera
èsule ***sm/f*** desterrado ***m***, exiliado ***m***
esultàre ***vi*** exultar
età ***sf*** edad ***f***
ètere ***sm*** éter ***m***
etèreo ***a*** etéreo
eternità ***sf*** eternidad ***f***
etèrno ***a*** eterno
eterogèneo ***a*** heterogéneo
ètica ***sf*** ética ***f***

etichétta *sf* etiqueta *f*
ètico *a* ético
etilìsmo *sm* etilismo *m*
etimologìa *sf* etimología *f*
etimològico *a* etimológico
ètnico *a* étnico
etnologìa *sf* etnología *f*
etrùsco *a/sm* etrusco *m*
èttaro *sm* hectárea *f*
ètto *sm* cien gramos *m pl*
ettogràmmo *sm* hectogramo *m*
eufemìstico *a* eufemístico
euforìa *sf* euforia *f*
europeìsmo *sm* europeísmo *m*
europèo *a/sm* europeo *m*
eutanasìa *sf* eutanasia *f*
evacuàre *vt* evacuar
evacuazióne *sf* evacuación *f*
evàdere *vt* despachar ◇ (*tasse*) evadir ◆ *vi* evadirse
evangèlico *a* evangélico
evangelizzàre *vt* evangelizar
evaporàre *vi* evaporar
evaporazióne *sf* evaporación *f*
evasióne *sf* evasión *f*
evasìvo *a* evasivo
evàso *sm* fugado *m*
evenienza *sf* eventualidad *f*
evènto *sm* acontecimiento *m*
eventuàle *a* eventual
evidènte *a* evidente
evidènza *sf* evidencia *f*
evidenziàre *vt* evidenciar ◇ (*sottolineare*) subrayar
evitàre *vt* evitar
èvo *sm* edad *f*
evocàre *vt* evocar
evolutìvo *a* evolutivo
evoluzióne *sf* evolución *f*
evòlvere *vi* evolucionar ◆ *vpr* desarrollarse, progresar
evvìva! *inter* ¡viva!
extracomunitàrio *a* extracomunitario ◆ *sm/f* inmigrante *m/f* extracomunitario
extraconiugàle *a* extraconyugal
extraeuropèo *a/sm* extraeuropeo *m*
extraterrèstre *a/sm/f* extraterrestre *m/f*
eziologìa *sf* etiología *f*

F

fabbisógno *sm* necesidades *f pl*
fàbbrica *sf* fábrica *f*
fabbricànte *sm/f* fabricante *m/f*
fabbricàre *vt* fabricar
fabbricàto *sm* edificio *m*
fàbbro *sm* herrero *m*
faccènda *sf* asunto *m*
facchìno *sm* mozo *m*, maletero *m*
fàccia *sf* cara *f*, rostro *m*
facciàta *sf* fachada *f*
facèto *a* chistoso
facèzia *sf* chiste *m*, agudeza *f*
fachìro *sm* faquir *m*

fàcile *a* fácil ◇ (*propenso*) propenso • ***è f. che*** es probable que
facilità *sf* facilidad *f*
facilitàre *vt* facilitar
facilitazióne *sf* facilitación *f*
facinoróso *a* facineroso
facoltà *sf* facultad *f* ◇ (*capacità*) aptitud *f* ◇ (*potere*) autoridad *f* ◇ (*proprietà*) virtud *f*
facoltatìvo *a* facultativo
facoltóso *a* adinerado, rico
facsìmile *sm* facsímil *m*
fàggio *sm* haya *f*
fagiàno *sm* faisán *m*
fagiolìno *sm* judía *f* verde
fagiòlo *sm* judía *f*
fagòtto *sm* paquete *m* ◇ (*mus*) fagot *m* • ***far f.*** liar los bártulos
faìna *sf* garduña *f*
falànge *sf* falange *f*
fàlce *sf* hoz *f*, guadaña *f*
falciàre *vt* segar
falciatrìce *sf* segadora *f*
fàlco *sm* halcón *m*
fàlda *sf* (*di monte*) falda *f* ◇ (*di roccia*) capa *f* ◇ (*di cappello*) ala *f*
falegnàme *sm* carpintero *m*
fàlla *sf* vía *f* de agua
fallàce *a* falaz
fallimentàre *a* de quiebra
falliménto *sm* quiebra *f*, fracaso *m*
fallìre *vi* quebrar, fracasar ◆ *vt* errar
fallìto *a/sm* fracasado *m*
fàllo *sm* falta *f*, error *m* ◇ (*sport*) falta *f* ◇ (*anat*) falo *m* • ***mettere un piede in f.*** dar un paso en falso
falò *sm* hoguera *f*
falsàre *vt* falsear
falsàrio *sm* falseador *m*
falsétto *sm* falsete *m*
falsificàre *vt* falsificar
falsificazióne *sf* falsificación *f*
falsità *sf* falsedad *f*
fàlso *a* falso ◆ *sm* falso *m* ◇ (*arte*) falsificación *f* • ***giurare il f.*** jurar en falso
fàma *sf* fama *f*
fàme *sf* hambre *f*
famèlico *a* hambriento
famìglia *sf* familia *f*
familiàre *a/sm* familiar *m* ◆ *sf* (*aut*) coche *m* familiar
familiarità *sf* familiaridad *f*
familiarizzàre *vi* familiarizar ◆ *vpr* familiarizarse
famóso *a* famoso, afamado
fanàle *sm* farol *m* ◇ (*aut*) faro *m*
fanàtico *a/sm* fanático *m*
fanatìsmo *sm* fanatismo *m*
fanciùllezza *sf* niñez *f*
fanciùllo *sm* niño *m*
fandònia *sf* trola *f*
fàngo *sm* barro *m*, fango *m*, cieno *m*
fannullóne *sm* gandul *m*
fantascièenza *sf* ciencia-ficción *f*
fantasìa *sf* fantasía *f*
fantasióso *a* fantasioso
fantàsma *sm* fantasma *m*

fantasticàre *vt* imaginar ◆ *vi* fantasear
fantasticherìa *sf* fantasía *f*
fantàstico *a* fantástico
fànte *sm* infante *m* ◇ (*carta da gioco*) sota *f*
fanterìa *sf* infantería *f*
fantòccio *sm* títere *m*
faraóne *sm* faraón *m*
faraònico *a* faraónico
farcìre *vt* rellenar, mechar
fardèllo *sm* fardo *m*
fàre *vt/i* hacer ◆ *vpr* hacerse, volverse ● ***fa caldo*** hace calor; ***f. finta*** simular; ***f. il professore*** ser profesor; ***f. in modo di*** hacer de modo que; ***non fa niente*** no importa
farètra *sf* aljaba *f*
farfàlla *sf* mariposa *f*
farìna *sf* harina *f*
farinàceo *a/sm* farináceo *m*
farìnge *sf* faringe *f*
faringìte *sf* faringitis *f*
farinóso *a* harinoso
farmacèutico *a* farmacéutico
farmacìa *sf* farmacia *f*
farmacìsta *sm/f* farmacéutico *m*
fàrmaco *sm* fármaco *m*
farneticàre *vi* delirar, desvariar
fàro *sm* faro *m*
fàrsa *sf* farsa *f*
fàscia *sf* faja *f* ◇ (*benda*) venda *f* ● ***in fasce*** en pañales
fasciàre *vt* fajar, vendar
fasciatùra *sf* vendaje *m*
fascìcolo *sm* legajo *m* ◇ (*libro*) fascículo *m*
fàscino *sm* fascinación *f*
fàscio *sm* haz *m*
fascìsmo *sm* fascismo *m*
fàse *sf* fase *f*
fastìdio *sm* fastidio *m*, molestia *f*
fastidióso *a* fastidioso, molesto
fastóso *a* fastuoso
fàta *sf* hada *f*
fatàle *a* fatal
fatalìsta *sm/f* fatalista *m/f*
fatalità *sf* fatalidad *f*
fatìca *sf* cansancio *m*, fatiga *f*
faticàre *vi* esforzarse, trabajar duro
faticàta *sf* esfuerzo *m*
faticóso *a* fatigoso, pesado
fatìdico *a* fatídico
fàto *sm* hado *m*
fattìbile *a* factible
fàtto *a* hecho ◇ (*sotto effetto di droga*) colgado ◆ *sm* hecho *m* ● ***andare per i fatti propri*** marcharse; ***cogliere sul f.*** coger con las manos en la masa; ***in f. di*** en cuanto a
fattóre *sm* granjero *m* ◇ (*mat*) factor *m*
fattorìa *sf* granja *f*
fattorìno *sm* recadero *m*, mensajero *m* ◇ (*di albergo*) botones *m*
fattùra *sf* hechura *f* ◇ (*comm*) factura *f* ◇ (*incantesimo*) hechizo *m*

fatturàre *vt* facturar
fàtuo *a* fatuo
fàuna *sf* fauna *f*
fàva *sf* haba *f*
favèlla *sf* habla *f*
favìlla *sf* chispa *f*
fàvola *sf* fábula *f*, cuento *m*
favolóso *a* fabuloso
favóre *sm* favor *m* • ***per f.*** por favor
favorévole *a* favorable
favorìre *vt* favorecer
favoritìsmo *sm* favoritismo *m*
favorìto *a/sm* favorito *m*
fax *sm* fax *m* • ***via f.*** por/vía fax
fazióne *sf* facción *f*
fazióso *a* faccioso
fazzolétto *sm* pañuelo *m*
febbràio *sm* febrero *m*
fèbbre *sf* fiebre *f*
febbricitànte *a* calenturiento
febbrìle *a* febril
fèccia *sf* hez *f*
fèci *sfpl* heces *fpl*
fècola *sf* fécula *f*
fecondàre *vt* fecundar
fecóndo *a* fecundo
féde *sf* fe *f* ◇ (*anello*) alianza *f*
fedéle *a* fiel ◆ *sm/f* creyente *m/f*
fedeltà *sf* fidelidad *f*
fèdera *sf* funda *f*
federalìsmo *sm* federalismo *m*
federazióne *sf* federación *f*
fégato *sm* hígado *m* ◇ (*fig*) coraje *m*
félce *sf* helecho *m*
felìce *a* feliz, dichoso
felicità *sf* felicidad *f*
felicitàrsi *vpr* felicitarse
felìno *a/sm* felino *m*
félpa *sf* (*tess*) felpa *f* ◇ (*indumento*) sudadera *f*
féltro *sm* fieltro *m*
fémmina *sf* hembra *f*
femminìle *a* femenino
femminìsmo *sm* feminismo *m*
fèmore *sm* fémur *m*
fèndere *vt* hender
fenditùra *sf* hendidura *f*
fenìcio *a/sm* fenicio *m*
fenomenàle *a* fenomenal
fenòmeno *sm* fenómeno *m*
ferìale *a* laborable
fèrie *sfpl* vacaciones *fpl*
feriménto *sm* herimiento *m*
ferìre *vt* herir ◆ *vrif* herirse
ferìta *sf* herida *f*
ferìto *a* herido
feritóia *sf* tronera *f*
férma *sf* (*mil*) servicio *m* militar ◇ (*caccia*) muestra *f*
fermàglio *sm* broche *m*
fermàre *vt* parar ◇ (*arrestare*) detener ◆ *vi* parar ◆ *vpr* pararse ◇ quedarse, permanecer
fermàta *sf* parada *f* • ***f. a richiesta*** parada discrecional
fermentazióne *sf* fermentación *f*
ferménto *sm* fermento *m* ◇ (*fig*) agitación *f*
ferméżza *sf* firmeza *f*
férmo *a* parado ◇ (*deciso*) firme ◆ *sm* (*mecc*) tope *m* ◇ (*dir*) detención *f* • ***f. posta*** lista de correos

feróce *a* feroz
feròcia *sf* ferocidad *f*
ferraménta *sm* (*negozio*) ferretería *f*
ferràre *vt* herrar
fèrro *sm* hierro *m* ◇ (*strumento*) herramienta *f* ◇ (*da stiro*) plancha *f* • *ai ferri* a la plancha; *f. da calza* aguja
ferrovìa *sf* ferrocarril *m*
ferroviàrio *a* ferroviario
fèrtile *a* fértil
fertilizzànte *a/sm* fertilizante *m*
fervènte *a* ferviente
fèrvido *a* férvido
fervóre *sm* fervor *m*
fesserìa *sf* tontería *f*
fésso *a/sm* tonto *m*
fessùra *sf* hendidura *f*
fèsta *sf* fiesta *f*
festeggiaménto *sm* festejo *m*
festeggiàre *vt* festejar
festività *sf* festividad *f*
festìvo *a* festivo
festóne *sm* festón *m*
festóso *a* alegre
fetìccio *sm* fetiche *m*
feticìsmo *sm* fetichismo *m*
fètido *a* fétido
fèto *sm* feto *m*
fétta *sf* tajada *f*, loncha *f* ◇ (*di melone, anguria*) raja *f*
feudàle *a* feudal
fèudo *sm* feudo *m*
fiàba *sf* cuento *m*
fiabésco *a* fabuloso
fiàcca *sf* cansancio *m* • *avere la f.* estar decaído
fiaccàre *vt* debilitar
fiàcco *a* flojo
fiàccola *sf* antorcha *f*
fiàla *sf* ampolla *f*
fiàmma *sf* llama *f*
fiammànte *a* flamante
fiammàta *sf* llamarada *f*
fiammìfero *sm* fósforo *m*
fiammìngo *a/sm* flamenco *m*
fiancheggiàre *vt* flanquear, costear ◇ (*fig*) sostener
fiànco *sm* costado *m*, lado *m* • *a f.* al lado
fiàsco *sm* garrafa *f* ◇ (*fig*) fiasco *m*, fracaso *m* • *fare f.* fracasar
fiàto *sm* aliento *m*
fìbbia *sf* hebilla *f*
fìbra *sf* fibra *f* • *f. ottica* fibra óptica; *fibre (alimentari)* fibras (alimenticias)
ficcàre *vt* clavar, meter ◆ *vrif* meterse • *f. il naso* meter las narices
fìco *sm* (*albero*) higuera *f* ◇ (*frutto*) higo *m* ◇ (*fam*) tío *m* bueno, guaperas *m* ◆ *a* (*fam*) guay, guaperas
fidanzaménto *sm* noviazgo *m*
fidanzàrsi *vrif* prometerse (a)
fidanzàto *a/sm* novio *m*
fidàrsi *vpr* confiar (en), fiarse
fidàto *a* leal
fìdo *a* fiel ◆ *sm* (*banca*) crédito *m*
fidùcia *sf* confianza *f*
fiducióso *a* confiado
fièle *sm* hiel *f*

fienìle *sm* pajar *m*, henil *m*
fièno *sm* heno *m*
fièra *sf* (*sagra*) feria *f* ◇ (*esposizione*) exposición *f* ◇ (*bestia*) fiera *f*
fierézza *sf* fiereza *f*
fièro *a* orgulloso
figàta *sf* (*fam*) monada *f*, chulada *f*
fìglio *sm* hijo *m*
figùra *sf* figura *f* • ***fare una bella/brutta f.*** quedar bien/mal
figuràccia *sf* plancha *f*, papelón *m*
figuràre *vi* figurar ◆ *vpr* figurarse
figuratìvo *a* figurativo
figurìna *sf* cromo *m*
figurìno *sm* figurín *m*
fila *sf* fila *f*, cola *f*, hilera *f* • ***far la f.*** hacer cola
filaménto *sm* filamento *m*
filantropìa *sf* filantropía *f*
filàntropo *sm* filántropo *m*
filàre *vt* hilar ◇ (*naut*) largar ◆ *vi* (*correre*) correr ◇ (*flirtare*) flirtear ◇ (*di ragionamento*) ser coherente
filarmònica *sf* filarmónica *f*
filastròcca *sf* cantinela *f* ◇ (*fig*) canción *f*
filatelìa *sf* filatelia *f*
filàto *a* (*di ragionamento*) lógico ◆ *sm* hilado *m*
filatùra *sf* hilatura *f*
file *sm* (*inform*) fichero *m*, archivo *m*
filétto *sm* (*mecc*) rosca *f* ◇ (*cuc*) filete *m*
filiàle *a/sf* filial *f*
filiazióne *sf* filiación *f*
filifórme *a* filiforme
filigràna *sf* filigrana *f*
fillòssera *sf* filoxera *f*
film *sm* película *f*, film(e) *m* • ***f. di cassetta*** película taquillera
filmàre *vt* filmar
filo *sm* hilo *m* ◇ (*di lama*) filo *m* ◇ (*metallico*) alambre *m* • ***f. interdentale*** seda dental, hilo dental; ***per f. e per segno*** con pelos y señales
filologìa *sf* filología *f*
filóne *sm* filón *m*
filosofìa *sf* filosofía *f*
filòsofo *sm* filósofo *m*
filtràre *vt/i* filtrar
filtro *sm* filtro *m*
finàle *a/sm/f* final *m/f*
finalìsta *a/sm* finalista *m/f*
finalità *sf* finalidad *f*
finalménte *avv* por fin
finànza *sf* finanzas *f pl* ◇ *spec al pl* medios *m pl* económicos, recursos *m pl* • ***ministero delle f.*** ministerio de hacienda
finanziaménto *sm* financiación *f*
finanzière *sm* financiero *m* ◇ (*mil*) agente *m* de la policía fiscal
finché *cong* hasta que, mientras
fine *a* fino ◇ (*fig*) agudo ◆ *sf* fin *m* ◆ *sm* fin *m*, finalidad *f* • ***alla***

f. al final; ***secondo f.*** segunda intención
finèstra ***sf*** ventana *f* • ***f. di dialogo*** cuadro de diálogo, ventana de diálogo
finestrìno ***sm*** ventanilla *f*
finézza ***sf*** fineza *f*
fingere ***vt*** fingir ◆ ***vrif*** fingirse
finimóndo ***sm*** catástrofe *f*
finìre ***vt*** terminar, concluir ◇ (*smettere*) acabar ◆ ***vi*** acabarse
finìto ***a*** acabado
finitùra ***sf*** acabado *m*
fino ***a*** fino ◆ ***prep*** hasta • ***f. a*** hasta; ***fin da*** desde
finòcchio ***sm*** hinojo *m* ◇ (*spreg*) maricón *m*
finóra ***avv*** hasta ahora
finta ***sf*** ficción *f* ◇ (*sport*) finta *f*
finto ***a*** fingido, simulado ◇ (*falso*) ficticio, falso
finzióne ***sf*** ficción *f*
fioccàre ***vi*** nevar ◇ (*fig*) menudear
fiòcco ***sm*** borla *f*, moño *m* ◇ (*di neve*) copo *m* ◇ (*naut*) foque *m*
fiòcina ***sf*** arpón *m*
fiòco ***a*** débil
fiónda ***sf*** honda *f*
fioràio ***sm*** florista *m/f* ◇ (*negozio*) floristería *f*
fiordalìso ***sm*** lirio *m*
fiòrdo ***sm*** fiordo *m*
fióre ***sm*** flor *f* ◇ (*carte da gioco*) trébol *m* • ***fiori di Bach*** flores de Bach
fiorétto ***sm*** florete *m*
fiorièra ***sf*** florero *m*
fiorìre ***vi*** florecer
fiorìto ***a*** florido
fioritùra ***sf*** floración *f*
firma ***sf*** firma *f*
firmaménto ***sm*** firmamento *m*
firmàre ***vt*** firmar
fisarmònica ***sf*** acordeón *m*
fiscàle ***a*** fiscal
fischiàre ***vt*** (*un motivo*) silbar ◇ (*per disapprovazione*) abuchear, silbar ◇ (*sport*) pitar ◆ ***vi*** silbar
fischiétto ***sm*** pito *m*
fischio ***sm*** silbido *m*
fisco ***sm*** fisco *m*
fisica ***sf*** física *f*
fisico ***a/sm*** físico *m*
fisiològico ***a*** fisiológico
fisionomìa ***sf*** fisonomía *f*
fisionomìsta ***sm/f*** fisonomista *m/f*
fisioterapìa ***sf*** fisioterapia *f*
fisioterapìsta ***sm/f*** fisioterapeuta *m/f*
fissàre ***vt*** fijar ◇ (*stabilire*) fijar, establecer ◇ (*prenotare*) reservar ◆ ***vpr*** fijarse ◇ (*stabilirsi*) establecerse ◇ (*ostinarsi*) obstinarse
fissazióne ***sf*** fijación *f*, idea *f* fija
fisso ***a*** fijo
fitta ***sf*** punzada *f*
fittìzio ***a*** ficticio
fitto ***a*** espeso, denso
fiumàna ***sf*** aluvión *m*
fiùme ***sm*** río *m*

fiutàre *vt* olfatear, husmear ◇ (*fig*) oler
fiùto *sm* olfato *m*
flagellazióne *sf* flagelación *f*
flagèllo *sm* flagelo *m*
flagrànte *a* flagrante
flanèlla *sf* franela *f*
flàuto *sm* flauta *f*
flèbile *a* débil
flebìte *sf* flebitis *f*
flèmma *sf* flema *f*
flemmàtico *a* flemático
flessìbile *a* flexible
flessióne *sf* flexión *f* ◇ (*diminuzione*) disminución *f*
flessuóso *a* flexuoso
flèttere *vt* doblar ◆ *vrif* plegarse, doblarse
floppy dìsk *sm* (*inform*) disquete *m*, disco *m* flexible, floppy disk *m*
flòra *sf* flora *f*
floreàle *a* floral
flòrido *a* floreciente
flòscio *a* flojo
flòtta *sf* flota *f*
flottìglia *sf* flotilla *f*
fluidità *sf* fluidez *f*
fluido *a/sm* fluido *m*
fluìre *vi* fluir
fluorescènte *a* fluorescente
fluòro *sm* flúor *m*
flùsso *sm* flujo *m* ◇ (*fig*) multitud *f*
fluttuànte *a* fluctuante
fluttuàre *vi* fluctuar
fluviàle *a* fluvial
fobìa *sf* fobia *f*
fòca *sf* foca *f*
focàccia *sf* pan *m* con aceite y sal
focalizzàre *vt* enfocar
fóce *sf* desembocadura *f*
focolàio *sm* foco *m*
focolàre *sm* hogar *m*, fogón *m*
fòdera *sf* forro *m*
foderàre *vt* forrar
fòdero *sm* vaina *f*
fóga *sf* arrebato *m*
fòggia *sf* forma *f*
fòglia *sf* hoja *f* ● ***foglie secche*** hojarasca
fogliétto *sm* hojita *f*
fòglio *sm* hoja *f*
fógna *sf* cloaca *f*, alcantarilla *f* ◇ (*fig*) (*persona*) tragaldabas *m*
fognatùra *sf* cloaca *f*, alcantarillado *m*
folclóre *sm* folclore *m*
folclorìstico *a* folclórico
fólla *sf* muchedumbre *f*
fòlle *a* loco ● ***in f.*** en punto muerto
folleggiàre *vi* loquear
folleménte *avv* locamente
follétto *sm* duende *m*
follìa *sf* locura *f*
fólto *a* espeso, tupido
fomentàre *vt* fomentar
fondamentàle *a* fundamental
fondaménto *sm* fundamento *m* ◆ *sf pl* cimientos *m pl*
fondàre *vt* fundar ◆ *vrif* fundarse
fondatóre *a/sm* fundador *m*

fondazióne *sf* fundación *f* ◇ *al pl* cimientos *m pl*
fondènte *a* fundente
fóndere *vt* fundir ◇ (*unire*) fusionar ◆ *vi* fundir, derretir ◆ *vrif* derretirse ◇ (*reciproco*) juntarse, fundirse
fonderìa *sf* fundición *f*
fondiàrio *a* inmobiliario
fóndo *a* hondo ◆ *sm* fondo *m* ◇ (*sedimento*) poso *m*, asiento *m* ◇ (*immobiliare*) inmueble *m* ◇ (*terra*) terreno *m* ● ***andare a f.*** irse a pique; ***da cima a f.*** de arriba abajo
fonètica *sf* fonética *f*
fonètico *a* fonético
fontàna *sf* fuente *f*
fónte *sf* fuente *f*, manantial *m*
foràggio *sm* forraje *m*
foràre *vt* agujerear, pinchar ◆ *vpr* agujerearse, pincharse
foratùra *sf* agujero *m*, taladro *m*, pinchazo *m*
fòrbice *sf* tijera *f*
forbìto *a* elegante
fórca *sf* horca *f*
forcèlla *sf* horquilla *f*
forchétta *sf* tenedor *m*
forcìna *sf* horquilla *f*
forèsta *sf* selva *f*
forestièro *a/sm* forastero *m*
fórfora *sf* caspa *f*
forgiàre *vt* forjar
fórma *sf* forma *f* ● ***essere in f.*** estar en forma; ***in f. privata*** en forma privada
formàggio *sm* queso *m*
formàle *a* formal
formalità *sf* formalidad *f*
formalizzàrsi *vpr* escandalizarse
formàre *vt* formar ◆ *vpr* formarse
formàto *sm* formato *m*
formattàre *vt* (*inform*) formatear
formazióne *sf* formación *f*
formìca *sf* hormiga *f*
formicàio *sm* hormiguero *m*
formicolàre *vi* sentir hormigueo ◇ (*pullulare*) pulular
formicolìo *sm* hormigueo *m*
formidàbile *a* formidable
formóso *a* fornido
fòrmula *sf* fórmula *f*
formulàrio *sm* formulario *m*
fornàce *sf* calera *f*, horno *m*
fornàio *sm* panadero *m*
fornèllo *sm* hornillo *m*
fornicàre *vi* fornicar
fornìre *vt* abastecer, proveer ◆ *vrif* abastecerse
fornitóre *sm* proveedor *m*
fornitùra *sf* abastecimiento *m*
fórno *sm* horno *m* ● ***f. a microonde*** horno de microondas, microondas
fóro (1) *sm* agujero *m*
fòro (2) *sm* (*dir*) foro *m*
fórse *avv* tal vez, quizás ● ***essere in f.*** estar en duda
forsennàto *a* desatinado
fòrte *a* fuerte ◇ (*resistente*) duro ◇ (*violento*) violento ◆ *avv* fuerte ◆ *sm* fuerte *m*

fortézza *sf* fortaleza *f*
fortificazióne *sf* fortificación *f*
fortìno *sm* fortín *m*
fortùito *a* fortuito, casual
fortùna *sf* suerte *f*, fortuna *f* • *colpo di f.* golpe de suerte
fortunataménte *avv* afortunadamente
fortunàto *a* afortunado, dichoso
fòrza *sf* fuerza *f*
forzàre *vt* forzar
forzière *sm* cofre *m*, caja *f* fuerte
foschìa *sf* neblina *f*
fósco *a* sombrío
fosforescènte *a* fosforescente
fòsforo *sm* fósforo *m*
fòssa *sf* fosa *f*
fossàto *sm* foso *m*, acequia *f*
fossétta *sf* hoyuelo *m*
fòssile *a/sm* fósil *m*
fòsso *sm* foso *m*, zanja *f*
fòto *sf* foto *f*
fotocòpia *sf* fotocopia *f*
fotogènico *a* fotogénico
fotografàre *vt* fotografiar
fotografìa *sf* fotografía *f*
fotogràfico *a* fotográfico
fotògrafo *sm* fotógrafo *m*
fotomodèlla *sf* modelo *f* fotográfica
fotomontàggio *sm* fotomontaje *m*
fotorepòrter *sm* reportero *m* gráfico
fotoromànzo *sm* fotonovela *f*
fotosìntesi *sf* fotosíntesis *f*
fototèssera *sf* fotografía *f* tamaño carné
fra *prep* entre ◇ (*tempo*) dentro de
fracàsso *sm* ruido *m*, estruendo *m*
fràdicio *a* podrido ◇ (*bagnato*) empapado
fràgile *a* frágil
fragilità *sf* fragilidad *f*
fràgola *sf* fresa *f*
fragrànte *a* fragante
fraintèndere *vt* malentender
frammentàrio *a* fragmentario
framménto *sm* fragmento *m*, trozo *m*
frammezzàre *vt* intercalar
fràna *sf* desmoronamiento *m*, derrumbe *m*
franàre *vi* desmoronarse
francaménte *avv* francamente
francescàno *a/sm* franciscano *m*
francése *a/sm/f* francés *m*
franchézza *sf* franqueza *f*
franchìgia *sf* franquicia *f*
frànco *a/sm* franco *m*
francobóllo *sm* sello *m*
francòfono *a* francófono
frangènte *sm* rompiente *m* ◇ (*fig*) apuro *m*
fràngere *vt* romper ◆ *vpr* romperse
fràngia *sf* fleco *m*, flequillo *m*
frangiflùtti *sm* rompeolas *m*
frantóio *sm* (*per olive*) lagar *m*, almazara *f* ◇ (*per pietre*) trituradora *f*

frantumàre *vt* triturar, hacer añicos ◆ *vpr* hacerse añicos
frappórre *vt* interponer ◆ *vrif* interponerse
fràsca *sf* rama *f*
fràse *sf* frase *f*
fraseologìa *sf* fraseología *f*
fràssino *sm* fresno *m*
frastagliàto *a* abrupto, accidentado
frastornàto *a* trastornado
frastuòno *sm* estruendo *m*
fràte *sm* fraile *m*, fray *m*
fratellànza *sf* fraternidad *f*
fratèllo *sm* hermano *m*
fraternizzàre *vi* fraternizar
fratèrno *a* fraterno
fratricìda *a/sm/f* fratricida *m/f*
frattàglie *sf pl* menudillos *m*
frattànto *avv* mientras tanto, entretanto
frattèmpo, nel *loc.avv* mientras tanto
frattùra *sf* fractura *f*
fraudolènto *a* fraudulento
frazionàre *vt* fraccionar ◆ *vpr* fraccionarse
frazióne *sf* fracción *f* ◇ (*di comune*) anejo *m*
fréccia *sf* flecha *f*
frecciàta *sf* flechazo *m*
freddaménte *avv* fríamente
freddàre *vt* enfriar ◇ (*uccidere*) matar ◆ *vpr* enfriarse
freddézza *sf* frialdad *f*
fréddo *a/sm* frío *m*
freddùra *sf* chiste *m*
fregàre *vt* frotar ◇ (*truffare*) engañar ◇ (*rubare*) robar ● ***fregarsene*** importarle a alguien un pito
fregàta *sf* fregado *m* ◇ (*truffa*) engaño *m* ◇ (*naut*) fragata *f*
fregatùra *sf* estafa *f*
frégio *sm* friso *m*
frèmere *vi* estremecerse
frèmito *sm* estremecimiento *m*, temblor *m*
frenàre *vt* frenar ◆ *vrif* frenarse, contenerse
frenàta *sf* frenazo *m*
frenesìa *sf* frenesí *m*
frenètico *a* frenético
frèno *sm* freno *m*
frequentàre *vt* frecuentar ◆ *vrif* tratarse
frequentatóre *sm* frecuentador *m*
frequènte *a* frecuente
frequènza *sf* frecuencia *f*
freschézza *sf* frescura *f*
frésco *a/sm* fresco *m* ● ***mettere al f.*** (*fig*) meter en la cárcel; ***mettere in f.*** poner en el frigorífico
frétta *sf* prisa *f* ● ***in f.*** de prisa
frettolóso *a* presuroso ◇ (*affrettato*) apresurado
friàbile *a* friable
frìggere *vt* freír
frigidità *sf* frigidez *f*
frìgido *a* frígido
frigorìfero *a* frigorífico ◆ *sm* nevera *f*, frigorífico *m*
fringuèllo *sm* pinzón *m*
frittàta *sf* tortilla *f*

frittèlla *sf* buñuelo *m*
fritto *a/sm* frito *m*
frittùra *sf* fritura *f*, frito *m*
frivolézza *sf* frivolidad *f*
frìvolo *a* frívolo
frizióne *sf* fricción *f* ◇ (*mecc*) embrague *m* ◇ (*attrito*) roce *m*
frizzànte *a* efervescente, burbujeante
frìzzo *sm* broma *f* sarcástica
frodàre *vt* defraudar
fròde *sf* fraude *f*
fròdo *sm* contrabando *m* • ***cacciatore di f.*** cazador furtivo
frónda *sf* rama *f* ◇ *al pl* follaje *m*
frontàle *a* frontal
frónte *sm/f* frente *m/f* • ***di f.*** enfrente
fronteggiàre *vt* afrontar
frontespìzio *sm* frontispicio *m*
frontièra *sf* frontera *f*
frontóne *sm* frontón *m*
frónzoli *sm pl* perifollos *m pl*, adornos *m pl*
fròttola *sf* embuste *m*
frugàle *a* frugal
frugalità *sf* frugalidad *f*
frugàre *vt/i* hurgar
fruìre *vi* disfrutar, aprovechar
frullàre *vt* batir ◆ *vi* girar ◇ (*di uccelli*) aletear
frullàto *sm* batido *m*
fruménto *sm* trigo *m*
fruscìo *sm* crujido *m*, murmullo *m*
frùsta *sf* látigo *m* ◇ (*cuc*) batidor *m*
frustàre *vt* azotar
frustàta *sf* latigazo *m*
frustìno *sm* látigo *m*
frustràre *vt* frustrar
frustrazióne *sf* frustración *f*
frùtta *sf* fruta *f* • ***f. candita*** fruta escarchada
fruttàre *vt* rendir, producir
frutéto *sm* huerto *m* frutal, plantío *m* de frutales
fruttìfero *a* fructífero
fruttivéndolo *sm* (*venditore*) frutero *m* ◇ (*negozio*) frutería *f*
frùtto *sm* fruto *m* ◇ (*risultato*) resultado *m*, consecuencia *f* ◇ (*vantaggio*) provecho *m* • ***frutti di mare*** mariscos
fruttuóso *a* fructuoso
fucilàre *vt* fusilar
fucilàta *sf* fusilazo *m*
fucilazióne *sf* fusilamiento *m*
fucìle *sm* fusil *m*
fucìna *sf* herrería *f*, fragua *f* ◇ (*fig*) fábrica *f*, criadero *m*
fùga *sf* huida *f*, fuga *f* ◇ (*di gas, liquido*) escape *m* ◇ (*mus*) fuga *f*
fugàce *a* fugaz
fugacità *sf* fugacidad *f*
fugàre *vt* ahuyentar
fuggévole *a* fugaz
fuggiàsco *a/sm* fugitivo *m*
fuggìre *vi* huir, escaparse ◆ *vt* evitar
fuggitìvo *a/sm* fugitivo *m*
fùlcro *sm* fulcro *m*, punto *m* de apoyo
fùlgido *a* fúlgido
fulgóre *sm* fulgór *m*
fulìggine *sf* hollín *m*

fuligginóso *a* fuliginoso
fulminànte *a* fulminante
fulminàre *vt* fulminar
fùlmine *sm* rayo *m*
fulmìneo *a* fulmíneo
fumaiòlo *sm* chimenea *f*
fumàre *vt* fumar ◆ *vi* fumar ◇ (*camino*) humear
fumàta *sf* humareda *f*
fumatóre *sm* fumador *m*
fumétto *sm* cómic *m*, historieta *f*
fùmo *sm* humo *m*
fumóso *a* humoso
funàmbulo *sm* funámbulo *m*
fùne *sf* cuerda *f*, soga *f*
fùnebre *a* fúnebre
funeràle *sm* funeral *m*, entierro *m*
funeràrio *a* funerario
funestàre *vt* entristecer
funèsto *a* funesto
fùngere *vi* hacer (las veces) de
fùngo *sm* hongo *m*, seta *f*
funicolàre *sf* funicular *m*
funivìa *sf* teleférico *m*
funzionàle *a* funcional
funzionalità *sf* funcionalidad *f*
funzionaménto *sm* funcionamiento *m*
funzionàre *vi* funcionar
funzionàrio *sm* funcionario *m*
funzióne *sf* función *f*
fuòco *sm* fuego *m* ◇ (*fis*) foco *m* ● ***dar f.*** pegar fuego
fuorché *cong/prep* excepto, menos, salvo
fuòri *avv* fuera, afuera ◆ *prep* fuera de ● ***essere f. di sé*** estar fuera de sí; ***f.!*** ¡fuera!, ¡afuera!; ***f. uso*** en desuso; (*guasto*) fuera de servicio
fuoribórdo *sm* fuera-borda *m*
fuoriclàsse *sm/f* campeón *m*
fuorigiòco *sm* fuera de juego *m*
fuorilégge *sm/f* bandido *m*
fuorisèrie *a* fuera de serie ◆ *sf* (*aut*) coche *m* fuera de serie
fuoriuscìta *sf* salida *f* ◇ (*di gas, liquido*) escape *m*
furberìa *sf* astucia *f*
fùrbo *a/sm* listo *m*, astuto *m*
furènte *a* furioso
furfànte *sm* bribón *m*
furgóne *sm* furgón *m*
fùria *sf* furia *f* ◇ (*fretta*) prisa *f* ● ***a f. di*** a fuerza de; ***in fretta e f.*** de prisa y corriendo
feribóndo *a* furibundo
furióso *a* furioso
furóre *sm* furor *m*
furtìvo *a* furtivo
fùrto *sm* robo *m*, hurto *m*
fuscèllo *sm* pajita *f*
fusìbile *sm* fusible *m*
fusióne *sf* fusión *f*
fùso *a* fundido ◇ (*fig*) hecho polvo ◆ *sm* huso *m*
fusolièra *sf* fuselaje *m*
fustigazióne *sf* fustigación *f*
fùsto *sm* tallo *m*, tronco *m* ◇ (*arch*) fuste *m* ◇ (*recipiente*) tonel *m*
fùtile *a* fútil
futilità *sf* futilidad *f*
futùro *a* futuro ◆ *sm* futuro *m*, porvenir *m* ● ***f. sposo*** novio

G

gabbàre *vt* embaucar
gàbbia *sf* jaula *f* ◇ (*di ascensore*) caja *f* ● ***g. toracica*** caja torácica; ***mettere in g.*** meter en la cárcel
gabbiàno *sm* gaviota *f*
gabinétto *sm* gabinete *m* ◇ (*bagno*) retrete *m*, cuarto *m* de baño
gaffe *sf* metedura *f* de pata ● ***fare una g.*** meter la pata
gagliardétto *sm* gallardete *m*
gagliàrdo *a* gallardo
gaiézza *sf* alegría *f*
gàio *a* alegre
gàla *sf* gala *f* ● ***serata di g.*** noche de gala
galànte *a* galante
galanterìa *sf* galantería *f*
galantuòmo *sm* caballero *m*, hombre *m* de bien
galàssia *sf* galaxia *f*
galatèo *sm* buenos modales *m pl*, urbanidad *f*
galeóne *sm* galeón *m*
galeòtto *sm* galeote *m*
galèra *sf* cárcel *f*, presidio *m*
gàlla *sf* agalla *f* ● ***a g.*** a flote; ***stare a g.*** flotar
galleggiànte *a* flotante ◆ *sm* flotador *m*
galleggiàre *vi* flotar
gallerìa *sf* túnel *m* ◇ (*d'arte*) galería *f* ◇ (*teat*) galería *f*, (*fam*) gallinero *m*
gallicìsmo *sm* galicismo *m*
gallìna *sf* gallina *f*
gàllo *sm* gallo *m*
galoppàre *vi* galopar
galòppo *sm* galope *m*
galvanizzàre *vt* galvanizar ◇ (*fig*) exaltar
gàmba *sf* pierna *f* ◇ (*di tavolo*) pata *f* ● ***in g.*** capaz, que vale mucho
gàmbero *sm* gamba *f*, langostino *m*, camarón *m*
gàmbo *sm* tallo *m*
gàmma *sf* gama *f*
ganàscia *sf* (*anat*) mandíbula *f* ◇ (*anat, zool*) quijada *f* ◇ (*mecc*) mordaza *f*
gàncio *sm* gancho *m*
gàra *sf* competición *f* ● ***fare a g.*** rivalizar
garage *sm* garaje *m*
garantìre *vt* garantizar ◆ *vpr* asegurarse
garanzìa *sf* garantía *f*, fianza *f*
garbàto *a* amable, cortés
gàrbo *sm* gracia *f*, cortesía *f*
gardènia *sf* gardenia *f*
gareggiàre *vi* competir, rivalizar
gargarìsmo *sm* gárgara *f*
garìtta *sf* garita *f*
garòfano *sm* clavel *m* ● ***chiodo di g.*** clavo de olor
gàrza *sf* gasa *f*

garzóne *sm* mozo *m*, aprendiz *m*
gas *sm* gas *m*
gasàrsi *vrif* darse aires
gasòlio *sm* gasóleo *m*
gassósa *sf* gaseosa *f*
gassóso *a* gaseoso
gàstrico *a* gástrico
gastrìte *sf* gastritis *f*
gastrointestinàle *a* gastrointestinal
gastronomìa *sf* gastronomía *f*
gastronòmico *a* gastronómico
gàtto *sm* gato *m*
gattopàrdo *sm* guepardo *m*
gavétta *sf* gábata *f*
gavitèllo *sm* boya *f*, baliza *f*
gazebo *sm* glorieta *f*
gàzza *sf* urraca *f*
gazzàrra *sf* algazara *f*
gazzèlla *sf* gacela *f*
gazzétta *sf* gaceta *f*, periódico *m*
gelàre *vt* congelar ◆ *vi* congelarse ◆ *vimp* helar
gelàta *sf* helada *f*
gelatàio *sm* heladero *m*
gelaterìa *sf* heladería *f*
gelatìna *sf* gelatina *f*
gelàto *a/sm* helado *m*
gèlido *a* helado, frío
gèlo *sm* (*freddo*) frío *m* ◇ (*ghiaccio*) hielo *m*
gelóne *sm* sabañón *m*
gelosaménte *avv* celosamente
gelosìa *sf* celos *m pl*
gelóso *a* celoso
gelsomìno *sm* jazmín *m*
gemellàggio *sm* hermanamiento *m*
gemèllo *a/sm* gemelo *m*, mellizo *m* ◇ *al pl* (*bottoni*) gemelos *m pl*
gèmere *vi* gemir
gèmito *sm* gemido *m*
gèmma *sf* (*bot*) yema *f* ◇ (*pietra*) gema *f*
genealogìa *sf* genealogía *f*
genealògico *a* genealógico
generàle *a/sm* general *m*
generalità *sf* generalidad *f*
generalizzàre *vt* generalizar
generalménte *avv* generalmente
generàre *vt* generar, crear ◆ *vpr* generarse
generatóre *sm* generador *m*
generazióne *sf* generación *f*
gènere *sm* género *m* ● ***in g.*** en general
genèrico *a* genérico
gènero *sm* yerno *m*
generosità *sf* generosidad *f*
generóso *a* generoso
gènesi *sf* génesis *f* ◇ (*relig*) Génesis *m*
genètica *sf* genética *f*
genètico *a* genético
gengìva *sf* encía *f*
geniàle *a* genial
genialità *sf* genialidad *f*
gènio *sm* genio *m*
genitàle *a* genital ◆ *sm al pl* genitales *m pl*
genitóre *sm* padre *m* ◇ *al pl* padres *m pl*

gennàio *sm* enero *m*
genovése *a/sm/f* genovés *m*
gènte *sf* gente *f*
gentìle *a* amable, gentil
gentilézza *sf* amabilidad *f*, gentileza *f*
gentilìzio *a* gentilicio • *stemma g.* escudo de armas
gentiluòmo *sm* caballero *m*
genuinità *sf* autenticidad *f*, pureza *f*
genuìno *a* genuino
geocèntrico *a* geocéntrico
geografìa *sf* geografía *f*
geogràfico *a* geográfico
geògrafo *sm* geógrafo *m*
geologìa *sf* geología *f*
geometrìa *sf* geometría *f*
geomètrico *a* geométrico
gerànio *sm* geranio *m*
gerarchìa *sf* jerarquía *f*
geràrchico *a* jerárquico
gerènte *sm/f* gerente *m/f*
gèrgo *sm* jerga *f*
geriatrìa *sf* geriatría *f*
gèrme *sm* germen *m*
germogliàre *vi* germinar, brotar
germóglio *sm* brote *m*
geroglìfico *a/sm* jeroglífico *m*
gèsso *sm* yeso *m* ◇ (*per lavagna*) tiza *f*
gèsta *sf pl* gestas *f pl*, hazañas *f pl*
gestànte *sf* mujer *f* encinta
gestazióne *sf* gestación *f*
gesticolàre *vi* gesticular
gestióne *sf* gestión *f*
gestìre *vt* administrar, dirigir
gèsto *sm* gesto *m*, ademán *m*
gestóre *sm* gestor *m*
gesuìta *sm* jesuita *m*
gettàre *vt* echar, arrojar ◆ *vrif* echarse, tirarse ◇ (*di fiume*) desembocar
gettàta *sf* colada *f* ◇ (*diga*) dique *m*
gèttito *sm* entrada *f*, echada *f*
gètto *sm* (*tiro*) lanzamiento *m*, tiro *m* ◇ (*di acqua*) chorro *m* ◇ (*bot*) brote *m* • *di g.* de golpe
gettóne *sm* ficha *f*
ghétto *sm* gueto *m*
ghiacciàio *sm* glaciar *m*
ghiacciàre *vi* helar ◆ *vpr* helarse, congelarse
ghiacciàto *a* helado, congelado
ghiàccio *sm* hielo *m*
ghiacciòlo *sm* carámbano *m* ◇ (*gelato*) polo *m*
ghiàia *sf* grava *f*
ghiaióso *a* guijoso
ghiànda *sf* bellota *f*
ghiàndola *sf* glándula *f*
ghigliottìna *sf* guillotina *f*
ghignàre *vi* reír sarcásticamente
ghiótto *a* goloso ◇ (*appetitoso*) gustoso, apetitoso
ghiottóne *sm* glotón *m*
ghiottonerìa *sf* glotonería *f* ◇ (*cibo*) manjar *m*, golosina *f*
ghiribìzzo *sm* capricho *m*
ghirlànda *sf* guirnalda *f*
ghìro *sm* lirón *m*

ghìsa *sf* fundición *f*
già *avv* ya ◇ (*in precedenza*) antes ◇ (*ex*) ex
giàcca *sf* chaqueta *f* ● ***g. a vento*** anorak
giacché *cong* ya que, puesto que
giacére *vi* yacer
giaciménto *sm* yacimiento *m*
giacìnto *sm* jacinto *m*
giaguàro *sm* jaguar *m*
giàllo *a* amarillo ◇ (*poliziesco*) policíaco ◆ *sm* amarillo *m* ◇ (*semaforo*) ámbar *m* ◇ (*uovo*) yema *f* ◇ (*romanzo*) novela *f* policíaca ◇ (*film*) película *f* policíaca
giammài *avv* jamás
giapponése *a/sm/f* japonés *m*
giàra *sf* jarra *f*
giardinàggio *sm* jardinería *f*
giardinière *sm* jardinero *m*
giardìno *sm* jardín *m*
giarrettièra *sf* liga *f*
giavellòtto *sm* jabalina *f*
gigànte *a* enorme, gigantesco ◆ *sm* gigante *m*
gigantésco *a* gigantesco
gigantìsmo *sm* gigantismo *m*
gìglio *sm* azucena *f*
gilet *sm* chaleco *m*
ginecòlogo *sm* ginecólogo *m*
ginepràio *sm* enebral *m* ● ***cacciarsi in un g.*** meterse en un berenjenal
ginépro *sm* enebro *m*
ginèstra *sf* retama *f*
gingillàrsi *vpr* juguetear ◇ (*fig*) gandulear
gingìllo *sm* chuchería *f*
ginnàsta *sm/f* gimnasta *m/f*
ginnàstica *sf* gimnasia *f*
ginocchiàta *sf* rodillazo *m*
ginòcchio *sm* rodilla *f* ● ***in g.*** de rodillas
ginocchióni *avv* de rodillas
giocàre *vt* jugar ◇ (*puntare*) apostar ◆ *vi* jugar
giocatóre *sm* jugador *m*
giocàttolo *sm* juguete *m*
giocherellàre *vi* juguetear
giòco *sm* juego *m* ● ***per g.*** de broma
giocolière *sm* malabarista *m*
giocóso *a* jocoso
giógo *sm* yugo *m*
giòia *sf* alegría *f* ◇ (*gioiello*) joya *f*
gioiellerìa *sf* joyería *f*
gioièllo *sm* joya *f*, alhaja *f*
gioióso *a* alegre
gioìre *vi* gozar, alegrarse
giornalàio *sm* vendedor *m* de periódicos
giornàle *sm* diario *m*, periódico *m* ● ***g. radio*** diario hablado
giornalièro *a* diario ◆ *sm* jornalero *m*
giornalìsmo *sm* periodismo *m*
giornalìsta *sm/f* periodista *m/f*
giornalménte *avv* diariamente
giornàta *sf* día *m* ◇ (*paga*) jornal *m*
giórno *sm* día *m* ● ***al g. d'oggi***

hoy en día; ***g. di vacanza*** día de asueto; ***buon g.!*** ¡buenos días!
giòstra ***sf*** tiovivo *m*, caballitos *m pl*
giovaménto ***sm*** provecho *m*
gióvane ***a/sm/f*** joven *m/f*
giovanìle ***a*** juvenil
giovanòtto ***sm*** mozo *m*, joven *m*
giovàre ***vi*** servir, ser útil
giovedì ***sm*** jueves *m*
gioventù ***sf*** juventud *f*
gioviàle ***a*** jovial
giovinézza ***sf*** juventud *f*
giradìschi ***sm*** tocadiscos *m*
giràffa ***sf*** jirafa *f*
giraménto ***sm*** vuelta *f* • ***g. di testa*** vértigo
giramóndo ***sm/f*** trotamundos *m/f*
giràndola ***sf*** girándula *f*, molinete *m*
giràre ***vt*** girar ◇ (*visitare*) recorrer ◇ (*un film*) rodar ◇ (*assegno*) endosar ◆ ***vi*** girar ◇ (*andare in giro*) callejear ◆ ***vrif*** girarse, darse vuelta
girasóle ***sm*** girasol *m*
giravòlta ***sf*** vuelta *f*, pirueta *f*
girellàre ***vi*** callejear
girèllo ***sm*** andador *m*, andaderas *f pl*
girévole ***a*** giratorio
gìro ***sm*** vuelta *f*, giro *m* ◇ (*in macchina, a piedi*) vuelta *f*, paseo *m* • ***a g. di posta*** a vuelta de correo; ***prendere in g.*** tomar el pelo
giróne ***sm*** (*sport*) vuelta *f*
gironzolàre ***vi*** callejear
girotóndo ***sm*** corro *m*
girovagàre ***vi*** vagar
giròvago ***a/sm*** vagabundo *m*
gìta ***sf*** excursión *f*, paseo *m*, gira *f*
gitàno ***sm*** gitano *m*
gitànte ***sm/f*** excursionista *m/f*
giù ***avv*** abajo • ***essere g.*** estar deprimido; ***su per g.*** poco más o menos
giubbòtto ***sm*** cazadora *f*, chaquetón *m*
giubilèo ***sm*** jubileo *m*
giudaìsmo ***sm*** judaísmo *m*
giudicàre ***vt/i*** juzgar
giùdice ***sm/f*** juez *m*
giudiziàrio ***a*** judicial
giudìzio ***sm*** juicio *m*
giudizióso ***a*** juicioso
giùgno ***sm*** junio *m*
giullàre ***sm*** juglar *m*
giuménta ***sf*** yegua *f*
giùnco ***sm*** junco *m*
giùngere ***vi*** llegar
giùngla ***sf*** jungla *f*
giùnta ***sf*** añadidura *f* ◇ (*pol*) junta *f*
giùnto ***sm*** junta *f*
giuntùra ***sf*** articulación *f*
giunzióne ***sf*** conjunción *f*
giuraménto ***sm*** juramento *m*
giuràre ***vt/i*** jurar • ***g. il falso*** jurar en falso
giuràto ***sm*** jurado *m*
giurìa ***sf*** jurado *m*
giurìdico ***a*** jurídico

giurisdizióne *sf* jurisdicción *f*
giurisprudènza *sf* jurisprudencia *f*
giurìsta *sm/f* jurista *m/f*
giustapposizióne *sf* yuxtaposición *f*
giustézza *sf* exactitud *f*
giustificàre *vt* justificar ◆ *vrif* justificarse
giustificazióne *sf* justificación *f*
giustìzia *sf* justicia *f*
giustiziàre *vt* ajusticiar
giustizière *sm* verdugo *m*
giùsto *a/sm* justo *m* ◆ *avv* justo, justamente
glaciàle *a* glacial
glàssa *sf* glaseado *m*
gli *art* los ◆ *pr.pers* le ● *glielo/a* se lo/la; *glieli/e* se los/las
glicemìa *sf* glicemia *f*
glicerìna *sf* glicerina *f*
glìcine *sm* glicina *f*
globàle *a* global
globalizzazióne *sf* (*econ*) globalización *f*
glòbo *sm* globo *m*
glòbulo *sm* glóbulo *m*
glòria *sf* gloria *f*
glorificàre *vt* glorificar
glorióso *a* glorioso
glossàrio *sm* glosario *m*
glucòsio *sm* glucosa *f*
glùteo *sm* glúteo *m*
gnòmo *sm* gnomo *m*
gòbba *sf* joroba *f*
gòbbo *a/sm* jorobado *m*
góccia *sf* gota *f*
gocciolàre *vi* gotear
godére *vt* disfrutar ◆ *vi* gozar ● *godersela* divertirse
godiménto *sm* gozo *m* ◇ (*dir*) goce *m*
gòffo *a* torpe ◇ (*modo*) sin gracia
gol *sm* gol *m*
góla *sf* garganta *f* ◇ (*vizio*) gula *f* ◇ (*geogr*) desfiladero *m*, garganta *f*
gòlf *sm* (*sport*) golf *m* ◇ (*maglione*) pullóver *m*, jersey *m*
gólfo *sm* golfo *m*
goliàrdico *a* estudiantil
golosità *sf* glotonería *f*
golóso *a* goloso
gomitàta *sf* codazo *m*
gómito *sm* codo *m*
gomìtolo *sm* ovillo *m*
gómma *sf* goma *f*
gommapiùma *sf* gomaespuma *f*
gommìsta *sm* (*officina*) taller *m* de neumáticos ◇ (*persona*) empleado *m* del taller de neumáticos
gommóne *sm* bote *m* neumático, zodiac *f*
gommóso *a* gomoso
góndola *sf* góndola *f*
gondolière *sm* gondolero *m*
gonfiàre *vt* inflar, hinchar ◆ *vpr* hincharse
gónfio *a* hinchado
gonfióre *sm* hinchazón *f*
gónna *sf* falda *f*
gónzo *sm* bobo *m*

gorgheggiàre *vi* gorjear
gorghéggio *sm* gorjeo *m*
górgo *sm* remolino *m*
gorgogliàre *vi* gorgotear
gorìlla *sm* gorila *m*
gòtico *a/sm* gótico *m*
governànte *sm* gobernante *m* ◆ *sf* ama *f* de llaves
governàre *vt* gobernar
governatìvo *a* gubernativo
governatóre *sm* gobernador *m*
govèrno *sm* gobierno *m*
gozzovigliàre *vi* ir de juerga, jaranear
gracchiàre *vi* garznar
gràcile *a* grácil
gracilità *sf* gracilidad *f*
gradàsso *sm* valentón *m*, fanfarrón *m*
gradazióne *sf* gradación *f*
gradévole *a* agradable
gradiménto *sm* agrado *m*
gradinàta *sf* gradería *f*
gradìno *sm* peldaño *m*, escalón *m*
gradìre *vt* agradecer, gustar ◇ (*desiderare*) apetecer
gradìto *a* grato
gràdo *sm* grado *m*
graduàle *a* gradual
gradualménte *avv* gradualmente
graduàre *vt* graduar
graduàto *a* graduato ◆ *sm* cabo *m*
graduatòria *sf* escalafón *m*, clasificación *f*
graduazióne *sf* graduación *f*
gràffa *sf* grapa *f*
graffiànte *a* arañador ◇ (*fig*) punzante, mordaz
graffiàre *vt* arañar
gràffio *sm* arañazo *m*, rasguño *m*
graffìto *sm* grafito *m*
grafìa *sf* grafía *f*
gràfica *sf* gráfica *f*
graficaménte *avv* gráficamente
gràfico *a/sm* gráfico *m*
grafìte *sf* grafito *m*
grafologìa *sf* grafología *f*
grammàtica *sf* gramática *f*
grammaticàle *a* gramatical
gràmmo *sm* gramo *m*
grammòfono *sm* gramófono *m*
gràmo *a* mísero
gràna *sf* grano *m* ◇ (*seccatura*) lío *m* ◇ (*soldi*) dinero *m*
granàio *sm* granero *m*
granàta *sf* granada *f* ◇ (*pietra*) granate *m*
grànchio *sm* cangrejo *m* ◇ (*errore*) error *m* • ***prendere un g.*** meter la pata
grandàngolo *sm* gran angular *m*
grànde *a* grande ◆ *sm/f* adulto *m* • ***da g.*** de grande
grandeggiàre *vi* sobresalir
grandézza *sf* tamaño *m* ◇ (*d'animo*) grandeza *f* ◇ (*fis*) cantidad *f*
grandinàre *vimp* granizar
grandinàta *sf* granizada *f*
gràndine *sf* granizo *m*

grandiosità *sf* grandiosidad *f*
grandióso *a* grandioso
grandùca *sm* gran duque *m*
granducàto *sm* gran ducado *m*
granèllo *sm* grano *m*
granìta *sf* granizada *f*
granìtico *a* granítico
granìto *sm* granito *m*
gràno *sm* grano *m* ◇ (*frumento*) trigo *m*
grantùrco *sm* maíz *m*
granulóso *a* granuloso
gràppa *sf* aguardiente *m*
gràppolo *sm* racimo *m*
gràsso *a* gordo ◇ (*di cibo*) grasiento ◆ *sm* grasa *f*
grassòccio *a* regordete
gràta *sf* rejilla *f*
gratèlla *sf* parrilla *f*
gratìccio *sm* cañizo *m*
gratìcola *sf* parrilla *f*
gratìfica *sf* gratificación *f*
gratificàre *vt* gratificar
gratificazióne *sf* gratificación *f*
gràtis *avv* gratis
gratitùdine *sf* gratitud *f*
gràto *a* agradecido
grattacàpo *sm* preocupación *f*
grattacièlo *sm* rascacielos *m*
grattàre *vt* rascar ◇ (*grattugiare*) rallar ◇ (*rubare*) robar ◇ (*raschiare*) raspar ◆ *vrif* rascarse
grattùgia *sf* rallador *m*
grattugiàre *vt* rallar
gratuità *sf* gratuitad *f*
gratùito *a* gratuito
gravàme *sm* gravamen *m*
gravàre *vt* gravar
gràve *a* grave
gravidànza *sf* embarazo *m*, preñez *f*
gràvido *a* (*di donna*) embarazada ◇ (*di animale*) preñada ◇ (*fig*) lleno
gravità *sf* gravedad *f*
gravitàre *vi* gravitar
gravitazióne *sf* gravitación *f*
gravóso *a* gravoso, pesado
gràzia *sf* gracia *f*
graziàre *vt* indultar
gràzie! *inter* ¡gracias!
grazióso *a* agradable ◇ (*spiritoso*) gracioso ◇ (*gentile*) amable
grèco *a/sm* griego *m*
gregàrio *sm* gregario *m*
grégge *sm* rebaño *m*
gréggio *a* crudo, bruto ◆ *sm* petróleo *m* crudo
gregoriàno *a* gregoriano
grembiùle *sm* delantal *m*
grèmbo *sm* regazo *m*
gremìre *vt* llenar ◆ *vpr* llenarse
gréto *sm* orilla *f*
grettézza *sf* tacañería *f* ◇ (*fig*) mezquindad *f*
grétto *a* tacaño ◇ (*fig*) mezquino
grève *a* pesado
grézzo → **greggio**
gridàre *vt/i* gritar
grìdo *sm* grito *m*
grigiàstro *a* grisáceo
grìgio *a/sm* gris *m*

grìglia *sf* parrilla *f*
grigliàta *sf* parrillada *f*
grillétto *sm* gatillo *m*
grillo *sm* grillo *m* ◇ (*capriccio*) capricho *m*
grimaldèllo *sm* ganzúa *f*
grìnta *sf* ceño *m* ◇ (*fig*) determinación *f*
grìnza *sf* arruga *f*
grinzóso *a* arrugado, rugoso
grippàre *vi/pr* agarrotarse
grondàia *sf* gotera *f*
grondàre *vt* derramar ◆ *vi* chorrear
gròppa *sf* grupa *f*
gróppo *sm* nudo *m*
groppóne *sm* lomo *m*
grossézza *sf* grosor *m*
grossìsta *sm/f* mayorista *m/f*
gròsso *a* grueso ◇ (*grande, importante*) grande, importante ◇ (*grave*) grave ● ***g. modo*** más o menos
grossolanità *sf* grosería *f*
grossolàno *a* grosero
gròtta *sf* gruta *f*, cueva *f*
grottésco *a* grotesco
grovìglio *sm* enredo *m*, maraña *f*
gru *sf* grúa *f* ◇ (*zool*) grulla *f*
grùccia *sf* (*per abiti*) percha *f* ◇ (*stampella*) muleta *f*
grugnìre *vi* gruñir
grùgno *sm* hocico *m*
grùllo *a/sm* tonto *m*
grùmo *sm* grumo *m*
grumóso *a* grumoso
grùppo *sm* grupo *m*
grùzzolo *sm* suma *f*, ahorros *m pl*
guadagnàre *vt* ganar
guadàgno *sm* ganancia *f*
guadàre *vt* vadear
guàdo *sm* vado *m*
guài! *inter* **g. a te!** ¡ay de ti!, ¡pobre de ti!
guaìna *sf* vaina *f*
guàio *sm* apuro *m*, aprieto *m*
guaìto *sm* gañido *m*
guància *sf* mejilla *f*
guancìale *sm* almohada *f*
guànto *sm* guante *m*
guardàre *vt* mirar ◇ (*sorvegliare*) cuidar, vigilar ◆ *vi* (*essere orientato*) dar (a) ◆ *vrif* mirarse ◇ (*fare attenzione*) tener cuidado (con)
guardaròba *sm* ropero *m*, guardarropa *m*
guàrdia *sf* (*sorveglianza*) guardia *f* ◇ (*persona*) guardia *m*
guardiàno *sm* guardián *m*
guardìngo *a* cauto
guarìbile *a* curable
guarigióne *sf* cura *f*, curación *f*
guarìre *vt* curar ◆ *vi* sanar, curarse
guarnigióne *sf* guarnición *f*
guarnìre *vt* (*mil*) guarnecer ◇ (*adornare*) adornar
guarnizióne *sf* adorno *m* ◇ (*tecn*) guarnición *f*
guastafèste *sm/f* aguafiestas *m/f*
guastàre *vt* estropear, dañar ◇ (*fig*) arruinar ◆ *vpr* romperse ◇

(*andare a male*) descomponerse

guàsto *a* roto, estropeado ◇ (*avariato*) podrido ◆ *sm* avería *f*, daño *m*

guàzza *sf* rocío *m*

guazzabùglio *sm* barullo *m*

guàzzo *sm* charco *m*

guèrcio *a/sm* bizco *m*

guèrra *sf* guerra *f*

guerrièro *a/sm* guerrero *m*

guerrìglia *sf* guerrilla *f*

gùfo *sm* búho *m*

gùglia *sf* (*arch*) aguja *f* ◇ (*geogr*) pináculo *m*

guìda *sf* guía *m/f* ◇ (*aut*) conducción *f*

guidàre *vt* guiar ◇ (*aut*) conducir ◇ (*dirigere*) dirigir

guidatóre *sm* conductor *m*

guinzàglio *sm* correa *f* ◇ (*nella caccia*) traílla *f*

guizzàre *vi* colear ◇ (*balzare*) saltar

guìzzo *sm* movimiento *m* brusco

gùscio *sm* cáscara *f*

gustàre *vt* gustar, saborear

gùsto *sm* gusto *m*

gustóso *a* sabroso, gustoso

gutturàle *a* gutural

H

hacker *sm/f* hacker *m/f*

hambùrger *sm* (*cuc*) hamburguesa *f*

handicap *sm* (*med*) minusvalía *f*, discapacidad *f* ◇ (*fig*) hándicap *m*

hardware *sm* (*inform*) hardware *m*, equipo *m*

henné *sm* henna *f*

hi-fi *sf* (*high-fidelity*) alta fidelidad *f* ◆ *sm* equipo *m* de música de alta fidelidad

HIV *sm* (*med*) (*Human Immunodeficiency Virus, virus dell'immunodeficienza umana*) VIH *m* (*virus de la inmunodeficiencia humana*)

hòbby *sm* hobby *m*, afición *f*

hostess *sf* azafata *f*

hovercraft *sm* aerodeslizador *m*

I

i *art* los
ibernazióne *sf* hibernación *f*
ìbrido *a* híbrido
icóna *sf* icono *m*
iconografìa *sf* iconografía *f*
iconogràfico *a* iconográfico
idèa *sf* idea *f*
ideàle *a/sm* ideal *m*
idealìsmo *sm* idealismo *m*
idealizzàre *vt* idealizar
idealménte *avv* idealmente
ideàre *vt* idear
ideazióne *sf* invención *f*
idèntico *a* idéntico
identificàbile *a* identificable
identificàre *vt* identificar ◆ *vpr/rif* identificarse
identificazióne *sf* identificación *f*
identità *sf* identidad *f*
ideogràmma *sm* ideograma *m*
ideologìa *sf* ideología *f*
ideològico *a* ideológico
idillìaco *a* idílico
idìllio *sm* idilio *m*
idiòma *sm* idioma *m*
idiomàtico *a* idiomático
idiosincrasìa *sf* idiosincrasia *f*
idiòta *a/sm/f* idiota *m/f*
idiozìa *sf* idiotez *f*
idolatràre *vt* idolatrar
ìdolo *sm* ídolo *m*
idoneità *sf* idoneidad *f*
idòneo *a* idóneo
idrànte *sm* boca *f* (de riego)
idratànte *a/sm* hidratante *m*
idràulica *sf* hidráulica *f*
idràulico *a* hidráulico ◆ *sm* fontanero *m*
idrocarbùro *sm* hidrocarburo *m*
idrocoltùra *sf* hidrocultura *f*
idroelèttrico *a* hidroeléctrico
idròfilo *a* hidrófilo
idrofobìa *sf* hidrofobia *f*
idròfobo *a* hidrófobo
idrògeno *sm* hidrógeno *m*
idrografìa *sf* hidrografía *f*
idromassàggio *sm* hidromasaje *m*
idrovolànte *sm* hidroavión *m*
ièna *sf* hiena *f*
ieràtico *a* hierático
ièri *avv* ayer • *i. sera* anoche; *l'altro i.* anteayer
iettatóre *sm* gafe *m*
iettatùra *sf* mal *m* de ojo
igiène *sf* higiene *f*
igiènico *a* higiénico
ignàro *a* ignorante
ignìfugo *a* ignífugo
ignòbile *a* infame
ignomìnia *sf* ignominia *f*
ignorànte *a/sm/f* ignorante *m/f*
ignorànza *sf* ignorancia *f*
ignoràre *vt* ignorar
ignòto *a/sm* desconocido *m*
igròmetro *sm* higrómetro *m*
il *art* el ◇ (*valore distributivo*) los

ìlare *a* alegre
ilarità *sf* hilaridad *f*
ilìaco *a* ilíaco
illazióne *sf* ilación *f*
illécito *a* ilícito
illegàle *a* ilegal
illegalità *sf* ilegalidad *f*
illeggìbile *a* ilegible
illegìttimo *a* ilegítimo
illéso *a* ileso
illetteràto *a* iletrado
illibàto *a* puro, virgen
illimitàto *a* ilimitado
illògico *a* ilógico
illùdere *vt* ilusionar ◆ *vrif* ilusionarse
illuminàre *vt* iluminar ◆ *vpr* iluminarse
illuminàto *a* iluminado
illuminazióne *sf* iluminación *f*, alumbrado *m* ◇ inspiración *f*
illuminìsmo *sm* ilustración *f*
illusióne *sf* ilusión *f*
illùso *a/sm* iluso *m*
illustràre *vt* ilustrar
illustràto *a* ilustrado
illustrazióne *sf* ilustración *f*
illùstre *a* ilustre
imbacuccàre *vt* arropar ◆ *vrif* arrebujarse
imbacuccàto *a* arrebujado
imballàggio *sm* embalaje *m*
imballàre *vt* embalar
imbàllo *sm* embalaje *m*
imbalsamàre *vt* embalsamar
imbambolàto *a* embelesado
imbarazzànte *a* embarazoso
imbarazzàre *vt* embarazar, cohibir
imbaràzzo *sm* aprieto *m*
imbarcadèro *sm* embarcadero *m*
imbarcàre *vt* embarcar ◆ *vrif* embarcarse ◆ *vpr* arquear, alabearse
imbarcazióne *sf* barca *f*, bote *m*
imbàrco *sm* embarco *m*, embarque *m*
imbàttersi *vpr* encontrarse, tropezar
imbattìbile *a* imbatible
imbavagliàre *vt* amordazar
imbecìlle *a/sm/f* imbécil *m/f*
imbellìre *vt* embellecer ◆ *vi* embellecerse
imbèrbe *a* imberbe
imbestialìre *vi/pr* enfurecerse
imbiancàre *vt* pintar ◇ (*a calce*) encalar
imbianchìno *sm* encalador *m*, pintor *m*
imbiondìre *vi* volverse rubio
imbizzarrìre *vi/pr* desbocarse
imboccàre *vt* (*strada*) embocar ◇ (*bambino*) alimentar
imboccatùra *sf* boca *f*, embocadura *f*
imbócco *sm* entrada *f*
imbonitóre *sm* charlatán *m*
imboscàre *vt* emboscar, ocultar ◆ *vrif* emboscarse
imboscàta *sf* emboscada *f*
imboschìre *vt* forestar
imbottigliàre *vt* embotellar
imbottìre *vt* rellenar

imbottitùra *sf* relleno *m*, acolchado *m*
imbracciàre *vt* embrazar, empuñar
imbrattàre *vt* ensuciar
imbroccàre *vt* acertar
imbrogliàre *vt* enredar, enmarañar ◇ (*ingannare*) embrollar, estafar ◆ *vpr* enredarse, enmarañarse
imbròglio *sm* enredo *m*, maraña *f* ◇ (*inganno*) trampa *f*, estafa *f*
imbroglióne *sm* tramposo *m*
imbronciàto *a* amoscado, ceñudo
imbrunìre *sm* anochecer *m*
imbruttìre *vt* afear ◆ *vi* ponerse feo
imbucàre *vt* echar al buzón ◆ *vrif* esconderse ◇ (*intrufolarsi*) colarse
imburràre *vt* untar con mantequilla
imbùto *sm* embudo *m*
imitàre *vt* imitar
imitatóre *sm* imitador *m*
imitazióne *sf* imitación *f*
immacolàto *a* inmaculado
immagazzinàre *vt* almacenar ◇ (*fig*) acumular
immaginàre *vt* imaginar
immaginàrio *a* imaginario
immaginazióne *sf* imaginación *f*
immàgine *sf* imagen *f*
immancàbile *a* indefectible, seguro ◇ (*assiduo*) asiduo
immàne *a* enorme, desmedido
immanènte *a* inmanente
immangiàbile *a* incomible
immatricolàre *vt* matricular ◆ *vrif* matricularse
immatricolazióne *sf* matriculación *f*
immatùro *a* inmaduro
immedesimàrsi *vrif* identificarse
immediataménte *avv* inmediatamente
immediatézza *sf* inmediatez *f*
immediàto *a* inmediato
immemoràbile *a* inmemorial
immèmore *a* olvidadizo
immensità *sf* inmensidad *f*
immènso *a* inmenso
immèrgere *vt* sumergir, hundir ◆ *vrif* sumergirse, hundirse
immeritàto *a* inmerecido
immeritévole *a* indigno, inmeritorio
immersióne *sf* inmersión *f*
imméttere *vt* introducir, meter
immigràre *vi* inmigrar
immigràto *a/sm* inmigrado *m*
immigrazióne *sf* inmigración *f*
imminènte *a* inminente
immischiàre *vt* implicar ◆ *vpr* entrometerse
immissàrio *sm* afluente *m*
immissióne *sf* introducción *f*
immòbile *a* inmóvil ◆ *sm* inmueble *m*
immobiliàre *a* inmobiliario ◆ *sf* inmobiliaria *f*
immobilìsmo *sm* inmovilismo *m*

immobilità *sf* inmovilidad *f*
immobilizzàre *vt* inmovilizar
immobilizzazióne *sf* inmovilización *f*
immolàre *vt* inmolar ◆ *vrif* inmolarse
immondìzia *sf* basura *f*, inmundicia *f*
immóndo *a* inmundo
immoràle *a* inmoral
immoralità *sf* inmoralidad *f*
immortalàre *vt* inmortalizar
immortàle *a* inmortal
immortalità *sf* inmortalidad *f*
immùne *a* inmune
immunità *sf* inmunidad *f*
immunizzàre *vt* inmunizar
immunodeficiènza *sf* (*med*) inmunodeficiencia *f*
immutàbile *a* inmutable
immutàto *a* invariado
impacchettàre *vt* empaquetar
impacciàre *vt* embarazar
impacciàto *a* cohibido, estorbado
impàccio *sm* estorbo *m* ◇ (*imbarazzo*) apuro *m*, embarazo *m*
impàcco *sm* compresa *f*
impadronìrsi *vpr* apoderarse
impagàbile *a* impagable
impaginàre *vt* (*tip*) maquetar ◇ (*legatoria*) alzar
impagliàre *vt* (*sedie*) empajar ◇ (*animali*) disecar
impalàto *a* empalado
impalcatùra *sf* andamio *m*
impallidìre *vi* palidecer
impalpàbile *a* impalpable
impanàre *vt* empanar
impantanàre *vt* empantanar ◆ *vpr* empantanarse
impappinàrsi *vpr* trabarse, confundirse
imparàre *vt* aprender
impareggiàbile *a* incomparable, inigualable
imparentàrsi *vpr* emparentarse
ìmpari *a* desigual, inferior
impartìre *vt* impartir
imparziàle *a* imparcial
imparzialità *sf* imparcialidad *f*
impasse *sf* impasse *m*, callejón *m* sin salida.
impassìbile *a* impasible
impastàre *vt* amasar
impàsto *sm* amasijo *m*
impàtto *sm* impacto *m* ● *i. ambientale* impacto ambiental
impaurìre *vt* asustar, espantar ◆ *vpr* asustarse, espantarse
impàvido *a* impávido
impaziènte *a* impaciente
impaziènza *sf* impaciencia *f*
impazzìre *vi* enloquecer, volverse loco
impeccàbile *a* impecable
impediménto *sm* impedimento *m*, obstáculo *m*
impedìre *vt* impedir ◇ (*ostruire*) obstruir
impedìto *a* impedido ◇ (*fam*) torpe
impegnàre *vt* empeñar ◇ (*occupare*) ocupar ◆ *vrif* comprometerse, empeñarse

impegnatìvo *a* trabajoso ◇ (*vincolante*) comprometedor
impegnàto *a* comprometido, obligado ◇ (*occupato*) ocupado
impégno *sm* (*obbligo*) obligación *f* ◇ (*diligenza*) empeño *m* ◇ (*compito*) compromiso *m*
impellènte *a* urgente
impenetràbile *a* impenetrable
impennàrsi *vpr* encabritarse ◇ (*fig*) enarbolarse
impennàta *sf* empinamiento *m*
impensàbile *a* impensable, inimaginable
impensierìre *vt* preocupar ◆ *vpr* preocuparse
imperatìvo *a/sm* imperativo *m*
imperatóre *sm* emperador *m*
imperatrìce *sf* emperatriz *f*
impercettìbile *a* imperceptible
imperdonàbile *a* imperdonable
imperfètto *a/sm* imperfecto *m*
imperfezióne *sf* imperfección *f*
imperiàle *a* imperial
imperialìsmo *sm* imperialismo *m*
imperióso *a* imperioso
imperìzia *sf* impericia *f*
impermeàbile *a* impermeable ◆ *sm* impermeable *m*, gabardina *f*
impermeabilizzàre *vt* impermeabilizar
imperniàre *vt* basar
impèro *sm* imperio *m*
impersonàle *a* impersonal
impersonàre *vt* personificar
impertèrrito *a* impertérrito
impertinènte *a* impertinente
impertinènza *sf* impertinencia *f*
imperturbàbile *a* imperturbable
imperversàre *vi* arreciar
impèrvio *a* intransitable
ìmpeto *sm* ímpetu *m*
impettìto *a* tieso, erguido
impetuóso *a* impetuoso
impiantàre *vt* establecer
impiànto *sm* instalación *f*
impiàstro *sm* emplasto *m* ◇ (*fig*) cataplasma *m*
impiccagióne *sf* ahorcamiento *m*
impiccàre *vt* ahorcar ◆ *vrif* ahorcarse
impicciàre *vt* estorbar ◆ *vpr* entrometerse, inmiscuirse
impìccio *sm* estorbo *m*
impiegàre *vt* (*usare*) emplear, usar ◇ (*metterci*) tardar ◇ (*assumere*) emplear ◇ (*denaro*) gastar ◆ *vrif* emplearse
impiegàto *sm* empleado *m*
impiègo *sm* empleo *m*
impietosìre *vt* conmover ◆ *vpr* conmoverse
impietrìre *vt* petrificar ◆ *vpr* petrificarse
impigliàre *vt* enredar ◆ *vpr* enredarse, engancharse
impigrìre *vi/pr* volverse ocioso
implacàbile *a* implacable

implicàre *vt* implicar ◆ *vpr* implicarse
implicazióne *sf* implicación *f*
implìcito *a* implícito
imploràre *vt* implorar
implorazióne *sf* imploración *f*
implùvio *sm* impluvio *m*
impollinazióne *sf* polinización *f*
impolveràre *vt* empolvar ◆ *vpr* empolvarse
imponderàbile *a* imponderable
imponènte *a* imponente
imponìbile *a* imponible ◆ *sm* base *f* tributaria
impopolàre *a* impopular
impopolarità *sf* impopularidad *f*
impórre *vt* imponer ◆ *vpr* imponerse
importànte *a* importante
importànza *sf* importancia *f* • *darsi i.* darse aires
importàre *vt* importar ◆ *vi* importar, interesar ◇ (*impers*) ser importante • *non importa!* ¡no es nada!
importazióne *sf* importación *f*
impòrto *sm* importe *m*
importunàre *vt* importunar
importùno *a* importuno
imposizióne *sf* imposición *f*
impossessàrsi *vpr* apoderarse, apropiarse
impossìbile *a/sm* imposible *m*
impossibilità *sf* imposibilidad *f*
impòsta *sf* impuesto *m* ◇ (*di finestra*) hoja *f*
impostàre *vt* preparar, plantear ◇ (*programmare*) programar ◇ (*lettera*) echar al buzón
impostazióne *sf* preparación *f*, planteamiento *m*
impostóre *sm* impostor *m*
impostùra *sf* impostura *f*
impotènte *a/sm* impotente *m*
impotènza *sf* impotencia *f*
impoveriménto *sm* empobrecimiento *m*
impoverìre *vt* empobrecer ◆ *vi/pr* empobrecerse
impraticàbile *a* intransitable
impratichìre *vt* adiestrar ◆ *vpr* entrenarse, familiarizarse
imprecàre *vi* imprecar
imprecazióne *sf* imprecación *f*
imprecisàto *a* vago
imprecìso *a* impreciso
impregnàre *vt* impregnar ◆ *vpr* impregnarse, empaparse
imprenditóre *sm* empresario *m*
impreparàto *a* no preparado
imprésa *sf* empresa *f*
impresàrio *sm* empresario *m*
impressionàbile *a* impresionable
impressionànte *a* impresionante
impressionàre *vt* impresionar ◆ *vpr* impresionarse
impressióne *sf* impresión *f*
imprestàre *vt* prestar
imprevedìbile *a* imprevisible
imprevidènte *a* imprevisor

imprevìsto *a/sm* imprevisto *m*
impreziosìre *vt* valorizar, preciar
imprigionàre *vt* aprisionar, encarcelar, recluir
imprìmere *vt* imprimir
improbàbile *a* improbable
improduttìvo *a* improductivo
imprónta *sf* huella *f*, impresión *f* • *i. digitale* huella digital
impropèrio *sm* improperio *m*
impròprio *a* impropio
improrogàbile *a* improrrogable
improvvisaménte *avv* de repente, repentinamente
improvvisàre *vt* improvisar ◆ *vrif* hacer de
improvvisàta *sf* sorpresa *f*
improvvìso *a* improviso, repentino • *all'i.* de repente, de improviso
imprudènte *a/sm/f* imprudente *m/f*
imprudènza *sf* imprudencia *f*
impudènza *sf* impudencia *f*
impudìco *a* impúdico
impugnàre *vt* empuñar ◇ (*dir*) impugnar
impugnatùra *sf* empuñadura *f*
impulsìvo *a* impulsivo
impùlso *sm* impulso *m*
impuneménte *avv* impunemente
impunìto *a* impune
impuntàrsi *vpr* obstinarse
impuntùra *sf* pespunte *m*
impurità *sf* impureza *f*
impùro *a* impuro
imputàre *vt* imputar
imputàto *sm* acusado *m*
imputazióne *sf* imputación *f*, acusación *f*
imputridìre *vi* podrir, podrirse
in *prep* en ◇ (*moto a luogo*) a ◇ (*moto per luogo*) por • *venire in mente* pasar por la cabeza; *vado in America* voy a América
inabissàre *vt* hundir ◆ *vpr* hundirse
inabitàbile *a* inhabitable
inaccessìbile *a* inaccesible
inaccettàbile *a* inaceptable
inacerbìre *vt* exasperar ◆ *vpr* exasperarse
inacidìre *vt* agriar ◆ *vpr* agriarse
inadàtto *a* no apto
inadeguàto *a* inadecuado
inadempiènza *sf* inobservancia *f*, incumplimiento *m*
inafferràbile *a* inaprensible ◇ (*incomprensibile*) incomprensible
inaffidàbile *a* no confiable
inalàre *vt* inhalar
inalberàre *vt* enarbolar ◆ *vpr* encolerizarse
inalienàbile *a* inalienable
inalteràbile *a* inalterable
inalteràto *a* inalterado
inamidàre *vt* almidonar
inammissìbile *a* inadmisible
inanimàto *a* inanimado
inappellàbile *a* inapelable

inappuntàbile *a* irreprensible, irreprochable
inarcàre *vt* arquear ◇ (*sopracciglia*) alzar ◆ *vpr* encorvarse
inaridìre *vt* secar ◆ *vi/pr* secarse
inarrestàbile *a* imparable, irrefrenable
inarrivàbile *a* inalcanzable
inascoltàto *a* desoído, desatendido
inaspettàto *a* inesperado
inasprìre *vt* exasperar ◇ (*fig*) endurecer ◆ *vi/pr* exasperarse
inattaccàbile *a* inatacable ◇ (*irreprensibile*) irreprochable
inattendìbile *a* infundado
inattéso *a* inesperado
inattìvo *a* inactivo
inaudìto *a* inaudito
inauguràle *a* inaugural
inauguràre *vt* inaugurar, estrenar
inaugurazióne *sf* inauguración *f*
inavvertènza *sf* inadvertencia *f*
inavvertitaménte *avv* inadvertidamente
inavvicinàbile *a* inabordable
incàglio *sm* encalladura *f*
incalcolàbile *a* incalculable
incallìto *a* empedernido
incalzàre *vt* perseguir ◆ *vi* apremiar
incameràre *vt* apropiarse de
incamminàre *vt* encaminar ◆ *vpr* encaminarse, dirigirse
incanalàre *vt* encauzar, canalizar ◆ *vpr* encauzarse, canalizarse
incancellàbile *a* imborrable
incandescènte *a* incandescente
incantàre *vt* encantar, embelesar ◆ *vpr* encantarse, embelesarse ◇ (*bloccarsi*) pararse
incantàto *a* encantado, hechizado
incantatóre *a* encantador
incantésimo *sm* hechizo *m*
incantévole *a* encantador
incànto *sm* encanto *m* ◇ (*dir*) subasta *f*
incapàce *a* incapaz
incapacità *sf* incapacidad *f*
incappàre *vi* topar, tropezar
incapsulàre *vt* encapsular
incarceràre *vt* encarcelar
incaricàre *vt* encargar ◆ *vpr* encargarse, hacerse cargo
incaricàto *sm* encargado *m*
incàrico *sm* encargo *m*
incarnàre *vt* encarnar ◆ *vpr* encarnarse
incarnazióne *sf* encarnación *f*
incartaménto *sm* expediente *m*
incartàre *vt* envolver
incassàre *vt* encajar ◇ (*denaro*) cobrar ◇ (*pietra*) engarzar
incàsso *sm* cobro *m*
incastonàre *vt* engarzar
incastràre *vt* encajar, empotrar ◆ *vpr* encajarse, empotrarse
incàstro *sm* encaje *m*
incatenàre *vt* encadenar
incàuto *a* incauto

incavàto *a* ahuecado
incazzàrsi *vpr* (*volg*) cabrearse
incazzàto *a* (*volg*) cabreado
incendiàre *vt* incendiar ◇ (*fig*) inflamar ◆ *vpr* incendiarse ◇ (*fig*) arder
incendiàrio *a/sm* incendiario *m*
incèndio *sm* incendio *m*
incenerìre *vt* quemar ◆ *vpr* quemarse
inceneritóre *sm* incinerador *m*
incensàre *vt* incensar
incènso *sm* incienso *m*
incentivàre *vt* incentivar
incentìvo *sm* incentivo *m*
inceppàre *vt* dificultar, entorpecer ◆ *vpr* pararse
incertézza *sf* incertidumbre *f* ◇ (*esitazione*) titubeo *m*
incèrto *a* incierto ◇ (*di tempo*) variable
incessànte *a* incesante
incèsto *sm* incesto *m*
incestuóso *a* incestuoso
incètta *sf* acopio *m*
inchièsta *sf* investigación *f* ◇ (*giornalistica*) encuesta *f*
inchinàre *vt* inclinar ◆ *vrif* inclinarse
inchìno *sm* reverencia *f*
inchiodàre *vt* clavar
inchiòstro *sm* tinta *f*
inciampàre *vi* tropezar
inciàmpo *sm* tropiezo *m*
incidentàle *a* accidental
incidentalménte *avv* accidentalmente
incidènte *sm* accidente *m*
incidènza *sf* incidencia *f*
incìdere *vt* incidir ◇ (*registrare*) grabar ◆ *vi* recaer, gravar
incìnta *a* encinta, embarazada
incìrca, all' *loc.avv* más o menos
incisióne *sf* (*taglio*) corte *m* ◇ (*disegno*) grabado *m* ◇ (*registrazione*) grabación *f*
incisìvo *a/sm* incisivo *m*
incìso *a* grabado • ***per i.*** dicho sea de paso
incisóre *sm* grabador *m*
incitaménto *sm* incitación *f*
incitàre *vt* incitar
incivìle *a* grosero
incivilìre *vt* civilizar ◆ *vpr* civilizarse
inciviltà *sf* barbarie *f* ◇ (*maleducazione*) grosería *f*
inclassificàbile *a* inclasificable
inclinàbile *a* inclinable
inclinàre *vt* inclinar ◆ *vi* inclinarse
inclinazióne *sf* inclinación *f*
inclìne *a* propenso
inclùdere *vt* incluir
inclusióne *sf* inclusión *f*
inclùso *a* incluido
incoerènte *a* incoherente
incògnita *sf* incógnita *f*
incògnito *a* incógnito, desconocido • ***in i.*** de incógnito
incollàre *vt* pegar
incolonnaménto *sm* formación *f* en columna
incolonnàre *vt* disponer en co-

lumna ◆ *vpr* ponerse en columna
incolóre *a* incoloro
incolpàre *vt* culpar
incólto *a* inculto
incòlume *a* incólume
incolumità *sf* incolumidad *f*
incombènte *a* inminente, amenazador
incombènza *sf* encargo *m*
incómbere *vi* amenazar
incominciàre *vt* empezar ◆ *vi* principiar
incòmodo *sm* incomodidad *f*
incomparàbile *a* incomparable
incompatìbile *a* incompatible
incompetènte *a* incompetente
incompetènza *sf* incompetencia *f*
incompiùto *a* inacabado, incompleto
incomplèto *a* incompleto
incomprensìbile *a* incomprensible
incomprensióne *sf* incomprensión *f*
incompréso *a* incomprendido
incomunicabilità *sf* incomunicabilidad *f*
inconcepìbile *a* inconcebible
inconciliàbile *a* inconciliable
inconcludènte *a* infructuoso ◇ (*persona*) inepto
incondizionàto *a* incondicional
inconfondìbile *a* inconfundible
inconfutàbile *a* irrefutable
incongruènte *a* incongruente
incongruènza *sf* incongruencia *f*
incòngruo *a* desproporcionado
inconsapévole *a* inconsciente, ignorante
incònscio *a/sm* inconsciente *m*
inconsistènte *a* inconsistente
inconsistènza *sf* inconsistencia *f*
inconsolàbile *a* inconsolable
inconsuèto *a* inusitado
inconsùlto *a* irreflexivo
incontenìbile *a* irrefrenable
incontentàbile *a* insaciable
incontinènza *sf* incontinencia *f*
incontràre *vt* encontrar, hallar ◆ *vrif* encontrarse, hallarse
incóntro *sm* encuentro *m* ◇ (*gara*) competición *f* ◇ (*convegno*) reunión *f* ◆ *prep* **i. a** hacia
inconveniènte *sm* inconveniente *m*
incoraggiaménto *sm* estímulo *m*, incitamiento *m*
incoraggiàre *vt* animar ◆ *vpr* animarse
incorniciàre *vt* enmarcar
incoronàre *vt* coronar
incoronazióne *sf* coronación *f*
incorporàre *vt* incorporar
incorreggìbile *a* incorregible
incórrere *vi* incurrir
incorruttìbile *a* incorruptible
incosciènte *a* inconsciente
incosciènza *sf* inconsciencia *f*
incostànte *a* inconstante

incredìbile *a* increíble
incredulità *sf* incredulidad *f*
incrèdulo *a* incrédulo
incrementàre *vt* incrementar
increménto *sm* incremento *m*
increscióso *a* desagradable
increspàre *vt* fruncir ◇ (*capelli*) rizar
incriminàre *vt* acusar
incrinàre *vt* rajar ◆ *vpr* rajarse, resquebrarse ◇ (*guastarsi*) deteriorarse
incrinatùra *sf* rajadura *f*
incrociàre *vt* cruzar ◆ *vi* patrullar ◆ *vrif* cruzarse
incrociatóre *sm* crucero *m*
incrócio *sm* encrucijada *f*, cruce *m* ◇ (*zool*) cruce *m*, cruzamiento *m*
incrollàbile *a* inquebrantable
incrostàre *vt* incrustar ◆ *vpr* incrustarse
incrostazióne *sf* incrustación *f*
incubatrìce *sf* incubadora *f*
incubazióne *sf* incubación *f*
ìncubo *sm* pesadilla *f*
incùdine *sf* yunque *m*
inculcàre *vt* inculcar
incuràbile *a* incurable
incurànte *a* indiferente
incùria *sf* descuido *m*, desidia *f*
incuriosìre *vt* despertar la curiosidad (de) ◆ *vpr* interesarse
incursióne *sf* incursión *f*
incurvàre *vt* arquear ◆ *vpr* arquearse
incustodìto *a* sin custodia
incùtere *vt* inspirar
ìndaco *sm* añil *m*
indaffaràto *a* atareado
indagàre *vt* indagar
indàgine *sf* investigación *f*
indebitàre *vt* endeudar ◆ *vrif* endeudarse
indébito *sm* indebido *m*
indebolìre *vt* debilitar ◆ *vpr* debilitarse
indecènte *a* indecente
indecènza *sf* indecencia *f*
indecifràbile *a* indescifrable
indecisióne *sf* indecisión *f*
indecìso *a* indeciso
indefinìbile *a* indefinible
indefinìto *a* indefinido
indeformàbile *a* indeformable
indégno *a* indigno
indelèbile *a* indeleble
indènne *a* indemne
indennità *sf* indemnización *f*
indennizzàre *vt* indemnizar
indennìzzo *sm* indemnización *f*
indesideràbile *a* indeseable
indeterminatézza *sf* indeterminación *f*
indeterminàto *a* indeterminado, indefinido
indiavolàto *a* endiablado
indicàre *vt* indicar ◇ (*di strumenti*) marcar
indicatìvo *a/sm* indicativo *m* • *i. del paese* prefijo de(l) país; *i. della località* prefijo de la ciudad
indicatóre *a/sm* indicador *m*
indicazióne *sf* indicación *f*
ìndice *sm* índice *m*

indicìbile *a* indecible
indietreggiàre *vi* retroceder
indiètro *avv* atrás ◇ (*fig*) atrasado ● *all'i.* hacia atrás; *rimandare i.* devolver; *tornare i.* retroceder
indifferènte *a* indiferente
indifferènza *sf* indiferencia *f*
indifferenziàto *a* indistinto
indìgeno *a/sm* indígena *m/f*
indigènza *sf* indigencia *f*
indigestióne *sf* indigestión *f*
indigèsto *a* indigesto
indignàre *vt* indignar ◆ *vpr* indignarse
indignazióne *sf* indignación *f*
indimenticàbile *a* inolvidable
indipendènte *a* independiente
indipendènza *sf* independencia *f*
indìre *vt* convocar
indirètto *a* indirecto
indirizzàre *vt* encaminar, dirigir ◆ *vrif* dirigirse
indirìzzo *sm* dirección *f* ◇ (*orientamento*) orientación *f*
indisciplinàto *a* indisciplinado
indiscréto *a* indiscreto
indiscrezióne *sf* indiscreción *f*
indiscùsso *a* indiscutido
indiscutìbile *a* indiscutible
indispensàbile *a* indispensable ◆ *sm* lo indispensable
indispettìre *vt* enfadar ◆ *vpr* enfadarse
indispórre *vt* irritar
indisposizióne *sf* indisposición *f*
indispósto *a* indispuesto
indissolùbile *a* indisoluble
indistruttìbile *a* indestructible
indisturbàto *a* tranquilo
individuàle *a* individual
individualìsmo *sm* individualismo *m*
individuàre *vt* individuar
indivìduo *sm* individuo *m*
indivisìbile *a* indivisible
indìzio *sm* indicio *m*
indoeuropèo *a/sm* indoeuropeo *m*
ìndole *sf* índole *f*
indolènte *a* indolente
indolènza *sf* indolencia *f*
indolenzìto *a* dolorido
indolóre *a* indoloro
indomàbile *a* indomable
indomàni *sm* el día *m* siguiente
indossàre *vt* llevar
indossatóre *sm* modelo *m*
indottrinàre *vt* adoctrinar
indovinàre *vt* adivinar
indovinàto *a* acertado
indovinèllo *sm* adivinanza *f*
indovìno *sm* adivino *m*
indubbiaménte *avv* indudablemente
indùbbio *a* seguro
indugiàre *vi* vacilar
indùgio *sm* demora *f*
indulgènte *a* indulgente
indulgènza *sf* indulgencia *f*
indùlgere *vi* condescender
induménto *sm* prenda *f*
induriménto *sm* endurecimiento *m*

indurìre *vt* endurecer ◆ *vpr* endurecerse
indùrre *vt* inducir
indùstria *sf* industria *f*
industriàle *a/sm* industrial *m*
industrializzàre *vt* industrializar
industrializzazióne *sf* industrialización *f*
industriàrsi *vpr* ingeniarse
induttìvo *a* inductivo
induzióne *sf* inducción *f*
inebetìto *a* atontado
inebriàre *vt* embriagar ◆ *vpr* embriagarse
ineccepìbile *a* irreprensible
inèdia *sf* inanición *f*
inèdito *a/sm* inédito *m*
ineffàbile *a* inefable
inefficàce *a* ineficaz
inefficàcia *sf* ineficacia *f*
inefficiènza *sf* ineficiencia *f*
inegualè *a* desigual
ineluttàbile *a* ineluctable
inerènte *a* inherente
inèrme *a* inerme
inerpicàrsi *vpr* trepar
inèrte *a* inerte
inèrzia *sf* inercia *f*
inesattézza *sf* inexactitud *f*
inesàtto *a* inexacto
inesaurìbile *a* inagotable
inesistènte *a* inexistente
inesoràbile *a* inexorable
inesperiènza *sf* inexperiencia *f*
inespèrto *a* inexperto
inesplicàbile *a* inexplicable
inesploràto *a* inexplorado
inesplòso *a* no explotado
inespugnàbile *a* inexpugnable
inestimàbile *a* inestimable
inètto *a* incapaz
inevitàbile *a* inevitable
inèzia *sf* fruslería *f*, bagatela *f*
infagottàre *vt* abrigar ◆ *vrif* abrigarse
infallìbile *a* infalible
infamàre *vt* infamar
infàme *a* infame
infàmia *sf* infamia *f*
infangàre *vt* embarrar ◇ (*fig*) ensuciar ◆ *vrif* embarrarse
infanticìda *sm/f* infanticida *m/f*
infantìle *a* infantil
infànzia *sf* infancia *f*
infarinàre *vt* enharinar
infàrto *sm* infarto *m*
infastidìre *vt* fastidiar ◆ *vpr* enojarse
infaticàbile *a* infatigable
infàtti *cong* de hecho, en efecto
infatuàrsi *vpr* encapricharse
infatuazióne *sf* capricho *m*
infedéle *a* infiel
infedeltà *sf* infidelidad *f*
infelìce *a* infeliz
infelicità *sf* infelicidad *f*
inferióre *a/sm/f* inferior *m/f*
inferiorità *sf* inferioridad *f*
infermière *sm* enfermero *m*
infermità *sf* enfermedad *f*
infèrmo *a/sm* enfermo *m*
infernàle *a* infernal
infèrno *sm* infierno *m*
inferocìre *vt* enfurecer ◆ *vpr* enfurecerse

inferriàta *sf* reja *f*
infervoràre *vt* entusiasmar ◆ *vpr* entusiasmarse
infestàre *vt* infestar
infettàre *vt* infectar ◆ *vpr* infectarse
infettìvo *a* infeccioso
infètto *a* infectado
infezióne *sf* infección *f*
infiacchìre *vt* debilitar ◆ *vpr* debilitarse
infiammàbile *a* inflamable
infiammàre *vt* inflamar ◆ *vpr* inflamarse
infiammazióne *sf* inflamación *f*
infido *a* de poco fiar
infierìre *vi* encarnizarse, ensañarse
infiggere *vt* clavar ◆ *vpr* clavarse
infilàre *vt* (*ago*) enhebrar ◇ (*introdurre*) introducir ◇ (*indossare*) poner, vestir ◆ *vrif* introducirse ◇ (*mettersi*) ponerse
infiltràrsi *vpr* infiltrarse
infiltrazióne *sf* infiltración *f*
infilzàre *vt* espetar
ìnfimo *a* ínfimo
infìne *avv* en fin, finalmente
infinità *sf* infinidad *f*
infinitesimàle *a* infinitesimal
infinìto *a* infinito ◆ *sm* infinito *m* ◇ (*gramm*) infinitivo *m*
infinocchiàre *vt* (*fam*) engañar
infiorescènza *sf* inflorescencia *f*
infischiàrsi *vpr* reírse, importar un comino
infisso *sm* marco *m*
infittìre *vt* espesar ◇ (*fig*) aumentar ◆ *vi/pr* espesarse
inflazióne *sf* inflación *f*
inflessìbile *a* inflexible
inflessióne *sf* inflexión *f* ◇ (*cadenza*) acento *m*
inflìggere *vt* infligir, imponer
influènte *a* influyente
influènza *sf* influencia *f* ◇ (*med*) gripe *f*
influenzàbile *a* influenciable
influìre *vi* influir
inflùsso *sm* influjo *m*
infoltìre *vt* espesar ◆ *vpr* espesarse
infondàto *a* infundado
infóndere *vt* infundir
inforcàre *vt* (*bicicletta*) montar en ◇ (*occhiali*) ponerse
informàle *a* informal
informàre *vt* informar ◆ *vpr* enterarse, informarse
informàtica *sf* informática *f*
informàtico *a/sm* informático *m*
informatìvo *a* informativo
informatóre *sm* informador *m*, informante *m/f*
informazióne *sf* información *f*
infórme *a* informe
infornàre *vt* meter al horno
infortunàrsi *vpr* herirse, lesionarse
infortunàto *a/sm* herido *m*
infortùnio *sm* infortunio *m*

infossàto *a* hundido
infradìto *sm/f* (*calzature*) chancla *f*, chancleta *f*
infràngere *vt* romper, quebrar ◇ (*fig*) violar, infringir ◆ *vpr* romperse, quebrarse
infrangìbile *a* irrompible
infraróssο *a/sm* infrarrojo *m*
infrasettimanàle *a* entre semana
infrastruttùra *sf* infraestructura *f*
infrazióne *sf* infracción *f*
infreddatùra *sf* resfriado *m*
infreddolìto *a* helado
infruttuóso *a* infructuoso
infuòri, all' *loc.avv* hacia afuera ● *all'i. di* excepto
infuriàre *vi* arreciar ◆ *vpr* enfurecerse, irritarse
infusióne *sf* infusión *f*
infùso *a* infuso ◆ *sm* infusión *f*
ingaggiàre *vt* contratar ◇ (*sport*) fichar ◇ (*mil*) reclutar ◇ (*cominciare*) empezar
ingàggio *sm* contratación *f* ◇ (*sport*) fichaje *m* ◇ (*mil*) reclutamiento *m*
ingannàre *vt* engañar ◆ *vpr* engañarse, equivocarse
ingannévole *a* engañoso
ingànno *sm* engaño *m*
ingarbugliàre *vt* enredar ◆ *vpr* enredarse
ingegnàrsi *vpr* ingeniarse
ingegnère *sm* ingeniero *m*
ingegnerìa *sf* ingeniería *f*
ingégno *sm* ingenio *m*
ingegnóso *a* ingenioso
ingelosìre *vt* dar celos ◆ *vpr* sentir celos
ingènte *a* ingente
ingenuità *sf* ingenuidad *f*
ingènuo *a/sm* ingenuo *m*
ingerènza *sf* ingerencia *f*
ingerìre *vt* ingerir, tragar ◆ *vpr* entrometerse
ingessàre *vt* enyesar ◇ (*med*) escayolar
ingessatùra *sf* escayolado *m*, yeso *m*
inghiottìre *vt* engullir, tragar
ingiallìre *vi* amarillear
ingigantìre *vt* agigantar ◆ *vi* crecer
inginocchiàrsi *vpr* arrodillarse, ponerse de rodillas
ingiù *avv* abajo
ingiùngere *vt* ordenar, imponer
ingiunzióne *sf* imposición *f* ◇ (*dir*) intimación *f*
ingiùria *sf* injuria *f*
ingiuriàre *vt* injuriar ◆ *vrif* injuriarse
ingiustificàto *a* injustificado
ingiustìzia *sf* injusticia *f*
ingiùsto *a* injusto
inglése *a/sm/f* inglés *m*
inglesìsmo *sm* anglicismo *m*
ingoiàre *vt* engullir, tragar
ingolfàre *vt* ahogar ◆ *vpr* ahogarse
ingombrànte *a* voluminoso
ingombràre *vt* estorbar
ingómbro *a* lleno ◆ *sm* estorbo *m* ◇ (*dimensioni*) dimensión *f*

ingórdo *a* goloso ◇ (*fig*) ávido ◆ *sm* glotón *m*
ingorgàre *vt* atascar ◆ *vpr* atascarse
ingórgo *sm* atasco *m*
ingranàggio *sm* engranaje *m*
ingranàre *vt/i* engranar ● *i. la marcia* poner la marcha
ingrandiménto *sm* ampliación *f*
ingrandìre *vt* agrandar, engrandecer ◆ *vi* agrandarse, crecer
ingrassàggio *sm* engrase *m*
ingrassàre *vt* engordar ◇ (*mecc*) engrasar ◆ *vi/pr* engordar
ingratitùdine *sf* ingratitud *f*
ingràto *a* ingrato
ingrediènte *sm* ingrediente *m*
ingrèsso *sm* entrada *f*
ingrossaménto *sm* engrosamiento *m*
ingrossare *vt* agrandar ◆ *vi/pr* crecer, aumentar
ingròsso, all' *loc.avv* al por mayor ◇ (*all'incirca*) más o menos
inguarìbile *a* incurable
ìnguine *sm* ingle *f*
ingurgitàre *vt* tragarse, engullir
inibìre *vt* inhibir
inibizióne *sf* inhibición *f*
iniettàre *vt* inyectar
iniettóre *sm* inyector *m*
iniezióne *sf* inyección *f*
inimicàre *vt* enemistar ◆ *vpr* enemistarse
inimicìzia *sf* enemistad *f*
inimitàbile *a* inimitable
inimmaginàbile *a* inimaginable
ininterrótto *a* ininterrumpido, seguido
iniquità *sf* iniquidad *f*
inizìale *a/sf* inicial *f*
inizialménte *avv* inicialmente
inizìare *vt/i* empezar, iniciar
iniziatìva *sf* iniciativa *f*
iniziàto *sm* iniciado *m*
iniziatóre *a/sm* iniciador *m*
inìzio *sm* comienzo *m*, principio *m*
innaffiàre *vt* regar
innalzàre *vt* levantar ◇ (*edificare*) edificar ◆ *vpr* levantarse
innamoràre *vt* seducir, encantar ◆ *vpr/rif* enamorarse
innamoràto *a/sm* enamorado *m*
innànzi *avv* delante ◆ *a* (*posposto*) anterior, antes ● *d'ora i.* de ahora en adelante; *i. a* delante de, antes; *i. tutto* antes que nada, ante todo
innàto *a* innato
innaturàle *a* innatural, no natural
innegàbile *a* innegable
inneggiàre *vi* aclamar
innervosìre *vt* poner nervioso, alterar los nervios ◆ *vpr* enfadarse, ponerse nervioso
innescàre *vt* cebar
innestàre *vt* injertar ◇ (*mecc*) conectar ● *i. la frizione* embragar

innèsto *sm* (*bot*) injerto *m* ◇ (*mecc*) embrague *m*
ìnno *sm* himno *m*
innocènte *a/sm/f* inocente *m/f*
innocènza *sf* inocencia *f*
innòcuo *a* inocuo
innovatóre *a/sm* innovador *m*
innovazióne *sf* innovación *f*
innumerévole *a* innumerable
inoculàre *vt* inocular
inodóro *a* inodoro
inoffensìvo *a* inofensivo
inoltràre *vt* enviar, presentar ◆ *vpr* adentrarse, penetrar
inóltre *avv* además
inondàre *vt* inundar
inondazióne *sf* inundación *f*
inoperóso *a* inactivo
inopportùno *a* inoportuno
inorgànico *a* inorgánico
inorgoglìre *vt* enorgullecer ◆ *vpr* enorgullecerse
inorridìre *vt* horrorizar, espantar ◆ *vi* horrorizarse, espantarse
inospitàle *a* inhospitalario
inosservàto *a* desapercibido
inossidàbile *a* inoxidable
inquadràre *vt* encuadrar ◇ (*fig*) colocar ◆ *vpr* encajarse
inqualificàbile *a* incalificable
inquietànte *a* inquietante
inquietàre *vt* inquietar ◆ *vpr* inquietarse
inquièto *a* inquieto
inquietùdine *sf* inquietud *f*
inquilìno *sm* inquilino *m*
inquinaménto *sm* contaminación *f*, polución *f* ● ***i. acustico*** contaminación acústica; ***i. atmosferico*** contaminación atmosférica; ***i. luminoso*** contaminación luminosa; ***i. radioattivo*** contaminación radiactiva
inquinàre *vt* contaminar, inquinar
inquinàto *a* contaminado
inquisitóre *a/sm* inquisidor *m*
inquisizióne *sf* inquisición *f*
insabbiàre *vt* enarenar ◇ (*fig*) parar ◆ *vpr* enarenarse
insaccàre *vt* ensacar
insaccàto *sm* embutido *m*
insalàta *sf* ensalada *f*
insalatièra *sf* ensaladera *f*
insalùbre *a* insalubre
insanguinàre *vt* insangrentar
insàno *a* insano
insaponàre *vt* enjabonar
insapóre *a* insípido
insaporìre *vt* dar sabor
insapùta, all' *loc.avv* a espaldas ● ***a mia i.*** a mis espaldas
insaziàbile *a* insaciable
inscatolàre *vt* enlatar
inscindìbile *a* inseparable
insediaménto *sm* (*di un popolo*) asentamiento *m* ◇ (*in carica*) toma *f* de posesión
insediàre *vt* (*in carica*) dar posesión ◆ *vpr* instalarse ◇ (*in carica*) tomar posesión
inségna *sf* insignia *f* ◇ (*commerciale*) letrero *m* ● ***i. luminosa*** anuncio luminoso
insegnaménto *sm* enseñanza *f*

insegnànte *a* docente ◆ *sm/f* profesor *m*
insegnàre *vt/i* enseñar
inseguiménto *sm* persecución *f*
inseguìre *vt* perseguir
inseguitóre *sm* perseguidor *m*
insenatùra *sf* ensenada *f*
insensàto *a* insensato
insensìbile *a* insensible
inseparàbile *a* inseparable
inseriménto *sm* inserción *f*
inserìre *vt* introducir, insertar ◆ *vpr* introducirse
inservìbile *a* inservible
inserviènte *sm/f* subalterno *m*
inserzióne *sf* inserción *f* ◇ (*su giornale*) anuncio *m*
insetticìda *a/sm* insecticida *m*
insètto *sm* insecto *m*
insicurézza *sf* inseguridad *f*
insìdia *sf* trampa *f*
insidiàre *vt* insidiar ◆ *vi* atentar (a)
insidióso *a* insidioso
insième *sm* conjunto *m* ◆ *avv* juntamente, juntos • ***nell'i.*** en conjunto; ***tutti i.*** todos juntos
insìgne *a* insigne
insignificànte *a* insignificante
insindacàbile *a* indiscutible
insinuàre *vt* introducir ◇ (*fig*) insinuar ◆ *vpr* introducirse
insinuazióne *sf* insinuación *f*
insìpido *a* insípido
insistènte *a* insistente
insistènza *sf* insistencia *f*
insìstere *vi* insistir
ìnsito *a* ínsito
insoddisfàtto *a* insatisfecho
insoddisfazióne *sf* insatisfacción *f*
insofferènte *a* intolerante
insofferènza *sf* intolerancia *f*
insolazióne *sf* insolación *f*
insolènte *a* insolente
insolènza *sf* insolencia *f*
insòlito *a* insólito
insolùbile *a* insoluble
insolùto *a* insoluto
insolvènte *a* insolvente
insómma *avv* en fin, en conclusión, al fin y al cabo ◇ (*dunque*) pues
insònne *a* insomne
insònnia *sf* insomnio *m*
insonnolìto *a* adormilado
insopportàbile *a* insoportable
insórgere *vi* rebelarse, sublevarse
insormontàbile *a* insuperable
insórto *a/sm* insurrecto *m*
insospettàbile *a* insospechable
insospettìre *vt* despertar sospechas ◆ *vpr* sospechar
insostenìbile *a* insostenible
insostituìbile *a* insubstituible
insperàto *a* inesperado
inspiegàbile *a* inexplicable
inspiràre *vt* inspirar
inspirazióne *sf* inspiración *f*
instàbile *a* inestable
installàre *vt* instalar ◆ *vpr* instalarse, acomodarse
installazióne *sf* instalación *f*

instancàbile *a* incansable
instauràre *vt* instaurar, establecer ◆ *vpr* instaurarse, establecerse
insubordinazióne *sf* insubordinación *f*
insuccèsso *sm* fracaso *m*
insudiciàre *vt* ensuciar ◆ *vrif* ensuciarse
insufficiènte *a* insuficiente
insufficiènza *sf* insuficiencia *f*
insulàre *a* insular
insùlso *a* insulso
insultàre *vt* insultar
insùlto *sm* insulto *m*
insuperbìre *vt* engreír ◆ *vpr* engreírse
insurrezióne *sf* insurrección *f*
intaccàre *vt* atacar, corroer
intagliàre *vt* entallar
intàglio *sm* talla *f*
intangìbile *a* intangible
intànto *avv* mientras tanto, entretanto ● *i. che* mientras
intarsiàre *vt* taracear
intàrsio *sm* taracea *f*, marquetería *f*
intasaménto *sm* obstrucción *f* ◇ (*del traffico*) embotellamiento *m*
intasàre *vt* atascar, obstruir ◆ *vpr* atascarse, obstruirse
intascàre *vt* embolsar
intàtto *a* intacto
intavolàre *vt* entablar
integràle *a/sm* integral *f*
integralìsmo *sm* integrismo *m*
integralménte *avv* integralmente
integrànte *a* integrante
integràre *vt* integrar ◆ *vrif* integrarse
integratóre *sm* integrador *m* ● *i. alimentare* complemento alimenticio
integrità *sf* integridad *f*
ìntegro *a* íntegro
intelaiatùra *sf* marco *m*, armazón *f*
intellètto *sm* intelecto *m*
intellettuàle *a/sm/f* intelectual *m*
intelligènte *a* inteligente
intelligènza *sf* inteligencia *f*
intempèrie *sf pl* intemperie *f*
intempestìvo *a* intempestivo
intendènte *sm* intendente *m*
intendènza *sf* intendencia *f*
intèndere *vt* entender, comprender ◇ (*udire*) oír ◇ (*avere intenzione di*) querer, tener intención de ◆ *vpr* entender, ser entendido (en) ◆ *vrif* entenderse, llevarse bien
intendiménto *sm* entendimiento *m*
intenditóre *sm* entendido *m*
intenerìre *vt* enternecer ◆ *vpr* enternecerse
intensificàre *vt* intensificar ◆ *vpr* intensificarse
intensità *sf* intensidad *f*
intensìvo *a* intensivo
intènso *a* intenso

intènto *a* absorto, atento ◆ *sm* propósito *m*
intenzionàle *a* intencional
intenzióne *sf* intención *f* ● *senza i.* involuntariamente
interaménte *avv* enteramente
interattìvo *a* interactivo
interazióne *sf* interacción *f*
intercalàre *vt* intercalar
intercapèdine *sf* crujía *f*
intercèdere *vi* interceder
intercessióne *sf* intercesión *f*
intercettàre *vt* interceptar
intercontinentàle *a* intercontinental
intercórrere *vi* transcurrir ◇ (*fig*) existir
interdétto *a* sorprendido, turbado ◆ *sm* incapacitado *m*
interdìre *vt* prohibir ◇ (*dir*) incapacitar
interdisciplinàre *a* interdisciplinario
interdizióne *sf* interdicción *f*
interessaménto *sm* interés *m*
interessànte *a* interesante
interessàre *vt* interesar ◇ (*riguardare*) concernir, atañer ◆ *vi* interesar ◆ *vpr* interesarse, ocuparse
interèsse *sm* interés *m*
interfàccia *sf* interfaz *m* ● *i. grafica* interfaz gráfico; *i. utente* interfaz de usuario
interferènza *sf* interferencia *f*
interferìre *vi* interferir
interiezióne *sf* interjección *f*
interióra *sf pl* entrañas *f pl*
interióre *a* interno, interior
interlìnea *sf* interlínea *f*
interlocutóre *sm* interlocutor *m*
intermèdio *a* intermedio
intermèzzo *sm* intermedio *m*
interminàbile *a* interminable
intermittènte *a* intermitente
internaménte *avv* internamente
internàre *vt* internar
internazionàle *a* internacional
intèrno *a* interno, interior ◆ *sm* interior *m* ◇ (*tel*) extensión *f* ◇ (*scolaro*) interno *m*
intéro *a* entero
interpellàre *vt* interpelar
interpórre *vt* interponer ◆ *vpr* interponerse
interpretàre *vt* interpretar
interpretazióne *sf* interpretación *f*
intèrprete *sm/f* intérprete *m/f*
interràre *vt* enterrar ◆ *vpr* enterrarse
interrogàre *vt* interrogar, preguntar
interrogatìvo *a* interrogativo ◆ *sm* incógnita *f* ● *punto i.* signo de interrogación
interrogatòrio *sm* interrogatorio *m*
interrogazióne *sf* interrogación *f*
interrómpere *vt* interrumpir ◆ *vpr* interrumpirse
interruttóre *sm* interruptor *m*
interruzióne *sf* interrupción *f*

intersezióne *sf* intersección *f*
interurbàno *a* interurbano • ***chiamata interurbana*** llamada interurbana
intervàllo *sm* intervalo *m* ◇ (*teat*) entreacto *m* ◇ intermedio *m*, descanso *m*
intervenìre *vi* intervenir, participar
intervènto *sm* intervención *f*
intervìsta *sf* entrevista *f*
intervistàre *vt* entrevistar
intésa *sf* acuerdo *m*
intestàre *vt* encabezar ◇ (*dir*) registrar a nombre de ◆ *vpr* obstinarse
intestazióne *sf* encabezamiento *m*, membrete *m* ◇ (*registrazione*) matriculación *f*
intestinàle *a* intestinal
intestìno *a/sm* intestino *m*
intimàre *vt* intimar
intimazióne *sf* intimación *f*
intimidazióne *sf* intimidación *f*
intimìsta *a* intimista
intimità *sf* intimidad *f*
ìntimo *a* íntimo ◆ *sm* íntimo *m* ◇ (*bincheria*) ropa *f* interior
intimorìre *vt* asustar ◆ *vpr* asustarse
intitolàre *vt* titular, intitular ◆ *vpr* titularse
intolleràbile *a* intolerable
intollerànte *a* intolerante
intollerànza *sf* intolerancia *f* • ***i. alimentare*** intolerancia alimentaria
intònaco *sm* revoque *m*
intonàre *vt* entonar ◆ *vrif* pegar, armonizar
intonazióne *sf* entonación *f*
intontìre *vt* aturdir
intóppo *sm* obstáculo *m*
intórno *avv* alrededor • ***i. a*** alrededor de; (*circa*) acerca de
intossicàre *vt* intoxicar
intossicazióne *sf* intoxicación *f*
intraducìbile *a* intraducible
intransigènte *a* intransigente
intraprendènte *a* emprendedor
intraprendènza *sf* iniciativa *f*
intraprèndere *vt* emprender, empezar
intrattàbile *a* intratable
intrattenère *vt* entretener ◆ *vpr* entretenerse
intravedére *vt* entrever, vislumbrar ◇ (*fig*) intuir
intrecciàre *vt* trenzar, entrelazar ◆ *vrif* enlazarse, entrelazarse
intréccio *sm* enredo *m* ◇ (*trama*) trama *f*
intrèpido *a* intrépido
intricàto *a* intricado
intrìso *a* empapado
introdùrre *vt* introducir ◆ *vpr* introducirse
introduzióne *sf* introducción *f*
introméttere *vt* interponer, entremeter ◆ *vrif* entrometerse
introspettìvo *a* introspectivo
introspezióne *sf* introspección *f*

introvèrso *a* introvertido
intrusióne *sf* intrusión *f*
intrùso *sm* intruso *m*
intuìre *vt* intuir
intuitìvo *a* intuitivo
intùito *sm* intuición *f*
intuizióne *sf* intuición *f*
inumàno *a* inhumano
inumazióne *sf* inhumación *f*
inumidìre *vt* humedecer ◆ *vpr* humedecerse
inùtile *a* inútil
inutilizzàbile *a* inservible
inutilménte *avv* inútilmente
invadènte *a* entrometido
invàdere *vt* invadir
invaghìrsi *vpr* enamorarse
invalicàbile *a* infranqueable
invalidità *sf* invalidez *f*
invàlido *a/sm* inválido *m*
invàno *avv* en vano, inútilmente
invariàbile *a* invariable
invariàto *a* invariado
invasióne *sf* invasión *f*
invasóre *a/sm* invasor *m*
invecchiaménto *sm* envejecimiento *m*
invecchiàre *vt* envejecer ◆ *vi* envejecer, aviejar
invéce *avv* en cambio • *i. di* en vez de, en lugar de
inveìre *vi* increpar, maldecir
invendìbile *a* invendible
inventàre *vt* inventar
inventàrio *sm* inventario *m*
inventìvo *a* inventivo
inventóre *sm* inventor *m*
invenzióne *sf* invención *f*, invento *m*
invernàle *a* invernal
invèrno *sm* invierno *m*
inverosìmile *a* inverosímil
inversióne *sf* inversión *f*
invèrso *a* inverso ◆ *sm* contrario *m*
invertebràto *a/sm* invertebrado *m*
invertìre *vt* invertir
investigàre *vt/i* investigar
investigatóre *a/sm* investigador *m*
investigazióne *sf* investigación *f*
investiménto *sm* (*aut*) atropello *m*, choque *m* ◇ (*fin*) inversión *f*
investìre *vt* (*aut*) atropellar, chocar ◇ (*fin*) invertir ◇ (*di una carica*) investir ◇ (*con parole*) atacar
investitùra *sf* investidura *f*
inviàre *vt* enviar, mandar
inviàto *sm* enviado *m* ◇ (*di giornale*) corresponsal *m*
invìdia *sf* envidia *f*
invidiàre *vt* envidiar
invidióso *a* envidioso
invincìbile *a* invencible
invìo *sm* envío *m* ◇ (*inform*) intro *m*, enter *m*
inviolàto *a* inviolado
inviperìto *a* furioso
invischiàre *vt* enviscar ◇ (*fig*) engatusar ◆ *vpr* enredarse
invisìbile *a* invisible

invitànte *a* atrayente
invitàre *vt* invitar
invitàto *a/sm* invitado *m*
invìto *sm* invitación *f*
invocàre *vt* invocar
invogliàre *vt* animar, estimular ◆ *vpr* animarse
involontàrio *a* involuntario
involtìno *sm* rollito *m*
invòlto *sm* paquete *m*
invòlucro *sm* envoltura *f* ◇ (*bot*) involucro *m*
involuzióne *sf* involución *f*
invulneràbile *a* invulnerable
inzuppàre *vt* empapar ◇ (*pane, biscotti*) mojar, bañar ◆ *vpr* empaparse
ìo *pr.pers* yo
iòdio *sm* yodo *m*
ióne *sm* ión *m*
iònico *a/sm* jónico *m*
iòsa, a *loc.avv* a montones
ipèrbole *sf* hipérbole *f* ◇ (*geom*) hipérbola *f*
ipermercàto *sm* hipermercado *m*
ipermetropìa *sf* hipermetropía *f*
ipertensióne *sf* hipertensión *f*
ipnòsi *sf* hipnosis *f*
ipnòtico *a* hipnótico
ipnotizzàre *vt* hipnotizar
ipocondrìa *sf* hipocondría *f*
ipocrisìa *sf* hipocresía *f*
ipòcrita *a/sm* hipócrita *m*
ipogèo *sm* hipogeo *m*
ipotèca *sf* hipoteca *f*
ipòtesi *sf* hipótesis *f*
ipotètico *a* hipotético
ìppica *sf* hípica *f*
ìppico *a* hípico
ippocàmpo *sm* hipocampo *m*
ippòdromo *sm* hipódromo *m*
ippopòtamo *sm* hipopótamo *m*
ìra *sf* ira *f*
irascìbile *a* irascible
ìride *sf* (*arcobaleno*) arco iris *m* ◇ (*anat*) iris *m*
irlandése *a/sm/f* irlandés *m*
ironìa *sf* ironía *f*
irònico *a* irónico
irradiàre *vt* irradiar ◆ *vpr* irradiarse
irradiazióne *sf* irradiación *f*
irraggiungìbile *a* inalcanzable
irragionévole *a* irrazonable
irrazionàle *a* irracional
irreàle *a* irreal
irrealizzàbile *a* irrealizable
irrecuperàbile *a* irrecuperable
irredentìsmo *sm* irredentismo *m*
irregolàre *a* irregular
irregolarità *sf* irregularidad *f*
irremovìbile *a* firme
irreparàbile *a* irreparable
irreprensìbile *a* irreprensible
irrequièto *a* inquieto
irresistìbile *a* irresistible
irresolùto *a* indeciso
irrespiràbile *a* irrespirable
irresponsàbile *a* irresponsable
irrevocàbile *a* irrevocable
irrigàre *vt* irrigar
irrigazióne *sf* irrigación *f*, riego *m*

irrigidìre *vt* endurecer ◆ *vpr* endurecerse ◇ (*fig*) obstinarse
irrilevànte *a* insignificante
irrimediàbile *a* irremediable
irripetìbile *a* irrepetible
irrisòrio *a* irrisorio
irritànte *a* irritante
irritàre *vt* irritar ◆ *vpr* irritarse
irritazióne *sf* irritación *f*
irriverènza *sf* irreverencia *f*
irrómpere *vi* irrumpir
irroràre *vt* rociar ◇ (*agr*) irrigar
irruènte *a* impetuoso
irruzióne *sf* irrupción *f*
iscritto *sm* inscripto *m*
iscrìvere *vt* inscribir ◆ *vrif* inscribirse
iscrizióne *sf* inscripción *f*
islàmico *a* islámico
islamìsmo *sm* islamismo *m*
isòbara *sf* isóbara *f*
ìsola *sf* isla *f*
isolaménto *sm* aislamiento *m*
isolàno *a/sm* isleño *m*
isolànte *a/sm* aislante *m*
isolàre *vt* aislar, apartar ◆ *vpr* aislarse, apartarse
isolàto *a* aislado ◆ *sm* manzana *f*
ispànico *a* hispánico
ispettóre *sm* inspector *m*
ispezióne *sf* inspección *f*
ìspido *a* hirsuto
ispiràre *vt* inspirar ◆ *vpr* inspirarse
ispiratóre *sm* inspirador *m*
ispirazióne *sf* inspiración *f*
israeliàno *a/sm* israelí *m*
israelìtico *a* israelítico
issàre *vt* izar
istantàneo *a* instantáneo
istànte *sm* instante *m*
istànza *sf* instancia *f*
istèrico *a* histérico
istigàre *vt* instigar
istigazióne *sf* instigación *f*
istintìvo *a* instintivo
istìnto *sm* instinto *m*
istituìre *vt* instituir
istitùto *sm* instituto *m*
istituzionàle *a* institucional
istituzióne *sf* institución *f*
ìstmo *sm* istmo *m*
ìstrice *sm* puerco espín *m*
istrióne *sm* histrión *m*
istruìre *vt* instruir ◆ *vrif* instruirse
istruttìvo *a* instructivo
istruttóre *sm* instructor *m*
istruttòria *sf* instrucción *f* del sumario
istruzióne *sf* instrucción *f*
italiàno *a/sm* italiano *m*
itàlico *a* itálico
iteratìvo *a* iterativo
itinerànte *a* itinerante
itineràrio *sm* itinerario *m*
itterìzia *sf* ictericia *f*
ìttico *a* íctico
ittìta *a* hitita
iùta *sf* yute *m*
Iva *sf* (*Imposta sul valore aggiunto*) Iva *m* (*Impuesto sobre el valor añadido*)

J

jazz *sm inv* jazz *m*
jazzìsta *sm/f* músico *m* de jazz
jeans *sm pl* pantalón *m* vaquero/tejano, vaqueros *m pl*, jeans *m pl*
judò *sm* judo *m*, yudo *m*

K

kìller *sm/f* asesino *m* a sueldo, sicario *m* ◆ *a* asesino
kilogràmmo *sm* kilogramo *m*
kilometràggio *sm* kilometraje *m*
kilòmetro *sm* kilómetro *m*

L

la *art* la ◇ (*davanti a sostantivi f che iniziano per 'a' o 'ha' toniche*) el ◆ *pr.pers* la ◇ (*nella formula di cortesia*) le
là *avv* allá, allí ● ***al di là*** al otro lado de; ***l'al di là*** el más allá
làbbro *sm* labio *m*
làbile *a* débil
labirìnto *sm* laberinto *m*
laboratòrio *sm* laboratorio *m*
laborióso *a* laborioso
làcca *sf* laca *f*
làccio *sm* lazo *m*, cordón *m*
laceràre *vt* desgarrar ◆ *vpr* desgarrarse
lacerazióne *sf* desgarramiento *m* ◇ (*med*) laceración *f*
làcero *a* (*persona*) harapiento ◇ gastado, raído
lacònico *a* lacónico
làcrima *sf* lágrima *f*
lacrimàre *vi* lagrimear
lacrimazióne *sf* lagrimeo *m*
lacrimògeno *a* lacrimógeno
lacrimóso *a* lacrimoso, lagrimoso
lacùna *sf* laguna *f*
lacùstre *a* lacustre
làdro *sm* ladrón *m*, ratero *m*
laggiù *avv* allá abajo
lagnànza *sf* queja *f*
lagnàrsi *vpr* quejarse
làgo *sm* lago *m*
lagùna *sf* laguna *f*
lagunàre *a* lagunero

laicìsmo *sm* laicismo *m*
làico *a/sm* laico *m*
làma *sf* hoja *f* ◆ *sm* llama *m*
lambìre *vt* lamer
lamentàre *vt* lamentar ◆ *vpr* quejarse, lamentarse
lamentèla *sf* queja *f*
laménto *sm* lamento *m*
lamentóso *a* lamentoso
lamétta *sf* hoja *f* (de afeitar)
lamièra *sf* lámina *f*, chapa *f*
làmina *sf* lámina *f*, hoja *f*
laminàre *a* laminar ◆ *vt* laminar
laminàto *a/sm* laminado *m*
làmpada *sf* lámpara *f* ● ***l. abbronzante*** lámpara de rayos UVA
lampadàrio *sm* lámpara *f* de techo, araña *f*
lampadìna *sf* bombilla *f*
lampeggiàre *vi* (*aut*) hacer señales ◇ (*di spia luminosa*) parpadear ◆ *vimp* relampaguear
lampeggiatóre *sm* luz *f* intermitente
lampéggio *sm* relampagueo *m*
lampióne *sm* farol *m*
làmpo *a/sm* relámpago *m* ◆ *sf* cremallera *f*
lampóne *sm* frambuesa *f*
làna *sf* lana *f*
lancétta *sf* manecilla *f*
lància *sf* lanza *f* ◇ (*naut*) lancha *f*
lanciafiàmme *sm* lanzallamas *m*
lanciàre *vt* lanzar, tirar ◆ *vrif* lanzarse
lancière *sm* lancero *m*
lancinànte *a* lancinante, punzante
làncio *sm* lanzamiento *m*
lànda *sf* landa *f*
lànguido *a* lánguido
languìre *vi* languidecer
languóre *sm* languidez *f*
lanóso *a* lanudo
lantèrna *sf* linterna *f*
lapalissiàno *a* perogrullesco
lapidàre *vt* lapidar
lapidàrio *a/sm* lapidario *m*
lapidazióne *sf* lapidación *f*
làpide *sf* lápida *f*
lapislàzzuli *sm* lapislázuli *m*
lapsus *sm* desliz *m*, lapsus *m*
làrdo *sm* tocino *m*
larghézza *sf* anchura *f*, ancho *m* ◇ (*ampiezza*) amplitud *f* ◇ (*generosità*) largueza *f*, generosidad *f*
làrgo *a* ancho ◇ (*abbondante*) abundante ◇ (*generoso*) generoso ◆ *sm* ancho *m* ● ***farsi l.*** abrirse paso; ***girare al l.*** alejarse; ***in lungo e in l.*** de cabo a rabo; ***su larga scala*** en gran escala
larìnge *sf* laringe *f*
laringìte *sf* laringitis *f*
làrva *sf* larva *f*
larvàle *a* larval
lasciapassàre *sm* pase *m*
lasciàre *vt* dejar ◇ (*abbandonare*) abandonar ◇ (*permette-*

re) dejar, permitir ◆ *vrif* dejarse, separarse ● *l. perdere, l. correre* pasar por alto; *lasciarsi andare* descuidarse
làscito *sm* legado *m*
lascìvo *a* lascivo
làser *sm* láser *m*
lassatìvo *a/sm* laxante *m*
làsso *a* lapso
lassù *avv* allá arriba
làstra *sf* losa *f*, placa *f* ◇ (*fam*) radiografía *f* ● *l. di ghiaccio* témpano
lastricàto *a/sm* adoquinado *m*
làstrico *sm* enlosado *m*, empedrado *m* ● *ridurre sul l.* dejar en la miseria
latènte *a* latente
lateràle *a* lateral
laterìzi *sm pl* ladrillos *m pl*
latifóndo *sm* latifundio *m*
latinìsmo *sm* latinismo *m*
latinìsta *sm/f* latinista *m/f*
latìno *a/sm* latino *m*
latìno-americàno *a/sm* latinoamericano *m*
latitànte *a/sm/f* prófugo *m*
latitùdine *sf* latitud *f*
làto *a* lato ◆ *sm* lado *m*
latràre *vi* ladrar
latràto *sm* ladrido *m*
latrìna *sf* letrina *f*
làtta *sf* lata *f*
lattàio *sm* lechero *m*
lattànte *a/sm/f* lactante *m/f*
làtte *sm* leche *f*
làtteo *a* lácteo
latterìa *sf* lechería *f*
latticìni *sm pl* productos *m pl* lácteos
lattìna *sf* lata *f*
lattùga *sf* lechuga *f*
làurea *sf* licenciatura *f*
laureàrsi *vpr* licenciarse, graduarse
laureàto *a/sm* licenciado *m*, graduado *m*
làva *sf* lava *f*
lavabiancherìa *sf* lavadora *f*
lavàbile *a* lavable
lavàbo *sm* lavabo *m*
lavàggio *sm* lavado *m*
lavàgna *sf* pizarra *f*
lavànda *sf* espliego *m*, lavanda *f*
lavanderìa *sf* lavandería *f*, tintorería *f*
lavandìno *sm* lavabo *m*
lavapiàtti *sm/f* lavaplatos *m/f*
lavàre *vt* lavar ◆ *vrif* lavarse ● *l. a secco* lavar en seco
lavastovìglie *sf* lavaplatos *m/f*, lavavajillas *m*
lavatrìce *sf* lavadora *f*
lavorànte *sm/f* obrero *m*
lavoràre *vt/i* trabajar
lavoratìvo *a* laborable
lavoratóre *a/sm* trabajador *m*
lavorazióne *sf* trabajo *m*, elaboración *f*
lavóro *sm* trabajo *m* ◇ (*prodotto*) obra *f* ◇ (*impiego*) trabajo *m*, empleo *m* ◇ (*a maglia*) labor *f* ● *l. interinale* trabajo interino; *l. nero* trabajo negro
le *art* las ◆ *pr* (*oggetto f pl*) las ◇

(*a lei*) le ◇ (*nella formula di cortesia*) usted
leàle *a* leal
lealtà *sf* lealtad *f*
lébbra *sf* lepra *f*
lebbróso *a/sm* leproso *m*
lécca lécca *loc.sm* pirulí *m*
leccapièdi *sm/f* pelotillero *m*
leccàre *vt* lamer ◆ *vrif* lamerse, relamerse
léccio *sm* acebo *m*
lécito *a* lícito
lèdere *vt* dañar
léga *sf* liga *f*, confederación *f* ◇ (*met*) aleación *f*
legàccio *sm* tira *f*, cordón *m*
legàle *a* legal ◆ *sm* abogado *m*
legalità *sf* legalidad *f*
legalizzàre *vt* legalizar
legàme *sm* vínculo *m*
legaménto *sm* ligamento *m*
legàre *vt* atar ◇ (*fig*) unir ◆ *vrif* asociarse, ligarse
legàto *sm* legado *m*
legatorìa *sf* encuadernación *f*
legatùra *sf* atadura *f* ◇ (*di libro*) encuadernación *f* ◇ (*mus*) ligadura *f*
légge *sf* ley *f* ◇ (*facoltà*) derecho *m*, jurisprudencia *f*
leggènda *sf* leyenda *f*
leggendàrio *a* legendario
lèggere *vt* leer
leggerézza *sf* ligereza *f*
leggèro *a* ligero ◇ (*lieve*) leve ◇ (*frivolo*) frívolo, ligero • ***alla leggera*** con ligereza
leggiàdro *a* agraciado, hermoso
leggìbile *a* legible
leggìo *sm* atril *m*
legionàrio *a/sm* legionario *m*
legióne *sf* legión *f*
legislatìvo *a* legislativo
legislatùra *sf* legislatura *f*
legislazióne *sf* legislación *f*
legittimàre *vt* legitimar ◇ (*fig*) justificar
legittimità *sf* legitimidad *f*
legìttimo *a* legítimo
légna *sf* leña *f*
legnàme *sm* madera *f*
legnàta *sf* garrotazo *m*
légno *sm* madera *f*
legnóso *a* leñoso
legùme *sm* legumbre *f*
lèi *pr.pers* ella ◇ (*nella formula di cortesia*) usted • ***dare del l.*** tratar de usted
lémbo *sm* borde *m*
lèmme lèmme *loc.avv* despacito
léna *sf* tesón *m* • ***di buona l.*** de buena gana
lenìre *vt* aliviar
lenitìvo *a* lenitivo
lènte *sf* lente *f* • ***l. a contatto*** lente de contacto, lentilla
lentézza *sf* lentitud *f*
lentìcchia *sf* lenteja *f*
lentìggine *sf* peca *f*
lènto *a* lento ◇ (*molle*) flojo
lènza *sf* sedal *m*
lenzuòlo *sm* sábana *f*
leóne *sm* león *m*

leonéssa *sf* leona *f*
leopàrdo *sm* leopardo *m*
lèpre *sf* liebre *f*
lèrcio *a* mugriento
lerciùme *sm* mugre *f*
lesinàre *vt/i* regatear, escatimar
lesionàre *vt* lesionar, dañar
lesióne *sf* lesión *f*
léso *a* lesionado, leso
lessàre *vt* hervir
lèssico *sm* léxico *m*
lésso *a* hervido ◆ *sm* puchero *m*
lèsto *a* rápido
letàle *a* letal
letamàio *sm* estercolero *m*
letàme *sm* estiércol *m*
letàrgo *sm* letargo *m*
letìzia *sf* regocijo *m*
lèttera *sf* (*dell'alfabeto*) letra *f* ◇ (*missiva*) carta *f* ● ***buca delle lettere*** buzón; ***l. raccomandata*** carta certificada; ***lettere e filosofia*** filosofía y letras
letteràle *a* literal
letteralménte *avv* literalmente
letteràrio *a* literario
letteràto *a/sm* literato *m*
letteratùra *sf* literatura *f*
lettièra *sf* mullida *f*
lettìga *sf* camilla *f*
lettìno *sm* camita *f* ◇ (*da spiaggia*) tumbona *f* ● ***l. solare*** cama solar
lètto *sm* cama *f* ◇ (*di fiume*) lecho *m*
lettóre *sm* lector *m* ● ***l. di codice a barre*** lector de código de barras; ***l. di CD*** lector de discos compactos; ***l. ottico*** lector óptico
lettùra *sf* lectura *f*
leucemìa *sf* leucemia *f*
lèva *sf* palanca *f* ◇ (*mil*) quinta *f*
levànte *sm* levante *m*
levàre *vt* (*alzare*) alzar, levantar ◇ (*togliere*) quitar, sacar ◇ (*estrarre*) extraer ◆ *vrif* levantarse
levàta *sf* (*del sole*) salida *f* ◇ (*della posta*) recogida *f*
levatrìce *sf* comadrona *f*
levatùra *sf* envergadura *f*
levigàre *vt* alisar, pulir
levigatézza *sf* lisura *f*
levrièro *sm* lebrel *m*
lezióne *sf* lección *f* ◇ (*a scuola*) clase *f* ◇ (*castigo*) escarmiento *m*
lezióso *a* melindroso
lézzo *sm* hedor *m*
li *pr* los
lì *avv* allí, ahí ● ***lì lì per*** a punto de; ***lì per lì*** en un primer momento
libagióne *sf* libación *f*
lìbbra *sf* libra *f*
libèllo *sm* libelo *m*
libèllula *sf* libélula *f*
liberàle *a* liberal
liberalìsmo *sm* liberalismo *m*
liberalità *sf* generosidad *f*
liberalizzazióne *sf* liberalización *f*
liberaménte *avv* libremente
liberàre *vt* liberar, librar ◇

(*sbloccare*) desbloquear ◆ *vrif* librarse, soltarse
liberazióne *sf* liberación *f*
lìbero *a* libre ◇ (*non occupato*) libre, vacío
libertà *sf* libertad *f*
libertinàggio *sm* libertinaje *m*
libertìno *a/sm* libertino *m*
libìdine *sf* libídine *f*
libidinóso *a* libidinoso
libràio *sm* librero *m*
libràrsi *vrif* planear
libreria *sf* librería *f*
librettìsta *sm/f* libretista *m/f*
librétto *sm* libreta *f* ◇ (*mus*) libreto *m* ● ***l. degli assegni*** talonario de cheques; ***l. di circolazione*** permiso de circulación
lìbro *sm* libro *m*
licènza *sf* licencia *f* ◇ (*autorizzazione*) autorización *f*, permiso *m* ◇ (*congedo*) permiso *m* ◇ (*scolastica*) diploma *m*
licenziaménto *sm* despido *m*
licenziàre *vt* despedir ◆ *vrif* despedirse
licenzióso *a* licencioso
licèo *sm* bachillerato *m*
licitazióne *sf* subasta *f*
lìdo *sm* playa *f*
lièto *a* contento, feliz
liève *a* leve
lievitàre *vi* leudar
lièvito *sm* levadura *f*
lìgio *a* devoto
lignàggio *sm* linaje *m*
lìgneo *a* de madera ◇ (*simile a legno*) leñoso
lìlla *a/sm* lila *m*
lìma *sf* lima *f*
limaccióso *a* cenagoso
limàre *vt* limar
limatùra *sf* limadura *f*
limétta *sf* lima *f*
limitàre *vt* limitar ◆ *vrif* limitarse
limitàto *a* limitado
limitazióne *sf* limitación *f*
lìmite *a* extremo, límite ◆ *sm* límite *m*
limìtrofo *a* limítrofe
limonàta *sf* limonada *f*
limóne *sm* (*frutto*) limón *m* ◇ (*pianta*) limonero *m*
limpidézza *sf* limpidez *f*
lìmpido *a* límpido
lìnce *sf* lince *m*
linciàggio *sm* linchamiento *m*
linciàre *vt* linchar
lìndo *a* limpio
lìnea *sf* línea *f* ● ***l. analogica*** línea analógica; ***l. commutata*** línea conmutada; ***l. dedicata*** línea dedicada; ***l. digitale*** línea digital
lineaménti *sm pl* rasgos *m pl*
lineàre *a* lineal
lineétta *sf* guión *m*
lìnfa *sf* linfa *f* ◇ (*bot*) savia *f*
linfàtico *a* linfático
lingòtto *sm* lingote *m*
lìngua *sf* (*anat*) lengua *f* ◇ (*idioma*) lengua *f*, idioma *m*
linguàggio *sm* lenguaje *m*
linguétta *sf* lengüeta *f*
linguìsta *sm/f* lingüista *m/f*

linguìstico *a* lingüístico
link *sm* (*inform*) enlace *m*
lìno *sm* lino *m*
liofilizzàre *vt* liofilizar
lipìdi *sm pl* lípidos *m pl*
liquefàre *vt* licuar ◆ *vpr* licuarse
liquefazióne *sf* licuefacción *f*
liquidàre *vt* liquidar ◇ (*saldare*) saldar, pagar
liquidazióne *sf* liquidación *f*
liquidità *sf* liquidez *f*
lìquido *a/sm* líquido *m*
liquirìzia *sf* regaliz *m*, ororuz *m*
liquóre *sm* licor *m*
lìra *sf* lira *f* • ***l. sterlina*** libra esterlina
lìrica *sf* lírica *f*
lìrico *a* lírico
lirìsmo *sm* lirismo *m*
lìsca *sf* raspa *f* ◇ (*spina*) espina *f*
lisciàre *vt* alisar
lìscio *a* liso ◇ (*di bevanda*) solo ◇ (*di acqua*) sin gas
lìso *a* consumido
lìsta *sf* lista *f*
listìno *sm* lista *f*, listín *m*
litanìa *sf* letanía *f*
lìte *sf* disputa *f*, pelea *f*
litigànte *a/sm/f* litigante *m/f*
litigàre *vi* pelear, contender ◆ *vrif* pelearse, contender
litìgio *sm* contienda *f*, pelea *f*
litigióso *a* pendenciero
litografìa *sf* litografía *f*
litoràle *sm* litoral *m*
litorràneo *a* litoral
lìtro *sm* litro *m*
liturgìa *sf* liturgia *f*
litùrgico *a* litúrgico
liutàio *sm* luthier *m*, violero *m*
liùto *sm* laúd *m*
livèlla *sf* nivel *m*
livellaménto *sm* nivelación *f*
livellàre *vt* nivelar
livèllo *sm* nivel *m*
lìvido *a* lívido, amoratado, violáceo ◆ *sm* moretón *m*, cardenal *m*
livóre *sm* rencor *m*
livrèa *sf* librea *f*
lo *art* el ◆ *pr.pers* (*persona*) le, lo ◇ (*cosa*) lo
lòbo *sm* lóbulo *m*
locàle *a/sm* local *m*
località *sf* localidad *f*, sitio *m*
localizzàre *vt* localizar ◇ (*delimitare*) localizar, aislar ◆ *vpr* localizarse
locànda *sf* posada *f*, fonda *f*
locandìna *sf* cartel *m*, aviso *m*
locatàrio *sm* arrendatario *m*
locatóre *sm* arrendador *m*
locazióne *sf* arriendo *m*
locomotìva *sf* locomotora *f*
locomozióne *sf* locomoción *f*
lòculo *sm* nicho *m*
locuzióne *sf* locución *f*
lodàre *vt* alabar, loar
lòde *sf* alabanza *f*
lodévole *a* loable
logarìtmo *sm* logaritmo *m*
lòggia *sf* galería *f*, pórtico *m* ◇ (*massonica*) logia *f*
loggiàto *sm* galería *f*

loggióne *sm* galería *f* alta, gallinero *m*, paraíso *m*
lògica *sf* lógica *f*
lògico *a* lógico
logoràre *vt* desgastar, deteriorar ◆ *vpr* desgastarse, deteriorarse
lógoro *a* gastado, consumido
logorròico *a* verborreico, verboso
lombàggine *sf* lumbago *m*
lombàta *sf* lomo *m*
lómbo *sm* lomo *m*
lombrìco *sm* lombriz *f*
longevità *sf* longevidad *f*
longitudinàle *a* longitudinal
longitùdine *sf* longitud *f*
lontanànza *sf* lejanía *f* ◇ (*assenza*) ausencia *f*
lontàno *a* lejano ◇ (*remoto*) remoto ◆ *avv* lejos
lóntra *sf* nutria *f*
loquàce *a* locuaz
loquacità *sf* locuacidad *f*
lórdo *a* sucio ◇ (*di peso, somma*) bruto
lordùra *sf* suciedad *f*
lóro *pr.pers* ellos, ellas ◇ (*compl di termine*) les ◇ (*compl oggetto*) los, las ◇ (*nella formula di cortesia*) ustedes ◆ *a.poss* su, sus ◆ *pr.poss* suyo, suya, suyos, suyas ● *l. stessi* ellos mismos
losànga *sf* rombo *m*
lósco *a* sospechoso
lòtta *sf* lucha *f*
lottàre *vi* luchar
lottatóre *sm* luchador *m*
lotterìa *sf* lotería *f*
lòtto *sm* lote *m*, parte *f* ◇ (*gioco*) lotería *f*
lozióne *sf* loción *f*
lubrificànte *a/sm* lubricante *m*
lubrificàre *vt* lubricar
lubrificazióne *sf* lubricación *f*
lucchétto *sm* candado *m*
luccicàre *vi* brillar
luccichìo *sm* brillo *m*
lùccio *sm* lucio *m*
lùcciola *sf* luciérnaga *f*
lùce *sf* luz *f*
lucènte *a* luciente, brillante
lucentézza *sf* resplandor *m*
lucèrna *sf* linterna *f*
lucernàrio *sm* claraboya *f*
lucèrtola *sf* lagartija *f*
lucidalàbbra *sm* brillo *m* de labios
lucidàre *vt* pulimentar, lustrar, bruñir
lucidatrìce *sf* pulidora *f*, enceradora *f*
lucidità *sf* lucidez *f*
lùcido *a* brillante, reluciente ◇ (*fig*) lúcido ◆ *sm* brillo *m* ◇ (*da scarpe*) betún *m*
lucràre *vt* lucrar, ganar
lùcro *sm* lucro *m*
lucróso *a* lucroso
ludìbrio *sm* escarnio *m*
lùdico *a* lúdico
lùglio *sm* julio *m*
lùgubre *a* lúgubre
lùi *pr.pers* él
lumàca *sf* limaza *f* ◇ (*chiocciola*) caracol *m*

lùme *sm* lámpara *f*, luz *f*
luminosità *sf* luminosidad *f*
luminóso *a* luminoso
lùna *sf* luna *f*
lùna park *loc.sm* parque *m* de atracciones
lunàre *a* lunar
lunàrio *sm* almanaque *m*
lunàtico *a* lunático
lunedì *sm* lunes *m*
lunétta *sf* luneto *m*
lungàggine *sf* lentitud *f*, prolijidad *f*
lunghézza *sf* longitud *f*, largo *m* ◇ (*durata*) extensión *f*
lùngo *a* largo ◇ (*lento*) lento ◇ (*prolisso*) prolijo ◆ *sm* largo *m*, longitud *f* ◆ *prep* a lo largo de, junto a ◇ (*durante*) durante ● ***a l.*** mucho, por largo tiempo; ***di gran lunga*** con mucho
lunòtto *sm* (*aut*) luneta *f*, cristal *m* trasero ● ***l. termico*** luneta térmica
luògo *sm* lugar *m* ● ***l. comune*** tópico
luogotenènte *sm* lugarteniente *m*
lùpo *sm* lobo *m*
lùppolo *sm* lúpulo *m*
lùrido *a* sucio
lusinga *sf* lisonja *f*
lusingàre *vt* lisonjear, halagar
lusinghièro *a* lisonjero, halagüeño
lussàre *vt* dislocar
lussazióne *sf* luxación *f*, dislocación *f*
lùsso *sm* lujo *m*
lussuóso *a* lujoso
lussureggiànte *a* exuberante, lujurioso
lussùria *sf* lujuria *f*
lussurióso *a* lujurioso
lustràre *vt* limpiar, pulir
lustrascàrpe *sm* limpiabotas *m*
lustrìno *sm* lentejuela *f*
lùstro *a* reluciente ◆ *sm* lustre *m*, brillantez *f* ◇ (*fig*) prestigio *m* ◇ (*5 anni*) lustro *m*
luteràno *a/sm* luterano *m*
lùtto *sm* luto *m*
luttuóso *a* luctuoso

M

ma *cong* mas, pero, sino ◆ *inter* quién sabe
màcabro *a* macabro
macché! *inter* ¡qué va!, ¡ni hablar!
màcchia *sf* mancha *f* ◇ (*fig*) borrón *m* ◇ (*bot*) matorral *m*, bosque *m*
macchiàre *vt* manchar ◆ *vrif* mancharse

macchiàto *a* manchado • ***caffè m.*** café cortado
macchiétta *sf* tipo *m* divertido
màcchina *sf* máquina *f* ◇ (*aut*) coche *m* • ***m. da presa*** filmadora; ***m. per scrivere*** máquina de escribir; ***m. fotografica*** máquina/cámara fotográfica; ***m. fotografica digitale*** cámara fotográfica digital
macchinàle *a* maquinal
macchinàre *vt* maquinar, tramar
macchinàrio *sm* maquinaria *f*
macchinazióne *sf* maquinación *f*
macchinìsta *sm* maquinista *m*
macchinóso *a* complicado
macedònia *sf* macedonia *f*
macellàio *sm* carnicero *m*
macellàre *vt* carnear
macellerìa *sf* carnicería *f*
macèllo *sm* matadero *m* ◇ (*strage*) carnicería *f* ◇ (*disastro*) desastre *m*, lío *m*
maceràre *vt* macerar
macèrie *sfpl* escombros *m pl*
macìgno *sm* peña *f*, peñasco *m*
màcina *sf* muela *f*
macinacaffè *sm* molinillo *m* de café
macinapépe *sm* molinillo *m* de pimienta
macinàre *vt* moler
macinìno *sm* molinillo *m*
macrobiòtico *a* macrobiótico
macroscòpico *a* macroscópico
maculàto *a* maculado
màdia *sf* artesa *f*
màdido *a* empapado
Madònna *sf* Virgen *f*
madornàle *a* enorme, descomunal • ***errore m.*** error garrafal
màdre *sf* madre *f*
madrelìngua *sf* lengua *f* materna, lengua *f* madre
madrepàtria *sf* madre *f* patria
madrepèrla *sf* madreperla *f*, nácar *m*
madrigàle *sm* madrigal *m*
madrìna *sf* madrina *f*
maestà *sf* majestad *f*
maestóso *a* majestuoso
maèstra *sf* maestra *f*
maestràle *sm* mistral *m*
maestrànze *sfpl* obreros *m pl*
maèstro *a/sm* maestro *m*
màga *sf* bruja *f*, maga *f*
magàgna *sf* imperfección *f*
magàri *inter* ¡ojalá! ◆ *avv* hasta, incluso ◇ (*forse*) tal vez, quizás ◆ *cong* aunque
magazzinière *sm* almacenero *m*
magazzìno *sm* almacén *m*
màggio *sm* mayo *m*
maggioràna *sf* mejorana *f*
maggiorànza *sf* mayoría *f*
maggioràre *vt* aumentar
maggiorazióne *sf* aumento *m*, recargo *m*
maggiordòmo *sm* mayordomo *m*
maggióre *a/sm* mayor *m*

maggiorènne *sm/f* mayor *m* de edad
maggioritàrio *a* mayoritario
magìa *sf* magia *f* ◇ (*fig*) encanto *m*
màgico *a* mágico
magistèro *sm* magisterio *m*
magistràle *a* magistral
magistràto *sm* magistrado *m*
magistratùra *sf* magistratura *f*
màglia *sf* (*di rete*) malla *f* ◇ (*ai ferri*) labor *f* de punto ◇ (*di catena*) eslabón *m* ◇ (*maglietta*) camiseta *f* ◇ (*maglione*) jersey *m*
magliétta *sf* camiseta *f*
màglio *sm* mazo *m*
maglióne *sm* jersey *m*
magnànimo *a* magnánimo
magnàte *sm* magnate *m*
magnèsia *sf* magnesia *f*
magnèsio *sm* magnesio *m*
magnète *sm* imán *m* ◇ (*aut*) magneto *m*
magnètico *a* magnético
magnetìsmo *sm* magnetismo *m*
magnetizzàre *vt* magnetizar
magnificaménte *avv* magníficamente
magnìfico *a* magnífico
magnòlia *sf* magnolia *f*
màgo *sm* mago *m*
màgra *sf* estiaje *m* ◇ (*fig*) escasez *f*
magrézza *sf* delgadez *f*, flaqueza *f*
màgro *a* flaco, delgado ◇ (*di alimento*) magro ◇ (*scarso*) escaso
màì *avv* nunca • ***caso m.***, ***se m.*** si acaso; ***come m.?*** ¿cómo (es posible)?
maiàle *sm* cerdo *m*, cochino *m*
mailbox *sf* (*inform*) buzón *m*, buzón *m* de correo electrónico
maiòlica *sf* loza *f*
maionése *sf* mayonesa *f*
màis *sm* maíz *m*
maiùscolo *a* mayúsculo
malaccòrto *a* incauto
malaféde *sf* mala fe *f*
malalìngua *sf* mala lengua *f*
malaménte *avv* mal, malamente
malandàto *a* gastado ◇ (*di salute*) quebrantado
malandrìno *a/sm* malandrín *m*
malànimo *sm* animosidad *f*
malànno *sm* achaque *m*, enfermedad *f*
malapéna, a *loc.avv* a duras penas
malària *sf* paludismo *m*, malaria *f*
malatìccio *a* enfermizo
malàto *a/sm* enfermo *m*
malattìa *sf* enfermedad *f* • ***m. infettiva*** enfermedad infecciosa; ***m. a trasmissione sessuale*** enfermedad de transmisión sexual; ***prendere una m.*** agarrar una enfermedad
malauguerataménte *avv* desdichadamente
malaugùrio *sm* mal agüero *m*

malavìta *sf* hampa *f*
malavòglia *sf* mala gana *f*
malcapitàto *a* malaventurado
malcóncio *a* malparado, maltrecho
malcontènto *a* insatisfecho ◆ *sm* descontento *m*
malcostùme *sm* mala costumbre *f*, inmoralidad *f*
maldèstro *a* torpe, desmañado
maldicènte *a* murmurador
maldicènza *sf* maledicencia *f*
maldispósto *a* hostil
màle *sm* mal *m* ◇ (*danno*) daño *m* ◇ (*fisico*) dolor *m* ◆ *avv* mal • ***farsi m.*** hacerse daño; ***mal di denti/testa*** dolor de muelas/cabeza; ***mal di mare*** mareo; ***stare m.*** estar mal
maledétto *a* maldito
maledìre *vt* maldecir
maledizióne *sf* maldición *f*
maleducàto *a/sm* mal educado *m*, malcriado *m*
maleducazióne *sf* mala educación *f*, inurbanidad *f*
maleficio *sm* maleficio *m*
malèfico *a* maléfico
maleodorànte *a* maloliente
malèssere *sm* malestar *m*
malèvolo *a* malévolo
malfamàto *a* de mala fama
malfàtto *a* malhecho, mal formado
malfattóre *sm* malhechor *m*
malférmo *a* inseguro, incierto
malformazióne *sf* malformación *f*, deformidad *f*
malgovèrno *sm* desgobierno *m*
malgràdo *prep* a pesar de ◆ *cong* aunque • ***mio m.*** a pesar mío
malìa *sf* maleficio *m*
malignità *sf* malignidad *f*, maldad *f*
malìgno *a* maligno
malinconìa *sf* melancolía *f*
malincònico *a* melancólico
malincuòre, a *loc.avv* de mala gana
malintenzionàto *a/sm* malintencionado *m*
malintéso *sm* error *m*, equivocación *f*
malìzia *sf* malicia *f*
malizióso *a* malicioso
malleàbile *a* maleable
mallèolo *sm* tobillo *m*
mallòppo *sm* botín *m*
malmenàre *vt* pegar ◇ (*maltrattare*) maltratar
malmésso *a* desaliñado, descuidado
malnutrìto *a* desnutrido
malòcchio *sm* mal *m* de ojo
malóra *sf* ruina *f*
malóre *sm* malestar *m*
malsàno *a* malsano
malsicùro *a* inseguro
màlta *sf* argamasa *f*
maltèmpo *sm* mal tiempo *m*
màlto *sm* malta *f*
maltòlto *sm* robado *m*
maltrattaménto *sm* maltrato *m*
maltrattàre *vt* maltratar

malumóre *sm* mal humor *m*, mal genio *m*
màlva *sf* malva *f*
malvàgio *a* malvado
malvagità *sf* maldad *f*
malvìsto *a* mal considerado
malvivènte *sm/f* malhechor *m*
malvolentièri *avv* de mala gana
màmma *sf* mamá *f*
mammèlla *sf* mama *f*
mammìfero *a/sm* mamífero *m*
mancaménto *sm* desvanecimiento *m* ◇ (*fig*) falta *f*
mancànza *sf* falta *f* ● ***in m. di*** a falta de
mancàre *vt* fallar ◆ *vi* faltar, carecer ◇ (*morire*) morir ● ***m. il colpo*** fallar el tiro; ***sentirsi m.*** desmayar
mancàto *a* fallido
mància *sf* propina *f*
manciàta *sf* puñado *m*
mancìno *a* zurdo ● ***tiro m.*** mala jugada
manco *avv* ni (siquiera)
mandàre *vt* mandar ◇ (*spedire*) enviar, despachar ◇ (*grido*) lanzar ● ***m. via*** echar
mandarìno *sm* mandarina *f*
mandàto *sm* mandato *m*, orden *f*
mandìbola *sf* mandíbula *f*
mandolìno *sm* mandolina *f*
màndorla *sf* almendra *f*
màndorlo *sm* almendro *m*
màndria *sf* rebaño *m*, manada *f*
mandrìno *sm* mandril *m*
maneggévole *a* manejable
maneggiàre *vt* manejar
manéggio *sm* manejo *m* ◇ (*manovra*) maquinación *f* ◇ (*sport*) picadero *m*
manétta *sf* manecilla *f* ◇ ***al pl*** esposas *f pl*
manganèllo *sm* porra *f*
manganése *sm* manganeso *m*
mangiàbile *a* comible, comestible
mangianàstri *sm* magnetofón *m*
mangiàre *vt* comer ◇ (*consumare*) consumir ◆ *sm* comida *f*
mangiàta *sf* comilona *f*
mangiatóia *sf* pesebre *m*
mangiatóre *sm* comilón *m*
mangìme *sm* forraje *m*
mangiucchiàre *vt* picar
manìa *sf* manía *f*
manìaco *a* maníaco
mànica *sf* manga *f*
manicarétto *sm* golleríá *f*
manichìno *sm* maniquí *m*
mànico *sm* mango *m*, asa *f*
manicòmio *sm* manicomio *m*
manicòtto *sm* manguito *m*
manicùre *sf* manicura *f*
manièra *sf* manera *f*, trato *m* ● ***belle maniere*** buenos modales; ***in m. che*** de modo que
manifattùra *sf* manufactura *f*
manifestàre *vt* manifestar ◆ *vrif* manifestarse
manifestazióne *sf* manifestación *f*
manifèsto *a* manifiesto ◆ *sm*

cartel *m*, anuncio *m* ◇ (*politico*) manifiesto *m*
manìglia *sf* manija *f*
maniglióne *sm* **m. antipanico** barra antipánico
manipolàre *vt* manipular
manipolazióne *sf* manipulación *f*
maniscàlco *sm* herrador *m*
mànna *sf* maná *m*
màno *sf* mano *f* • ***man m.*** a medida que
manodòpera *sf* mano *f* de obra
manòmetro *sm* manómetro *m*
manométtere *vt* alterar ◇ (*forzare*) forzar
manòpola *sf* botón *m*
manoscrìtto *sm* manuscrito *m*
manovàle *sm* peón *m*, bracero *m*
manovèlla *sf* manivela *f*, palanca *f*
manòvra *sf* maniobra *f*
manovràre *vt* maniobrar, manejar ◆ *vi* intrigar
mansàrda *sf* ático *m*
mansióne *sf* tarea *f*, deber *m*
mantecàre *vt* mantecar
mantèlla *sf* capa *f*
mantèllo *sm* capa *f*
mantenére *vt* mantener ◆ *vi* permanecer ◆ *vrif* mantenerse, sustentarse
manteniménto *sm* mantenimiento *m* ◇ (*conservazione*) conservación *f*
màntice *sm* fuelle *m*
mànto *sm* manto *m*
manuàle *a/sm* manual *m*
manualménte *avv* manualmente
manùbrio *sm* manubrio *m*
manufàtto *sm* manufactura *f*
manutenzióne *sf* manutención *f*
mànzo *sm* buey *m* ◇ (*cuc*) (carne de) buey *m*
maomettàno *a/sm* mahometano *m*
màppa *sf* mapa *m*
mappamóndo *sm* mapamundi *m*
maràsma *sm* marasmo *m*
maratóna *sf* maratón *m*
màrca *sf* marca *f* • ***m. da bollo*** sello fiscal
marcàre *vt* marcar ◇ (*segnare*) sellar
marcàto *a* acentuado
marchése *sm* marqués *m*
marchiàre *vt* marcar
màrchio *sm* marca *f*
màrcia *sf* marcha *f*
marciapiède *sm* acera *f* ◇ (*ferr*) andén *m*
marciàre *vi* marchar
màrcio *a* podrido
marcìre *vi* podrir
marciùme *sm* podredumbre *f*
màre *sm* mar *m/f* • ***alto m.*** alta mar; ***mal di m.*** mareo
marèa *sf* marea *f* • ***alta/bassa m.*** marea alta/marea baja
mareggiàta *sf* marejada *f*
marémma *sf* marisma *f*
maremòto *sm* maremoto *m*

margarìna *sf* margarina *f*
margherìta *sf* margarita *f*
marginàle *a* marginal
màrgine *sm* margen *m*
marìna *sf* marina *f*
marinàio *sm* marinero *m*
marinàre *vt* escabechar • ***m. la scuola*** hacer novillos
marinàta *sf* escabeche *m*
marìno *a* marino
marionétta *sf* títere *m*, marioneta *f*
maritàre *vt* casar ◆ *vrif* casarse
marìto *sm* marido *m*
marìttimo *a* marítimo
marmàglia *sf* gentuza *f*
marmellàta *sf* mermelada *f*
marmìtta *sf* (*aut*) silenciador *m* • ***m. catalitica*** silenciador catalítico
màrmo *sm* mármol *m*
marmòcchio *sm* crío *m*
marmòreo *a* marmóreo
marmòtta *sf* marmota *f*
marocchìno *a/sm* marroquí *m/f*
marróne *a* marrón ◆ *sm* castaña *f* gorda
marsìna *sf* frac *m*
marsùpio *sm* (*zool*) marsupio *m* ◇ (*borsa*) riñonera *f*
martedì *sm* martes *m*
martellaménto *sm* martilleo *m*
martellàre *vt* martillear
martèllo *sm* martillo *m*
martinétto *sm* gato *m*
màrtire *sm/f* mártir *m/f*
màrtora *sf* marta *f*
marxìsmo *sm* marxismo *m*
marzapàne *sm* mazapán *m*
marziàle *a* marcial
marziàno *sm* marciano *m*
màrzo *sm* marzo *m*
mascalzóne *sm* bribón *m*, granuja *m/f*
mascèlla *sf* mandíbula *f*
màschera *sf* máscara *f*, careta *f* ◇ (*al cinema*) acomodador *m*
mascheraménto *sm* disfraz *m*
mascheràre *vt* disfrazar, enmascarar ◆ *vrif* disfrazarse, enmascararse
maschìle *a* masculino
maschilìsta *a* machista
màschio *a* macho ◆ *sm* macho *m*, varón *m* ◇ (*arch*) torreón *m*
mascolìno *a* masculino
mascotte *sf* mascota *f*
masochìsmo *sm* masoquismo *m*
màssa *sf* masa *f* ◇ (*mucchio*) montón *m*, acervo *m* ◇ (*el*) tierra *f*, masa *f*
massacrànte *a* agobiador
massacràre *vt* asesinar, destrozar
massàcro *sm* matanza *f*, masacre *f*
massaggiàre *vt* masajear
massàggio *sm* masaje *m*
massàia *sf* ama *f* de casa
masserìa *sf* granja *f*
massicciàta *sf* firme *m*, balasto *m*
massìccio *a* macizo ◇ (*robusto*) robusto

massificazióne *sf* masificación *f*
màssima *sf* máxima *f*
massimàle *sm* máximo *m*
massimalìsmo *sm* maximalismo *m*
màssimo *a* máximo ◆ *sm* máximo *m*, máximum *m*
màsso *sm* peñasco *m*, roca *f*
massóne *sm* masón *m*
massonerìa *sf* masonería *f*
mastèllo *sm* tina *f*
masterizzàre *vt* grabar un CD
masterizzatóre *sm* grabadora *f* de CD
masterizzazióne *sf* grabación *f* de CD
masticàre *vt* mascar, masticar
màstice *sm* mástique *m*, masilla *f*
mastodòntico *a* mastodóntico
masturbazióne *sf* masturbación *f*
matàssa *sf* madeja *f*
matemàtica *sf* matemáticas *f pl*
matemàtico *a/sm* matemático *m*
materassìno *sm* colchoneta *f*
materàsso *sm* colchón *m*
matèria *sf* materia *f*
materiàle *a/sm* material *m*
materialìsmo *sm* materialismo *m*
materialìsta *a/sm/f* materialista *m/f*
materializzàre *vt* materializar ◆ *vpr* materializarse
maternità *sf* maternidad *f*
matèrno *a* materno
matìta *sf* lápiz *m*, lapicero *m*
matriarcàle *a* matriarcal
matrìce *sf* matriz *f*
matricìda *sm/f* matricida *m/f*
matrìcola *sf* matrícula *f*
matrìgna *sf* madrastra *f*
matrimoniàle *a* matrimonial
matrimònio *sm* boda *f*, matrimonio *m*
matróna *sf* matrona *f*
mattatóio *sm* matadero *m*
mattìna *sf* mañana *f* • ***domani m.*** mañana por la mañana
mattinàta *sf* mañana *f* • ***in m.*** por la mañana
mattinièro *a* madrugador
mattìno *sm* mañana *f*
màtto *a/sm* loco *m*
mattóne *sm* ladrillo *m*
mattonèlla *sf* baldosa *f*, baldosín *m*
mattutìno *a* matutino
maturàre *vt/i* madurar
maturazióne *sf* maduración *f*
maturità *sf* madurez *f* ◇ (*scuola*) bachillerato *m*
matùro *a* maduro • ***uomo m.*** hombre maduro
mausolèo *sm* mausoleo *m*
maxischérmo *sm* pantalla *f* gigante
màzza *sf* maza *f*
mazzàta *sf* garrotazo *m*
mazzétto *sm* manojito *m*
màzzo *sm* manojo *m* • ***m. di***

carte baraja; ***m. di fiori*** ramo de flores
me *pr.pers* me, mí • ***come me*** como yo; ***con me*** conmigo
meàndro *sm* meandro *m*
meccànica *sf* mecánica *f*
meccanicaménte *avv* mecánicamente
meccànico *a/sm* mecánico *m*
meccanìsmo *sm* mecanismo *m*
meccanizzazióne *sf* mecanización *f*
mecenatìsmo *sm* mecenazgo *m*
mèda *sf* baliza *f*
medàglia *sf* medalla *f*
medaglióne *sm* medallón *m*
medésimo *a/pr* mismo
mèdia (1) *sf* media *f*, promedio *m* ◇ (*di voti*) media *f*
media (2) *sm pl* (*mass media*) medios *m pl* de comunicación de masas
mediaménte *avv* por término medio
mediànte *prep* mediante
mediàre *vt* mediar
mediatóre *sm* mediador *m*, intermediario *m*
mediazióne *sf* mediación *f* ◇ (*comm*) corretaje *m*
medicaménto *sm* medicamento *m*
medicàre *vt* curar ◆ *vrif* curarse
medicazióne *sf* cura *f*
medicìna *sf* medicina *f*
medicinàle *a* medicinal ◆ *sm* medicamento *m*
mèdico *a/sm* médico *m*
medievàle *a* medieval
mèdio *a* medio • ***dito m.*** medio, cordial
mediòcre *a* mediocre, mediano
mediocrità *sf* mediocridad *f*
meditàre *vt/i* meditar
meditazióne *sf* meditación *f*
mediterràneo *a* mediterráneo
medùsa *sf* medusa *f*
mefìtico *a* mefítico
megàfono *sm* megáfono *m*
megalìtico *a* megalítico
megalòmane *a/sm/f* megalómano *m*
megalomanìa *sf* megalomanía *f*
mèglio *a/avv* mejor ◆ *sm* lo mejor
méla *sf* manzana *f*
melagràna *sf* granada *f*
melanzàna *sf* berenjena *f*
melènso *a* insulso, soso
melìssa *sf* melisa *f*
mellìfluo *a* melifluo
mélma *sf* lodo *m*, fango *m*
melmóso *a* cenagoso, fangoso
mélo *sm* manzano *m*
melodìa *sf* melodía *f*
melòdico *a* melódico
melodióso *a* melodioso
melodràmma *sm* melodrama *m*
melodrammàtico *a* melodramático

melóne *sm* melón *m*
membràna *sf* membrana *f*
mèmbro *sm* miembro *m*
memoràbile *a* memorable
mèmore *a* que recuerda ◇ (*grato*) agradecido
memòria *sf* memoria *f* • ***m. tampone*** memoria tampón, memoria intermedia
mendicànte *a/sm/f* mendigo *m*, pordiosero *m*
mendicàre *vt/i* mendigar
mendicità *sf* mendicidad *f*
menefreghìsmo *sm* pasotismo *m*
meningìte *sf* meningitis *f*
menìsco *sm* menisco *m*
méno *avv/a/pr/sm* menos • ***a m. che*** a menos que; ***ancora m.*** aún menos
menomàre *vt* mutilar
menomazióne *sf* defecto *m*, disminución *f*
menopàusa *sf* menopausia *f*
mènsa *sf* comedor *m*
mensìle *a* mensual ◆ *sm* (*paga*) mes *m* ◇ (*rivista*) publicación *f* mensual
mènsola *sf* repisa *f*, anaquel *m*
ménta *sf* menta *f*
mentàle *a* mental
mentalità *sf* mentalidad *f*
ménte *sf* mente *f* • ***avere in m. di*** tener la intención de; ***venire in m.*** ocurrírsele
mentìre *vi* mentir
ménto *sm* barbilla *f*, mentón *m*
méntre *cong* mientras
menù *sm* minuta *f*, menú *m* • ***m. a tendina*** menú desplegable
menzionàre *vt* mencionar
menzióne *sf* mención *f*
menzógna *sf* mentira *f*
meravìglia *sf* maravilla *f*
meravigliàre *vt* maravillar ◆ *vpr* maravillarse, sorprenderse
meraviglióso *a* maravilloso
mercànte *sm* comerciante *m/f*
mercanteggiàre *vi* regatear
mercantìle *a* mercantil ◆ *sm* nave *f* mercante
mercantilìsmo *sm* mercantilismo *m*
mercanzìa *sf* mercancía *f*
mercàto *sm* mercado *m* • ***a buon m.*** barato
mèrce *sf* mercancía *f*
mercé *sf* merced *f*
mercenàrio *a/sm* mercenario *m*
mercerìa *sf* mercería *f*
mercoledì *sm* miércoles *m*
mercùrio *sm* mercurio *m*
merènda *sf* merienda *f*
meretrìce *sf* prostituta *f*
meridiàna *sf* reloj *m* solar
meridiàno *a/sm* meridiano *m*
meridionàle *a/sm/f* meridional *m*
meridióne *sm* sur *m*
merìnga *sf* merengue *m*
meritàre *vt* merecer
meritévole *a* merecedor
mèrito *sm* mérito *m* • ***in m. a*** en relación con
merlétto *sm* encaje *m*, puntilla *f*

mèrlo *sm* (*zool*) mirlo *m* ◇ (*arch*) almena *f*
merlùzzo *sm* merluza *f*
méscere *vt* escanciar
meschinità *sf* mezquinidad *f*
meschìno *a* mezquino
mescolànza *sf* mezcla *f*
mescolàre *vt* mezclar ◆ *vpr* mezclarse
mése *sm* mes *m*
méssa *sf* (*relig*) misa *f*
messaggèro *sm* mensajero *m*
messàggio *sm* mensaje *m* • ***m. di posta elettronica*** mensaje de correo electrónico
messàle *sm* misal *m*
mèsse *sf* mies *f*
messicàno *a/sm* mejicano *m*
messinscèna *sf* escenificación *f*
mésso *sm* mensajero *m*
mestàre *vt* menear, mezclar
mestière *sm* oficio *m*, trabajo *m*
mésto *a* melancólico
méstolo *sm* cucharón *m*
mestruazióne *sf* menstruación *f*, regla *f*
mèta *sf* meta *f*
metà *sf* mitad *f*
metabolìsmo *sm* metabolismo *m*
metafìsico *a* metafísico
metàfora *sf* metáfora *f*
metafòrico *a* metafórico
metàllico *a* metálico
metàllo *sm* metal *m*
metallurgìa *sf* metalurgia *f*
metallùrgico *a* metalúrgico
metamòrfosi *sf* metamórfosis *f*
metàno *sm* metano *m*
metèora *sf* meteóro *m*
meteorìte *sf* meteorito *m*
meteorologìa *sf* meteorología *f*
meteorològico *a* meteorológico
metìccio *sm* mestizo *m*
meticolóso *a* meticuloso
metòdico *a* metódico
metodìsta *a/sm/f* metodista *m/f*
mètodo *sm* método *m*
metodològico *a* metodológico
mètrico *a* métrico
mètro *sm* metro *m*
metròpoli *sf* metrópolis *f*
metropolitàna *sf* metropolitano *m*
metropolitàno *a* metropolitano
méttere *vt* poner, meter ◇ (*appoggiare*) apoyar ◇ (*applicare*) pegar ◇ (*causare*) causar ◆ *vrif* ponerse ◆ *vpr* ponerse (a) • ***m. a tacere*** silenciar; ***m. su casa*** poner casa; ***mettersi a gridare*** ponerse a gritar; ***mettersi a letto*** meterse en la cama
mezzadrìa *sf* aparcería *f*
mezzàdro *sm* aparcero *m*
mezzalùna *sf* media luna *f* ◇ (*cuc*) tajadero *m*
mezzanìno *sm* entresuelo *m*
mezzàno *sm* mediador *m*
mezzanòtte *sf* medianoche *f*
mèzzo *a* medio ◆ *sm* mitad *f*,

medio *m* • ***per m. di*** por medio de; ***via di m.*** solución intermedia
mezzogiórno *sm* mediodía *m* ◇ (*sud*) sur *m*
mezz'óra *sf* media hora *f*
mi *pr.pers* me
miagolàre *vi* maullar
miagolìo *sm* maullido *m*
mìca *avv* no, nada ◇ (*assolutamente*) en absoluto, en nada ◇ (*per caso*) acaso, por casualidad • ***m. male*** nada mal
mìccia *sf* mecha *f*
micenèo *a* micénico
micidiàle *a* mortífero, mortal
mìcio *sm* gato *m*
mìcrobo *sm* microbio *m*
microcòsmo *sm* microcosmo *m*
microfibra *sf* (*tess*) microfibra *f*
microfilm *sm* microfilme *m*
micròfono *sm* micrófono *m*
microrganìsmo *sm* microorganismo *m*
microscòpio *sm* microscopio *m*
midóllo *sm* médula *f*
mièle *sm* miel *f*
miètere *vt* segar ◇ (*raccogliere*) cosechar
mietitùra *sf* siega *f*
migliàio *sm* millar *m*
mìglio *sm* milla *f* ◇ (*bot*) mijo *m*
miglioraménto *sm* mejoría *f*, mejoramiento *m*
miglioràre *vt/i* mejorar
miglióre *a* mejor • ***il m.*** el mejor; ***la cosa m.*** lo mejor
migliorìa *sf* mejoría *f*
mìgnolo *sm* meñique *m*
migràre *vi* emigrar
migratóre *a* migratorio
migratòrio *a* migratorio
migrazióne *sf* migración *f* ◇ (*di uomini*) emigración *f*
miliardàrio *a/sm* multimillonario *m*
miliàrdo *sm* mil millones *m pl*
milionàrio *a/sm* millonario *m*
milióne *sm* millón *m*
militànte *a/sm/f* militante *m/f*
militàre *a/sm* militar *m* ◆ *vi* militar
mìlite *sm* soldado *m*
milìzia *sf* milicia *f*
millantatóre *sm* jactancioso *m*
mìlle *a/sm* mil *m*
millenàrio *a* milenario
millènnio *sm* milenio *m*
millepièdi *sm* milpiés *m*
millèsimo *a/sm* milésimo *m*
milligràmmo *sm* miligramo *m*
millìmetro *sm* milímetro *m*
mìlza *sf* bazo *m*
mimètico *a* mimético
mimetìsmo *sm* mimetismo *m*
mimetizzàre *vt* mimetizar, camuflar ◆ *vrif* mimetizarse, camuflarse
mìmica *sf* mímica *f*
mìmo *sm* mimo *m*
mimósa *sf* mimosa *f*
mìna *sf* mina *f*
minàccia *sf* amenaza *f*

minacciàre *vt* amenazar
minacciòso *a* amenazador
minàre *vt* minar
minaréto *sm* minarete *m*, alminar *m*
minatóre *sm* minero *m*
minatòrio *a* conminatorio
mineràle *a/sm* mineral *m*
mineralogìa *sf* mineralogía *f*
mineràrio *a* minero
minèstra *sf* sopa *f*
mingherlino *a* flaco
miniatùra *sf* miniatura *f*
minièra *sf* mina *f*
minigòlf *sm* minigolf *m*
minigónna *sf* minifalda *f*
minimizzàre *vt* minimizar
mìnimo *a/sm* mínimo *m*
mìnio *sm* minio *m*
ministeriàle *a* ministerial
ministèro *sm* ministerio *m*
minìstro *sm* ministro *m*
minorànza *sf* minoría *f*
minoràto *a/sm* retrasado *m*
minóre *a* menor • ***il m.*** el menor
minorènne *a* menor ◆ *sm/f* menor *m/f* de edad
minuétto *sm* minué *m*
minùscolo *a* minúsculo
minùta *sf* borrador *m*
minùto *a* menudo, pequeño ◆ *sm* minuto *m* • ***al m.*** al por menor
minùzia *sf* minucia *f*
mìo *a.poss* mi ◆ *pr.poss* el mío
mìope *a* miope
miopìa *sf* miopía *f*
mìra *sf* puntería *f* ◇ (*fine*) objetivo *m*
miràcolo *sm* milagro *m*
miracolóso *a* milagroso
miràggio *sm* espejismo *m* ◇ (*fig*) ilusión *f*
miràre *vt* contemplar ◆ *vi* apuntar ◇ (*fig*) aspirar
mirìade *sf* miríada *f*
mirìno *sm* mira *f*
mirtìllo *sm* arándano *m*
misàntropo *a/sm* misántropo *m*
miscèla *sf* mezcla *f*
miscelatóre *sm* mezcladora *f*
miscellànea *sf* miscelánea *f*
mìschia *sf* refriega *f*
mischiàre *vt* mezclar ◆ *vpr* mezclarse
miscredènte *sm* ateo *m*
miscùglio *sm* mezcla *f*
miseràbile *a* miserable
misèria *sf* miseria *f*
misericòrdia *sf* misericordia *f*
mìsero *a* mísero ◇ (*scarso*) escaso ◇ (*meschino*) mezquino
misfàtto *sm* fechoría *f*
misògino *sm* misógino *m*
mìssile *sm* misil *m*
missionàrio *sm* misionero *m*
missióne *sf* misión *f*
misterióso *a* misterioso
mistèro *sm* misterio *m*
mìstica *sf* mística *f*
misticìsmo *sm* misticismo *m*
mìstico *a/sm* místico *m*
mistificàre *vt* mistificar
mìsto *a* mixto
mistùra *sf* mezcla *f*

misùra *sf* medida *f* • ***su m.*** a medida
misuràbile *a* mensurable
misuràre *vt/i* medir ◆ *vrif* refrenarse, contenerse ◇ (*competere*) competir
misuratóre *sm* medidor *m*
misurazióne *sf* medición *f*
mìte *a* bondadoso ◇ (*di tempo*) apacible ◇ (*di animale*) manso ◇ (*di prezzo*) módico
mitézza *sf* bondad *f* ◇ (*di tempo*) suavidad *f* ◇ (*mansuetudine*) mansedumbre *f*
mìtico *a* mítico
mitigàre *vt* mitigar ◆ *vpr* mitigarse, aplacarse
mìtilo *sm* mejillón *m*
mitizzàre *vt* mitificar
mìto *sm* mito *m*
mitologìa *sf* mitología *f*
mitològico *a* mitológico
mìtra *sm* metralleta *f*
mitràglia *sf* metralla *f*
mitragliatrìce *sf* ametralladora *f*
mitteleuropèo *a* centroeuropeo
mittènte *sm/f* remitente *m/f*
mnemònico *a* mnemónico
mòbile *a* móvil ◇ (*di bene*) mueble ◆ *sm* mueble *m*
mobìlia *sf* mueblaje *m*
mobiliàre *a* mobiliario
mobilità *sf* movilidad *f*
mobilitàre *vt* movilizar ◆ *vrif* movilizarse
mobilitazióne *sf* movilización *f*
mocassìno *sm* mocasín *m*
moccióso *sm* mocoso *m*
mòccolo *sm* cabo *m* ◇ (*bestemmia*) juramento *m*
mòda *sf* moda *f*
modalità *sf* modalidad *f*
modanatùra *sf* moldura *f*
modèlla *sf* modelo *f*
modellàre *vt* modelar ◆ *vrif* modelarse, conformarse
modèllo *sm* modelo *m*
moderàre *vt* moderar ◆ *vrif* moderarse, contenerse
moderatóre *a* moderador
moderazióne *sf* moderación *f*
modernità *sf* modernidad *f*
modernizzàre *vt* modernizar ◆ *vrif* modernizarse
modèrno *a* moderno
modèstia *sf* modestia *f*
modèsto *a* modesto
mòdico *a* módico
modìfica *sf* modificación *f*
modificàbile *a* modificable
modificàre *vt* modificar ◆ *vpr* modificarse
mòdo *sm* modo *m* • ***ad ogni m.*** de todos modos; ***per m. di dire*** por así decirlo
modulàre *a* modular ◆ *vt* modular
modulatóre *sm* modulador *m*
modulazióne *sf* modulación *f* • ***m. di frequenza*** frecuencia modulada

mòdulo *sm* impreso *m*, formulario *m* ◇ (*tecn*) módulo *m*
mògano *sm* caoba *f*
mògio *a* abatido
móglie *sf* mujer *f*, esposa *f*
moìne *sfpl* melindres *m pl*
mòla *sf* muela *f*
molàre *a/sm* molar *m* ◆ *vt* amolar
mòle *sf* mole *f*
molècola *sf* molécula *f*
molecolàre *a* molecular
molestàre *vt* molestar
molèstia *sf* molestia *f* • ***molestie sessuali*** acoso sexual.
molèsto *a* molesto
mòlla *sf* muelle *m*, resorte *m* ◇ (*fig*) aliciente *m*
mollàre *vt* aflojar, largar ◇ (*appioppare*) soltar ◆ *vi* ceder, desistir
mòlle *a* blando
mollétta *sf* pinza *f* ◇ (*per capelli*) tenacilla *f*
mollézza *sf* blandura *f*
mollìca *sf* miga *f*
mollùsco *sm* molusco *m*
mòlo *sm* muelle *m*
moltéplice *a* múltiple
molteplicità *sf* multiplicidad *f*
moltiplicàre *vt* multiplicar ◆ *vpr* multiplicarse
moltiplicazióne *sf* multiplicación *f*
moltitùdine *sf* multitud *f*
mólto *avv* muy, mucho ◆ *a/pr* mucho
momentàneo *a* momentáneo
moménto *sm* momento *m*
mònaca *sf* monja *f*
monacàle *a* monacal
monachésimo *sm* monaquismo *m*
mònaco *sm* monje *m*
monàrca *sm* monarca *m*
monarchìa *sf* monarquía *f*
monàrchico *a* monárquico
monastèro *sm* monasterio *m*
monàstico *a* monástico
moncherìno *sm* muñón *m*
mónco *a* monco ◇ (*fig*) incompleto
moncóne *sm* muñón *m*
mondanità *sf* mundanería *f*, mundanidad *f*
mondàno *a* mundano
mondàre *vt* mondar ◇ (*cereali*) cerner
mondiàle *a* mundial
móndo *sm* mundo *m*
monellerìa *sf* travesura *f*
monèllo *sm* pilluelo *m*
monéta *sf* moneda *f* • ***m. unica*** moneda única
monetàrio *a* monetario
mongolfièra *sf* globo *m* (aerostático), montgolfier *m*
mònito *sm* admonición *f*
monitoràggio *sm* monitorización *f*
monòcolo *sm* monóculo *m*
monocoltùra *sf* monocultivo *m*
monocòrde *a* monótono, monocorde
monocromàtico *a* monocromo

monodòse *a* monodosis
monogamìa *sf* monogamia *f*
monografìa *sf* monografía *f*
monogràmma *sm* monograma *m*
monolìtico *a* monolítico
monolocàle *sm* estudio *m*
monòlogo *sm* monólogo *m*
monopàttino *sm* monopatín *m*
monopòlio *sm* monopolio *m*
monopolizzàre *vt* monopolizar
monosìllabo *sm* monosílabo *m*
monòssido *sm* (*chim*) monóxido *m* • ***m. di carbonio*** monóxido de carbono
monoteìsmo *sm* monoteísmo *m*
monotonìa *sf* monotonía *f*
monòtono *a* monótono
monovolùme *a/sm/f inv* (*aut*) monovolumen *m*
monsóne *sm* monzón *m*
montacàrichi *sm* montacargas *m*
montàggio *sm* montaje *m*, ensamblaje *m*
montàgna *sf* montaña *f*
montagnóso *a* montuoso
montanàro *sm* montañés *m*
montàre *vt* montar ◇ (*incastonare*) engastar ◇ (*assemblare*) ensamblar ◇ (*cuc*) batir ◆ *vi* montar, subir ◆ *vpr* envanecerse
montatùra *sf* (*di occhiali*) montura *f* ◇ (*di gioiello*) engaste *m* ◇ (*fig*) bluff *m*
mónte *sm* montaña *f*, monte *m* • ***andare a m.*** fracasar
montóne *sm* carnero *m*
montuóso *a* montuoso
monumentàle *a* monumental
monuménto *sm* monumento *m*
moquette *sf* moqueta *f*
mòra *sf* (*bot*) mora *f* ◇ (*ritardo*) demora *f*, dilación *f*
moràle *a* moral ◆ *sf* moral *f*, moraleja *f* ◆ *sm* moral *f*
moralìsmo *sm* moralismo *m*
moralìsta *sm/f* moralista *m/f*
moralità *sf* moralidad *f*
moralizzàre *vt* moralizar
moratòria *sf* moratoria *f*
morbidézza *sf* suavidad *f*
mòrbido *a* blando, suave
morbìllo *sm* sarampión *m*
mòrbo *sm* morbo *m*, enfermedad *f*
morbóso *a* morboso
mordàce *a* mordaz
mordènte *sm* mordiente *m* ◇ (*fig*) eficacia *f*
mòrdere *vt* morder
morèna *sf* morena *f*
morènte *a* desfalleciente
morfina *sf* morfina *f*
morfinòmane *sm/f* morfinómano *m*
morfologìa *sf* morfología *f*
morfològico *a* morfológico
morìa *sf* mortandad *f*
moribóndo *a* moribundo
morigeràto *a* morigerado
morìre *vi* morir • ***da m.*** de morirse; ***m. di sete*** morir de sed

mormoràre *vt/i* murmurar
mormorìo *sm* murmullo *m*
morosità *sf* morosidad *f*
moróso *a* moroso
mòrsa *sf* prensa *f*
morsétto *sm* cárcel *f*
morsicàre *vt* morder
morsicatùra *sf* mordedura *f*
mòrso *sm* mordisco *m* ◇ (*di insetto*) picadura *f* ◇ (*per cavallo*) bocado *m*
mortàio *sm* mortero *m*
mortàle *a/sm/f* mortal *m/f*
mortalità *sf* mortalidad *f*
mòrte *sf* muerte *f*
mortificàre *vt* mortificar, afligir
mortificazióne *sf* mortificación *f*
mòrto *a/sm* muerto *m*
mosàico *sm* mosaico *m*
mósca *sf* mosca *f*
moscerìno *sm* mosquita *f*
moschèa *sf* mezquita *f*
móscio *a* flojo
mòssa *sf* movimiento *m* ◇ (*di gioco*) jugada *f*
mòsso *a* (*di mare*) agitado ◇ (*di capelli*) ondulado
móstra *sf* exposición *f*, muestra *f*
mostràre *vt* mostrar ◇ (*fingere*) fingir ◆ *vrif* mostrarse, aparecer
móstro *sm* monstruo *m*
mostruóso *a* monstruoso
motivàre *vt* motivar
motivazióne *sf* motivación *f*
motìvo *sm* motivo *m*
mòto *sm* movimiento *m* ◇ (*impulso*) impulso *m* ◆ *sf* moto *f*
motociclétta *sf* motocicleta *f*
motociclìsmo *sm* motociclismo *m*
motociclìsta *sm/f* motociclista *m/f*
motocròss *sm* motocrós *m*
motóre *sm* motor *m* ● ***m. a benzina*** motor de gasolina; ***m. Diesel*** motor Diesel; ***m. di ricerca*** buscador, motor de búsqueda
motorìno *sm* velomotor *m*, motocicleta *f*
motorizzàto *a* motorizado
motoscàfo *sm* lancha *f* motora
motoslìtta *sf* trineo *m* a motor
mòtto *sm* lema *f*
mountain bike *sf* bicicleta *f* de montaña, mountain bike *f*
mouse *sm* (*inform*) ratón *m*, mouse *m*
movènte *sm* móvil *m*, motivo *m*
movimentàre *vt* animar
moviménto *sm* movimiento *m*
moviòla *sf* moviola *f*
mozióne *sf* moción *f*
mozzàre *vt* cortar
mozzicóne *sm* colilla *f*
mózzo *sm* grumete *m* ◇ (*di ruota*) cubo *m*
mùcca *sf* vaca *f*
mùcchio *sm* montón *m*
mùco *sm* mucosidad *f*
mucósa *sf* mucosa *f*
mùffa *sf* moho *m*

muggìre *vi* mugir
muggìto *sm* mugido *m*
mughétto *sm* muguete *m*
mugnàio *sm* molinero *m*
mugolàre *vi* gañir
mugolìo *sm* gañido *m*
mulattièra *sf* camino *m* de herradura
mulàtto *sm* mulato *m*
mulinèllo *sm* remolino *m* ◇ (*di vento*) torbellino *m* ◇ (*da pesca*) carrete *m*
mulìno *sm* molino *m*
mùlo *sm* mulo *m*
mùlta *sf* multa *f*
multàre *vt* multar
multicolóre *a* multicolor
multiculturàle *a* multicultural
multifórme *a* multiforme
multimediàle *a* multimedia
multinazionàle *a* multinacional
mùltiplo *a* múltiple ◆ *sm* (*mat*) múltiplo *m*
multiproprietà *sf* multipropiedad *f*
multisàla *sf/m* (*cin*) multicine *m*, multisala *m*
mùmmia *sf* momia *f*
mummificàre *vt* momificar
mùngere *vt* ordeñar
municipàle *a* municipal
municipalità *sf* municipalidad *f*
municìpio *sm* ayuntamiento *m*
munificènza *sf* munificencia *f*, generosidad *f*
munìre *vt* proveer
munizióne *sf* munición *f*
muòvere *vt* mover ◆ *vrif* moverse
mùra *sf* (*naut*) amura *f* ◇ *pl* murallas *f pl*
muràglia *sf* muralla *f*
muraglióne *sm* murallón *m*
muràle *a/sm* mural *m*
muràre *vt* tapiar, cegar
muratóre *sm* albañil *m*
muratùra *sf* albañilería *f*
mùro *sm* muro *m* ● ***m. divisorio*** tabique
mùsa *sf* musa *f*
mùschio *sm* musgo *m*
muscolàre *a* muscular
mùscolo *sm* músculo *m*
muscolóso *a* musculoso
musèo *sm* museo *m*
museruòla *sf* bozal *m*, mordaza *f*
mùsica *sf* música *f*
musicàle *a* musical
musicassétta *sf* casete *f/m*
musicìsta *sm/f* músico *m*
mùso *sm* hocico *m* ◇ (*faccia*) jeta *f* ● ***avere il m.*** estar de morros
musóne *sm* huraño *m*
musulmàno *a/sm* musulmán *m*
mùta *sf* (*zool*) muda *f* ◇ (*di cani*) jauría *f* ◇ (*per subacqueo*) traje *m* de buceador
mutaménto *sm* cambio *m*
mutànde *sf pl* calzoncillos *m pl*, (*da donna*) bragas *f pl*
mutàre *vt/i* cambiar
mutazióne *sf* cambio *m*

mutévole *a* variable, voluble
mutilàre *vt* mutilar
mutilàto *sm* mutilado *m*
mutilazióne *sf* mutilación *f*
mutìsmo *sm* mutismo *m*
mùto *a* mudo
mùtua *sf* mutualidad *f*
mutuàto *sm* mutualista *m/f*
mùtuo *a* mutuo ◆ *sm* préstamo *m*

N

nabàbbo *sm* nabab *m*
nàcchere *sfpl* castañuelas *fpl*
nàfta *sf* nafta *f*
naftalìna *sf* naftalina *f*
nàia *sf* (*fam*) quinta *f*, mili *f*
nàilon *sm* nylon *m*
nànna *sf* el dormir • ***andare a n.*** acostarse
nàno *a/sm* enano *m*
nàppa *sf* borla *f* ◇ (*pelle*) napa *f*
narcisìsmo *sm* narcisismo *m*
narcisìsta *a/sm/f* narcisista *m/f*
narcòtico *sm* narcótico *m*
narìce *sf* nariz *f*
narràre *vt* narrar, contar
narratìva *sf* narrativa *f*
narratìvo *a* narrativo
narratóre *sm* narrador *m*
narrazióne *sf* narración *f*
nasàle *a* nasal
nascènte *a* naciente
nàscere *vi* nacer ◇ (*derivare*) derivar, originarse
nàscita *sf* nacimiento *m* ◇ (*origine*) origen *m*
nascitùro *a* que va a nacer
nascóndere *vt* esconder ◆ *vrif* esconderse, ocultarse
nascondìglio *sm* escondite *m*
nascósto *a* escondido • ***di n.*** a escondidas
nàso *sm* nariz *f* ◇ (*fiuto*) olfato *m* • ***ficcare il n.*** meter las narices
nàssa *sf* nasa *f*
nàstro *sm* cinta *f*
natàle *a* natal ◆ *sm* (*ricorrenza*) Navidad *f* ◇ *al pl* nacimiento *m*
natalità *sf* natalidad *f*
natalìzio *a* navideño
nàtica *sf* nalga *f*
natività *sf* natividad *f*
natìvo *a* nativo
nàto *a* nato, nacido
natùra *sf* naturaleza *f* ◇ (*carattere*) carácter *m*
naturàle *a* natural
naturalézza *sf* naturalidad *f*
naturalìsta *sm/f* naturalista *m/f*
naturalizzàre *vt* naturalizar ◆ *vrif* naturalizarse
naturalménte *avv* naturalmente
naturìsmo *sm* naturismo *m*
naturìsta *sm/f* naturista *m/f*

naufragàre *vi* naufragar ◇ (*fig*) fracasar
naufràgio *sm* naufragio *m* ◇ (*fig*) fracaso *m*
nàufrago *sm* náufrago *m*
naumachìa *sf* naumaquía *f*
nàusea *sf* náusea *f*
nauseabóndo *a* nauseabundo
nauseàre *vt/i* repugnar, marear
nàutica *sf* náutica *f*
nàutico *a* náutico
navàle *a* naval
navàta *sf* nave *f*
nàve *sf* buque *m*, barco *m*
navétta *sf* lanzadera *f* ◇ (*aer*) nave *f* espacial
navigàbile *a* navegable
navigabilità *sf* navegabilidad *f*
navigàre *vt* navegar, surcar ◆ *vi* navegar • ***n. in Internet*** navegar por Internet
navigàto *a* experimentado
navigatóre *sm* navegante *m/f* ◇ (*inform*) navegador *m*, visualizador *m*, explorador *m*
navigazióne *sf* navegación *f*
navìglio *sm* flota *f* ◇ (*canale*) canal *m*
nazionàle *a/sf* nacional *f*
nazionalìsmo *sm* nacionalismo *m*
nazionalità *sf* nacionalidad *f*
nazionalizzàre *vt* nacionalizar
nazióne *sf* nación *f*
naziskin *sm/f* cabeza *m/f* rapada, skinhead *m/f*
nazìsmo *sm* nazismo *m*
ne *pr* de él (de ella, de ellos, de ellas), de eso ◆ *avv* de aquí, de allí • ***non ne so nulla*** no sé nada de él/de eso
né *cong* ni
neànche *avv* ni, ni siquiera • ***n. se volesse*** aunque quisiera
nébbia *sf* niebla *f*
nebbióso *a* neblinoso, brumoso
nebulizzàre *vt* vaporizar
nebulósa *sf* nebulosa *f*
nebulosità *sf* nebulosidad *f*
nebulóso *a* nebuloso
nécessaire *sm* neceser *m*
necessàrio *a* necesario
necessità *sf* necesidad *f*
necessitàre *vt* necesitar ◆ *vi* tener necesidad de
necrològio *sm* necrología *f*
necròpoli *sf* necrópolis *f*
nefandézza *sf* infamia *f*
nefàndo *a* infame
nefàsto *a* nefasto, funesto
negàre *vt* negar
negativaménte *avv* negativamente
negatìvo *a/sm* negativo *m*
negazióne *sf* negación *f*
neglétto *a* descuidado
negligènte *a* negligente
negligènza *sf* negligencia *f*, descuido *m*
negoziànte *sm/f* comerciante *m/f*
negoziàre *vt* negociar
negoziàto *sm* negociación *f*
negòzio *sm* tienda *f*
négro *a/sm* negro *m*

némbo *sm* nubarrón *m*
nemìco *sm* enemigo *m*
nemméno *avv* ni, ni siquiera
nènia *sf* nenia *f*, cantilena *f*
nèo *sm* lunar *m*
neoclassicìsmo *sm* neoclasicismo *m*
neoclàssico *a* neoclásico
neòfita *sm/f* neófito *m*
neolatìno *a* neolatino
neolìtico *a/sm* neolítico *m*
neologìsmo *sm* neologismo *m*
nèon *sm* neón *m*
neonàto *sm* recién nacido *m*
nepotìsmo *sm* nepotismo *m*
neppùre *avv* ni, ni siquiera
nèrbo *sm* (*fig*) fuerza *f*
nerétto *sm* negrita *f*
néro *a* negro ◇ (*fig*) malo ◆ *sm* negro *m*
nervatùra *sf* nervadura *f*
nèrvo *sm* nervio *m* ● ***avere i nervi*** estar de mal humor
nervosìsmo *sm* nerviosismo *m*
nervóso *a* nervioso ◆ *sm* nerviosidad *f*
nèspola *sf* níspero *m*
nèsso *sm* nexo *m*
nessùno *a* ningún ◇ (*qualche*) algún ◆ *pr* nadie ◇ (*qualcuno*) alguien
nettaménte *avv* netamente
nèttare *sm* néctar *m*
nettézza *sf* limpieza *f* ◇ (*di stile*) pureza *f*
nétto *a* limpio ◇ (*comm*) neto
netturbìno *sm* barrendero *m*
network *sm* (*TV*) cadena *f* ◇ (*inform*) red *f*
neurologìa *sf* neurología *f*
neuròlogo *sm* neurólogo *m*
neutràle *a* neutral
neutralità *sf* neutralidad *f*
neutralizzàre *vt* neutralizar
neutralizzazióne *sf* neutralización *f*
nèutro *a* neutro
nevàio *sm* nevero *m*
néve *sf* nieve *f*
nevicàre *vimp* nevar
nevicàta *sf* nevada *f*
nevìschio *sm* nevisca *f*
nevóso *a* nevoso, nevado
nevralgìa *sf* neuralgia *f*
nevràlgico *a* neurálgico
nevròsi *sf* neurosis *f*
nevròtico *a* neurótico
nìcchia *sf* nicho *m*
nicchiàre *vi* vacilar
nìchel *sm* níquel *m*
nichilìsmo *sm* nihilismo *m*
nicotìna *sf* nicotina *f*
nidiàta *sf* nidada *f*
nidificàre *vi* nidificar
nìdo *sm* nido *m*
niènte *pr* nada ◇ (*qualcosa*) algo ◆ *sm* nada *f* ● ***il n.*** la nada; ***n. affatto*** de ninguna manera; ***n. altro*** nada más
nienteméno *avv* nada menos
nìnfa *sf* ninfa *f*
ninfèa *sf* nenúfar *m*
ninnanànna *sf* nana *f*
ninnàre *vt* arrullar
nìnnolo *sm* dije *m*

nipóte *sm/f* (*di nonni*) nieto *m* ◇ (*di zii*) sobrino *m*
nirvàna *sm* nirvana *f*
nitidézza *sf* nitidez *f*
nìtido *a* nítido
nitràto *sm* nitrato *m*
nìtrico *a* nítrico
nitrìto *sm* relincho *m* ◇ (*chim*) nitrito *m*
nitroglicerìna *sf* nitroglicerina *f*
no *avv/sm* no *m*
nòbile *a* noble ◆ *sm/f* aristócrata *m/f*
nobiliàre *a* nobiliario
nobilitàre *vt* elevar
nobiltà *sf* nobleza *f*
nòcca *sf* nudillo *m*
nocciòla *sf* avellana *f* ◆ *a* avellanado
nocciòlo (1) *sm* avellano *m*
nòcciolo (2) *sm* hueso *m*, cuesco *m* ◇ (*fig*) nudo *m*
nóce *sm* nogal *m* ◆ *sf* nuez *f*
nocìvo *a* nocivo
nodàle *a* nodal
nòdo *sm* nudo *m*
nodóso *a* nudoso
nói *pr.pers* nosotros, nosotras
nòia *sf* aburrimiento *m*, tedio *m* ◇ (*fastidio*) fastidio *m* • ***dar n.*** molestar
noióso *a* aburrido ◇ (*fastidioso*) fastidioso
noleggiàre *vt* alquilar
noleggiatóre *sm* alquilador *m*
noléggio *sm* alquiler *m* ◇ (*naut*) flete *m*
nòlo *sm* flete *m*
nòmade *sm/f* nómada *m/f*
nóme *sm* nombre *m*
nomèa *sf* mala fama *f*
nomenclatùra *sf* nomenclatura *f*
nomìgnolo *sm* apodo *m*, mote *m*
nòmina *sf* nombramiento *m*
nominàle *a* nominal
nominàre *vt* nombrar
nominatìvo *a* nominativo ◆ *sm* nombre *m* ◇ (*gramm*) nominativo *m*
non *avv* no
nonché *cong* y además
noncurànte *a* indiferente
noncurànza *sf* indiferencia *f*, descuido *m*
nondiméno *cong* sin embargo
nònna *sf* abuela *f*
nònno *sm* abuelo *m*
nonnùlla *sm* nonada *f*, fruslería *f*
nòno *a/sm* noveno *m*
nonostànte *prep* a pesar de, no obstante ◆ *cong* aunque
nòrd *a/sm* norte *m*
nordèst *a/sm* nordeste *m*
nòrdico *a* nórdico
nordòvest *a/sm* noroeste *m*
nòrma *sf* norma *f*
normàle *a* normal
normalità *sf* normalidad *f*
normalizzàre *vt* normalizar
normànno *a/sm* normando *m*
normatìva *sf* normativa *f*
nostalgìa *sf* nostalgia *f*, añoranza *f*

nostàlgico *a/sm* nostálgico *m*
nostràno *a* local
nòstro *a/pr.poss* nuestro
nostròmo *sm* contramaestre *m*
nòta *sf* nota *f*
notàbile *a* notable
notàio *sm* notario *m*
notàre *vt* notar
notarìle *a* notarial
notazióne *sf* notación *f*
notévole *a* notable
notìfica *sf* aviso *m*
notificàre *vt* notificar
notìzia *sf* noticia *f*
notiziàrio *sm* noticiario *m*
nòto *a* conocido
notorietà *sf* notoriedad *f*
notòrio *a* notorio
nottàmbulo *a* noctámbulo
nottàta *sf* noche *f*
nòtte *sf* noche *f* • ***ieri n.*** anoche; ***n. in bianco*** noche en claro
nottùrno *a* nocturno
novànta *a/sm* noventa *m*
novantènne *a/sm/f* nonagenario *m*
novantèsimo *a* nonagésimo
nòve *a/sm* nueve *m*
novecènto *a/sm* novecientos *m*
novèlla *sf* cuento *m*
novèllo *a* nuevo
novèmbre *sm* noviembre *m*
novità *sf* novedad *f*
nozióne *sf* noción *f*
nòzze *sf pl* boda *f*
nùbe *sf* nube *f*
nubifràgio *sm* temporal *m*
nùbile *a* soltera
nùca *sf* nuca *f*, cogote *m*
nucleàre *a* nuclear
nùcleo *sm* núcleo *m*
nudìsmo *sm* nudismo *m*
nudìsta *sm/f* nudista *m/f*
nudità *sf* desnudez *f*
nùdo *a/sm* desnudo *m*
nùlla *pr/avv* nada • ***il n.*** la nada
nullaòsta *sm* autorización *f*, permiso *m*
nullatenènte *a/sm/f* pobre *m/f*
nullità *sf* nulidad *f*
nùllo *a* nulo
numeràle *a/sm* numeral *m*
numeràre *vt* numerar
numerazióne *sf* numeración *f*
numèrico *a* numérico
nùmero *sm* número *m* • ***n. di targa*** número de matrícula; ***n. di telefono*** número de teléfono; ***n. verde*** número gratuito de información
numeróso *a* numeroso
numismàtica *sf* numismática *f*
nuòcere *vi* perjudicar
nuòra *sf* nuera *f*
nuotàre *vi* nadar
nuotatóre *sm* nadador *m*
nuòto *sm* natación *f*
nuòva *sf* nueva *f*
nuovaménte *avv* nuevamente, de nuevo
nuòvo *a/sm* nuevo *m*
nutriènte *a* nutritivo
nutriménto *sm* nutrimento *m*
nutrìre *vt* nutrir ◆ *vrif* nutrirse
nutritìvo *a* nutritivo

nutrizióne *sf* nutrición *f*
nùvola *sf* nube *f*
nùvolo *a* nublado
nuvolosità *sf* nebulosidad *f*
nuvolóso *a* nublado
nuziàle *a* nupcial

O

o *cong* o, u (*davanti a parole che iniziano per* 'o' *e* 'ho')
òasi *sf* oasis *m*
obbedìre → **ubbidire**
obbligàre *vt* obligar ◆ *vrif* obligarse
obbligatòrio *a* obligatorio
obbligazióne *sf* obligación *f*
òbbligo *sm* obligación *f*
obbròbrio *sm* oprobio *m*
obelìsco *sm* obelisco *m*
oberàto *a* cargado, abrumado
obesità *sf* obesidad *f*
obèso *a* obeso
obiettàre *vt* objetar
obiettività *sf* objetividad *f*
obiettìvo *a/sm* objetivo *m*
obiettóre *sm* objetor *m*
obiezióne *sf* objeción *f*
oblìo *sm* olvido *m*
oblìquo *a* oblicuo
oblò *sm* portilla *f*, ojo *m* de buey
oblùngo *a* oblongo
òboe *sm* oboe *m*
òbolo *sm* óbolo *m*
obsolèto *a* anticuado, desusado
òca *sf* ganso *m*
occasionàle *a* ocasional
occasióne *sf* ocasión *f*, oportunidad *f* • ***d'o.*** de ocasión
occhiàia *sf* ojera *f*
occhiàli *sm pl* gafas *f pl*
occhiàta *sf* ojeada *f*, vistazo *m*, mirada *f*
occhieggiàre *vt* ojear ◆ *vi* aparecer, despuntar
occhièllo *sm* ojal *m*
òcchio *sm* ojo *m* • ***a o. nudo*** a simple vista; ***a quattr'occhi*** a solas; ***in un batter d'o.*** en un santiamén
occhiolìno *sm* ojito *m* • ***fare l'o.*** guiñar el ojo
occidentàle *a/sm/f* occidental *m/f*
occidènte *sm* occidente *m*
occipitàle *a* occipital
occìpite *sm* occipucio *m*
occlùdere *vt* obstruir
occlusióne *sf* oclusión *f*
occorrènte *a/sm* (lo) necesario
occorrènza *sf* necesidad *f* • ***all'o.*** en caso necesario
occórrere *vi* necesitar, ser necesario
occultàre *vt* ocultar
occùlto *a* oculto
occupànte *sm/f* ocupante *m/f*

occupàre *vt* ocupar ◆ *vpr* ocuparse, dedicarse
occupàto *a* ocupado
occupazióne *sf* ocupación *f*
oceànico *a* oceánico
ocèano *sm* océano *m*
oceanografìa *sf* oceanografía *f*
òcra *a/sf* ocre *m*
oculàre *a* ocular
oculatézza *sf* cautela *f*
oculàto *a* cauteloso, avisado, prudente
oculìsta *sm/f* oculista *m/f*
òde *sf* oda *f*
odiàre *vt* odiar ◆ *vrif* odiarse
odièrno *a* de hoy, del día ◇ (*attuale*) actual
òdio *sm* odio *m*
odióso *a* odioso
odissèa *sf* odisea *f*
odontoiàtra *sm/f* odontólogo *m*
odontotècnico *sm* técnico *m* dental
odoràre *vt* oler, olfatear ◆ *vi* oler
odóre *sm* olor *m*
odoróso *a* oloroso, perfumado
offèndere *vt* ofender ◆ *vpr* ofenderse, enojarse, enfadarse
offensìva *sf* ofensiva *f*
offensìvo *a* ofensivo
offèrta *sf* ofrecimiento *m*, oferta *f*
offésa *sf* ofensa *f*
offéso *a* ofendido
officiàre *vt* oficiar
officìna *sf* taller *m*
offrìre *vt* ofrecer ◆ *vpr* ofrecerse
offuscàre *vt* ofuscar ◆ *vpr* oscurecerse
oftalmologìa *sf* oftalmología *f*
oggettivàre *vt* objetivar
oggettività *sf* objetividad *f*
oggettìvo *a* objetivo
oggètto *sm* objeto *m*
òggi *avv/sm* hoy *m* • *da o. in poi* de hoy en adelante
oggigiórno *avv* hoy día
ogìva *sf* ojiva *f*
ógni *a* cada, todo • *o. cosa* todo; *o. giorno* cada día; *o. tanto* de cuando en cuando; *o. volta che* cada vez que
ognùno *pr* cada cual, cada uno
olandése *a/sm/f* holandés *m*
oleàndro *sm* adelfa *f*
oleodótto *sm* oleoducto *m*
oleóso *a* aceitoso, oleoso
olézzo *sm* fragancia *f*
olfattìvo *a* olfativo
olfàtto *sm* olfato *m*
oliàre *vt* aceitar
oliatóre *sm* aceitera *f*
olièra *sf* aceitera *f*
oligarchìa *sf* oligarquía *f*
olimpìade *sf* olimpíada *f*
olìmpico *a* olímpico
olimpiònico *a/sm* olímpico *m*
òlio *sm* aceite *m*
olìva *sf* aceituna *f*, oliva *f*
olivéto *sm* olivar *m*
olìvo *sm* olivo *m*
ólmo *sm* olmo *m*
oltraggiàre *vt* ultrajar

oltràggio *sm* ultraje *m*
oltraggióso *a* ultrajoso
oltrànza *sf* ultranza *f*
óltre *avv* más allá, más ◆ *prep* más allá de ◇ (*più di*) más de ◇ (*in aggiunta*) además de
oltremàre *avv* ultramar
oltremòdo *avv* sobremanera
oltrepassàre *vt* superar
oltretómba *sm* ultratumba *m*
omàggio *sm* homenaje *m* ◇ (*regalo*) obsequio *m* ◆ *a* gratuito
ombelìco *sm* ombligo *m*
ómbra *sf* sombra *f* ◇ (*fig*) amparo *m* ● ***non c'è o. di dubbio*** no hay la menor duda
ombreggiàre *vt* sombrear, dar sombra
ombreggiatùra *sf* sombra *f*
ombrellìno *sm* parasol *m*
ombrèllo *sm* paraguas *m*
ombrellóne *sm* sombrilla *f*, quitasol *m*
ombrétto *sm* sombra *f* (de ojos)
ombróso *a* sombrío, umbrío ◇ (*che dà ombra*) umbroso, sombroso ◇ (*di cavallo*) espantadizo ◇ (*di persone*) receloso
omelette *sf* tortilla *f*
omelìa *sf* homilía *f*
omeopatìa *sf* homeopatía *f*
omeopàtico *a* homeopático
omèrico *a* homérico
òmero *sm* húmero *m*
ométtere *vt* omitir
omicìda *a/sm/f* homicida *m/f*
omicìdio *sm* homicidio *m*
omissióne *sf* omisión *f*
omogeneità *sf* homogeneidad *f*
omogeneizzàto *sm* homogeneizado *m*
omogèneo *a* homogéneo
omologàre *vt* homologar
omologazióne *sf* homologación *f*
omòlogo *a* homólogo
omònimo *a/sm* homónimo *m*
omosessuàle *a/sm/f* homosexual *m/f*
óncia *sf* onza *f* ◇ (*fig*) pizca *f*
ónda *sf* ola *f* ◇ (*fis*) onda *f*
ondàta *sf* oleada *f*
ondeggiàre *vi* ondear, ondular
ondóso *a* ondoso
ondulàto *a* ondulado
ondulazióne *sf* ondulación *f*
ònere *sm* gravamen *m*, peso *m*
oneróso *a* oneroso, gravoso
onestà *sf* honestidad *f*
onèsto *a* honesto
ònice *sf* ónix *m*
onìrico *a* onírico
onnipotènte *a* omnipotente
onnipresènte *a* omnipresente
onnisciènte *a* omnisciente
onnìvoro *a* omnívoro
onomàstica *sf* onomástica *f*
onomàstico *a/sm* onomástico *m*
onomatopèa *sf* onomatopeya *f*
onoràbile *a* honorable
onoràre *vt* honrar
onoràrio *a* honorario
onóre *sm* honor *m*

onorificènza *sf* condecoración *f*, distinción *f*
onorìfico *a* honorífico
ónta *sf* deshonra *f*, vergüenza *f*
opacità *sf* opacidad *f*
opàco *a* opaco
opàle *sm/f* ópalo *m*
opalescènte *a* opalescente
òpera *sf* obra *f* ◇ (*mus*) ópera *f*
operàio *a/sm* obrero *m*
operàre *vt* hacer, realizar ◇ (*med*) operar ◆ *vi* obrar, actuar ◆ *vpr* realizarse
operatìvo *a* operativo
operatóre *sm* operador *m* • *o. telefonico* operador telefónico; *o. turistico* operador turístico
operazióne *sf* operación *f*
operétta *sf* opereta *f*
operóso *a* operoso, laborioso
opifìcio *sm* establecimiento *m*
opinàbile *a* opinable
opinióne *sf* opinión *f*
òppio *sm* opio *m*
oppórre *vt* oponer ◆ *vrif* oponerse
opportunìsmo *sm* oportunismo *m*
opportunìsta *sm/f* oportunista *m/f*
opportunità *sf* oportunidad *f*
opportùno *a* oportuno
opposizióne *sf* oposición *f*
oppósto *a/sm* opuesto *m*
oppressióne *sf* opresión *f*
oppressìvo *a* opresivo
oppressóre *sm* opresor *m*
opprimènte *a* opresivo, agobiador
opprìmere *vt* oprimir
oppugnàre *vt* impugnar
oppùre *cong* o bien, o
optàre *vi* optar
opulènto *a* opulento
opulènza *sf* opulencia *f*
opùscolo *sm* opúsculo *m*
opzionàle *a* opcional
opzióne *sf* opción *f*
óra *sf* hora *f* ◆ *avv/cong* ahora • *d'o. in avanti* de ahora en adelante; *or o.* ahora mismo
oràcolo *sm* oráculo *m*
òrafo *sm* orfebre *m*
oràle *a/sm* oral *m*
oràrio *sm* horario *m*
oràta *sf* dorada *f*
oratóre *sm* orador *m*
oratòrio *a/sm* oratorio *m*
orazióne *sf* oración *f*
òrbita *sf* órbita *f*
orbitàle *a* orbital
òrbo *a* ciego
orchèstra *sf* orquesta *f*
orchestràre *vt* orquestar ◇ (*fig*) organizar
orchidèa *sf* orquídea *f*
òrco *sm* ogro *m*
ordìgno *sm* mecanismo *m*
ordinàle *a/sm* ordinal *m*
ordinaménto *sm* orden *m* ◇ (*dir*) ordenamiento *m*
ordinànza *sf* ordenanza *f* ◇ (*dir*) mandato *m*
ordinàre *vt* ordenar, arreglar ◇ (*dare ordine di*) mandar ◇

(*prescrivere*) prescribir ◇ (*al bar, ristorante*) pedir
ordinàrio *a* ordinario, común ◇ (*di professore*) numerario, catedrático
ordinàto *a* arreglado, ordenado
ordinazióne *sf* pedido *m* ◇ (*relig*) ordenación *f*
órdine *sm* orden *m* ◇ (*ordinazione*) pedido *m*
ordìre *vt* tejer, tramar
ordìto *sm* urdimbre *f*
orecchiàbile *a* pegadizo
orecchìno *sm* pendiente *m*, arete *m*
orécchio *sm* (*anat*) oreja *f* ◇ (*udito*) oído *m*
orecchióni *sm pl* (*med*) paperas *f pl*
oréfice *sm* orfebre *m*, joyero *m*
oreficerìa *sf* orfebrería *f*, joyería *f*
òrfano *a/sm* huérfano *m*
orfanotròfio *sm* orfanato *m*
orgànico *a* orgánico
organigràmma *sm* organigrama *m*
organìsmo *sm* organismo *m* • ***o. geneticamente modificato*** organismo genéticamente modificado
organìsta *sm/f* organista *m/f*
organizzàre *vt* organizar ◆ *vrif* organizarse
organizzatóre *a/sm* organizador *m*
organizzazióne *sf* organización *f*
òrgano *sm* órgano *m* ◇ (*pubblicazione*) órgano *m*
orgàsmo *sm* orgasmo *m*
òrgia *sf* orgía *f*
orgóglio *sm* orgullo *m*
orgogliòso *a* orgulloso
orientàbile *a* orientable
orientàle *a/sm/f* oriental *m/f*
orientaménto *sm* orientación *f*
orientàre *vt* orientar ◆ *vrif* orientarse
orientativo *a* orientativo
orIènte *sm* oriente *m*
orìgano *sm* orégano *m*
originàle *a/sm* original *m*
originalità *sf* originalidad *f*
originàre *vt* originar
originàrio *a* originario
orìgine *sf* origen *m*
origliàre *vt/i* escuchar a escondidas
orìna *sf* orina *f*
oriùndo *a* oriundo
orizzontàle *a* horizontal
orizzontàrsi *vrif* orientarse
orizzónte *sm* horizonte *m*
orlàre *vt* orillar, ribetear
órlo *sm* borde *m*, orilla *f* ◇ (*di vestito*) dobladillo *m*
órma *sf* huella *f*
ormài *avv* ya, ahora ya
ormeggiàre *vt* anclar, fondear ◆ *vpr* amarrarse, fondear
orméggio *sm* amarraje *m*, anclaje *m*
ormóne *sm* hormona *f*
ornamentàle *a* ornamental

ornaménto *sm* adorno *m*, ornamento *m*
ornàre *vt* adornar, ornamentar, ornar ◆ *vrif* adornarse
ornàto *sm* adorno *m*
ornitologìa *sf* ornitología *f*
ornitòlogo *sm* ornitólogo *m*
òro *sm* oro *m*
orografìa *sf* orografía *f*
orologiàio *sm* relojero *m*
orològio *sm* reloj *m*
oròscopo *sm* horóscopo *m*
orrèndo *a* horrendo, horroroso
orrìbile *a* horrible
òrrido *a* horrible
orripilànte *a* horripilante
orróre *sm* horror *m*
orsacchiòtto *sm* osito *m*
órso *sm* oso *m*
ortàggio *sm* hortaliza *f*
ortènsia *sf* hortensia *f*
ortìca *sf* ortiga *f*
orticària *sf* urticaria *f*
orticoltóre *sm* horticultor *m*
orticoltùra *sf* horticultura *f*
òrto *sm* huerto *m*
ortodòsso *a* ortodoxo
ortogonàle *a* ortogonal
ortografìa *sf* ortografía *f*
ortogràfico *a* ortográfico
ortolàno *sm* hortelano *m*
ortopèdico *a* ortopédico ◆ *sm* ortopeda *m/f*, ortopedista *m/f*
orzaiòlo *sm* orzuelo *m*
orzàta *sf* horchata *f*
òrzo *sm* cebada *f*
osannàre *vt* exaltar
osàre *vt/i* atreverse, osar
oscenità *sf* obscenidad *f*
oscèno *a* obsceno
oscillàre *vi* oscilar
oscillazióne *sf* oscilación *f*
oscuraménto *sm* obscurecimiento *m*
oscuràre *vt* obscurecer
oscurità *sf* obscuridad *f*
oscùro *a* obscuro ● ***all'o.*** a obscuras
osé *a* extremado, osado
ospedàle *sm* hospital *m*
ospedalièro *a* hospitalicio
ospitàle *a* hospitalario
ospitalità *sf* hospitalidad *f*
ospitàre *vt* hospedar
òspite *sm/f* huésped *m/f*
ospìzio *sm* hospicio *m*
ossatùra *sf* osamenta *f*, esqueleto *m* ◇ (*fig*) armazón *f*
òsseo *a* óseo
ossèquio *sm* respeto *m*
ossequióso *a* obsequioso
osservàbile *a* observable
osservànte *sm/f* observante *m/f*
osservànza *sf* observancia *f*
osservàre *vt* observar
osservatóre *sm* observador *m*
osservatòrio *sm* observatorio *m*
osservazióne *sf* observación *f*
ossessionàre *vt* obsesionar
ossessióne *sf* obsesión *f*
ossessìvo *a* obsesivo
ossèsso *sm* obseso *m*
ossìa *cong* o sea, a saber, o bien
ossidàre *vt* oxidar ◆ *vpr* oxidarse

ossidazióne *sf* oxidación *f*
òssido *sm* óxido *m*
ossigenàre *vt* oxigenar
ossìgeno *sm* oxígeno *m*
òsso *sm* hueso *m*
ossùto *a* huesudo
ostacolàre *vt* obstaculizar
ostàcolo *sm* obstáculo *m*
ostàggio *sm* rehén *m*
òste *sm* posadero *m*
osteggiàre *vt* combatir, contrariar
ostèllo *sm* albergue *m* • *o. della gioventù* albergue juvenil
ostentàre *vt* ostentar
ostentazióne *sf* ostentación *f*
osterìa *sf* hostería *f*, taberna *f*, fonda *f*
ostètrica *sf* partera *f*, comadrona *f*
ostètrico *a* obstétrico ◆ *sm* obstetra *m*
òstia *sf* hostia *f*
òstico *a* desagradable
ostìle *a* hostil
ostilità *sf* hostilidad *f*
ostinàrsi *vpr* obstinarse
ostinazióne *sf* obstinación *f*
ostracìsmo *sm* ostracismo *m*
òstrica *sf* ostra *f*
ostricoltùra *sf* ostricultura *f*
ostruìre *vt* obstruir
ostruzióne *sf* obstrucción *f*
ostruzionìsmo *sm* obstruccionismo *m*
otìte *sf* otitis *f*
otorinolaringoiàtra *sm/f* otorrinolaringólogo *m*
ótre *sf* odre *m*
ottagonàle *a* octagonal
ottàgono *sm* octágono *m*
ottànta *a/sm* ochenta *m*
ottantènne *a/sm/f* octogenario *m*
ottàva *sf* octava *f*
ottàvo *a/sm* octavo *m*
ottemperàre *vi* ejecutar
ottenére *vt* obtener, conseguir
òttica *sf* óptica *f*
òttico *a/sm* óptico *m*
ottimìsmo *sm* optimismo *m*
ottimìsta *a/sm/f* optimista *m/f*
òttimo *a* óptimo
òtto *a/sm* ocho *m*
ottóbre *sm* octubre *m*
ottocènto *a/sm* ochocientos *m*
ottomàno *a/sm* otomano *m*
ottóne *sm* latón *m*
otturàre *vt* obturar, tapar ◆ *vpr* obstruirse, taparse
otturatóre *sm* obturador *m*
otturazióne *sf* obturación *f*
ottusità *sf* torpeza *f*
ottùso *a* obtuso
ovàia *sf* ovario *m*
ovàle *a* ovalado ◆ *sm* óvalo *m*
ovàtta *sf* algodón *m*
ovazióne *sf* ovación *f*
overbooking *sm* overbooking *m*
overdòse *sf* sobredosis *f*
òvest *sm* oeste *m*
ovìle *sm* aprisco *m*, redil *m*
ovìno *a/sm* ovino *m*
ovìparo *a/sm* ovíparo *m*
ovoidàle *a* ovoide, aovado

ovulazióne *sf* ovulación *f*
òvulo *sm* óvulo *m*
ovùnque *avv* en cualquier parte
ovvéro *cong* o, o bien, o sea
ovviàre *vi* remediar
òvvio *a* obvio
oziàre *vi* holgazanear, ociar
òzio *sm* ocio *m*
ozióso *a* ocioso
ozòno *sm* ozono *m* • ***buco dell'o.*** agujero de ozono; ***strato di o.*** capa de ozono

P

pacatézza *sf* calma *f*
pacàto *a* calmo
pacchétto *sm* paquete *m* • ***p. di sigarette*** paquete, cajetilla de cigarrillos
pacchiàno *a* grosero, tosco
pàcco *sm* paquete *m*
pàce *sf* paz *f*
pachidèrma *sm* paquidermo *m*
pacificàre *vt* pacificar
pacificazióne *sf* pacificación *f*
pacìfico *a* pacífico
pacifista *a/sm/f* pacifista *m/f*
padèlla *sf* sartén *f*
padiglióne *sm* pabellón *m*
pàdre *sm* padre *m*
padrìno *sm* padrino *m*
padronàle *a* patronal
padronànza *sf* dominio *m*
padróne *sm* dueño *m*, amo *m* ◇ (*di casa*) propietario *m* ◇ (*datore di lavoro*) patrón *m*
padroneggiàre *vt* dominar ◆ *vrif* dominarse
paesàggio *sm* paisaje *m*
paesaggìsta *sm/f* paisajista *m/f*
paesàno *a* paisano ◆ *sm* aldeano *m*
paése *sm* país *m* ◇ (*villaggio*) pueblo *m*, aldea *f*
paffùto *a* mofletudo
pàga *sf* paga *f*
pagàbile *a* pagadero
pagàia *sf* pagaya *f*
pagaménto *sm* pago *m*
pagàno *a/sm* pagano *m*
pagàre *vt* pagar
pagèlla *sf* libreta *f* de notas
pàggio *sm* paje *m*
pàgina *sf* página *f* • ***Pagine Gialle*** Páginas Amarillas; ***p. web*** página (de) web
pàglia *sf* paja *f*
pagliàccio *sm* payaso *m*
pagliàio *sm* pajar *m*
pagliétta *sf* (*cappello*) canotier *m* ◇ (*per lavare*) estropajo *m* de aluminio
pagliùzza *sf* pajita *f*
pagnòtta *sf* pan *m* (redondo)
pàgo *a* satisfecho
pagòda *sf* pagoda *f*
pàio *sm* par *m*

paiòlo *sm* caldero *m*
pàla *sf* pala *f* ◇ (*d'altare*) retablo *m*
paladìno *sm* paladín *m*
palafìtta *sf* palafito *m*
palafrenière *sm* palafrenero *m*
palàto *sm* paladar *m*
palàzzo *sm* palacio *m*
pàlco *sm* palco *m*
palcoscènico *sm* escenario *m*
paleografìa *sf* paleografía *f*
paleolìtico *a/sm* paleolítico *m*
paleontologìa *sf* paleontología *f*
paleontòlogo *sm* paleontólogo *m*
palesàre *vt* manifestar ◆ *vpr* manifestarse
palése *a* manifiesto, evidente
palèstra *sf* gimnasio *m* ◇ (*fig*) ejercicio *m*
palétta *sf* paleta *f*
palétto *sm* pestillo *m*, cerrojo *m*
pàlio *sm* palio *m*
palizzàta *sf* empalizada *f*
pàlla *sf* pelota *f* ◇ (*proiettile*) bala *f* ◇ (*di neve, da biliardo*) bola *f* ◇ *spec al pl* (*volg*) pelotas *f pl* • ***che palle!*** ¡qué coñazo!
pallacanèstro *sf* baloncesto *m*
pallamàno *sf* balonmano *m*
pallanuòto *sf* waterpolo *m*, polo *m* acuático
pallavólo *sf* balonvolea *m*
palleggiàre *vi* pelotear
pallèggio *sm* boleo *m*
palliatìvo *sm* paliativo *m*
pàllido *a* pálido
pallìna *sf* bolita *f*
pallonàta *sf* pelotazo *m*
pallóne *sm* balón *m* ◇ (*da calcio*) pelota *f*
pallóre *sm* palidez *f*
pallòttola *sf* bala *f*
pallottolière *sm* ábaco *m*, contador *m*
pàlma *sf* palmera *f*, palma *f* ◇ (*della mano*) palma *f*
palmìpede *sm* palmípeda *f*
palmìzio *sm* palma *f*
pàlmo *sm* palma *f* ◇ (*misura*) palmo *m*
pàlo *sm* palo *m*, poste *m*
palombàro *sm* buzo *m*
palómbo *sm* mero *m*
palpàre *vt* palpar
pàlpebra *sf* párpado *m*
palpitàre *vi* palpitar, latir
palpitazióne *sf* palpitación *f*, latido *m*
pàlpito *sm* latido *m*
paltò *sm* abrigo *m*
palùde *sf* pantano *m*, cenagal *m*
paludóso *a* pantanoso, cenagoso
pàmpino *sm* pámpano *m*
pànca *sf* banco *m*
pancétta *sf* tocino *m*
panchìna *sf* banco *m*, asiento *m*
pància *sf* barriga *f*, panza *f*
pancièra *sf* faja *f*
panciòlle, in *loc.avv* (*fam*) a la bartola
panciòtto *sm* chaleco *m*
panciùto *a* panzudo
pàncreas *sm* páncreas *m*

pandemònio *sm* barullo *m*, bulla *f*
pàne *sm* pan *m*
panegìrico *sm* panegírico *m*
panetterìa *sf* panadería *f*
panettière *sm* panadero *m*
pangrattàto *sm* pan *m* rallado
pànico *sm* pánico *m*
panière *sm* canasto *m*, canasta *f*
panificazióne *sf* panificación *f*
panifìcio *sm* horno *m*, panadería *f*
panìno *sm* panecillo *m*
pànna *sf* nata *f* • ***p. montata*** nata batida
pannèllo *sm* panel *m* • ***p. solare*** panel solar
pànno *sm* paño *m* • ***nei suoi panni*** en su lugar
pannòcchia *sf* panoja *f* ◇ (*di mais*) mazorca *f*
pannolìno *sm* pañal *m*
panoràma *sm* panorama *m*
panoràmico *a* panorámico
pantalóni *sm pl* pantalón *m*, pantalones *m pl*
pantàno *sm* pantano *m*
pantòfola *sf* zapatilla *f*, pantufla *f*
pantomìma *sf* pantomima *f*
paonàzzo *a* cárdeno, morado
pàpa *sm* papa *m*
papà *sm* papá *m*
papàle *a* papal
papàto *sm* papado *m*
papàvero *sm* amapola *f*
pàpera *sf* gansa *f* ◇ (*errore*) error *m*, pifia *f*
pàpero *sm* ganso *m*
papìlla *sf* papila *f*
papìro *sm* papiro *m*
papìsmo *sm* papismo *m*
pàppa *sf* papa *f* • ***p. reale*** jalea real
pappagàllo *sm* loro *m*, papagayo *m*
pappàre *vt* comer
pàra *sf* caucho *m*
paràbola *sf* parábola *f*
parabòlico *a* parabólico
parabrézza *sm* parabrisas *m*
paracadùte *sm* paracaídas *m*
paracadutìsmo *sm* paracaidismo *m*
paracàrro *sm* guardacantón *m*
paradìgma *sm* paradigma *m*
paradisìaco *a* paradisíaco
paradìso *sm* paraíso *m*
paradossàle *a* paradójico
paradòsso *sm* paradoja *f*
parafàngo *sm* guardabarros *m*
paraffìna *sf* parafina *f*
parafrasàre *vt* parafrasear
paràfrasi *sf* paráfrasis *f*
parafùlmine *sm* pararrayos *m*
paràggi *sm pl* alrededores *m pl*
paragonàbile *a* comparable
paragonàre *vt* comparar, parangonar ◆ *vrif* compararse, parangonarse
paragóne *sm* comparación *f*, parangón *m*
paràgrafo *sm* párrafo *m*
paràlisi *sf* parálisis *f*
paralìtico *sm* paralítico *m*

paralizzàre *vt* paralizar ◇ (*bloccare*) parar
parallelepìpedo *sm* paralelepípedo *m*
parallèlo *a/sm* paralelo *m*
paralùme *sm* pantalla *f*
paràmetro *sm* parámetro *m*
paranòia *sf* paranoia *f*
paranòico *a/sm* paranoico *m*
paranormàle *a* paranormal
paraòcchi *sm* anteojera *f*
parapendìo *sm* (*sport*) parapente *m*
parapètto *sm* parapeto *m*
parapìglia *sm* barullo *m*
parapsicologìa *sf* parasicología *f*
paràre *vt* parar, atajar ◇ (*addobbare*) adornar ◆ *vi* parar
parasóle *sm* sombrilla *f*
parassìta *a/sm* parásito *m*
parastatàle *a* paraestatal ◆ *sm/f* empleado *m* paraestatal
paràta *sf* parada *f* ◇ (*mil*) desfile *m*
paratìa *sf* mamparo *m*
paraùrti *sm* parachoques *m*
paravènto *sm* biombo *m*
parcèlla *sf* (nota de) honorarios *m pl*
parcheggiàre *vt* aparcar
parchéggio *sm* aparcadero *m*
parchìmetro *sm* parquímetro *m*
pàrco *a* parco ◆ *sm* parque *m*
parécchio *a/pr* mucho, bastante ◇ *al pl* varios ◆ *avv* bastante, harto, mucho
pareggiàre *vt* igualar ◇ (*conti*) equilibrar ◆ *vi* (*sport*) empatar
paréggio *sm* balance *m*, igualación *f* ◇ (*sport*) empate *m*
parènte *sm/f* pariente *m*
parentèla *sf* parentela *f*
parèntesi *sf* paréntesis *m*
parére *vi* parecer ◆ *sm* parecer *m*, opinión *f* ● ***a quanto pare*** según parece; ***mi pare che*** me parece que
paréte *sf* pared *f* ● ***p. divisoria*** tabique
pàrgolo *sm* párvulo *m*
pàri *a* igual ◇ (*mat*) par ◇ (*sport*) empatado ◆ *avv* en igual modo ● ***al p. di*** tanto como
parigìno *a/sm* parisiense *m/f*
parità *sf* paridad *f* ◇ (*sport*) empate *m*
parlamentàre *a* parlamentario ◆ *sm/f* diputado *m* ◆ *vi* parlamentar
parlaménto *sm* parlamento *m*
parlantìna *sf* labia *f*
parlàre *vt/i* hablar ◆ *vrif* hablarse
parlàta *sf* habla *f*
parlatòrio *sm* locutorio *m*
parlottàre *vi* cuchichear
parmigiàno *sm* parmesano *m*
parodìa *sf* parodia *f*
paròla *sf* palabra *f* ● ***p. chiave*** palabra clave; ***p. d'ordine*** contraseña
parolàccia *sf* palabrota *f*
parossìsmo *sm* paroxismo *m*
parricìda *sm/f* parricida *m/f*

parricìdio *sm* parricidio *m*
parròcchia *sf* parroquia *f*
parrocchiàle *a* parroquial
pàrroco *sm* párroco *m*
parrùcca *sf* peluca *f*
parrucchière *sm* peluquero *m*
parsimònia *sf* parsimonia *f*
parsimonióso *a* parsimonioso, frugal
pàrte *sf* parte *f* ◇ (*fig*) papel *m* • *da p. di* de parte de; *da p. mia* por mi parte
partecipànte *sm/f* participante *m/f*
partecipàre *vi* participar
partecipazióne *sf* participación *f*
partécipe *a* partícipe
parteggiàre *vi* tomar partido (por)
partènza *sf* partida *f*, salida *f*
particèlla *sf* partícula *f*
partecìpio *sm* participio *m*
particolàre *a* particular ◆ *sm* particular *m*, detalle *m*
particolarità *sf* particularidad *f*
partigiàno *a* partidario ◇ (*dei partigiani*) partisano ◆ *sm* partisano *m*
partìre *vi* salir, partir, marcharse
partìta *sf* (*sport*) partido *m* ◇ (*di giochi*) partida *f* ◇ (*comm*) partida *f*
partitìvo *a* partitivo
partìto *sm* partido *m* ◇ (*decisione*) decisión *f*
partitùra *sf* partitura *f*
partizióne *sf* repartición *f*
pàrto *sm* parto *m*
partorìente *sf* parturienta *f*
partorìre *vt* parir, alumbrar
parvènza *sf* apariencia *f*
parziàle *a* parcial
parzialità *sf* parcialidad *f*
pascià *sm* pachá *m*
pasciùto *a* bien nudrido, robusto
pascolàre *vt* apacentar ◆ *vi* pacer, pastar
pàscolo *sm* pasto *m*, pastizal *m*
Pàsqua *sf* Pascua *f*
pasquàle *a* pascual
pasquétta *sf* lunes *m* de Pascua
passàbile *a* pasable
passàggio *sm* pasaje *m*, paso *m* • *essere di p.* estar de paso; *p. a livello* paso a nivel
passànte *sm* transeúnte *m*
passapòrto *sm* pasaporte *m*
passàre *vt* pasar ◇ (*esame*) superar ◇ (*cuc*) triturar ◇ (*filtrare*) filtrar ◇ (*superare*) superar ◆ *vi* pasar
passatèmpo *sm* pasatiempo *m*
passàto *a* pasado ◆ *sm* pasado *m* ◇ (*gramm*) pretérito *m*
passeggèro *a* pasajero, transitorio ◆ *sm* pasajero *m*, viajero *m*
passeggiàre *vi* pasear
passeggiàta *sf* paseo *m*
passeggìno *sm* cochecito *m*
passéggio *sm* paseo *m*
passerèlla *sf* pasarela *f*
pàssero *sm* gorrión *m*

passìbile *a* pasible
passionàle *a* pasional
passióne *sf* pasión *f*
passività *sf* pasividad *f* ◇ (*econ*) pasivo *m*
passìvo *a/sm* pasivo *m*
pàsso *sm* paso *m* ◇ (*passaggio, brano*) pasaje *m* • ***fare due passi*** dar una vuelta; ***fare un p. falso*** dar un paso en falso
pàsta *sf* pasta *f* ◇ (*per dolci*) masa *f* ◇ (*pastasciutta*) pasta *f* ◇ (*dolcetto*) pastelillo *m* • ***p. frolla*** pastaflora
pastasciùtta *sf* pasta *f*
pasteggiàre *vi* comer
pastèllo *sm* pastel *m*
pasticcerìa *sf* pastelería *f*
pasticciàre *vt* chapucear
pasticcière *sm* pastelero *m*, repostero *m*
pasticcìno *sm* pastelillo *m*, dulce *m*
pastìccio *sm* chapucería *f* ◇ (*imbroglio*) lío *m*, enredo *m* ◇ (*cuc*) pastel *m*
pasticcióne *sm* chapucero *m*
pastifìcio *sm* fábrica *f* de pastas
pastìglia *sf* pastilla *f*
pàsto *sm* comida *f*
pastóne *sm* cebo *m* ◇ (*spreg*) bodrio *m*
pastoràle *a* pastoril ◇ (*relig*) pastoral ◆ *sf* pastoral *f*
pastóre *sm* pastor *m*
pastorìzia *sf* ganadería *f*
pastorizzàre *vt* pasteurizar
pastóso *a* pastoso
pastùra *sf* pasto *m*
patàta *sf* patata *f*
patèma *sm* angustia *f*, aflicción *f*
patènte *a* evidente, patente ◆ *sf* (*aut*) carnet *m* de conducir ◇ (*gener*) permiso *m*, licencia *f*
paternàle *sf* sermón *m*
paternità *sf* paternidad *f*
patèrno *a* paterno
patètico *a* patético
patìbolo *sm* cadalso *m*, patíbulo *m*
pàtina *sf* pátina *f*
pàtio *sm* patio *m*
patìre *vt* soportar ◆ *vi* padecer, sufrir
patìto *sm* fanático *m*
patologìa *sf* patología *f*
patològico *a* patológico
pàtria *sf* patria *f*
patriàrca *sm* patriarca *m*
patrìgno *sm* padrastro *m*
patrimoniàle *a* patrimonial
patrimònio *sm* patrimonio *m*
pàtrio *a* patrio ◇ (*del padre*) paterno
patriòta *sm/f* patriota *m/f*
patriottìsmo *sm* patriotismo *m*
patrìzio *a/sm* patricio *m*
patrocinàre *vt* patrocinar ◇ (*dir*) defender
patrocìnio *sm* patrocinio *m* ◇ (*dir*) defensa *f*
patronìmico *sm* patronímico *m*
patròno *sm* patrono *m*
pàtta *sf* tapa *f*

patteggiàre *vt* tractar ◆ *vi* pactar
pattinàggio *sm* patinaje *m*
pattinàre *vi* patinar
pattinatóre *sm* patinador *m*
pàttino *sm* patín *m* ● ***pattini da ghiaccio*** patines para hielo; ***pattini in linea*** patines en línea; ***pattini a rotelle*** patines de ruedas
pàtto *sm* pacto *m* ● ***a p. che*** a condición de que
pattùglia *sf* patrulla *f*
pattuìre *vt* pactar
pattùme *sm* basura *f*
pattumièra *sf* basurero *m*, cubo *m* de la basura
paùra *sf* miedo *m* ● ***far p.*** dar miedo
pauróso *a* (*che ha paura*) miedoso ◇ (*che fa paura*) espantoso
pàusa *sf* pausa *f*
pavimentazióne *sf* pavimentación *f*
paviménto *sm* suelo *m*, piso *m*
pavóne *sm* pavo *m* real
pavoneggiàrsi *vpr* pavonearse
pazientàre *vi* aguantar, soportar
paziènte *a/sm/f* paciente *m/f*
paziènza *sf* paciencia *f*
pazzésco *a* absurdo
pazzìa *sf* locura *f*
pàzzo *a/sm* loco *m*
pècca *sf* defecto *m*
peccaminóso *a* pecaminoso
peccàre *vi* pecar
peccàto *sm* pecado *m* ● ***che p.!*** ¡qué lástima!
peccatóre *sm* pecador *m*
péce *sf* pez *f*
pècora *sf* oveja *f*
peculiàre *a* peculiar
pecùlio *sm* peculio *m*
pecuniàrio *a* pecuniario
pedàggio *sm* peaje *m*
pedagogìa *sf* pedagogía *f*
pedagògico *a* pedagógico
pedalàre *vi* pedalear
pedalàta *sf* pedaleo *m*
pedàle *sm* pedal *m*
pedàna *sf* tarima *f*
pedànte *a/sm/f* pedante *m/f*
pedanterìa *sf* pedantería *f*
pedàta *sf* patada *f*, puntapié *m*
pederàsta *sm* pederasta *m*
pedèstre *a* pedestre
pediàtra *sm/f* pediatra *m/f*
pedicùre *sm/f* pedicuro *m*
pedìna *sf* peón *m*
pedinàre *vt* seguir
pedofilìa *sf* pedofilia *f*
pedonàle *a* peatonal
pedóne *sm* peatón *m* ◇ (*scacchi*) peón *m*
pèggio *a/avv* peor ◆ *sm* lo peor ● ***alla p.*** en el peor de los casos
peggioraménto *sm* empeoramiento *m*
peggioràre *vt/i* empeorar
peggiorativo *a* peyorativo
peggióre *a/sm/f* peor *m/f*
pégno *sm* prenda *f* ● ***dare in p.*** dejar en prenda
pelàre *vt* pelar

pellàme *sm* pieles *f pl*
pèlle *sf* piel *f*, cutis *m* ◇ (*pellame*) cuero *m* ◇ (*buccia*) cáscara *f* ◇ (*fig*) pellejo *m*
pellegrinàggio *sm* peregrinaje *m*, romería *f*
pellegrìno *sm* peregrino *m*
pellerόssa *sm/f* piel roja *m/f*
pelletterìa *sf* peletería *f*
pellicàno *sm* pelicano *m*
pellicceria *sf* peletería *f*
pellìccia *sf* piel *f* ◇ (*cappotto*) abrigo *m* de piel ● ***p. ecologica*** abrigo de piel sintética
pellìcola *sf* película *f*
pélo *sm* pelo *m* ◇ (*pelliccia*) piel *f* ◇ (*dell'acqua*) nivel *m* ● ***per un p.*** por un pelo
pelόso *a* peludo
péltro *sm* peltre *m*
pelùria *sf* vello *m* ◇ (*vegetale*) pelusa *f*
péna *sf* pena *f* ● ***a mala p.*** a duras penas; ***far p.*** dar pena
penàle *a* penal
penalità *sf* penalidad *f*
penalizzàre *vt* penalizar
penàre *vi* penar
pencolànte *a* tambaleante
pendènte *a/sm* pendiente *m*
pendènza *sf* inclinación *f*, declive *m* ◇ (*dir*) pendencia *f*
pèndere *vi* pender, inclinarse
pendìo *sm* pendiente *f*, cuesta *f*
pendolàre *a* pendular
pèndolo *sm* péndulo *m* ◇ (*orologio*) péndola *f*
pène *sm* pene *m*
penetràre *vt* comprender ◆ *vi* penetrar
penetraziόne *sf* penetración *f*
penicillìna *sf* penicilina *f*
peninsulàre *a* peninsular
penìsola *sf* península *f*
penitènte *a/sm/f* penitente *m/f*
penitènza *sf* penitencia *f*
penitenziàrio *a* penitenciario ◆ *sm* cárcel *f*
pénna *sf* pluma *f* ● ***p. a sfera*** bolígrafo
pennellàre *vt* pintar
pennellàta *sf* pincelada *f*
pennèllo *sm* pincel *m* ● ***p. da barba*** brocha de afeitar
pennìno *sm* plumilla *f*
pennùto *sm* ave *f*
penόmbra *sf* penumbra *f*
penόso *a* penoso
pensàbile *a* imaginable
pensàre *vt/i* pensar
pensatόre *sm* pensador *m*
pensièro *sm* pensamiento *m* ◇ (*opinione*) opinión *f* ◇ (*ansia*) preocupación *f* ◇ (*dottrina*) sistema *m* ◇ (*massima*) máxima *f* ◇ (*regalo*) regalo *m*
pensierόso *a* pensativo
pènsile *a* colgante
pensilìna *sf* marquesina *f*, cobertizo *m*
pensionaménto *sm* jubilación *f*
pensionànte *sm/f* pensionista *m/f*
pensionàto *sm* jubilado *m* ◇ (*residenza*) pensionado *m*

pensióne *sf* jubilación *f* ◇ (*residenza, trattamento*) pensión *f* • ***p. completa*** pensión completa; ***mezza p.*** media pensión
pensóso *a* pensativo
pentàgono *sm* pentágono *m*
pentagràmma *sm* pentagrama *m*
pentecòste *sf* pentecostés *m*
pentiménto *sm* arrepentimiento *m*
pentìrsi *vpr* arrepentirse
péntola *sf* olla *f*
penùltimo *a/sm* penúltimo *m*
penùria *sf* penuria *f*, escasez *f*
penzolàre *vi* colgar
penzolóni *avv* colgando
peònia *sf* peonia *f*
pepàto *a* con pimienta ◇ (*fig*) picante
pépe *sm* pimienta *f*
peperoncìno *sm* pimentón *m* picante
peperóne *sm* pimiento *m*
pepìta *sf* pepita *f*
per *prep* para ◇ (*causa*) por ◇ (*durante*) durante • ***è p. lei*** es para ella; ***p. cento*** por ciento; ***p. me è lo stesso*** para mí es lo mismo; ***p. posta*** por correo; ***se p. caso ...*** si acaso ...
péra *sf* pera *f*
peràltro *avv* además
perbàcco! *inter* ¡hombre!, ¡vaya!, ¡caramba!
perbène *a* de bien, honesto ◆ *avv* bien
percentuàle *sf* porcentaje *m*
percepìbile *a* perceptible
percepìre *vt* percibir
percettìbile *a* perceptible
percezióne *sf* percepción *f*
perché *avv* por qué ◆ *cong* (*causale*) porque ◇ (*finale*) para que
perciò *cong* por eso, por esto
percorrènza *sf* recorrido *m*
percórrere *vt* recorrer, atravesar
percorrìbile *a* transitable
percórso *sm* recorrido *m*
percòssa *sf* golpe *m*
percuòtere *vt* percutir, golpear
percussióne *sf* percusión *f*
pèrdere *vt* perder ◆ *vpr* perderse, extraviarse
perdigiórno *sm/f* holgazán *m*
pèrdita *sf* pérdida *f*
perditèmpo *sm/f* holgazán *m*
perdizióne *sf* perdición *f*
perdonàre *vt/i* perdonar
perdóno *sm* perdón *m*
perduràre *vi* perdurar
perdutaménte *avv* perdidamente
perdùto *a* perdido
peregrinàre *vi* vagar
peregrinazióne *sf* peregrinación *f*
perènne *a* perenne, perpetuo
perentòrio *a* perentorio
perfettaménte *avv* perfectamente
perfètto *a/sm* perfecto *m*
perfezionaménto *sm* perfeccionamiento *m*

perfezionàre *vt* perfeccionar ◆ *vpr* perfeccionarse
perfezióne *sf* perfección *f*
perfezionìsta *sm/f* perfeccionista *m/f*
perfìdia *sf* perfidia *f*
pèrfido *a* pérfido
perfìno *avv* hasta, incluso
perforàre *vt* perforar, horadar
perforazióne *sf* perforación *f*
pergamèna *sf* pergamino *m*
pèrgola *sf* emparrado *m*
pergolàto *sm* emparrado *m*
pericolànte *a* zozobrante, inestable
perìcolo *sm* peligro *m*
pericolóso *a* peligroso
periferìa *sf* periferia *f*, alrededores *m pl*, afueras *f pl*
perifèrico *a* periférico
perìfrasi *sf* perífrasis *f*
perimetràle *a* perimétrico
perìmetro *sm* perímetro *m*
periodicaménte *avv* periódicamente
periodicità *sf* periodicidad *f*
periòdico *a* periódico ◆ *sm* periódico *m*, revista *f*
perìodo *sm* período *m*
peripezìa *sf* peripecia *f*
pèriplo *sm* periplo *m*
perìre *vi* morir
periscòpio *sm* periscopio *m*
perìto *sm* perito *m*
peritonìte *sf* peritonitis *f*
perìzia *sf* pericia *f*, habilidad *f* ◇ (*dir*) peritaje *m*
pèrla *sf* perla *f*
perlàceo *a* perlado
perloméno *avv* por lo menos, al menos
perlopiù *avv* casi siempre, generalmente
perlustràre *vt* explorar
perlustrazióne *sf* exploración *f*
permalóso *a* quisquilloso
permanènte *a* estable, permanente, invariable ◆ *sf* permanente *f*
permanènza *sf* permanencia *f*
permanére *vi* continuar
permeàre *vt* penetrar, empapar
perméssso *sm* permiso *m* ● ***p. di soggiorno*** permiso de residencia
perméttere *vt* permitir
permissìvo *a* permisivo
pèrmuta *sf* permuta *f*, cambio *m*
permutàre *vt* permutar
pernìce *sf* perdiz *f*
perniciόso *a* pernicioso
pèrno *sm* pivote *m*, eje *m*
pernottaménto *sm* alojamiento *m*
pernottàre *vi* pernoctar
péro *sm* peral *m*
però *cong* pero, sin embargo
peróne *sm* peroné *m*
peroràre *vt* perorar, sostener
perpendicolàre *a/sf* perpendicular *f*
perpendìcolo, a *loc.avv* a plomo
perpetràre *vt* perpetrar
perpetuàre *vt* perpetuar

perpètuo *a* perpetuo
perplessità *sf* perplejidad *f*
perplèsso *a* perplejo
perquisìre *vt* (*persona*) registrar, cachear ◇ (*luogo*) revisar, registrar
perquisizióne *sf* (*di persone*) cacheo *m* ◇ (*di luogo*) registro *m*
persecutóre *sm* perseguidor *m*
persecuzióne *sf* persecución *f*
perseguìre *vt* perseguir
perseguitàre *vt* molestar
perseverànza *sf* perseverancia *f*
perseveràre *vi* perseverar
persiàna *sf* persiana *f*
persìno *avv* hasta, incluso
persistènte *a* persistente
persìstere *vi* persistir
persóna *sf* persona *f*
personàggio *sm* personaje *m* ◇ (*ragguardevole*) personalidad *f*
personàle *a/sm* personal *m*
personalità *sf* personalidad *f*
personalizzàre *vt* personalizar
personalménte *avv* personalmente
personificàre *vt* personificar
personificazióne *sf* personificación *f*
perspicàce *a* perspicaz
perspicàcia *sf* perspicacia *f*, agudeza *f*
persuadére *vt* persuadir, convencer ◆ *vrif* persuadirse, convencerse
persuasióne *sf* persuasión *f*
persuasìvo *a* persuasivo
pertànto *cong* por lo tanto, pues
pèrtica *sf* pértiga *f*
pertinènte *a* pertinente
pertùgio *sm* tronera *f*, agujero *m*
perturbàre *vt* turbar
perturbazióne *sf* perturbación *f*
pervàdere *vt* invadir, penetrar
pervenìre *vi* llegar
perversióne *sf* perversión *f*
perversità *sf* perversidad *f*
pervèrso *a* perverso
pervertìre *vt* pervertir
pesànte *a* pesado ◇ (*di persone*) aburrido ◇ (*di tempo*) bochornoso
pesàre *vt/i* pesar
pesàta *sf* pesada *f*
pésca (1) *sf* pesca *f*
pèsca (2) *sf* (*frutto*) melocotón *m*
pescàre *vt/i* pescar
pescatóre *sm* pescador *m*
pésce *sm* pez *m* ◇ (*cibo*) pescado *m*
pescecàne *sm* tiburón *m*
pescheréccio *sm* barco *m* pesquero
pescherìa *sf* pescadería *f*
pescivéndolo *sm* pescadero *m*
pèsco *sm* melocotonero *m*
pescóso *a* rico de peces
péso *sm* peso *m* • ***p. lordo/netto*** peso bruto/neto

pessimìsmo *sm* pesimismo *m*
pessimìsta *a/sm/f* pesimista *m/f*
pèssimo *a* pésimo
pestàre *vt* pisar, aplastar ◇ (*picchiare*) pegar
pèste *sf* peste *f*
pestèllo *sm* majadero *m*
pestìfero *a* pestífero, molesto
pestilènza *sf* pestilencia *f*
pestilenziàle *a* pestilencial ◇ (*fig*) hediondo
pésto *a* magullado
pètalo *sm* pétalo *m*
petàrdo *sm* petardo *m*
petizióne *sf* petición *f*
petrolchìmico *a* petroquímico
petrolièra *sf* petrolero *m*
petrolière *sm* petrolero *m*
petrolìfero *a* petrolífero
petròlio *sm* petróleo *m*
pettegolézzo *sm* chisme *m*, habladuría *f*
pettégolo *a/sm* chismoso *m*
pettinàre *vt* peinar ◆ *vrif* peinarse
pettinatùra *sf* peinado *m*
pèttine *sm* peine *m*
pettirósso *sm* petirrojo *m*
pètto *sm* pecho *m* ◇ (*di vestito*) pechera *f* ◇ (*cuc*) pechuga *f*
pettoràle *a/sm* pectoral *m*
petulànte *a* petulante
pèzza *sf* pieza *f* ◇ (*toppa*) retazo *m*
pezzàto *a* manchado
pezzènte *sm/f* pordiosero *m*
pèzzo *sm* trozo *m*, pedazo *m* ◇ (*tecn*) pieza *f* ◇ (*di tempo*) rato *m* ◇ (*mus*) pieza *f*, trozo *m*
pezzuòla *sf* pañuelo *m*
phon *sm* secador *m* de mano
piacènte *a* atractivo
piacére *vi* gustar ◆ *sm* placer *m*, gusto *m* ● ***per p.!*** ¡por favor!; ***p.!*** ¡mucho gusto!
piacévole *a* agradable
piàga *sf* llaga *f* ◇ (*fig*) plaga *f*
piagnistèo *sm* lloriqueo *m*
piagnóne *sm* llorón *m*
piagnucolàre *vi* lloriquear
piàlla *sf* cepillo *m*
piallàre *vt* cepillar
piàna *sf* llano *m*
pianeggiànte *a* llano
pianèlla *sf* zapatilla *f*
pianeròttolo *sm* rellano *m*
pianéta *sm* planeta *m* ◆ *sf* casulla *f*
piàngere *vt* sentir, lamentar, deplorar ◆ *vi* llorar
pianificàre *vt* planificar
pianificazióne *sf* planificación *f*
pianìsta *sm/f* pianista *m/f*
piàno *a* llano, plano ◆ *sm* (*fot*) plano *m* ◇ (*superficie piana*) tablero *m*, plancha *f* ◇ (*di palazzo*) piso *m*, planta *f* ◇ (*progetto*) proyecto *m*, plan *m* ◇ (*mus*) piano *m* ◆ *avv* despacio, lentamente ◇ (*a voce bassa*) en voz baja ◇ (*con attenzione*) cuidadosamente ● ***p. terra*** planta baja
pianofòrte *sm* piano *m*

pianotèrra *sm* planta *f* baja
piànta *sf* planta *f* ◇ (*carta*) plano *m*
piantagióne *sf* plantación *f*
piantàre *vt* plantar ◇ (*conficcare*) clavar ◇ (*lasciare*) dejar, plantar ◆ *vpr* clavarse ◆ *vrif* dejarse
pianterréno *sm* planta *f* baja
piànto *sm* llanto *m*, lloro *m*
pianùra *sf* llanura *f*, llano *m*
piàstra *sf* plancha *f*, chapa *f* • ***alla p.*** a la plancha
piastrèlla *sf* baldosa *f*
piastrìna *sf* placa *f*
piattafórma *sf* plataforma *f*
piattèllo *sm* platillo *m*
piàtto *a* plano, chato ◆ *sm* plato *m* ◇ *al pl* (*mus*) platillos *m pl* • ***p. fondo/piano*** plato hondo/llano
piàzza *sf* plaza *f*
piazzafòrte *sf* plaza *f* fuerte
piazzàle *sm* plaza *f*
piazzaménto *sm* desplazamiento *m*
piazzòla *sf* plazoleta *f*
pìcca *sf* pica *f* ◇ *al pl* (*carte da gioco*) picas *f pl*
piccànte *a* picante
picchettàre *vt* jalonar
picchétto *sm* piquete *m*
picchiàre *vt* pegar, golpear ◆ *vi* golpear ◆ *vrif* pegarse, batirse
picchiàta *sf* picada *f*
picchiettàre *vt* puntear ◆ *vi* repiquetear
pìcchio *sm* pájaro *m* carpintero, pico *m*
piccìno *a* pequeño ◆ *sm* niño *m*
picciòlo *sm* cabillo *m*
piccionàia *sf* palomar *m* ◇ (*teat*) gallinero *m*
piccióne *sm* paloma *f*
pìcco *sm* pico *m* • ***andare a p.*** irse a pique
piccolézza *sf* pequeñez *f* ◇ (*sciocchezza*) tontería *f*
pìccolo *a* pequeño ◇ (*scarso*) poco ◇ (*breve*) breve ◆ *sm* niño *m*
piccóne *sm* pico *m*
piccòzza *sf* piqueta *f*, piolet *m*
pidòcchio *sm* piojo *m*
pidocchióso *a* piojoso ◇ (*avaro*) avaro
piède *sm* pie *m* ◇ (*zampa*) pata *f* • ***a piedi*** a pie; ***in piedi*** de pie
piedistàllo *sm* pedestal *m*
pièga *sf* pliegue *m*, arruga *f* ◇ (*fig*) cariz *m* • ***prendere una brutta p.*** tomar un mal cariz
piegaménto *sm* flexión *f*
piegàre *vt* doblar, plegar ◇ (*la testa*) bajar ◆ *vi* torcer ◇ (*dirigersi*) doblar ◆ *vpr/rif* torcerse, doblarse
pieghévole *a* plegable
pièna *sf* crecida *f* ◇ (*folla*) muchedumbre *f*
pièno *a* lleno ◇ (*giorno, facoltà e sim*) pleno • ***fare il p.*** (*aut*) llenar el tanque
pienóne *sm* lleno *m* absoluto
pietà *sf* piedad *f*

pietànza *sf* plato *m*
pietóso *a* conmovedor
piètra *sf* piedra *f*
pietrificàre *vt* petrificar ◆ *vpr* petrificarse
pìffero *sm* pífano *m*
pigiàma *sm* pijama *m*
pìgia pìgia *loc.sm* gentío *m*
pigiàre *vt* pisar, apretar
pigliàre *vt* coger
pìglio *sm* expresión *f*, ceño *m*
pigmentazióne *sf* pigmentación *f*
pigmèo *sm* pigmeo *m*
pìgna *sf* piña *f*
pignàtta *sf* olla *f*
pignolerìa *sf* meticulosidad *f*, pedantería *f*
pignòlo *a* meticuloso, pedante
pignoraménto *sm* embargo *m*
pignoràre *vt* embargar
pigolàre *vi* piar
pigrìzia *sf* pereza *f*
pìgro *a* perezoso
pìla *sf* pila *f* ◇ (*mucchio*) montón *m*
pilàstro *sm* pilastra *f*, pilar *m*
pìllola *sf* píldora *f*
pilóne *sm* pilar *m*
pilòta *sm/f* piloto *m/f*
pilotàggio *sm* pilotaje *m*
pilotàre *vt* pilotar
piluccàre *vt* picar
pimpànte *a* pimpante
pin *sm* (*personal identification number, numero di identificazione personale*) PIN *m*, NIP *m* (*número de identificación personal*)
pinacotèca *sf* pinacoteca *f*
pinéta *sf* pinar *m*
pìngue *a* pingüe
pinguìno *sm* pingüino *m*
pìnna *sf* aleta *f*
pinnàcolo *sm* pináculo *m*
pìno *sm* pino *m*
pinòlo *sm* piñón *m*
pìnta *sf* pinta *f*
pìnza *sf* pinza *f*
pinzétta *sf* pinza *f*
pìo *a* pio • ***p. desiderio*** vano deseo
piòggia *sf* lluvia *f*
piòlo *sm* estaca *f*
piombàre *vt* emplomar ◆ *vi* caer, lanzarse
piómbo *sm* plomo *m*
pionière *sm* pionero *m*
piòppo *sm* álamo *m*
piovàno *a* pluvial
piòvere *vimp* llover • ***p. a catinelle*** llover a cántaros
piovigginàre *vimp* lloviznar
piovosità *sf* pluviosidad *f*
piovóso *a* lluvioso, pluvioso
piòvra *sf* pulpo *m* gigante
pìpa *sf* pipa *f*
pipì *sf* pipí *m*
pipistrèllo *sm* murciélago *m*
pìra *sf* pira *f*, hoguera *f*
piramidàle *a* piramidal
piràmide *sf* pirámide *f*
piràta *sm* pirata *m* • ***p. informatico*** pirata informático
piraterìa *sf* piratería *f*

piroétta *sf* pirueta *f*
piròfila *sf* fuente *f* de pyrex
piròga *sf* piragua *f*
piròmane *sm/f* incendiario *m*, pirómano *m*
piròscafo *sm* vapor *m*
pirotècnico *a* pirotécnico
pisciàre *vi* mear
piscicoltùra *sf* piscicultura *f*
piscìna *sf* piscina *f*
pisèllo *sm* guisante *m*
pisolìno *sm* cabeceada *f*, siesta *f*
pìsta *sf* pista *f* • ***p. ciclabile*** carril bici
pistàcchio *sm* pistacho *m*
pistìllo *sm* pistilo *m*
pistòla *sf* pistola *f*
pistóne *sm* pistón *m*
pitòcco *a* tacaño
pitóne *sm* pitón *m*
pittóre *sm* pintor *m*
pittorésco *a* pintoresco
pittùra *sf* pintura *f*
pitturàre *vt* pintar
più *avv/a/prep* más ◆ *sm* lo más ◇ (*il più*) lo mayor • ***al p. tardi*** lo más tarde; ***a p. non posso*** a más no poder; ***per di p.*** además; ***per lo p.*** generalmente; ***sempre p.*** cada vez más
piuccheperfètto *sm* pluscuamperfecto *m*
piùma *sf* pluma *f*
piumàggio *sm* plumaje *m*
piumàto *a* emplumado
piumìno *sm* edredón *m* ◇ (*per polvere*) plumero *m*
piumóso *a* plumoso
piuttòsto *avv* más bien • ***p. di/che*** antes de/que
pivèllo *sm* principiante *m/f*
pìzza *sf* pizza *f* • ***p. al trancio*** pizza en porciones
pizzaiòlo *sm* pizzero *m*
pizzerìa *sf* pizzería *f*
pizzicàre *vt* pellizcar ◇ (*sorprendere*) sorprender ◆ *vi* picar
pìzzico *sm* pellizco *m* ◇ (*presa*) pizca *f* ◇ (*di insetto*) picadura *f*
pizzicóre *sm* picazón *f*
pizzicòtto *sm* pellizco *m*
pìzzo *sm* encaje *m*, puntilla *f*
placàre *vt* aplacar ◆ *vpr* aplacarse, mitigarse
plàcca *sf* placa *f*, chapa *f*
placcàre *vt* enchapar
placchétta *sf* placa *f*
placènta *sf* placenta *f*
plàcido *a* plácido
plagiàre *vt* plagiar
plàgio *sm* plagio *m*
plaid *sm* manta *f*
planàre *vi* planear
planàta *sf* planeo *m*
plància *sf* plancha *f*
planimetrìa *sf* planimetría *f*
planisfèro *sm* planisferio *m*
plàsma *sm* plasma *m*
plasmàre *vt* plasmar
plàstica *sf* plástica *f*
plasticità *sf* plasticidad *f*
plàstico *a* plástico ◆ *sm* maqueta *f* ◇ (*esplosivo*) plástico *m*
plastificàre *vt* plastificar

plàtano *sm* plátano *m*
platèa *sf* platea *f*
plateàle *a* teatral
plàtino *sm* platino *m*
platònico *a* platónico
plausìbile *a* plausible, admisible
plàuso *sm* aprobación *f*
plèbe *sf* plebe *f*
plebèo *a/sm* plebeyo *m*
plebiscìto *sm* plebiscito *m*
plenàrio *a* plenario
plenilùnio *sm* plenilunio *m*
pleonàsmo *sm* pleonasmo *m*
pleonàstico *a* pleonástico, superfluo
plèttro *sm* plectro *m*
plèura *sf* pleura *f*
pleurìte *sf* pleuresía *f*, pleuritis *f*
plìco *sm* pliego *m*
plotóne *sm* pelotón *m*
plùmbeo *a* plúmbeo
pluràle *a/sm* plural *m*
pluralìsmo *sm* pluralismo *m*
pluralità *sf* pluralidad *f*
pluriennàle *a* plurienal
plùrimo *a* múltiple
plusvalóre *sm* plusvalía *f*
plutocrazìa *sf* plutocracia *f*
pluviàle *a* pluvial
pneumàtico *a/sm* neumático *m*
po' → **poco**
pòco *avv/a/pr/sm* poco *m* ● ***fra p.*** dentro de poco; ***p. fa*** hace poco; ***un po' di*** un poco de
podére *sm* cortijo *m*, finca *f*
poderóso *a* poderoso
pòdio *sm* podio *m*, tarima *f*
podìsmo *sm* pedestrismo *m*
podìsta *sm/f* corredor *m*
poèma *sm* poema *m*
poesìa *sf* poesía *f*
poèta *sm* poeta *m*
poetéssa *sf* poetisa *f*
poètico *a* poético
poggiàre *vt* apoyar ◆ *vi* (*naut*) arribar
poggiatèsta *sm* cabezal *m*
pòggio *sm* cerro *m*, colina *f*
poggiòlo *sm* balcón *m*
pòi *avv* después, luego ◇ (*inoltre*) además
poiché *cong* pues, porque, ya que
polàcco *a/sm* polaco *m*
polàre *a* polar
polarità *sf* polaridad *f*
polarizzàre *vt* polarizar ◆ *vpr* polarizarse ◇ (*fig*) orientarse
polèmica *sf* polémica *f*
polèmico *a* polémico
polemizzàre *vi* polemizar
policlìnico *sm* policlínica *f*
polìcromo *a* polícromo
polièdro *sm* poliedro *m*
polifònico *a* polifónico
polìgamo *a/sm* polígamo *m*
poliglòtta *a/sm/f* polígloto *m*
polìgono *sm* polígono *m*
polimerizzazióne *sf* polimerización *f*
poliomielìte *sf* poliomielitis *f*
pòlipo *sm* pólipo *m*
polistiròlo *sm* poliesterol *m*
politècnico *sm* politécnico *m*

polìtica *sf* política *f*
politicizzàre *vt* politizar
polìtico *a/sm* político *m*
polivalènte *a* polivalente
polizìa *sf* policía *f*
poliziésco *a* policíaco
poliziòtto *sm* policía *m*
pòlizza *sf* póliza *f*
pollàio *sm* gallinero *m*
pollàme *sm* volatería *f*
pollàstro *sm* pollastro *m*
pòllice *sm* pulgar *m* ◇ (*misura*) pulgada *f*
pòlline *sm* polen *m*
póllo *sm* pollo *m* ◇ (*fig*) tonto *m*
polmonàre *a* pulmonar
polmóne *sm* pulmón *m*
polmonìte *sf* pulmonía *f*
pòlo *sm* polo *m*
pólpa *sf* pulpa *f*
polpàccio *sm* pantorrilla *f*
polpastrèllo *sm* yema *f*
polpétta *sf* albóndiga *f*
pólpo *sm* pulpo *m*
polpóso *a* pulposo
polsìno *sm* puño *m*
pólso *sm* muñeca *f* ◇ (*pulsazione*) pulso *m* ◇ (*fig*) fuerza *f*
poltìglia *sf* gacha *f*
poltrìre *vi* holgazanear
poltróna *sf* sillón *m*, butaca *f*
poltróne *sm* holgazán *m*
pólvere *sf* polvo *m* ● ***p. da sparo*** pólvora
polverièra *sf* polvorín *m*
polverizzàre *vt* pulverizar ◆ *vpr* pulverizarse
polveróso *a* polvoriento
pomàta *sf* pomada *f*
pomèllo *sm* pómulo *m*, pomo *m*
pomeridiàno *a* postmeridiano, de la tarde
pomerìggio *sm* tarde *f*
pòmice *sf* pómez *f*
pomicIàre *vi* (*fam*) morrearse, sobarse
pómo *sm* pomo *m*
pomodòro *sm* tomate *m*
pómpa *sf* pompa *f* ◇ (*mecc*) bomba *f* ◇ (*fam*) (*di benzina*) gasolinera *f*
pompàre *vt* bombear
pompèlmo *sm* pomelo *m*
pompière *sm* bombero *m*
pompóso *a* pomposo
ponderàre *vt/i* ponderar
ponènte *sm* poniente *m*
pónte *sm* puente *m*
pontéfice *sm* pontífice *m*
pontificàto *sm* pontificado *m*
pontìle *sm* embarcadero *m*
popolàre *a* popular ◆ *vt* poblar ◆ *vpr* poblarse
popolarità *sf* popularidad *f*
popolazióne *sf* población *f*
pòpolo *sm* pueblo *m*
popolóso *a* populoso
póppa *sf* popa *f*
poppànte *sm/f* niño *m* de pecho
poppàre *vt* mamar
porcàio *sm* porquerizo *m*
porcellàna *sf* porcelana *f*
porcellìno *sm* lechón *m*, cochinillo *m*
porcherìa *sf* suciedad *f* ◇ (*fig*) porquería *f*

porcìle *sm* pocilga *f*, chiquero *m*
porcìno *sm* boleto *m*
pòrco *sm* cerdo *m*, chanco *m* ◇ (*fig*) puerco *m*
porcospìno *sm* puerco *m* espín
pòrfido *sm* pórfido *m*
pòrgere *vt* dar ◇ (*occasione*) ofrecer, presentar
pornografìa *sf* pornografía *f*
pornogràfico *a* pornográfico
pòro *sm* poro *m*
poróso *a* poroso
pórpora *sf* púrpura *f*
pórre *vt* poner, colocar ◇ (*supporre*) suponer ◆ *vrif* ponerse, colocarse ● ***p. una domanda*** hacer una pregunta
pòrro *sm* puerro *m* ◇ (*med*) verruga *f*
pòrta *sf* puerta *f* ◇ (*sport*) portería *f*
portabagàgli *sm* (*facchino*) maletero *m* ◇ (*aut*) portaequipajes *m* ◇ (*ferr*) rejilla *f*
portacénere *sm* cenicero *m*
portachiàvi *sm* llavero *m*
portaèrei *a/sf* portaaviones *m*
portafinèstra *sf* puerta *f* de balcón, puerta *f* ventana
portafòglio *sm* cartera *f*
portafortùna *sm* amuleto *m*, mascota *f*
portagioièlli *sm* joyero *m*
portàle *sm* portal *m*, portón *m* ◇ (*inform*) portal *m*
portalèttere *sm/f* cartero *m*
portamatìte *sm* portalápices *m*
portaménto *sm* porte *m*
portamonéte *sm* monedero *m*
portantìna *sf* litera *f*, palanquín *m*
portaombrèlli *sm* paragüero *m*
portapàcchi *sm* portaequipajes *m*
portàre *vt* llevar ◇ (*verso chi parla*) traer ◇ (*condurre*) conducir ◇ (*sentire*) tener, sentir ◆ *vpr* dirigirse ● ***p. aiuto*** prestar ayuda; ***p. gli occhiali*** llevar gafas; ***p. via*** llevarse, (*allontanare*) quitar, (*rubare*) robar
portasapóne *sm* jabonera *f*
portascì *sm* portaesquís *m*
portasciugamàno *sm* toallero *m*
portàta *sf* (*cuc*) plato *m* ◇ (*di carico*) capacidad *f* ◇ (*di fiume*) caudal *m* ◇ (*fig*) alcance *m* ● ***alla p. di tutti*** al alcance de todos; ***piatto da p.*** fuente
portàtile *a* portátil ◆ *sm* (*inform*) ordenador *m* portátil
portauòvo *sm* huevera *f*
portavivànde *sm* portaplatos *m*
portavóce *sm/f* portavoz *m/f*
portènto *sm* portento *m*
portentóso *a* portentoso
porticàto *sm* pórtico *m*
pòrtico *sm* porche *m*, pórtico *m*
portièra *sf* portezuela *f*
portière *sm* portero *m*
portinàio *sm* portero *m*
portinerìa *sf* portería *f*
pòrto *sm* puerto *m* ◇ (*comm*)

porte *m* • ***p. d'armi*** permiso de armas
portoghése *a/sm/f* portugués *m*
portóne *sm* portón *m*
portuàle *a* portuario ◆ *sm* descargador *m*
porzióne *sf* porción *f*
pòsa *sf* colocación *f* ◇ (*fot*) exposición *f* ◇ (*attitudine*) pose *f*
posacénere *sm* cenicero *m*
posàre *vt* poner ◆ *vi* posar ◆ *vpr* apoyarse
posàta *sf* cubierto *m*
posàto *a* reflexivo
poscrìtto *sm* posdata *f*
positìvo *a* positivo ◇ (*reale*) cierto, efectivo ◇ (*sicuro*) seguro
posizionàre *vt* situar, disponer
posizióne *sf* posición *f* ◇ (*fig*) situación *f*
posologìa *sf* posología *f*
pospórre *vt* posponer, postergar
possedére *vt* poseer
possediménto *sm* propiedad *f*
possènte *a* poderoso
possessìvo *a* posesivo
possèsso *sm* posesión *f*
possessóre *sm* poseedor *m*
possìbile *a/sm* posible *m*
possibilità *sf* posibilidad *f*
possibilménte *avv* posiblemente
possidènte *sm/f* propietario *m*
pòsta *sf* correo *m* ◇ (*corrispondenza*) correspondencia *f* ◇ (*giochi*) apuesta *f* • ***a giro di p.*** a vuelta de correo; ***fermo p.*** lista de correos; ***p. aerea*** correo aéreo, por avión; ***p. elettronica*** correo electrónico
postagìro *sm* giro *m* postal
postàle *a* postal • ***cassetta p.*** buzón
postazióne *sf* apostadero *m*
posteggiàre *vt/i* aparcar
posteggiatóre *sm* guardacoches *m/f*
postéggio *sm* aparcamiento *m*, estacionamiento *m*
pòsteri *sm pl* posteridad *f*
posterióre *a* posterior
posterità *sf* posteridad *f*
postìccio *a* postizo
posticipàre *vt* posponer, aplazar
postìlla *sf* apostilla *f*
postìno *sm* cartero *m*
pósto *sm* lugar *m* ◇ (*lavoro*) puesto *m*, empleo *m* ◇ (*a sedere*) asiento *m*
postoperatòrio *a* postoperatorio
postulàto *sm* postulado *m*
pòstumo *a* póstumo ◆ *sm al pl* consecuencias *f pl*
potàbile *a* potable
potàre *vt* podar
potàssio *sm* potasio *m*
potatùra *sf* poda *f*
potènte *a* potente ◆ *sm* poderoso *m*
potènza *sf* potencia *f*
potenziàle *a/sm* potencial *m*
potenziàre *vt* potenciar

potére *vi* poder ◆ *sm* poder *m* ● ***non ne posso più*** no puedo más; ***può darsi*** puede ser
potestà *sf* potestad *f*
pòvero *a* pobre ◇ (*scarso*) escaso ◇ (*disgraziato*) desgraciado ◆ *sm* pobre *m/f*
povertà *sf* pobreza *f*
pozióne *sf* poción *f*
pózza *sf* charco *m*
pozzànghera *sf* charco *m*
pózzo *sm* pozo *m*
pragmàtico *a* pragmático
pranzàre *vi* comer, almorzar
prànzo *sm* comida *f*, almuerzo *m*
pràssi *sf* práctica *f* ◇ (*norma*) regla *f*, norma *f*
prateria *sf* pradera *f*
pràtica *sf* práctica *f*
praticàbile *a* praticable ◇ (*di strada*) transitable
praticaménte *avv* prácticamente
praticànte *sm/f* practicante *m/f*
praticàre *vt* practicar ◇ (*frequentare*) tratar ◇ (*fare*) hacer
praticità *sf* practicidad *f*
pràtico *a* práctico
pràto *sm* prado *m*
preàmbolo *sm* preámbulo *m*
preannunciàre *vt* prenunciar
preavvisàre *vt* avisar
preavvìso *sm* aviso *m*
precarietà *sf* precariedad *f*
precàrio *a* precario
precauzióne *sf* precaución *f*
precedènte *a* precedente, antecedente
precedènza *sf* precedencia *f*
precèdere *vt/i* preceder
precètto *sm* precepto *m* ◇ (*norma*) norma *f*
precettóre *sm* preceptor *m*
precipitàre *vt* precipitar ◆ *vi* caer, precipitarse ◆ *vpr* apresurarse, precipitarse
precipitóso *a* precipitado
precipìzio *sm* precipicio *m* ● ***a p.*** precipitadamente
precisaménte *avv* precisamente
precisàre *vt* puntualizar, precisar
precisazióne *sf* puntualización *f*, aclaración *f*
precisióne *sf* precisión *f*
precìso *a* preciso ◇ (*uguale*) igual
preclùdere *vt* impedir
preclusióne *sf* impedimento *m*, obstáculo *m*
precòce *a* precoz
precocità *sf* precocidad *f*
preconcètto *a* preconcebido ◆ *sm* prejuicio *m*, prevención *f*
preconizzàre *vt* preconizar
precórrere *vt* preceder, prevenir
precursóre *a/sm* precursor *m*
prèda *sf* presa *f* ● ***in p. a*** en poder de
predatóre *a* rapaz
predecessóre *sm* predecesor *m*

predèlla *sf* tarima *f*, grada *f*
predellìno *sm* estribo *m*
predestinàre *vt* predestinar
predeterminàre *vt* predeterminar
predétto *a* predicho
prèdica *sf* sermón *m*, prédica *f*
predicàre *vt/i* predicar
predicàto *sm* predicado *m*
predicazióne *sf* predicación *f*
predilètto *a/sm* predilecto *m*, preferido *m*
predilezióne *sf* predilección *f*
predilìgere *vt* preferir
predìre *vt* predecir
predispórre *vt* predisponer ♦ *vrif* predisponerse, prepararse
predisposizióne *sf* predisposición *f*
predizióne *sf* predicción *f*, profecía *f*
predominànte *a* predominante
predomìnio *sm* predominio *m*
predóne *sm* bandido *m*
preesistènte *a* preexistente
preesìstere *vi* preexistir
prefabbricàre *vt* prefabricar
prefabbricàto *a* prefabricado
prefazióne *sf* prefacio *m*, prefación *f*
preferènza *sf* preferencia *f*
preferenziàle *a* preferente
preferìbile *a* preferible
preferìre *vt* preferir
preferìto *a* preferido
prefìggere *vt* prefijar
prefiguràre *vt* prefigurar
prefìsso *sm* prefijo *m*
pregàre *vt* rezar ◇ (*chiedere*) rogar ♦ *vi* rezar, orar
pregévole *a* apreciable, notable
preghièra *sf* oración *f*, rezo *m* ◇ (*richiesta*) ruego *m*
pregiàto *a* precioso
prègio *sm* valor *m*
pregiudìzio *sm* prejuicio *m*
pregnànte *a* preñado, rico de significado
prégno *a* preñado
prègo! *inter* ¡no hay de qué!, ¡de nada! ◇ (*si accomodi*) ¡por favor!
pregustàre *vt* pregustar, probar
preistòria *sf* prehistoria *f*
preistòrico *a* prehistórico
prelavàggio *sm* prelavado *m*
prelevaménto *sm* retiro *m*
prelevàre *vt* sacar, llevar ◇ (*denaro*) sacar
prelibatézza *sf* exquisitez *f*
prelibàto *a* exquisito, excelente
prelièvo *sm* toma *f* ◇ (*di denaro*) retiro *m*
preliminàre *a/sm* preliminar *m*
prelùdere *vi* anunciar
prelùdio *sm* preludio *m*
prematrimoniàle *a* prematrimonial
prematùro *a* prematuro
premeditàre *vt* premeditar
premeditazióne *sf* premeditación *f*

prèmere *vt* apretar, pulsar ◆ *vi* importar
preméssa *sf* premisa *f*
preméttere *vt* anteponer
premiàre *vt* premiar
premiazióne *sf* entrega *f* de premios
preminènte *a* preeminente, sobresaliente
prèmio *sm* premio *m*
premolàre *sm* premolar *m*
premonitóre *a* premonitorio
premonizióne *sf* premonición *f*
premunìre *vt* precaver ◆ *vrif* precaverse
premùra *sf* atención *f* ◇ (*fretta*) prisa *f*
premuróso *a* atento, cuidadoso
prèndere *vt* tomar, coger ◇ (*andare a prendere*) buscar, recoger ◇ (*portare*) llevar ◇ (*ricevere*) tomar, recibir ◇ (*assumere*) asumir ◇ (*guadagnare*) ganar ◆ *vi* (*di colla*) pegar ◇ (*di cemento*) endurecerse ◇ (*di pianta*) prender ◆ *vrif* agarrarse ● ***p. in affitto*** alquilar; ***p. in braccio*** coger en brazos; ***p. piede*** divulgarse; ***prendersela*** enfadarse
prenotàre *vt* prenotar, reservar ◆ *vrif* ponerse en lista
prenotazióne *sf* reserva *f*
prènsile *a* prensil
preoccupànte *a* preocupante
preoccupàre *vt* preocupar ◆ *vpr* preocuparse
preoccupàto *a* preocupado
preoccupazióne *sf* preocupación *f*
preparàre *vt* preparar ◆ *vrif* prepararse
preparatìvi *sm pl* preparativos *m pl*
preparàto *sm* preparado *m*
preparazióne *sf* preparación *f*
preponderànte *a* preponderante
prepórre *vt* preponer, anteponer
preposizióne *sf* preposición *f*
prepotènte *a* prepotente
prepotènza *sf* prepotencia *f*
preraffaellìsmo *sm* prerrafaelismo *m*
prerogatìva *sf* prerrogativa *f*
présa *sf* toma *f* ◇ (*el*) enchufe *m* ◇ (*pizzico*) pizca *f* ● ***p. in giro*** tomadura de pelo
presàgio *sm* presagio *m*
presagìre *vt* presagiar
prèsbite *a* présbite
prescégliere *vt* escoger, elegir
prescìndere *vi* prescindir
prescrìvere *vt* prescribir
prescrizióne *sf* prescripción *f*
presentàbile *a* presentable
presentàre *vt* presentar ◆ *vpr* acaecer, ocurrir, presentarse ◆ *vrif* presentarse
presentatóre *sm* presentador *m*
presentazióne *sf* presentación *f*
presènte *a/sm* presente *m*

presentiménto *sm* presentimiento *m*
presentìre *vt* presentir
presènza *sf* presencia *f*
presenziàre *vt/i* presenciar
presèpe *sm* pesebre *m*, belén *m*
preservàre *vt* preservar
preservativo *sm* preservativo *m*
prèside *sm/f* director *m* ◇ (*di facoltà*) decano *m*
presidènte *sm* presidente *m*
presidènza *sf* presidencia *f*
presidenziàle *a* presidencial
presidiàre *vt* presidiar ◇ (*fig*) defender, proteger
presìdio *sm* guarnición *f* ◇ (*fig*) defensa *f*
presièdere *vt* dirigir ◆ *vi* presidir
prèssa *sf* prensa *f*
pressappòco *avv* (poco) más o menos
pressàre *vt* apretar
pressióne *sf* presión *f*
prèsso *avv* cerca ◆ *prep* cerca de ◇ (*a casa di*) en casa de ◆ *sm al pl* cercanías *f pl*
pressoché *avv* casi
pressurizzàre *vt* presurizar
prestabilìre *vt* preestablecer
prestanóme *sm* testaferro *m*
prestànte *a* prestante, apuesto
prestànza *sf* prestancia *f*, elegancia *f*
prestàre *vt* prestar ◆ *vpr/rif* prestarse, ofrecerse ◇ (*essere adatto*) prestarse, ser apto
prestazióne *sf* prestación *f*
prestidigitatóre *sm* prestidigitador *m*
prestigiatóre *sm* prestidigitador *m*
prestìgio *sm* prestigio *m* ● ***gioco di p.*** juego de manos
prestigióso *a* prestigioso
prèstito *sm* préstamo *m*
prèsto *avv* pronto ◇ (*in fretta*) enseguida, rápido ◇ (*di mattina*) temprano ● ***al più p.*** cuanto antes
presùmere *vt* suponer, presumir
presùnto *a* presunto
presuntuóso *a* presuntuoso
presunzióne *sf* presunción *f*
presuppórre *vt* presuponer
presupposizióne *sf* presupuesto *m*
presuppósto *sm* presupuesto *m*
prète *sm* cura *m*
pretendènte *sm/f* pretendiente *m/f*
pretèndere *vt* pretender, exigir ◆ *vi* aspirar
pretenzióso *a* pretencioso
preterintenzionàle *a* involuntario
pretésa *sf* pretensión *f*
pretèsto *sm* pretexto *m*
pretóre *sm* juez *m* de primera instancia
prètto *a* puro
pretùra *sf* juzgado *m* de primera instancia
prevalènte *a* prevaleciente

prevalènza *sf* preponderancia *f*
prevalére *vi* prevalecer
prevaricazióne *sf* prevaricación *f*
prevedére *vt* prever
prevedìbile *a* previsible, presumible
prevenìre *vt* prevenir
preventivàre *vt* calcular
preventìvo *a* preventivo ◆ *sm* presupuesto *m*
prevenùto *a* prevenido
prevenzióne *sf* prevención *f*
previdènte *a* previsor, avisado
previdènza *sf* previsión *f*, prevención *f*
previsióne *sf* previsión *f* ● ***previsioni del tempo*** pronóstico del tiempo
prezióso *a* precioso
prezzémolo *sm* perejil *m*
prèzzo *sm* precio *m*
prigióne *sf* prisión *f*, cárcel *f*
prigionìa *sf* detención *f*, cautiverio *m*
prigionièro *sm* preso *m*, prisionero *m*
prìma *avv* antes ◆ *sf* (*teat*) estreno *m* ◇ (*aut*) primera *f* ● ***p. di*** antes de, antes que; ***p. di me*** antes que yo; ***p. di tutto*** antes que nada ; ***p. o poi*** antes o después
primàrio *a* primario ◆ *sm* médico *m* jefe
primàte *sm* primado *m*
primatìsta *sm/f* plusmarquista *m/f*
primàto *sm* primacía *f*, marca *f* ◇ (*sport*) récord *m*
primavèra *sf* primavera *f*
primaverìle *a* primaveral
primitìvo *a/sm* primitivo *m*
primìzia *sf* primicia *f*
prìmo *a/sm* primero *m*
primogènito *a/sm* primogénito *m*
primordiàle *a* primordial
principàle *a* principal ◆ *sm* jefe *m*
principalménte *avv* principalmente
principàto *sm* principado *m*
prìncipe *sm* príncipe *m*
principéssa *sf* princesa *f*
principiànte *sm/f* principiante *m/f*
princìpio *sm* principio *m*
prióre *sm* prior *m*
priorità *sf* prioridad *f*
prìsma *sm* prisma *m*
privacy *sf* privacidad *f*, intimidad *f*
privàre *vt* privar ◆ *vrif* privarse
privataménte *avv* privadamente, particularmente
privàto *a* privado ◆ *sm* particular *m*
privazióne *sf* privación *f*
privilegiàre *vt* privilegiar
privilègio *sm* privilegio *m*
prìvo *a* carente, desprovisto
probàbile *a* probable
probabilità *sf* probabilidad *f*
probabilménte *avv* probablemente

probànte *a* probador
probità *sf* probidad *f*
problèma *sm* problema *m*
problemàtico *a* problemático
probòscide *sf* trompa *f*
procacciàre *vt* procurar, buscar
procàce *a* procaz
procèdere *vi* marchar, avanzar ◇ (*comportarsi*) comportarse ◇ (*derivare*) proceder
procediménto *sm* procedimiento *m*
procedùra *sf* procedimiento *m*
processàre *vt* procesar, juzgar
processióne *sf* procesión *f*
procèsso *sm* proceso *m*
processóre *sm* (*inform*) procesador *m*
processuàle *a* procesual
procióne *sm* proción *m*
proclàma *sm* proclama *m*
proclamàre *vt* proclamar ◆ *vrif* proclamarse
proclamazióne *sf* proclamación *f*
procrastinàre *vt* aplazar
procreàre *vt* procrear, engendrar
procreazióne *sf* procreación *f*
procùra *sf* fiscalía *f* ◇ (*dir*) poder *m*
procuràre *vt* procurar ◇ (*causare*) ocasionar, provocar
procuratóre *sm* fiscal *m*
pròde *a* valiente
prodézza *sf* proeza *f*, hazaña *f*
prodigàre *vt* prodigar ◆ *vrif* dedicarse
prodìgio *sm* prodigio *m*
prodigióso *a* prodigioso
pròdigo *a* pródigo
prodótto *sm* producto *m*
prodùrre *vt* producir ◇ (*generare*) engendrar ◇ (*presentare*) presentar ◇ (*causare*) ocasionar ◆ *vrif* exhibirse
produttività *sf* productividad *f*
produttìvo *a* productivo
produttóre *a/sm* productor *m*
produzióne *sf* producción *f*
profanàre *vt* profanar
profàno *a/sm* profano *m*
proferìre *vt* proferir
professàre *vt* profesar, ejercer ◇ (*dichiarare*) declarar ◆ *vrif* declararse
professionàle *a* profesional
professióne *sf* profesión *f*
professionìsmo *sm* profesionalismo *m*
professionista *sm/f* profesional *m/f*
professóre *sm* profesor *m*
profèta *sm* profeta *m*
profètico *a* profético
profetizzàre *vt* profetizar
profezìa *sf* profecía *f*
profìcuo *a* provechoso
profilàre *vt* perfilar, delinear ◆ *vpr* perfilarse
profilàssi *sf* profilaxis *f*
profilàttico *a/sm* profiláctico *m*
profìlo *sm* perfil *m* ◇ (*contor-*

no) silueta *f* ◇ (*descrizione*) semblanza *f*
profitto *sm* provecho *m*
profóndere *vt* derrochar ◆ *vpr* prodigarse
profondità *sf* profundidad *f*
profóndo *a* profundo, hondo
pròfugo *a/sm* prófugo *m*
profumàre *vt* perfumar ◆ *vi* oler bien ◆ *vrif* perfumarse
profumàto *a* perfumado
profumerìa *sf* perfumería *f*
profùmo *sm* perfume *m*
profusióne *sf* profusión *f*
progenitóre *sm* progenitor *m*
progettàre *vt* proyectar, planear
progettazióne *sf* planeamiento *m*
progettìsta *sm/f* proyectista *m/f*
progètto *sm* proyecto *m*
prògnosi *sf* pronóstico *m*
progràmma *sm* programa *m*
programmàre *vt* programar
programmatóre *sm* programador *m*
programmazióne *sf* programación *f*
progredìre *vi* progresar
progressióne *sf* progresión *f*
progressìsta *sm/f* progresista *m/f*
progressìvo *a* progresivo
progrèsso *sm* progreso *m*
proibìre *vt* prohibir
proibitìvo *a* prohibitivo
proibìto *a* prohibido
proibizióne *sf* prohibición *f*
proiettàre *vt* proyectar ◇ (*gettare*) echar
proièttile *sm* proyectil *m*
proiettóre *sm* proyector *m*
proiezióne *sf* proyección *f*
pròle *sf* prole *f*
proletàrio *a/sm* proletario *m*
proliferàre *vi* proliferar
prolificàre *vi* reproducirse
prolìsso *a* prolijo, verboso
pròlogo *sm* prólogo *m*
prolùnga *sf* alargador *m*
prolungaménto *sm* prolongación *f*
prolungàre *vt* prolongar, alargar ◆ *vpr* alargarse, extenderse
promemòria *sm* apunte *m*, nota *f*
proméssa *sf* promesa *f*
prométtere *vt* prometer ◆ *vrif* comprometerse
prominènza *sf* prominencia *f*, altura *f*
promiscuità *sf* promiscuidad *f*
promìscuo *a* promiscuo
promontòrio *sm* promontorio *m*
promòsso *sm* aprobado *m*
promotóre *sm* promotor *m*
promozionàle *a* promocional
promozióne *sf* promoción *f* ◇ (*a scuola*) aprobación *f*
promulgàre *vt* promulgar
promulgazióne *sf* promulgación *f*
promuòvere *vt* promover ◇ (*a scuola*) aprobar

pronipóte *sm/f* (*di nonni*) biznieto *m*; (*di zii*) resobrino *m*
pronóme *sm* pronombre *m*
pronominàle *a* pronominal
pronosticàre *vt* pronosticar
pronòstico *sm* pronóstico *m*
prontaménte *avv* rápidamente, pronto
prontézza *sf* rapidez *f*
prónto *a* (*preparato*) listo, preparado ◇ (*rapido*) pronto, rápido • *p.!* (*al telefono*) ¡diga!; *p. a fare* dispuesto a hacer
prontuàrio *sm* compendio *m*
pronùncia *sf* pronunciación *f* ◇ (*accento*) acento *m*
pronunciàre *vt* pronunciar ◆ *vpr* pronunciarse, declararse
propagànda *sf* propaganda *f*
propagandìsta *sm/f* propagandista *m/f*
propagàre *vt* propagar ◆ *vpr* propagarse, difundirse
propagazióne *sf* propagación *f*
propàggine *sf* extremidad *f*, punta *f*
propellènte *sm* combustible *m*
propèndere *vi* propender, tender
propensióne *sf* tendencia *f*
propilèo *sm* propileo *m*
propinàre *vt* propinar
propiziàre *vt* propiciar, ganarse
propìzio *a* propicio
proponìbile *a* proponible
proponiménto *sm* propósito *m*
propórre *vt* proponer ◇ (*presentare*) presentar
proporzionàle *a* proporcional
proporzionàre *vt* adecuar (a)
proporzióne *sf* proporción *f*
propòsito *sm* propósito *m*, intención *f*
proposizióne *sf* oración *f*
propósta *sf* propuesta *f*
proprietà *sf* propiedad *f*
proprietàrio *sm* propietario *m*
pròprio *a* propio ◇ (*poss*) su (propio) ◆ *avv* precisamente, verdaderamente
propulsióne *sf* propulsión *f*
propulsìvo *a* propulsivo
propulsóre *sm* propulsor *m*
pròroga *sf* prórroga *f*
prorogàre *vt* prorrogar
prorómpere *vi* prorrumpir
pròsa *sf* prosa *f*
prosàico *a* prosaico, vulgar
prosciògliere *vt* eximir ◇ (*dir*) absolver
prosciugaménto *sm* desagüe *m*
prosciugàre *vt* desecar ◆ *vpr* desecarse
prosciùtto *sm* jamón *m*
proscrìtto *sm* desterrado *m*
proscrìvere *vt* desterrar
proscrizióne *sf* destierro *m*
prosecuzióne *sf* prosecución *f*
proseguiménto *sm* proseguimiento *m*, continuación *f*
proseguìre *vt* seguir, proseguir
prosèlito *sm* prosélito *m*
prosperàre *vi* prosperar
prosperità *sf* prosperidad *f*
pròspero *a* próspero

prosperóso *a* lozano
prospettàre *vt* exponer, presentar
prospettìva *sf* perspectiva *f*
prospètto *sm* prospecto *m* ◇ (*facciata*) frente *m*
prossimaménte *avv* próximamente
prossimità *sf* proximidad *f*, cercanía *f*
pròssimo *a* próximo ◇ (*vicino*) cercano ◆ *sm* prójimo *m*
pròstata *sf* próstata *f*
prosternàrsi *vrif* postrarse
prostituìre *vt* prostituir ◆ *vrif* prostituirse
prostitùta *sf* prostituta *f*
prostituzióne *sf* prostitución *f*
prostràre *vt* postrar ◆ *vrif* postrarse
prostrazióne *sf* postración *f*
protagonìsta *sm/f* protagonista *m/f*
protèggere *vt* proteger
proteìna *sf* proteína *f*
pròtesi *sf* prótesis *f*
protèsta *sf* protesta *f*
protestànte *a/sm/f* protestante *m/f*
protestàre *vt* declarar, afirmar ◆ *vi* protestar
protettìvo *a* protectivo
protètto *sm* protegido *m*
protettoràto *sm* protectorado *m*
protettóre *sm* protector *m*
protezióne *sf* protección *f*
protezionìsmo *sm* proteccionismo *m*
protocollàre *a* protocolar
protocòllo *sm* protocolo *m*
protóne *sm* protón *m*
protòtipo *sm* prototipo *m*
protràrre *vt* prolongar ◆ *vpr* durar, alargarse
protuberànza *sf* protuberancia *f*
pròva *sf* prueba *f* ◇ (*teat*) ensayo *m*
provàre *vt* probar ◇ (*sentire*) sentir, experimentar ◆ *vpr* probar
proveniènza *sf* procedencia *f*
provenìre *vi* proceder
provènto *sm* renta *f*, entrada *f*
provenzàle *a/sm/f* provenzal *m/f*
proverbiàle *a* proverbial
provèrbio *sm* proverbio *m*, refrán *m*
provétta *sf* probeta *f*
provétto *a* experimentado
provìncia *sf* provincia *f*
provinciàle *a* provincial ◆ *sm/f* provinciano *m*
provìno *sm* muestra *f* ◇ (*cin*) prueba *f*
provocànte *a* provocativo
provocàre *vt* provocar
provocatóre *a/sm* provocador *m*
provocazióne *sf* provocación *f*
provvedére *vt* proveer ◆ *vi* disponer

provvediménto *sm* disposición *f*, medida *f*
provvidènza *sf* providencia *f*
provvidenziàle *a* providencial
provvigióne *sf* comisión *f*
provvisòrio *a* provisional
provvìsta *sf* provisión *f*
prozìo *sm* tío *m* abuelo
prùa *sf* proa *f*
prudènte *a* prudente
prudènza *sf* prudencia *f*
prùdere *vi* picar
prùgna *sf* ciruela *f*
prùno *sm* espino *m*, zarza *f*
prurìto *sm* picazón *f*, picor *m*
pseudònimo *sm* (p)seudónimo *m*
psìche *sf* psiquis *f*
psichedèlico *a* psicodélico
psichiàtra *sm/f* psiquiatra *m/f*
psìchico *a* psíquico
psicoanàlisi *sf* psicoanálisis *m*
psicofàrmaco *sm* psicofármaco *m*
psicologìa *sf* psicología *f*
psicològico *a* psicológico
psicòlogo *sm* psicólogo *m*
psicòsi *sf* psicosis *f*
pubblicàre *vt* publicar, editar
pubblicazióne *sf* publicación *f* • ***pubblicazioni matrimoniali*** amonestaciones
pubblicità *sf* publicidad *f*
pubblicizzàre *vt* divulgar
pùbblico *a/sm* público *m*
pùbe *sm* pubis *m*
pubertà *sf* pubertad *f*
pudìco *a* púdico
pudóre *sm* pudor *m*
puericultùra *sf* puericultura *f*
puerìle *a* pueril
puèrpera *sf* puérpera *f*
pugilàto *sm* boxeo *m*
pùgile *sm* boxeador *m*, púgil *m*
pugnalàre *vt* apuñalar
pugnalàta *sf* puñalada *f*
pugnàle *sm* puñal *m*
pùgno *sm* puño *m* ◇ (*colpo*) puñetazo *m* ◇ (*quantità*) puñado *m*
pùlce *sf* pulga *f*
pulcìno *sm* polluelo *m*, pollito *m*
pulédro *sm* potro *m*
puléggia *sf* polea *f*
pulìre *vt* limpiar
pulìto *a* limpio
pulitùra *sf* limpieza *f*
pulìzia *sf* limpieza *f*
pùllman *sm* autocar *m*
pullòver *sm* jersey *m*
pullulàre *vi* pulular
pùlpito *sm* púlpito *m*
pulsànte *sm* botón *m*
pulsàre *vi* pulsar
pulsazióne *sf* pulsación *f*, latido *m*
pulvìscolo *sm* polvillo *m*
pungènte *a* punzante
pùngere *vt* pinchar ◇ (*pizzicare*) picar
pungiglióne *sm* aguijón *m*
pungolàre *vt* aguijonear
pùngolo *sm* aguijada *f*
punìbile *a* punible
punìre *vt* castigar, punir

punizióne *sf* castigo *m* ◇ (*sport*) penalty *m*
pùnta *sf* punta *f* ◇ (*monte*) pico *m* ◇ (*quantità*) pizca *f* • ***in p. di piedi*** de puntillas
puntàle *sm* puntera *f*
puntàre *vt* apuntar ◇ (*appoggiare*) apoyar, clavar ◇ (*al gioco*) apostar ◇ (*preda*) parar ◆ *vi* dirigirse ◇ (*fig*) aspirar
puntàta *sf* (*al gioco*) apuesta *f* ◇ (*scappata*) escapada *f* ◇ (*episodio*) entrega *f* • ***a puntate*** por entregas
punteggiàre *vt* puntuar
punteggiatùra *sf* puntuación *f*
puntéggio *sm* puntuación *f*
puntellàre *vt* apuntalar
puntèllo *sm* puntal *m* ◇ (*fig*) sostén *m*
punteruòlo *sm* punzón *m*
puntìglio *sm* puntillo *m*, porfía *f*
puntiglióso *a* puntilloso
puntìno, a *loc.avv* perfectamente
pùnto *sm* punto *m* ◇ (*momento*) ocasión *f*, momento *m* ◇ (*cucito, maglia*) puntada *f*, punto *m* • ***essere sul p. di*** estar a punto de; ***in p.*** en punto; ***p. e a capo*** punto y aparte
puntuàle *a* puntual
puntualità *sf* puntualidad *f*
puntualizzàre *vt* aclarar
puntùra *sf* picadura *f* ◇ (*med*) inyección *f*
punzecchiàre *vt* pinchar ◇ (*fig*) molestar
punzóne *sm* punzón *m*
pupàzzo *sm* muñeco *m*, fantoche *m*
pupìlla *sf* pupila *f*
pupìllo *sm* pupilo *m* ◇ (*preferito*) preferido *m*
purché *cong* con tal que, a condición de que
pùre *avv* también
purè *sm* puré *m*
purézza *sf* pureza *f*
pùrga *sf* purga *f*
purgànte *a/sm* purgante *m*
purgàre *vt* purgar ◆ *vrif* purgarse
purgatòrio *sm* purgatorio *m*
purificàre *vt* purificar ◆ *vrif* purificarse
purificazióne *sf* purificación *f*
purìsmo *sm* purismo *m*
purìsta *a/sm/f* purista *m/f*
puritàno *a/sm* puritano *m*
pùro *a* puro
purosàngue *a* purasangre, de raza
purtròppo *avv* desgraciadamente, desdichadamente
pus *sm* pus *m*
pusillànime *a* pusilánime
pùstola *sf* pústula *f*
putatìvo *a* putativo
putifèrio *sm* alboroto *m*
putrefàre *vi/pr* pudrirse
putrefazióne *sf* putrefacción *f*
pùtrido *a* podrido
puttàna *sf* (*volg*) puta *f*
pùzza *sf* hediondez *f*, mal olor *m*

puzzàre *vi* apestar, heder
pùzzo → **puzza**
pùzzola *sf* turón *m*
puzzolènte *a* hediondo

Q

qua *avv* aquí, acá • ***al di q. di*** en esta parte de
quadèrno *sm* cuaderno *m*
quadrangolàre *a* cuadrangular
quadrànte *sm* cuadrante *m*
quadràre *vt* cuadrar ◆ *vi* corresponder
quadràto *a/sm* cuadrado *m*
quadratùra *sf* cuadratura *f*
quadrettàto *a* cuadriculado
quadrétto *sm* cuadrito *m* ◇ (*scenetta*) escena *f*
quadrifòglio *sm* trébol *m* de cuatro hojas
quadrìglia *sf* cuadrilla *f*
quadrilàtero *a/sm* cuadrilátero *m*
quadrimèstre *sm* cuatrimestre *m*
quadrìvio *sm* encrucijada *f*
quàdro *sm* cuadro *m* ◇ (*pannello*) tablero *m* ◇ (*carte da gioco*) diamante *m*
quadrùpede *a/sm* cuadrúpedo *m*
quadruplicàre *vt* cuadruplicar
quàdruplo *a/sm* cuádruplo *m*, cuádruple *m*
quaggiù *avv* aquí (abajo)
quàglia *sf* codorniz *f*
quàlche *a* alguno, alguna, algún • ***in q. modo*** de alguna manera; ***q. volta*** a veces
qualcòsa *pr* algo
qualcùno *pr* (*persona*) alguien ◇ (*cosa*) alguno, alguna
quàle *a* (*interr*) qué, cuál ◇ (*escl*) qué ◆ *pr* (*interr*) cuál ◇ (*rel*) cual, que • ***il q.*** el cual, ***la q.*** la cual; ***colui il q.*** el que
qualìfica *sf* calificación *f* ◇ (*titolo*) título *m*
qualificàre *vt* calificar ◆ *vrif* calificarse
qualificatìvo *a* calificativo
qualificazióne *sf* calificación *f*
qualità *sf* calidad *f* ◇ (*proprietà*) cualidad *f*
qualóra *cong* en el caso de que, si acaso
qualsìasi *a* cualquier, cualquiera • ***a q. costo*** a toda costa; ***q. bambina*** cualquier niña; ***un uomo q.*** un hombre cualquiera
qualùnque → **qualsiasi**
quàndo *avv* (*interr*) cuándo ◆ *cong* cuando • ***di q. in q.*** de vez en cuando; ***quand'anche*** aunque
quantità *sf* cantidad *f* ◇ (*abbondanza*) abundancia *f*

quantitatìvo *a* cuantitativo ◆ *sm* cantidad *f*
quànto *a* (*rel*) cuanto ◇ (*interr, escl*) cuánto ◆ *pr* (*interr, escl*) cuánto ◇ (*rel*) todos los que ◆ *avv* (*interr, escl*) cuánto, qué ● *in q. a questo* en cuanto a esto; *quanti ne abbiamo?* ¿a cuánto estamos?; *q. costa?* ¿cuánto cuesta?; *tanto q.* tanto cuanto
quantùnque *cong* aunque
quarànta *a/sm* cuarenta *m*
quarantèna *sf* cuarentena *f*
quarantèsimo *a* cuadragésimo ◆ *sm* cuadragésimo *m*
quarésima *sf* cuaresma *f*
quàrta *sf* cuarta *f*
quartétto *sm* cuarteto *m*
quartière *sm* barrio *m* ◇ (*mil*) cuartel *m*
quartìna *sf* cuarteta *f*
quàrto *a/sm* cuarto *m*
quàrzo *sm* cuarzo *m*
quàsi *avv* casi ● *q. che* como si; *q. q.* casi casi
quassù *avv* aquí (arriba)
quatèrna *sf* cuaterna *f*
quàtto *a* agazapado
quattórdici *a/sm* catorce *m*
quattrìno *sm* dinero *m*, plata *f*
quàttro *a/sm* cuatro *m* ● *fare q. passi* dar una vuelta; *farsi in q.* desvivirse
quattrocènto *a/sm* cuatrocientos *m*
quattromìla *a/sm* cuatro *m* mil
quéllo *a* aquel ◆ *pr* aquél ● *q. che* (*cosa*) lo que, (*persona*) el que; *q. lì* ése
quèrcia *sf* encina *f*
querèla *sf* querella *f*, acusación *f*
querelàre *vt* querellar
quesìto *sm* cuestión *f*, problema *m*
questionàrio *sm* cuestionario *m*
questióne *sf* cuestión *f* ◇ (*litigio*) pleito *m*
quésto *a* este ◆ *pr* éste ◇ (*ciò*) esto
questóre *sm* jefe *m* de policía
quèstua *sf* colecta *f*
questùra *sf* jefatura *f* de policía
qui *avv* aquí ◇ (*ora*) ahora
quietànza *sf* recibo *m*
quietàre *vt* calmar ◆ *vrif* calmarse
quiète *sf* tranquilidad *f*, calma *f*
quièto *a* tranquilo
quìndi *avv* después, luego ◆ *cong* por eso, por consiguiente
quìndici *a/sm* quince *m*
quindicinàle *a* quincenal
quìnta *sf* (*teat*) bastidor *m*
quintàle *sm* quintal *m* (métrico)
quìnto *a/sm* quinto *m*
quòta *sf* cuota *f* ◇ (*altezza*) altura *f*
quotàre *vt* cotizar ◇ (*fig*) estimar
quotazióne *sf* cotización *f* ◇ (*fig*) aprecio *m*
quotidiàno *a* diario, cotidiano ◆ *sm* diario *m*, periódico *m*
quozièente *sm* cociente *m*

R

rabàrbaro *sm* ruibarbo *m*
ràbbia *sf* rabia *f*
rabbìno *sm* rabino *m*
rabbióso *a* rabioso
rabbonìre *vt* calmar
rabbrividìre *vi* estremecerse
rabbuiàrsi *vpr* obscurecerse, nublarse ◇ (*fig*) enfadarse
raccapezzàrsi *vpr* orientarse
raccapricciànte *a* horripilante
raccattàre *vt* recoger
racchétta *sf* raqueta *f*
racchiùdere *vt* encerrar, contener
raccògliere *vt* recoger ◇ (*frutti*) cosechar ◇ (*riunire*) reunir ◇ (*collezionare*) coleccionar ◆ *vpr* reunirse ◇ (*concentrarsi*) ensimismarse
raccogliménto *sm* recogimiento *m*
raccoglitóre *sm* (*per documenti*) clasificador *m* ◇ (*collezionista*) coleccionista *m/f*
raccòlta *sf* recolección *f* ◇ (*di frutti*) cosecha *f* ◇ (*collezione*) colección *f* ◇ (*riunione*) reunión *f* ● *r. differenziata* recogida selectiva
raccòlto *a* reunido ◇ (*concentrato*) concentrado ◇ (*di luogo*) tranquilo ◆ *sm* cosecha *f*
raccomandàbile *a* recomendable
raccomandàre *vt* recomendar, encomendar ◆ *vrif* encomendarse
raccomandàta *sf* carta *f* certificada
raccomandàto *a/sm* recomendado *m*
raccomandazióne *sf* recomendación *f*
raccontàre *vt* contar, narrar
raccónto *sm* narración *f* ◇ (*lett*) cuento *m*
raccordàre *vt* empalmar
raccòrdo *sm* enlace *m*, trabazón *f*
rachìtico *a* raquítico
racimolàre *vt* recoger
ràdar *a/sm* radar *m*
raddolcìre *vt* endulzar ◇ (*fig*) suavizar ◆ *vpr* suavizarse
raddoppiàre *vt* duplicar, redoblar ◆ *vi/pr* duplicarse
raddóppio *sm* duplicación *f*
raddrizzàre *vt* enderezar ◇ (*fig*) corregir
radènte *a* rasante
ràdere *vt* afeitar ◇ (*tagliare*) cortar ◇ (*fig*) rasar ◆ *vrif* afeitarse ● *r. al suolo* derruir
radiàle *a* radial
radiànte *a* radiante
radiàre *vt* borrar, eliminar
radiatóre *sm* radiador *m*
radiazióne *sf* radiación *f* ◇ (*espulsione*) expulsión *f*

radicàle *sm/f* radical *m/f*
radìcchio *sm* achicoria *f*
radìce *sf* raíz *f*
ràdio *sf* radio *f* ◆ *sm* radio *m*, radium *m*
radioattività *sf* radiactividad *f*
radioattìvo *a* radiactivo
radiocrònaca *sf* radiorreportaje *m*
radiografìa *sf* radiografía *f*
radiologìa *sf* radiología *f*
radiòlogo *sm* radiólogo *m*
radioscopìa *sf* radioscopia *f*
radiosegnàle *sm* señal *f* de radio, radioseñal *f*
radióso *a* luminoso
radiosvéglia *sf* radiodespertador *m*
radiotàxi *sm* radiotaxi *m*
radiotrasmissióne *sf* radiodifusión *f*, radiotransmisión *f*
ràdo *a* ralo ◇ (*raro*) raro ● ***di r.*** raramente
radunàre *vt* reunir ◆ *vpr* reunirse
radùno *sm* reunión *f*
radùra *sf* claro *m*, raso *m*
raffazzonàre *vt* chapucear
raffèrmo *a* duro ● ***pane r.*** pan seco
ràffica *sf* racha *f*, ráfaga *f*
raffiguràre *vt* representar
raffigurazióne *sf* representación *f*
raffinàre *vt* refinar
raffinatézza *sf* fineza *f*, refinamiento *m*
raffinàto *a* refinado
raffinerìa *sf* refinería *f*
rafforzaménto *sm* refuerzo *m*
rafforzàre *vt* reforzar
raffreddaménto *sm* enfriamiento *m* ◇ (*tecn*) refrigeración *f*
raffreddàre *vt* enfriar ◆ *vpr* enfriarse ◇ (*prendere il raffreddore*) resfriarse
raffreddóre *sm* resfriado *m*
raffrónto *sm* comparación *f*
ràfia *sf* rafia *f*
ragàzza *sf* muchacha *f*, chica *f* ◇ (*fidanzata*) novia *f*
ragàzzo *sm* muchacho *m*, chico *m* ◇ (*fidanzato*) novio *m*
raggiànte *a* radiante
ràggio *sm* rayo *m* ◇ (*geom*) radio *m*
raggiràre *vt* embaucar, trampear
raggìro *sm* embrollo *m*, trampa *f*
raggiùngere *vt* alcanzar ◇ (*luogo*) llegar a
raggiungiménto *sm* logro *m*, conseguimento *m*
raggomitolàrsi *vrif* acurrucarse
raggranellàre *vt* ahorrar
raggrinzìre *vt* fruncir ◆ *vi/pr* arrugarse
raggruppaménto *sm* agrupamiento *m*
raggruppàre *vt* agrupar ◆ *vpr* agruparse
ragguagliàre *vt* informar
ragguàglio *sm* informe *m*

ragionaménto *sm* razonamiento *m*
ragionàre *vi* razonar
ragióne *sf* razón *f*
ragionerìa *sf* contabilidad *f*
ragionévole *a* razonable
ragionière *sm* contador *m*
ragliàre *vi* rebuznar
ragnatéla *sf* telaraña *f*
ràgno *sm* araña *f*
rallegraménti *sm pl* felicitaciones *f pl*
rallegràre *vt* alegrar ◆ *vpr* alegrarse
rallentaménto *sm* disminución *f*, reducción *f*
rallentàre *vt* moderar ◆ *vi* disminuir la velocidad
ramanzìna *sf* reprimenda *f*
ramàrro *sm* lagarto *m*
ramàzza *sf* escoba *f*
ràme *sm* cobre *m*
ramificàre *vi/pr* ramificarse ◇ (*bot*) echar ramos
ramificazióne *sf* ramificación *f*
ramìngo *a* peregrino
rammaricàrsi *vpr* dolerse, apenarse
rammàrico *sm* pena *f*, pesar *m*
rammendàre *vt* remendar
rammèndo *sm* remiendo *m*
rammentàre *vt* recordar ◆ *vpr* acordarse
rammollìre *vt* ablandar, reblandecer
ràmo *sm* rama *f* ◇ (*di strada, ferrovia*) ramal *m* ◇ (*fig*) ramo *m*
ràmpa *sf* rampa *f*, cuesta *f* ◇ (*di scala*) tramo *m*
rampicànte *a* trepador ◆ *sm* planta *f* trepadora
rampóllo *sm* brote *m* ◇ (*fig*) descendiente *m/f*
ràna *sf* rana *f*
ràncido *a* rancio
ràncio *sm* rancho *m*
rancóre *sm* rencor *m* ● ***serbare r.*** ser rencoroso
randàgio *a* vagabundo ◇ (*di gatto*) de tejado ◇ (*di cane*) callejero
randèllo *sm* palo *m*, garrote *m*
ràngo *sm* rango *m*, categoría *f* ◇ *al pl* (*mil*) fila *f* ● ***d'alto r.*** de alto copete
rannicchiàrsi *vrif* acurrucarse
rannuvolarsi *vpr* nublarse
ràntolo *sm* estertor *m*
ràpa *sf* nabo *m*
rapàce *a* rapaz, de rapiña ◆ *sm* ave *f* de rapiña
rapàre *vt* rapar
ràpida *sf* raudal *m*
rapidità *sf* rapidez *f*
ràpido *a/sm* rápido *m*
rapiménto *sm* rapto *m*
rapìna *sf* robo *m*, asalto *m*
rapinàre *vt* robar, asaltar
rapinatóre *sm* atracador *m*, asaltante *m/f*
rapìre *vt* raptar ◇ (*fig*) embelesar
rapitóre *sm* raptor *m*
rappezzàre *vt* remendar

rapportàre *vt* relatar ◇ (*confrontare*) comparar
rappòrto *sm* informe *m* ◇ (*relazione*) relación *f* ◇ (*proporzione*) proporción *f* ◇ (*mil*) parte *m* • ***essere in buoni rapporti*** estar en buenas relaciones
rapprèndere *vt* cuajar, coagular ◆ *vpr* cuajarse, coagularse
rappresàglia *sf* represalia *f*
rappresentànte *sm/f* representante *m/f*
rappresentànza *sf* representación *f*
rappresentàre *vt* representar
rappresentatìvo *a* representativo
rappresentazióne *sf* representación *f* ◇ (*teat*) función *f* • ***prima r.*** estreno
rapsodìa *sf* rapsodia *f*
rarefàre *vt* rarificar ◆ *vpr* enrarecerse
rarità *sf* rareza *f*, cosa *f* rara
ràro *a* raro
rasàre *vt* afeitar ◇ (*erba*) cortar ◆ *vrif* afeitarse
rasatùra *sf* afeitado *m*
raschiàre *vt* rascar, raspar ◆ *vi* carraspear
raschiétto *sm* rascador *m*
rasentàre *vt* rozar ◇ (*fig*) frisar
rasènte *prep* al ras de
ràso *a* lleno ◆ *sm* raso *m*
rasóio *sm* navaja *f* de afeitar ◇ (*elettrico*) maquinilla *f* de afeitar
rasségna *sf* reseña *f* ◇ (*mil*) revista *f* ◇ (*esposizione*) exposición *f*
rassegnàre *vt* (*dimissioni*) presentar ◆ *vpr* resignarse
rassegnazióne *sf* resignación *f*
rasserenàre *vt* serenar, despejar ◆ *vpr* despejarse
rassettàre *vt* arreglar, ordenar
rassicuràre *vt* tranquilizar, asegurar ◆ *vpr* tranquilizarse
rassodàre *vt* endurecer ◆ *vpr* endurecerse
rassomigliànza *sf* semejanza *f*, parecido *m*
rassomigliàre *vi* parecerse (a)
rastrellàre *vt* rastrillar
rastrèllo *sm* rastrillo *m*
ràta *sf* cuota *f*, plazo *m* • ***pagare a rate*** pagar a plazos
rateàle *a* a plazos
rateazióne *sf* plazo *m*
rateizzàre *vt* fraccionar un pago
ratìfica *sf* ratificación *f*
ràtto *sm* rapto *m* ◇ (*zool*) rata *f*
rattoppàre *vt* remendar
rattóppo *sm* remiendo *m*
rattrappìre *vt* contraer ◆ *vpr* contraerse
rattristàre *vt* entristecer ◆ *vpr* entristecerse
raucèdine *sf* ronquera *f*
ràuco *a* ronco
ravanèllo *sm* rábano *m*
ravvedérsi *vpr* enmendarse
ravvicinàre *vt* acercar ◆ *vrif* reconciliarse
ravvisàre *vt* reconocer

ravvivàre *vt* reavivar, animar ◆ *vpr* animarse
raziocìnio *sm* raciocinio *m*
razionàle *a* racional
razionàre *vt* racionar
razióne *sf* ración *f*
ràzza *sf* raza *f* ◇ (*zool*) raya *f*
razzìa *sf* razzia *f*
razziàle *a* racial
razzìsmo *sm* racismo *m*
razzìsta *a/sm/f* racista *m/f*
ràzzo *sm* cohete *m*
re *sm* rey *m* ◇ (*mus*) re *m*
reagènte *a/sm* reactivo *m*
reagìre *vi* reaccionar
reàle *a/sm* real *m*
realìsmo *sm* realismo *m*
realìstico *a* realista
realizzàre *vt* realizar, efectuar ◆ *vpr* realizarse
realizzazióne *sf* realización *f*
realìzzo *sm* realización *f*
realtà *sf* realidad *f* ● ***r. virtuale*** realidad virtual
reàto *sm* delito *m*, crimen *m*
reattività *sf* reactividad *f*
reattóre *sm* reactor *m*
reazionàrio *a* reaccionario
reazióne *sf* reacción *f*
recapitàre *vt* entregar
recàpito *sm* entrega *f* ◇ (*indirizzo*) dirección *f*
recàre *vt* llevar, traer ◇ (*causare*) causar, producir ◆ *vpr* ir
recèdere *vi* desistir
recensióne *sf* crítica *f*
recensìre *vt* reseñar, criticar
recènte *a* reciente ● ***di r.*** recientemente
recessióne *sf* recesión *f*
recìdere *vt* cortar
recidìva *sf* reincidencia *f*
recidìvo *a/sm* reincidente *m/f*
recintàre *vt* cercar
recìnto *sm* recinto *m*
recinzióne *sf* recinto *m*
recipiènte *sm* recipiente *m*
recìproco *a* recíproco
rècita *sf* función *f*, recital *m*
recitàre *vt/i* recitar ◇ (*cin*) interpretar
recitazióne *sf* recitación *f* ◇ (*cin*) interpretación *f*
reclamàre *vt* solicitar, pedir ◆ *vi* reclamar, protestar
reclàmo *sm* reclamación *f*
reclinàbile *a* reclinable
reclinàre *vt* reclinar
reclusióne *sf* reclusión *f*, encierro *m*
reclùso *a/sm* recluso *m*, detenido *m*
rècluta *sf* recluta *m*
reclutaménto *sm* enrolamiento *m*, alistamiento *m*
reclutàre *vt* enrolar, alistar
rècord *sm* récord *m*
recriminazióne *sf* recriminación *f*
recuperàre *vt* recuperar
recùpero *sm* recuperación *f*
redarguìre *vt* reprochar
redattóre *sm* redactor *m*
redazióne *sf* redacción *f*
redditività *sf* rentabilidad *f*

redditìzio *a* provechoso, rentable
rèddito *sm* provecho *m*, renta *f*
redentóre *a/sm* redentor *m*
redenzióne *sf* redención *f*
redìgere *vt* redactar
redìmere *vt* redimir
rèdine *sf* rienda *f*
rèduce *a* de vuelta de ◆ *sm/f* veterano *m*
referèndum *sm* referéndum *m*
referènza *sf* referencia *f*, informe *m*
refèrto *sm* parte *m*
refettòrio *sm* refectorio *m*, comedor *m*
refezióne *sf* refacción *f*, comida *f*
refrattàrio *a* refractario ◇ (*fig*) reacio
refrigeràre *vt* refrigerar
refrigerazióne *sf* refrigeración *f*
refrigèrio *sm* alivio *m*
refurtìva *sf* robo *m*
regalàre *vt* regalar
regàle *a* real
regàlo *sm* regalo *m*
regàta *sf* regata *f*
reggènte *a/sm/f* regente *m/f*
reggènza *sf* regencia *f*
règgere *vt* sostener ◇ (*sopportare*) soportar, aguantar ◇ (*dirigere*) gobernar, dirigir ◇ (*gramm*) regir ◆ *vi* resistir ◇ (*nel tempo*) durar
règgia *sf* palacio *m* real
reggicàlze *sm* liguero *m*
reggiménto *sm* regimiento *m*
reggiséno *sm* sostén *m*
regìa *sf* dirección *f*
regìme *sm* régimen *m*
regìna *sf* reina *f*
règio *a* real, regio
regionàle *a* regional
regióne *sf* región *f*
regìsta *sm/f* director *m*
registràre *vt* registrar ◇ (*su nastro*) grabar ◇ (*mecc*) revisar
registratóre *sm* grabadora *f*
registrazióne *sf* inscripción *f*, registro *m* ◇ (*su nastro*) grabación *f*
registro *sm* registro *m*
regnànte *a* reinante ◆ *sm/f* soberano *m*
regnàre *vi* reinar
régno *sm* reino *m*
règola *sf* regla *f*
regolàbile *a* regulable
regolamentàre *a* reglamentario ◆ *vt* reglamentar
regolaménto *sm* reglamento *m*, reglamentación *f*
regolàre *a* regular ◇ (*uniforme*) uniforme ◇ (*in regola*) en regla ◆ *vt* reglar, regularizar ◇ (*sistemare*) arreglar ◇ (*conto*) liquidar ◆ *vrif* comportarse ◇ (*moderarsi*) moderarse
regolarità *sf* regularidad *f*
regolarizzàre *vt* regularizar
regredìre *vi* regresar
regrèsso *sm* regresión *f*
reincarnazióne *sf* reencarnación *f*

reintegràre *vt* reintegrar
relatività *sf* relatividad *f*
relativo *a* relativo
relatóre *sm* ponente *m/f*, relator *m*
relazionàre *vt* relacionar
relazióne *sf* relación *f* ◇ (*rapporto*) informe *m*
relè *sm* relé *m*
relegàre *vt* relegar
religióne *sf* religión *f*
religióso *a/sm* religioso *m*
relìquia *sf* reliquia *f*
reliquiàrio *sm* relicario *m*
relìtto *sm* despojo *m*, restos *m pl*
remàre *vi* remar
rematóre *sm* remero *m*, bogador *m*
remissióne *sf* remisión *f*, perdón *m*
remissìvo *a* remisivo, deferente
rèmo *sm* remo *m*
remòto *a* remoto, lejano
rèndere *vt* (*restituire*) devolver, restituir ◇ (*fruttare*) rendir ◇ (*rappresentare*) representar, expresar ● ***r. l'idea*** expresar la idea; ***rendersi conto*** darse cuenta
rendicónto *sm* informe *m* ◇ (*comm*) rendición *f* de cuentas
rendiménto *sm* rendimiento *m* ◇ (*utile*) renta *f*
rèndita *sf* renta *f*, rédito *m*
rène *sm* riñon *m*
rènna *sf* reno *m*
rèo *a* reo, culpable ◆ *sm* criminal *m/f*
repàrto *sm* sección *f* ◇ (*mil*) unidad *f* ◇ (*di ospedale*) pabellón *m*
repellènte *a* repulsivo
repentìno *a* improviso
reperìre *vt* hallar, encontrar
repèrto *sm* hallazgo *m*, pieza *f* ◇ (*med*) informe *m*
repertòrio *sm* repertorio *m*
rèplica *sf* (*ripetizione*) repetición *f* ◇ (*risposta*) respuesta *f* ◇ (*obiezione*) objeción *f*
replicàre *vt* repetir ◇ (*rispondere*) replicar
repressióne *sf* represión *f*
reprìmere *vt* reprimir
repùbblica *sf* república *f*
repubblicàno *a/sm* republicano *m*
repulsióne *sf* repulsión *f*
reputàre *vt* considerar ◆ *vrif* considerarse
reputazióne *sf* reputación *f*
rèquie *sf* descanso *m*
requisìre *vt* requisar, embargar
requisìto *sm* requisito *m*
requisitòria *sf* acusación *f*
requisizióne *sf* requisa *f*
résa *sf* (*restituzione*) restitución *f*, devolución *f* ◇ (*mil*) rendición *f* ◇ (*rendita*) rendimiento *m*, rédito *m*
rescìndere *vt* rescindir
resettàre *vt* (*inform*) reiniciar.
residènte *a/sm/f* residente *m/f*
residènza *sf* residencia *f*

residenziàle *a* residencial
resìduo *a* residual ◆ *sm* residuo *m*
rèsina *sf* resina *f*
resistènte *a* resistente
resistènza *sf* resistencia *f*
resìstere *vi* resistir
resocónto *sm* informe *m*
respingènte *sm* tope *m*
respìngere *vt* rechazar ◇ (*bocciare*) suspender • *r. agli esami* suspender en los exámenes
respiràre *vi* respirar
respiratóre *sm* respirador *m*
respiratòrio *a* respiratorio
respirazióne *sf* respiración *f*
respìro *sm* respiro *m* ◇ (*respirazione*) respiración *f* ◇ (*fig*) pausa *f* • *r. di sollievo* suspiro de alivio
responsàbile *a/sm/f* responsable *m/f*
responsabilità *sf* responsabilidad *f*
respònso *sm* veredicto *m*, decisión *f*
rèssa *sf* gentío *m*
restàre *vi* quedar, quedarse ◇ (*mancare*) faltar ◇ (*permanere*) permanecer
restauràre *vt* restaurar ◇ (*ristabilire*) restablecer
restauratóre *sm* restaurador *m*
restaurazióne *sf* restauración *f*
restàuro *sm* arreglo *m*, restauración *f*
restìo *a* reacio
restituìre *vt* restituir, devolver
restituzióne *sf* devolución *f*
rèsto *sm* resto *m*, residuo *m* ◇ (*denaro*) vuelta *f*, cambio *m* ◇ (*archeol*) despojo *m*
restrìngere *vt* reducir, estrechar ◆ *vpr* estrecharse ◇ (*di tessuto*) encoger
restrizióne *sf* restricción *f*
retàggio *sm* herencia *f*
réte *sf* red *f* ◇ (*sport*) gol *m* • *r. stradale* red de carreteras
Réte *sf* (*Internet*) Red *f* • *in R.* en Red
reticènte *a* reticente
reticènza *sf* reticencia *f*
reticolàto *sm* alambrado *m*
rètina *sf* retina *f*
retòrica *sf* retórica *f*
retòrico *a* retórico
retràttile *a* retráctil
retribuìre *vt* retribuir, remunerar
retribuzióne *sf* remuneración *f*
retrìvo *a* reaccionario
rètro *sm* parte *f* posterior
retrobottéga *sm* trastienda *f*
retrocèdere *vi* retroceder ◆ *vt* relegar ◇ (*mil*) degradar
retrocessióne *sf* retroceso *m* ◇ (*mil*) degradación *f*
retromàrcia *sf* marcha *f* atrás
retroscèna *sf* (*teat*) bastidores *m pl* ◆ *sm* secreto *m*, intrigas *f pl*
retrospettìva *sf* retrospectiva *f*
retrospettìvo *a* retrospectivo
retrotèrra *sm* territorio *m* interior
retrovisóre *sm* retrovisor *m*

rètta *sf* recta *f* ◇ (*mensile*) mensualidad *f* • *dar r.* hacer caso, prestar oídos
rettangolàre *a* rectangular
rettàngolo *a/sm* rectángulo *m*
rettìfica *sf* rectificación *f*
rettificàre *vt* corregir
rèttile *sm* reptil *m*
rettilìneo *a* rectilíneo
rettitùdine *sf* rectitud *f*
rètto *a* recto ◇ (*onesto*) honesto ◇ (*giusto*) justo, correcto ◆ *sm* recto *m*
rettóre *sm* rector *m*
reumatìsmo *sm* reumatismo *m*
reverèndo *a* reverendo
reversìbile *a* reversible
revisionàre *vt* revisar
revisióne *sf* revisión *f*
revisionìsta *sm/f* revisionista *m/f*
revisóre *sm* revisor *m* • *r. dei conti* censor de cuentas
rèvoca *sf* abrogación *f*
revocàre *vt* abrogar
riabilitàre *vt* rehabilitar ◆ *vpr* rehabilitarse
riabilitazióne *sf* rehabilitación *f*
riaccèndere *vt* volver a encender
riaccompagnàre *vt* volver a acompañar
riacquistàre *vt* readquirir ◇ (*fig*) recuperar, recobrar
riadattàre *vt* readaptar
riaddormentàre *vt* volver a dormir ◆ *vpr* volver a dormirse
riaffermàre *vt* reafirmar
rialzàre *vt* realzar ◇ (*aumentare*) levantar
riàlzo *sm* elevación *f*, altura *f* ◇ (*aumento*) aumento *m*, subida *f*
rianimazióne *sf* reanimación *f*
riannodàre *vt* volver a anudar ◇ (*fig*) reanudar
riàrmo *sm* rearme *m*
riassètto *sm* reorganización *f*
riassùmere *vt* reasumir ◇ (*riprendere*) volver a tomar
riassùnto *sm* resumen *m*
riavére *vt* recuperar, volver a tener
riavviàre *vt* (*inform*) reiniciar
ribadìre *vt* remachar, confirmar
ribàlta *sf* proscenio *m*
ribaltaménto *sm* vuelco *m*, tumbo *m*
ribaltàre *vt* volcar ◆ *vpr* volcarse
ribassàre *vt* rebajar ◆ *vi* bajar
ribàsso *sm* baja *f*, rebaja *f*
ribàttere *vt* volver a batir ◇ (*chiodo*) remachar ◇ (*fig*) rebatir, replicar
ribellàrsi *vpr* rebelarse
ribèlle *a/sm/f* rebelde *m/f*
ribellióne *sf* rebelión *f*
rìbes *sm* grosella *f*
ribollìre *vi* hervir
ribrézzo *sm* repugnancia *f*
ributtànte *a* repugnante
ricadére *vi* recaer
ricadùta *sf* recaída *f*

ricalcàre *vt* calcar ◇ (*fig*) seguir
ricamàre *vt* bordar
ricambiàre *vt* devolver ◇ (*corrispondere*) corresponder
ricàmbio *sm* recambio *m* • ***pezzi di r.*** piezas de repuesto
ricàmo *sm* bordado *m*
ricapitolàre *vt* recapitular
ricàrica *sf* recargo *m*, recarga *f*
ricaricàbile *a* recargable ◆ *sf* (*tel*) tarjeta *f* recargable
ricaricàre *vt* recargar
ricattàre *vt* chantajear
ricattatóre *sm* chantajista *m/f*
ricàtto *sm* chantaje *m*
ricavàre *vt* sacar, obtener ◇ (*dedurre*) deducir
ricàvo *sm* ganancia *f*, provecho *m*
ricchézza *sf* riqueza *f* ◇ (*abbondanza*) abundancia *f*
rìccio *a* crespo ◆ *sm* (*zool*) erizo *m* ◇ (*ricciolo*) rizo *m*
rìcciolo *sm* rizo *m*
ricciùto *a* ensortijado
rìcco *a/sm* rico *m*
ricérca *sf* búsqueda *f* ◇ (*indagine*) investigación *f*
ricercàre *vt* buscar ◇ (*indagare*) investigar
ricercatézza *sf* afectación *f*
ricercàto *a* buscado, apreciado ◇ (*affettato*) rebuscado, afectado ◆ *sm* buscado *m* por la policía
ricercatóre *sm* investigador *m*
ricetrasmittènte *sf* receptora-tra(n)smisora *f*
ricètta *sf* receta *f*
ricettàcolo *sm* refugio *m*
ricettàrio *sm* recetario *m*
ricettatóre *sm* encubridor *m*
ricettazióne *sf* encubrimiento *m*
ricévere *vt* recibir
ricevиménto *sm* recibimiento *m* ◇ (*festa*) recepción *f*
ricevitóre *sm* receptor *m*
ricevitorìa *sf* oficina *f* de recaudación
ricevùta *sf* recibo *m*
ricezióne *sf* recepción *f*
richiamàre *vt* volver a llamar ◇ (*chiamare*) llamar ◇ (*far tornare*) hacer volver ◇ (*rimproverare*) reprender ◇ (*attrarre*) atraer ◇ (*ricordare*) recordar • ***r. l'attenzione*** llamar la atención
richiàmo *sm* llamada *f* ◇ (*rimprovero*) reprensión *f* ◇ (*attrazione*) atracción *f*
richièdere *vt* requerir, pedir ◇ (*esigere*) reclamar
richièsta *sf* pedido *m* ◇ (*istanza*) solicitud *f*, petición *f* ◇ (*esigenza*) exigencia *f*
riciclàbile *a* reciclable
riciclàre *vt* reciclar
ricognizióne *sf* exploración *f*
ricólmo *a* lleno
ricominciàre *vt* recomenzar, volver a empezar ◆ *vi* volver a empezar

ricompènsa *sf* recompensa *f*
ricompensàre *vt* recompensar
ricompràre *vt* volver a comprar
riconciliàre *vt* reconciliar, apaciguar ◆ *vrif* reconciliarse, apaciguarse
riconciliazióne *sf* reconciliación *f*
ricondùrre *vt* acompañar, llevar
riconfermàre *vt* ratificar, revalidar
riconoscènte *a* reconocido, agradecido
riconoscènza *sf* agradecimiento *m*, gratitud *f*
riconóscere *vt* reconocer ◇ (*ammettere*) admitir ◆ *vrif* reconocerse
riconosciménto *sm* reconocimiento *m*
ricopiàre *vt* copiar, transcribir
ricoprìre *vt* recubrir, cubrir ● *r. una carica* ocupar un cargo
ricordàre *vt* recordar ◆ *vpr* recordarse, acordarse
ricòrdo *sm* recuerdo *m*, memoria *f*
ricorrènte *a/sm/f* recurrente *m/f*
ricorrènza *sf* aniversario *m*
ricórrere *vi* (*fare ricorso*) recurrir, apelar ◇ (*ripetersi*) repetirse ◇ (*cadere*) caer, celebrarse
ricórso *sm* recurso *m*, uso *m* ◇ (*reclamo*) petición *f*, reclamación *f* ◇ (*dir*) instancia *f*
ricostituènte *a/sm* reconstituyente *m*
ricostituìre *vt* reconstituir
ricostruìre *vt* reconstruir
ricostruzióne *sf* reconstrucción *f*
ricòtta *sf* requesón *m*
ricoveràre *vt* hospitalizar ◇ (*ospitare*) amparar, cobijar
ricóvero *sm* hospitalización *f* ◇ (*asilo*) refugio *m* ◇ (*ospizio*) asilo *m*
ricreàre *vt* recrear ◇ (*divertire*) divertir
ricreativo *a* recreativo
ricreazióne *sf* recreo *m*
ricrédersi *vpr* cambiar de opinión
ricucìre *vt* recoser
ricuperàre → **recuperare**
ricusàre *vt* rechazar ◇ (*dir*) recusar
ridacchiàre *vi* reír irónicamente
ridàre *vt* devolver, restituir
rìdere *vi* reír ● *scoppiare a r.* echarse a reír
ridìcolo *a* ridículo ◆ *sm* ridiculez *f*
ridimensionàre *vt* redimensionar
ridipìngere *vt* repintar
ridìre *vt* repetir, volver a decir ◆ *vi* criticar
ridondànte *a* redundante
ridòsso *sm* abrigo *m*, reparo *m*
ridùrre *vt* reducir ◇ (*accorcia-*

re) acortar ◇ (*costringere*) constreñir ◆ *vpr* reducirse
riduttìvo *a* limitativo
riduzióne *sf* reducción *f*, disminución *f*
riedizióne *sf* reedición *f*
rielaboràre *vt* reelaborar
rielèggere *vt* reelegir
riempiménto *sm* llenado *m*
riempìre *vt* llenar, rellenar ◆ *vrif* llenarse ◇ (*mangiando*) atiborrarse
rientrànza *sf* concavidad *f*, entrante *m*
rientràre *vi* volver a entrar ◇ (*ritornare*) regresar ◇ (*far parte*) pertenecer, estar comprendido
riéntro *sm* vuelta *f*
riepilogàre *vt* recapitular, resumir
riepìlogo *sm* recapitulación *f*, resumen *m*
rievocàre *vt* evocar, conmemorar
rifàre *vt* rehacer ◇ (*riparare*) reparar ◇ (*imitare*) imitar ◇ (*ripetere*) repetir ◆ *vpr* rehacerse ◇ (*recuperare*) recuperar ◇ (*vendicarsi*) desquitarse
riferiménto *sm* referencia *f*
riferìre *vt* referir, relatar ◆ *vi* informar ◆ *vpr* referirse
rifilàre *vt* encajar, endosar
rifinìre *vt* pulir, perfeccionar
rifinitùra *sf* acabado *m*
rifiutàre *vt* rechazar, rehusar ◆ *vpr* negarse (a)
rifiùto *sm* rechazo *m* ◇ (*residuo*) desperdicio *m* ◇ (*negazione*) negativa *f* ◇ *al pl* (*spazzatura*) basura *f*
riflessióne *sf* reflexión *f*
riflèsso *a* reflejado ◆ *sm* reflejo *m*
riflèttere *vt* reflejar ◇ (*mostrare*) manifestar ◆ *vi* reflexionar ◆ *vrif* reflejarse
riflùsso *sm* reflujo *m*
rifocillàre *vt* dar de comer ◇ (*fig*) reconfortar ◆ *vrif* tomar comida, almorzar, comer
rifóndere *vt* (*fig*) reembolsar
rifórma *sf* reforma *f*
riformàre *vt* reformar ◇ (*modificare*) modificar ◇ (*mil*) declarar no apto para el servicio militar
riformatòrio *sm* reformatorio *m*
riforniménto *sm* abastecimiento *m* ◇ *al pl* provisiones *f pl*
rifornìre *vt* abastecer, proveer
rifràngere *vt* refractar ◆ *vpr* refractarse
rifrazióne *sf* refracción *f*
rifugiàrsi *vpr* refugiarse
rifugiàto *sm* refugiado *m*
rifùgio *sm* refugio *m*
rìga *sf* raya *f*, línea *f* ◇ (*fila*) fila *f*
rigàre *vt* rayar ● ***r. dritto*** portarse bien
rigattière *sm* chamarilero *m*, trapero *m*

rigettàre *vt* rechazar ◇ (*vomitare*) vomitar
rigètto *sm* rechazo *m*
rigidità *sf* rigidez *f* ◇ (*fig*) severidad *f*
rìgido *a* rígido ◇ (*fig*) severo ◇ (*freddo*) frío
rigiràre *vt* dar vueltas ◇ (*fig*) alterar ◆ *vrif* darse la vuelta
rìgo *sm* renglón *m*
rigoglióso *a* lozano, lujuriante
rigonfiaménto *sm* hinchazón *f*
rigónfio *a* hinchado
rigóre *sm* rigor *m* ◇ (*sport*) penalty *m*
rigoróso *a* riguroso
rigovernàre *vt* lavar los platos
riguadagnàre *vt* recuperar
riguardànte *a* referente
riguardàre *vt* volver a mirar ◇ (*controllare*) controlar ◇ (*concernere*) interesar ◆ *vrif* cuidarse
riguàrdo *sm* cuidado *m*, preocupación *f* ◇ (*considerazione*) consideración *f* ● ***r. a*** en relación con
rigurgitàre *vi* rebosar
rilanciàre *vt* relanzar ◇ (*l'offerta*) aumentar
rilàncio *sm* relance *m*, rebote *m*
rilasciàre *vt* soltar ◇ (*documento*) expedir
rilàscio *sm* liberación *f* ◇ (*di documento*) expedición *f*
rilassàre *vt* relajar ◆ *vrif* relajarse
rilegàre *vt* encuadernar
rilegatùra *sf* encuadernación *f*
rilèggere *vt* releer
rilènto, a *loc.avv* despacio
rilevaménto *sm* (*statistico*) encuesta *f* ◇ (*topogr*) estudio *m* ◇ (*comm*) adquisición *f* ◇ (*naut*) marcación *f*
rilevànte *a* considerable
rilevàre *vt* notar, advertir ◇ (*dati statistici*) recoger ◇ (*dare il cambio*) relevar, remplazar ◇ (*acquistare*) adquirir
rilièvo *sm* relieve *m* ◇ (*topografico*) trazado *m* ● ***mettere in r.*** poner en evidencia
rìma *sf* rima *f*
rimandàre *vt* volver a enviar ◇ (*restituire*) devolver ◇ (*differire*) aplazar
rimàndo *sm* remisión *f* ● ***di r.*** de rebote
rimaneggiàre *vt* reelaborar
rimanènte *a* restante ◆ *sm* resto *m* ◇ *al pl* restantes *m/f pl*
rimanènza *sf* resto *m* ◇ *al pl* existencias *f pl*
rimanére *vi* quedar, quedarse, permanecer ◇ (*avanzare*) sobrar
rimarchévole *a* notable, remarcable
rimàre *vt/i* rimar
rimarginàre *vt* cicatrizar ◆ *vi/pr* cicatrizarse
rimasùglio *sm* sobras *f pl*
rimbalzàre *vi* rebotar
rimbàlzo *sm* rebote *m*
rimbambìto *a* chocho

rimboccàre *vt* arremangar ◇ (*coperte*) arropar
rimbombàre *vi* retumbar
rimbómbo *sm* retumbo *m*, fragor *m*
rimborsàre *vt* reembolsar
rimbórso *sm* reembolso *m*
rimboschiménto *sm* repoblación *f* forestal, reforestación *f*
rimbròtto *sm* reproche *m*
rimediàre *vt* encontrar, conseguir ◆ *vi* reparar, poner remedio
rimèdio *sm* remedio *m* • *r. omeopatico* remedio homeopático
rimescolàre *vt* mezclar, revolver
riméssa *sf* (*aut*) garaje *m* ◇ (*comm*) remesa *f* ◇ (*sport*) saque *m*
rimestàre *vt* mezclar, revolver
riméttere *vt* reponer ◇ (*perdonare*) perdonar ◇ (*comm*) remitir ◇ (*vomitare*) vomitar ◆ *vpr* volver a empezar ◇ (*in salute*) restablecerse • *rimetterci* perder
rimodernàre *vt* modernizar
rimónta *sf* recuperación *f*
rimorchiàre *vt* remolcar
rimòrchio *sm* remolque *m*
rimòrso *sm* remordimiento *m*
rimostrànza *sf* protesta *f*, queja *f*
rimozióne *sf* remoción *f* ◇ (*di ostacolo*) recogida *f*, retirada *f*
rimpàsto *sm* recomposición *f*, modificación *f*
rimpatriàre *vi* repatriar
rimpàtrio *sm* repatriación *f*
rimpiàngere *vt* añorar, echar de menos
rimpiànto *sm* añoranza *f*, lamento *m*
rimpiattìno *sm* escondite *m*
rimpiazzàre *vt* reemplazar, sustituir
rimpiccolìre *vt* empequeñecer
rimpinguàre *vt* engordar, enriquecer
rimpinzàre *vt* hartar ◆ *vrif* hartarse
rimproveràre *vt* reprochar
rimpròvero *sm* reproche *m*, reprimenda *f*
rimuginàre *vt* rumiar
rimuneràre *vt* remunerar, recompensar
rimunerazióne *sf* remuneración *f*
rimuòvere *vt* quitar ◇ (*destituire*) destituir
rinàscere *vi* renacer
rinasciménto *sm* renacimiento *m*
rinàscita *sf* renacimiento *m*
rincalzàre *vt* reforzar
rincaràre *vt* aumentar ◆ *vi* aumentar, subir
rincàro *sm* alza *f*
rincasàre *vi* regresar
rinchiùdere *vt* encerrar ◆ *vrif* encerrarse
rincórrere *vt* perseguir

rincórsa *sf* carrerilla *f*
rincréscere *vi* sentir, lamentar
rincresciménto *sm* pesar *m*, sentimiento *m*
rinculàre *vi* recular
rinfacciàre *vt* reprochar, echar en cara
rinforzàre *vt* reforzar, fortalecer ◆ *vpr* reforzarse
rinfòrzo *sm* refuerzo *m*
rinfrancàre *vt* reanimar ◆ *vpr* reanimarse
rinfrescànte *a* refrescante, refrigerante
rinfrescàre *vt* limpiar ◆ *vi* refrescar ◆ *vrif* refrescarse
rinfrésco *sm* refresco *m*
rinfùsa, àlla *loc.avv* desordenadamente
ringhiàre *vi* gruñir
ringhièra *sf* barandilla *f*
rìnghio *sm* gruñido *m*
ringiovanìre *vt* rejuvenecer ◆ *vi/pr* rejuvenecer, remozarse
ringraziaménto *sm* agradecimiento *m*
ringraziàre *vt* agradecer
rinnegàre *vt* renegar
rinnegàto *a/sm* renegado *m*
rinnovaménto *sm* renovación *f*
rinnovàre *vt* renovar
rinnòvo *sm* renovación *f*
rinocerónte *sm* rinoceronte *m*
rinomàto *a* renombrado, afamado
rinsaldàre *vt* consolidar ◆ *vpr* consolidarse
rinsavìre *vi* recobrar la razón
rintanàrsi *vpr* esconderse
rintócco *sm* repique *m*, campanada *f*
rintracciàre *vt* encontrar, localizar
rintronàre *vt* aturdir ◆ *vi* retumbar
rinùncia *sf* renuncia *f*
rinunciàre *vi* renunciar
rinveniménto *sm* descubrimiento *m*
rinvenìre *vt* encontrar, hallar ◆ *vi* volver en sí
rinviàre *vt* volver a enviar, reexpedir ◇ (*differire*) aplazar, postergar
rinvigorìre *vt* fortalecer ◆ *vpr* fortalecerse
rinvìo *sm* aplazamiento *m* ◇ (*rimando*) remisión *f*
rióne *sm* barrio *m*
riordinàre *vt* arreglar, reorganizar
riorganizzàre *vt* reorganizar
riorganizzazióne *sf* reorganización *f*
ripagàre *vt* resarcir
riparàre *vt* proteger, defender ◇ (*aggiustare*) arreglar ◇ (*correggere*) corregir ◆ *vi* corregir ◇ (*rifugiarsi*) huir, refugiarse
riparazióne *sf* reparación *f*, arreglo *m* ◇ (*correzione*) corrección *f* ◇ (*dir*) resarcimiento *m*
ripàro *sm* amparo *m*, reparo *m* • *al r. da* al amparo de

ripartìre *vt* repartir ◆ *vi* marcharse
ripartizióne *sf* reparto *m*, repartimiento *m*
ripassàre *vt* repasar ◆ *vi* volver
ripàsso *sm* repaso *m*
ripensàre *vi* reflexionar ◇ (*cambiare opinione*) cambiar de opinión
ripercórrere *vt* recorrer
ripercuòtere *vt* reflejar ◆ *vpr* repercutir
ripercussióne *sf* repercusión *f*
ripescàre *vt* recuperar
ripètere *vt* repetir
ripetitóre *sm* repetidor *m*
ripetizióne *sf* repetición *f* ◇ (*scuola*) clase *f* particular
ripiàno *sm* estante *m*
ripìcca *sf* despecho *m*, pique *m*
rìpido *a* escarpado, empinado
ripiegàre *vt* plegar ◆ *vi* retirarse
ripiègo *sm* expediente *m*
ripièno *a/sm* relleno *m*
ripopolàre *vt* repoblar
ripórre *vt* reponer, guardar, colocar
riportàre *vt* devolver ◇ (*riferire*) referir, contar ◇ (*citare*) citar ◇ (*mat*) llevar ◇ (*ottenere*) conseguir
riposàre *vt/i/rif* descansar
ripòso *sm* descanso *m*, reposo *m*
ripostìglio *sm* trastero *m*
riprèndere *vt* recoger ◇ (*ricominciare*) recomenzar, reanudar ◇ (*rimproverare*) reprender ◇ (*cin*) filmar ◆ *vpr* reponerse
riprésa *sf* reanudación *f*, continuación *f* ◇ (*aut*) aceleración *f* ◇ (*cin*) toma *f* ◇ (*econ*) recuperación *f* ◇ (*calcio*) segundo tiempo *m*
ripristinàre *vt* restablecer
riproducìbile *a* reproducible
riprodùrre *vt* reproducir ◆ *vpr* reproducirse
riproduzióne *sf* reproducción *f*
ripropósta *sf* nueva propuesta *f*
ripròva *sf* confirmación *f*
riprovàre *vt* volver a ensayar
ripudiàre *vt* repudiar ◇ (*fig*) rechazar
ripugnàre *vi* repugnar, disgustar
ripulìre *vt* limpiar, repulir ◇ (*svaligiare*) desvalijar
riquàdro *sm* cuadro *m*, panel *m*
risàcca *sf* resaca *f*
risàia *sf* arrozal *m*
risalìre *vt* volver a subir ◆ *vi* remontarse
risaltàre *vi* sobresalir
risàlto *sm* evidencia *f*
risanaménto *sm* curación *f* ◇ (*di terreno*) saneamiento *m*
risanàre *vt* curar, sanar ◇ (*terreno*) sanear
risarciménto *sm* resarcimiento *m*
risarcìre *vt* reembolsar, indemnizar
risàta *sf* carcajada *f*
riscaldaménto *sm* recalenta-

miento *m* ◇ (*impianto*) calefacción *f* • ***r. autonomo*** calefacción individual; ***r. centralizzato*** calefacción central
riscaldàre *vt* calentar ◆ *vrif* calentarse
riscattàre *vt* rescatar ◇ (*fig*) redimir ◆ *vrif* liberarse
riscàtto *sm* rescate *m*
rischiaràre *vt* iluminar ◆ *vpr* iluminarse
rischiàre *vt* arriesgar
rìschio *sm* riesgo *m*
rischióso *a* arriesgado, peligroso
risciacquàre *vt* enjuagar
riscontràre *vt* verificar, controlar ◇ (*rilevare*) encontrar ◇ (*confrontare*) comparar
riscóntro *sm* verificación *f* ◇ (*corrispondenza*) correspondencia *f* ◇ (*confronto*) comparación *f*
riscoprìre *vt* volver a descubrir, redescubrir
riscòssa *sf* contraataque *m*
riscuòtere *vt* cobrar
risentiménto *sm* resentimiento *m*
risentìre *vi* sufrir (de) ◆ *vpr* resentirse, ofenderse
risentìto *a* resentido
risèrbo *sm* discreción *f*
risèrva *sf* reserva *f* • ***r. di caccia*** coto de caza
riservàre *vt* reservar
riservatézza *sf* discreción *f*
riservàto *a* reservado ◇ (*discreto*) discreto ◇ (*confidenziale*) confidencial
risièdere *vi* residir
rìsma *sf* resma *f* ◇ (*fig*) clase *f*
rìso *sm* (*bot*) arroz *m* ◇ (*il ridere*) risa *f*
risolutézza *sf* resolución *f*
risolùto *a* resuelto
risoluzióne *sf* resolución *f* ◇ (*scioglimento*) anulación *f*, rescisión *f* ◇ (*soluzione*) solución *f*
risòlvere *vt* resolver ◆ *vpr* decidirse
risonànza *sf* resonancia *f*
risorgiménto *sm* resurgimiento *m*
risorgìva *sf* fuente *f*
risórsa *sf* recurso *m*
risparmiàre *vt* ahorrar ◇ (*salvare*) salvar
risparmiatóre *sm* ahorrador *m*
rispàrmio *sm* ahorro *m*
rispecchiàre *vt* reflejar
rispedìre *vt* reexpedir
rispettàbile *a* respetable ◇ (*considerevole*) considerable
rispettàre *vt* respetar
rispètto *sm* respeto *m*
rispettóso *a* respetuoso
risplèndere *vi* resplandecer
rispondènte *a* apropiado, conforme
rispondènza *sf* correspondencia *f*
rispóndere *vi* contestar, responder ◇ (*corrispondere*) corresponder ◆ *vt* responder

risposàre *vt* volver a casar ◆ *vpr* casarse otra vez, volverse a casar
rispósta *sf* respuesta *f*
rìssa *sf* riña *f*, pelea *f*
rissóso *a* pendenciero, reñidor
ristabilìre *vt* restablecer ◆ *vpr* recuperarse
ristàgno *sm* estancamiento *m*
ristàmpa *sf* reimpresión *f*
ristampàre *vt* reimprimir
ristorànte *sm* restaurante *m*
ristòro *sm* alivio *m*
ristrettézza *sf* estrechez *f* ◇ (*scarsezza*) escasez *f*, falta *f* ◇ (*fig*) limitación *f*
ristrétto *a* estrecho, limitado ◇ (*brodo*) concentrado ◇ (*fig*) mezquino ● ***caffè r.*** café corto
ristrutturàre *vt* reestructurar, restaurar
risùcchio *sm* remolino *m*
risultànte *a/sf* resultante *f*
risultàre *vi* resultar
risultàto *sm* resultado *m*
risuonàre *vt* repetir ◆ *vi* resonar
risurrezióne *sf* resurrección *f*
risuscitàre *vt/i* resucitar
risvegliàre *vt* despertar ◆ *vpr* despertarse
risvéglio *sm* despertar *m*
risvòlto *sm* vuelta *f*, solapa *f*
ritagliàre *vt* recortar
ritàglio *sm* recorte *m*, retal *m*
ritardàre *vt* retrasar ◇ (*rimandare*) aplazar ◆ *vi* tardar
ritàrdo *sm* retraso *m*, atraso *m*
ritégno *sm* recato *m*
ritenére *vt* considerar
ritiràre *vt* retirar, retraer ◆ *vrif* retirarse ◇ (*restringersi*) encoger ● ***ritirarsi dal servizio*** jubilarse
ritiràta *sf* retirada *f*
ritìro *sm* retiro *m*
rìtmo *sm* ritmo *m*
rìto *sm* rito *m*
ritoccàre *vt* retocar
ritócco *sm* retoque *m*
ritornàre *vi* volver, regresar
ritornèllo *sm* estribillo *m*
ritórno *sm* regreso *m* ● ***andata e r.*** ida y vuelta
ritorsióne *sf* retorsión *f*
ritràrre *vt* retirar ◇ (*rappresentare*) representar
ritrattàre *vt* retractar
ritràtto *sm* retrato *m*
ritrovaménto *sm* hallazgo *m*
ritrovàre *vt* encontrar, hallar ◆ *vrif* orientarse ◇ (*reciproco*) encontrarse, reunirse
ritrovàto *sm* recurso *m*
ritròvo *sm* lugar *m* de reunión
rìtto *a* (*in piedi*) levantado ◇ (*di capelli*) erizado ◇ (*dritto*) recto
rituàle *a/sm* ritual *m*
riunióne *sf* reunión *f*
riunìre *vt* reunir, juntar ◆ *vpr* reunirse, juntarse
riuscìre *vi* (*essere capace*) lograr, conseguir ◇ (*avere esito positivo*) salir bien
riuscìta *sf* éxito *m*

rìva *sf* orilla *f*, ribera *f*
rivàle *a/sm/f* rival *m/f*
rivalérsi *vpr* resarcirse, recobrarse
rivalità *sf* rivalidad *f*
rivàlsa *sf* revancha *f*
rivalutàre *vt* revalorizar
rivalutazióne *sf* revaluación *f*, revalorización *f*
rivedére *vt* volver a ver ◇ (*controllare*) revisar, controlar ◇ (*reincontrare*) reencontrar
rivelàre *vt* revelar ◆ *vrif* revelarse
rivelatóre *a/sm* revelador *m*
rivelazióne *sf* revelación *f*
rivéndere *vt* revender
rivendicàre *vt* reivindicar
rivendicazióne *sf* reivindicación *f*
rivéndita *sf* tienda *f*
rivèrbero *sm* reverberación *f*
riverènza *sf* reverencia *f*
riverìre *vt* reverenciar ◇ (*salutare*) saludar
riverniciàre *vt* barnizar
riversàre *vt* verter, echar ◆ *vpr* afluir ● *r. la colpa* echar la culpa
rivestiménto *sm* revestimiento *m*
rivestìre *vt* volver a vestir ◇ (*ricoprire*) revestir, cubrir ◇ (*assumere*) revestir ◆ *vrif* volverse a vestir
rivìncita *sf* revancha *f*, desquite *m*
rivìsta *sf* revista *f* ◇ (*mil*) parada *f* ◇ (*teat*) revista *f*
rivòlgere *vt* dirigir ◇ (*presentare*) presentar, hacer ◇ (*volgere*) volver ◆ *vrif* recurrir (a)
rivòlta *sf* insurrección *f*, revuelta *f*
rivoltàre *vt* revolver ◆ *vpr* sublevarse
rivoltèlla *sf* revólver *m*
rivoluzionàre *vt* revolucionar
rivoluzionàrio *a* revolucionario
rivoluzióne *sf* revolución *f* ◇ (*astr*) rotación *f*
ròba *sf* cosa *f* ◇ (*vestiti*) ropa *f* ◇ (*merce*) mercancía *f*
robùsto *a* robusto
ròcca *sf* fortaleza *f*
roccafòrte *sf* fortaleza *f*
rocchétto *sm* carrete *m*
ròccia *sf* roca *f*, peña *f*
rocciatóre *sm* escalador *m*
rocciόso *a* rocoso
rodàggio *sm* rodaje *m*
rodàre *vt* rodar
roditóre *sm* roedor *m*
rógna *sf* sarna *f* ◇ (*fig*) engorro *m*
rognóne *sm* riñón *m*
rognóso *a* sarnoso ◇ (*fig*) engorroso
rògo *sm* hoguera *f*
rollìo *sm* balanceo *m*
romànico *a* románico
romàno *a/sm* romano *m*
romanticìsmo *sm* romanticismo *m*

romàntico *a* romántico
romanzière *sm* novelista *m/f*
romànzo *sm* novela *f*
rombàre *vi* retumbar
rómbo *sm* estruendo *m* ◇ (*zool*) rodaballo *m* ◇ (*geom*) rombo *m*
rómpere *vt/i* romper ◆ *vpr* romperse
rompicàpo *sm* rompecabezas *m*
rompicòllo, a *loc.avv* a rienda suelta
rompighiàccio *sm* rompehielos *m*
rompiscàtole *sm/f* pelma *m/f*, pelmazo *m*
rónda *sf* ronda *f*
rondèlla *sf* arandela *f*
róndine *sf* golondrina *f*
ronzàre *vi* zumbar
ronzìno *sm* rocín *m*
ronzìo *sm* zumbido *m*
ròsa *sf* rosa *f* ◆ *a/sm* rosa *m*, rosado *m*
rosàio *sm* rosal *m*
rosàrio *sm* rosario *m*
ròseo *a* rosado
rosicchiàre *vt* roer
rosmarìno *sm* romero *m*
rosolàre *vt* soasar
ròspo *sm* sapo *m*
rossétto *sm* barra *f* de labios
rósso *a* rojo ◇ (*con capelli rossi*) pelirrojo ◆ *sm* rojo *m*
rossóre *sm* rubor *m*
rotàia *sf* vía *f*, raíl *m*
rotatòrio *a* giratorio
rotazióne *sf* rotación *f*
rotèlla *sf* ruedecilla *f*
rotolàre *vt/i* rodar ◆ *vrif* revolcarse
ròtolo *sm* rollo *m* • ***andare a rotoli*** salir mal
rotónda *sf* rotonda *f*
rotondità *sf* redondez *f*
rotóndo *a* redondo
rotóre *sm* rotor *m*
rótta *sf* (*naut*) rumbo *m* ◇ (*mil*) derrota *f*
rottàme *sm* desecho *m* ◇ (*macchina*) cacharro *m* ◇ (*fig*) desecho *m* • ***r. di ferro*** chatarra
rótto *a* roto
rottùra *sf* ruptura *f*
ròtula *sf* rótula *f*
roulotte *sf* roulotte *f*, rulot *f*
rovènte *a* incandescente, candente
róvere *sm/f* roble *m*
rovesciàre *vt* volcar ◇ (*fig*) (*gettare a terra*) derribar ◇ (*piegare*) doblar ◆ *vpr* volcarse
rovèscio *sm* reverso *m* ◇ (*di acqua*) chaparrón *m* ◇ (*maglia, tennis*) revés *m* ◇ (*fig*) desgracia *f*, revés *m*
rovìna *sf* ruina *f*
rovinàre *vt* arruinar ◆ *vi* derrumbarse ◆ *vrif* arruinarse
rovinàto *a* arruinado, derrumbado
rovistàre *vt* rebuscar
róvo *sm* zarza *f*, espino *m*
rózzo *a* burdo ◇ (*fig*) grosero
rubàre *vt* robar, hurtar
rubinétto *sm* grifo *m*

rubìno *sm* rubí *m*
rubrìca *sf* registro *m* ◇ (*di giornale, TV*) sección *f* • ***r. telefonica*** guía
rùde *a* rudo
rùdere *sm* ruina *f*
rudimentàle *a* rudimentario
rudiménto *sm* rudimento *m*
ruffiàno *sm* alcahuete *m/f*
rùga *sf* arruga *f*
rùggine *sf* herrumbre *f*
ruggìre *vi* rugir
ruggìto *sm* rugido *m*
rugiàda *sf* rocío *m*
rugóso *a* arrugado
rullàre *vi* redoblar ◇ (*aer*) rodar por la pista
rullìno *sm* rollo *m*
rùllo *sm* (*di tamburo*) redoble *m* ◇ (*fot*) rollo *m* ◇ (*macchina per scrivere*) rodillo *m*
rum *sm* ron *m*
ruminànte *a/sm* rumiante *m*
ruminàre *vi* rumiar
rumóre *sm* ruido *m*
rumoróso *a* ruidoso
ruòlo *sm* (*lista*) lista *f* ◇ (*teat*) papel *m*, parte *f* ◇ (*fig*) función *f*
ruòta *sf* rueda *f* • ***r. di scorta*** rueda de repuesto
ruotàre *vt* torcer ◆ *vi* rodar, voltear
rùpe *sf* peña *f*, roca *f*
ruràle *a* rural
ruscèllo *sm* arroyo *m*
rùspa *sf* excavadora *f*
ruspànte *a* triguero
russàre *vi* roncar
rùsso *a/sm* ruso *m*
rùstico *a* rústico ◇ (*fig*) grosero ◆ *sm* casa *f* de campo
rùvido *a* áspero
ruzzolàre *vi* caer rodando
ruzzolóne *sm* caída *f*

S

sàbato *sm* sábado *m*
sabbàtico *a* sabático
sàbbia *sf* arena *f*
sabbiatùra *sf* baño *m* de arena
sabbióso *a* arenoso
sabotàggio *sm* sabotaje *m*
sabotàre *vt* sabotear
sàcca *sf* saco *m*, bolsa *f* ◇ (*cavità*) saco *m*
saccarìna *sf* sacarina *f*
saccènte *a* sabihondo
saccheggiàre *vt* saquear
sacchéggio *sm* saqueo *m*
sacchétto *sm* saquito *m*
sàcco *sm* saco *m* ◇ (*saccheggio*) saqueo *m* ◇ (*mucchio*) montón *m* • ***mettere nel s.*** engañar; ***un s. di soldi*** un montón de dinero
sacerdòte *sm* sacerdote *m*
sacerdòzio *sm* sacerdocio *m*
sacraménto *sm* sacramento *m*

sacràrio *sm* sagrario *m*
sacrestàno *sm* sacristán *m*
sacrestìa *sf* sacristía *f*
sacrificàre *vt* sacrificar ◆ *vrif* sacrificarse
sacrifìcio *sm* sacrificio *m*
sacrilègio *sm* sacrilegio *m*
sàcro *a* sagrado
sàdico *a/sm* sádico *m*
sadìsmo *sm* sadismo *m*
sadomasochìsmo *sm* sadomasoquismo *m*
saétta *sf* rayo *m*
safàri *sm* safari *m*
sàga *sf* saga *f*
saggézza *sf* sabiduría *f*
saggiàre *vt* ensayar, probar
sàggio *a* sabio, cuerdo ◆ *sm* sabio *m* ◇ (*studio*) ensayo *m*, estudio *m* ◇ (*campione*) muestra *f*
saggìsta *sm/f* ensayista *m/f*
saggìstica *sf* ensayismo *m*
sàgola *sf* cordel *m*
sàgoma *sf* perfil *m* ◇ (*modello*) molde *m*
sàgra *sf* verbena *f*, feria *f*
sagrestàno *sm* sacristán *m*
sagrestìa *sf* sacristía *f*
sàio *sm* hábito *m*, cogulla *f*
sàla *sf* sala *f*, salón *m* ● ***s. da pranzo*** comedor; ***s. d'aspetto*** sala de espera
salàme *sm* salchichón *m*, chorizo *m*
salamòia *sf* salmuera *f*
salàre *vt* salar
salariàto *sm* asalariado *m*
salàrio *sm* salario *m*
salatìno *sm* galletita *f* salada
salàto *a* salado ◇ (*caro*) caro
saldàre *vt* (*met*) soldar ◇ (*conto*) saldar
saldatóre *sm* soldador *m*
saldatrìce *sf* soldadora *f*
saldatùra *sf* soldadura *f*
saldézza *sf* firmeza *f*
sàldo *a* firme, estable ◆ *sm* rebaja *f*, saldo *m*
sàle *sm* sal *f*
sàlice *sm* sauce *m*
salièra *sf* salero *m*
salìno *a* salino ◆ *sm* salinidad *f*
salìre *vt/i* subir, ascender
salìta *sf* subida *f*
salìva *sf* saliva *f*
sàlma *sf* cadáver *m*, despojos *m pl*
salmàstro *a* salobre
salmì *sm* salmorejo *m*
sàlmo *sm* salmo *m*
salmóne *sm* salmón *m*
salóne *sm* salón *m*
salòtto *sm* sala *f* (de estar), salón *m*
salpàre *vi* zarpar
sàlsa *sf* salsa *f* ● ***s. di pomodoro*** salsa de tomate; ***s. di soia*** salsa de soja
salsèdine *sf* salobridad *f*
salsìccia *sf* salchicha *f*
salsièra *sf* salsera *f*
saltàre *vt* saltar ◇ (*cuc*) saltear ◆ *vi* saltar ◇ (*esplodere*) explotar ● ***s. addosso a qn*** abalanzarse sobre alguien

saltatóre *a/sm* saltador *m*
saltimbànco *sm* saltimbanqui *m*
sàlto *sm* salto *m*, brinco *m* ◇ (*scappata*) escapada *f* • ***s. in alto/lungo*** salto de altura/longitud
saltuariaménte *avv* de vez en cuando
saltuàrio *a* intermitente, discontinuo
salùbre *a* saludable, sano
salùme *sm* embutido *m*
salumerìa *sf* salchichería *f*, tocinería *f*
salutàre *a* saludable ◆ *vt* saludar ◆ *vrif* saludarse
salùte *sf* salud *f* • ***s.!*** ¡salud!
salùto *sm* saludo *m*
salvadanàio *sm* hucha *f*
salvagènte *sm* salvavidas *m*
salvagócce *sm* salvagotas *m*
salvaguardàre *vt* salvaguardar
salvàre *vt* salvar ◆ *vrif* salvarse
salvaschérmo *sm* (*inform*) salvapantalla *m*
salvatàggio *sm* salvataje *m*
salvavìta *sm* salvavidas *m*
sàlve! *inter* ¡hola!
salvézza *sf* salvación *f*, salvamento *m*
sàlvia *sf* salvia *f*
salviétta *sf* servilleta *f*
sàlvo *a* salvo ◆ *prep* excepto, salvo
sanàre *vt* sanear
sanatòrio *sm* sanatorio *m*
sancìre *vt* sancionar
sàndalo *sm* sandalia *f* ◇ (*bot*) sándalo *m*
sàngue *sm* sangre *f*
sanguìgno *a* sanguíneo
sanguinàre *vi* sangrar
sanguinóso *a* sangriento
sanguisùga *sf* sanguijuela *f*
sanità *sf* sanidad *f*
sanitàrio *a* sanitario ◆ *sm* médico *m*
sàno *a* sano
santificàre *vt* santificar
santità *sf* santidad *f*
sànto *a* san, santo ◆ *sm* santo *m*
santuàrio *sm* santuario *m*
sanzióne *sf* sanción *f*
sapére *vt* saber, conocer ◆ *vi* saber (a) ◇ (*aver odore*) oler (a) ◆ *sm* saber *m*, sabiduría *f* • ***mi sa che...*** me parece que...
sàpido *a* sabroso
sapiènte *a/sm/f* sabio *m*
sapiènza *sf* sabiduría *f*
sapóne *sm* jabón *m* • ***s. da barba*** jabón de afeitar; ***s. liquido*** jabón líquido
saponétta *sf* pastilla *f* de jabón, jaboncillo *m*
sapóre *sm* sabor *m*
saporìto *a* sabroso
saracèno *a* sarraceno • ***grano s.*** alforfón
saracinésca *sf* puerta *f* metálica
sarcàsmo *sm* sarcasmo *m*
sarcàstico *a* sarcástico
sarcòfago *sm* sarcófago *m*
sardìna *sf* sardina *f*

sàrdo *a/sm* sardo *m*
sardònico *a* sardónico
sàrta *sf* modista *f*, costurera *f*
sàrto *sm* sastre *m*
sartorìa *sf* sastrería *f*
sàsso *sm* piedra *f*
sassòfono *sm* saxofón *m*
satànico *a* satánico
satellitàre *a* satelitario
satèllite *a/sm* satélite *m*
sàtira *sf* sátira *f*
satìrico *a* satírico
saturàre *vt* saturar
saturazióne *sf* saturación *f*
sàturo *a* saturado
savàna *sf* sabana *f*
saziàre *vt* saciar ◆ *vpr* saciarse
sazietà *sf* hartura *f*, saciedad *f*
sàzio *a* harto, lleno
sbadatàggine *sf* distracción *f*, descuido *m*
sbadàto *a* despistado, distraído
sbadigliàre *vi* bostezar
sbadìglio *sm* bostezo *m*
sbagliàre *vt* equivocar, errar ◆ *vi/pr* equivocarse ● ***se non mi sbaglio*** si mal no me acuerdo
sbagliàto *a* equivocado, erróneo
sbàglio *sm* error *m*, equivocación *f*
sballàre *vt* desembalar
sballottàre *vt* agitar, traquetear
sbalordìre *vi* asombrar, pasmar
sbalorditìvo *a* pasmoso, sorprendente
sbalzàre *vt* lanzar, echar, arrojar ◇ (*met*) repujar
sbàlzo *sm* salto *m*, bote *m* ◇ (*met*) repujado *m*
sbancàre *vt* desbancar
sbandaménto *sm* desbandada *f* ◇ (*aut*) bandazo *m*
sbandàre *vi* (*aut*) derrapar ◇ (*naut*) dar un bandazo ◇ (*aer*) ladearse ◇ (*fig*) desviarse
sbandieràre *vt* agitar (banderas) ◇ (*fig*) ostentar
sbaragliàre *vt* derrotar
sbaràglio *sm* derrota *f* ● ***andare allo s.*** arriesgarse
sbarazzàre *vt* desembarazar ◆ *vrif* liberarse (de)
sbarbàre *vt* afeitar ◆ *vrif* afeitarse
sbarcàre *vt/i* desembarcar
sbàrco *sm* (*di persone*) desembarco *m*, (*di cose*) desembarque *m*
sbàrra *sf* barrera *f* ◇ (*spranga*) barrote *m* ◇ (*tribunale*) barra *f*
sbarraménto *sm* obstáculo *m*
sbarràre *vt* obstruir, cerrar ◇ (*occhi*) abrir ◇ (*tracciare una barra*) marcar (con una cruz)
sbàttere *vt* (*colpire*) golpear ◇ (*chiudere*) cerrar (violentamente) ◇ (*scuotere*) sacudir ◇ (*cuc*) batir ◆ *vi* golpear ◇ (*urtare*) chocar ● ***s. la porta*** dar un portazo
sbattùto *a* abatido, extenuado ◇ (*di uovo*) batido
sbavàre *vi* babear

sbèrla *sf* bofetada *f*
sbiadìre *vt* descolorar ◆ *vi/pr* descolorarse, desteñirse
sbiadìto *a* desteñido
sbiancàre *vt* blanquear ◆ *vi* palidecer
sbièco *a* torcido ● *guardare di s.* mirar de reojo
sbigottìre *vt* asustar ◆ *vi/pr* estremecerse
sbilanciàre *vt* desequilibrar ◆ *vi/pr* comprometerse
sbirciàre *vt* mirar de reojo
sbìrro *sm* (*spreg*) polizonte *m*
sbizzarrìrsi *vpr* desahogarse, concederse un capricho
sbloccàre *vt* desbloquear, liberar
sblòcco *sm* liberación *f*
sboccàre *vi* desembocar
sboccàto *a* deslenguado
sbocciàre *vi* abrirse, florecer
sbócco *sm* desembocadura *f*
sbollìre *vi* apagarse, calmarse
sbòrnia *sf* borrachera *f* ● *prendere una s.* emborracharse
sborsàre *vt* desembolsar
sbottàre *vi* prorrumpir
sbottonàre *vt* desabrochar ◆ *vrif* desabrocharse ◇ (*fig*) desahogarse
sbracciàto *a* (*di abito*) sin mangas
sbraitàre *vi* vocear, gritar
sbranàre *vt* descuartizar
sbriciolàre *vt* desmenuzar, desmigajar ◆ *vpr* desmigajarse
sbrigàre *vt* despachar ◆ *vpr* darse prisa
sbrigatìvo *a* expeditivo, rápido
sbrinàre *vt* desescarchar, descongelar
sbrindellàto *a* haraposo
sbrodolàre *vt* manchar ◆ *vrif* mancharse
sbrogliàre *vt* desenredar, desembrollar ◆ *vrif* desenredarse ◇ (*fig*) salir de un apuro
sbrónza *sf* borrachera *f*
sbronzàrsi *vrif* emborracharse
sbrónzo *a* borracho
sbruffóne *sm* fanfarrón *m*
sbucàre *vi* aparecer
sbucciàre *vt* pelar, mondar ◇ (*ginocchio*) excoriarse
sbudellàre *vt* destripar
sbuffàre *vi* resoplar
sbùffo *sm* resoplido *m*
scàbro *a* áspero
scabróso *a* escabroso
scacchièra *sf* tablero *m*
scacciapensièri *sm* birimbao *m*
scacciàre *vt* expulsar ◇ (*fig*) ahuyentar, alejar
scàcco *sm* (*pezzo*) jaque *m* ◇ (*casella*) casilla *f* ◇ (*quadretto*) cuadro *m* ◇ **al pl** (*gioco*) ajedrez *m* ◇ (*fig*) derrota *f*
scaccomàtto *sm* jaque *m* mate
scadènte *a* ordinario, bajo
scadènza *sf* vencimiento *m*, plazo *m*
scadére *vi* caducar, vencer ◇ (*peggiorare*) decaer

scafàndro *sm* escafandra *f*
scaffalatùra *sf* estantería *f*
scaffàle *sm* estante *m*, anaquel *m*
scàfo *sm* casco *m*
scagionàre *vt* disculpar, justificar
scàglia *sf* escama *f* ◇ (*scheggia*) astilla *f*
scagliàre *vt* lanzar, arrojar ◆ *vrif* lanzarse, arrojarse
scaglionàre *vt* escalonar ◇ (*mil*) repartir
scaglióne *sm* escalafón *m* ◇ (*mil*) reparto *m*
scàla *sf* escalera *f* ◇ (*geogr*) escala *f*
scalàre *vt* escalar ◇ (*detrarre*) deducir
scalàta *sf* escalada *f*
scalatóre *sm* escalador *m*, trepador *m*
scaldabàgno *sm* calentador *m* de baño
scaldàre *vt* calentar ◆ *vrif* acalorarse
scaldavivànde *sm* calientaplatos *m*
scalfìre *vt* rasguñar
scalfittùra *sf* rasguño *m*
scalinàta *sf* escalinata *f*
scalìno *sm* peldaño *m*, escalón *m* ◇ (*fig*) grado *m*
scàlo *sm* escala *f* ● *s. merci* estación de mercancías; *fare s.* hacer escala
scalógna *sf* mala suerte *f*
scaloppìna *sf* escalope *m*
scalpèllo *sm* cincel *m*
scalpóre *sm* ruído *m*, asombro *m*
scàltro *a* astuto, taimado
scalzàre *vt* excavar ◇ (*fig*) socavar, minar
scàlzo *a* descalzo
scambiàre *vt* cambiar ◇ (*prendere per*) tomar por ◇ (*saluto*) devolver
scambiévole *a* recíproco
scàmbio *sm* cambio *m* ◇ (*ferr*) aguja *f*
scampagnàta *sf* excursión *f* al campo
scampàre *vt* evitar ◆ *vi* salvarse, escaparse
scampàto *a* salvado, ileso
scàmpo *sm* salvamento *m*, salvación *f* ◇ (*zool*) langostino *m*, cigala *f*
scàmpolo *sm* retazo *m*
scanalatùra *sf* acanaladura *f*, ranura *f*
scandàglio *sm* sonda *f*
scandalizzàre *vt* escandalizar
scàndalo *sm* escándalo *m*
scandalóso *a* escandaloso
scandìre *vt* destacar
scannàre *vt* degollar
scanner *sm* (*inform*) explorador *m*, escáner *m*
scànno *sm* escaño *m*, asiento *m*
scansafatìche *sm/f* haragán *m*
scansàre *vt* esquivar, evitar ◆ *vrif* apartarse
scansìa *sf* estante *m*
scantinàto *sm* sótano *m*

scantonàre *vi* escabullirse
scapestràto *a* desenfrenado
scàpito *sm* daño *m*, detrimento *m*
scàpola *sf* paletilla *f*, omóplato *m*
scàpolo *a/sm* soltero *m*
scappaménto *sm* escape *m*
scappàre *vi* escapar ◇ (*correre via*) marcharse • *s. di mano* caérsele
scappàta *sf* escapada *f*
scappatèlla *sf* calaverada *f*
scappatóia *sf* escapatoria *f*, expediente *m*
scarabèo *sm* escarabajo *m*
scarabocchiàre *vt* garabatear
scarabòcchio *sm* garabato *m*
scarafàggio *sm* escarabajo *m*
scaramùccia *sf* escaramuza *f*
scaraventàre *vt* tirar, arrojar
scarceràre *vt* excarcelar
scarcerazióne *sf* excarcelación *f*
scardinàre *vt* desquiciar
scàrica *sf* descarga *f*
scaricàre *vt* descargar ◇ (*arma*) disparar ◇ (*gettare addosso a*) echar ◆ *vpr* (*di orologio*) pararse ◇ (*di fulmine*) caer ◆ *vrif* descargarse ◇ (*fig*) relajarse, desahogarse
scàrico *a* descargado ◇ (*di orologio*) sin cuerda ◆ *sm* descarga *f* ◇ (*tecn*) desagüe *m* ◇ (*aut*) escape *m* ◇ (*comm*) descargo *m*
scarlattìna *sf* escarlatina *f*
scarlàtto *a* escarlata
scàrno *a* flaco, enjuto ◇ (*fig*) pobre
scàrpa *sf* zapato *m*
scarpàta *sf* talud *m*, declive *m*
scarpièra *sf* zapatero *m*
scarpinàre *vi* caminar
scarpinàta *sf* caminata *f*
scarpóne *sm* bota *f* de montaña
scarseggiàre *vi* escasear
scarsità *sf* escasez *f*
scàrso *a* escaso
scartaménto *sm* ancho *m* de vía • *s. ridotto* vía estrecha
scartàre *vt* descartar, desenvolver ◇ (*eliminare*) eliminar ◇ (*carte da gioco*) descartarse de ◆ *vi* desviar
scàrto *sm* (*carte da gioco*) descarte *m* ◇ (*distacco*) ventaja *f* ◇ (*materiale*) desecho *m* ◇ (*deviazione*) desviación *f*
scartòffia *sf* papelotes *m pl*
scassàre *vt* destrozar
scassinàre *vt* forzar
scàsso *sm* efracción *f*
scatenàre *vt* desencadenar ◆ *vpr* sublevarse ◇ (*tempesta*) desencadenarse
scàtola *sf* caja *f* • *comprare a s. chiusa* comprar a ojos cerrados; *in s.* en lata
scatolàme *sm* conservas *f pl*
scattàre *vt* sacar ◆ *vi* saltar ◇ (*accelerare*) acelerar
scattìsta *sm/f* velocista *m/f*
scàtto *sm* disparador *m* ◇ (*salto*) salto *m* ◇ (*accelerazione*)

aceleración *f* ◇ (*di rabbia*) arrebato *m* ◇ (*di anzianità*) ascenso *m*
scaturìre *vi* manar, brotar ◇ (*fig*) derivarse
scavalcàre *vt* sobrepasar ◇ (*fig*) suplantar
scavàre *vt* cavar, excavar ◇ (*legno*) vaciar
scavatrìce *sf* excavadora *f*
scàvo *sm* excavación *f*
scégliere *vt* escoger, elegir
sceìcco *sm* jeque *m*
scelleràto *a* malvado
scellìno *sm* chelín *m*
scèlta *sf* elección *f* ◇ (*assortimento*) surtido *m* • ***di prima s.*** de primera calidad
scélto *a* selecto
scémo *a* tonto, bobo
scémpio *a* sencillo ◆ *sm* estrago *m*
scèna *sf* escena *f* ◇ *al pl* (*teat*) tablas *fpl* ◇ (*scenata*) escándalo *m*
scenàrio *sm* escenario *m*
scenàta *sf* altercado *m*, escándalo *m*
scéndere *vt* bajar ◆ *vi* bajar, descender ◇ (*diminuire*) disminuir ◇ (*calare*) caer
scendilètto *sm* alfombrilla *f*, antecama *f*
sceneggiàto *sm* serie *f*
sceneggiatóre *sm* guionista *m*
sceneggiatùra *sf* guión *m*
scenétta *sf* sketch *m*
scenografìa *sf* escenografía *f*
scenògrafo *sm* escenógrafo *m*
scervellàto *a* descabellado
scetticìsmo *sm* escepticismo *m*
scèttico *a* escéptico
scèttro *sm* cetro *m*
schèda *sf* ficha *f* ◇ (*elettorale*) papeleta *f* ◇ (*tel*) tarjeta *f* • ***s. telefonica*** tarjeta telefónica; ***s. ricaricabile*** tarjeta recargable
schedàre *vt* fichar
schedàrio *sm* fichero *m*
schedìna *sf* quiniela *f*
schéggia *sf* astilla *f*
schèletro *sm* esqueleto *m*
schèma *sm* esquema *m*
schemàtico *a* esquemático
schérma *sf* esgrima *f*
schermàglia *sf* escaramuza *f*
schermàre *vt* reparar, defender
schérmo *sm* reparo *m*, defensa *f* ◇ (*inform*) pantalla *f*
schernìre *vt* burlar, escarnecer
schèrno *sm* escarnio *m*, mofa *f*
scherzàre *vi* bromear
schérzo *sm* broma *f* • ***per s.*** en broma
scherzóso *a* chistoso
schettinàre *vi* patinar
schèttino *sm* patín *m*
schiaccianóci *sm* cascanueces *m*
schiacciàre *vt* aplastar ◇ (*rompere*) romper, cascar ◇ (*dito*) apretar • ***s. il bottone*** apretar el pulsante; ***s. un pisolino*** echar una cabezada

schiacciàto *a* aplastado, achatado
schiaffeggiàre *vt* abofetear
schiàffo *sm* bofetón *m*, bofetada *f* ◇ (*fig*) ofensa *f*
schiamazzàre *vi* alborotar
schiamàzzo *sm* alboroto *m*
schiantàre *vt* romper ◆ *vpr* romperse
schiànto *sm* estruendo *m* ● *di s.* de golpe
schiarìre *vt* aclarar ◆ *vi* aclararse ◇ (*di tempo*) despejarse
schiarìta *sf* aclaración *f* ◇ (*di tempo*) escampo *m*
schiavitù *sf* esclavidud *f*
schiàvo *a/sm* esclavo *m*
schièna *sf* espalda *f*
schienàle *sm* respaldo *m*
schièra *sf* escuadra *f*, grupo *m*
schieraménto *sm* formación *f*
schieràre *vt* disponer ◇ (*mil*) formar ◆ *vpr* alinearse, tomar partido (por) ◇ (*mil*) formarse
schiétto *a* franco
schifézza *sf* asco *m*, asquerosidad *f*
schìfo *sm* asco *m*, repugnancia *f* ● *fare s.* dar asco
schifóso *a* asqueroso
schiodàre *vt* desenclavar
schiòppo *sm* escopeta *f*
schiùdere *vt* entreabrir ◆ *vpr* abrirse
schiùma *sf* espuma *f* ● *s. da barba* espuma de afeitar
schiumàre *vt* espumar ◆ *vi* hacer espuma
schiumóso *a* espumoso
schivàre *vt* esquivar
schìvo *a* esquivo
schizofrenìa *sf* esquizofrenia *f*
schizofrènico *a* esquizofrénico
schizzàre *vt* salpicar, rociar ◇ (*sbozzare*) esbozar, bosquejar ◆ *vi* brotar ◇ (*saltare*) saltar
schizzinóso *a* melindroso
schìzzo *sm* chorro *m* ◇ (*disegno*) bosquejo *m*
sci *sm* esquí *m*
scìa *sf* estela *f* ◇ (*di profumo*) reguero *m*
scià *sm* sha *m*
sciàbola *sf* sable *m*
sciacquàre *vt* enjuagar, lavar
sciagùra *sf* desgracia *f*, calamidad *f*
sciaguràto *a* desgraciado ◇ (*malvagio*) malvado
scialacquàre *vt* despilfarrar, derrochar, dilapidar
scialàre *vi* parrandear
sciàlbo *a* descolorido ◇ (*fig*) insulso
sciàlle *sm* chal *m*
scialùppa *sf* chalupa *f*
sciàme *sm* enjambre *m* ◇ (*fig*) muchedumbre *f*
sciaràda *sf* charada *f*
sciàre *vi* esquiar
sciàrpa *sf* bufanda *f*
sciatalgìa *sf* ciática *f*
sciàtica *sf* ciática *f*
sciatóre *sm* esquiador *m*

sciàtto *a* desaliñado, descuidado
scientìfico *a* científico
scïènza *sf* ciencia *f*
scienziàto *sm* científico *m*
scìmmia *sf* mono *m*
scimmiottàre *vt* imitar
scimpanzé *sm* chimpancé *m*
scimunìto *a* bobalicón
scìndere *vt* escindir, dividir ◆ *vpr* escindirse, dividirse
scintìlla *sf* chispa *f*
scintillàre *vi* chispear
scintillìo *sm* centelleo *m*, brillo *m*
sciocchézza *sf* tontería *f* ◇ (*inezia*) bagatela *f*
sciòcco *a/sm* tonto *m*, bobo *m*, necio *m*
sciògliere *vt* soltar, desatar ◇ (*liquefare*) derretir ◇ (*annullare*) anular ◇ (*togliere*) levantar ◆ *vrif* desatarse ◆ *vpr* derretirse ● ***s. un dubbio*** resolver una duda
scioglilìngua *sm* trabalenguas *m*
scioglimé nto *sm* disolución *f*, anulación *f* ◇ (*di assemblea*) levantamiento *m*
scioltézza *sf* soltura *f* ◇ (*fig*) desenvoltura *f*
sciòlto *a* ágil ◇ (*fig*) desenvuelto
scioperànte *sm* huelguista *m/f*
scioperàre *vi* hacer huelga
sciòpero *sm* huelga *f*
sciovìa *sf* telesquí *m*
scippàre *vt* hurtar, robar
scippatóre *sm* ladrón *m*, chorizo *m*
scìppo *sm* robo *m*, tirón *m*
sciròcco *sm* siroco *m*
sciròppo *sm* jarabe *m*
scìsma *sm* cisma *m*
scissióne *sf* escisión *f*
sciupàre *vt* gastar, estropear ◇ (*dissipare*) desperdiciar ◆ *vpr* deteriorarse
scivolàre *vi* resbalar, deslizar
scivolàta *sf* resbalón *m*, desliz *m*
scìvolo *sm* tobogán *m*
scivolóne *sm* resbalón *m*
scivolóso *a* resbaladizo, resbaladero
scleròsi *sf* esclerosis *f*
scocciàre *vt* fastidiar ◆ *vpr* irritarse
scocciatóre *sm* pelmazo *m*, pesado *m*
scocciatùra *sf* fastidio *m*, lata *f*
scodèlla *sf* tazón *m*
scodinzolàre *vi* colear
scoglièra *sf* escollera *f*, arrecife *m*
scòglio *sm* escollo *m* ◇ (*fig*) obstáculo *m*
scoiàttolo *sm* ardilla *f*
scolapàsta *sm* escurridor *m*
scolapiàtti *sm* escurreplatos *m*
scolàre *vt/i* escurrir
scolarésca *sf* alumnado *m*
scolàro *sm* alumno *m*
scolàstico *a* escolar, escolástico

scoliòsi *sf* escoliosis *f*
scollàre *vt* despegar ◆ *vpr* despegarse
scollàto *a* escotado
scollatùra *sf* escote *m*
scolorìre *vt* desteñir ◆ *vi/pr* desteñirse
scolpìre *vt* esculpir
scombinàre *vt* desordenar
scombussolàre *vt* desconcertar, trastornar
scomméssa *sf* apuesta *f*
scomméttere *vt* apostar
scomodàre *vt* incomodar, molestar ◆ *vrif* molestarse
scomodità *sf* incomodidad *f*
scòmodo *a* incómodo
scompaginàre *vt* descompaginar
scompagnàto *a* desparejado, despareado
scomparìre *vi* desaparecer
scompàrsa *sf* desaparición *f* ◇ (*morte*) muerte *f*
scompartiménto *sm* compartimiento *m* ◇ (*ferr*) departamento *m*
scompàrto *sm* compartimiento *m*
scompigliàre *vt* trastornar, desarreglar
scompìglio *sm* barullo *m*, desorden *m*
scomponìbile *a* descomponible
scompórre *vt* descomponer, desarmar ◆ *vpr* turbarse
scomposizióne *sf* descomposición *f*
scompósto *a* desordenado
scomùnica *sf* excomunión *f*
scomunicàre *vt* excomunicar, excomulgar
sconcertàre *vt* desconcertar
sconcézza *sf* obscenidad *f*
scóncio *sm* vergüenza *f*
scondìto *a* desabrido, soso, sin sazonar
sconfessàre *vt* renegar
sconfìggere *vt* derrotar, vencer
sconfinàre *vi* pasar la frontera ◇ (*fig*) divagar
sconfinàto *a* infinito
sconfìtta *sf* derrota *f*
sconfìtto *a* derrotado, vencido
sconfortànte *a* desconsolador
sconfòrto *sm* desconsuelo *m*, desaliento *m*
scongelàre *vt* descongelar
scongiuràre *vt* conjurar, evitar ◇ (*supplicare*) suplicar, implorar
scongiùro *sm* conjuro *m*
sconnèsso *a* incoherente
sconosciùto *a* desconocido, ignoto ◆ *sm* desconocido *m*
sconsacràre *vt* secularizar
sconsideràto *a* desconsiderado
sconsigliàre *vt* desaconsejar
sconsolànte *a* desconsolante
sconsolàto *a* desconsolado, afligido
scontàre *vt* descontar ◇ (*pena*) expiar ◇ (*errore*) pagar

scontentàre *vt* descontentar
scontènto *a/sm* descontento *m*
scónto *sm* descuento *m*, rebaja *f*
scontràrsi *vpr* oponerse ◇ (*aut*) chocar
scontrìno *sm* ticket *m*
scóntro *sm* combate *m* ◇ (*aut*) choque *m*, colisión *f*
scontróso *a* arisco, huraño
sconvòlgere *vt* desbaratar ◇ (*fig*) turbar
scoordinaménto *sm* descoordinación *f*
scópa *sf* escoba *f*
scopàre *vt* barrer ◇ (*volg*) joder
scoperchiàre *vt* destapar ◇ (*casa*) destechar
scopèrta *sf* descubrimiento *m*
scopèrto *a/sm* descubierto *m*
scòpo *sm* fin *m*, objeto *m*
scoppiàre *vi* reventar, estallar • ***s. a piangere*** romper a llorar
scòppio *sm* estallido *m*, explosión *f*
scoprìre *vt* descubrir ◆ *vrif* descubrirse ◇ (*svestirsi*) desabrigarse
scoraggiàre *vt* desanimar, desalentar ◆ *vpr* desanimarse, caerse de ánimo
scorbùtico *a* huraño, arisco
scorciàre *vt* acortar
scorciatóia *sf* atajo *m*
scórcio *sm* escorzo *m*
scordàre *vt* olvidar ◆ *vpr* olvidarse
scòrgere *vt* divisar
scòria *sf* escoria *f*
scòrno *sm* bochorno *m*
scorpacciàta *sf* hartazgo *m*, panzada *f*
scorpióne *sm* escorpión *m*
scorrazzàre *vi* corretear
scórrere *vi* fluir ◇ (*trascorrere*) transcurrir ◆ *vt* hojear
scorrettézza *sf* incorrección *f*
scorrètto *a* incorrecto
scorrévole *a* corredizo, fluido
scórso *a* pasado
scorsóio *a* corredizo
scòrta *sf* escolta *f* ◇ (*provvista*) provisión *f* • ***ruota di s.*** rueda de repuesto
scortàre *vt* escoltar
scortése *a* descortés
scortesìa *sf* descortesía *f*
scorticàre *vt* desollar
scòrza *sf* corteza *f*
scoscéso *a* escarpado
scòssa *sf* sacudida *f* ◇ (*el*) descarga *f*
scòsso *a* turbado
scossóne *sm* tumbo *m*
scostànte *a* huraño
scostàre *vt* apartar ◆ *vpr* apartarse
scostumàto *a* indecente
scottàre *vt* abrasar, quemar ◆ *vrif* quemarse
scottatùra *sf* quemadura *f*
scòtto *a* recocido
scovàre *vt* descubrir, desanidar
scozzése *a/sm/f* escocés *m*
screditàre *vt* desacreditar ◆ *vpr* desacreditarse

screpolàre *vt* agrietar ◆ *vpr* agrietarse
screpolatùra *sf* grieta *f*
screziàto *a* jaspeado
scrèzio *sm* desacuerdo *m*
scricchiolàre *vi* crujir
scricchiolìo *sm* crujido *m*
scrìgno *sm* cofre *m*
scrìtta *sf* inscripción *f*, letrero *m*
scrìtto *sm* escrito *m*
scrittóio *sm* escritorio *m*
scrittóre *sm* escritor *m*
scrittùra *sf* escritura *f*
scritturàre *vt* contratar
scrivanìa *sf* escritorio *m*
scrìvere *vt* escribir
scroccóne *sm* gorrón *m*
scròfa *sf* cerda *f*, cochina *f*
scrollàre *vt* sacudir ◆ *vpr* sacudirse
scrostàre *vt* descostrar ◆ *vpr* desconcharse
scrostatùra *sf* desconchado *m*
scrùpolo *sm* escrúpulo *m*
scrupolóso *a* escrupuloso
scrutàre *vt* escrutar
scrutìnio *sm* escrutinio *m*
scucìre *vt* descoser ◆ *vpr* descoserse
scucitùra *sf* descosido *m*
scuderìa *sf* cuadra *f*, caballeriza *f* ◇ (*aut*) escudería *f*
scudétto *sm* distintivo *m* ◇ (*calcio*) campionato *m*
scùdo *sm* escudo *m*
sculacciàre *vt* zurrar
scultóre *sm* escultor *m*
scultòreo *a* escultural
scultùra *sf* escultura *f*
scuòcere *vt* cocer demasiado, recocer
scuòla *sf* escuela *f*
scuòtere *vt* sacudir, agitar ◇ (*fig*) turbar ◆ *vpr* sacudirse
scùre *sf* hacha *f*
scurìre *vt* ennegrecer
scùro *a* oscuro, sombrío ◇ (*di capelli*) moreno
scurrìle *a* vulgar
scùsa *sf* excusa *f* ◇ (*pretesto*) pretexto *m* • ***chiedere s.*** pedir perdón
scusàre *vt* excusar, perdonar ◆ *vrif* excusarse
sdebitàrsi *vrif* desobligarse
sdegnàto *a* indignado
sdégno *sm* indignación *f*
sdegnóso *a* desdeñoso
sdentàto *a* desdentado
sdoganàre *vt* pagar los derechos de aduana
sdolcinàto *a* meloso
sdoppiàre *vt* desdoblar
sdraiàrsi *vrif* tenderse, tumbarse
sdraiàto *a* tendido, acostado
sdràio *sf* tumbona *f*
sdrucciolàre *vi* resbalar
sdrucciolévole *a* resbaladizo
se *cong* si ◆ *pr* → **si** • ***anche se*** aunque; ***se mai*** si acaso; ***se non altro*** al menos
sé *pr.pers* sí • ***con sé*** consigo; ***se stesso*** sí mismo

sebbène *cong* aunque, aun cuando
seccànte *a* molesto, latoso
seccàre *vt* secar, desecar ◇ (*infastidire*) fastidiar, molestar ◆ *vi* secarse ◆ *vpr* secarse ◇ (*infastidirsi*) irritarse
seccatóre *sm* importuno *m*, pelmazo *m*
seccatùra *sf* molestia *f*, fastidio *m*
sécchio *sm* cubo *m*, balde *m*
sécco *a* seco, árido ◇ (*magro*) flaco ◇ (*brusco*) brusco ◆ *sm* sequía *f* • ***lavare a s.*** lavar en seco
secessióne *sf* secesión *f*
secolàre *a* secular
sècolo *sm* siglo *m*
secondàrio *a* secundario
secondìno *sm* carcelero *m*, celador *m*
secóndo *a/sm* segundo *m* ◆ *prep* según ◇ (*conformemente a*) conforme a/con
secondogènito *a/sm* segundogénito *m*
secrezióne *sf* secreción *f*
sèdano *sm* apio *m*
sedatìvo *a/sm* sedante *m*
sède *sf* sede *f*
sedentàrio *a* sedentario
sedére *vi* estar sentado ◇ (*in riunione*) tener sesión ◆ *vpr* sentarse, tomar asiento ◆ *sm* trasero *m*
sèdia *sf* silla *f* • ***s. a dondolo*** mecedora; ***s. a sdraio*** tumbona
sedicèsimo *a* decimosexto ◆ *sm* dieciseisavo *m*
sédici *a/sm* dieciséis *m*
sedìle *sm* asiento *m*
sediménto *sm* sedimento *m*
sedizióne *sf* sedición *f*
sedizióso *a* sedicioso
seducènte *a* atrayente, seductor
sedùrre *vt* seducir
sedùta *sf* sesión *f*
seduttóre *sm* seductor *m*
seduzióne *sf* seducción *f*
séga *sf* sierra *f* ◇ (*volg*) paja *f*
ségale *sf* centeno *m*
segàre *vt* serrar, aserrar
segatùra *sf* serrín *m*
sèggio *sm* escaño *m* • ***s. elettorale*** mesa electoral
sèggiola *sf* silla *f*
seggiolìno *sm* sillita *f*
seggiolóne *sm* sillón *m* ◇ (*per bambini*) trona *f*
seggiovìa *sf* telesilla *f*
segherìa *sf* aserradero *m*
segménto *sm* segmento *m*
segnalàre *vt* señalar ◆ *vrif* distinguirse
segnalazióne *sf* señal *f*
segnàle *sm* señal *f* ◇ (*stradale*) cartel *m* • ***s. orario*** hora oficial
segnalètica *sf* señalización *f*
segnalìbro *sm* marcapáginas *m*
segnalìnee *sm* juez *m* de línea
segnàre *vt* marcar ◇ (*annotare*) apuntar, anotar ◇ (*sport*) marcar
ségno *sm* signo *m*, señal *f* ◇

(*cenno*) seña *f* ◇ (*impronta*) huella *f* ◇ (*bersaglio*) blanco *m*
segregàre *vt* segregar
segregazióne *sf* segregación *f*
segréta *sf* calabozo *m*
segretàrio *sm* secretario *m*
segreterìa *sf* secretaría *f* • ***s. telefonica*** contestador (automático)
segretézza *sf* secreto *m*, reserva *f*
segréto *a/sm* secreto *m*
seguàce *sm/f* partidario *m*
seguènte *a* siguiente
segùgio *sm* sabueso *m*
seguìre *vt/i* seguir
seguitàre *vi* continuar
séguito *sm* séquito *m* ◇ (*favore*) aceptación *f* ◇ (*continuazione*) continuación *f* • ***di s.*** sin interrupción; ***in s.*** después; ***in s. a*** a consecuencia de
sèi *a/sm* seis *m*
seicènto *a/sm* seiscientos *m*
sélce *sf* sílex *m*, adoquín *m*
selciàto *sm* adoquinado *m*
selettìvo *a* selectivo
selezionàre *vt* seleccionar
selezióne *sf* selección *f*
sèlla *sf* silla *f* ◇ (*sellino*) sillín *m*
sellàre *vt* ensillar
sellìno *sm* sillín *m*
sélva *sf* selva *f*
selvaggìna *sf* caza *f*
selvàggio *a/sm* salvaje *m/f*
selvàtico *a* salvaje ◇ (*pianta*) silvestre ◇ (*fig*) hosco
semàforo *sm* semáforo *m*
sembiànza *sf* aspecto *m*, rasgo *m*
sembràre *vi* parecer • ***a quanto sembra*** por lo que parece
séme *sm* semilla *f* ◇ (*sperma*) semen *m* ◇ (*carte da gioco*) palo *m*
semènza *sf* simiente *f*, semilla *f*
semestràle *a* semestral
semèstre *sm* semestre *m*
semiàsse *sm* semieje *m*
semicérchio *sm* semicírculo *m*
semiconduttóre *sm* semiconductor *m*
semifinàle *sf* semifinal *f*
sémina *sf* siembra *f*
seminàre *vt* sembrar
seminàrio *sm* seminario *m*
seminarìsta *sm* seminarista *m*
seminfermità *sf* semienfermedad *f*
seminterràto *sm* sótano *m*
semioscurità *sf* penumbra *f*, media luz *f*
semmài *cong* si acaso ◆ *avv* a lo más, en todo caso
sémola *sf* sémola *f*
sémplice *a* simple ◇ (*facile*) fácil, sencillo
semplicità *sf* simplicidad *f*
semplificàre *vt* simplificar ◆ *vpr* simplificarse
sèmpre *avv* siempre • ***per s.*** para siempre; ***s. che*** a condición (de) que
sènape *sf* mostaza *f*
senàto *sm* senado *m*

senatóre *sm* senador *m*
senìle *a* senil
senilità *sf* senilidad *f*
sénno *sm* razón *f*, sensatez *f*
séno *sm* seno *m*
sensazionàle *a* sensacional
sensazióne *sf* sensación *f*
sensìbile *a* sensible
sensibilità *sf* sensibilidad *f*
sènso *sm* sentido *m* ◇ (*direzione*) dirección *f* ◇ (*sensazione*) sensación *f*, impresión *f* ◇ (*significato*) sentido *m*, significación *f* • ***buon s.*** sentido común; ***s. vietato*** dirección prohibida
sensóre *sm* (*tecn*) sensor *m*
sensuàle *a* sensual
sensualità *sf* sensualidad *f*
sentènza *sf* sentencia *f*
sentenziàre *vi* sentenciar, juzgar ◇ (*fig*) dictaminar
sentièro *sm* sendero *m*, senda *f*, vereda *f*
sentimentàle *a* sentimental
sentiménto *sm* sentimiento *m*
sentinèlla *sf* centinela *m*
sentìre *vt* sentir ◇ (*ascoltare*) escuchar ◇ (*udire*) oír ◇ (*presentire*) presentir ◇ (*consultare*) consultar ◆ *vrif* sentirse • ***non mi sento bene*** no me encuentro bien
sentìto *a* sincero • ***per s. dire*** de oídas
sènza *cong/prep* sin • ***senz'altro*** sin falta
senzatétto *sm/f* sin techo *m/f*
separàre *vt* separar ◆ *vrif* separarse
separazióne *sf* separación *f*
sepolcràle *a* sepulcral
sepólcro *sm* sepulcro *m*
sepoltùra *sf* sepultura *f*, entierro *m*
seppellìre *vt* enterrar, sepultar ◆ *vpr* encerrarse
séppia *sf* sepia *f*
sequènza *sf* secuencia *f*
sequestràbile *a* embargable
sequestràre *vt* embargar, confiscar
sequèstro *sm* embargo *m*, confiscación *f* ◇ (*di persone*) secuestro *m*
sequòia *sf* secuoya *f*, secoya *f*
séra *sf* tarde *f*, noche *f*, anochecer *m*
seràle *a* nocturno
seràta *sf* noche *f* ◇ (*ricevimento*) velada *f*
serbàre *vt* guardar, conservar ◆ *vrif* mantenerse
serbatóio *sm* depósito *m*, tanque *m*
serenàta *sf* serenata *f*
serenità *sf* serenidad *f*
seréno *a* sereno
sergènte *sm* sargento *m*
serìale *a* serial
serial killer *sm/f* asesino *m* en serie
sèrie *sf* serie *f* ◇ (*successione*) sucesión *f* ◇ (*sport*) división *f*
serietà *sf* seriedad *f*
serigrafìa *sf* serigrafía *f*

sèrio *a* serio • *sul s.* de veras
sermóne *sm* sermón *m*
sèrpe *sf* serpiente *f*, culebra *f*
serpeggiàre *vi* serpear ◇ (*fig*) propagarse
serpènte *sm* serpiente *f*, culebra *f*
serpentìna *sf* serpentín *m*
sèrra *sf* invernadero *m*
serraménto *sm spec pl* carpintería *f*
serrànda *sf* cierre *m* metálico
serràre *vt* cerrar
serràta *sf* cierre *m*, paro *m*
serratùra *sf* cerradura *f*
sèrva *sf* sirvienta *f*, criada *f*
server *sm* (*inform*) servidor *m*
servìle *a* servil
servìre *vt* servir ◇ (*cliente*) atender ◆ *vi* servir, ser útil ◆ *vpr* servirse ◇ (*utilizzare*) emplear, utilizar ◇ (*aver bisogno*) necesitar
servitù *sf* (*dir*) servidumbre *f* ◇ (*personale*) servicio *m* doméstico
serviziévole *a* servicial
servìzio *sm* servicio *m* ◇ (*giornalistico*) reportaje *m* ◇ (*da tè, caffè*) juego *m* ◇ (*sport*) saque *m* ◇ *al pl* (*sanitari*) sanitarios *m pl* • *fuori s.* fuera de servicio; *s. in camera* (*in albergo*) servicio de habitación
sèrvo *sm* criado *m*, servidor *m*
servofréno *sm* servofreno *m*
servostèrzo *sm* (*aut*) dirección *f* asistida, servodirección *f*
sessànta *a/sm* sesenta *m*
sessióne *sf* sesión *f*
sèsso *sm* sexo *m*
sessuàle *a* sexual
sessualità *sf* sexualidad *f*
sestànte *sm* sextante *m*
sèsto *a/sm* sexto *m*
séta *sf* seda *f*
séte *sf* sed *f*
sètta *sf* secta *f*
settànta *a/sm* setenta *m*
settàrio *a* sectario
sètte *a/sm* siete *m*
settecènto *a/sm* setecientos *m*
settèmbre *sm* septiembre *m*
settentrionàle *a* septentrional
settentrióne *sm* septentrión *m*
sèttico *a* séptico
settimàna *sf* semana *f*
settimanàle *a* semanal ◆ *sm* semanario *m*
sèttimo *a/sm* séptimo *m*
sètto *sm* tabique *m*
settóre *sm* sector *m*
severità *sf* severidad *f*
sevèro *a* severo
seviziàre *vt* torturar
sevìzie *sf pl* torturas *f pl*
sezionàre *vt* seccionar ◇ (*med*) disecar
sezióne *sf* sección *f*
sfaccendàto *a* holgazán
sfacciatàggine *sf* desfachatez *f*
sfacciàto *a* descarado, desvergonzado, sinvergüenza
sfacèlo *sm* desastre *m*

sfaldàre *vt* exfoliar ◆ *vpr* exfoliarse
sfamàre *vt* saciar ◆ *vrif* saciarse, quitarse el hambre
sfàrzo *sm* suntuosidad *f*, pompa *f*
sfasaménto *sm* desfase *m*
sfasciàre *vt* desvendar ◇ (*distruggere*) destrozar, demoler ◆ *vpr* romperse
sfatàre *vt* destruir
sfavillàre *vi* centellear, chispear
sfavorévole *a* desfavorable
sfèra *sf* esfera *f* ◇ (*mecc*) bola *f* ◇ (*ambito*) medio *m* ● *cuscinetto a sfere* cojinete de bolas; *penna a s.* bolígrafo
sfèrico *a* esférico
sferràre *vt* pegar, dar ◆ *vpr* (*scagliarsi*) lanzarse
sferzàre *vt* azotar
sfibràre *vt* deshebrar ◇ (*fig*) debilitar, extenuar
sfìda *sf* desafío *m*
sfidàre *vt* desafiar
sfidùcia *sf* desconfianza *f*
sfiguràre *vt* desfigurar, deformar ◆ *vi* hacer un mal papel
sfilàre *vt* extraer ◇ (*togliersi*) quitarse, sacarse ◆ *vi* desfilar ◆ *vpr* desenhebrarse
sfilàta *sf* desfile *m*
sfìnge *sf* esfinge *f*
sfinìre *vt* extenuar, agotar
sfinìto *a* agotado, extenuado
sfioràre *vt* rozar ◇ (*fig*) tocar
sfiorìre *vi* marchitarse, ajarse
sfocàto *a* desenfocado
sfociàre *vi* desembocar
sfoderàre *vt* (*sguainare*) desenvainar ◇ (*togliere la fodera*) quitar el forro
sfogàre *vt* desahogar ◆ *vpr* desahogarse ◇ (*confidarsi*) abrirse
sfoggiàre *vt* ostentar
sfòglia *sf* lámina *f* ● *pasta s.* hojaldre
sfogliàre *vt* deshojar ◇ (*libro*) hojear
sfógo *sm* escape *m* ◇ (*med*) erupción *f* ◇ (*fig*) desahogo *m*
sfolgoràre *vi* resplandecer
sfollagènte *sm* porra *f*
sfollàre *vt* dispersar ◆ *vi* dispersarse, irse
sfoltìre *vt* aclarar
sfondàre *vt* desfondar ◇ (*mil*) romper ◆ *vi* tener éxito, afirmarse
sfóndo *sm* fondo *m* ◇ (*fig*) escenario *m*
sformàre *vt* deformar, desfigurar ◇ (*togliere dalla forma*) quitar del molde
sformàto *sm* pastel *m*
sfornàre *vt* desenhornar, sacar del horno ◇ (*fig*) sacar a luz
sfortùna *sf* mala suerte *f*, desdicha *f*
sfortunàto *a* desdichado, desafortunado
sforzàre *vt* forzar ◆ *vpr* esforzarse
sforzàto *a* forzado

sfòrzo *sm* esfuerzo *m*
sfrattàre *vt* desalojar
sfràtto *sm* desahucio *m*, desalojo *m*
sfrecciàre *vi* pasar velozmente
sfregàre *vt* frotar, restregar
sfregiàre *vt* marcar, desfigurar ◇ (*cosa*) estropear
sfrégio *sm* marca *f* ◇ (*fig*) ultraje *m*
sfrenàto *a* desatado
sfrontàto *a* desfachatado
sfruttaménto *sm* explotación *f* ◇ (*fig*) abuso *m*
sfruttàre *vt* explotar
sfruttàto *a* explotado
sfruttatóre *sm* explotador *m*
sfuggìre *vt* evitar, esquivar ◆ *vi* escapar ◇ (*non ricordare*) olvidársele
sfuggìta, di *loc.avv* rápidamente, de prisa
sfumàre *vt* esfumar, matizar ◆ *vi* desvanecerse
sfumatùra *sf* matiz *m*
sfuriàta *sf* arrebato *m*
sgabèllo *sm* taburete *m*, banquillo *m*
sgabuzzìno *sm* trastero *m*, tabuco *m*
sgambétto *sm* zancadilla *f*
sganciàre *vt* desenganchar ◇ (*far cadere*) lanzar, largar ◇ (*fam*) (*soldi*) soltar ◆ *vpr* librarse
sgangheràto *a* desquiciado
sgarbàto *a* descortés
sgàrbo *sm* grosería *f*, desaire *m*
sgargiànte *a* chillón
sgelàre *vt/i* deshelar
sghémbo *a* oblicuo
sghignazzàre *vi* reír sarcásticamente
sgobbàre *vi* atarearse
sgocciolàre *vi* gotear
sgocciolatóio *sm* escurridor *m*
sgolàrsi *vpr* desgañitarse
sgombràre *vt* (*tavolo*) despejar ◇ (*appartamento*) desalojar ◇ (*evacuare*) evacuar
sgómbro *a* desocupado ◇ (*fig*) libre ◆ *sm* (*zool*) caballa *f*
sgomentàre *vt* asustar, preocupar ◆ *vpr* preocuparse
sgoménto *a* asustado, turbado ◆ *sm* preocupación *f*
sgonfiàre *vt* desinflar, deshinchar ◆ *vpr* desinflarse
sgónfio *a* deshinchado
sgòrbio *sm* garabato *m*
sgorgàre *vt* desobstruir ◆ *vi* brotar, manar
sgozzàre *vt* degollar
sgradévole *a* desagradable
sgradìto *a* indeseable, inoportuno
sgranàre *vt* desgranar ● ***s. gli occhi*** desencajar los ojos
sgranchìre *vt* desentorpecer
sgranocchiàre *vt* comiscar
sgrassàre *vt* desengrasar
sgràvio *sm* desgravación *f*
sgretolàre *vt* resquebrajar ◆ *vpr* desmenuzarse
sgridàre *vt* reprochar, reñir

sgridàta *sf* reprimenda *f*, regaño *m*
sguaiàto *a* descarado
sgualcìre *vt* arrugar, ajar
sgualdrìna *sf* puta *f*
sguàrdo *sm* mirada *f*
sguazzàre *vi* chapotear ◇ (*fig*) nadar
sguinzagliàre *vt* soltar
sgusciàre *vt* descascarar, pelar
shampoo *sm* champú *m*
shock *sm* shock *m*, choque *m*
si *pr.pers* (se *davanti a 'lo', 'la', 'li', 'le', 'ne'*) se
sì *avv* sí • ***dire di sì*** decir que sí
sibilàre *vi* silbar
sìbilo *sm* silbido *m*
sicàrio *sm* sicario *m*
sicché *cong* así que, de modo que
siccità *sf* sequía *f*, sequedad *f*
siccóme *cong* puesto que
sicurézza *sf* seguridad *f*
sicùro *a* seguro • ***al s.*** a salvo; ***di s.*** seguro
siderurgìa *sf* siderurgia *f*
sìdro *sm* sidra *f*
sièpe *sf* seto *m*, cercado *m*
sièro *sm* suero *m*
sieropositìvo *a/sm* (*med*) seropositivo *m*
sièsta *sf* siesta *f*
sifìlide *sf* sífilis *f*
sifóne *sm* sifón *m*
sigarétta *sf* cigarrillo *m*
sìgaro *sm* cigarro *m*, puro *m*
sigillàre *vt* sellar
sigìllo *sm* sello *m*, lacre *m*
sìgla *sf* sigla *f* ◇ (*musicale*) sintonía *f*
siglàre *vt* firmar
significàre *vt* significar
significatìvo *a* significativo
significàto *sm* sentido *m*, significado *m*
signóra *sf* señora *f*
signóre *sm* señor *m*
signorìa *sf* señorío *m*
signorìle *a* señorial
signorìna *sf* señorita *f*
silènzio *sm* silencio *m*
silenzióso *a* silencioso
sìllaba *sf* sílaba *f*
siluràre *vt* torpedear ◇ (*fig*) destituir
silùro *sm* torpedo *m*
silvèstre *a* silvestre
simbiòsi *sf* simbiosis *f*
simboleggiàre *vt* simbolizar
simbòlico *a* simbólico
sìmbolo *sm* símbolo *m*
sìmile *a* semejante
similitùdine *sf* similitud *f*
simmetrìa *sf* simetría *f*
simmètrico *a* simétrico
simpatìa *sf* simpatía *f*
simpàtico *a* simpático
simpatizzànte *a/sm/f* simpatizante *m/f*
simpatizzàre *vi* simpatizar
simulàcro *sm* efigie *f*
simulàre *vt* simular, fingir
simulatóre *sm* simulador *m*
simulazióne *sf* simulación *f*
simultàneo *a* simultáneo
sinagòga *sf* sinagoga *f*

sincerità *sf* sinceridad *f*
sincèro *a* sincero
sìncope *sf* (*med*) síncope *m*
sincronizzàre *vt* sincronizar
sindacàle *a* sindical
sindacalìsta *sm/f* sindicalista *m/f*
sindacàto *sm* sindicato *m*
sìndaco *sm* alcalde *m* ◇ (*dir*) auditor *m*
sìndrome *sf* síndrome *m*
sinfonìa *sf* sinfonía *f*
sinfònico *a* sinfónico
singhiozzàre *vi* sollozar
singhiózzo *sm* sollozo *m*
singolàre *a* original ◇ (*gramm*) singular ◆ *sm* singular *m*
sìngolo *a* cada ◇ (*individuale*) individual
sinìstra *sf* izquierda *f*
sinìstro *a* izquierdo ◇ (*minaccioso*) amenazador ◇ (*lugubre*) lúgubre ◆ *sm* accidente *m*
sinònimo *sm* sinónimo *m*
sintàssi *sf* sintaxis *f*
sìntesi *sf* síntesis *f*
sintètico *a* sintético
sintetizzàre *vt* sintetizar
sintomàtico *a* sintomático
sìntomo *sm* síntoma *m*
sintonizzàre *vt* sintonizar
sinuóso *a* sinuoso
sinusìte *sf* sinusitis *f*
sipàrio *sm* telón *m*
sirèna *sf* sirena *f*
sirìnga *sf* jeringa *f*
sìsma *sm* terremoto *m*, seísmo *m*
sìsmico *a* sísmico
sismògrafo *sm* sismógrafo *m*
sismòlogo *sm* sismólogo *m*
sistèma *sm* sistema *m*
sistemàre *vt* colocar, arreglar ◇ (*alloggiare*) alojar ◆ *vrif* instalarse ◇ (*trovare lavoro*) emplearse ◇ (*trovare alloggio*) alojarse
sistemàtico *a* sistemático
sistemazióne *sf* arreglo *m* ◇ (*lavoro*) empleo *m* ◇ (*alloggio*) alojamiento *m*
sìto *sm* lugar *m*, sitio *m* ◇ (*inform*) sitio *m*
situàre *vt* situar, colocar
situazióne *sf* situación *f*
slacciàre *vt* desabrochar, desatar
slanciàrsi *vrif* lanzarse
slanciàto *a* esbelto
slàncio *sm* impulso *m*, arranque *m*
slavàto *a* descolorido
slavìna *sf* alud *m*
slàvo *a/sm* eslavo *m*
sleàle *a* desleal
slegàre *vt* desatar
slìtta *sf* trineo *m*
slittàre *vi* (*aut*) patinar ◇ (*tardare*) postergar, aplazar
slogàre *vt* dislocar
slogatùra *sf* dislocación *f*, luxacíon *f*
sloggiàre *vt* desalojar ◆ *vi* marcharse
smacchiàre *vt* quitar manchas, limpiar

smacchiatóre *sm* quitamanchas *m*
smàcco *sm* fracaso *m*
smagliàre *vt* romper ◆ *vpr* romperse
smagliatùra *sf* desmalladura *f* ◇ (*della pelle*) estría *f* ◇ (*di calze*) carrera *f*
smaliziàto *a* despabilado
smaltàre *vt* esmaltar
smaltatùra *sf* esmaltado *m*
smaltìre *vt* agotar, vender ◇ (*cibo*) digerir ◇ (*acque*) desaguar • *s. la sbornia* dormir la mona
smàlto *sm* esmalte *m*
smània *sf* afán *m*
smaniàre *vi* agitarse ◇ (*desiderare*) desvivirse
smantellàre *vt* desmantelar
smarriménto *sm* extravío *m* ◇ (*fig*) turbación *f*, desconcierto *m*
smarrìre *vt* perder ◆ *vpr* extraviarse ◇ (*fig*) turbarse
smascheràre *vt* desenmascarar
smemoràto *a* desmemoriado
smentìre *vt* desmentir ◆ *vrif* desmentirse
smentìta *sf* mentís *m*
smeràldo *sm* esmeralda *f*
smerciàre *vt* vender
smèrcio *sm* venta *f*
sméttere *vt* abandonar ◆ *vi* dejar, cesar
smìlzo *a* delgado
sminuìre *vt* disminuir
sminuzzàre *vt* desmenuzar
smistaménto *sm* selección *f*
smistàre *vt* separar, clasificar, seleccionar
smisuràto *a* desmesurado
smobilitàre *vt* desmovilizar
smodàto *a* excesivo
smontàbile *a* desmontable
smontàggio *sm* desarme *m*, desmontaje *m*
smontàre *vt* desarmar ◇ (*fig*) desalentar ◆ *vi* bajarse, apear, apearse ◇ (*finire il turno*) terminar el turno, salir del trabajo ◆ *vpr* desalentarse
smòrfia *sf* mueca *f*
smorfióso *a* melindroso
smòrto *a* apagado ◇ (*di pelle*) pálido
smorzàre *vt* amortiguar ◇ (*fig*) moderar
smottaménto *sm* desprendimiento *m*
smùnto *a* pálido, demacrado
smuòvere *vt* remover ◇ (*scuotere*) sacudir ◇ (*fig*) conmover
smussàre *vt* biselar ◇ (*fig*) atenuar
snaturàto *a* desnaturalizado
snèllo *a* delgado, esbelto
snervànte *a* enervante
snidàre *vt* desanidar
snobìsmo *sm* esnobismo *m*
snocciolàre *vt* deshuesar ◇ (*fig*) soltar
snodàre *vt* aflojar ◇ (*articolare*) articular ◆ *vpr* articularse ◇ (*di strada*) serpentear

snòdo *sm* articulación *f*
soàve *a* suave
sobbalzàre *vi* sobresaltarse
sobbàlzo *sm* sobresalto *m*
sobbarcàrsi *vrif* encargarse
sobbórgo *sm* arrabal *m*, suburbio *m*
sobillàre *vt* instigar
sòbrio *a* sobrio
socchiùdere *vt* entornar
soccórrere *vt* socorrer, auxiliar
soccorritóre *sm* socorredor *m*
soccórso *sm* socorro *m* • ***pronto s.*** primeros auxilios, (*in ospedale*) urgencias; ***s. stradale*** auxilio en carretera
socialdemocrazìa *sf* socialdemocracia *f*
sociàle *a* social
socialìsmo *sm* socialismo *m*
società *sf* sociedad *f*
sociévole *a* sociable
sòcio *sm* socio *m*
sociologìa *sf* sociología *f*
sociòlogo *sm* sociólogo *m*
sòda *sf* soda *f*
sodalìzio *sm* asociación *f*
soddisfacènte *a* satisfactorio
soddisfàre *vt/i* satisfacer ◇ (*impegno*) cumplir
soddisfàtto *a* satisfecho
soddisfazióne *sf* satisfacción *f*
sòdio *sm* sodio *m*
sòdo *a* duro ◆ *avv* fuerte • ***uovo s.*** huevo duro; ***venire al s.*** ir al grano
sofà *sm* sofá *m*
sofferènte *a* enfermo
sofferènza *sf* sufrimiento *m*
soffiàre *vt* soplar ◇ (*sottrarre*) birlar ◆ *vi* soplar
sòffice *a* blando, suave
sóffio *sm* soplo *m*
soffitta *sf* desván *m*, buhardilla *f*
soffìtto *sm* techo *m*, cielo *m*
soffocaménto *sm* ahogamiento *m*
soffocànte *a* sofocante, bochornoso
soffocàre *vt* sofocar ◇ (*fig*) ocultar ◆ *vi/pr* ahogarse, sofocarse
soffrìggere *vt* rehogar
soffrìre *vt/i* sufrir, padecer
soffùso *a* difuso
sofisticàre *vt* adulterar ◆ *vi* sutilizar
sofisticàto *a* sofisticado
software *sm* (*inform*) soporte *m* lógico, software *m*
soggettìvo *a* subjetivo
soggètto *a* sumetido ◇ (*esposto*) sujeto, expuesto ◆ *sm* (*gramm*) sujeto *m* ◇ (*tema*) tema *m*, argumento *m*
soggezióne *sf* subjeción *f*, sumisión *f* ◇ (*timidezza*) temor *m*
sogghignàre *vi* reír sarcásticamente
soggiornàre *vi* vivir, residir
soggiórno *sm* temporada *f* ◇ (*stanza*) sala *f* de estar
sòglia *sf* umbral *m*
sògliola *sf* lenguado *m*

sognàre *vt/i* soñar (con)
sognatóre *sm* soñador *m*
sógno *sm* sueño *m*
sòia *sf* soja *f*
solàio *sm* buhardilla *f*, trastero *m*
solàre *a* solar
solcàre *vt* surcar
sólco *sm* surco *m*
soldàto *sm* soldado *m*
sòldo *sm* moneda *f* ◇ *al pl* dinero *m* • ***non avere un s.*** no tener un cuarto
sóle *sm* sol *m*
soleggiàto *a* soleado
solènne *a* solemne
solennità *sf* solemnidad *f*
solféggio *sm* solfeo *m*
solidàle *a* solidario
solidarietà *sf* solidaridad *f*
solidificàre *vt* solidificar ◆ *vi/pr* solidificarse
solidità *sf* solidez *f*
sòlido *a/sm* sólido *m*
solìsta *sm/f* solista *m/f*
solitaménte *avv* normalmente, de ordinario
solitàrio *a/sm* solitario *m*
sòlito *a* usual, acostumbrado • ***di s.*** normalmente; ***essere s.*** soler
solitùdine *sf* soledad *f*
sollecitàre *vt* solicitar ◇ (*chiedere*) reclamar ◇ (*spingere*) empujar, estimular
sollécito *a* solícito ◇ (*rapido*) pronto, rápido ◆ *sm* apremio *m*, incitación *f*
sollecitùdine *sf* solicitud *f*
solleticàre *vt* hacer cosquillas ◇ (*fig*) excitar
sollético *sm* cosquillas *fpl*
sollevaménto *sm* levantamiento *m* ◇ (*ribellione*) sublevación *f*
sollevàre *vt* levantar ◇ (*fig*) aliviar ◇ (*questione*) suscitar ◆ *vpr* levantarse ◇ (*ribellarsi*) sublevarse
sollièvo *sm* alivio *m*
solo *a* solo ◆ *avv* sólo, solamente • ***non s. ... ma anche*** no sólo... sino también
solstìzio *sm* solsticio *m*
soltànto *avv* solamente, tan sólo
solùbile *a* soluble
soluzióne *sf* solución *f*
solvènte *sm* solvente *m*
somàro *sm* burro *m*
somigliànza *sf* semejanza *f*
somigliàre *vt/i* parecerse, asemejar ◆ *vrif* parecerse
sómma *sf* suma *f*
sommàre *vt* sumar
sommàrio *a* sumario ◆ *sm* resumen *m* ◇ (*indice*) índice *m*
sommèrgere *vt* hundir, sumergir
sommergìbile *sm* submarino *m*
somministràre *vt* suministrar
sommità *sf* cumbre *f*, cima *f*
sómmo *a* supremo ◇ (*il più alto*) el más alto ◆ *sm* cumbre *f* • ***per sommi capi*** a grandes rasgos

sommòssa *sf* sublevación *f*
sommozzatóre *sm* hombre *m* rana
sonàglio *sm* cascabel *m*
sondàggio *sm* sondeo *m*
sondàre *vt* sondar, sondear
sonétto *sm* soneto *m*
sonnàmbulo *sm* sonámbulo *m*
sonnecchiàre *vi* dormitar
sonnìfero *sm* somnífero *m*
sónno *sm* sueño *m*
sonnolènza *sf* somnolencia *f*
sonorità *sf* sonoridad *f*
sonòro *a* sonoro
sontuóso *a* suntuoso
soporìfero *a* soporífero
soppàlco *sm* (*edil*) altillo *m*, entrepiso *m*
soppesàre *vt* pesar, sopesar ◇ (*fig*) calcular
soppiantàre *vt* suplantar
soppiàtto, di *loc.avv* a escondidas
sopportàbile *a* soportable
sopportàre *vt* soportar, sostener
soppressióne *sf* supresión *f*
sopprìmere *vt* suprimir
sópra *prep* sobre, encima de ◆ *avv* (más) arriba • ***al di s.*** por encima de
sopràbito *sm* abrigo *m*, sobretodo *m*
sopraccìglio *sm* ceja *f*
sopraccopèrta *sf* cubrecama *m*
sopraelevàre *vt* sobrealzar
sopraffàre *vt* dominar ◇ (*superare*) arrollar, vencer
sopraggiùngere *vi* llegar de improviso, sobrevenir ◇ (*accadere*) suceder
sopralluògo *sm* inspección *f*
soprammòbile *sm* chuchería *f*
soprannaturàle *a* sobrenatural
soprannóme *sm* apodo *m*
soprannominàre *vt* apodar
sopràno *sm/f* soprano *m/f*
soprassàlto *sm* sobresalto *m* • ***di s.*** de improviso
soprattùtto *avv* sobre todo
sopravvalutàre *vt* sobrevalorar
sopravvenìre *vi* llegar, sobrevenir ◇ (*accadere*) suceder
sopravvènto *sm* (*fig*) ventaja *f*
sopravvivènza *sf* supervivencia *f*
sopravvìvere *vi* sobrevivir
soprelevàta *sf* vía *f* elevada
soprùso *sm* abuso *m*
soqquàdro *sm* desorden *m*, desconcierto *m*
sorbétto *sm* sorbete *m*
sorbìre *vt* sorber
sòrdido *a* sórdido
sordìna *sf* sordina *f* • ***in s.*** calladamente
sordità *sf* sordera *f*
sórdo *a/sm* sordo *m*
sordomùto *a/sm* sordomudo *m*
sorèlla *sf* hermana *f*
sorellàstra *sf* hermanastra *f*
sorgènte *sf* fuente *f*, manantial *m*

sórgere *vi* alzarse ◇ (*scaturire*) brotar, surgir ◇ (*fig*) presentarse • ***il s. del sole*** la salida del sol
sormontàre *vt* superar
sornióne *a* socarrón
sorpassàre *vt* sobrepasar ◇ (*aut*) adelantar
sorpàsso *sm* adelantamiento *m*
sorprendènte *a* sorprendente
sorprèndere *vt* sorprender ◆ *vpr* sorprenderse
sorprésa *sf* sorpresa *f*
sorrèggere *vt* sostener ◆ *vrif* apoyarse
sorridènte *a* sonriente
sorrìdere *vi* sonreír
sorrìso *sm* sonrisa *f*
sorseggiàre *vt* sorber, beber a sorbos
sórso *sm* sorbo *m*
sòrta *sf* especie *f*
sòrte *sf* suerte *f*
sorteggiàre *vt* sortear
sortéggio *sm* sorteo *m*
sortilègio *sm* sortilegio *m*, hechizo *m*
sortìre *vt* conseguir, obtener
sorvegliànte *a/sm/f* vigilante *m/f*
sorveglianza *sf* vigilancia *f*
sorvegliàre *vt* vigilar, cuidar
sorvolàre *vt* sobrevolar ◆ *vi* pasar por alto
sòsia *sm/f* sosia *m*, doble *m*
sospèndere *vt* colgar, suspender
sospensióne *sf* suspensión *f*
sospéso *a* colgante • ***in s.*** en suspenso
sospettàre *vt* temer ◆ *vi* sospechar
sospètto *a* sospechoso ◆ *sm* sospecha *f*
sospettóso *a* desconfiado
sospìngere *vt* empujar
sospiràre *vi* suspirar
sospìro *sm* suspiro *m*
sòsta *sf* parada *f* ◇ (*pausa*) pausa *f* • ***divieto di s., s. vietata*** prohibido aparcar
sostantìvo *sm* sustantivo *m*
sostànza *sf* sustancia *f*
sostanzióso *a* sustancioso
sostàre *vi* pararse ◇ (*aut*) aparcar
sostégno *sm* sostén *m*, apoyo *m*
sostenére *vt* sostener, mantener ◇ (*aiutare*) ayudar ◇ (*affermare*) afirmar, sostener
sostenitóre *sm* defensor *m*
sostentaménto *sm* sustentamiento *m*
sostentàre *vt* sustentar, mantener
sostenùto *a* sostenido ◇ (*riservato*) reservado
sostituìre *vt* sustituir, reemplazar
sostitùto *sm* sustituto *m*
sostituzióne *sf* sustitución *f*
sottacéti *sm pl* encurtidos *m pl*
sottàna *sf* sotana *f*
sotterfùgio *sm* escapatoria *f*
sotterràneo *a/sm* subterráneo *m*

sotterràre *vt* enterrar
sottigliézza *sf* sutileza *f*
sottìle *a* sutil, delgado ◇ (*acuto*) agudo
sottilizzàre *vi* sutilizar
sottintèndere *vt* sobreentender
sótto *avv* abajo, debajo ◆ *prep* bajo ◇ (*luogo*) debajo de ● *s. falso nome* bajo nombre falso; *sott'olio* en aceite; *s. zero* bajo cero
sottobicchière *sm* posavasos *m*
sottobòsco *sm* maleza *f*
sottocutàneo *a* subcutáneo
sottofóndo *sm* fondo *m*
sottolineàre *vt* subrayar
sottomarìno *a/sm* submarino *m*
sottométtere *vt* someter ◆ *vpr* someterse
sottopassàggio *sm* pasaje *m* subterráneo
sottopórre *vt* someter, obligar ◇ (*fig*) presentar ◆ *vpr* someterse
sottoprodótto *sm* subproducto *m*
sottoscàla *sm* trastero *m* (bajo las escaleras)
sottoscrìvere *vt* suscribir
sottoscrizióne *sf* suscripción *f*
sottosópra *avv* en desorden
sottostànte *a* inferior, de abajo
sottostàre *vi* someterse
sottosvilùppo *sm* subdesarrollo *m*
sottotèrra *avv* bajo tierra
sottotìtolo *sm* (*cin*) subtítulo *m*
sottovènto *avv* a sotavento
sottovèste *sf* enagua *f*, combinación *f*
sottovóce *avv* en voz baja
sottovuòto *avv/a* al vacío
sottràrre *vt* sustraer, robar ◇ (*mat*) restar (de) ◆ *vrif* sustraerse
sottrazióne *sf* resta *f* ◇ (*furto*) robo *m*
soviètico *a/sm* soviético *m*
sovraccaricàre *vt* sobrecargar
sovraccàrico *a* sobrecargado ◆ *sm* sobrecarga *f*
sovraffollàto *a* atestado, rebosante
sovràno *sm* soberano *m*
sovrappàsso *sm* paso *m* elevado
sovrappórre *vt* superponer ◆ *vpr* superponerse
sovrastànte *a* que está arriba ◇ (*imminente*) inminente
sovrastàre *vt* dominar ◇ (*fig*) amenazar
sovrintendènte *sm/f* superintendente *m/f*
sovrintendènza *sf* superintendencia *f*
sovrumàno *a* sobrehumano
sovvenzióne *sf* subvención *f*, subsidio *m*
sovversìvo *a/sm* subversivo *m*
sovvertìre *vt* perturbar
spaccàre *vt* romper, quebrar ◆ *vpr* romperse

spaccatùra *sf* hendidura *f*, grieta *f* ◇ (*fig*) escisión *f*
spacciàre *vt* despachar, vender ◆ *vrif* hacerse pasar por
spacciatóre *sm* traficante *m/f*
spàccio *sm* venta *f* ◇ (*negozio*) tienda *f*
spàcco *sm* hendidura *f* ◇ (*di vestito*) abertura *f*
spaccóne *a/sm* fanfarrón *m*
spàda *sf* espada *f*
spaesàto *a* desorientado
spagnolétta *sf* bobina *f* ◇ (*nocciolina*) cacahuete *m*
spagnòlo *a/sm* español *m*
spàgo *sm* cordel *m*
spalancàre *vt* abrir de par en par ◆ *vpr* abrirse de par en par
spalàre *vt* quitar con pala
spàlla *sf* espalda *f* ◇ (*anat*) hombro *m*
spalleggiàre *vt* apoyar, sostener
spallièra *sf* respaldo *m*, cabecera *f* ◇ (*per ginnastica*) espalderas *f pl*
spalmàre *vt* untar
spàndere *vt* derramar ◆ *vpr* derramarse
spànna *sf* palmo *m*
sparàre *vt* disparar, tirar ◇ (*fig*) soltar ◆ *vi* tirar
sparatòria *sf* tiroteo *m*
sparecchiàre *vt* quitar la mesa
sparéggio *sm* desempate *m*
spàrgere *vt* desparramar ◇ (*emanare*) difundir ◆ *vpr* divulgarse
spargiménto *sm* derramamiento *m*
spariglìàre *vt* desaparear
sparìre *vi* desaparecer
sparizióne *sf* desaparición *f*
sparlàre *vi* hablar mal
spàro *sm* disparo *m*, tiro *m*
sparpaglìàre *vt* desparramar ◆ *vpr* desbandarse
spàrso *a* suelto
spartiàcque *sm* divisoria *f* (de aguas)
spartìre *vt* repartir
spartìto *sm* partitura *f*
spartitràffico *sm* mediana *f*
sparùto *a* desmirriado, flaco ◇ (*ridotto*) reducido, pequeño
spasimànte *sm* pretendiente *m*
spàsimo *sm* dolor *m*, angustia *f*
spàsmo *sm* espasmo *m*
spasmòdico *a* angustioso
spassionàto *a* desapasionado
spàsso *sm* diversión *f* ● ***andare a s.*** ir a pasear
spassóso *a* divertido, alegre
spàtola *sf* espátula *f*
spauràcchio *sm* espantajo *m*
spavàldo *a* jactancioso
spaventapàsseri *sm* espantapájaros *m*
spaventàre *vt* espantar, asustar ◆ *vpr* asustarse, tener miedo, atemorizarse
spavènto *sm* susto *m*, miedo *m*, espanto *m*
spaventóso *a* espantoso
spaziàle *a* espacial
spazientìre *vi/pr* impacientarse

spàzio *sm* espacio *m*
spazióso *a* espacioso
spazzanéve *sm* quitanieves *m*
spazzàre *vt* barrer
spazzatùra *sf* basura *f*
spazzìno *sm* basurero *m*, barrendero *m*
spàzzola *sf* cepillo *m*
spazzolàre *vt* cepillar
spazzolìno *sm* cepillo *m*
spazzolóne *sm* escobón *m*
specchiàrsi *vrif* mirarse en el espejo ◇ (*riflettersi*) reflejarse
specchièra *sf* tocador *m*
specchiétto *sm* espejo *m* • ***s. retrovisore*** retrovisor
spècchio *sm* espejo *m*
speciàle *a* especial
specialìsta *sm/f* especialista *m/f*
specialità *sf* especialidad *f*
specializzàre *vt* especializar ◆ *vrif* especializarse
specializzàto *a* especializado
spècie *sf* especie *f* • ***in s.*** en particular
specificàre *vt* especificar
specìfico *a* específico
speculàre *vi* especular
speculazióne *sf* especulación *f*
spedìre *vt* enviar, expedir, despachar
spedìto *a* pronto, rápido
spedizióne *sf* expedición *f*, envío *m*
spedizionière *sm* transportista *m*
spègnere *vt* apagar ◇ (*motore*) parar ◆ *vpr* apagarse ◇ (*motore*) pararse ◇ (*morire*) morir
spegniménto *sm* apagamiento *m*, extinción *f*
spelàre *vt* pelar
speleologìa *sf* espeleología *f*
speleòlogo *sm* espeleólogo *m*
spellàre *vt* desollar, despellejar ◇ (*scorticare*) pelar ◆ *vpr* despellejarse
spellatùra *sf* rasguño *m*, excoriación *f*
spèndere *vt* gastar
spennàre *vt* desplumar
spensieràto *a* despreocupado
spènto *a* apagado
sperànza *sf* esperanza *f*
speràre *vt* esperar ◆ *vi* confiar
sperdùto *a* remoto ◇ (*di persone*) desorientado
spergiùro *a/sm* perjuro *m*
spericolàto *a/sm* temerario *m*
sperimentàle *a* experimental
sperimentàre *vt* experimentar • ***sperimentato su animali*** experimentado con animales
spèrma *sm* esperma *m*
spermatozòo *sm* espermatozoide *m*
speronàre *vt* espolear
speróne *sm* espuela *f*
sperperàre *vt* malgastar, despilfarrar
spésa *sf* (*denaro speso*) gasto *m* ◇ (*acquisto*) compra *f* • ***fare la s.*** ir a la compra; ***fare spese*** ir de compras
spesàto *a* costeado, mantenido

spésso *a* espeso, denso ◇ (*folto*) tupido ◆ *avv* a menudo, frecuentemente
spessóre *sm* espesor *m*, grosor *m*
spettacolàre *a* aparatoso, sensacional
spettàcolo *sm* espectáculo *m*
spettànza *sf* competencia *f*
spettàre *vi* tocar (a) ◇ (*competere*) competir
spettatóre *sm* espectador *m*
spettinàre *vt* despeinar ◆ *vrif* despeinarse
spèttro *sm* espectro *m*
spèzie *sf pl* especias *f pl*
spezzàre *vt* romper, partir ◆ *vpr* romperse
spezzatìno *sm* guisado *m*, estofado *m*
spezzettàre *vt* partir
spìa *sf* espía *m* ◇ (*indicatore*) indicador *m* (luminoso) ◇ (*indizio*) indicio *m* ● *fare la s.* soplar
spiacènte *a* afligido, doliente ● *essere s.* lamentar, sentir
spiacére *vi* desagradar ◆ *vpr* sentir, lamentar
spiacévole *a* desagradable
spiàggia *sf* playa *f*
spianàre *vt* allanar, nivelar ◇ (*edificio*) arrasar
spiantàto *sm* pelagatos *m*
spiàre *vt* espiar
spiàzzo *sm* claro *m*
spiccàre *vt* (*emanare*) emitir ◇ (*balzo*) dar ◇ (*volo*) emprender, tomar ◆ *vi* resaltar
spiccàto *a* marcado, relevante
spìcchio *sm* gajo *m* ◇ (*di aglio*) diente *m* ◇ (*di torta*) tajada *f*
spicciàrsi *vpr* darse prisa
spìcciolo *a* suelto ◇ (*fig*) sin importancia ◆ *sm spec pl* calderilla *f*, cambio *m*
spìcco *sm* resalto *m*
spiedìno *sm* broqueta *f*
spièdo *sm* asador *m* ● *allo s.* asado
spiegaménto *sm* despliegue *m*
spiegàre *vt* desdoblar, desplegar ◇ (*fig*) explicar ◆ *vpr* desplegarse ◆ *vrif* explicarse
spiegazióne *sf* explicación *f*
spiegazzàre *vt* arrugar
spietàto *a* despiadado
spifferàre *vt* divulgar
spìffero *sm* corriente *f* de aire
spìga *sf* espiga *f*
spigliàto *a* desenvuelto
spigolàre *vt* espigar
spìgolo *sm* canto *m*, esquina *f* ◇ (*geom*) arista *f*
spìlla *sf* broche *m*, alfiler *m*
spillàre *vt* sacar ◇ (*fig*) sonsacar
spillo *sm* alfiler *m*
spilórcio *a* avaro
spìna *sf* espina *f* ◇ (*el*) enchufe *m*, clavija *f*
spinàcio *sm* espinaca *f*
spinàle *a* espinal
spìngere *vt* empujar ◇ (*indurre*) incitar ◆ *vpr* avanzar

spinóso *a* espinoso ◇ (*fig*) difícil
spìnta *sf* empuje *m*
spinterògeno *sm* (*aut*) delco *m*
spionàggio *sm* espionaje *m*
spiovènte *a* colgante ◆ *sm* vertiente *f*, declive *m*
spiòvere *vi* gotear ◇ (*ricadere*) caer
spìra *sf* espira *f*
spiràglio *sm* rendija *f*
spiràle *sf* espiral *f*
spiràre *vi* soplar ◇ (*morire*) expirar
spiritìsmo *sm* espiritismo *m*
spìrito *sm* espíritu *m* ◇ (*arguzia*) agudeza *f* ◇ (*essenza*) esencia *f*
spiritosàggine *sf* agudeza *f*, chiste *m*
spiritóso *a* gracioso, chistoso
spirituàle *a* espiritual
splendènte *a* resplandeciente
splèndere *vi* resplandecer
splèndido *a* espléndido
splendóre *sm* esplendor *m*, brillo *m*
spòglia *sf* restos *m pl* mortales, despojos *m pl*
spogliàre *vt* desnudar, desvestir ◇ (*fig*) despojar ◆ *vrif* desnudarse, desvestirse ◆ *vpr* despojarse
spogliatóio *sm* vestuario *m*
spòglio *a* desnudo ◆ *sm* selección *f* ◇ (*scrutinio*) escrutinio *m*
spòla *sf* lanzadera *f*
spolpàre *vt* descarnar
spolveràre *vt* desempolvar ◆ *vi* quitar el polvo
spónda *sf* ribera *f*, orilla *f*
spontaneità *sf* espontaneidad *f*
spontàneo *a* espontáneo
spopolàre *vt* despoblar ◆ *vi* entusiasmar ◆ *vpr* despoblarse
sporàdico *a* esporádico
sporcàre *vt* ensuciar ◆ *vrif* ensuciarse
sporcìzia *sf* suciedad *f*
spòrco *a* sucio
sporgènte *a* saliente, sobresaliente
sporgènza *sf* saliente *m*
spòrgere *vt* asomar ◇ (*presentare*) presentar ◆ *vi* sobresalir ◆ *vrif* asomarse
sport *sm* deporte *m*
spòrta *sf* cesta *f*
sportèllo *sm* ventanilla *f*
sportìvo *a* deportivo ◆ *sm* deportista *m/f*
spòsa *sf* esposa *f*
sposalìzio *sm* boda *f*, casamiento *m*
sposàre *vt* casar ◆ *vrif* casarse
spòso *sm* esposo *m*
spossatézza *sf* agotamiento *m*
spostàre *vt* desplazar ◆ *vrif* desplazarse, moverse
sprànga *sf* barra *f*
spray *sm* spray *m*, espray *m*
spràzzo *sm* rayo *m*, relámpago *m*
sprecàre *vt* malgastar
sprèco *sm* derroche *m*

spregévole *a* despreciable
spregiativo *a* despreciativo, menospreciativo
spregiudicàto *a* desprejuiciado
sprèmere *vt* exprimir
spremiagrùmi *sm* exprimidor *m*
spremùta *sf* zumo *m*
sprezzànte *a* desdeñoso
sprigionàre *vt* despedir ♦ *vpr* desprenderse
sprizzàre *vi* brotar ◇ (*irradiare*) irradiar, lanzar
sprofondàre *vt* precipitar ♦ *vi* hundirse ◇ (*terreno*) derrumbarse
spronàre *vt* expolear ◇ (*fig*) incitar
spróne *sm* espuela *f* ◇ (*fig*) estímulo *m*
sproporzionàto *a* desproporcionado
spropositàto *a* exagerado
spropòsito *sm* desatino *m* ◇ (*errore*) error *m* • ***a s.*** inoportunamente
sprovvedùto *a* desprevenido
sprovvìsto *a* desprovisto
spruzzàre *vt* rociar, salpicar
sprùzzo *sm* rociada *f*
spùgna *sf* esponja *f*
spugnóso *a* esponjoso
spùma *sf* espuma *f*
spumànte *sm* vino *m* espumoso, cava *m*
spuntàre *vt* despuntar ◇ (*tagliare*) cortar ♦ *vi* salir, levantarse ◇ (*apparire*) aparecer
spuntìno *sm* tentempié *m*
spùnto *sm* inspiración *f*, motivo *m*
spurgàre *vt* limpiar
sputàre *vt/i* escupir
spùto *sm* salivazo *m*
squàdra *sf* escuadra *f* ◇ (*gruppo*) equipo *m*, grupo *m*
squadràre *vt* escuadrar ◇ (*osservare*) mirar de arriba abajo, examinar
squadrìglia *sf* escuadrilla *f*
squadróne *sm* escuadrón *m*
squagliàre *vt* derretir ♦ *vpr* derretirse • ***squagliarsela*** escabullirse
squalìfica *sf* descalificación *f*
squalificàre *vt* descalificar
squàllido *a* escuálido, sórdido, miserable
squallóre *sm* sordidez *f*, escualidez *f*
squàlo *sm* tiburón *m*
squàma *sf* escama *f*
squamàre *vt* escamar ♦ *vpr* escamarse
squarciagóla, a *loc.avv* a voz en grito
squartàre *vt* descuartizar
squattrinàto *a* pelado
squilibràre *vt* desequilibrar
squilibràto *a* desequilibrado ♦ *sm* alocado *m*, loco *m*
squilìbrio *sm* desequilibrio *m* ◇ (*med*) locura *f*
squillànte *a* resonante

squillàre *vi* sonar, resonar
squìllo *sm* timbre *m*
squisìto *a* exquisito
squittìre *vi* chillar
sradicàre *vt* extirpar
sragionàre *vi* desatinar, disparatar
sregolàto *a* desordenado, desarreglado
srotolàre *vt* desarrollar
stàbile *a* estable ◇ (*solido*) sólido, firme ◆ *sm* edificio *m*
stabiliménto *sm* establecimiento *m*
stabilìre *vt* establecer ◇ (*decidere*) decidir ◆ *vrif* establecerse
stabilità *sf* estabilidad *f*
stabilizzàre *vt* estabilizar
stabilizzatóre *sm* estabilizador *m*
staccàre *vt* despegar, separar ◆ *vi* terminar ◆ *vpr* despegarse
staccionàta *sf* estacada *f*
stàdio *sm* estadio *m* ◇ (*fase*) fase *f*
stàffa *sf* estribo *m* ◇ (*mecc*) abrazadera *f*
staffétta *sf* estafeta *f* • ***corsa a s.*** carrera de relevos
stagionàle *a* estacional
stagionàre *vi* madurar, envejecer
stagionàto *a* viejo, hecho, seco
stagionatùra *sf* maduración *f*, envejecimiento *m*
stagióne *sf* estación *f* ◇ (*periodo*) temporada *f*
stagnànte *a* estancado
stagnàre *vt* estañar ◆ *vi* estancarse
stagnatùra *sf* estañadura *f*
stàgno *a* estanco ◆ *sm* (*met*) estaño *m* ◇ estanque *m*, charca *f*
stagnóla *sf* papel *m* de aluminio
stàlla *sf* establo *m*, cuadra *f*
stallóne *sm* semental *m*
stamattìna *avv* esta mañana
stambécco *sm* íbice *m*, cabra *f* montés
stàmpa *sf* imprenta *f* ◇ (*giornali*) prensa *f* ◇ (*riproduzione*) reproducción *f*, grabado *m* ◇ ***al pl*** (*posta*) impresos *m pl*
stampànte *sf* impresora *f* • ***s. a getto di inchiostro*** impresora de chorro de tinta; ***s. laser*** impresora láser
stampàre *vt* imprimir, publicar
stampatèllo *sm* letra *f* de imprenta
stampàto *a* impreso
stampatóre *sm* impresor *m*
stampèlla *sf* muleta *f* ◇ (*per abiti*) percha *f*
stàmpo *sm* molde *m*
stanàre *vt* desanidar
stancàre *vt* cansar ◇ (*annoiare*) aburrir ◆ *vpr* cansarse ◇ (*annoiarsi*) aburrirse
stanchézza *sf* cansancio *m*
stànco *a* cansado
stàndard *sm* estándar *m*, standard *m*
standardizzàre *vt* estandarizar

stand by *sm* (*aer*) lista *f* de espera ◇ (*inform*) stand by *m*
stànga *sf* barra *f*
stangàta *sf* garrotazo *m* ◇ (*fig*) golpe *m*
stanòtte *avv* esta noche
stantìo *a* rancio, pasado
stantùffo *sf* pistón *m*
stànza *sf* habitación *f*, cuarto *m* ● *s. da letto* dormitorio
stanziàre *vt* asignar
stappàre *vt* destapar
stàre *vi* (*rimanere*) estar, permanecer ◇ (*condizione*) estar, encontrarse ◇ (*abitare*) vivir ● *come stai? sto bene* ¿cómo estás? estoy bien, me encuentro bien
starnutìre *vi* estornudar
starnùto *sm* estornudo *m*
staséra *avv* esta tarde, esta noche
statàle *a* estatal
statìsta *sm* estadista *m*
statìstica *sf* estadística *f*
statìstico *a* estadístico
stàto *sm* estado *m* ◇ (*condizione*) situación *f*, fase *f*
stàtua *sf* estatua *f*
statùra *sf* estatura *f*
statùto *sm* estatuto *m*
stavòlta *avv* esta vez
stazionàrio *a* estacionario
staziòne *sf* estación *f*
stécca *sf* varilla *f* ◇ (*di biliardo*) taco *m* ◇ (*di sigarette*) cartón *m* ◇ (*mus*) gallo *m*
steccàto *sm* empalizada *f*
stecchìno *sm* palillo *m*
stèle *sf* estela *f*
stélla *sf* estrella *f*
stellàto *a* estrellado
stèlo *sm* tallo *m*
stèmma *sm* blasón *m*, armas *f pl*
stemperàre *vt* desleír
stendàrdo *sm* estandarte *m*
stèndere *vt* extender ◇ (*bucato*) tender ◇ (*pasta*) estirar ◆ *vrif* tumbarse
stendibiancherìa *sm* tendedero *m*
stenografàre *vt* taquigrafiar
stènto *sm al pl* penurias *f pl* ● *a s.* a duras penas
stèrco *sm* estiércol *m*
stèreo *a* estéreo ◆ *sm* cadena *f* de música
stereofònico *a* estereofónico
stereotipàto *a* estereotipado
stèrile *a* estéril ◇ (*sterilizzato*) esterilizado ◇ (*fig*) vano
sterilità *sf* esterilidad *f*
sterilizzàre *vt* esterilizar
sterilizzazióne *sf* esterilización *f*
sterlìna *sf* libra *f* esterlina
sterminàre *vt* exterminar, destruir
sterminàto *a* exterminado
stermìnio *sm* exterminio *m*
stèrno *sm* esternón *m*
sterzàre *vi* girar, dar un golpe de volante
stèrzo *sm* volante *m*
stésso *a* mismo, igual ◆ *pr* lo mismo ● *fa lo s.* es igual

stesùra *sf* redacción *f*, escritura *f* • *prima s.* borrador
stetoscòpio *sm* estetoscopio *m*
stìgmate *sf pl* estigmas *f pl*
stigmatizzàre *vt* desaprobar
stìle *sm* estilo *m*
stilìsta *sm/f* estilista *m/f*, diseñador *m*
stilizzàto *a* estilizado
stillàre *vi* gotear
stilogràfica *sf* estilográfica *f*
stìma *sf* estima *f* ◇ (*valutazione*) valuación *f*
stimàre *vt* estimar, apreciar ◇ (*valutare*) valuar, considerar
stimolànte *a* estimulante, interesante
stimolàre *vt* estimular, incitar
stìmolo *sm* estímulo *m*
stìngere *vt* descolorar ◆ *vpr* desteñirse
stipàre *vt* amontonar ◆ *vpr* amontonarse
stipendiàre *vt* retribuir
stipèndio *sm* sueldo *m*, remuneración *f*
stìpite *sm* montante *m*
stipulàre *vt* estipular
stiraménto *sm* estiramiento *m*
stiràre *vt* estirar ◇ (*biancheria*) planchar ◆ *vrif* desperezarse
stiratùra *sf* planchado *m*
stirerìa *sf* taller *m* de planchado
stìrpe *sf* estirpe *f*
stitichézza *sf* estreñimiento *m*
stìtico *a* estreñido
stìva *sf* bodega *f*
stivàle *sm* bota *f*
stìzza *sf* rabia *f*
stizzìrsi *vpr* enojarse
stizzóso *a* irascible
stoccafìsso *sm* bacalao *m* secado
stòffa *sf* tejido *m*, tela *f* ◇ (*fig*) madera *f*
stòico *a/sm* estoico *m*
stólto *a* necio
stòmaco *sm* estómago *m*
stonàre *vt* desafinar ◆ *vi* desentonar
stonatùra *sf* desafinamiento *m* ◇ (*fig*) discordancia *f*
stóppia *sf* rastrojo *m*
stoppìno *sm* mecha *f*
stòrcere *vt* torcer
stordiménto *sm* aturdimiento *m*
stordìre *vt* aturdir ◆ *vrif* aturdirse
stòria *sf* historia *f* ◇ (*racconto*) narración *f*, cuento *m* ◇ (*faccenda*) cuestión *f*
stòrico *a* histórico ◆ *sm* historiador *m*
storièlla *sf* historieta *f*
storióne *sm* esturión *m*
stórmo *sm* bandada *f*
stornàre *vt* transferir
stornèllo *sm* estribillo *m*
stórno *sm* estornino *m*
storpiàre *vt* lisiar ◇ (*fig*) trabucar, alterar
stòrta *sf* torcedura *f*
stòrto *a* torcido, retorcido
stovìglie *sf pl* vajilla *f*
stràbico *a* bizco, estrábico

strabìsmo *sm* estrabismo *m*
stracciàre *vt* rasgar ◇ (*vincere*) arrollar ◆ *vpr* rasgarse
stràccio *sm* trapo *m*
stràcco *a* (*fam*) cansado
stracòtto *sm* estofado *m*
stràda *sf* carretera *f* ◇ (*di città*) calle *f* ◇ (*cammino*) camino *m* ● *s. ferrata* ferrocarril
stradàle *a* de carretera ◆ *sf* policía *f* de tráfico
strafalcióne *sm* disparate *m*
strafàre *vi* exagerar
strafottènte *a* insolente
stràge *sf* estragos *m pl*, matanza *f*
stralciàre *vt* quitar
stràllo *sm* estay *m*
stralunàto *a* aturdido
stramazzàre *vi* desplomarse, caerse
stràmbo *a* extravagante
stranézza *sf* extravagancia *f*
strangolàre *vt* estrangular
stranièro *a/sm* extranjero *m*
stràno *a* extraño, raro
straordinàrio *a* extraordinario
strapazzàre *vt* maltratar ◆ *vrif* fatigarse
strapàzzo *sm* fatiga *f*
strapiómbo *sm* precipicio *m* ● *a s.* a pico
strapotére *sm* superpoder *m*
strappàre *vt* arrancar, romper, rasgar ◆ *vpr* rasgarse, romperse
stràppo *sm* tirón *m*, desgarrón *m* ◇ (*med*) tirón *m*
strapuntìno *sm* traspuntín *m*
straripaménto *sm* desbordamiento *m*
straripàre *vi* desbordar
strascicàre *vt* arrastrar
stràscico *sm* cola *f* ◇ (*fig*) consecuencia *f*
stratagèmma *sm* estratagema *m*, ardid *m*
stratèga *sm* estratega *m*
strategìa *sf* estrategía *f*
stratègico *a* estratégico
stràto *sm* estrato *m*
stravagànte *a* extravagante
stravagànza *sf* extravagancia *f*
stravècchio *a* añejo, muy viejo
stravìzio *sm* exceso *m*
stravòlgere *vt* trastornar ◇ (*falsare*) falsear
straziàre *vt* atormentar
stràzio *sm* masacre *m* ◇ (*noia*) lata *f*
stréga *sf* bruja *f*
stregàre *vt* hechizar
stregóne *sm* brujo *m*
stregonerìa *sf* brujería *f*
stremàre *vt* agotar, extenuar
strèmo *sm* extremo *m*, límite *m*
strènna *sf* aguinaldo *m*, regalo *m*
strènuo *a* valiente
strepitóso *a* estrepitoso
stressànte *a* estresante
strétta *sf* apretón *m* ◇ (*fig*) angustia *f*, congoja *f*
strettaménte *avv* estrechamente ◇ (*fig*) estrictamente

strétto *a* estrecho ◇ (*ling*) cerrado ◇ (*parente*) próximo ◆ *sm* estrecho *m*
strettóia *sf* estrechamiento *m*
striàto *a* rayado, listado
stridènte *a* chillón
strìdere *vi* chirriar, chillar ◇ (*fig*) chocar
stridóre *sm* chirrido *m*
strìdulo *a* estridente, chillón
strillàre *vt/i* gritar
strìllo *sm* grito *m*
striminzìto *a* encogido, ajustado
strimpellàre *vt* cencerrear
strìnga *sf* correa *f*, cordón *m*
stringàto *a* conciso
strìngere *vt* apretar ◇ (*vestito*) ajustar ◇ (*la mano*) estrechar ◇ (*accordo*) cerrar ◆ *vrif* estrecharse
strìscia *sf* tira *f* ◇ (*traccia*) reguero *m*
strisciàre *vt* arrastrar ◆ *vi* arrastrarse
strisciόne *sm* tira *f*
stritolàre *vt* triturar
strizzàre *vt* estrujar ● *s. l'occhio* guiñar el ojo
stròfa *sf* estrofa *f*
strofinàccio *sm* estropajo *m*, trapo *m*
strofinàre *vt* frotar ◆ *vrif* frotarse
strombatùra *sf* derrame *m*
stroncàre *vt* truncar ◇ (*stancare*) cansar ◇ (*reprimere*) reprimir ◇ (*criticare*) demoler, censurar
stroncatùra *sf* crítica *f* demoledora
stropicciàre *vt* restregar, frotar ◇ (*spiegazzare*) arrugar
strozzàre *vt* estrangular ◆ *vpr* estrangularse
strozzatùra *sf* estrechamiento *m*
strozzìno *sm* usurero *m*
struccàre *vt* desmaquillar ◆ *vrif* desmaquillarse
strumentàle *a* instrumental
strumentalizzàre *vt* instrumentalizar
strumentazióne *sf* instrumentación *f* ◇ (*mecc*) equipo *m*
struménto *sm* instrumento *m* ◇ (*attrezzo*) utensilio *m*
strùtto *sm* manteca *f* (de cerdo)
struttùra *sf* estructura *f*
strutturàre *vt* estructurar
strùzzo *sm* avestruz *m*
stuccàre *vt* estucar ◇ (*fig*) hastiar
stucchévole *a* empalagoso ◇ (*fig*) fastidioso
stùcco *sm* estuco *m*
studènte *sm* estudiante *m/f*
studentésco *a* estudiantil
studiàre *vt* estudiar
stùdio *sm* estudio *m* ◇ (*stanza*) escritorio *m* ◇ (*di medico*) consultorio *m* ◇ (*di avvocato*) despacho *m* ◇ (*di artista*) taller *m*
studióso *a/sm* estudioso *m*
stùfa *sf* estufa *f*

stufàre *vt* estofar ◇ (*annoiare*) hartar ◆ *vpr* estar harto
stufàto *sm* estofado *m*
stùfo *a* harto
stuòia *sf* estera *f*
stupefacènte *a* sorprendente ◇ (*narcotico*) estupefaciente ◆ *sm* estupefaciente *m*
stupèndo *a* estupendo
stupidàggine *sf* estupidez *f*
stupidità *sf* estupidez *f*
stùpido *a/sm* estúpido *m*
stupìre *vt* sorprender ◆ *vpr* sorprenderse
stupìto *a* estupefacto
stupóre *sm* estupor *m*, asombro *m*
stupràre *vt* estuprar
stùpro *sm* estupro *m*
sturàre *vt* destapar
stuzzicadènti *sm* palillo *m*
stuzzicàre *vt* hurgar ◇ (*stimolare*) estimular ◇ (*infastidire*) provocar, fastidiar
su *avv* arriba ◆ *prep* en, a ◇ (*sopra*) sobre, encima de ◇ (*circa*) alrededor de • ***su!*** ¡vamos!; ***su per giù*** más o menos
subàcqueo *a* submarino ◆ *sm* submarinista *m/f*, hombre *m* rana
subaffittàre *vt* subarrendar
subbùglio *sm* alboroto *m*, confusión *f*
subcosciènte *sm* subconsciente *m*
sùbdolo *a* solapado, falso
subentràre *vi* reemplazar
subìre *vt* sufrir ◇ (*sopportare*) soportar
subitàneo *a* improviso
sùbito *avv* enseguida, inmediatamente
sublìme *a* sublime
subnormàle *a* subnormal
subodoràre *vt* sospechar
subordinàto *a* subordinado
succedàneo *sm* sucedáneo *m*
succèdere *vi* suceder, pasar, ocurrir ◇ (*a qc*) suceder (a) ◆ *vpr* sucederse, seguir
successióne *sf* sucesión *f*
successivaménte *avv* sucesivamente
successìvo *a* sucesivo
succèsso *sm* éxito *m*
successóre *sm* sucesor *m*
succhiàre *vt* chupar
succìnto *a* conciso ◇ (*vestito*) corto
sùcco *sm* zumo *m*, jugo *m*
succóso *a* jugoso
succursàle *sf* sucursal *f*
sud *a/sm* sur *m*
sudamericàno *a/sm* sudamericano *m*
sudàre *vt/i* sudar
sudàto *a* sudado
suddétto *a* antedicho
sùddito *sm* súbdito *m*
suddivìdere *vt* subdividir
suddivisióne *sf* subdivisión *f*
sudèst *sm* sudeste *m*
sùdicio *a* sucio
sudiciùme *sm* suciedad *f*
sudóre *sm* sudor *m*

sudovest *sm* sudoeste *m*
sufficiènte *a* suficiente
sufficiènza *sf* suficiencia *f* ◇ (*a scuola*) aprobado *m*, suficiente *m* ● *a s.* bastante
suffisso *sm* sufijo *m*
suffràgio *sm* sufragio *m*
suggeriménto *sm* sugerencia *f*
suggerìre *vt* sugerir ◇ (*risposta*) soplar, apuntar
suggeritóre *sm* apuntador *m*
suggestionàbile *a* sugestionable
suggestionàre *vt* sugestionar
suggestióne *sf* sugestión *f*
suggestìvo *a* sugestivo
sùghero *sm* corcho *m*
sùgo *sm* salsa *f* ◇ (*succo*) jugo *m*
suicìda *sm/f* suicida *m/f*
suicidàrsi *vrif* suicidarse
suicìdio *sm* suicidio *m*
suìno *sm* cerdo *m*
sultàno *sm* sultán *m*
sùo *a.poss* su ◆ *pr.poss* el suyo
suòcero *sm* suegro *m*
suòla *sf* suela *f*
suòlo *sm* suelo *m*
suonàre *vt* tocar ◇ (*le ore*) dar ◆ *vi* sonar ● *s. alla porta* llamar a la puerta
suonatóre *sm* tocador *m*, músico *m*
suonerìa *sf* timbre *m*
suòno *sm* sonido *m*
suòra *sf* monja *f*, hermana *f*
superàre *vt* superar ◇ (*sorpassare*) pasar, adelantar
supèrbia *sf* soberbia *f*
supèrbo *a* soberbio
superconduttività *sf* superconductibilidad *f*
superficiàle *a* superficial
superficie *sf* superficie *f*
supèrfluo *a* superfluo
superióre *a* superior ◇ (*di piano*) de arriba ◇ (*più alto*) más alto ◇ (*eccellente*) excelente ◆ *sm* superior *m*
superiorità *sf* superioridad *f*
superlatìvo *a/sm* superlativo *m*
supermercàto *sm* supermercado *m*
supèrstite *a/sm/f* sobreviviente *m/f*
superstizióne *sf* superstición *f*
superstizióso *a* supersticioso
superstràda *sf* autopista *f*
supìno *a* supino
suppellèttile *sf* bibelot *m*
suppergiù *avv* más o menos, aproximadamente
supplementàre *a* suplementario
suppleménto *sm* suplemento *m*
supplènte *a/sm/f* suplente *m/f*
supplènza *sf* suplencia *f*
sùpplica *sf* súplica *f* ◇ (*istanza*) instancia *f*
supplicàre *vt* suplicar
supplìre *vi* suplir
supplìzio *sm* suplicio *m*
suppòrre *vt* suponer
suppòrto *sm* soporte *m*
supposizióne *sf* suposición *f*

suppósta *sf* supositorio *m*
supremazìa *sf* supremacia *f*
suprèmo *a* supremo
surgelàre *vt* congelar
surplus *sm* excedente *m*
surrealìsta *sm/f* surrealista *m/f*
surriscaldàre *vt* recalentar
surrogàto *sm* sucedáneo *m*
suscettìbile *a* susceptible, irritable
suscitàre *vt* suscitar
susìna *sf* ciruela *f*
susìno *sm* ciruelo *m*
susseguìrsi *vrif* sucederse
sussidiàrio *a* subsidiario
sussìdio *sm* subsidio *m*
sussistènza *sf* subsistencia *f*
sussìstere *vi* subsistir
sussultàre *vi* temblar
sussurràre *vt* susurrar, murmurar
sussurrìo *sm* murmullo *m*
sussùrro *sm* susurro *m*
sutùra *sf* sutura *f*
suturàre *vt* suturar
svagàre *vt* distraer ◆ *vpr* distraerse
svàgo *sm* distracción *f*, pasatiempo *m*
svaligiàre *vt* desvalijar
svalutàre *vt* desvalorizar, devaluar
svalutazióne *sf* depreciación *f*, desvalorización *f*
svanìre *vi* desvanecerse, desaparecer
svantàggio *sm* desventaja *f*
svantaggióso *a* desventajoso
svariàto *a* múltiple, variado
svàstica *sf* esvástica *f*
svedése *a/sm/f* sueco *m*
svéglia *sf* despertador *m*
svegliàre *vt* despertar ◆ *vpr* despertarse
svéglio *a* despierto
svelàre *vt* revelar
sveltézza *sf* agilidad *f*, rapidez *f*
svèlto *a* rápido ◇ (*agile*) ágil ● *alla svelta* rápidamente, de prisa
svéndere *vt* rematar
svéndita *sf* remate *m*, liquidación *f*
sveniménto *sm* desmayo *m*
svenìre *vi* desmayarse
sventàre *vt* desbaratar
sventàto *a* descuidado, imprudente
sventolàre *vt* agitar ◆ *vi* ondear
sventràre *vt* destripar
sventùra *sf* desdicha *f*, desventura *f*
sventuràto *a* desventurado
svergognàto *a* desvergonzado
svernàre *vi* invernar
svestìre *vt* desnudar ◆ *vrif* desnudarse
svezzaménto *sm* destete *m*
svezzàre *vt* destetar
sviàre *vt* desviar
svignàrsela *vi* escaparse
sviluppàre *vt* desarrollar ◇ (*fot*) revelar ◆ *vpr* desarrollarse

svilùppo *sm* desarrollo *m* ◇ (*fot*) revelado *m*
svincolàre *vt* desempeñar ◆ *vrif* liberarse
svìncolo *sm* rescisión *f* ◇ (*stradale*) carretera *f* de enlace
svisceràre *vt* desentrañar
svìsta *sf* inadvertencia *f*, despiste *m*
svitàre *vt* destornillar
svìzzero *a/sm* suizo *m*
svogliàto *a* perezoso, desganado
svolazzàre *vi* revolotear
svòlgere *vt* desenrollar ◇ (*tema*) desarrollar ◇ (*scartare*) abrir ◆ *vpr* desarrollarse, suceder
svolgiménto *sm* desarrollo *m*
svòlta *sf* vuelta *f* ◇ (*curva*) curva *f* ◇ (*fig*) cambio *m*
svoltàre *vi* doblar
svuotàre *vt* vaciar

T

tabaccàio *sm* estanquero *m*
tabacchièra *sf* tabaquera *f*
tabàcco *sm* tabaco *m*
tabèlla *sf* tablón *m*, cuadro *m*
tabellóne *sm* tablón *m*, cartelón *m*
tabernàcolo *sm* tabernáculo *m*
tabulàto *sm* tabulado *m*
tàcca *sf* muesca *f*, surco *m*
taccàgno *a* tacaño, avaro
tacchìno *sm* pavo *m*
tacciàre *vt* tachar, acusar
tàcco *sm* tacón *m* • ***tacchi a spillo*** tacones de aguja
taccuìno *sm* libreta *f* de apuntes
tacére *vi* callar ◇ (*smettere di parlare*) callarse ◆ *vt* callar, ocultar
tachìmetro *sm* taquímetro *m*
tàcito *a* tácito
tacitùrno *a* taciturno
tafferùglio *sm* alboroto *m*, riña *f*
taffettà *sm* tafetán *m*
tàglia *sf* talla *f* ◇ (*misura*) medida *f* ◇ (*ricompensa*) recompensa *f* • ***che t. porti?*** ¿qué talla usas?, ¿qué talla tienes?
tagliacàrte *sm* cortapapeles *m*
taglialégna *sm* leñador *m*
tagliàndo *sm* cupón *m*, cédula *f*
tagliàre *vt* cortar ◇ (*accorciare*) abreviar ◆ *vi* acortar ◆ *vpr* cortarse • ***t. fuori*** aislar; ***t. la corda*** escapar; ***t. la strada*** cortar el paso
tagliatèlle *sfpl* tallarines *m pl*
tagliènte *a* cortante, afilado ◇ (*fig*) mordaz
taglière *sm* tabla *f* de cocina

tàglio *sm* corte *m* ◇ (*di lama*) filo *m*
tagliòla *sf* trampa *f*, cepo *m*
tagliuzzàre *vt* cortajear
tàlco *sm* talco *m*
tàle *a* tal ◇ (*indef*) cierto ◇ (*dimostr*) ese ◇ (*così grande*) tanto ◆ *pr* (*dimostr*) éste ◇ (*indef*) una persona ● *t. quale* tal cual
talènto *sm* talento *m*
talismàno *sm* talismán *m*
talloncìno *sm* talón *m*
tallóne *sm* talón *m*
talménte *avv* tan, de manera tal
talóra *avv* a veces
tàlpa *sf* topo *m*
talvòlta *avv* a veces
tamarìndo *sm* tamarindo *m*
tamburèllo *sm* pandereta *f*
tambùro *sm* tambor *m*
tamponaménto *sm* taponamiento *m* ◇ (*aut*) choque *m*
tamponàre *vt* (*chiudere*) cerrar ◇ (*aut*) embestir (por detrás) ◇ (*med*) taponar
tampóne *sm* tampón *m* ◇ (*med*) tapón *m*
tàna *sf* madriguera *f*, guarida *f*
tànfo *sm* tufo *m*
tangènte *a* tangente ◆ *sf* tangente *f* ◇ (*bustarella*) soborno *m*
tangenziàle *a* tangencial
tangìbile *a* tangible
tàngo *sm* tango *m*
tànica *sf* bidón *m*
tànto *a* tanto ◇ *al pl* (*molti*) muchos ◆ *avv* tanto, (*davanti ad agg e avv*) tan ◇ (*molto*) muy, mucho ● *di t. in t., ogni t.* de vez en cuando; *t. ... quanto* tanto... como, tan... cuan
tapìro *sm* tapir *m*
tàppa *sf* etapa *f*
tappàre *vt* tapar, cerrar
tapparèlla *sf* persiana *f*
tappetìno *sm* (*inform*) (*per il mouse*) alfombrilla *f* de/para ratón
tappéto *sm* alfombra *f*
tappezzàre *vt* tapizar
tappezzerìa *sf* tapicería *f* ◇ (*carta*) empapelado *m*
tappezzière *sm* tapicero *m*
tàppo *sm* tapón *m*; (*di sughero*) corcho *m*
tàra *sf* tara *f*
taràntola *sf* tarántula *f*
taràre *vt* tarar
tarchiàto *a* corpulento
tardàre *vt* retardar, retrasar ◆ *vi* tardar, demorarse
tàrdi *avv* tarde ● *al più t.* a más tardar
tardìvo *a* tardío
tàrdo *a* (*fig*) (*ottuso*) lento, lerdo
tàrga *sf* placa *f* ◇ (*aut*) matrícula *f*
targàre *vt* matricular
targhétta *sf* etiqueta *f*, placa *f*
tarìffa *sf* tarifa *f*
tariffàrio *sm* tarifas *f pl*, arancel *m*
tàrlo *sm* carcoma *f*
tàrma *sf* polilla *f*

taròcco *sm* tarot *m*
tartagliàre *vi* tartamudear
tàrtaro *sm* tártaro *m* ◇ (*med*) sarro *m*
tartarùga *sf* tortuga *f* ◇ (*materiale*) carey *m*
tartassàre *vt* machacar, maltratar
tartìna *sf* canapé *m*
tartùfo *sm* trufa *m*
tàsca *sf* bolsillo *m* ◇ (*anat*) bolsa *f*
tascàbile *a* de bolsillo
tascapàne *sm* morral *m*
taschìno *sm* bolsillo *m*
tàssa *sf* impuesto *m*, tributo *m*
tassàmetro *sm* taxímetro *m*
tassàre *vt* gravar
tassatìvo *a* taxativo
tassazióne *sf* imposición *f*
tassèllo *sm* cuña *f*, taco *m*
tassìsta *sm/f* taxista *m/f*
tàsso *sm* (*zool*) tejón *m* ◇ (*bot*) tejo *m* ◇ (*econ*) tipo *m*
tastàre *vt* palpar
tastièra *sf* teclado *m*
tàsto *sm* tecla *f*
tastóni *avv* a tientas
tàttica *sf* táctica *f*
tàttile *a* táctil
tàtto *sm* tacto *m*
tatuàggio *sm* tatuaje *m*
tatuàre *vt* tatuar
tauromachìa *sf* tauromaquia *f*
tavèrna *sf* taberna *f*
tàvola *sf* tabla *f* ◇ (*mobile*) mesa *f* • ***apparecchiare/sparecchiare la t.*** poner/quitar la mesa
tavolàto *sm* tablado *m* ◇ (*geogr*) meseta *f*
tavolétta *sf* tableta *f*, ladrillo *m*
tavolìno *sm* mesita *f*
tàvolo *sm* mesa *f*
tavolòzza *sf* paleta *f*
tàxi *sm* taxi *m*
tàzza *sf* taza *f*
tazzìna *sf* tacita *f*
te → **ti**
tè *sm* té *m*
teatràle *a* teatral
teàtro *sm* teatro *m*
tèca *sf* teca *f*, relicario *m*
tècnica *sf* técnica *f*
tècnico *a/sm* técnico *m*
tecnologìa *sf* tecnología *f*
tedésco *a/sm* alemán *m*
tèdio *sm* aburrimiento *m*
tegàme *sm* sartén *f*
téglia *sf* cazuela *f*
tégola *sf* teja *f*
teièra *sf* tetera *f*
téla *sf* tela *f*, lienzo *m*
telàio *sm* telar *m* ◇ (*di finestra*) marco *m* ◇ (*tecn*) chasis *m*
telecabìna *sf* telecabina *f*
telecàmera *sf* telecámara *f*
telecomandàre *vt* teledirigir
telecomàndo *sm* telemando *m*
telecomunicazióne *sf* telecomunicación *f*
teleconferènza *sf* teleconferencia *f*
telecrònaca *sf* crónica *f* televisiva

telecronìsta *sm/f* cronista *m/f* televisivo
telefèrica *sf* teleférico *m*
telefonàre *vt/i* telefonear
telefonàta *sf* llamada *f* telefónica
telefonìa *sf* telefonía *f* • *t. cellulare* telefonía celular; *t. fissa* telefonía fija; *t. mobile* telefonía móvil
telefònico *a* telefónico
telefonìno *sm* teléfono *m* portátil, teléfono *m* móvil
telefonìsta *sm/f* telefonista *m/f*
telèfono *sm* teléfono *m* • *t. cellulare* teléfono celular, móvil, portátil; *t. fisso* teléfono fijo; *t. pubblico* teléfono público; *t. a scheda* teléfono de tarjeta
telegiornàle *sm* telediario *m*
telegrafàre *vt* telegrafiar
telegràfico *a* telegráfico
telègrafo *sm* telégrafo *m*
telegràmma *sm* telegrama *m*
teleguidàre *vt* teledirigir
telemàtica *sf* telemática *f*
telemàtico *a* telemático
Telepàss *sm* telepeaje *m*
telepatìa *sf* telepatía *f*
teleschérmo *sm* pantalla *f* del televisor
telescòpio *sm* telescopio *m*
telespettatóre *sm* telespectador *m*
televisióne *sf* televisión *f* • *t. via cavo* televisión por cable
televisìvo *a* televisivo
televisóre *sm* televisor *m*
télo *sm* paño *m* • *t. da bagno* toalla de baño
telóne *sm* telón *m*
tèma *sm* tema *m* ◇ (*a scuola*) redacción *f*
temàtico *a* temático
temeràrio *a* temerario
temére *vt/i* temer
temìbile *a* temible
tèmolo *sm* (*zool*) tímalo *m*
tèmpera *sf* temple *m* • *pittura a t.* pintura al temple
temperamatìte *sm* sacapuntas *m*
temperaménto *sm* temperamento *m*
temperàre *vt* templar ◇ (*matita*) sacar punta a
temperàto *a* templado
temperatùra *sf* temperatura *f*
temperìno *sm* cortaplumas *m* ◇ (*temperamatite*) sacapuntas *m*
tempèsta *sf* tormenta *f*
tempestàre *vi* agobiar, acosar • *t. di colpi* golpear
tempestività *sf* tempestividad *f*
tempestìvo *a* tempestivo
tempestóso *a* tempestuoso
tèmpia *sf* sien *f*
tèmpio *sm* templo *m*
templàre *a/sm* templario *m*
tèmpo *sm* tiempo *m* ◇ (*di partita*) parte *f* ◇ (*mus*) compás *m* • *a t. perso* a ratos perdidos; *da t.* desde hace tiempo; *in t. (per)* a tiempo (para); *per t.* con tiem-

po; *t. bello* buen tiempo; *t. fa* hace tiempo
temporàle *a* temporal ◆ *sm* tormenta *f*, chubasco *m*, temporal *m*
temporalésco *a* tempestuoso
temporàneo *a* temporal, provisional, temporero
temporeggiàre *vi* ganar tiempo
tempràre *vt* templar
tenàce *a* tenaz
tenàcia *sf* tenacidad *f*
tenàglie *sf pl* tenazas *f pl*
tènda *sf* cortina *f* ◇ (*da campeggio*) tienda *f* ◇ (*tendone*) toldo *m*
tendènza *sf* tendencia *f*
tendenzióso *a* tendencioso
tèndere *vt* tender, extender ◆ *vi* tender (a)
tendìna *sf* cortinilla *f*, visillo *m*
tèndine *sm* tendón *m*
tendóne *sm* toldo *m*
tènebre *sf pl* tinieblas *f pl*
tenebróso *a* tenebroso
tenènte *sm* teniente *m*
tenére *vt* tener ◇ (*con sé*) llevar ◇ (*contenere*) contener ◇ (*reggere*) aguantar ◇ (*prender*) tomar ◇ (*lezione, conferenza*) dar ◆ *vi* resistir ◇ (*avere a cuore*) dar importancia a ◆ *vrif* aferrarse • *t. d'occhio* vigilar; *t. duro* resistir; *tieni!* ¡toma!
tenerézza *sf* ternura *f*
tènero *a* tierno
tènia *sf* tenia *f*
tènnis *sm* tenis *m*
tennìsta *sm/f* tenista *m/f*
tenóre *sm* tenor *m*
tensióne *sf* tensión *f*
tentàcolo *sm* tentáculo *m*
tentàre *vt* tentar, intentar
tentatìvo *sm* tentativa *f*
tentazióne *sf* tentación *f*
tentennàre *vi* vacilar
tentóni *avv* a tientas
tènue *a* tenue • *intestino t.* intestino delgado
tenùta *sf* capacidad *f* ◇ (*agricola*) finca *f*, estancia *f* ◇ (*divisa*) uniforme *m*
teòlogo *sm* teólogo *m*
teorèma *sm* teorema *m*
teorìa *sf* teoría *f*
teòrico *a/sm* teórico *m*
tepóre *sm* tibieza *f*
teppìsmo *sm* vandalismo *m*
teppìsta *sm/f* gamberro *m*
terapèutico *a* terapéutico
terapìa *sf* terapéutica *f*
tergicristàllo *sm* limpiaparabrisas *m*
tergilunòtto *sm* (*aut*) limpialuneta *m* (trasero), limpiaparabrisas *m* trasero
tèrgo *sm* dorso *m*
termàle *a* termal
tèrme *sf pl* termas *f pl*, balneario *m*
tèrmico *a* térmico
tèrminal *sm* terminal *f*
terminàle *a/sm* terminal *m*
terminàre *vt* terminar
tèrmine *sm* término *m* ◇ (*fine*)

fin *m*, terminación *f* ◇ (*dir*) plazo *m*
terminologìa *sf* terminología *f*
tèrmite *sf* termita *f*
termodinàmica *sf* termodinámica *f*
termòmetro *sm* termómetro *m*
termonucleàre *a* termonuclear
termosifóne *sm* radiador *m*
termòstato *sm* termóstato *m*
tèrno *sm* terno *m*
tèrra *sf* tierra *f* ◇ (*suolo*) suelo *m* ● ***essere a t.*** estar por los suelos
terracòtta *sf* terracota *f*, barro *m* (cocido)
terrafèrma *sf* tierra *f* firme
terràglia *sf* alfarería *f*
terrapièno *sm* terraplén *m*
terràzza *sf* terraza *f*, azotea *f*
terràzzo *sm* terraza *f*
terremòto *sm* terremoto *m*
terréno *a* terrenal ◆ *sm* terreno *m*
terrèstre *a* terrestre
terrìbile *a* terrible
terrìccio *sm* tierra *f*
terrificànte *a* horripilante
terrìna *sf* vasija *f*
territoriàle *a* territorial
territòrio *sm* territorio *m*
terróre *sm* terror *m*
terrorìsmo *sm* terrorismo *m*
terrorìsta *sm/f* terrorista *m/f*
terrorizzàre *vt* aterrorizar
tèrso *a* terso
terziàrio *a/sm* terciario *m*
terzìno *sm* (*sport*) defensa *f* lateral
tèrzo *a* tercero ◆ *sm* tercio *m*
tèschio *sm* calavera *f*
tèsi *sf* tesis *f*
téso *a* tieso ◇ (*fig*) tenso
tesorerìa *sf* tesorería *f*
tesòro *sm* tesoro *m*
tèssera *sf* carnet *m* ◇ (*di mosaico*) tesela *f*
tèssere *vt* tejer
tèssile *a* textil
tessitóre *sm* tejedor *m*
tessitùra *sf* textura *f*
tessùto *sm* tejido *m*
tèsta *sf* cabeza *f* ● ***a t.*** por cabeza; ***tener t. a qn*** hacer frente a alguien
testacóda *sm* trompo *m*
testaménto *sm* testamento *m*
testàrdo *a* testarudo, terco
testàre *vt* testar
testàta *sf* (*di letto*) cabecera *f* ◇ (*colpo*) cabezada *f* ◇ (*giornale*) título *m* ◇ (*mecc*) culata *f*
tèste *sm/f* testigo *m*
testìcolo *sm* testículo *m*
testimòne *sm/f* testigo *m*
testimoniànza *sf* testimonio *m* ◇ (*deposizione*) deposición *f*
testimoniàre *vt* testimoniar, atestiguar
tèsto *sm* texto *m*
testuàle *a* textual
testùggine *sf* tortuga *f*
tètano *sm* tétano(s) *m*
tètro *a* tétrico, triste
tétto *sm* tejado *m*, techo *m*

tettóia *sf* cobertizo *m*
thermos *sm* termo *m*
ti *pr.pers* (**te** *davanti a 'lo', 'la', 'li', 'le', 'ne'*) te
tìbia *sf* tibia *f*
ticchettìo *sm* repiqueteo *m*
tìcchio *sm* antojo *m*
tièpido *a* tibio
tifàre *vt* (*sport*) ser forofo de, ser hincha de
tìfo *sm* (*med*) tifus *m* ◇ (*sport*) afición *f*
tifóne *sm* tifón *m*
tifóso *sm* hincha *m/f*
tìglio *sm* tilo *m*
tignòla *sf* polilla *f*
tigràto *a* atigrado
tìgre *sf* tigre *m*
timbàllo *sm* timbal *m*
timbràre *vt* sellar, timbrar
tìmbro *sm* sello *m*, timbre *m* ◇ (*marchio*) marca *f*
timidézza *sf* timidez *f*
tìmido *a* tímido
tìmo *sm* tomillo *m*
timóne *sm* timón *m*
timonière *sm* timonel *m/f*
timóre *sm* temor *m*, miedo *m*
timoróso *a* temeroso
tìmpano *sm* tímpano *m* ◇ (*mus*) timbal *m*
tìngere *vt* teñir
tìno *sm* cuba *f*
tinòzza *sf* tina *f*
tìnta *sf* tinte *m*, color *m*
tintarèlla *sf* bronceado *m*
tinteggiatùra *sf* teñido *m*
tintinnàre *vi* tintinear
tintóre *sm* tintorero *m*
tintorìa *sf* tintorería *f*
tintùra *sf* tintura *f*
tìpico *a* típico
tìpo *sm* tipo *m*
tipografìa *sf* tipografía *f*
tipogràfico *a* tipográfico
tipologìa *sf* tipología *f*
tiràggio *sm* tiro *m*
tirannìa *sf* tiranía *f*
tirànnico *a* tiránico
tirànno *sm* tirano *m*
tirànte *sm* tirante *m*
tiràre *vt/i* tirar • ***t. avanti*** ir tirando; ***t. fuori*** sacar; ***t. sul prezzo*** regatear
tiràta *sf* tirón *m*
tiratóre *sm* tirador *m*
tiratùra *sf* tirada *f*
tìrchio *a* tacaño, avaro
tìro *sm* tiro *m* ◇ (*scherzo*) mala pasada *f* • ***t. a segno*** tiro al blanco
tirocìnio *sm* aprendizaje *m*
tiròide *sf* tiroides *m*
tisàna *sf* tisana *f*
tìsi *sf* tisis *f*
tìsico *a* tísico
titolàre *a* titular ◆ *sm/f* profesor *m* titular ◇ (*proprietario*) propietario *m*
tìtolo *sm* título *m* ◇ (*qualifica*) título *m*
titubànte *a* titubeante
tìzio *sm* fulano *m*
toccànte *a* conmovedor
toccàre *vt* tocar ◇ (*fig*) conmover

toccasàna *sm* panacea *f*, curalotodo *m*
tócco *sm* toque *m*
tòga *sf* toga *f*
tògliere *vt* quitar, sacar ◆ *vrif* quitarse
toilette *sf* baño *m* ◇ (*mobile*) tocador *m*
tolleránte *a* tolerante
tolleránza *sf* tolerancia *f*
tolleràre *vt* tolerar
tómba *sf* tumba *f*
tombàle *a* tumbal ● ***pietra t.*** losa
tombìno *sm* alcantarilla *f*
tòmo *sm* tomo *m*
tomografìa *sf* tomografía *f*
tònaca *sf* hábito *m*
tonalità *sf* tonalidad *f*, tono *m*
tondeggiànte *a* redondeado
tóndo *a* redondo ◆ *sm* círculo *m*, redondel *m*
tónfo *sm* zambullida *f*, ruido *m* sordo
tònico *a/sm* tónico *m*
tonificànte *a* tonificante
tonificàre *vt* tonificar
tonnellàta *sf* tonelada *f*
tónno *sm* atún *m*
tòno *sm* tono *m*
tonsìlla *sf* amígdala *f*
tonsillìte *sf* amigdalitis *f*
tonsùra *sf* tonsura *f*
tónto *a* tonto
topàia *sf* tugurio *m*
topàzio *sm* topacio *m*
topicìda *sm* raticida *m*
tòpo *sm* ratón *m*
topografìa *sf* topografía *f*
topònimo *sm* topónimo *m*
tòppa *sf* remiendo *m*, parche *m* ◇ (*serratura*) ojo *m* de la cerradura
toràce *sm* tórax *m*
tórba *sf* turba *f*
tórbido *a* turbio
tòrcere *vt* torcer, retorcer ◆ *vrif* retorcerse
torchiàre *vt* prensar
tòrchio *sm* prensa *f*
tòrcia *sf* antorcha *f*
torcicòllo *sm* tortícolis *f*
torèro *sm* torero *m*
torménta *sf* tormenta *f*
tormentàre *vt* atormentar ◆ *vrif* afligirse
torménto *sm* tormento *m*
tornacónto *sm* provecho *m*, interés *m*
tornàdo *sm* tornado *m*
tornànte *sm* curva *f* cerrada
tornàre *vi* volver, regresar ◇ (*ridiventare*) volverse ◇ (*conti*) salir, resultar exacto
tornèo *sm* torneo *m*
tórnio *sm* torno *m*
tornìre *vt* tornear
tòro *sm* toro *m*
torpóre *sm* entorpecimiento *m*, torpor *m*
tórre *sf* torre *f*
torrefazióne *sf* torrefacción *f*
torrènte *sm* torrente *m*
torrenziàle *a* torrencial
torrétta *sf* torreta *f*
tòrrido *a* tórrido

torrióne *sm* torreón *m*
torróne *sm* turrón *m*
torsióne *sf* torsión *f*, torcedura *f*
tórso *sm* (*di frutta*) corazón *m* ◇ (*anat*) torso *m*
tórsolo *sm* corazón *m*
tórta *sf* torta *f*, tarta *f*
tortièra *sf* tartera *f*
tòrto *sm* culpa *f* ◇ (*offesa*) ofensa *f* • ***a t.*** injustamente; ***avere t.*** no tener razón
tórtora *sf* tórtola *f*
tortuóso *a* tortuoso
tortùra *sf* tortura *f*
torturàre *vt* torturar
tórvo *a* torvo
tosàre *vt* esquilar
tosatùra *sf* esquila *f*
tósse *sf* tos *f*
tòssico *a* tóxico
tossicodipendènte *sm/f* toxicómano *m*, drogadicto *m*
tossicodipendènza *sf* toxicomanía *f*, drogadicción *f*
tossicòmane *sm/f* toxicómano *m*
tossìna *sf* toxina *f*
tossìre *vi* toser
tostapàne *sm* tostador *m*
tostàre *vt* tostar
tòsto *a* duro ◆ *avv* enseguida
totàle *a/sm* total *m*
totalità *sf* totalidad *f*
totalitàrio *a* totalitario
totalizzàre *vt* totalizar
tòtano *sm* calamar *m*
totocàlcio *sm* quiniela *f*
tovàglia *sf* mantel *m*
tovagliòlo *sm* servilleta *f*
tòzzo *a* rechoncho ◆ *sm* trozo *m*, (*di pane*) mendrugo *m*
tra *prep* entre ◇ (*tempo*) dentro de ◇ (*attraverso*) por, a través • ***tra di noi*** entre nosotros; ***tra poco*** dentro de poco
traballàre *vi* tambalear
trabìccolo *sm* trasto *m*, armatoste *m*, tumbilla *f*
traboccàre *vi* rebosar
trabocchétto *sm* trampa *f*
tracannàre *vt* trasegar
tràccia *sf* huella *f* ◇ (*fig*) indicio *m* ◇ (*schema*) bosquejo *m*
tracciàre *vt* trazar
tracciàto *sm* trazado *m*
trachèa *sf* tráquea *f*
tracòlla *sf* bandolera *f*
tracòllo *sm* desastre *m*
tracotànte *a* arrogante
tradiménto *sm* traición *f*
tradìre *vt* traicionar ◇ (*rivelare*) demostrar, manifestar
traditóre *a/sm* traidor *m*
tradizionàle *a* tradicional
tradizióne *sf* tradición *f*
tradùrre *vt* traducir
traduttóre *sm* traductor *m*
traduzióne *sf* traducción *f*
trafelàto *a* jadeante
trafficànte *sm/f* traficante *m/f*
trafficàre *vi* traficar ◇ (*darsi da fare*) ajetrearse
tràffico *sm* tráfico *m*, circulación *f* • ***t. telefonico*** tráfico telefónico
trafiggere *vt* traspasar

trafila *sf* trámites *m pl* ◇ (*mecc*) hilera *f*
trafilétto *sm* suelto *m*
traforàre *vt* horadar, perforar ◇ (*intagliare*) calar
trafóro *sm* perforación *f* ◇ (*galleria*) túnel *m* ◇ (*intaglio*) calado *m*
trafugàre *vt* robar
tragèdia *sf* tragedia *f*
traghettàre *vt* tra(n)sbordar
traghétto *sm* ferry *m*
tràgico *a/sm* trágico *m*
tragìtto *sm* trayecto *m*, viaje *m*
traguàrdo *sm* meta *f*
traiettòria *sf* trayectoria *f*
trainàre *vt* arrastrar, remolcar
tràino *sm* remolque *m*
tralasciàre *vt* dejar, omitir ◇ (*interrompere*) suspender
tràlcio *sm* sarmiento *m*
tralìccio *sm* poste *m*
tram *sm* tranvía *m*
tràma *sf* trama *f* ◇ (*complotto*) maquinación *f*
tramandàre *vt* tra(n)smitir
tramàre *vt* tramar
trambùsto *sm* trastorno *m*
tramezzìno *sm* sándwich *m*, emparedado *m*
tramèzzo *sm* tabique *m*
tràmite *sm* trámite *m*, medio *m*
tramontàna *sf* tramontana *f*
tramontàre *vi* tramontar, decaer ◇ (*sole*) ponerse
tramónto *sm* ocaso *m*, puesta *f* (de sol) ◇ (*fig*) decadencia *f*
tramortìre *vt* desmayar
trampolière *sm* ave *f* zancuda
trampolìno *sm* trampolín *m*
tràmpolo *sm* zanco *m*
tramutàre *vt* cambiar, mudar
tràncio *sm* trozo *m*, lonja *f*
tranèllo *sm* trampa *f*
trangugiàre *vt* tragar
trànne *prep* excepto, salvo
tranquillànte *sm* tranquilizante *m*
tranquillità *sf* tranquilidad *f*
tranquillizzàre *vt* tranquilizar
tranquìllo *a* tranquilo
transatlàntico *a/sm* tra(n)satlántico *m*
transazióne *sf* transacción *f*
transènna *sf* barrera *f*
transessuàle *sm/f* transexual *m/f*
transètto *sm* crucero *m*
transgènico *a* transgénico • ***cibi transgenici*** alimentos transgénicos
transìgere *vi* transigir
transìstor *sm* transistor *m*
transitàbile *a* transitable
transitàre *vi* transitar
transitìvo *a* transitivo
trànsito *sm* tránsito *m*, paso *m*
transitòrio *a* transitorio
transizióne *sf* transición *f*
tranviàrio *a* tranviario
tranvière *sm* tranviario *m*
trapanàre *vt* taladrar
tràpano *sm* taladro *m*
trapassàre *vt* traspasar
trapassàto *sm* (*gramm*) pretérito *m*

trapàsso *sm* paso *m* ◇ (*morte*) muerte *f* ◇ (*dir*) traspaso *m*
trapelàre *vi* revelarse, filtrarse
trapèzio *sm* trapecio *m*
trapiantàre *vt* trasplantar
trapiànto *sm* trasplante *m*
tràppola *sf* trampa *f*
trapùnta *sf* edredón *m*
tràrre *vt* llevar, sacar • *t. in inganno* engañar; *t. origine* descender
trasalìre *vi* sobresaltarse, extremecerse
trasandàto *a* descuidado, desaliñado
trasbórdo *sm* tra(n)sbordo *m*
trascendentàle *a* trascendental
trascinàre *vt* arrastrar ◆ *vrif* arrastrarse
trascórrere *vt* tra(n)scurrir ◆ *vi* pasar
trascórso *a* pasado
trascrìvere *vt* tra(n)scribir
trascrizióne *sf* tra(n)scripción *f*
trascuràbile *a* insignificante, omisible
trascuràre *vt* descuidar, desatender ◇ (*omettere*) olvidar, omitir
trascuratézza *sf* negligencia *f*
trascuràto *a* descuidado
trasferiménto *sm* transferencia *f* ◇ (*trasloco*) traslado *m* • *t. di chiamata* transferencia de llamada
trasferìre *vt* tra(n)sferir ◆ *vpr* trasladarse
trasfèrta *sf* viaje *m* de trabajo ◇ (*sport*) partido *m* fuera de casa • *indennità di t.* dieta
trasfigurazióne *sf* tra(n)sfiguración *f*
trasformàre *vt* tra(n)sformar
trasformatóre *sm* tra(n)sformador *m*
trasformazióne *sf* tra(n)sformación *f*
trasfusióne *sf* tra(n)sfusión *f*
trasgredìre *vt* tra(n)sgredir
trasgressióne *sf* tra(n)sgresión *f*
trasgressóre *sm* tra(n)sgresor *m*
traslitterazióne *sf* tra(n)sliteración *f*
traslocàre *vt* trasladar ◆ *vi* mudarse, trasladarse
traslòco *sm* mudanza *f*, traslado *m*
trasméttere *vt* tra(n)smitir
trasmettitóre *sm* tra(n)smisor *m*
trasmissióne *sf* transmisión *f* • *t. di dati* transmisión de datos
trasmittènte *a* tra(n)smisor ◆ *sf* estación *f* tra(n)smisora
trasognàto *a* ensimismado ◇ (*sbalordito*) aturdido
trasparènte *a* tra(n)sparente
trasparènza *sf* tra(n)sparencia *f*
trasparìre *vi* transparentarse
traspiràre *vi* tra(n)spirar

traspirazióne *sf* tra(n)spiración *f*
trasportàre *vt* tra(n)sportar, llevar
trasportatóre *sm* tra(n)sportador *m*
traspòrto *sm* tra(n)sporte *m* ◇ (*fig*) arrebato *m* • ***spese di t.*** porte
trasposizióne *sf* tra(n)sposición *f*
trastullàre *vt* divertir ◆ *vrif* juguetear
trasudàre *vt* trasudar ◆ *vi* exudar
trasversàle *a* tra(n)sversal
trasvolàre *vt* trasvolar, cruzar (volando)
trasvolàta *sf* travesía *f*
tràtta *sf* trata *f* ◇ (*percorso*) trayecto *m* ◇ (*comm*) letra *f* de cambio
trattaménto *sm* trato *m* ◇ (*tecn*) tratamiento *m* ◇ (*servizio*) servicio *m* • ***t. dei dati personali*** tratamiento de datos personales
trattàre *vt* tratar ◇ (*lavorare*) trabajar ◇ (*commerciare*) vender, comerciar ◆ *vi* tratar ◇ (*negoziare*) discutir, negociar
trattatìva *sf* negociación *f*
trattàto *sm* tratado *m*
trattazióne *sf* desarrollo *m*
tratteggiàre *vt* esbozar
trattenére *vt* detener, retener ◇ (*frenare*) refrenar, contener ◆ *vpr* detenerse ◆ *vrif* refrenarse
tratteniménto *sm* entretenimiento *m*, diversión *f*
trattenùta *sf* retención *f*
trattìno *sm* guión *m*
tràtto *sm* trecho *m* ◇ (*di penna*) rasgo *m* ◇ (*di tempo*) lapso *m* • ***d'un t.*** de golpe
trattóre *sm* tractor *m*
trattorìa *sf* mesón *m*
tràuma *sm* trauma *m*
traumàtico *a* traumático
traumatòlogo *sm* traumatólogo *m*
travàglio *sm* tribulación *f* ◇ (*med*) dolores *m pl* (del parto)
travasàre *vt* trasegar
tràve *sf* viga *f*
travèrsa *sf* (*edil*) travesaño *m* ◇ (*strada*) atajo *m*
traversàre *vt* atravesar, cruzar
traversàta *sf* travesía *f*
travèrso *a* tra(n)sversal ◆ *sm* través *m* • ***guardare di t.*** mirar de reojo
travestiménto *sm* disfraz *m*
travestìre *vt* disfrazar ◆ *vrif* disfrazarse
travestìto *sm* travestido *m*, travestí *m*
traviàre *vt* descarriar ◆ *vpr* descarriarse
travisàre *vt* alterar, tergiversar
travolgènte *a* arrollador, arrebatador
travòlgere *vt* atropellar, arrollar
trazióne *sf* tracción *f* • ***t. ante-***

riore tracción delantera; *t. posteriore* tracción trasera
tre *a/sm* tres *m*
trebbiàre *vt* trillar
tréccia *sf* trenza *f*
trecènto *a/sm* trescientos *m*
trédici *a/sm* trece *m*
trégua *sf* tregua *f*
tremàre *vi* temblar
tremèndo *a* tremendo
trementìna *sf* trementina *f*
tremìla *a/sm* tres mil *m*
trèmito *sm* temblor *m*
tremolàre *vi* temblequear
tremolìo *sm* tembleque o *m*
tremóre *sm* temblor *m*
trèno *sm* tren *m* • *t. ad alta velocità* tren de alta velocidad; *t. diretto* tren directo; *t. a lunga percorrenza* tren de largo recorrido
trénta *a/sm* treinta *m*
trentèsimo *a/sm* trigésimo *m*
trepidàre *vi* preocuparse
treppiède *sm* trípode *m*
trésca *sf* intriga *f*
tréspolo *sm* caballete *m*
triangolàre *a* triangular
triangolazióne *sf* triangulación *f*
triàngolo *sm* triángulo *m*
tribolàre *vi* sufrir
tribolazióne *sf* tribulación *f*
tribù *sf* tribu *f*
tribùna *sf* tribuna *f*
tribunàle *sm* tribunal *m*
tributàrio *a* tributario
tribùto *sm* tributo *m* ◇ (*tassa*) impuesto *m*
tricìclo *sm* triciclo *m*
tricolóre *a* tricolor
tridènte *sm* tridente *m*
tridimensionàle *a* tridimensional
trifòglio *sm* trébol *m*
trìglia *sf* salmonete *m*
trigonometrìa *sf* trigonometría *f*
trillàre *vi* trinar
trìllo *sm* trino *m*
trilocàle *sm* vivienda *f* de tres habitaciones
trilogìa *sf* trilogía *f*
trimèstre *sm* trimestre *m*
trimotóre *sm* trimotor *m*
trìna *sf* encaje *m*, puntilla *f*
trincèa *sf* trinchera *f*
trinciàre *vt* trinchar
trinità *sf* trinidad *f*
trìo *sm* trío *m*
trionfàle *a* triunfal
trionfàre *vi* triunfar
triónfo *sm* triunfo *m*
triplicàre *vt* triplicar
trìplice *a* triple
trìplo *a/sm* triple *m*
trìppa *sf* (*cuc*) callos *m pl* ◇ (*fam*) (*pancia*) panza *f*, barriga *f*
tripùdio *sm* alborozo *m*
trìste *a* triste
tristézza *sf* tristeza *f*
tritacàrne *sm* trituradora *f* de carne

tritaghiàccio *sm* trituradora *f* de hielo
tritàre *vt* triturar, picar
tritatùtto *sm* trituradora *f*
trìto *a* picado ◇ (*fig*) trillado
tritóne *sm* tritón *m*
trìttico *sm* tríptico *m*
trituràre *vt* triturar
trivèlla *sf* barreno *m*, taladro *m*
trivellàre *vt* barrenar, taladrar
triviàle *a* vulgar
trofèo *sm* trofeo *m*
troglodìta *sm/f* troglodita *m/f*
trómba *sf* (*anat*) trompa *f* ◇ (*mus*) trompeta *f* ◇ (*aut*) bocina *f* • ***t. d'aria*** remolino; ***t. delle scale*** hueco de las escaleras
trombettìsta *sm/f* trompetista *m/f*
trombóne *sm* trombón *m*
trombòsi *sf* trombosis *f*
troncàre *vt* truncar, cortar
tronchése *sm/f* tenaza *f* de corte
trónco *a* trunco ◇ (*gramm*) agudo ◆ *sm* tronco *m* ◇ (*ferr*) ramal *m*
troneggiàre *vi* dominar, sobresalir
trónfio *a* orgulloso, arrogante
tròno *sm* trono *m*
tropicàle *a* tropical
tròpico *sm* trópico *m*
tròppo *a/pr/avv* demasiado • ***di t.*** de más; ***essere in troppi*** ser demasiados
tròta *sf* trucha *f*
trottàre *vi* trotar
trottatóre *a* trotador
trotterellàre *vi* trotar
tròtto *sm* trote *m*
tròttola *sf* trompo *m*, peonza *f*
trovàre *vt* hallar, encontrar ◇ (*sorprendere*) coger ◆ *vrif* hallarse, encontrarse ◆ *vpr* estar, hallarse • ***andare a t. qn*** ir a visitar a alguien
trovàta *sf* idea *f*, ocurrencia *f*
trovatèllo *sm* expósito *m*
truccàre *vt* falsificar, engañar ◇ (*viso*) maquillar ◆ *vrif* maquillarse
truccatóre *sm* maquillador *m*
trùcco *sm* treta *f*, engaño *m* ◇ (*di scena*) truco *m* ◇ (*del viso*) maquillaje *m*
trùce *a* cruel
trucidàre *vt* exterminar
trùciolo *sm* viruta *f*
trùffa *sf* estafa *f*
truffàre *vt* estafar
truffatóre *sm* estafador *m*
trùppa *sf* tropa *f*
T-shirt *sf* camiseta *f*
tu *pr.pers* tú • ***dare del tu*** tutear
tùba *sf* (*mus*) tuba *f* ◇ (*anat*) trompa *f*
tubazióne *sf* cañería *f*
tubercolòsi *sf* tuberculosis *f*
tùbero *sm* tubérculo *m*
tubétto *sm* tubo *m*
tùbo *sm* tubo *m*
tubolàre *a* tubular
tuffàre *vt* zambullir, sumergir ◆ *vrif* zambullirse, sumergirse
tuffatóre *sm* zambullidor *m*

tùffo *sm* zambullida *f*
tùfo *sm* tufo *m*
tulipàno *sm* tulipán *m*
tùlle *sm* tul *m*
tumefàtto *a* hinchado
tumefazióne *sf* hinchazón *f*
tumóre *sm* tumor *m*
tùmulo *sm* túmulo *m*, tumba *f*
tumùlto *sm* tumulto *m* ◇ (*confusione*) alboroto *m*
tumultuóso *a* tumultuoso
tùndra *sf* tundra *f*
tùnica *sf* túnica *f*
tùnnel *sm* túnel *m*, galería *f*
tùo *a.poss* tu, tuyo ◆ *pr.poss* el tuyo
tuonàre *vi* tronar ◇ (*fig*) retumbar
tuòno *sm* trueno *m*
tuòrlo *sm* yema *f*
turàcciolo *sm* corcho *m*
turàre *vt* tapar
turbaménto *sm* turbación *f*, perturbación *f*
turbànte *sm* turbante *m*
turbàre *vt* trastornar, perturbar ◆ *vpr* turbarse, agitarse
turbìna *sf* turbina *f*
turbinàre *vi* remolinear
tùrbine *sm* torbellino *m*
turbolènza *sf* turbulencia *f*
turchése *sf* (*minerale*) turquesa *f* ◆ *sm* (*colore*) turquesa *m*
turchìno *a/sm* azul *m* obscuro
tùrco *a/sm* turco *m*
tùrgido *a* túrgido
turìsmo *sm* turismo *m* ● *t. sessuale* turismo sexual
turìsta *sm/f* turista *m/f*
turìstico *a* turístico
tùrno *sm* turno *m*
tùrpe *a* infame
turpilòquio *sm* habla *f* soez, lenguaje *m* obsceno
tùta *sf* mono *m* ● *t. da ginnastica* chándal
tutèla *sf* tutela *f*
tutelàre *vt* proteger
tutóre *sm* tutor *m*
tutt'al più *loc.avv* a lo sumo
tuttavìa *cong* sin embargo, a pesar de
tùtto *a/pr* todo ◆ *avv* completamente ◆ *sm* todo *m* ● *a tutt'oggi* hasta hoy; *del t.* del todo; *tutti e tre* los tres
tuttóra *avv* todavía

U

ubbidiènte *a* obediente
ubbidiènza *sf* obediencia *f*
ubbidìre *vi* obedecer
ubicazióne *sf* ubicación *f*
ubiquità *sf* ubicuidad *f*
ubriacàre *vt* emborrachar ◆ *vpr* emborracharse
ubriachézza *sf* embriaguez *f*, borrachera *f*
ubriàco *a/sm* borracho *m*

uccèllo *sm* pájaro *m*, ave *f*
uccìdere *vt* matar ◆ *vpr* matarse ◆ *vrif* suicidarse
uccisióne *sf* asesinato *m*
uccisóre *sm* asesino *m*
udìbile *a* oíble
udiènza *sf* audiencia *f*
udìre *vt* oír
uditìvo *a* auditivo
udìto *sm* oído *m*
uditòrio *sm* auditorio *m*
ufficiàle *a* oficial ◆ *sm* (*mil*) oficial *m* ◇ (*funzionario*) funcionario *m*
ufficialità *sf* oficialidad *f*
ufficio *sm* oficina *f*, despacho *m* ◇ (*funzione*) oficio *m*, función *f*, cargo *m*
ufficióso *a* oficioso
ùfo *sm* ovni *m*
ùfo, a *loc.avv* de gorra
ùggia *sf* tedio *m*, aburrimiento *m*
uggióso *a* aburrido
ùgola *sf* úvula *f*
uguagliànza *sf* igualdad *f*
uguagliàre *vt* igualar
uguàle *a/sm* igual *m* ◆ *avv* mismo
ugualménte *avv* igualmente, lo mismo
ùlcera *sf* úlcera *f*
ulceràre *vt* ulcerar ◆ *vpr* ulcerarse
ulìvo *sm* olivo *m*, aceituno *m*
ulterióre *a* ulterior, sucesivo
ultimàre *vt* concluir
ùltimo *a/sm* último *m*
ultrasuòno *sm* ultrasonido *m*
ultraviolétto *a* ultravioleta
ululàre *vi* aullar
ululàto *sm* aullido *m*
umanìsta *sm/f* humanista *m/f*
umanità *sf* humanidad *f*
umanitàrio *a* humanitario
umanizzàre *vt* humanizar
umàno *a/sm* humano *m*
umettàre *vt* humedecer
umidificàre *vt* humedecer, humidificar
umidificatóre *sm* humidificador *m*
umidità *sf* humedad *f*
ùmido *a* húmedo ◆ *sm* humedad *f* ● ***in u.*** en salsa
ùmile *a* humilde
umiliànte *a* humillante
umiliàre *vt* humillar ◆ *vrif* humillarse
umiliazióne *sf* humillación *f*
umiltà *sf* humildad *f*
umóre *sm* humor *m* ● ***buon u.*** buen humor; ***cattivo u.*** mal humor
umorìsmo *sm* humorismo *m*
umorìsta *sm/f* humorista *m/f*
un → **uno**
unànime *a* unánime
unanimità *sf* unanimidad *f*
uncinàre *vt* enganchar
uncinàto *a* ganchudo
uncinétto *sm* ganchillo *m*
uncìno *sm* gancho *m*
ùndici *a/sm* once *m*
ùngere *vt* untar ◇ (*lubrificare*)

engrasar ◆ *vrif* untarse ◆ *vpr* engrasarse, ensuciarse
ùnghia *sf* uña *f*
unghiàta *sf* arañazo *m*
unguènto *sm* ungüento *m*
unicaménte *avv* únicamente
unicellulàre *a* unicelular
ùnico *a/sm* único *m*
unifamiliàre *a* unifamiliar
unificàre *vt* unificar ◆ *vrif* unificarse
unificazióne *sf* unificación *f*
uniformàre *vt* uniformar ◆ *vrif* adecuarse (a)
unifórme *a/sf* uniforme *m*
uniformità *sf* uniformidad *f*
unilateràle *a* unilateral
unióne *sf* unión *f*
unìre *vt* unir, juntar ◆ *vrif* unirse, juntarse
unìsono *a/sm* unísono *m*
unità *sf* unidad *f*
unitàrio *a* unitario
unìto *a* unido
universàle *a* universal
università *sf* universidad *f*
universitàrio *a/sm* universitario *m*
univèrso *sm* universo *m*
unìvoco *a* unívoco
ùno *art/a* un ◆ *pr/sm* uno *m*
ùnto *sm* grasa *f*
untuosità *sf* untuosidad *f*
untuóso *a* untuoso, grasiento
unzióne *sf* unción *f*
uòmo *sm* hombre *m*
uòvo *sm* huevo *m* • ***u. all'occhio di bue, al tegamino*** huevo al plato; ***u. in camicia*** huevo escalfado; ***u. sodo*** huevo duro; ***u. strapazzato*** huevo revuelto
uragàno *sm* huracán *m*
urànio *sm* uranio *m*
urbanìsta *sm/f* urbanista *m/f*
urbanìstica *sf* urbanística *f*
urbanizzazióne *sf* urbanización *f*
urbàno *a* urbano ◇ *(cortese)* cortés • ***vigile u.*** guardia municipal
urèa *sf* urea *f*
urètra *sf* uretra *f*
urgènte *a* urgente
urgènza *sf* urgencia *f*
urìna *sf* orina *f*
urlàre *vt/i* gritar
ùrlo *sm* grito *m*
ùrna *sf* urna *f*
urologìa *sf* urología *f*
urtànte *a* irritante
urtàre *vt* dar (un golpe), golpear, chocar ◇ *(fig)* irritar ◆ *vrif* chocar ◆ *vpr* ofenderse, irritarse
urticànte *a* urticante
ùrto *sm* golpe *m*, choque *m*
ùsa e gètta *a* desechable
usànza *sf* costumbre *f*, uso *m*
usàre *vt* usar, utilizar ◆ *vi (essere solito)* soler ◇ *(essere di moda)* llevarse
usàto *a* usado
uscière *sm* portero *m*
ùscio *sm* puerta *f*
uscìre *vi* salir

uscìta *sf* salida *f* ◇ (*comm*) gasto *m*
usignòlo *sm* ruiseñor *m*
ùso *sm* uso *m*, empleo *m* ◇ (*abitudine*) costumbre *f* • ***istruzioni per l'u.*** modo de empleo
ustionàre *vt* quemar ♦ *vrif* quemarse, ustionarse
ustióne *sf* quemadura *f*, ustión *f*
usuàle *a* usual, corriente
usufruìre *vi* usufructuar, disfrutar
usufrùtto *sm* usufructo *m*
usùra *sf* usura *f* ◇ (*deterioramento*) desgaste *m*
usuràio *sm* usurero *m*
usurpàre *vt* usurpar
usurpazióne *sf* usurpación *f*
utensìle *sm* utensilio *m*, útil *m*
utènte *sm/f* usuario *m*
ùtero *sm* útero *m*
ùtile *a* útil ♦ *sm* ganancia *f*, provecho *m*
utilità *sf* utilidad *f*
utilitària *sf* utilitario *m*
utilitàrio *a* utilitario
utilizzàre *vt* utilizar
utilizzazióne *sf* utilización *f*
utilìzzo *sm* utilización *f*
utopìa *sf* utopía *f*
utopìsta *sm/f* utopista *m/f*
utopìstico *a* utópico
ùva *sf* uva *f* • ***grappolo d'u.*** racimo de uva; ***u. acerba*** agraz
uxoricìda *sm/f* uxoricida *m/f*
uxoricìdio *sm* uxoricidio *m*

V

vacànte *a* vacante, libre
vacànza *sf* vacación *f*
vàcca *sf* vaca *f*
vaccinàre *vt* vacunar
vaccinazióne *sf* vacunación *f*
vaccìno *a* vacuno ♦ *sm* vacuna *f*
vacillàre *vi* vacilar
vàcuo *a* vacuo
vaffancùlo! *inter* (*volg*) ¡vete a tomar por culo!, ¡vete a la mierda!
vagabondàggio *sm* vagabundeo *m*
vagabondàre *vi* vagabundear, holgazanear
vagabóndo *a/sm* vagabundo *m*, holgazán *m*
vagànte *a* errante
vagàre *vi* errar, vagar
vagheggiàre *vt* anhelar
vagìna *sf* vagina *f*
vaginàle *a* vaginal
vagìre *vi* dar vagidos
vagìto *sm* vagido *m*
vàglia *sm* giro *m*
vagliàre *vt* cribar ◇ (*fig*) analizar

vàglio *sm* criba *f* ◇ (*fig*) examen *m*, análisis *f*
vàgo *a* vago ◆ *sm* vaguedad *f*, incertidumbre *f*
vagóne *sm* vagón *m* ● *v. letto* coche cama
vaiòlo *sm* viruela *f*
valànga *sf* avalancha *f*
valènte *a* hábil, capaz
valére *vi* valer ◇ (*servire*) valer, servir ◇ (*avere validità*) valer, tener vigencia ◆ *vt* (*procurare, causare*) valer, procurar ◆ *vpr* valerse, servirse ● *vale a dire* es decir
valeriàna *sf* valeriana *f*
valévole *a* valedero
valicàre *vt* atravesar
vàlico *sm* paso *m*, puerto *m*, desfiladero *m*
validità *sf* validez *f*
vàlido *a* válido ◇ (*adatto*) idóneo, apto ◇ (*robusto*) robusto
valigerìa *sf* marroquinería *f*
valìgia *sf* maleta *f*
vàlle *sf* valle *m*
valóre *sm* valor *m*
valorizzàre *vt* valorizar
valoróso *a* valeroso, valioso, valiente
valùta *sf* divisa *f*, moneda *f* ◇ (*giorno*) valor *m*
valutàre *vt* valuar, estimar, calcular
valutazióne *sf* valuación *f*
vàlva *sf* valva *f*
vàlvola *sf* válvula *f*
vàlzer *sm* vals *m*
vampàta *sf* llamarada *f* ◇ (*fig*) ataque *m*
vampìro *sm* vampiro *m*
vandàlico *a* vandálico
vandalìsmo *sm* vandalismo *m*
vàndalo *sm* vándalo *m*
vaneggiàre *vi* delirar
vanèsio *a* fatuo, presumido
vànga *sf* azada *f*, azadón *m*
vangàre *vt* cavar (tierra), layar
vangèlo *sm* evangelio *m*
vanìglia *sf* vainilla *f*
vanità *sf* vanidad *f*
vanitóso *a* vanidoso
vàno *a* vano ◆ *sm* hueco *m* ◇ (*stanza*) habitación *f*, cuarto *m*
vantàggio *sm* ventaja *f*
vantaggióso *a* ventajoso, provechoso
vantàre *vt* alabar, ensalzar ◆ *vpr* jactarse
vanterìa *sf* jactancia *f*
vànto *sm* jactancia *f*, alarde *m*
vànvera, a *loc.avv* sin ton ni son
vapóre *sm* vapor *m*
vaporizzàre *vt* vaporizar
vaporizzatóre *sm* vaporizador *m*
vaporizzazióne *sf* vaporización *f*
vaporóso *a* vaporoso
varàre *vt* botar ◇ (*fig*) realizar
varcàre *vt* pasar, cruzar
vàrco *sm* paso *m*, pasaje *m*
variàbile *a/sf* variable *f*
variànte *sf* variante *f*
variàre *vt/i* variar
variatóre *sm* variador *m*

variazióne *sf* variación *f*
varìce *sf* variz *f*
varicèlla *sf* varicela *f*
variegàto *a* abigarrado
varietà *sf* variedad *f* ◆ *sm* revista *f*, variedades *f pl*
vàrio *a* variado ◇ (*numeroso*) numeroso ◇ (*diverso*) diferente
variopìnto *a* multicolor
vàro *sm* botadura *f* ◇ (*fig*) aprobación *f*
vasàio *sm* alfarero *m*
vàsca *sf* balde *m*, tina *f* ◇ (*da bagno*) bañera *f* • *v. idromassaggio* bañera hidromasaje
vascèllo *sm* navío *m*
vascolàre *a* vascular
vaselìna *sf* vaselina *f*
vasellàme *sm* vajilla *f*
vàso *sm* vasija *f* ◇ (*anat*) vaso *m* ◇ (*da fiori*) florero *m*
vassàllo *sm* vasallo *m*
vassóio *sm* bandeja *f*
vàsto *a* amplio, vasto
ve → **vi**
vecchiàia *sf* vejez *f*
vecchiétto *sm* viejecito *m*
vècchio *a/sm* viejo *m*
véce *sf* vez *f* • *fare le veci di* hacer las veces de; *in v. di* en lugar de, en vez de
vedére *vt* ver ◆ *vrif* verse
vedétta *sf* centinela *f*
védova *sf* viuda *f*
vedovànza *sf* viudez *f*
védovo *sm* viudo *m*
vedùta *sf* vista *f* ◇ *al pl* (*fig*) miras *f pl*
veemènza *sf* vehemencia *f*
vegetàle *a/sm* vegetal *m*
vegetàre *vi* vegetar
vegetariàno *a/sm* vegetariano *m*
vegetazióne *sf* vegetación *f*
vègeto *a* sano, fuerte
veggènte *sm/f* vidente *m/f*
véglia *sf* vela *f* ◇ (*di festa*) velada *f*
vegliàre *vt/i* velar
veglióne *sm* baile *m*
veìcolo *sm* vehículo *m*
véla *sf* vela *f*
velàre *vt* velar
velàto *a* velado
veleggiàre *vi* navegar a vela
veléno *sm* veneno *m*
velenóso *a* venenoso
velièro *sm* velero *m*
velìna *sf* papel *m* de seda
velìsta *sm/f* velerista *m/f*
velìvolo *sm* aeroplano *m*
velleità *sf* veleidad *f*
vèllo *sm* vellón *m*
vellutàto *a* aterciopelado
vellùto *sm* terciopelo *m*
vélo *sm* velo *m*
velóce *a* veloz
velocìsta *sm/f* velocista *m/f*
velocità *sf* velocidad *f*
velòdromo *sm* velódromo *m*
véna *sf* vena *f* ◇ (*filone*) filón *m*
venàle *a* venal
venatùra *sf* veta *f*
vendémmia *sf* vendimia *f*

vendemmiàre *vt/i* vendimiar
véndere *vt* vender
vendétta *sf* venganza *f*
vendicàre *vt* vengar ◆ *vrif* vengarse
vendicatìvo *a* vengativo
véndita *sf* venta *f*
venditóre *sm* vendedor *m*
venèfico *a* venenoso
veneràre *vt* venerar
venerdì *sm* viernes *m*
venèreo *a* venéreo
vèneto *a/sm* véneto *m*
veniàle *a* venial
venìre *vi* venir ◇ (*arrivare*) llegar ◇ (*riuscire*) salir ◇ (*costare*) costar ◇ (+ *part passato*) ser ● ***v. a sapere*** llegar a saber
venóso *a* venoso
ventàglio *sm* abanico *m*
ventàta *sf* ráfaga *f*
ventèsimo *a/sm* vigésimo *m*
vénti *a/sm* veinte *m*
venticìnque *a/sm* veinticinco *m*
ventilàre *vt* ventilar ◇ (*fig*) examinar
ventilàto *a* ventilado
ventilatóre *sm* ventilador *m*
ventilazióne *sf* ventilación *f*
vènto *sm* viento *m*
vèntola *sf* rotor *m*
ventósa *sf* ventosa *f*
ventóso *a* ventoso
vèntre *sm* vientre *m*, barriga *f*
ventrìcolo *sm* ventrículo *m*
ventùra *sf* suerte *f* ● ***andare alla v.*** ir al azar
ventùro *a* próximo, venidero
venùta *sf* llegada *f*
veraménte *avv* verdaderamente
verànda *sf* galería *f*
verbàle *a* verbal ◆ *sm* acta *f*
verbalizzàre *vt* hacer constar en acta
vèrbo *sm* verbo *m*
vérde *a/sm* verde *m* ● ***essere al v.*** estar sin blanca
verdeggiànte *a* verdeante, lujuriante
verderàme *sm* cardenillo *m*
verdétto *sm* veredicto *m*
verdùra *sf* verdura *f*
vérga *sf* vara *f*
vergàre *vt* rayar
vérgine *a/sm/f* virgen *m/f*
verginità *sf* virginidad *f*
vergógna *sf* vergüenza *f*
vergognàrsi *vpr* avergonzarse
vergognóso *a* vergonzoso
verìdico *a* verídico
verìfica *sf* control *m*, verificación *f* ● ***v. di bilancio*** control del balance
verificàre *vt* controlar ◇ (*confermare*) averiguar, verificar
verìsmo *sm* verismo *m*
verità *sf* verdad *f*
veritièro *a* verídico
vèrme *sm* gusano *m*
vermìglio *a/sm* bermejo *m*
vernàcolo *sm* dialecto *m*
vernìce *sf* barniz *m*
verniciàre *vt* barnizar
verniciatóre *sm* embarnizador *m*, barnizador *m*

verniciatùra *sf* barnizado *m*
véro *a* verdadero ◆ *sm* verdad *f*
verosìmile *a* verosímil
verrùca *sf* verruga *f*
versaménto *sm* derrame *m* ◇ (*di denaro*) pago *m*
versànte *sm* vertiente *f*
versàre *vt* verter ◇ (*spargere*) derramar ◇ (*pagare*) pagar, depositar ◆ *vi* hallarse ◆ *vpr* confluir, converger
versàtile *a* versátil
versétto *sm* versículo *m*
versióne *sf* versión *f*
vèrso *sm* (*lett*) verso *m* ◇ (*di animale*) grito *m* ◇ (*direzione*) dirección *f* ◇ (*modo*) modo *m* ◆ *prep* hacia ◇ (*nei confronti di*) por ◇ (*dalle parti di*) cerca de ● ***fare il v.*** imitar
vèrtebra *sf* vértebra *f*
vertebràle *a* vertebral
vertebràto *a/sm* vertebrado *m*
vertènza *sf* conflicto *m*, controversia *f* ◇ (*dir*) pleito *m*
vèrtere *vi* versar
verticàle *a/sf* vertical *f*
verticalménte *avv* verticalmente
vèrtice *sm* vértice *m* ◇ (*cima*) cumbre *f* ◇ (*riunione*) reunión *f*
vertìgine *sf* vértigo *f*
vertiginóso *a* vertiginoso
vérza *sf* berza *f*
vescìca *sf* vejiga *f*
vescovàdo *sm* obispado *m*
vescovìle *a* obispal, episcopal
véscovo *sm* obispo *m*
vèspa *sf* avispa *f*
vespàio *sm* avispero *m*
vèspro *sm* (*lett*) crepúsculo *m* ◇ (*relig*) vísperas *f pl*
vessìllo *sm* estandarte *m*, bandera *f*
vestàglia *sf* bata *f*
vèste *sf* vestido *m*, traje *m* ◇ (*apparenza*) apariencia *f* ● ***in v. di*** en calidad de
vestiàrio *sm* vestuario *m*
vestìbolo *sm* vestíbulo *m*
vestìgio *sm* vestigio *m*
vestìre *vi* vestir ◆ *vrif* vestirse
vestìto *sm* vestido *m*, traje *m*
veteràno *a/sm* veterano *m*
veterinàrio *sm* veterinario *m*
vèto *sm* veto *m*
vetràio *sm* vidriero *m*, cristalero *m*
vetràta *sf* vidriera *f*
vetrìna *sf* escaparate *m* ◇ (*mobile*) vitrina *f*, cristalera *f*
vetrinìsta *sm/f* escaparatista *m/f*
vetrìno *sm* cristal *m*
vétro *sm* vidrio *m*, cristal *m*
vetróso *a* vidrioso
vétta *sf* cumbre *f*
vettóre *sm* vector *m*
vettùra *sf* coche *m*
vetustà *sf* antigüedad *f*
vezzeggiàre *vt* mimar
vezzeggiatìvo *sm* diminutivo *m* cariñoso
vézzo *sm* costumbre *f*, hábito *m*
vezzóso *a* melindroso

vi *pr.pers* (ve *davanti a 'lo', 'la', 'li', 'le', 'ne'*) os ◆ *avv* allí, allá • *ve lo dico* os lo digo; *vi è/sono* hay; *vi vedrò domani* os veré mañana
vìa *sf* calle *f* ◇ (*passaggio*) paso *m* ◇ (*fig*) medio *m* ◆ *avv* fuera ◆ *sm* señal *f* de salida • *andar v.* irse; *buttar v.* desechar; *mandar v.* echar; *portar v.* llevarse; *v.!* ¡fuera!, (*partenza*) ¡ya!
viabilità *sf* viabilidad *f* ◇ (*rete*) vialidad *f*
viadótto *sm* viaducto *m*
viaggiàre *vi* viajar
viaggiatóre *sm* viajero *m*
viàggio *sm* viaje *m*
viàle *sm* avenida *f*
viandànte *sm/f* transeúnte *m/f*
viàtico *sm* viático *m*
viavài *sm* vaivén *m*
vibràre *vt* lanzar ◇ (*coltellata*) dar ◆ *vi* vibrar
vibrazióne *sf* vibración *f*
vicàrio *sm* vicario *m*
vicènda *sf* vicisitud *f*, caso *m* • *a v.* recíprocamente
vicendévole *a* recíproco
vicepresidènte *sm* vicepresidente *m*
viceré *sm* virrey *m*
vicevèrsa *avv* viceversa
vicinànza *sf* proximidad *f* • *nelle vicinanze* en las cercanías
vicinàto *sm* vecindario *m*
vicìno *a* cercano ◆ *sm* vecino *m* ◆ *avv* cerca • *v. a* cerca de, al lado de
vicissitùdine *sf* vicisitud *f*
vìcolo *sm* callejón *m* • *v. cieco* callejón sin salida
vìdeo *sm* vídeo *m* ◇ (*inform*) pantalla *f*, monitor *m*
videocàmera *sf* videocámara *f*
videocassétta *sf* videocasete *m*
videocitòfono *sm* videoportero *m*
videogame *sm* videojuego *m*
videoregistratóre *sm* (*TV*) vídeo *m*, magnetoscopio *m*
vidimàre *vt* visar
vietàre *vt* prohibir
vietàto *a* prohibido
vigènte *a* vigente
vigilànte *sm/f* vigilante *m/f*
vigilànza *sf* vigilancia *f*
vigilàre *vt* vigilar
vìgile *a* vigilante ◆ *sm/f* guardia *m/f* • *v. del fuoco* bombero; *v. urbano* guardia municipal
vigìlia *sf* vigilia *f*, víspera *f* • *v. di Natale* Nochebuena, noche buena
vigliàcco *a* cobarde
vìgna *sf* viña *f*
vignéto *sm* viñedo *m*
vignétta *sf* viñeta *f*
vigóre *sm* vigor *m*, energía *f*
vigoróso *a* vigoroso
vìle *a* vil, cobarde
vìlla *sf* chalé *m*
villàggio *sm* pueblo *m* • *v. turistico* villa turística

villanìa *sf* villanía *f* ◇ (*offesa*) ofensa *f*
villàno *a/sm* grosero *m*
villeggiànte *sm/f* veraneante *m/f*
villeggiatùra *sf* veraneo *m*
villétta *sf* chalé *m* • ***villette a schiera*** chalés adosados
villóso *a* velloso
viltà *sf* vileza *f*
vìmine *sm* mimbre *m*
vinàccia *sf* orujo *m*
vinàio *sm* vinatero *m*
vincènte *a/sm/f* vencedor *m*
vìncere *vt* vencer ◇ (*premio*) ganar ◆ *vi* vencer
vìncita *sf* victoria *f* ◇ (*premio*) premio *m*
vincitóre *a/sm* vencedor *m*
vincolàre *vt* vincular
vìncolo *sm* vínculo *m*
vinìcolo *a* vinícola
vìno *sm* vino *m* • ***v. bianco/rosso*** vino blanco/tinto
viòla *sf* violeta *f* ◇ (*mus*) viola *f* ◆ *a* violado
violàre *vt* violar
violazióne *sf* violación *f*
violentàre *vt* violentar
violènto *a* violento
violènza *sf* violencia *f*
violétta *sf* violeta *f*
violinìsta *sm/f* violinista *m/f*
violìno *sm* violín *m*
violoncellìsta *sm/f* violoncelista *m/f*
violoncèllo *sm* violoncelo *m*
viòttolo *sm* sendero *m*
vìpera *sf* víbora *f*
viràle *a* viral
viràta *sf* virada *f*
vìrgola *sf* coma *f*
virgolétte *sfpl* comillas *fpl*
virìle *a* viril
virilità *sf* virilidad *f*
virtù *sf* virtud *f*
virtuàle *a* virtual
virtuóso *a* virtuoso
vìrus *sm* virus *m*
visagìsta *sm/f* esteticista *m/f*
vìscere *sfpl* entrañas *fpl*
vìschio *sm* muérdago *m*
vischióso *a* viscoso
vìscido *a* viscoso, resbaladizo
viscosità *sf* viscosidad *f*
viscóso *a* viscoso
visìbile *a* visible
visibilità *sf* visibilidad *f*
visièra *sf* visera *f*
visionàrio *a* visionario
visióne *sf* visión *f* • ***prima v.*** estreno
vìsita *sf* visita *f* • ***v. guidata*** visita con guía; ***v. medica*** visita médica
visitàre *vt* visitar
visitatóre *sm* visitante *m/f*, visitador *m*
visìvo *a* visivo
vìso *sm* cara *f*
visóne *sm* visón *m*
vìspo *a* vivaz
vìsta *sf* vista *f* ◇ (*panorama*) panorama *m* ◇ (*aspetto*) aspecto *m*
vistàre *vt* vistar

vìsto *sm* visado *m*
vistóso *a* vistoso
visuàle *a/sf* visual *f*
vìta *sf* vida *f*
vitàle *a* vital
vitalità *sf* vitalidad *f*
vitalìzio *a* vitalicio ◆ *sm* pensión *f* vitalicia
vitamìna *sf* vitamina *f*
vìte *sf* (*bot*) vid *f* ◇ (*mecc*) tornillo *m*
vitèllo *sm* ternero *m*, becerro *m*
vitellóne *sm* novillo *m*, ternera *f*
viticoltóre *sm* viticultor *m*
viticoltùra *sf* viticultura *f*
vitìgno *sm* viduño *m*
vìtreo *a* vítreo
vìttima *sf* víctima *f*
vìtto *sm* alimento *m*, comida *f*
vittòria *sf* victoria *f*
vittorióso *a* victorioso
vituperàre *vt* vituperar
vitupèrio *sm* vituperio *m*
vìva! *inter* ¡viva!
vivàce *a* vivaz, alegre ◇ (*di colore*) vivo ◇ (*di discussione*) animado
vivacità *sf* vivacidad *f*
vivàio *sm* vivero *m*
vivaménte *avv* vivamente
vivànda *sf* comida *f*, manjar *m*
vivènte *a* viviente
vìvere *vt/i* vivir
vìveri *sm pl* víveres *m pl*, vituallas *f pl*
vìvido *a* vivo, vivaz
vivificàre *vt* vivificar
vivìparo *a* vivíparo
vivisezióne *sf* vivisección *f*
vìvo *a* vivo ◇ (*vivace*) vivaz ◇ (*intenso*) intenso, fuerte ● ***farsi v.*** dar señales de vida
viziàre *vt* viciar, corromper ◇ (*bambino*) mimar
viziàto *a* viciado ◇ (*di bambino*) mimado
vìzio *sm* vicio *m*
vizióso *a* vicioso
vocabolàrio *sm* diccionario *m*, vocabulario *m*
vocàbolo *sm* vocablo *m*
vocàle *a/sf* vocal *f*
vocatìvo *sm* vocativo *m*
vocazióne *sf* vocación *f*
vóce *sf* voz *f* ◇ (*parola*) vocablo *m* ● ***a v.*** de viva voz
vociàre *vi* vocear
vóga *sf* boga *f*
vogàre *vi* bogar
vogatóre *sm* remador *m*
vòglia *sf* gana *f*, deseo *m* ◇ (*sulla pelle*) antojo *m* ● ***aver v. di*** tener ganas de
vói *pr.pers* vosotros, vosotras
volàno *sm* volante *m*
volànte *a* volador ◆ *sm* volante *m* ◆ *sf* (*di polizia*) patrulla *f* de policía
volàre *vi* volar
volàta *sf* (*scappata*) carrera *f*, escapada *f* ◇ (*sport*) sprint *m*
volàtile *a* volátil ◆ *sm* ave *f*
volenteróso *a* voluntarioso
volentièri *avv* de buena gana, con mucho gusto
volére *vt* querer ◇ (*chiedere*)

pedir ◇ (*volerci, volercene*) hacer falta, ser necesario ◆ *sm* voluntad *f* ● *v. bene a qn* querer a alguien
volgàre *a* vulgar
volgarità *sf* vulgaridad *f*
volgarizzàre *vt* divulgar
vòlgere *vt* volver ◇ (*dirigere*) dirigir ◇ (*fig*) transformar ◆ *vi* girar, doblar ◇ (*tendere*) tender ◆ *vpr* volverse
volièra *sf* pajarera *f*
volitìvo *a* volitivo
vólo *sm* vuelo *m* ● *v. di linea* vuelo de línea; *v. a vela* vuelo sin motor
volontà *sf* voluntad *f*
volontàrio *a/sm* voluntario *m*
volovelìsta *sm/f* volovelista *m/f*
vólpe *sf* zorro *m*
vòlta *sf* vez *f* ◇ (*arch*) bóveda *f* ● *a volte* a veces
voltafàccia *sm* cambio *m* de camisa, falta *f* de palabra
voltàre *vt* volver ◇ (*svoltare*) doblar ◆ *vi/rif* volverse
volteggiàre *vi* revolotear
voltéggio *sm* volteo *m*
vólto *sm* cara *f*, rostro *m*
volùbile *a* voluble, inconstante
volùme *sm* volumen *m*
volumetrìa *sf* volumetría *f*
voluminóso *a* voluminoso
volùta *sf* espiral *f* ◇ (*arch*) voluta *f*
voluttà *sf* voluptuosidad *f*
voluttuóso *a* voluptuoso
vomitàre *vt/i* vomitar
vòmito *sm* vómito *m*
vóngola *sf* almeja *f*
voràce *a* voraz
voràgine *sf* abismo *m*
vòrtice *sm* remolino *m*, torbellino *m*
vòstro *a/pr.poss* vuestro
votànte *a/sm/f* votante *m/f*
votàre *vt/i* votar ◆ *vrif* consagrarse
votazióne *sf* votación *f*
votìvo *a* votivo
vóto *sm* voto *m*
vulcànico *a* volcánico
vulcanizzàre *vt* vulcanizar
vulcàno *sm* volcán *m*
vulcanòlogo *sm* vulcanólogo *m*
vulneràbile *a* vulnerable
vuotàre *vt* vaciar ◆ *vpr* vaciarse
vuòto *a* vacío ◆ *sm* vacío *m* ◇ (*spazio*) hueco *m* ◇ (*bottiglia*) envase *m* ● *v. d'aria* bache; *andare a v.* fracasar; *assegno a v.* talón sin fondos

W

wagon-lit *sm* coche *m* cama
walkman *sm* walkman *m*
wàter *sm* water(-closet) *m*
watt *sm* vatio *m*
web *sm* (*inform*) web *m/f*
week-end *sm* fin *m* de semana
whisky *sm* whisky *m*, güisqui *m*
windsurf *sm* (*sport*) windsurf *m* ◇ (*tavola*) tabla *f* de windsurf

X

xenofobìa *sf* xenofobia *f*
xenòfobo *a/sm* xenófobo *m*
xerografìa *sf* xerografía *f*
xilòfono *sm* xilófono *m*

Y

yacht *sm* yate *m*
yankee *a/sm/f* yanqui *m/f*
yòga *sm* yoga *m*
yògurt *sm* yogur *m*

Z

zaffàta *sf* tufarada *f*
zafferàno *sm* azafrán *m*
zaffiro *sm* zafiro *m*
zàino *sm* mochila *f*, zurrón *m*
zàmpa *sf* pata *f*
zampàta *sf* patada *f*
zampettàre *vi* patear
zampillàre *vi* brotar
zampillo *sm* chorro *m*, surtidor *m*
zampógna *sf* gaita *f*
zànna *sf* colmillo *m*
zanzàra *sf* mosquito *m*
zanzarièra *sf* mosquitera *f*
zàppa *sf* azada *f*
zappàre *vt* cavar, labrar
zappatóre *sm* labrador *m*
zar *sm* zar *m*
zarìna *sf* zarina *f*
zàttera *sf* balsa *f*
zavòrra *sf* lastre *m*
zàzzera *sf* melena *f*
zèbra *sf* cebra *f* ◇ *al pl* (*strisce pedonali*) paso *m* de cebra
zécca *sf* casa *f* de la moneda ◇ (*zool*) garrapata *f*
zèfiro *sm* céfiro *m*
zelànte *a* celante
zèlo *sm* celo *m*
zènit *sm* cenit *m*
zénzero *sm* jengibre *m*
zéppa *sf* cuña *f*
zéppo *a* lleno
zerbìno *sm* esterilla *f*, felpudo *m*
zèro *sm* cero *m*
zèta *sf/m* zeta *f*
zìa *sf* tía *f*
zibellìno *sm* marta *f* cibelina
zibìbbo *sm* uva *f* moscatel
zìgomo *sm* pómulo *m*
zimbèllo *sm* hazmerreír *m*
zìnco *sm* cinc *m*
zìngaro *sm* gitano *m*
zìo *sm* tío *m*
zip *sf* (*cerniera*) cremallera *f*
zippàre *vt* (*inform*) comprimir
zircóne *sm* circón *m*
zitèlla *sf* soltera *f*, solterona *f*
zittìre *vt* hacer callar ◆ *vi* callarse
zìtto *a* callado ● ***zitti!*** ¡silencio!
zizzània *sf* cizaña *f*
zòccolo *sm* (*zool*) pezuña *f*, casco *m* ◇ (*calzatura*) zueco *m*, chancleta *f* ◇ (*arch*) zócalo *m*
zodìaco *sm* zodíaco *m*
zolfanèllo *sm* fósforo *m*
zólfo *sm* azufre *m*
zòlla *sf* terrón *m*
zollétta *sf* terrón *m* de azúcar
zòna *sf* zona *f* ● ***qui in z.*** cerca de aquí
zónzo, a *loc.avv* sin rumbo ● ***andare a z.*** callejear
zòo *sm* (parque) zoológico *m*
zoologìa *sf* zoología *f*
zoològico *a* zoológico
zoòlogo *sm* zoólogo *m*
zoom *sm* (*fot*) zum *m*, zoom *m*
zoppicàre *vi* cojear

zòppo *sm* cojo *m*
zoticóne *sm* grosero *m*
zùcca *sf* calabaza *f* ◇ (*fam*) cabeza *f*
zuccheràre *vt* azucarar
zuccherièra *sf* azucarera *f*
zuccherifìcio *sm* fábrica *f* de azúcar
zuccherìno *a* azucarado ◆ *sm* terrón *m* de azúcar
zùcchero *sm* azúcar *m*
zucchìna *sf* calabacín *m*
zuccóne *sm* cabezón *m*
zùffa *sf* riña *f*, pelea *f*
zufolàre *vt* silbar
zùfolo *sm* caramillo *m*
zùppa *sf* sopa *f*
zuppièra *sf* sopera *f*
zùppo *a* empapado